国家哲学社会科学基金重点课题资助项目
《互联网融资法律制度创新构建研究》(15AFX020)研究成果
课题负责人：李有星

互联网金融司法高端论坛文集

李有星　黄生林　主编

ZHEJIANG UNIVERSITY PRESS
浙江大学出版社

图书在版编目(CIP)数据

互联网金融司法高端论坛文集 / 李有星,黄生林主编.
—杭州:浙江大学出版社,2018.10(2019.9重印)
ISBN 978-7-308-18693-3

Ⅰ.①互… Ⅱ.①李… ②黄… Ⅲ.①互联网络—金
融法—中国—文集 Ⅳ.①D922.280.4-53

中国版本图书馆 CIP 数据核字(2018)第 228101 号

互联网金融司法高端论坛文集

李有星　黄生林　主编

责任编辑	傅百荣
责任校对	高士吟　汪潇
封面设计	刘依群
出版发行	浙江大学出版社
	(杭州市天目山路 148 号　邮政编码 310007)
	(网址:http://www.zjupress.com)
排　版	杭州隆盛图文制作有限公司
印　刷	虎彩印艺股份有限公司
开　本	710mm×1000mm　1/16
印　张	28.5
字　数	543 千
版 印 次	2018 年 10 月第 1 版　2019 年 9 月第 4 次印刷
书　号	ISBN 978-7-308-18693-3
定　价	78.00 元

序　言

　　互联网金融是在互联网条件下应运而生的金融新业态,是传统金融机构与互联网企业利用互联网技术和信息通信技术,实现资金融通、支付、投资和信息中介服务的新型金融业务服务模式。互联网金融的生命力在于公开、小额和大众化,这与传统观念中的非法集资的构成要件具有密切的吻合性。互联网金融所表现出来的交叉和复杂的法律关系,对传统法律制度以及司法适用具有巨大挑战,因此,亟须填补现有的法律漏洞、执法漏洞、司法漏洞。为适应互联网金融时代的要求,互联网金融法制建设需要重塑与建构,需要合理处理创新与规制、自由与秩序、金融与实体、治理与发展、打击与保护等关系。另外,在监管创新滞后于金融创新的情况下,监管体制的结构错位以及协调性缺乏极易使互联网金融陷入"非法"迷局。在此背景下,互联网金融司法应尝试扮演重要角色,在政府干预与市场自由博弈之间寻求金融安全、公平与效率的价值平衡,逐步向回应型法律探索。将司法理念、价值逐步扩展至整个金融市场的运行,在解决纠纷的同时实现司法理念的纵向延伸,发挥其对金融风险的防范预警作用,开启服务金融的能动司法模式。

　　2016 年 10 月 30 日至 31 日,浙江省人民检察院、浙江省法学会金融法研究会、浙江大学互联网金融研究院联合主办了互联网金融司法高端论坛暨浙江省法学会金融法学研究会 2016 年年会。论坛旨在组织司法界、学术界及实务界相关人士开展互联网金融司法学术交流活动。深入贯彻党的十八大"完善金融监管,推进金融创新,维护金融稳定"及十八届三中全会"发展普惠金融"的总体要求和十八届四中、五中全会精神,深刻领会习近平总书记系列重要讲话精神,围绕我省互联网金融创新走在前列的目标,坚持以绿色司法理念为引领,依法履行

刑事司法职能,严把法律政策界限,强化工作机制建设,加强犯罪预防和宣传引导,保护互联网金融创新,防范互联网金融风险,消减互联网金融隐患,切实维护互联网金融安全和稳定,为互联网金融健康发展提供有力的司法保障。

文集系本次论坛成果,共收录 50 篇佳作,分别从不同视角为互联网金融法治理论探索贡献智识,为完善互联网金融司法实践建言献策。其中多篇文章无论行文措辞还是谋篇布局都较为严谨,既有基于司法实践的分析梳理,也有针对完善建议的勾勒剖析,不但释其然,亦探其所以然。本文集主要包括四部分,第一部分为互联网金融法律概论,主要从宏观视角探讨互联网金融法治化的多元路径。第二、三部分分别为网络借贷与众筹法律问题研究,主要对其监管现状、刑事风险、规制路径等进行深入探讨。第四部分为互联网金融领域的其他法律问题研究,主要包括网络现货交易、场外证券配资、互联网理财等。

论坛成果得到国家哲学社会科学基金重点项目"互联网融资法律制度创新构建研究"(15AFX020)、浙江省哲学社会科学规划优势学科重大项目"我国民间金融市场治理的法律制度构建与完善"(14YSXK01ZD)的支持。

望此次论坛能够作为互联网金融司法的时代回应,为互联网金融司法创造法治化环境探路先行!

李有星　浙江大学法学院教授、博导

浙江省法学会金融法学研究会会长

黄生林　浙江省人民检察院副检察长

2018 年 9 月 14 日

目　录

一、互联网金融法律概论

1

二、P2P 网络借贷法律问题研究

三、众筹法律问题研究

四、其他法律问题专论

一、互联网金融法律概论

互联网金融领域监管制度的完善路径考略

——从一起网络非法集资典型案例铺开

夏大伟　何　桥*

摘　要：互联网技术的飞速发展催生了以 P2P 网络借贷、众筹融资、第三方支付等为代表的互联网金融业的快速兴起，并突破了传统金融地域化、繁复化、收益低、创新性不足的缺陷，实现了便捷高效的碎片化理财，成功深入到社会公众日常生活之中。然而，囿于互联网自身的特性、法律本身的滞后性及监管模式的缺陷，互联网金融在创造社会价值的同时也带来诸多不容忽视的风险，利用互联网金融平台实施犯罪行为屡见不鲜。鉴此，本文从义乌市检察院近年办理的一起利用互联网平台非法吸收公众存款的典型案例入手，立足于司法实践，解构互联网金融领域存在的风险及监管漏洞，并合理借鉴国外可资借鉴的做法，提出粗陋建议，以期有所裨益。

关键词：非法集资；犯罪风险；域外经验；完善路径

网络科技的高速发展给传统经济业态带来了前所未有的冲击，"互联网＋"思维广泛渗透于社会生活的方方面面，自 2013 年"互联网金融元年"伊始，以 P2P 行业为代表的互联网金融在当下呈现多样化、爆发式发展，各种形式新颖的第三方支付、基金理财类产品不断推陈出新，呈"百家争鸣"之态势。一方面，传统金融虽规章制度健全，风险可视，但存在投资渠道不畅、周期长、回报率低等不足，且多有一定的门槛限制，抑制了普通民众参与投资的热情。另一方面，互联网金融以"碎片化理财"功能为创新点，门槛低、操作简单、回报率高，并借助于当

---

* 夏大伟，男，义乌市人民检察院助理检察员；何桥，男，义乌市人民检察院助理检察员。

下功能齐备的手机等移动终端,实现了线上即时操作,供求双方可自行完成竞争匹配和交易定价。然而,互联网金融在改变传统金融格局之同时,亦出现了诸多监管难题,如借助网贷平台虚构产品进行非法集资犯罪、利用平台获取并售卖客户信息、从事信用卡诈骗或洗钱犯罪等,该类案例屡见不鲜,且发案后往往涉及受害主体众多,给金融秩序稳定和社会安定带来一定的冲击。本文拟以义乌市检察院办理的方某非法吸收公众存款案为引,透过案例来发现问题,究寻案件背后反映的深层问题。

一、方某利用互联网平台非法吸收公众存款案

(一)主要案情

义乌人方某接触并了解到 EuroFX 投资炒外汇项目,为了尽早获得投资收益并成为项目代理人,其先后以本人、丈夫及其他亲友身份在该网站开设多个账号并投入大量资金,顺利成为 EuroFX 投资炒外汇项目在义乌的三大代理人之一。2013 年上半年,方某通过针对亲朋好友上门拉客、开小讲座集中宣传及电脑 EuroFX 项目互联网推广等方式,宣称 EuroFX 公司是一家英国的专业化国际金融投资公司,主营外汇炒作、贵金属投资等国际金融业务,并将投资账户划分为三个等级(白银账户月利润 7.8%、黄金账户月利润 9.6%、卓越账户月利润 12.8% 的高利回报),通过虚限投资名额等营销方式,刺激"投资人"加大投资以提升账户等级。通过不断介绍他人投资,并鼓励投资者继续发展下线,上线可获得 5%～30% 不等的公司返利。方某在义乌、浦江等地向十余人非法吸收存款近 4000 万元,用于非法集资的账户系公司提供且经常更换,提供给受害人的账户均系其上家汪某提供,且几乎都是外国账户,大部分受害人的投资款经多次转账后汇入地下钱庄,导致资金去向无法查明。①

(二)案件呈现的部分特点

同传统形式非法集资类犯罪"口口相传、线下操作"不同的是,借助互联网金融手段的非法集资类犯罪呈现一些新特点:(1)项目推广手段从线下变成了"线上线下一体化"。方某案中,互联网渠道推广成为其向社会公众发布投资信息的重要方式,这既包括虚假投资网站自身的推广,也包括通过其他搜索方式进行的

---

① 具体案情亦可参见中国新闻网:《全国多地商人陷炒外汇骗局 义乌警方刑拘多名嫌犯》,http://www.chinanews.com/fz/2014/05-13/6166292.shtml,最后访问日期:2015 年 11 月 27 日。

推广。(2)"高收益、低风险"幌子对不知情公众更具迷惑性。同传统金融固定存款取息不同,互联网投资理财项目具有周期短、收益高的普遍特点,社会公众更容易被各种利率畸高的产品冲击思维而放松警惕,若再假以外国投资理财项目的外衣,则更易为公众轻信以致上当受骗。(3)操作便利简单,收益虚拟化。方某案中,受害人只需在网站上注册即可实现"一键开户",并且登录账户即可看到自己的收益详情,受害人投入的实际资金被汇入地下钱庄后转化成网站上的"虚拟数字",可视而无法实际提取。(4)犯罪影响涉及面更广。传统非法集资类犯罪的受害人多为集资人的亲戚朋友、熟人或一定地域范围内的社会公众,影响范围相对固定,而假借互联网金融进行的非法集资犯罪的受害群体因突破传统交易方式的限制而呈大区域化,所有能看到投资信息的公众都可能成为潜在受害人。同时,此类案件中部分受害人因地域跨度大而在案发后无法找到,也无法采取有效手段维护自身权益。

二、互联网金融领域常见的犯罪风险分析

通过分析梳理我们可以发现,互联网金融领域的犯罪风险近年来随着该领域的日趋热化而不断上升。概括而言,互联网金融领域存在的犯罪风险主要体现在三个方面。

(一)从互联网技术层面而言,存在诈骗类犯罪风险

一方面,当前互联网借贷平台囿于交易方式自身的缺陷,只能在后台审核借款人上传提交的资料扫描图片或文字内容,缺少传统信贷审核模式下的综合审核的方式,发放贷款,故对借款人的个人状况、资质资信、资金用途缺乏实质有效的审查和追踪,很容易成为虚假借款人的欺骗对象,导致实践中出借人被诈骗分子借款后资金难以追回。典型的如李某某案。2013年7月,李某某通过名为点融网的P2P平台与80多人达成了借款协议,双方约定,以21.99%的年利率、等额本息的还款方式,由80多人借款给李某某共50万元。在支付两个月的本息后,被告李某某就开始拒绝还款。点融网催收团队在进行持续催收无效的情况下将其告上法庭。该案也被称为中国P2P行业催收第一案,网络借贷平台的"赖账"、"跑路"现象由此可见一斑。另一方面,互联网平台自身技术设计上的资金结算漏洞也导致了信用卡诈骗类犯罪频发,少数不法分子利用P2P平台与银行卡绑定不需输入密码、可同时绑定多张银行卡的设计缺陷盗划他人资金。或利用第三方支付平台信用卡还款校验码失效及系统漏洞进行信用卡反复还款,

以循环套现方式从银行信用卡套现。①

(二)从互联网特性层面而言,存在集资洗钱类犯罪风险

其一,易滋生非法集资类犯罪。根据国务院和央行的最新规定,P2P 公司并不允许拥有"资金池",从事投资理财业务也有严格的限定条件。然而,司法实践中诚如方某案中案情,不法分子为获取公众资金,采取虚构投资项目及标的手段,以不切实际但又极具欺骗性的高额回报为诱饵吸收不特定公众注资,并通过营销甚至类似于传销手段不断发展壮大层级和队伍,使本应承担"资金中介"的角色演变为"介借一体"方,最终卷款潜逃。发生于浙江绍兴的"力合"P2P 非法集资案也是此类案例。被告人徐某为弥补公司经营漏洞缓解经营压力,通过"力合"网贷平台向社会公众吸存资金,许诺畸形年息加奖励达 19%~50%,并设置"秒标"、"天标"、"月标"等花样繁多的产品,在短短两个月时间内向 29 个省区市的 1200 余人吸存款项达 5000 余万元,除少量资金用于支付投资人利息外,多数用于填补亏空和高利放贷,最终资金链断裂并案发。

其二,易滋生洗钱类犯罪。由于互联网金融平台自身的虚拟性、便捷性,部分不法分子以第三方支付平台为依托,通过虚设空壳公司、增设交易环节等手段逃避监管,将犯罪所得的赃款源源不断地转换成正常资产,甚至通过跨境洗钱的方式将赃款转移到境外。目前司法实践中该类洗钱方式主要潜存于网络借贷、第三方支付、网上银行、网络传销、网络赌博等载体中。近年较为典型的如湖北仙桃张某淘宝售毒洗钱案。张某、郑某等人为非法售卖盐酸曲马多片剂、三唑仑片等国家管制药品,将自己伪装成淘宝店茶叶卖家,与买家在店铺上议好购买毒品的数量和价格后,让买家在网店购买与毒品等额的商品"茶叶",使得毒资进入第三方支付平台账户进而转入不同的银行账户中,非法的"毒资"变成了"合法的"茶叶货款,截至案发,张某等人非法获利达数百万元。

(三)从互联网管理层面而言,存在倒卖公民信息风险

一方面,互联网金融平台的线上操作模式需要信息个体提供可以识别自身身份的个人信息,这也是许多平台注册、开户、资金结算的前置条件。在此模式下,大量公民的个人信息在同一平台汇聚或同一公民的个人信息在不同平台均有体现,极易被不法分子采用病毒(木马程序)等方式窃取用来从事违法犯罪行为。另一方面,海量的用户个人信息也成为互联网金融平台自身掌握的价值资

---

① 戴新福、胡斌勇、袁维:《互联网金融发展现状与经济犯罪风险防范》,《上海公安高等专科学校学报》2015 年第 25 卷第 2 期。

源,少数信息管理人员为获取非法利益,对该类信息进行倒卖售卖,导致公民个人信息被成批量、链条化泄露。该类案件近年亦屡见报端。典型的如芝麻金融因黑客攻击致使超过 8000 名客户的信息资料泄露,并被互联网论坛作价售卖。此外,北京市网贷行业协会会长单位宜信集团高价循环买卖客户信息、携程"泄密门"事件也被媒体曝光,引起社会公众的信息恐慌。

三、互联网金融领域主要存在的监管问题

互联网金融的异军突起呼唤与之相应的监管措施的建构,但从目前实际情境而言,对互联网金融领域的监管举措和监管力度仍然明显滞后于互联网金融如火如荼的发展态势,需采取有效措施妥适应对。

(一)法律规制不足

从立法部门角度来看,由于互联网金融在目前情势下发展很快,来势猛烈,导致立法者对其持有矛盾的心理,既不愿看到因监管力度不够而聚集难以控制的金融风险,又担心法律规制力度过大而影响互联网金融的持续创新,扼杀其活力。[1] 这也导致目前互联网领域法律规制现状不容乐观:一是众筹、P2P 类,目前该类互联网金融形式仍处于法律监管盲区,准入门槛相对较低,信息披露不够充分,缺乏专门的法律制度对其规制。二是各类网络理财基金、电子银行类产品,对它们的规制主要散见于刑事、经济类法律法规、规章及规范性文件中,欠缺系统性和全面性,无法满足当下互联网经济业态发展需求。与此同时,互联网金融的具体形式错综复杂,其内涵和外延的准确界定需要立法者具有较高的立法水准和发展性眼光,是专门制定一部系统的法律还是分散补充进各法律法规条文之中,仍处于不甚明朗的状态。

(二)监管力量分散

一方面,互联网金融领域存在明显的多头监管问题。互联网金融将互联网与传统金融深度融合到一起,因其涉及的业务领域存在重复交叉的现象,导致许多互联网金融产品及企业有多个监管部门可以对其予以管控。如互联网金融平台若从事销售基金业务需向证券监管部门备案并接受监管,从事第三方支付业务需接受中国人民银行的监管,而经手资金存管业务则需银监部门监管,当然,目前许多互联网金融平台兼营其中多项业务,这也导致监管力量被削弱和分散,

---

[1] 高汉:《互联网金融的发展及其法制监管》,《中州学刊》2014 年第 2 期。

看似多家单位可管,但因权责存在交叉成分,难以监管到位。另一方面,监管主体权责不明导致了监管缺失。如当下频频出现"跑路"问题的网络借贷平台,该类平台在营业执照、经营许可证申请、互联网信息服务资格申领等环节所涉及的通信、工商行政管理部门均与金融监管部门无关,这也导致金融监管部门缺乏支援性依据对该平台进行常态管控。

(三)金融消费者权益保护机制缺乏

从当前互联网金融产品的发展形态来看,许多互联网金融产品在设计和运行方面仍处在法律红线边缘,有打法律擦边球之嫌疑。大量的资金积累与沉淀往往蕴含着风险隐患,对金融产品消费者的保护更需加强。首先,金融消费者含义本身缺少法律支撑,仅是在不同场合被定义为诸如"客户"、"投资者"、"受益人"等。其次,散见于法律法规中的对金融消费者予以保护的条款本身多为原则性规定,实际可操作性不强,加之不同部门法之间存在的交叉重合甚至互相矛盾的问题,导致法律适用上的混乱。再次,互联网金融交易过程中涉及的电子证据本身存在易隐匿、篡改、灭失且提取专业性强等特点,导致金融消费者在维权过程中存在一定技术障碍。最后,互联网金融领域消费者在与平台运营方、第三方等产生纠纷时,缺少必要的纠纷调处解决机制,只能依赖于程序相对复杂的诉讼途径来解决,导致部分金融消费者无所适从或选择退出纠纷。

四、互联网金融监管的域外经验及完善路径

(一)域外经验

1.美国

美国互联网金融发展较早,从 1998 年上线面世的美版支付宝 Paypal 到美版余额宝 Paypal 货币基金,其银行业监管部门一直在探索对这一新兴事物的管理方法,其有益经验可概括为:指导性立法+自律模式。指导性立法即制定颁行具有针对性和可操作性强的法律法规及政策文件,为互联网金融行业的发展提供方向性指引。如美国财政部货币监理署公布的《技术风险管理——个人电脑银行业务》、美国联邦银行机构监察委员会的《外包技术服务风险管理》等。自律模式则是指美国明确了互联网金融企业管理者在业务风险中的权责,督促其形成严格的内部自省自察自控机制,以相关企业的自我规范来保障互联网金融行业安全。①

---

① 赵一坤、冯春雨、王雪琪:《美国金融监管改革及启示》,《现代商贸工业》2013 年第 9 期。

2.欧盟

欧盟对互联网金融领域采取的是整体性监管模式,即将欧盟各国在互联网金融领域联动成整体,提供相对透明开放的法律环境,通过协作来减少处置成本。一方面,欧盟各成员国政府要求本国互联网金融企业提供具有安全战略基本特征的详细描述,并分析确认相关风险成分,同时对其信息技术也进行严格审查。① 另一方面,各成员国国内的互联网金融企业一旦企图利用区域性的监管漏洞来规避法律的制裁,欧盟其他成员国可依据欧盟中央银行统一制定的监管标准对该企业进行相应的制裁。在这一模式下,通过标准与主体的双重管制,最大限度地减少区域性金融风险。

(二)欧美模式对完善我国互联网金融监管的启示

虽然欧美国家互联网金融发展阶段及实际情况与我国存在明显区别,但是,我们可以秉承一种扬弃的态度来吸纳其中的有益成分,制定符合需求的策略来应对当下错综复杂的互联网金融形势。

1.完善互联网金融监管法律法规体系

当前我国互联网金融领域立法总体仍显滞后,国务院办公厅也曾于2014年印发《关于加强影子银行监管有关问题的通知》,把新型网络金融公司纳入监管范畴,但仍处于宏观框架层面,缺乏具体操作细则。鉴此,我国立法机关需在综合认知互联网金融呈现的新型特征及其发展脉络基础之上,及时修订互联网金融相关法律法规,将目前存在的监管空白区纳入法律规制范域之内。可借鉴美国注重指导性法律制定的立法模式,出台针对性和操作性强的互联网金融领域指导性法律法规,明确阐明界分不同情形下的规制样态,实现法律层面的准确无误。

2.明确互联网金融领域监管主体及权责

在新兴互联网金融领域,需改变当下多头监管或监管空白的现状,对互联网金融监管对象进行合理区分。可建立以中国人民银行为主、其他监督主体相配合的协同监管机制,将每一种金融形态下存在的产品均纳入相应主体的监督范围,对当下尚不明确的产品形态予以定义区分并划入适宜主体的监管范畴,避免监管空白地带的持续存在。当然,监管机构可采取原则性与灵活性相结合来应对不断涌现的互联网金融新产品、新形态,既尊重鼓励创新,又修正其运行轨迹,剔除可能诱发新型金融风险的潜在因素。

---

① 戴启秀:《希腊危机背景下欧盟金融监管制度建设及配套措施》,《德国研究》2010年第3期。

3．建立互联网金融征信和风险惩戒机制

互联网金融征信体系可有效解决信息获取不对称的问题，有助于互联网金融消费者了解并评估自己所使用的平台及所购产品的可信任度，同时也有利于互联网金融企业对投资、借款对象的资信展开追踪，将资金风险控制在一定范围之内。同时，互联网金融主体可借助于当下的大数据、云计算等手段，从监管部门合法获取共享信息数据库的查询服务，对存在犯罪嫌疑或金融风险的企业和个人，通知监管部门将之纳入惩戒名单或黑名单，限制其继续利用互联网金融平台从事交易、资金流转等活动，提前对可能存在的风险进行预警。

4．整合多方力量形成管理合力

一方面，地方政府可先试先行制定出台互联网金融区域性指导意见，强化区域内各部门间的联动合作，梳理监管权责，并形成会议纪要类文件。另一方面，公安、检察、法院三机关强化司法合作，对互联网金融领域各类犯罪问题展开分析和研判，建立情况通报和信息共享机制，形成司法合力。同时，可鼓励互联网金融企业建立行业协会，制定并不断健全行业标准，通过内部自律来避免行业风险。与此同时，普法部门可利用微博、微信、电视、纸媒等新旧媒体渠道向社会公众综合宣传典型警示案例，增强社会公众在互联网金融领域的认知度和风险防范意识。

互联网金融的监管困境及法治化解决 [*]

浙江大学光华法学院　要瑞琪 ^{**}

摘　要： 互联网金融的发展对传统金融造成了极大的冲击，作为新生事物，由于一开始没有正式的监管政策和措施，互联网金融平台跑路、倒闭、资金链断裂等风险事件频繁发生，促使金融监管机构不断吸取教训，制定分业监管政策。然而在实践中，监管困境仍不断凸显。为实现互联网金融的规范化发展，将互联网金融发展纳入法治化的轨道，要坚持底线思维，防范金融犯罪；建立协调监管机制；同时构建法治监管的必要配套制度，包括全国征信系统的建立、信息披露制度的构建、第三方资金存管制度以及风险补偿制度的建立。

关键词： 互联网金融；监管困境；法治化；协调监管

一、互联网金融的法治化监管历程

互联网金融自起步到野蛮生长到逐渐受到正规的监管，如过山车般经历了很多变化，对互联网金融的法治化监管一共经历了七个发展历程。

第一，拉开序幕。2011 年银监会发布了《关于人人贷有关风险提示的通知》，2012 年和 2013 年，随着互联网信息技术的进步，商业模式的创新，互联网金融行业呈现出井喷式的爆发。2013 年作为"互联网金融元年"，是互联网金融

---

　* 【基金项目】国家哲学社会科学基金重点项目"互联网融资法律制度创新构建研究"（15AFX020），浙江省哲学社会科学规划优势学科重大项目"民间金融市场治理的法律制度构建及完善研究"（14YSXK01ZD）及子课题"民间金融市场主体法律制度构建及完善"、"民间金融市场行为法律制度构建及完善"、"民间金融市场监管法律制度及完善"、"民间金融市场信用体系的法律制度构建及完善"、"民间金融市场风险防范与处置法律制度构建及完善"成果。

　** 要瑞琪，女，浙江大学光华法学院硕士研究生，主要从事金融法研究。

监管拉开序幕的一年。这一年余额宝的成功引发了很多的争议。① 互联网金融的合法性问题首次受到质疑,为此,周小川、潘功胜、易纲等央行领导作出回应:鼓励互联网创新发展,也要完善和规范监管,实施交叉性监管,明确了央行不会取缔余额宝的态度。② 自此,互联网金融的监管问题进入人们的视野。

第二,立原则。2014年4月29日,中国人民银行发布的《中国金融稳定报告(2014)》指出互联网发展处于观察期,确立了互联网金融监管应当遵循的五大原则:一是互联网金融创新必须坚持金融服务实体经济的本质要求,合理把握创新的界限和力度;二是互联网金融创新应服从宏观调控和金融稳定的总体要求;三是要切实维护消费者合法权益;四是维护公平竞争的市场秩序;五是要处理好政府监管和自律管理的关系,充分发挥行业自律的作用。③

第三,入监管。2014年12月18日,证监会颁发了《私募股权众筹融资管理办法(试行)(征求意见稿)》,首次定义了股权众筹的内涵,规定了对股权众筹的市场准入、合格投资者制度、备案登记和证券业协会的自律管理制度等。这是第一次明确针对互联网金融领域出台的一部规范监管的法律文件。

第四,设机构。2015年1月下旬,银监会对其内部组织架构进行了重大调整,专门设立普惠金融部来负责互联网金融的监管,并且任命新的官员。

第五,定机制。2015年7月18日,中国人民银行、工业和信息化部、公安部等联合发布了《关于促进互联网金融健康发展的指导意见》,对互联网金融业态进行了分类,并采用分业监管的机制——"谁家的孩子谁抱走"。其中互联网支付业务由中国人民银行负责监管,网络借贷由银监会负责监管,股权众筹融资与互联网基金销售由证监会负责监管,互联网保险由保监会负责监管,互联网信托业务和互联网消费金融业务由银监会负责监管。

第六,专项整治。自2015年底以来,互联网金融行业爆发了最大规模的平

---

① 2014年2月21日,央视证券资讯频道执行总编辑兼首席新闻评论员钮文新发博文《取缔余额宝!》称:"余额宝是趴在银行身上的'吸血鬼',典型的'金融寄生虫'。"见 http://baike. baidu. com/link? url＝YNqtBNDb_UmueWYJX4UYeTFwBh1URcpA1cIQmFFR68KhDh0peRoEXzQjYb57cX91846oTvdv LcCpV_ftuwf_ba。

② 见网易财经新闻:周小川:不会取缔余额宝, http://tech. 163. com/15/0305/09/AJUEDQ 39000915BF. html。

③ 参见 http://www. pbc. gov. cn/eportal/fileDir/image_public/UserFiles/goutongjiaoliu/upload/ File/%E4%B8%AD%E5%9B%BD%E9%87%91%E8%9E%8D%E7%A8%B3%E5%AE%9A%E6% 8A%A5%E5%91%8A2014. pdf。

台跑路或非法集资事件,比如 e 租宝、大大集团等给投资者造成了严重的损失①,互联网金融遭受到了严重的信任危机。2016 年 4 月,国务院组织 14 部委召开会议,在全国范围内启动了为期一年的专项整治,分为 7 个分项整治方案,按照"谁家的孩子谁抱走"原则,其中央行、证监会、银监会、保监会分别对网络支付、股权众筹、网络借贷、互联网保险等领域进行专项整治,个别部委负责两个分项整治方案,公安机关也密切配合和参与打击非法集资等各类违法犯罪活动。2016 年是对互联网金融企业进行全面专项整治清理的一年,被称为最强监管风暴。

第七,立法律。2016 年 8 月 24 日,银监会联合工信部、公安部、网信办发布了《网络借贷信息中介机构业务活动管理暂行办法》(以下简称《暂行办法》),首次以部门规章的法律形式对网络借贷领域做出了全面的规范,办法的颁布肯定了网络借贷的合法性地位,构建了"备案+负面清单+第三方资金存管+强制信息披露+投资者保护"的监管思路,强调对网贷平台的事中和事后监管,建立了"银监会行为监管+地方金融办机构监管"的双向监管机制。作为第一部规范互联网金融的立法,为其他互联网金融业态的监管机制设计提供了借鉴方向。

综上法治监管的历程可以看出,对互联网金融的监管一直秉承传统的分业监管模式,监管的基本态度是鼓励创新,健康发展,在严守不从事非法集资底线的前提下,防范区域性风险和系统性金融风险。

二、互联网金融监管的困境

(一)互联网金融的复杂性和监管政策的不确定性导致呈现"一放就乱,一管就死"的尴尬局面

互联网金融在 2012 年和 2013 年发展速度最快,在"三无"的背景下,互联网金融平台发展乱象丛生,良莠不齐。据零壹财经数据报告统计,截至 2016 年 8 月 31 日,零壹研究院数据中心检测到的 P2P 网贷平台一共 4668 家(仅包括有线上业务的平台,不含港澳台),其中正常运营的仅有 2023 家,占到 43.3%,问题平台共有 2644 家,占平台总量的比例高达 56.7%,歇业停业的平台超过了 30%。数据表明,8 月份新上线的平台仅 10 家(其中一家是国资平台),创下了自 2013 年 3 月以来的新低,正常运营的平台较上月下降3.4%,据统计 2016 年

---

① 2016 年 1 月 31 日,官方通报 e 租宝一年半内非法吸收资金 500 多亿元,受害投资人遍布全国 31 个省区市,e 租宝涉及投资者约 90 万人,累计充值 581.75 亿元,累计投资 745.11 亿元。参见 http://www.southmoney.com/shidian/201608/692842.html。

8月就有82家平台出问题,较上月增加31家。① 截至2016年7月31日,我国互联网众筹平台大约有448家,其中已转型或倒闭的平台至少有156家,约占34.8%。② 纵观P2P网贷平台和众筹平台数量不断走低,互联网金融领域的监管政策变动是主要的原因之一,预计由于8月24日《网络借贷信息中介机构业务活动管理暂行办法》的出台,ICP许可证(电信与信息服务业务经营许可证)、信息披露以及借款限额等的规定会加速P2P网贷行业优胜劣汰,平台退出的数量还会大幅增加。

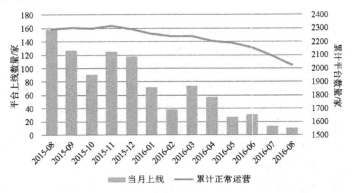

图1　2015年8月—2016年8月平台数量走势

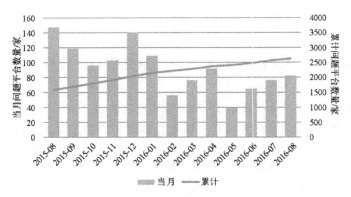

图2　2015年8月—2016年8月问题平台数量走势

图片来源于零壹财经数据报告

---

① 参见零壹财经数据统计报告,http://www.01caijing.com/article/10573.htm

② 参见零壹财经数据统计报告,http://www.01caijing.com/article/5275.htm

(二)分业监管机制不适应互联网金融混业经营大趋势

金融脱媒的加快与互联网金融的创新,使得我国金融业混业经营趋势进一步深化。[1] 互联网金融和传统的金融模式相比,具有综合性的特征,互联网金融业务内部细化可以分为互联网支付、网络借贷、互联网众筹、互联网基金、互联网信托、互联网保险、消费金融等,这几乎涵盖了所有传统金融的外延。比如"一站式理财平台"——京东金融,平台经营模式涵盖有票据理财、众筹、京东白条(P2P网络借贷)、互联网保险等[2],再比如以余额宝为代表的"第三方支付+货币市场基金"合作产品同时涉足基金业和支付行业。互联网金融的综合性和跨界经营就造成了主体的多样性和行为的复杂性,涉及多个监管机构和多层监管职权问题,这给传统的分业监管模式带来了重大挑战:第一,容易造成监管真空或监管重复,分业监管只适用于单一金融行为模式的监管,在混业经营下,基于各监管部门对监管范围的认识,各部门会互相推诿,造成监管真空或者监管重合,浪费监管资源,影响互联网金融的健康发展;第二,监管对象不明,互联网金融存在对象多元化和行为综合性的特点,在确定监管的标准上,以金融主体确认监管对象还是以行为的性质确定监管对象和监管归属,面临较大的困难;第三,互联网金融中涉及的主体不具有金融机构的身份性质,属于非金融机构主体,不能适用监管正规金融的统一规则和标准,互联网金融作为互联网和民间金融[3]的结合体,本质上虽然仍是金融[4],但是由于互联网的广泛传递性使得互联网金融发生结构性变化,完全异于正规金融的结构,因此面临无法可依,难以纳入法律监管界限的困境;第四,分业监管机制下,各部门缺少有效的沟通和配合,缺乏协调机制,监管的效率低下。

(三)互联网金融创新与监管的逻辑矛盾

金融创新是金融经营主体为获得金融市场的潜在利益而采取的变革,往往会创造出引起金融领域结构性变化的新的金融工具、新的金融服务、新的金融市

---

① 何剑锋:《论我国互联网金融监管的法律路径》,《暨南学报》2016年第1期。

② 参见京东金融官方网站主页,http://jr.jd.com/ 2016年9月17日最后一次访问。

③ 民间金融的概念引用2013年11月22日浙江省人民代表大会常务委员会通过的《温州市民间融资管理条例》第2条中关于民间融资的定义:本条例所称民间融资,是指自然人、非金融企业和其他组织之间,依照本条例的规定,通过民间借贷、定向债券融资或者定向集合资金的方式,进行资金融通的行为。

④ 2015年7月18日,中国人民银行、工业和信息化部、公安部等部门联合发布的《关于促进互联网金融健康发展的指导意见》中第二部分指出,互联网金融本质仍属于金融,没有改变金融风险隐蔽性、传染性、广泛性和突发性的特点。

场和新的金融体制。① 互联网金融作为一种新兴的金融业态,在金融脱媒和去中介化的背景下,互联网信息技术的推动,促进其不断发展和创新,为中小企业提供了宝贵的融资机会,融资成本降低,效率大大地提升。

金融创新与金融监管之间的关系其实就是"安全"与"效率"、"自由"与"秩序"这些基本价值之间的动态博弈,两者总是呈现出"金融创新—金融风险—金融监管—金融再创新"的不断循环。② 创新在于积极发挥"看不见的手"——市场机制的作用,尊重市场竞争规律,结果必然会提高金融效率;安全就是发挥"看得见的手"——政府的宏观调控作用,通过行政力量介入,以弥补市场失灵,严格防范金融风险,从而构建良好的监管秩序。过于注重监管必然会压抑创新的积极性,过于强调创新的空间必然会造成监管的缺位,引发风险。处理好二者的关系就要一方面把握创新的界限和力度,另一方面适度监管,为创新留足空间。监管应该为互联网金融提供必要的创新空间,不能用行政力量取缔和阻碍互联网金融的创新发展,同时在监管的实践中不断培育和引导创新。

互联网金融发展必须在这一对相生相克的矛盾体中寻求平衡:首先,互联网金融作为一种全新的金融业态,金融监管不宜过早、过严,否则会抑制创新;其次,监管应当体现适当的风险容忍度,给予互联网金融这一"新事物"一定的试错空间;再次,互联网金融应当坚持鼓励和规范并重、培育和防范风险并举,维护良好的竞争秩序、促进公平竞争,构建包括市场自律、司法干预和外部监管在内的三位一体的安全网,鼓励创新,规范发展,既避免过度监管,又防范重大风险,维护金融体系稳健运行;③最后,应当在尽量保持二者平衡下坚持创新优先,也就是安全和效率的价值位阶博弈中,坚持效率优先。

三、互联网金融监管困境的法治化解决

互联网金融发展的本质目的就是使互联网金融更好地服务实体经济。互联网金融的监管,必须坚持"鼓励创新、防范风险、趋利避害、健康发展"总体要求,做到适度监管,促进互联网金融持续、健康、稳步发展,更好地服务实体经济。互联网金融发展实现法治化的前提是各项制度基础以及法治化思维。

---

① 戚颖:《金融创新与金融监管》,《当代法学》2003 年第 10 期。转引自汪振江、张弛:《互联网金融创新与法律监管》,《兰州大学学报(社会科学版)》2014 年第 5 期。
② 汪振江、张弛:《互联网金融创新与法律监管》,《兰州大学学报(社会科学版)》2014 年第 5 期。
③ 张晓朴:《互联网金融监管的原则:探索新金融监管范式》,《互联网金融与法律》2014 年第 1 期。

（一）坚持底线思维，严范刑事犯罪

互联网金融跑路事件频发，不断挑战法律底线，致使许多互联网金融平台沦为非法集资的工具。因此，分清合法与非法的边界，是实现互联网金融监管法治化的首要任务。互联网金融具有天然的涉众性，容易被界定为向不特定对象公开宣传，因此极易触碰非法集资的底线。越来越多的互联网金融平台的倒闭和跑路涉及严重的刑事风险，比如东方创投案中，深圳市罗湖区人民法院判决认定被告人邓亮等人成立非法吸收公众存款罪的共犯，是我国 P2P 领域首例以非法吸收公众存款罪定性的案件，优易网案件是 P2P 领域首例以集资诈骗罪定性的案件，以及 P2P 平台银坊金融平台负责人蔡锦聪被浙江省杭州市中级人民法院以集资诈骗罪判处无期徒刑，剥夺政治权利终身，没收个人全部财产，这是截至目前 P2P 领域最重的刑罚。

严守底线思维，不得触碰非法集资的防线。2010 年通过的《最高人民法院关于审理非法集资刑事案件具体应用法律若干问题的解释》第三条第（一）项规定"个人非法吸收或变相吸收公众存款，数额在 20 万元以上的，单位非法吸收或变相吸收公众存款，数额在 100 万元以上的"，应当依法追究刑事责任。另外一个最高人民检察院、公安部关于印发《最高人民检察院、公安部关于公安机关管辖的刑事案件立案追诉标准的规定（二）》的通知中第二十八条：【非法吸收公众存款案（刑法第一百七十六条）非法吸收公众存款或者变相吸收公众存款，扰乱金融秩序，涉嫌下列情形之一的，应予立案追诉：（一）个人非法吸收或者变相吸收公众存款数额在二十万元以上的，单位非法吸收或者变相吸收公众存款数额在一百万元以上的；……。涉及非法集资构成刑事犯罪的司法认定包括集资诈骗罪，非法吸收公众存款罪，擅自发行股票和公司、企业债券罪以及与非法集资关联的罪名：擅自设立金融机构罪，非法经营罪和组织、洗钱罪，领导传销活动罪等。互联网金融中融资者和平台以及投资者都有可能构成犯罪主体，首先，对于融资者而言，要求进行实名认证，提交信用状况，对融资项目进行信息披露并承担相应的责任；其次，对于投资者而言，提交资金来源合法的证明，防止为投资者洗钱提供通道；再次，对于互联网金融平台而言，严格遵守"不进行非法集资红线＋实施备案管理＋强制性信息披露＋有效追责机制"；最后，金融监管部门要与司法机关实现合作对接，对涉及非法集资类型的犯罪及时转交司法机关，有效制止犯罪行为。

（二）建立完善的协调监管机制

首先，监管和法律规则的统一和协调。亚里士多德说过，法治应包含两种含

义："已成立的法律获得普遍的服从，大家所服从的法律本身又应该是制定良好的法律。"在现行监管体制下，互联网金融监管最关键的问题不是体制是否统一，而是如何保障监管的协调，而监管协调的基本条件是法律规则体系的统一和协调。① 在互联网金融监管中，为保障法律规则的统一和协调，建议设立专门的互联网金融协调机构，专门负责协调监管规则的制定、实施和争议解决。对互联网金融的监管应当全面分析现有法律规则及其适用情况，认真清理和分析现有法律规则与互联网金融的内在联系，优化现有法律制度的结构与功能：一是对不再适用于互联网金融监管的法律可以不再适用；二是考虑到立法的成本，对有的互联网金融的问题，可以采用扩大解释的方式满足监管的需要，如消费者保护、准备金的交纳、信息披露等问题，可以通过法律解释明确法律的适用；三是对于阻碍互联网金融发展的现行法律规则，可以通过限制其适用、尽快修改、废除等方式，消除法律与互联网金融发展的矛盾；四是对存在矛盾或不一致的现行法律规则，应当尽快通过清理等方式确保法律规则的统一与协调。② 对于法律滞后给互联网金融带来的法律制度的缺失风险，应及时根据互联网金融本身的特征进行相关立法及法律修订，这样才能保证互联网金融法治化，进而使其健康、稳定地发展。③

其次，中央机关和地方政府的协调监管。中央机关和地方金融监管部门的协调机制，能有效防止监管空白和监管套利行为。互联网金融从产生和发展历程来看，起源于民间，根植于地方，呈多元化发展态势。因此为了因地制宜，较好地规范和促进互联网金融的发展，互联网金融监管不宜采取类似对传统金融机构的集中式统一监管模式，应当赋予地方政府相应的金融监管权限。④ 2016年8月24日公布的《网络借贷信息中介机构业务活动管理暂行办法》，将对P2P网络借贷的监管权限归属于中央银监会和地方金融监管机构，对互联网金融监管制度的完善有很大的启发。银监会和地方政府的协调合作可以对监管互联网金融其他行业形成借鉴：比如对于股权众筹、第三方支付、互联网基金、互联网保险等，由银监会、中国人民银行、证监会、保监会等和地方金融监管部门协调监管。

再次，监管部门和司法部门的协调。要加强金融监管部门和司法机关的协调和合作，构建监管部门和公安机关、法院、检察院的联动机制，对利用互联网金融平台进行的非法集资、洗钱、金融诈骗等金融违法犯罪活动予以严厉的打击。

---

① 岳彩申：《互联网金融监管的法律难题及其对策》，《中国法律》2014年第3期。
② 岳彩申：《互联网金融监管的法律难题及其对策》，《中国法律》2014年第3期。
③ 李爱君：《互联网金融的法治路径》，《法学杂志》2016年第2期。
④ 李有星、陈飞、金幼芳：《互联网金融监管的探析》，《浙江大学学报（人文社会科学版）》2014年第4期。

最后,监管层次的协调。金融监管可以分为四个层次,从松到严依次为:第一层次是自律管理,由企业和互联网金融协会发布自律准则并采取自愿实施的方式;第二层次是注册或备案,通过注册相关部门可以及时掌握相关机关的信息;第三层次是监督,持续监测市场或机构的运行,如非必要不采取直接监管措施;第四层次是最严格的审慎监管,对相关机关提出资本、流动性等监管要求,并有权进行现场检查。① 根据监管部门对不同类型金融平台的风险和社会影响力评估,依次适用不同程度的监管,对于风险系数比较高、影响比较大的,必须纳入监管范围,对于风险系数较低、影响力较小的可以采取协会自律管理等,同时要对互联网金融平台定期评估,定期调整。首先,行业自律监管是互联网金融监管的重要组成部分,是政府监管的有益补充,应该积极发挥行业自律管理的作用;其次,建议借鉴《暂行办法》对 P2P 网贷采取地方金融办进行备案管理的方法,对互联网金融企业摒弃行政许可的事前监督,采用备案制度和信息披露配套,强化对互联网金融的事中监管;最后,监管原则上采用非审慎性监管。不同于正规金融的审慎监管原则②,由于互联网金融发展还不够成熟,市场规模比较小,审慎监管"防患于未然"的思想会阻碍互联网金融的创新。在金融脱媒的趋势下,金融的创新发展要求越来越高,审慎监管会给互联网金融带来过于严厉的金融约束,反而会给互联网金融带来负面效应。美国对互联网金融采取的就是审慎监管模式,对 P2P 网贷行业归于"证券"的概念属于证券类的集合资产,即基金,由美国证券交易委员会监管③,对于股权众筹,超过小额豁免的额度就要主动向SEC(美国证券交易委员会)登记注册④,这样赋予互联网金融和正规金融相同的地位并适用相同的监管标准,严重打击互联网金融行业的积极性。 同时在监

---

① 张晓朴:《互联网金融监管的原则:探索新金融监管范式》,《互联网金融与法律》2014 年第 1 期。

② 审慎性监管原则是巴塞尔委员会 1997 年《银行业有效监管核心原则》所确立的核心原则,这项原则的目标是保持金融机构的清偿能力,防范金融风险。审慎监管对金融机构监管的内容是资本充足率、资产质量、贷款损失准备金、风险集中度、关联交易、资产流动性、风险管理、内部控制等审慎经营的监管指标和要求,并组织现场检查、监测、评估其风险状况,及时进行风险预警和处置,以规范金融机构风险承担行为。

③ 美国的 P2P,投资者和借款人并不是直接债权债务关系,投资人购买的是 P2P 平台按《美国证券法》注册发行的收益权凭证,要向美国证券交易委员会申请严格和完整的注册登记,提交包括平台运作模式、经营状况、潜在风险、管理团队及公司财务状况等信息,而且每天要将贷款列表提交给证券交易委员会,持续披露出售收益权凭证的信息和贷款的风险揭示,以保证投资者可以在证券交易委员会的数据系统和网站查到这些数据,并作诉讼证据。其实,自从美国证券交易委员会监管 P2P 之后,大部分 P2P 平台在一两年之内就破产倒闭了。

④ 根据美国 JOBS 法案(乔布斯法案),对投资者进行适当性监管,众筹平台需要向证券交易委员会申请注册登记,提交信息披露文件,如果筹资额超过 50 万美元,必须披露包括审计在内的财务报表中的财务信息。

管模式上,逐步推动由传统的机构监管向行为监管①或者功能监管转变,以互联网金融的具体金融行为为确定监管对象的标准,减少监管空白。

(三)互联网金融法治化监管须设立相应的配套制度

1.建立互联网金融征信系统共享机制,减少信用风险

互联网金融所面临的最大风险就是信用风险,信用风险是制约互联网金融发展的最大障碍,信用风险的控制是一项技术问题。推动征信系统的建设,是解决信用风险的良策。信用信息共享平台的设立,有助于打通线上与线下、新型金融与传统金融的信息壁垒,让互联网企业共享借款逾期客户名单和存量客户借款名单,建立起风险信息共享机制,成功地打破各平台各机构的"信息孤岛"的局面,实现信息的有效整合,降低机构和借款人之间的信息不对称,提高互联网金融行业整体的风险治理水平。

2016年9月9日,中国互联网金融信息共享平台开通,目前已经与17家会员单位签约接入,分别是蚂蚁金服、京东金融、陆金所、网信集团、宜人贷、德众金融、掌众金融、东方汇、挖财、玖富、开鑫贷、马上消费金融、人人贷、拍拍贷、分期乐、合拍在线、搜易贷。②

征信信息共享系统的建立,中国互联网金融协会应当充当信息传递和连接枢纽的角色,中国互联网金融协会建立的系统收到查询请求,立刻将查询请求发送到与系统相连的介入企业,介入企业内部的信用数据自动反馈回查询请求平台,实现信息的快捷共享。平台与平台之间通过互联网金融协会建立的系统可以查询的数据包括:有不良还款记录的客户信息、逾期或违约还款的客户信息、正常履约状态的客户信息等。信息的共享交流,有效降低平台对借款人信用评估评级的经济成本,提高了经济效率。

2.构建强制信息披露制度,减少信息不对称

互联网金融市场也是一个基于信息作出决策的市场。投资者基于对披露信

---

① 行为监管是监管机构为了保护消费者的安全权、知悉权、选择权、公平交易权、索赔权、受教育权等各项合法权益,制定公平交易、反欺诈误导、个人隐私信息保护、充分信息披露、消费争端解决、反不正当竞争、弱势群体保护、广告行为、合同规范、债务催收等规定或指引,要求金融机构必须遵守,并对金融机构保护消费者的总体情况定期组织现场检查、评估、披露和处置。行为监管一方面可以规范金融机构的经营行为,确保合适的金融产品卖给合适的金融消费者,降低金融给消费者的违约率,确保金融机构的微观审慎监管的各项指标;另一方面,有效的行为监管,可以提高金融消费者的行为理性,纠正其系统性行为偏差,提高其金融素养和风险防范意识及能力,增强其对金融市场的信息敏感度。

② 参见中国互联网金融协会官网,http://www.nifa.org.cn/nifa/2955675/2955761/2960360/index.html,2016年9月18日最后访问。

息的信赖而做出投资,表现为一种信赖关系。[①] 互联网金融自起步就一直存在"三无"问题,平台道德风险较大,跑路事件频发,其发展已经严重地偏离正轨,违背了满足中小企业融资需求的初衷,导致人们对互联网金融模式的合法性存疑。跑路等风险事件的发生,主要原因就是资产端信息披露不到位,处于信息弱势一方的投资者无法辨别资产端信息,作出非理性投资决策,严重损害投资者的利益。因此,建立强制信息披露制度尤为重要。

首先,确定承担强制信息披露义务的主体是融资方和互联网金融平台。平台跑路事件的发生,造成了整个互联网金融行业的信任危机,危及整个互联网金融行业的声誉,投资者将自己的投资损失归于平台的欺骗。由于对平台承担信息披露义务的呼声非常高,造成对融资方义务的忽略。实际上,融资者有天生的欺诈动机,利用信息不对称的现状,欺诈融资,而在追究法律责任时,司法机关过于关注平台的问题而忽略融资者的责任。因此,融资者和平台都应该作为信息披露的义务主体。

其次,明确融资方和互联网金融平台承担的信息披露义务以及信息披露方式等。借鉴《网络借贷信息中介机构业务活动管理暂行办法》第 9 条和第 12 条的规定,互联网金融中融资方的信息披露内容应该包括但不限于:提供真实、准确、完整、及时的用户信息和融资信息;提供在所有互联网平台违约的融资信息;保证融资项目真实、合法,并按照约定的用途使用出借人的资金,不得用于其他目的或者用于出借等;按照约定向投资方如实报告影响或者可能影响投资方权益的重大信息;确保自身具有与融资金额相匹配的还款能力并按照合同约定履行还款等;履行合同约定的其他义务。对互联网金融平台而言,一方面要披露自身运营的基本信息,另一方面要披露融资方的基本信息,并对融资方融资信息承担形式审核义务,确保信息披露的真实、准确、完整。互联网平台应当履行以下义务:依照法律法规以及合同约定为投融资双方提供直接借贷信息的采集整理、甄别筛选、网上发布,以及资信评估、投融资撮合、咨询、在线争议解决等;对融资方的资格条件,信息的真实、完整、准确、合法进行必要性审核;监督欺诈行为,发现欺诈行为或损害投资者利益的情形,及时公告并终止相关的活动;持续加强信息披露工作,开展互联网金融知识普及和风险教育活动,确保投资者充分知悉投资风险;定期报送相关信息;妥善保管投融资双方的资料和交易信息,不得删除、篡改,不得非法买卖、泄露基本信息和交易信息;依法履行客户身份识别、可疑交易报告、客户身份资料和交易记录保存等反洗钱和反恐怖融资义务;配合相关部门做好防范查处金融违法犯罪相关工作;按照要求做好互联网信息内容管理、网

---

① 石一峰:《违反信息披露义务责任中的交易因果关系认定》,《政治与法律》2015 年第 9 期。

络与信息安全相关工作;银监会和注册地省级政府规定的其他义务。平台信息披露应该以定期公告的形式及时发布在官方网站。

最后,构建信息披露的责任制度。不履行义务的法律后果自然是承担法律责任。触犯刑事责任底线必须承担刑事责任,自不必多说,刑事领域有比较完善的法律体系规范刑事责任。承担行政责任的前提是违反《行政处罚法》等相关的行政实体法和行政程序法。关于民事责任领域,目前没有明确的法律依据定性法律责任性质,违反信息披露的民事责任非常复杂,确立融资方和平台承担责任模式需要非常谨慎,一方面要考虑对融资者和平台的惩罚性和对投资者的充分补偿性,另一方面又不能赋予平台过重的责任负担,加重平台的生存成本,打击平台的生存能力。《暂行办法》第9条和第12条只规定了网贷平台和借款人的信息披露义务,并没有规定违反义务相对应的责任。建议构建融资者和互联网金融平台的责任分担机制:第一,平台和用资人承担连带责任的情形。平台和融资者具有共同故意,相互勾结欺诈融资,运用侵权法的共同侵权理论,二者承担连带赔偿责任。第二,融资方单独承担违约责任。互联网金融平台已经尽了合理的审核义务,确保了信息的真实、准确与完整,但是由于融资者违约还款造成投资者损失,应当由融资者单独承担违约责任,赔偿损失。第三,平台承担补充赔偿责任。互联网金融平台与融资者在没有意思联络不构成共同侵权的情况下,平台仅仅是疏于履行信息披露的审核义务,使得融资者欺诈融资,这种情形下融资方应当承担主要的赔偿责任,在赔偿能力不足的情况下,由平台承担补充责任,这样在不会使平台负担过重的情况下对平台起到应有的惩戒作用,并能充分地保护投资者的利益。第四,平台单独承担赔偿责任的情形。平台存在虚假标的或者平台自融的情形下,投融资关系中末端融资方实际不存在,平台非法集资的法律结果就是由平台单独承担赔偿责任,例如e租宝案件,应当由平台对投资者进行赔偿。第五,引入"董监高"(董事、监事、高级管理人员)的连带赔偿责任。"董监高"基于其身份的特殊性,对企业经营决策的重大影响,直接或间接地会影响到平台信息披露责任的履行问题,因此有必要将其纳入承担责任的范畴,在没有对平台信息披露尽到审慎监督义务时,对平台的赔偿责任予以连带。

3. 建立第三方资金存管,避免资金池

第三方资金存管制度的建立,有效避免了资金池问题,防止平台自融或者变相归集投资者资金,大大降低投资者被欺诈的可能性。互联网金融平台在账户设置上应遵循账户分离的原则,用户资金和平台运营资金分账管理和使用。《暂行办法》第28条:网络借贷信息中介机构应当实行自身资金与出借人和借款人资金的隔离管理,并选择符合条件的银行业金融机构作为出借人与借款人的资金存管机构。因此,互联网金融企业应当与银行进行合作,签订资金存管协议,明确双方的权利、义务和责任,存管银行应当对客户资金的使用情况实时监督,客户资金的收付完全由独立的第三方机构直接管理,借款人的资金进出根据用户指令发出,而且每笔资金的流动都有实时的记录,防止平台以任何形式挪用资金或者发生携款潜逃的风险事件,实现平台资金和投融资方的资金隔离,同时也防范了平台非法吸收公众存款和集资诈骗的犯罪行为。但是,目前由于介入第三方存管机构成本过高,一些银行为了规避风险,内部设立存管门槛,致使一些互联网金融行业只能"望银行兴叹",建议政府予以政策引导,为银行进行资金存管提供政策性支持,鼓励银行放低存管门槛。

4.允许设立风险补偿制度,为投资者保护设置防线

风险补偿制度是对投资者保护的一道有效防线。风险补偿制度就是在约定还款期限或者约定发放效益产品到期,对于融资者不履行还款义务或不发放效益产品的,由互联网平台设立的风险补偿金等先行进行垫付。风险补偿制度的措施包括但不限于:(1)设立风险备付金,风险备付金的收取方式为从融资额中按比例向融资者抽取或者平台从第三方引入,在融资项目不能按时兑付时,先行偿付给投资者;(2)引入第三方担保,最新颁布的《暂行办法》第10条负面清单中规定严禁自我担保的增信措施,但并没有禁止引入第三方担保,并且从安全的角度来说,引入的第三方担保能够有效地保护投资者;(3)引入保险制度等。《暂行办法》对P2P网贷风险补偿制度采取了默许态度,根据"法无禁止皆自由"的基本理念,在严格遵守第10条负面清单时,还是可以在非禁止的空间内自由选择的。

互联网金融治理法治化的思考[*]

浙江大学光华法学院　　金幼芳^{**}

摘　要：互联网金融从放任自由发展到整治规范，需要真正把握互联网金融本质基础上的治理法治化。互联网金融展示了调整该领域法律制度的空白和缺陷，亟须法治理念的重塑和制度创新重构。互联网金融治理乃至未来制度安排，需要着重思考：互联网金融的监管分工与功能监管实现，互联网金融风险与平台业务综合化；投资者、消费者保护及路径；信息不对称、信息披露和信息广告宣传；互联网网贷机构业务的负面清单与创新包容；市场准入与备案制发展；互联网金融治理的法治化过程中的关系处理。

关键词：互联网金融；网贷机构；复合中介；监管沙箱；功能监管；法治治理

互联网金融涉及货币、支付、融资和理财等领域，融资领域的基本形态是借贷融资和众筹融资，借贷融资的实质是资金需求方向单一或众多的出借人聚集资金的模式，出现了出借人对借款人的"多对一"现象，以及借款人对出借人的"一对多"现象。其核心在于保护资金出借人的投资风险分散。在互联网借贷金融中，这种"一对多"的融资方式，已经脱离了传统民间借贷的基本方式，与传统的"一对一"的借贷方式不同，出借人依赖于"中介机构"的程度不同。就互联网借贷金融而言，互联网金融基本上讲的就是互联网技术公司跨界做民间金融，而不是金融机构运用互联网技术开展的金融互联网。

自互联网金融产生以来，其能够得以迅速发展，既是国家金融监管等有关部门爱护创新、包容治理的结果，更是传统金融法律和立法资源均聚集在传统的正

---

*　【基金项目】国家哲学社会科学基金重点项目"互联网融资法律制度创新构建研究"（15AFX020），浙江省哲学社会科学规划优势学科重大项目"民间金融市场治理的法律制度构建及完善研究"（14YSXK01ZD）及子课题"民间金融市场主体法律制度构建及完善"、"民间金融市场行为法律制度构建及完善"、"民间金融市场监管法律制度及完善"、"民间金融市场信用体系的法律制度构建及完善"、"民间金融市场风险防范与处置法律制度构建及完善"成果。

**　金幼芳，浙江大学光华法学院博士研究生，从事商法、金融法、证券法研究。

规金融机构领域的必然结果,无法可依的状况不是短时间内可以解决的。从某种意义上说,互联网金融给法律出了一道难题,发现以往的法律制度确实对互联网金融行为的调整不适应。互联网金融的自由生长根本上并没有违反法律、法规的规定,只是缺乏规范的制度。没有违反法律规定意味着可以自由开展互联网借贷活动,但为趋利避害,防止不良者借互联网金融名义损害欺骗公众,需要一套规范制度约束,以符合健康发展目标要求。① 也就是说,就目前法律制度而言,互联网借贷金融,不论其采用何种商业模式,本无违反法律法规的规定。至于有"e租宝"等平台的诈骗、跑路等现象发生,有的是违法犯罪、有的是经营不善,这些不是真正的互联网借贷金融,不代表互联网金融。现在,我们希望有健康的互联网金融,有规范的互联网金融借贷融资,不是利用法律禁止或阻碍其发展,而是希望制度规范给互联网借贷金融带来更多的利益,更好地发挥互联网借贷金融的优势,扬长避短。

2016 年 8 月 24 日,银监会等四部委联合发布《网络借贷信息中介机构业务活动管理暂行办法》(以下简称《网贷办法》),这个《网贷办法》创新很多、来之不易,承认了互联网借贷和借贷平台公司业务的合法性,确立了地方政府在管理金融中的地位作用,对互联网借贷融资的各方主体的权利义务有了一个明确的规定。通过"双负责"的原则,明确银监会及其派出机构作为中央金融监管部门,负责对网贷机构实施行为监管;明确地方金融监管部门负责对本辖区网贷机构实施机构监管。明确了网贷机构选择符合条件的银行业金融机构作为第三方资金存管机构,对客户资金进行管理和监督。明确了有关信息披露的义务和内容,明确了监管协调机制和保障投资者、消费者权益的若干措施,包括体现小额、分散要求的借款金额限制制度等等。可以看出《网贷办法》的规定是前所未有的新制度,具有极强的创新性。② 但结合互联网金融实践情况和监管规范的制度要求,在这个确定制度价值选择的关键时刻,需要就互联网金融治理法治化乃至未来互联网金融创新立法问题,做一些理论探讨,以期为互联网金融的创新和规范提供有益成分。

思考一:互联网金融的监管分工与功能监管实现

传统金融分业经营与分业监管,因此,互联网金融的支付、融资、理财在灰色

---

① 正如最高人民法院民二庭庭长杨临萍所说的"观念重塑和制度重构"时代的到来,而不是原有制度的机械套用。

② 但许多规定或制度的提出还缺乏上位法律的支持,需要抓紧高层次立法,保障这些制度的顺利推进和有效实施。

地带、监管空隙中自由生长。支付监管已经采用牌照制管理,相对规范争议不大。但互联网债权式融资(债务式融资)监管包括对网络借贷的监管争议最大。中央层面到底谁是最合适的监管牵头人,是证监会抑或银监会?监管的模式是中央出规则、指导协调和督促,还是要具体介入行为监管中?地方政府如何在互联网金融等地方金融属性的金融监管中更好发挥作用,权利与责任应如同对应(权责对应)?按照证券式融资的方式看,债权融资和股权式融资,均属于融资范畴,网络借贷也没有改变资金需求方(个人、企业)融资的性质,而且往往采用权益证书式、"一对多"的资金聚集行为,互联网金融的借贷其实是债权式众筹。如基于互联网金融中的融资行为应统一归口监管的逻辑,最合适的中央层面牵头主体是证监会。证监会取得上述职权,在修改《证券法》时融入这个内容就可以。而银监会监管网络借贷的民间融资,缺乏法律依据,今后立法归口也比较困难。《网贷办法》没有实质性调整借贷关系,仅仅是对因互联网技术出现而发展起来的互联网借贷平台进行调整,规范约束互联网平台行为仅为借贷主体服务的信息中介。①

就网络借贷的具体监管体制而言,从 2015 年 7 月 18 日央行等 10 部委联合印发的《关于促进互联网金融健康发展的指导意见》到《网贷办法》的监管体制,最大变化是省级地方政府的互联网金融监管权的确立。②《网贷办法》第 4 条及相关条文规定,银监会负责制定网络借贷信息中介机构业务活动监督管理制度,并实施行为监管,指导和配合地方政府做好网络借贷信息中介机构的机构监管和风险处置工作,建立跨部门、跨地区监管协调机制。各省级人民政府负责本辖区网络借贷信息中介机构的机构监管,为网络借贷信息中介机构办理备案登记和注销备案,对备案登记后的网络借贷信息中介机构进行评估分类,接受网络借贷信息中介机构的信息披露公告文稿和相关备查文件,负责网络借贷信息中介机构的风险防范、处置工作。总的说是银监会负责网络借贷信息中介机构的行为监管,地方政府负责网络借贷信息中介机构的机构监管。

但我们应当清楚看到,民间借贷问题的关键不是中介问题,而是借款人、出借人的基本权利义务问题。互联网借贷中介机构有其特殊性,但不应该以网贷中介替代互联网借贷中的相关关系的法律调整。就《网贷办法》所确立的行为监

---

① 一种与借贷有联系但不具有借贷功能关系,即不接触资金网贷中介机构,网贷机构以互联网为主要渠道,为出借人和借款人提供信息搜集、信息公布、资信评估、信息交互、借贷撮合等服务。

② 《网贷办法》本着"双负责"的原则,明确银监会及其派出机构作为中央金融监管部门负责对网贷机构实施行为监管,具体包括制定统一的规范发展政策措施和监督管理制度,并负责网贷机构日常经营行为的监管;明确地方金融监管部门负责对本辖区网贷机构实施机构监管,具体包括对本辖区网贷机构进行规范引导、备案管理和风险防范及处置工作。

管与机构监管的分工也存在理论和实践的困难。第一，行为监管与机构监管的逻辑不同。行为监管相对应的是审慎监管，是从监管内容角度对金融监管模式的一种划分。行为监管通过对金融机构业务行为的监管，以达到保障消费者权益的目的。表现为从产品、服务营销到合同终止的信息披露、了解客户和适当性评估、高利贷限制等等。审慎监管的目的是保障金融机构稳健安全运行，防止金融系统性风险的发生。其主要监管内容包括资本充足率、流动性监管，大额风险暴露监管等等。机构监管与功能监管相对应。所谓机构监管，就是银行、证券公司、保险公司无论从事何种业务，均由各自的监管机构（如银监会、证监会、保监会）监管。功能监管就是无论何种金融机构从事的银行业务、证券业务、保险业务，均分别由银监会、证监会、保监会监管。机构监管和功能监管着眼于从监管主体和被监管机构的角度对金融监管模式进行划分，它不是从监管内容角度对监管模式的划分，无论是功能监管、行为监管，还是审慎监管，都要以被监管机构作为载体来实施。[①] 第二，行为监管与机构监管在实践中会出现困难。正如周仲飞教授所言，P2P 网络平台不如实披露信息，究竟是由地方监管还是由银监会监管？《网贷办法》第 31 条要求 P2P 网络平台应定期将信息披露公告报送地方金融监管部门；第 40 条规定 P2P 网络平台如违法，有关法律法规有处罚规定的，依照其规定给予处罚，有关法律法规未作处罚规定的，由地方金融监管部门处罚。目前，我国除了《网贷办法》外，尚无处罚 P2P 网络平台不实信息披露的法律法规。由此可以看出，P2P 网络平台不如实披露信息应由地方金融监管部门监管。但是，信息披露监管是行为监管的最主要内容，如果信息披露不是由银监会监管，银监会的行为监管究竟具体还包括哪些内容？第三，地方政府与驻地中央金融监管机构运行机制不清晰。中央层面的银监会与地方政府职能关系总体比较好处理，但地方政府与驻地银监局之间关系需要更明确的运行与协调机制。总的来说，在中央层面，银监会则可能只是会同相关机构制定监管规则和行业规范，划清界限、协调、督导等，在出现跨省风险时，可能会出面统一协调。在地方层面，各省级政府负责本地区的具体整治工作。在省政府的统一领导下，省金融办和地方银监局合作，对本地区备案的 P2P 网贷机构进行具体的业务和行为监管。负责设立网贷风险专项整治联合工作办公室，联合其他地方部门，具体组织实施专项整治工作，建立风险事件应急制度和处置预案，做好本地区的维稳工作等。

---

① 2016 年 10 月 11 日，中国浦东干部学院常务副院长，教授、博士生导师周仲飞在"互联网金融实践与法治高峰论坛"上所作"P2P 网络平台监管若干问题"的发言。

思考二:互联网金融风险与平台业务综合化

据不完全统计,截至 2016 年 6 月底,全国正常运营的网贷机构共 2349 家,借贷余额 6212.61 亿元,两项数据比 2014 年年末分别增长了 49.1%、499.7%。按照银监会的说法,目前大部分网贷机构偏离信息中介定位,以及服务小微和依托互联网经营的本质,异化为信用中介,存在自融、违规放贷、设立资金池、期限拆分、大量线下营销等行为。网贷行业中问题机构不断累积,风险事件时有发生。据不完全统计,截至 2016 年 6 月底全国累计问题平台 1778 家,约占全国机构总数的 43.1%。这些问题机构部分受资本实力及自身经营管理能力限制,当借贷大量违约、经营难以为继时,出现"卷款""跑路"等情况,部分机构销售不同形式的投资产品,规避相关金融产品的认购门槛及投资者适当性要求,在逃避监管的同时,加剧风险传播,部分机构甚至通过假标、资金池和高收益等手段,进行自融、庞氏骗局,碰触非法集资底线。①

但我们需要正视这些问题的发生,不宜过度夸大互联网金融风险,金融放任所带来的损失不等同于互联网金融风险,监管后的互联网金融,有技术等多因素控制,风险是可控有限的。监管后的互联网金融本身是微风险,但欺诈、诈骗以及刑事危险性风险成为大的风险源。不顾国情的逆现实分业式监管政策措施是风险源,可以看到的是在互联网金融缺乏有关部门引导规范的情况下,互联网金融包括网贷在探索中前行,绝大部分真正做互联网金融的机构(含借贷)并没有违反法律法规,是在法律框架内运行的,至于如"e 租宝"等,本身就在利用互联网金融开展违法犯罪活动。

互联网借贷互联网金融平台是特殊载体,只要不侵犯正规金融机构的业务,就应允许做,实施功能监管。平台多产品、多功能经营,才能有效生存。互联网金融中的平台是关键中的关键,借贷双方主体一般无法直接对接,但资金形成直接债权债务关系,借贷主体敢发生交易的关键是相信平台给予的机会和平台把控的交易规则。有人喜欢把互联网借贷比喻成房屋买卖双方,把互联网借贷平台(网贷机构)比喻成房产中介机构,从而得出网贷平台机构如同房产中介公司,居间提供信息中介服务的结论。这种比喻基础和逻辑都是错误的,如果借贷行为发生在面对面的线下,借贷双方如同买卖房产双方,线下可以见面、可以看实体物(人或房屋),中介机构居间的确是有信息中介服务性质,可以定位为信息中

---

① 系 2016 年 8 月 24 日,银监会在"网络借贷信息中介机构业务活动管理暂行办法"发布会上答记者问内容。

介。但是网络借贷最大的特点就是借贷双方主体以及借贷用资项目，无法在借贷时点让双方面对面交流，无法对实体的人和物进行求证，也不可能进行细致的求证、调查、评估。平台对出借人而言就是一个"看门人"的作用，网贷平台的综合服务、专业的风险控制等服务，可以让投资者决策简单、便利、准确。而网贷机构的声誉和水平，决定客户交易量，决定手续费的收入等，采取多产品、多功能的服务，可以使网贷平台能够在生存基础上提升声誉和规范发展。单一的信息中介业务，无法使企业有效生存。因此，互联网借贷平台公司应该采用融资服务中介的基本服务＋特许经营的模式发展，特许经营指批准的类金融业务或金融业务。

表1　英国 Zopa、美国 Prosper、中国拍拍贷三家平台之比较

平台名称	平台性质	借款人约束	投资人约束	风险控制
Zopa	复合中介型（担保人、联合追款人）——FSA（英国金融服务管理局）监管	个人信用由专业第三方评级机构（Equifax）评级；Zopa 提供参考利率，借款人选择是否接受（平台负责利率制定）；平台采用竞拍模式进行借款人和投资人匹配	投资人决定投资利率与风险偏好，由平台匹配 Zopa 将借款以10英镑为单位进行分割	设立"风险储备金"，出现违约时接管出借人贷款持有权，由专业催款公司进行催收
Prosper	纯信息中介型——SEC（美国证券交易委员会）监管	个人信用由美国社会保险号的信用评分确定；Prosper 结合借款记录定利率（平台决定利率）；平台采用招标模式进行借款人和投资人匹配	投资人可决定自行投资或系统自动匹配；允许出借人转让其拥有的票据	不承诺保障本金，若借款人违约，Prosper 会向投资人推荐催款公司收账，但费用由投资人承担。借款人的违约记录将纳入个人信用报告
拍拍贷	纯信息中介型——银监会与地方政府监管	个人信用由拍拍贷网站认证确定；借款人自行设定利率；平台不提供担保，借款人可以与担保人（多为拍拍贷其他用户）私下协商担保	投资散标	平台对借款人信息进行纯线上审核，不保证各项信息的真实性。借款人逾期30天未还款时，投资人有权将债权转让给收债公司或其他人

与2005年上线的英国 Zopa 和2006年上线的美国 Prosper 相比，可以看到最大的差异点在于我国没有按照实际可发展的价值取向安排制度。

从表1可以看出的最大区别是网贷信息中介机构：(1)是否直接承担个人信用评估：Zopa是第三方评估，拍拍贷是自己认定；(2)信用的基础数据可靠性，如美国个人信用由美国社会保险号的信用评分确定，而我国缺乏基础可靠的信用数据；(3)利率是由谁确定的，如Zopa自己确定利率，拍拍贷是由借款人确定利率；(4)出借人是否分散，平台采用招标模式进行借款人和投资人匹配，一般分散，而我国有投资人人数限制等制度规定，分散程度低；(5)平台是否兜底，复合中介有一定的兜底性，纯信息中介不承担赔偿责任。

银行是什么中介？通常被认为是信用中介，但并没有看到《商业银行法》定义银行是信用中介，难道银行不可以从事信息中介吗？信息中介和信用中介是彼此不可调和的矛盾吗？网络借贷如果定位是债权众筹，互联网网贷平台是否可以是混合的借贷融资服务中介？事情在变化，银行未来最能赚钱的业务就是金融信息中介，是信息还是信用，互联网范围下边界可以交叉。互联网借贷融资，出借人对借款人信息无法核查，因此比任何时候都依赖相信服务中介，如果平台不仅能够对借贷人的信息真实性负责，而且对真实信息下的本息安全承担责任，那么有信用有能力的平台市场地位才会提高，受到投资者信赖，企业融资成本才会下降，各方受益。服务平台的多产品和混合融资服务中介是应当可取的。平台不是信用中介，但也不是纯信息中介，不是电脑公司，而是承担起保护投资者、消费者的看门人责任，法律制度设计应该更加针对互联网借贷的特性而创新。平台若作为信息中介，其结果是企业生存困难，投资者出借的资金安全缺乏基础保障，融资者难融资。

从监管便利性角度看，的确是信息中介的定位监管简单；从企业生存角度看，民间借贷的纯信息中介，比较难获得利润。国内目前的纯信息网贷中介公司几乎没有赢利。因此，建议对经过市场检验比较优秀的互联网网贷平台采用特许的综合经营模式，也就是复合中介形态。即在信息中介的基础功能上加单项许可服务。[①]

思考三：投资者、消费者保护及路径

投资者、消费者合法权益保护的理念永远正确，实践中贯穿整个立法过程，并实际可行有效。借贷融资中投资者、消费者最无法保护的是自己的借贷本息（因不是股权、信托投资），互联网借贷中网贷机构平台既可能是最积极保护投资

---

① 李有星、金幼芳：《论互联网融资服务中介法律制度构建：以众筹与网贷为视角》，《证券法律评论》(2016卷)，中国法制出版社2016年版，第488页。

者、消费者的主体,也可能是最不负责地跑路、欺诈等损害投资者利益的主体。法律规制的目的就是扬善抑恶,把互联网借贷平台公司的积极性发挥出来。如何发挥,就是应该给网贷机构平台的特别权利,可以在充分行使权利的同时保护投资者,平台在风险控制的情况下,可以不断提升自身的信用。平台应该可以以第三方保险、担保、备用金、专项基金等方式增信,凡是有利于投资者利益保护的措施应予鼓励,强化企业内部控制风险的指标,相信企业主体和市场发挥合理的调节功能。

事实证明,其他如信息披露、损失自负等不可或缺,但对在还本付息的借贷中所起的作用是远远不够的,借贷就是简单的还本付息,借款人应该负起偿债的责任,融资中介方也可以对借款人行为实行约束,平台应该有能力核查借款人的信息、信用,让不合格的借款人无法使用借款平台,可以要求借款人提供足够的信用担保等等。总之,要对网络借贷平台赋予适度的权利,使其具有能够保护投资者、消费者出借人资金安全的能力。

思考四:信息不对称、信息披露和信息广告宣传

互联网融资中,资金需求和使用方的信息永远不能满足投资者的决策需求。信息对于网络借贷的投资者(出借人)尤其重要,出借时的信息不充分或信息瑕疵,会导致投资决策失误,而投资决策一旦失误,血本无归,其后续的信息也无意义了。互联网金融信息不对称,只有负责任的平台才能准确提供投资者投资决策所需要的信息。借款人可变因素太多,在外部信用基础不足的情况下,希望信息中介给投资者提供决策信息是困难的,尤其将网贷机构定位在仅仅是信息中介,过度限制网贷平台的权利和施加义务,没有赋予网贷机构应有的权利,网贷机构无法承担起保护投资者的真正功能。如《网贷办法》第 12 条借款人应当履行下列义务:(1)提供真实、准确、完整的用户信息及融资信息;(2)提供在所有网络借贷信息中介机构未偿还借款信息;(3)保证融资项目真实、合法,并按照约定用途使用借贷资金,不得用于出借等其他目的;(4)按照约定向出借人如实报告影响或可能影响出借人权益的重大信息;(5)确保自身具有与借款金额相匹配的还款能力并按照合同约定还款;(6)借贷合同及有关协议约定的其他义务。在借贷关系中,资金用途、确保还款是难点,银行等金融机构的损失主要也是借款人改变资金用途、确保还款的条款实现不了造成的,其中,缺乏足够的能力追踪监督是关键。互联网金融中的借贷,失去或缺乏网贷机构平台对借款人的后续资金使用等行为的追踪监管,借款人容易产生道德风险,最终损害出借人利益。因此,网络借贷服务中介机构应该代表出借人行使和承担监督借款人的法律权利和责任。

信息披露需要实质的投资决策信息,不是越多越好。信息披露重在责任到位,但如果借款人信息虚假,融资中介也没有发现,钱已经损失,那么追究非责任方的责任,也就没有意义了。《网贷办法》第 13 条规定借款人不得从事下列行为:在网络借贷信息中介机构以外的公开场所发布同一融资项目的信息。信息广告仅仅局限于信息中介平台的要求是否合理?理论上,只要不虚假,真实的项目信息为何不能发布?有企业个人侵权、转发这些信息怎么办?发布宣传信息和如何选择能够承担投资损失的合格投资者是不矛盾的,应该允许合法广告的整单途径宣传。另外,《网贷办法》第 10 条第 4 项规定,P2P 网络平台不得自行或委托、授权第三方在互联网、固定电话、移动电话等电子渠道以外的物理场所进行宣传或推介融资项目。就是说 P2P 网络平台不得在线下宣传或者推介融资项目,但可以在线上自行或者为他人宣传、推介融资项目。目前的信贷广告最为混乱,我们主张信贷公告采用许可制,只有那些具有信贷相关业务资格的机构才可以自行或者委托他人发布信贷广告。《非存款类放贷组织条例》(征求意见稿)第 28 条规定,任何未取得经营放贷业务许可的组织或个人,不得发布贷款广告。网贷平台只有获得了营业执照并经过地方金融监管部门备案登记后,才可以自行或者委托他人从事线上信贷广告业务。

思考五:互联网网贷机构业务的负面清单与创新包容

"e租宝"以互联网名义非法集资、诈骗、虚假宣传等,是伪互联网金融,不是真正的互联网金融和网络借贷金融,是骗子金融,不能用"e租宝"否定互联网借贷金融的好处。采用负面清单在金融领域是否有问题?金融领域负面清单就是法律底线,法律底线需要有法律依据或宪法原则。法律都不禁止的行为,规章可以设禁止吗?如果提前行政诉讼结果如何?另外,互联网金融企业真的是清单以外的都可以做吗?也未必。我们认为融资平台的实质禁止就 3 条:一是不欺诈虚假宣传,二是不非法集资,三是不非法经营侵犯传统银行业务。一般而言,金融机构业务尤其是创新业务往往伴随着风险,所以对其业务范围不宜采用负面清单方式,而应采用正面清单的审批制或者备案制。P2P 网络平台虽然不是金融机构,但毕竟从事资金融通业务,可以说是一个准金融机构。按照负面清单的思维逻辑,网贷平台除了 13 项被禁止的业务不可以涉足外,其他的业务均可以从事。

对照《网贷办法》第 10 条的规定,真正的底线、负面清单应该是什么?第 10 条规定,网络借贷信息中介机构不得从事或者接受委托从事下列活动:(1)为自身或变相为自身融资;(2)直接或间接接受、归集出借人的资金;(3)直接或变相向出借人提供担保或者承诺保本保息;(4)自行或委托、授权第三方在互联网、固定电话、移动电话等电子渠道以外的物理场所进行宣传或推介融资项目;(5)发放贷款,但法律法规另有规定的除外;(6)将融资项目的期限进行拆分;(7)自行发售理财等金融产品募集资金,代销银行理财、券商资管、基金、保险或信托产品等金融产品;(8)开展类资产证券化业务或实现以打包资产、证券化资产、信托资产、基金份额等形式的债权转让行为;(9)除法律法规和网络借贷有关监管规定允许外,与其他机构投资、代理销售、经纪等业务进行任何形式的混合、捆绑、代理;(10)虚构、夸大融资项目的真实性、收益前景,隐瞒融资项目的瑕疵及风险,以歧义性语言或其他欺骗性手段等进行虚假片面宣传或促销等,捏造、散布虚假信息或不完整信息损害他人商业信誉,误导出借人或借款人;(11)向借款用途为投资股票、场外配资、期货合约、结构化产品及其他衍生品等高风险的融资提供信息中介服务;(12)从事股权众筹等业务;(13)法律法规、网络借贷有关监管规定禁止的其他活动。这里我们探讨的问题是:法律法规、网络借贷有关监管规定禁止是并列效力吗?规章级别的监管制度可以设立禁止并与法律法规同等效力吗?显然是错误的,具有违法违宪的嫌疑。即使要采用负面清单方式来规定业务范围,从立法技术上看,既然 P2P 网络平台已经被界定为金融信息中介,那么,负面清单中所列举的业务应该是与金融信息中介相关的被禁止的业务,那些按照法律或者法规规定必须获得批准才可以从事的业务就没有必要列入负面清单之中。

对于网贷机构的业务范围,不应武断地控制在信息中介的范畴,应鼓励创新而且包容许可,予以合理扩大,实行综合业务模式,但到底可以从事哪些业务,需要在监管实践中提出。对于一些新业务,可以借鉴采用"监管沙箱"①的做法予以检验安全而推广。选择个案,由网贷平台就其要从事的新产品或服务与监管机构充分沟通,一旦其所提出的新产品或服务的合目的性、风险可控性、消费者保障的相关措施为监管机构所同意,监管机构在自己的监管权限范围内,可以同意其尝试新产品或服务。这种依据各个网贷平台各自特点允许从事不同的创新产品或服务的"监管沙箱"做法,可能会增加监管机构的监管成本,但能够很好地避免"负面清单"一刀切的做法所带来的业务风险不可控性,也可以最大限度地

---

① 对于进入监管沙箱的机构,英国金融行为监管局在自己的监管权限范围内,简化或者修改相关监管要求,或者中止适用某些监管措施。在某些特殊情况下,金融行为监管局会向机构送达安慰信,亦即只要机构遵守有关创新产品或服务测试要求,与金融行为监管局保持公开的联系,公平对待消费者,即使测试的产品或服务产生了意外结果,金融行为监管局也不会对其采取惩罚措施。

激励网贷平台的业务创新。[①]

思考六：市场准入与备案制发展

《网贷办法》是规章层次原因无法采用许可制，还是真的认为备案制就可以解决网贷机构的经营资格，这是很理论的问题。许可制基本是先证后照，需要行政法规以上的立法层级才能确定许可制度，是法定商人的必经程序，[②]配套是非法经营罪的法制保障，即没有取得许可者经营均属于非法经营，《刑法》中会设定非法经营罪。但备案制只有先照后证，经过工商行政管理机构的企业法人登记，即具备注册商人的经营资格，但从事特别业务，应当到有关行政管理机构备案登记，不备案者应该承担没有备案的法律责任和后果。

《网贷办法》第5条规定，拟开展网络借贷信息中介服务的网络借贷信息中介机构及其分支机构，应当在领取营业执照后，于10个工作日以内携带有关材料向工商登记注册地地方金融监管部门备案登记。地方金融监管部门负责为网络借贷信息中介机构办理备案登记。地方金融监管部门应当在网络借贷信息中介机构提交的备案登记材料齐备时予以受理，并在各省（区、市）规定的时限内完成备案登记手续。备案登记不构成对网络借贷信息中介机构经营能力、合规程度、资信状况的认可和评价。地方金融监管部门有权根据本办法和相关监管规则对备案登记后的网络借贷信息中介机构进行评估分类，并及时将备案登记信息及分类结果在官方网站上公示。备案制听起来很诱人，实际管理可能不是那么容易，加之负面清单制以负面清单形式划定了业务边界，明确提出不得吸收公众存款、不得归集资金设立资金池、不得为出借人提供任何形式的担保等，不得从事债权转让行为、不得提供融资信息中介服务的高风险领域等内容。我们研究认为，备案制和负面清单不是有效解决网贷机构市场准入问题的办法，最终还得采用牌照制度，但不是中央层面发放的与银行等相同的"金融牌照"即金融许可证，而应当是地方政府金融监管机构颁发的地方性类金融牌照。或中央制定牌照管理统一规则，总量控制，把发牌的权力交给地方政府，地方政府发的是地方牌照，只要市场化，人们自然会辨别哪些互联网金融企业是优质的，哪些是劣质的，不需要监管者的备案、分类这么复杂的活动。

---

① 见周仲飞：《P2P网络平台监管若干问题》，在2016年10月11日的"互联网金融实践与法治高峰论坛"上发言稿。

② 李有星：《商法》，高等教育出版社2006年版，第41页。

思考七：互联网金融治理的法治化中关系处理

1. 观念重塑和制度创新重构，解决该领域的缺乏专门法律和规则问题

现行法律大多是互联网金融、移动互联网金融出现前的产物，相关法律规定与互联网金融不协调、不适用。如 2006 年制定《中华人民共和国银行业监督管理法》，赋予银行业监督管理机构监督管理银行业的权力，并未授权给银监会监管网贷行业的资格。一些法律规定与互联网金融的特性存在冲突。网贷平台只要开展商业营业，其天然具有公开性、社会性，平台发布的借款项目具有利诱性，面向网络投资对象通常是社会不特定群体。这与最高人民法院规定的有关非法吸收公众存款的要件完全吻合，只要集资者数额达到法定数额（个人集资 20 万元、涉及 30 人；企业集资 100 万元、涉及人数 15 人等）就会触犯刑律。因此，从事互联网网络借贷和众筹的平台一直处于非法集资的恐慌中，亟须要"安全港"制度和立法确立。①互联网金融多为新兴行业，法律空白明显，对其中不少细分领域，需要新设法律加以规制，或者在法律中设立特别的豁免条款。②如股权众筹制度，需要修订《证券法》确立，并建立相应的"集资门户"、小额众筹豁免、私募豁免等制度。③

2. 立法层次需要行政法规解决利益冲突矛盾

网络借贷涉及面广，社会公共利益影响面大，深层次矛盾多，利益冲突广泛。其利率是人民银行规定的，登记是在工商局的，机构备案又是地方政府的责任，等等，相关方政策如何体现。如市场准入、负面清单、权利义务、中央与地方金融监管职责划分、对地方政府要求、法律责任等都需要行政法规来有效解决。许多问题不是银监会一家或几家正部级单位自己立法，约束其他部门就可以的，就银监会与省政府之间的关系，到底是一种怎样的关系，实践中如何安排权利义务，如何协调分工，国家工商行政管理机构如何发放营业执照权，与地方政府的备案权之间如何协调也是一个问题，涉及权利义务的合理安排。而这种安排需要国

---

① 也类似于英国的"监管沙箱"，即监管机构建立一个"安全地带"，使授权机构或者未授权机构的创新产品、服务和业务模式得以试验，同时又不发生因为从事这些活动而可能招致的监管后果。获得监管机构批准的机构，可以尝试从事他们提出的创新产品或服务。监管沙箱的好处就是减少监管的不确定性对创新活动的阻碍和造成的融资困难，通过提供各种创新的金融产品满足不同金融消费者的投资需求。

② 邓建鹏：《互联网金融专项整治的法制思考》，《中国金融》2016 年第 16 期。

③ 《中华人民共和国证券法（证券法草案）》第 13 条 通过证券经营机构或者国务院证券监督管理机构认可的其他机构以互联网等众筹方式公开发行证券，发行人和投资者符合国务院证券监督管理机构规定的条件，可以豁免注册或者核准。

务院层面的行政法规才会有效。法律法规(尤其是行政法规),具有创设性,包括对禁止性条款的设定,但规章没有(网贷监管的有关规定可能比规章层次还低)。禁止性条款法律法规有规定的应执行,规章规定禁止的可能违法、违宪,防止部门立法扩大禁止范畴。

3.科学解决中央职能部门规章与地方金融监管立法之间的关系

国务院确定的温州金改试点,催生 2013 年 11 月 22 日的中国首部金融类地方性法规《温州市民间融资管理条例》,对借贷、定向债券融资、私募等以及监管作出规定。山东的《山东省地方金融条例》2016 年 7 月 1 日起实施,比较有特色。加快形成"中央为主、地方补充、规制统一、权责明晰、运转协调、安全高效"的金融监管和风险防范处置体制。如何处理相互之间的规定而不矛盾、出现冲突如何处理关系,是政府应该考虑的。

4.处理好中央金融监管机构、驻地机构、地方政府金融监管机构、中国互联网金融协会等之间的职能、协调机制等关系

民间金融以及互联网金融很复杂,千万别将管传统金融机构(银行、证券、保险、信托、基金)的办法套到互联网金融上来。线上与线下也要归于一体。

5.慎用"任何单位个人不得"的法条

我国目前是社会主义市场经济,但一些涉及企业民间融资的法律法规还停留在 1995 年或 1998 年的状态,如《证券法》《商业银行法》,国务院的《非法金融机构和非法金融业务活动取缔办法》(〔1998〕第 247 号)等有些规定太绝对。如《商业银行法》第 11 条规定,"设立商业银行,应当经国务院银行业监督管理机构审查批准。未经国务院银行业监督管理机构批准,任何单位和个人不得从事吸收公众存款等商业银行业务,任何单位不得在名称中使用'银行'字样"。如《证券法》第 122 条规定:"设立证券公司,必须经国务院证券监督管理机构审查批准。未经国务院证券监督管理机构批准,任何单位和个人不得经营证券业务。"《非法金融机构和非法金融业务活动取缔办法》第 5 条:"未经中国人民银行依法批准,任何单位和个人不得擅自设立金融机构或者擅自从事金融业务活动。"建议:今后的立法不要绝对化,给创新留下空间,写上法律法规另有规定除外,或不得违反法律法规规定从事禁止性金融业务活动。

浅谈互联网金融存在的刑事法律风险及意见建议

临海市人民检察院　　张秀华 *

摘　要:在互联网金融兴起的背景下,金融刑事犯罪呈现出新特点,并涉及非法吸收公众存款罪;集资诈骗罪;擅自发行股票,公司、企业债券罪;洗钱罪;信用卡诈骗罪;出售、非法提供公民个人信息罪等众多罪名。互联网金融风险的防范,应构建多层次的监管体系,包括行业自律、法律规范、行政监管、社会监督等多方面内容。

关键词:互联网金融;非法集资

互联网金融是指以依托于支付、云计算、社交网络以及搜索引擎等互联网工具,实现资金融通、支付和信息中介等业务的一种新兴金融,是传统金融行业与互联网精神相结合的新兴领域。① 自 2013 年以来,互联网金融发展迅速,第三方支付、网络信贷、云金融、众筹融资等金融业务蓬勃发展。一方面互联网金融投资门槛低,程序简便,变现方式灵活,推进了金融的平民化和人性化;但是另一方面,其在创新的同时,也产生了诸多的风险和安全问题,互联网金融犯罪因具有隐蔽性、高科技化等特征,给受害人带来了巨大的经济损失。本文就互联网金融背景下存在的刑事法律风险及意见展开论述。

一、互联网金融背景下金融刑事犯罪的特征

1.犯罪主体多元化、涉众更多、地域范围更广

随着计算机技术的发展和网络的普及,各种职业、年龄、身份的人都可能实施网络金融犯罪。在网络金融犯罪中,网络金融犯罪主体年轻人占较大的比例。犯罪人与受害人之间不再以普通熟人为主,呈现以陌生人为主的新特征。互联

---

　* 张秀华,女,临海市人民检察院公诉科副科长。

　① 谢平:《互联网金融新模式》,《新世纪周刊》2012 年第 24 期。

网金融突破了传统金融犯罪地集中、嫌疑人相对集中的规律,互联网的虚拟性突破了地理界限,地域范围更广。

2.犯罪手段多样化、犯罪速度更快、影响更大

信息网络的迅速发展,信息技术的普及与推广,为各种网络金融犯罪分子提供了日新月异的多样化、高技术的作案手段。由于网络信息的传播速度快和传播范围的不可控性,犯罪事件的波及范围、影响深度在互联网领域被急剧放大。

3.犯罪隐蔽性高

网络金融犯罪很多时候都是利用工作之便作案,占据有利的客观环境,具有瞬间性特点,不露痕迹,容易毁灭证据。由于此类犯罪作案时间短、手段隐蔽、专业性强,给预防和取证工作带来许多困难,使犯罪分子得不到及时、有力的惩处。

二、互联网金融存在的刑事风险

通过对互联网金融典型模式的梳理和综合分析,目前的互联网金融主要可能涉及以下刑事罪名:非法吸收公众存款罪;集资诈骗罪;擅自发行股票,公司、企业债券罪;洗钱罪;信用卡诈骗罪;出售、非法提供公民个人信息罪等。

1.可能涉嫌非法吸收公众存款罪和集资诈骗罪

在互联网金融领域,一些网络集资机构在业务开展过程中,存在虚构借款项目吸收资金、未经批准开展自融业务,以及归集资金形成资金池等情况。P2P网络借贷平台资金池的存在,结合互联网无限开放、海量客户、资金单笔数额虽不一定大但迅速集聚的特征及平台在宣传上保证高收益的口号性、象征性特征,使得P2P网络借贷平台成为非法吸收公众存款罪的高发区。众筹平台在初期也极有可能虚构一些项目先行归集投资者的资金再行寻找投资机会,在其他行为要件上与P2P涉嫌非法吸收公众存款罪颇为相似。根据筹集资金的主观意图以及资金的主要用途和流向,对P2P网贷以及众筹平台进行综合分析,如主观上具有非法占有目的,即涉嫌集资诈骗罪。

2.可能涉嫌擅自发行股票,公司、企业债券罪

《最高人民法院关于审理非法集资刑事案件具体应用法律若干问题的解释》第6条规定:"未经国家有关主管部门批准,向社会不特定对象发行、以转让股权等方式变相发行股票或者公司、企业债券,或者向特定对象发行、变相发行股票或者公司、企业债券累计超过200人的,应当认定为《刑法》第一百七十九条规定的'擅自发行股票、公司、企业债券'。构成犯罪的,以擅自发行股票、公司、企业债券罪定罪处罚。"而在互联网金融中的互联网金融门户模式,若是以自身平台或者协助客户擅自发行不符合法律规定的债券或者证券投资基金等金融产品,

亦会单独构成该罪或者构成该罪的共犯。股权众筹的运营模式,的确存在未经国家有关部门批准,擅自向不特定对象公开发行的行为,如果平台想要采用更具有吸引力的方式,吸引人群笼络资金,则必然会超过 200 人,一旦不规范运作达到追诉标准的,将被按照擅自发行股票、公司、企业债券罪定罪处罚。

　　3. 可能涉嫌洗钱罪

　　互联网金融中行为人可能利用互联网金融资金快速流动、匿名性和隐蔽性特征,为犯罪分子提供洗钱服务,从而涉嫌构成洗钱罪。而任何资金流动的环节都是可能涉及洗钱罪的风险节点。最典型的就是行为人将投资人相应犯罪所得转入第三方支付平台再行转出。比如,全球知名的在线货币转账公司之一"自由储备银行"居然成为"黑社会定点洗钱银行",该银行设立 7 年以来,已经在全世界为至少 100 万名用户处理了 5500 万笔非法转账交易,成为全球网上犯罪分子分配、储藏和漂白非法所得的主要场所之一。①

　　4. 可能涉嫌信用卡诈骗罪

　　信用卡诈骗也是互联网金融的支付模式经常涉及的犯罪。第三方支付平台若以非法占有为目的,使用相关支付工具恶意透支,根据《最高人民法院、最高人民检察院关于办理妨害信用卡管理刑事案件具体应用法律若干问题的解释》第三款规定,就很容易涉嫌信用卡诈骗罪。

　　5. 可能涉嫌出售、非法提供公民个人信息罪

　　在互联网金融的各种模式中,各种交易平台均涉及大量的资金数据和客户重要信息,这些数据特别是个人信息的保护法律上有细致的规定,互联网金融平台不得出售或非法提供给他人,必须要做好客户信息保护工作,否则极易涉嫌出售、非法提供公民个人信息罪。

　　此外,互联网金融机构可能利用监管上的缺位、擅自挪用投资者的资金或者将资金占为己有,涉嫌挪用资金罪、职务侵占罪。一些行为人假借互联网金融实施盗窃或者诈骗,从而涉嫌盗窃罪、诈骗罪。

三、风险防范建议及对策

　　我们应该如何对待互联网金融? 互联网金融之所以有旺盛的生命力,是因为其符合市场的发展规律,从整体看,互联网金融是有利于社会经济发展的。在肯定互联网金融的同时,加强风险防范尤为重要。就互联网金融风险的防范,应构建多层次的监管体系,包括行业自律、法律规范、行政监管、社会监督等多方面

---

　　① 陈一鸣、丁小希:《网络洗钱令人忧》,《人民日报》2013 年 5 月 30 日第 22 版。

内容。笔者认为应从以下两方面进行监管。

（一）行业自律、行政监管、社会监督方面

1.明确互联网金融行业准入门槛

为了维护金融市场的稳健发展、维护金融消费者的利益，更是为了保护创业者，互联网金融行业固然是要打破过去通过严格的审查审批制度建立起来的高门槛，但同时应设置一定的准入门槛。这样的门槛，不是过去的严格管制、不许进入，而是针对创业者承担风险能力、金融知识结构、业务模式安全性的统一标准。可分别从机构准入、业务准入、平台准入和资格准入等方面加强监管。对于设立互联网金融机构要进行分类管理，明确发起设立的条件和标准；对于新业务开展的互联网金融产品应规范其资金运作和销售，并要求备案登记；对于平台的安全标准，要有效设置安全防火墙，制定相应的互联网金融平台技术规范和管理标准。有了明确、科学的准入标准，将从源头控制优质的互联网金融主体的产生，从而减少刑事犯罪的发生。

2.加强对从业人员的法律培训和警示教育、加强行业自律

法制观念的淡薄和侥幸心理的存在也往往是诱发某些从业人员铤而走险、触犯法律的主要原因。因此，有针对性地对相关从业人员开展法律培训、进行警示教育，对于提高守法意识、引导依法从业，以及防范、杜绝违法行为的发生均具有十分重要的意义。行业自律与政府监管相比自觉性更强、效果更明显、作用范围和空间也更大，各地、各行业可建立行业协会或自律组织，可设定行业规范和底线标准，定期公布违反行业规范、违背底线标准的行为，充分发挥行业协会的作用，充分贯彻和落实制定的自律公约、行业标准，要求会员们必须要履行自律公约、遵守行业规则，从而实现自我管理，维持互联网金融市场的竞争秩序，使得整个行业能够保持健康有序的发展。

3.加快征信体系建设，加强信息披露

由于我国信用体制不完善，为了有效降低互联网金融虚拟性和开放性带来的风险，必须加强互联网金融企业的征信制度建设，加快推进企业、个人征信系统建设，构建跨金融市场的统一风险信息共享平台，整合司法机关、监管部门、金融机构的信息资源，建设包括犯罪信息、违法信息、违约信息在内的风险信息数据库，提高失信成本，加大对失信行为的惩罚力度。同时还要加强信息披露，提升互联网金融行业的透明度，避免监管机构因信息缺失、无从了解风险和行业经营状况，要利用互联网的大数据综合判断授信对象的信用状况，使交易各方参与者都能够有效评估风险。

4. 严防网络系统风险，加强信息安全监管

在互联网环境中，信息传播和采集的规模及速度达到空前的水平，一定要严防网络系统风险。从业者应严格按照现有法律法规收集客户信息，并给予相应保护。从事互联网金融的企业必须通过删除或修改计算机设备的服务程序等办法来解决其软硬件方面的缺陷，防止来自网络的恶意攻击，严防客户资金被盗用、资料被窃取。同时，还要防止企业内部人员私自窃取、贩卖客户信息，以及违规操作等，加强内部控制体系建设。

5. 强化投资者风险意识和法律意识，推动金融消费者保护

建议加大宣传力度，引导社会公众树立理性的投资观念和风险自负意识，将典型个案、风险提示等通过各类媒体、自媒体等途径进行有效传播。推动建立和完善多元化的纠纷解决机制，通过调解、仲裁、民事诉讼、刑事诉讼等多重救济途径解决金融纠纷，保护消费者权益。

（二）刑事立法、司法方面

1. 刑事立法方面

中国近几十年来长期压制民间金融，甚至对一些严重违法者（如集资诈骗的罪犯）施以死刑，致生诸多争论。[①] 如果继续以往的政策，互联网金融发展不易。刑法作为最为严厉的法律，理应保持谦抑性。刑法的谦抑性是指刑法介入、干预社会生活应以维护和扩大自由为目的，而不应过多地干预社会，反映到刑罚的配置中，就是刑事干预力度的节制，也就是使用轻缓的刑罚。[②] 而在经济发展领域，法律的一个重要基础性作用便是为经济发展服务，因此，金融领域，法律的监管需要给予市场经济最大限度的尊重，实现资源的基础性优化配置，经济领域的刑事立法应当以保护经济发展、保障经济发展秩序为根本目的。互联网金融作为一种新生事物，在未能具体界定该领域中违法乃至犯罪行为的具体样态及形成机制时，不宜在刑事立法过程中盲目扩张。刑法在介入经济行为的过程中，应在各部门法之间明确边界，从而促使相互之间更加协调，并依据不同法律的效力位阶构建监管经济行为、保障经济发展的综合法律体系。与此同时，在构建对经济行为规制的法律体系时，需要清楚地界定各个部门法律的辐射范围，减少重合与漏洞等矛盾之处。对于互联网金融的法律监管，则应当进行"严堵"与"疏导"的平衡：一方面应当通过完善相关法律监管制度，由监管部门以及相关行业自律协会对互联网金融活动进行法律监管；另一方面应依据刑法的规定，追究互联网

---

① 刘伟：《金融创新与金融监管学术研讨会综述》，《华东政法学院学报》2005 年第 1 期。
② 陈兴良：《刑事政策视野中的刑罚结构调整》，《法学研究》1998 年第 6 期。

金融活动中涉嫌犯罪的行为人的刑事责任。因此,在规制互联网金融犯罪的过程中,需要借助对立法、执法、司法的综合考虑,借助对犯罪成本的分析,并通过疏堵结合,方能最终确定最佳方案。

2. 刑事司法方面

(1)坚持罪刑法定原则,重视司法的理性克制。互联网金融展现出了高度的开放性与创新性,然而,在规制此类金融犯罪的刑事司法过程中,则应当秉承理性克制的理念,拒绝一拥而上式的冲动性司法,根据犯罪的本质以及罪刑法定的原则,明确刑法制裁的法律依据,严格区分罪与非罪。对于尚不构成犯罪的一般违法行为,则应通过行政等其他途径予以处罚。具体而言,在刑事司法过程中,应准确把握刑法用语的含义,并将符合该含义的互联网金融行为纳入刑法规制的范畴,将其他行为从犯罪圈中排除。

(2)实行案件专门化办理,提高案件办理水平。鉴于互联网金融犯罪建立在网络技术与金融技术的基础之上,故该领域的犯罪呈现出较强的专业化程度,一方面应通过提高相关司法人员在该领域的专业化水平,由具有相关专门技术、法律知识的专人办理,从而实现对事实审查、证据认定以及管辖等程序问题的科学判断,同时可积累相关经验,实现专业化,保证案件的办理质量。另外一方面可借助于该领域专业人士的知识技能,建立专家库,提供咨询、鉴定等服务。

(3)提倡案例指导制度。制定法具有一定的局限性,如缺乏周延性、具体性、应变性等。互联网金融犯罪复杂多变,属于新类型犯罪,制定法的劣势尽显。实践中需要以其他方式予以弥补。创制具有判例法色彩的案例指导制度是最为全面、最为有效的弥补方式。[①] 2010 年,最高人民法院发布了《关于案例指导工作的规定》,强调建立中国特色的案例指导制度,并在全国范围内选择案件作为指导案例。目前,对于指导性案例的适用及效力尚无明确规定,发布数量和频率亦不尽如人意,故增加数量及提高频率,使之成为主要的常规性工作,得到多数法律人的支持。近年来,互联网金融领域内犯罪呈上升趋势,给刑事司法带来极大的挑战。通过发布指导性案例,可以更有效地实现同案同判的自然正义,维护法律适用的统一,并可以给司法人员乃至社会公众带来更加直观的感受。目前,全国法院的绝大部分裁判文书都已经上网,在司法实践中,可以选择涉及互联网金融犯罪的优秀裁判文书,建立优秀文书库,实现类似于案例指导制度的功能。

---

① 刘作翔、徐景和:《案例指导制度的理论基础》,《法学研究》2006 年第 3 期。

当前互联网金融存在的刑事法律风险及意见建议

浙江西湖律师事务所　叶　斌　朋礼松[*]

摘　要：互联网技术进步及互联网思维的扩散，互联网金融的兴起正当其时，经近几年的加速推进，仍是方兴未艾。以互联网第三方支付、P2P 网络借贷、众筹融资等为代表的互联网金融模式成为互联网金融领域的典型代表，也是其发展的生力军。围绕互联网金融众筹模式的法律风险亦是不断，特别是刑事法律风险，以非法吸收存款罪，集资诈骗罪，非法经营罪，擅自发行股票、公司、企业债券罪等为代表的非法集资类犯罪为主，以挪用资金罪、职务侵占罪、洗钱罪等外在风险为次，给互联网金融的发展蒙上了一层阴影。结合上述风险，从传统壁垒的打破与刑法规制的克制、监管规范与监管体系的双重构建两个大方向入手，力求为互联网金融走出犯罪风险圈并健康发展提出有益的路径探索。

关键词：互联网金融；刑事法律风险；非法集资；监管

一、引　言

近几年，随着互联网技术的发展，以及"互联网＋"思维的发酵传播，甚至各行各业都充斥着"互联网＋"的影子。而以互联网第三方支付、P2P 网络借贷、众筹融资等为代表的互联网金融模式也在这一浪潮下，迅速成为一个新兴热门领域。互联网金融是指以依托于支付、云计算、社交网络以及搜索引擎等互联网工具，实现资金融通、支付和信息中介服务等业务的一种新兴金融，是传统金融行业与互联网精神相结合的新兴领域。[①] 自被称为"互联网金融元年"的 2013 年始，互联网金融便开始在传统金融行业的生态圈中，以其独特的经营模式和价值，创造着不一样的金融业态。但是，互联网金融作为互联网技术与金融相结合

　＊　叶斌，浙江西湖律师事务所专职律师；朋礼松，浙江西湖律师事务所实习律师。
　①　谢平：《互联网金融新模式》，《新世纪周刊》2012 年第 24 期。

的新生事物,在其发展势头迅猛的表象背后,由于准入门槛低、行业标准模糊、监管式微等诸多内在配套制度架构的不完善和不合理,使得互联网金融在野蛮生长的现实下,面临监管失控、风险隐患频现等诸多问题。

二、典型的互联网金融模式类型

谈及互联网金融,多数人总会与单个相对独立的金融模式建立联想,而互联网金融并非一个个割裂模式的统称,它应是一个完整的生态系统,且互联网金融是一个渐次发展而不断丰富的生态系统,互联网金融中各种模式的发展进程也不尽相同,如图1所示。针对互联网金融生态的分类,理论与实践中也不尽相同。有学者认为,互联网金融包括征信、搜索、第三方支付、在线理财、大数据金融、P2P、众筹七种生态。每种生态都是互联网金融构成的一部分,并且不能单独存在。① 而根据2015年7月18日人民银行等十部门对外发布的《关于促进互联网金融健康发展的指导意见》(银发〔2015〕第221号,以下简称《指导意见》),其中将互联网金融的主要业态分为七大类,主要是互联网支付、网络借贷、股权众筹融资、互联网基金销售、互联网保险、互联网信托和互联网消费金融等。本文结合央行从监管角度所作的分类,就互联网金融实践中较为常见的几种典型模式业态予以列示。

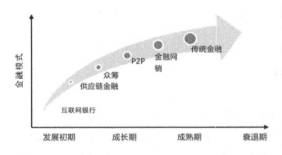

图1　互联网金融模式②

(一)P2P网络借贷

P2P网络借贷是英文Peer to Peer的简称,即"点对点"或"人对人",是指有

---

①　管清友、高伟刚:《互联网金融:概念、要素与生态》,浙江大学出版社2015年版,第49页。

②　来源于清科研究中心:《2015年中国互联网金融行业投资研究报告》,新浪网 http://ishare. iask. sina. com. cn/f/avjrsmdGAX3. html,2018年8月16日访问。

资金出借意向的出借方通过有资质的网络平台（P2P 网贷平台）将资金出借给有资金需求的借款方，而平台作为信息网络中介，为借贷双方提供相互的信息交流、信息价值认定和其他促使交易完成的服务，并从中收取相应的中介费用，平台不成为借贷资金的债权方或债务方。由其定义可以看出，P2P 平台并非从事金融业务，其只是一个中介服务平台，也不具有金融机构的属性。

（二）众筹融资

与 P2P 网络借贷一样，众筹作为互联网金融的新生融资方式，在互联网金融圈中有着举足轻重的地位。众筹，翻译自国外的"crowdfunding"一词，有大众筹资或群众筹资之意，是指资金需求方通过互联网平台（众筹平台），发布相应的筹款项目或投资计划，进行资金募集。其具有低门槛、多样性、依靠大众力量、注重创意的特征。[1] 目前国内众筹融资的类型主要有债权众筹、股权众筹、奖励式众筹、捐赠众筹四种模式。[2]

（三）第三方支付平台

第三方支付是指通过互联网在客户、第三方支付公司和银行之间建立连接，帮助客户快速实现货币支付、资金结算等功能，同时起到信用担保和技术保障等作用。[3] 第三方支付是目前中国互联网金融众多模式中较为成熟和拥有最大市场规模的一种模式，也是其他众多互联网模式的基础和依托。我们日常使用的阿里巴巴的支付宝与腾讯的财付通，便是第三方支付中占有绝大部分市场份额的两个产品，成为第三方支付的典型代表。

（四）在线金融产品和业务服务平台

这类平台主要可划分为以下三类：一是具有线下实体业务的金融机构的互联网化，主要有网上银行、互联网证券交易、互联网保险销售等形式；二是不存在实体机构，完全通过互联网开展业务的专业网络金融机构，比如众安在线财产保险；三是不提供金融业务本身，而是提供金融业务的服务支持的平台，包括但不限于金融

---

[1] 孙丽：《互联网金融论》，山东大学出版社 2015 年版，第 66 页。

[2] 刘踊傧、李曼琪：《互联网金融模式及法律风险研究》，来源于 http://lyplawyer.blog.sohu.com/302586083.html，2016 年 8 月 30 日访问。

[3] 许传华、徐慧玲、周文等：《互联网金融发展与金融监管问题研究》，中国金融出版社 2015 年版，第 78 页。

产品和业务的搜索（如 91 金融超市、融 360），理财记账服务（如挖财网）等。[①]

三、禁区：互联网金融背后潜藏的刑事法律风险

诚然，互联网金融是新型的金融业务模式，但其本质仍属于金融，没有改变金融经营风险的本质属性，也没有改变金融风险的隐蔽性、传染性、广泛性和突发性，加之国家对互联网金融发展的监管滞缓、监管规范的片段化、规范体系的空缺，使其"野蛮生长"的态势愈烈，其间衍生了诸多法律问题，也爆发了诸多的金融风险。而其中涉及的刑事法律风险，更是在平台倒闭、平台卷款"跑路"、平台涉非法集资等此起彼伏的新闻报道中愈发严峻。笔者结合现阶段互联网金融中暴露出的刑事法律问题，就其中可能涉及的刑事法律风险作如下分析。

（一）平台或机构突破自身定位或定位不明确，可能涉嫌非法吸收公众存款罪

互联网金融一般通过互联网金融平台汇集社会闲散资金，形成股权、债券、基金等多种形式，可以在一定范围内实现资金的大量聚拢汇集，极易成为滋生集资类犯罪的温床，衍化成非法集资的"重灾区"，坠入非法吸收公众存款罪或集资诈骗罪的"雷区"。根据我国刑法和相关司法解释，成立非法集资需同时具备四个特征：一非法性，二公开性，三利诱性，四社会性。以 P2P 网络借贷模式为例，其运作模式即利用第三方网络平台，在借贷双方之间完成匹配。因第三方平台面向的是不特定公众，一旦 P2P 机构突破其信息中介平台的定位，未经批准开展自融业务，或平台吸储放贷，或不经托管而自持投资者的资金，建立资金池，甚至虚构项目吸收资金，很容易就构成非法吸收公众存款罪的刑事犯罪。如被称为 P2P 网贷第一案的"优易网"案，其负责人携带 2000 多万元的投资人资金潜逃，后优易网相关负责人被江苏省如皋市人民检察院以涉嫌非法吸收公众存款罪起诉。还有绍兴环保设备公司老板使用 P2P 网贷平台，仅两个月时间，就从国内 29 个省市 2000 余名投资人处非法集资 4000 多万元。[②] 所以，关于 P2P 网贷平台涉嫌非法吸收公众存款罪或以非法吸收公众存款罪进行刑事追责的案件，不胜枚举。

---

① 参考王子威：《互联网金融模式现状专题研究》，来源于 http://3y. uu456. com/bp_1b4kg0tk4c3ibqx7siky_1.html，2016 年 9 月 1 日访问。

② 魏鹏：《中国互联网金融的风险与监管研究》，《金融论坛》2014 年第 7 期。

(二)信息不对称,平台虚构信息、编造虚假项目,可能涉嫌集资诈骗罪或诈骗罪

无论是P2P平台还是众筹融资平台,由于平台未完全履行信息披露义务,以致投资者及资金持有者对于平台发布信息的真实性无法进行有效的核实,而且相关平台往往以高额回报利率予以利诱,故而平台利用虚构的项目,骗取投资者的款项,进而实现非法占为己有之目的。而一旦符合非法集资的四大特征,加之主观上具备的非法占有之目的,集资诈骗罪则可认定,即使尚未具备四大特征,但对于普通的诈骗罪也可构成。

(三)准入门槛低,主体资质不符,可能涉嫌非法经营罪或擅自设立金融机构罪

在互联网金融呈现出一派繁华景象的背后,我们不容忽视的一个问题,即在互联网金融的低门槛准入制度之下,让众多无资质或者资质不全的平台涌入互联网金融的浪潮之中,加之缺乏实质性的行业和部门监管,以致行业参差不齐的同时,也可能涉嫌相应的刑事犯罪,最为突出的便是非法经营罪或擅自设立金融机构罪。互联网金融的平台和机构,从其严格资质来说,大多提供信息中介服务或者项目推广等非金融业务活动或者金融业务,但其事实上仍属于非金融机构,而这些经营互联网金融业务的非金融机构的设立大多都没有经过中国人民银行的批准。如P2P网络借贷平台突破中介平台本质,实则进行银行借贷的操作;股权众筹平台进行债券的发行和交易;互联网基金募集或者基金销售,基金管理人或者基金销售机构,未经登记,未取得基金募集资质之前即擅自募集基金等等,诸行为业已落入非法经营罪的"口袋"之中,也很可能被以《刑法》第174条的擅自设立金融机构罪名追责。不论是《刑法》第225条第4款关于构成非法经营罪的兜底条款在司法实践中的随意扩张和肆意滥用,还是根据最高人民法院相关司法解释,都将非法经营罪纳入了互联网金融的犯罪圈之中。

(四)融资主体突破限制,变相进行股票、证券等发行活动,可能涉嫌擅自发行股票、公司、企业债券罪

结合《中华人民共和国证券法》关于发行股票、证券的规定以及《中华人民共和国刑法》关于擅自发行股票、公司、企业债券罪的规定,该罪的构成主要是两条红线:一是向不特定对象公开发行,二是超过200人。而在众筹融资中,"股权众筹融资"(即在众筹融资过程中,发起人以出让公司部分股权的方式作为对投资者的回报,面向普通公众的融资活动)的融资形式,极易向擅自发行股票、公司、

企业债券进行转化。如 2013 年 5 月,中国证监会对于一家文化公司淘宝网上销售"凭证登记式员卡"的行为叫停,认为其涉嫌擅自发行股票,利用网络平台向社会公众发行股票的行为被首次界定为"非法证券活动"。[1] 现阶段互联网金融业态下的股权众筹模式,在形式上完全具备发行股票,公司、企业债券的形式特征,而未经国家有关部门批准又是现实存在。即使平台可能在公开方式上存在相应的变通,如众筹平台往往会选择通过一系列的实名认证、资格认证将不特定的投资者转化为具有一定资质的特定投资者,以此规避法律制约,故特定与不特定也只是一个似是而非的概念。[2] 若平台为吸收大量资金,吸引更多的投资者,则势必会突破 200 人的限制。一旦其变通的方式被轻易认定为"向不特定对象公开",此时两条红线恰恰被"踩"在了股权众筹的脚下,这也就意味着其正在构成该罪的"是"与"非"之间徘徊。[3]

(五)资金未与机构平台分离,资金不经托管,平台自持,或在机构平台沉淀,可能存在挪用资金或侵占的犯罪风险

如前所述的资金池问题,其本身就属于违规,但在其违规的背后,却也同样潜藏着另一刑事法律风险。如 P2P 平台未依照监管规定将资金存入第三方托管,而是由出资人将资金直接打到平台,直接由平台控制资金。托管的目的之一即为避免平台出现资金自融和资金自持,若不将出资人资金予以第三方托管,可能存在 P2P 平台随意挪用出资人资金,进行其他投资行为,或者相关人员利用在平台管理职务中的便利条件,将客户资金挪作他用,并占为己有的情形,如此一来便可能涉嫌挪用资金罪或者职务侵占罪。而在 2015 年十部门出台的关于互联网金融的纲领性文件《关于促进互联网金融健康发展的指导意见》中,也明确要求互联网金融机构实行"客户资金第三方存管制度",足见这种风险并非空穴来风。

同时,其他模式中也同样存在这样的问题。以第三方支付中的支付宝为例,由于用户转账至账户的资金距买卖双方的真正结算尚有一段时间,那么在这段时间内,沉淀资金完全控制在第三方支付机构账户中,其随时有被支付机构予以挪用或者被相关人员利用职务便利予以侵占的风险。

---

[1] 徐平:《中国互联网金融的刑事法律风险分析》,来源于 http://blog.sina.com.cn/s/blog_660e33270101kglw.html,2016 年 8 月 30 日访问。

[2] 叶姝阳、吴伟容:《众筹网络融资模式的监管问题研究——通过对比众筹与非法集资》,《财会研究》2015 年第 10 期。

[3] 刘蹋傧、李曼琪:《互联网金融模式及法律风险研究》,来源于 http://lyplawyer.blog.sohu.com/302586083.html,2016 年 8 月 30 日访问。

(六)我国征信系统不健全,无法有效审查资金来源,可能涉嫌洗钱罪

在传统的金融行业,只要涉及资金流转的环节,都有可能掩藏着一只洗钱犯罪的黑手。具体到互联网金融领域,同样涉及资金的流转,加之互联网金融涉众的广泛性、资金流动快速性以及资金往来方式上的隐匿性,又无有效手段审查在互联网金融中流转资金来源的合法性,并不排除出借资金中有犯罪违法所得财产的存在,故在互联网金融这种相对隐蔽的模式操作中很容易被利用,继而成为违法犯罪分子洗钱犯罪的"避风港"。如 P2P 平台运营商仅是提供中介服务,而不参与实际的借贷业务,故如果资金出借者利用平台进行洗钱活动,平台根本无法获知这一情形,那上游犯罪所得就轻而易举地被漂白。同样,利用第三方支付平台进行洗钱则更加简单,只要通过微信上网络红包的网银转账业务,经营机构只要将他人上游犯罪所得的赃款转入第三方支付机构的网络平台,再通过该平台转出相应资金,那么赃款的来源和性质便能得以漂白。① 此外,若平台机构明知出借者的资金属上游违法犯罪所得,仍主动参与其中并协助转移资金的,显然此时平台也可以成立共同犯罪,均触犯洗钱罪,难逃刑事苛责。

四、"破"与"立":刑事法律风险的出罪与防范

通过前面对互联网金融中潜藏的刑事犯罪风险的剖析,可以看到,在互联网金融愈发迅猛的发展势头之下,其背后潜藏的诸多风险,特别是刑事法律风险,不论是在互联网金融业务开展过程中的自生型风险,还是从利用互联网金融实施违法犯罪的利用型风险,并没有在发展过程中被监管规范的渐次完善予以递进式消减,反而面临的问题依然复杂且突出。面对互联网金融领域风险事件频发的严峻现实,笔者认为,即使互联网金融属于新生事物,但其所引致的问题并非全新,其与传统金融制度的陋病也有相当的相关性。当然,互联网金融行业自身的问题,作为主导潜在刑事法律风险的动因,亦无法忽视。笔者拟结合上述所及刑事法律风险发生的现实导因,从法律、政策、制度等层面入手,围绕互联网金融如何走出刑事犯罪圈,对互联网金融所涉刑事法律风险的防范路径进行厘清,笔者拟提出的"破墙"与"砌墙"的双重路径,将作为对互联网金融刑事法律风险予以有效规避和有效防范的主线。

---

① 参见刘宪权:《互联网金融面临的刑事风险》,《解放日报》2014 年 5 月 7 日,第 005 版。

（一）"破墙"——传统壁垒的打破与刑法规制的克制

1. 适当打破传统金融制度的壁垒

相较传统金融行业,互联网金融借助互联网等新技术,实现了运营模式和盈利模式的创新。但在这一创新中,由于我国仍然施行的是金融垄断管控体制,故其始终未能摆脱传统金融制度的约束,即在金融行业准入行政审批的大原则下,互联网金融也难以取得实质性的突破。而互联网金融中资本洪流的诱惑,必然出现为争夺资本而突破行业红线的冒进风险之举。不管是传统金融还是互联网金融,在准入制度上的诸多审批壁垒,横亘于互联网金融进行深层次创新突破的路上,不仅是其发展的束缚,同样也成为引发该领域刑事法律风险的一大危险触角。适度放开金融管制,多实行备案制,而非审批制。适度放开并不意味着无限制,而是在明确准入条件的基础上,允许新型互联网金融创新模式的开放式进入,减少事前审批,充分利用市场来优化行业环境,适度强化事中监管和事后监督,建立负面清单制度,构建结构清晰的行业退出机制,以此保证互联网金融各模式的有序安稳运行。

2. 明确刑法规范的要义,剥离其模糊性

诚然,面对互联网金融发展进程中存在的诸多刑事风险,我们确实可以在刑法规范内选择条文进行评价,但鉴于互联网金融模式常新,与刑法规范所对应的行为模式之间的差异日益突出,能否严格适用在司法个案中也尚存研究探讨之空间。首先,刑法应是一门精确的规范体系,而且刑法条文应具明确性,这也是罪刑法定原则的要义。而反观刑法规范,特别是用以规制互联网金融的刑法规范,其中不乏被广泛批判的模糊性表达的刑法罪名,如非法经营罪。因为法条词义用词模糊,具有很大的解释空间,在司法实践中随时可能被扩张解释,往往异化为十足的"口袋罪",成为互联网金融发展中难以避开的"刑事陷阱"。而刑法规范中相关概念的厘清,相关罪状表述的明晰化,避免模糊性兜底条款的恣意适用,对案件的准确定性无疑是关键的,也是防止互联网金融被随意刑法评价的路径之一。

3. 保持刑法规制的克制,破除其随意性

与传统金融相较,互联网金融倾向归属于民间金融,与民间融资和借贷密切相关。然而,我国民间借贷监管长期坚持国家本位主义,存在着两个基本价值上的偏差:一是坚持压制等于稳定和安全的理念,过分强调严格的管制;二是过分强调通过压制民间金融维护正式金融机构垄断地位的目标。① 可见,互联网金融在民间融资壁垒重重的现实之下,极易触及非法集资的红线,而这根红线一直是制约民间借贷与融资发展的最大障碍,对于互联网金融的创新发展而言,是一个不小的掣肘,特别是非法吸收公众存款罪的广泛适用。根据非法吸收公众存款罪构成要件,只要前述的四大特征具备即可,而对于其中的"未经有关部门批准"这一条件,结合实际可以看到,很多金融创新模式往往都是"未经有关部门批准"而实施进而取得巨大成功。换言之,非法吸收公众存款罪进入刑法评价的第一序位,简直轻而易举。此外,由于部分领域缺乏行政规定予以规制,也使得互联网金融的规制选择直接进入刑法评价序列,显得十分尴尬,出现法律评价上"断崖"②。虽然刑法介入制裁是必不可少的,"但基于互联网金融所具有的巨大创新价值,刑法只能适度规制而绝对不能过度干预,否则势必会适得其反,将互联网金融创新扼杀在'摇篮'之中,从而阻滞金融创新与发展"③。

(二)"砌墙"——监管规范与监管体系的双重构建

1.监管规范跟进的及时性与有效性

互联网金融在近几年以迅猛之势发展,一方面是新生事物,充满各种探索的可能;另一方面由于结合互联网,其便捷、成本低等特点也使得更多的人参与其中。不管如何,其发展的速度、模式翻新的频率显然是传统金融难以企及的。也正是如此,使得在传统金融监管的思维下,应对新型互联网金融的监管规范出台的速度迟缓,甚至落后于互联网金融自身发展模式的变化。而监管规范的未能及时跟进,导致在适用上出现迟缓性、滞后性、操作性差等问题。故为有效避免上述问题,保证互联网金融的正常有序发展,需要在监督规范的跟进上保证及时性和有效性。只有及时出台相关规定,才能为参与者提供行为规范,引导参与者合规适法而行。其次,及时性是确保有效性的前提,没有及时的监管规范予以跟进,无法确保在模式多样的互联网金融圈不会出现"朝令夕废",即无法及时出台监管规范,落后迟缓的法令政策就难以适用新出现的情况,彼时规范一出台便需要修改或者重新制定,由此留下一个时间上的监管空白,而这不可避免地可能会生成风险。

---

① 岳彩申:《民间借贷监管制度的创新与完善——以农村金融制度改革为中心的研究》,《经济法论坛》(第6卷),北京群众出版社2009年版。转引自邓建鹏:《互联网金融时代众筹模式的法律风险分析》,《法学研究》2014年第3期。

② 参考刘宪权:《对民间融资,法律应避免"断崖"》,《解放日报》2014年2月28日,第005版。

③ 刘宪权:《论互联网金融刑法规制的"两面性"》,《法学家》2014年第5期。

2.监管方式的递进性与全面性

前点所述,主要在于监管规范滞缓的时间范畴,而除此之外,还有监管方式在领域、范围上的手段范畴。笔者在前文也提到,在互联网金融中存在"断崖式"法律评价,使得相应的金融模式下的行为直接适用刑法手段(犯罪化)进行规制,而欠缺行政规定等违法评价规范,显然这与刑法规范作为"补充性"的评价规则有悖,也不符合刑法的谦抑性。所以,为确保监管方式的合理性,主张构建民事、行政、刑事三者相递进的规范体系,避免刑法评价的急突冒进以及过于严苛。在监管方式上以民事、行政作为前置性的评价手段,在民事、行政不足以评价之时,彼时介入刑法,既避免了随意刑法评价的恣意性和严苛化,又使得违规行为得到该当的惩处。

在递进式的监管规范体系中,确保监管规范的全面性也是一个不容忽视的问题。全面性并非面面俱到,也不可能做到面面俱到,实则在监管层面上,做到行为模式有法可依;在监管部门上,做到不留监管空白。一方面,针对行为模式的特点和运作结构进行细致立法予以规范;另一方面,在职责部门的权限划分上,做到权责划分清晰,尽量保证监管部门的独一性,避免多头监管,防止相互之间协调上的矛盾以及监管规范上的矛盾,也可避免相互进行责任推诿。

另外,为保证互联网金融行业在整体监管上落到实处,避免监管部门分散所造成的各自为政,可设立一个独立进行统筹管理的上级部门,实行联席会议制度,可以围绕制度建构、风险防范方面进行探讨,进行法律政策的解析,以及新型问题应对举措的研究,同时对监管规范也可进行合理性研讨,推动监管规范的民主性、合理性和有效性,以此形成一个全面、长效的监管体系。

五、结语

本文探讨了互联网金融飞速发展的现状下,其背后潜藏的不容忽视的刑事法律风险,通过对各类互联网金融模式可能存在或者正在遭受的刑事法律风险的条缕分析,就如何对存在或可能存在的刑事法律风险进行规制与防范提出了个人的一点浅见。不论是互联网金融中的P2P网贷、众筹融资等典型模式,还是其他的大数据金融、互联网金融门户等模式,其间的参与者,不论是投资者还是借贷者,还是其他参与人员,在互联网金融这一大潮流之下,他们在爆发活力与火力的同时,一旦行为发生偏差,就会在不知不觉中进入刑事犯罪圈,身陷刑事犯罪的雷区。是故,如何有效避免互联网金融创新发展背后的潜藏风险,如何有效规制已经存在的法律风险,如何确保互联网金融可以平稳运行,远离刑事犯罪圈,或许这是一个不会过时的课题。而作为律师,其背后隐藏着的专业化刑事风险防控的法律服务市场广阔。总之,在不远的将来,以刑事法律风险防控为主打的刑事非诉讼业务,也将在互联网金融发展进程中悄然介入,并与互联网金融的创造者们积极探索一条保障互联网金融平稳、健康、安全、有序发展的路径,而在相应的监管规范体系中,刑事法律风险防控的常态化、制度化嵌入也将不期而至。

当前互联网金融存在的刑事法律风险及意见建议

——以近年浙江省相关刑事案例为样本

浙江省人民检察院　沈雪中
义乌市人民检察院　吴露萍*

摘　要:随着经济金融化、金融市场化进程的不断加速,"互联网＋"与金融彼此融合,互联网金融市场蓬勃兴起,但由此产生的刑事法律风险也与日俱增。网络金融犯罪行为利用互联网平台与金融机制危害投资者资金安全,严重冲击传统金融行业。浙江作为经济转型和创新驱动的先行省,近三年来互联网金融犯罪案件数量出现"井喷式"增长,本文旨在通过梳理全省近年来发生的互联网金融刑事犯罪案件,发现其中的共性特点,并提出建议,以此规范金融市场生态,为我省金融市场的创新发展提供有力司法保障。

关键词:互联网金融 P2P 平台;犯罪特点;风险防控

一、全省互联网金融犯罪案件办理情况与特点

(一)案件办理基本情况

在互联网时代新兴科技的推动下,金融领域正逐渐发生着深刻的变革,金融创新作为驱动金融业发展的动力,通过与互联网的充分结合,形成了一种新型的生态环境。由于传统金融业的高成本和准入限制,许多金融服务需求没有得到充分满足,从而导致"金融压抑"①,再加上金融行业同质化竞争以及互联网金融

---

　* 沈雪中,男,浙江省人民检察院专职检委会委员,公诉一处处长;吴露萍,女,浙江省义乌市人民检察院金融知识产权科副科长。
　① 贾圣林:《新金融是金融业供给侧改革的突破口》,吴敬琏、厉以宁、郑永年等:《读懂供给侧改革》,中信出版社 2016 年版,第 147 页。

法律不全的现实,使得互联网金融行业得到了前所未有的飞速发展,互联网金融模式迅速席卷整个中国,打破了传统金融行业的"生态平衡",同时也滋生了不少违法犯罪行为。

据统计,2014 年 1 月至 2016 年 7 月,浙江省检察机关共受理涉互联网金融犯罪审查起诉案件 209 件 1665 人,案件共涉及八大领域十五个罪名,具体主要包括利用 P2P 网络平台犯罪案件 59 件(含"e 租宝"案件 5 件),第三方支付、平台交易、众筹类犯罪案件 55 件,互联网理财、电信诈骗类犯罪案件 29 件,互联网证券期货交易类犯罪案件 18 件,贵金属、原油期货交易类犯罪案件 38 件,侵犯知识产权类犯罪案件 4 件,利用聊天软件工具类犯罪案件 3 件,涉及网络货币(如比特币)犯罪 3 件。案件基本情况为:

数量剧增。2014 年全省检察机关受理的互联网金融犯罪审查起诉案件数量为 37 件,2015 年则上升至 81 件,增加一倍多,而 2016 年仅半年多时间,截至 2016 年 7 月份,案件数量已增至 91 件(见图 1)。其中,丽水、嘉兴地区 2014 年没有案件发生,2015 年开始案发;宁波、杭州、温州在 2014 年分别受理 1 件、2 件、1 件,2015 年相应数量增至 7 件、14 件、14 件,分别增长 6 倍、6 倍、13 倍。

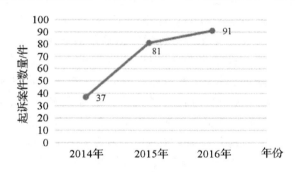

图 1　近三年检察机关受理互联网金融犯罪审查起诉案件数量

区域分布差异明显。全省各地区案件区域分布差异悬殊,其中以绍兴地区受理的互联网金融犯罪案件最多,为 74 件,涉及人员达 1055 人,杭州、温州、金华地区均超过 20 件,而嘉兴、丽水地区则不足 5 件(见图 2)。同时,各地区犯罪案件的涉罪领域也呈现不同的地域特点,杭州地区一半以上案件为 P2P 平台(含 e 租宝)犯罪案件,金华地区以互联网理财、众筹案件为主,绍兴地区则是第三方支付、平台交易以及贵金属期货交易案件占了 80%,数字货币(如比特币)类案件仅在杭州、温州、金华地区出现,利用私募发售虚假基金类案件仅在嘉兴地区出现。

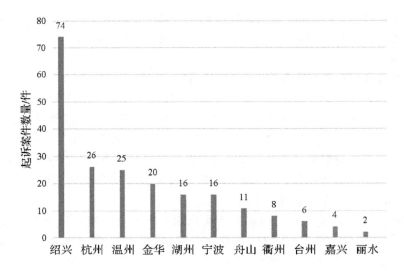

图 2 近三年浙江省各地检察院受理互联网金融犯罪审查起诉案件数量

涉案罪名增多,作案手段翻新。2014 年全省检察机关受理的互联网金融案件罪名仅涉及诈骗罪、非法吸收公众存款罪、集资诈骗罪盗窃罪、破坏生产经营等几种常见罪名,2015 年罪名种类开始增多,假冒注册商标罪、保险诈骗罪、破坏计算机信息系统罪、开设赌场罪、合同诈骗罪等开始出现。新的作案手段不断涌现,主要发生于金融创新领域,除自然人外,单位参与犯罪案件亦增多。宁波地区出现多起由多人合伙作案的利用聊天软件推荐股票形式的网络诈骗案件,绍兴地区出现大量的互联网证券期货交易及贵金属交易类案件,温州、金华地区开始出现以互联网平台理财为名的"传销式"的非法吸收公众存款案,在构成非法吸收公众存款罪的同时,部分涉案人员的行为往往构成组织、领导传销活动罪。整体而言,近三年涉及互联网金融犯罪案件以诈骗罪、非法吸收公众存款罪及集资诈骗罪案件最多,其次为非法经营罪及盗窃罪。(见图 3)

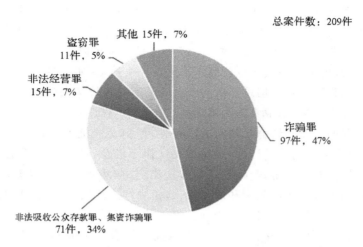

图 3　近三年浙江省互联网金融犯罪主要几类罪名分布及比例

(二)互联网金融犯罪案件特点

经分析,当前我省互联网金融犯罪案件呈现出如下特点:

1.P2P网络平台借贷案件密集高发,受害者众

近三年全省受理的P2P网络借贷刑事案件共59件,其中仅有4件发生在2014年,杭州地区的13件案件全部发生在2015年之后,其中涉及的罪名主要是集资诈骗罪和非法吸收公众存款罪,犯罪主体多为投资管理类公司。同时,涉案的投资人越来越多,金额越来越大,如2016年义乌受理的倪某某、朱某某设立P2P平台非法吸收公众存款案涉案金额达4.6多亿元,参与的投资人达2000多人,遍及全国各地,社会影响较大。

2.共同结伙犯罪突出,行业特征明显

全省近三年互联网金融犯罪案件共209件,但涉案人数却有1655人,平均每件案件有8名犯罪人员参与,其中,绍兴地区74件案件就有1055名犯罪人员。如诸暨市院受理的张某等106人利用互联网交易平台诈骗案,犯罪嫌疑人通过成立公司购买现货交易软件,并绑定第三方支付公司,在网上建立交易平台,欺骗受害人投资,从而诈骗财物。同时,犯罪团伙内体现出严密的组织性、计划性,各犯罪成员之间、上下游之间分工细密,通力合作,形成一定的产业链。所有案件涉及的行业主要为银行金融理财、证券投资、保险行业,行业特征明显。

3.犯罪方法模式化、专业化

涉案的互联网平台或第三方支付类金融犯罪案件,基本的模式为设置网络交易平台或者成立投资、金融信息服务公司,以互联网金融信息服务公司、投资理财公司等名义招揽客户,许以高额利润回报,再通过篡改后台数据、控制第三方平台等手段获取投资者资金。同时,该类犯罪人员多数有金融从业背景或具备一定的金融、证券知识或掌握较高水平的计算机技术,如涉案的几起破坏生产经营罪案件的犯罪嫌疑人均系互联网公司内部的高级技术人员。

4. 犯罪打击难度大,涉案损失难以追回

金融犯罪的专业性结合互联网的隐秘性,使得司法机关在查出此类案件时难以采集、保全完整的电子证据,同时相关法律不健全,没有专门界定与规制互联网金融犯罪的法律规定,金融创新与非法集资、非法吸收公众存款、网络诈骗等犯罪短时间内难以准确判断和统一认识,司法打击及认定困难。同时,因此类案件的查处往往源于骗局崩盘后个别受害人的报案,司法程序启动有一定滞后性,再加上投资人分散且多为散户,侦查机关对资金的去向和使用没有能力监管,使得该类案件发生后最终虽然对违法分子进行了处罚,但涉案财产追回率普遍较低,因而也容易引发群体性事件。

二、互联网金融领域刑事法律风险分析

现阶段,我国互联网金融的格局主要由两部分构成,一部分是传统金融机构通过将传统金融业务互联网化、电商化的方式,来实现其互联网金融业务;另一部分是非金融机构选择利用互联网技术实现第三方支付及交易业务、P2P平台借贷、众筹平台融资等新型模式。随着互联网技术、信息通信技术的突破,互联网与金融快速融合,一方面催生了金融创新,提高了金融资源配置效率,另一方面也带来了诸多问题和风险隐患。如第三方交易平台在日常管理、经营中面临的遭受病毒、黑客攻击的系统安全风险问题,商标、专利等知识产权侵权问题;P2P网络借贷平台的资金流动性风险问题,担保机构直接开设P2P平台或以担保机构为关联方为P2P平台业务提供担保的违规担保风险问题;普通个体的交易或投资风险问题,如交易方因隐私或商业秘密被平台泄露导致的风险,在网络支付过程中资金被盗用的风险,交易平台或借款方隐瞒金融产品风险信息而引发的风险;目前诉讼中对电子合同、电子签名的证据效力认证问题等。同时,由于当下对互联网金融的部分交易行为尚存在监管缺位,互联网金融交易的过程和结果均存在一定的不确定性,也有不可预知的政策性风险。

相对于上述日常经营类风险,互联网金融产品涉及的刑事法律风险则更为严重地影响互联网企业的发展。按照功能区分,当前互联网金融领域业务形式

可以分为互联网借贷融资(P2P①、众筹等)、第三方支付、互联网销售、网络虚拟货币、大数据产业等类型,不同互联网金融业务面临不同的刑事法律风险,结合我省近年发生的互联网金融领域内的刑事案件,下面对各业务类型的刑事风险做一一分析。

(一)P2P 网络借贷的刑事法律风险

2012 年以来,庞大的市场需求使得 P2P 平台如雨后春笋般出现,对于有急切融资需求的民营企业和小微企业来说,P2P 网络借贷的出现在很大程度上为他们解决了融资难的问题。据不完全统计,截至 2016 年 4 月,我国现存的 P2P 平台有 4000 多家,而这一数据在 2010 年、2011 年仅为 10 家、50 家。P2P 业务创新层出不穷,P2P 平台俨然从单纯的信息撮合平台变成了集存贷款功能于一身的类金融机构,部分行为已触碰监管的红线。自 2011 年开始至 2015 年 11 月底,全国问题平台数累计 1248 家,多数 P2P 借贷平台出现提现困难、挤兑、倒闭甚至恶意跑路等情况,2014 年 6 月 27 日,上午刚刚上线的恒金贷 P2P 平台,下午老板就失联,刷新网贷最短跑路史的纪录。P2P 网络借贷平台若有自己的账户,并将出借方的资金融合进账户,后将资金借予他人或从事其他投资,从中谋利,此类模式实质上是民间融资行为,极有可能触犯洗钱罪、非法吸收公众存款罪、信用卡诈骗罪、非法经营罪、盗窃侵占罪等罪名。分析我省近三年来利用 P2P 平台犯罪的 59 件刑事案件,P2P 网贷平台涉及最多的刑事法律风险主要是两类:非法吸收公众存款罪和集资诈骗罪。

1.非法吸收公众存款罪

从 P2P 网络贷款的债权转让模式来看,其通过个人账户用先聚集再扩散的方式对期限和资金实现双重错配,将债权重新组合转让给放贷人,使得平台成为资金往来的枢纽;有的甚至成立风险资金池,划拨部分收入到风险储备池;或是利用平台吸储社会资金,再将融来的资金高息借出,变相吸储放贷,这些行为就极易构成我国《刑法》第 176 条规定的"非法吸收公众存款"罪,同时 2010 年最高法院颁布的《关于审理非法集资刑事案件具体应用法律若干问题的解释》,规定了非法吸收公众存款或者变相吸收公众存款犯罪的四个构成要件,按照该《解释》的精神,P2P 平台的宣传方式、吸收资金方式均会影响其是否构成犯罪。

如 2016 年 6 月杭州市检察机关受理的高某、陈某等四人利用 e 租宝平台非法吸收公众存款案件,2015 年 8—12 月期间,四人任职的位于杭州市上城区中河中路 222 号平海国际 14 楼的一诺财富(北京)投资管理有限公司杭州第一分

---

① 广义的 P2P 也包含 A2P 模式,即融资租赁项目对接个人投资。

公司,利用互联网、电视、宣传册等资料公开宣传 e 租宝集资平台,在此期间向不特定人群共计 491 人吸收存款 3000 余万元。

2. 集资诈骗罪

2013 年 11 月 25 日,由银监会牵头的九部委处置非法集资部际联席会议上,央行明确了资金池模式、不合格借款人(主要指虚假项目或虚假借款人)、庞氏骗局三类行为属于"以开展 P2P 网络借贷业务为名实施非法集资行为"。同时,银监会指出,是否构成非法集资主要应根据最高法司法解释关于非法集资的四个特征来判断,即非法性、公开性、利诱性、社会性。根据我国《刑法》第 192 条关于非法集资罪的规定,集资诈骗罪需以非法占有为目的,一般意义上"非法占有目的"主要表现为将募集的资金的所有权转归自己所有,或任意挥霍,或占有资金后借款潜逃等。一些 P2P 网络借贷平台经营者,通过发布虚假的高利借款标的募集资金,并采用在前期借新贷还旧贷的庞氏骗局模式,短期内募集大量资金后用于投资经营或卷款潜逃,其行为就构成集资诈骗罪。如温州地区检察机关 2015 年受理的叶某等三人集资诈骗案,叶某于 2013 年 12 月至 2015 年 6 月期间通过设立"强强财富"网贷平台,发布虚假借款标的,骗取 200 余名受害人资金 1800 余万元。

(二)筹融资的刑事法律风险

根据回报运作模式的不同,众筹可分为捐赠、实物、股权、债权等四种模式,众筹的回报形式对判断是否涉嫌犯罪亦有一定的影响,其中,项目如果是承诺以股权或是资金作为回报,则涉嫌犯罪的可能性就非常大,主要触犯非法集资类犯罪和擅自发行股票、公司、企业债券罪。

1. 非法吸收公众存款罪、集资诈骗罪

若众筹平台在无明确投资项目的情况下,事先归集投资者资金,形成资金池,然后公开宣传、吸引项目上线,再对项目进行投资,就存在非法集资的嫌疑;或采取先吸引后投资的方式,再在投资人不知情的情况下将资金池中的资金转移或挪作他用,其主观上具备了非法占有的目的,也存在涉嫌集资诈骗罪的可能,其主要表现特征为:在法律上未经批准,通过一些网站媒体公开进行融资宣传,承诺丰厚回报,向不特定对象吸收资金。一旦项目发起失败,不能实现对投资人的回报,而发起人又不能解释清楚资金的去向,或者将资金据为己有或携款潜逃,就可能构成上述两罪。

2. 擅自发行股票、公司、企业债券罪

该罪与众筹中的"股权众筹"形式直接相关,即在众筹集资的过程中,发起人以项目公司的股权作为对投资者的回报。《证券法》第 10 条第一款规定,公开发行证券,必须符合法律、行政法规规定的条件,并依法报经国务院证券监督管理机构或者国务院授权的部门核准;未经依法核准,任何单位和个人不得公开发行证券。有下列情形之一的,为公开发行:向不特定对象发行证券的;向特定对象发行证券累计超过 200 人的;法律、行政法规规定的其他发行行为。因此构成《刑法》第 179 条擅自发行股票、公司、企业债券罪的两个关键点,一是向不特定对象公开发行,二是超过 200 人。《最高人民检察院、公安部关于公安机关管辖的刑事案件立案追诉标准的规定(二)》第 34 条同时规定,发行数额在 50 万元以上的;虽未达到上述数额标准,但擅自发行致使 30 人以上的投资者购买了股票或者公司、企业债券的;不能及时清偿或者清退的;其他后果严重或者有其他严重情节的情形应予以追诉。根据上述规定,实践中,如果众筹活动的发起人向社会不特定对象发行股票或是向特定对象发行股票累计超过 200 人,行为人的行为完全可能涉嫌构成擅自发行股票、公司、企业债券罪。

(三)第三方支付的刑事法律风险

第三方支付平台由于存在交易匿名性、隐蔽性的特性,犯罪分子极易利用其进行转移资金、网络赌博、洗钱、网络炒汇、炒金、证券期货违法犯罪活动、银行卡犯罪等,涉及的主要罪名有非法经营罪、盗窃罪以及开设赌场罪、洗钱罪等。

1.非法经营罪

该类犯罪主要表现为未经中国人民银行批准取得"支付业务许可证",从事或变相从事支付业务,或未经中国证券监督管理委员会批准,从事期货、证券交易行为。如温州地区 2015 年受理的金某某等 61 人非法经营案,金某某为获取非法利益,注册成立国鼎公司,公司经营范围不含证券、期货、金融信息的咨询。2014 年年底,国鼎公司在未经中国证券监督管理委员会等国家主管部门批准的情况下,开发虚假"美帝银行"期货交易平台,组织公司市场部经理及业务员、代理商等员工,招揽社会公众采用保证金交易,同时以集中交易的方式进行标准化合约交易,非法从事原油、外汇、黄金、白银等期货交易。该平台交易数据不与外部系统对接,交易资金未流入国家正规资本市场。至案发时,该平台非法期货交易金额累计近人民币 123 亿元。

2.诈骗罪、盗窃罪

利用第三方支付平台进行诈骗的典型作案方法是 2015 年及 2016 年在我省各地区发生的一批"蚂蚁花呗套现"案以及京东"白条套现"案,其主要利用受害人希望套取现金的心理,由中介和上家联合通过受害人在阿里巴巴指定的场所消费,后由"蚂蚁金服"下的"蚂蚁花呗"进行支付,中介和上家取得消费卡后销赃获得现金。另一类作案方式是利用传统银行开通的网络快捷支付通道进行诈骗,如金华地区 2015 年受理的盛某某三人诈骗案,盛某某伙同焦某、郭某某于 2014 年 9 月至 2014 年 11 月期间利用受害人的个人信息以受害人的名义在中信银行办理了信用卡副卡,嗣后,盛某某等人利用快钱清算支付第三方支付平台,将受害人储蓄卡内的余额以信用卡还款的形式转到其办理的受害人信用卡副卡内,后进行提现、挥霍,涉案数额 20 余万元。

第三方平台上发生的盗窃案件主要是犯罪分子利用网络技术、"黑客"等手段攻击、窃取或更改支付信息,从而进一步盗取网络账号内的资金,如义乌 2015 年办理的"木马程序"刷单案以及 2016 年绍兴地区办理的高某某盗窃案。后者高某某于 2015 年 9 月至 2016 年 1 月期间通过"扫号"、"撞号"等网络技术手段,非法获取他人支付宝登录信息,之后通过将他人的支付宝账户内余额转到自己支付宝账户的方式,窃取他人支付宝账户财产。

3. 开设赌场罪

该罪名主要是犯罪分子利用网络平台经营赌博活动,吸引投资者在网站上下注,从而获利。如 2014 年世界杯期间,诸多网站开通的"赌球"活动;又如温州地区 2015 年办理的林某、陈某等人贵金属交易案件,2013 年 6 月初,林某、陈某以温州市日益贵金属经营有限公司的名义对外经营网络对赌平台"BJM 贵金属交易软件——数字期权",并找人帮助制作该网络对赌软件。直至 2015 年 5 月 6 日,该赌博平台被公安人员查获,在此期间接受客户实际投注总额共计人民币 6416.49 万元,非法获利共计人民币 504.618 万元。

(四)网络金融理财的刑事法律风险

网络金融理财,即通过互联网将闲散资金进行投资从而获得收益的一种理财模式。主要以返利网站和从支付平台延伸的互联网理财工具两类为代表。前者主要涉及组织、领导传销活动罪,后者则涉及最多的是非法吸收公众存款罪、诈骗罪。

1. 组织、领导传销活动罪

返利的互联网站或打折"零元"消费网站,一般对外宣称"零消费",通过用户在与网站合作的商铺消费,商铺向网站缴纳一定的佣金,网站以佣金积累的资金池对用户返利。其主要通过互联网发展代理商,利用网络下监管不到位的缺点与银行合作代发返利,当资金链断裂发生崩盘事件时,主要责任人往往涉嫌我国《刑法》第 224 条规定之一的组织、领导传销活动罪而获刑,具有代表性的就是金华地区的"万家购物"案。"万家购物"打着"满 500 返 500"、"消费=存钱=免费"等幌子,以超高额返利诱使他人消费,要求参加者购买商品、发展会员、发展加盟商等,并按入会资格和条件,分为普通会员、VIP 会员、金牌代理等级,按其注册加入的时间顺序形成上下层级关系并实行"六代计酬"和"区域计酬"。从理论上讲,消费者每消费500元一天能收到1元钱返利,500天后消费者便可收回全部消费款,最终成为"零消费"。但实际上,很多用户通过虚假的消费直接缴纳佣金,导致该模式成为投机行为,最后"万家购物"只能每天亏损600万元返现,直到案发。最终"万家购物"的主要负责人应某因犯组织、领导传销活动罪,故意伤害罪,两罪并罚,被判处有期徒刑15年,其他14名"万家购物"高管或代理商也分别获刑。

2.诈骗罪、非法吸收公众存款罪

该两类犯罪多发生在余额宝类的互联网理财模式中,余额宝为支付宝公司与天宏基金合作,借助后者的基金销售功能,制定的兼具理财和消费双重功能的基金理财产品。这类基金产品的销售具体应适用《证券投资基金销售管理办法》、《证券投资基金销售结算资金管理暂行规定》等规则,若不规范运作,将吸收到的资金用于借贷他人,或以吸收并持有资金为最终目的,将吸收到的社会公众闲散资金作为一种信托基金加以管理和使用,则极有可能被视为非法吸收公众存款罪或诈骗罪。

如嘉兴检察机关2015年受理的周某、郑某非法吸收公众存款案,2013年5月31日,周某成立嘉兴骏福财富投资管理有限公司,后以该公司名义为上海巽福资产管理有限公司、上海骏福股权投资基金有限公司销售"上海巽卿瑞昌中央商务区股权投资基金"和"上海骏福赣祥四安天城投资基金"。在2013年6月至2014年8月期间,周某以招募有限合伙人的形式,通过拨打电话、银行工作人员介绍等方式对上述基金进行公开宣传,以承诺支付高额利息为诱饵,分别向蔡宏、蔡艳萍、曹宁微等60余名社会不特定人员吸收资金约1.34亿元,所得款项全部用于江西瑞昌和余干等地的房地产项目,后支付利息约800余万元,最终造成受害人实际损失约1.26亿元。

另一批典型案例为2014年、2015年在浙江省温州、金华等多地发生的"EuroFX非法吸存案",犯罪分子宣称EuroFX(欧元外汇交易有限公司)系境外专业炒外汇的投资管理公司,向社会公众宣传EuroFX具有资金安全、回报率高的优点,以月息9.6%以上的高回报吸引受害人参与投资,并通过介绍受害人进行投资获得EuroFX给予的返点好处,后以反洗钱为名冻结各受害人的EuroFX账户直至案发,涉案的资金达数十亿元。

(五)网络虚拟货币的刑事法律风险

网络虚拟货币方面的典型代表是比特币,比特币是一种P2P形式的点对点传输数字货币。根据我国《人民币管理条例》规定,比特币在中国不是法定货币。

由于比特币等网络虚拟货币具有匿名、跨境流通便利等特征,不易追溯其交易过程,政府难以对其进行管制,比特币交易平台本身也有很大的交易风险,犯罪分子往往通过设置虚拟交易平台,生成内部交易价格,以认购股权、多倍杠杆对赌交易、推行交割机制等方法吸引客户到平台投资,最后关闭网站圈钱跑路。

浙江境内也有类似诈骗案件发生。如东阳的刘某等三人利用比特币交易平台诈骗案,2013 年 4、5 月份,刘某、金某、黄某共同组建比特币交易平台,为了骗取客户信任,吸引更多客户到平台充值、交易,三人委托代理公司到香港注册了名为 GBL(HK)LIMITED 的公司,并虚构了公司相关信息。该网站于 2013 年 5 月 27 日正式上线,并陆续推出网站与客户对赌模式、客户与客户对赌模式,后以资金紧张为由限制客户提现、提币,同时推出股权认购、充值送股权、送现金等活动,继续吸引客户充值、交易。后于 2013 年 10 月 26 日凌晨,刘某指使金某闭了该交易平台,并将该网站跳转至一个被黑的页面,伪装平台系被黑客攻击而关闭,共骗取了受害人共计人民币 136 万余元和比特币 1519206 枚。

三、互联网金融刑事法律风险控制的对策

互联网金融在中国容易涉嫌犯罪的根本原因,在于近些年我国电子商务呈现高度发展的态势,而传统金融业却欠发达,民间资本集散融通困难。当前,电子商务已经渐渐成为我国商贸发展的主流,基于此,为电子商务服务的资金结算平台——第三方支付平台也获得了蓬勃的发展,并以此为基础形成了互联网理财、众筹、P2P 网贷等各种互联网金融的创新业务,但我国的互联网金融,特别是众筹和 P2P 网贷平台并不具备诸如西方网络平台的资信审查能力,它们不仅是撮合交易的中介者,更是资金运营的直接方,再加上目前对互联网金融的法律规定及监管规则尚不成熟,由此就导致该领域内犯罪集中爆发。为更好地保护投资者的合法权益,维护金融市场秩序的稳定,本文提出以下几项预防治理措施。

一是监管部门尽快制定具体的监管操作细则,健全完善法律监督体系。互联网金融作为一种创新模式,离不开法治的保驾护航,2015 年 7 月中国人民银行等十部门虽已出台《关于促进互联网金融健康发展的指导意见》,明确了各互联网金融业务相应的监管部门,但目前除 2016 年 8 月 24 日银监会出台的《网络借贷信息中介机构业务活动管理暂行办法》对 P2P 网贷行业进行规范外,尚未有具体的实施操作细则出台,相应的监管部门应抓紧制定有关的实施法规,明确界定互联网金融的范畴、准入门槛、运营规范、进出机制、监管主体及职责等问题,明确底线规则,同时构建多部门联动的协同监管机制,切实加强沟通协作。特别是对乱象丛生的互联网理财产品市场,应通过法律法规明确界定产品的性

质,明晰各金融机构在发行理财产品中的风险管理、运作规程、信息披露等责任,加强对理财产品的销售审查、强化监测并建立严格的问责机制。对互联网金融在第三方支付、P2P网络借贷、众筹可能出现的非法集资、非法证券交易等的行为,应及时作出专门的司法解释,对一些犯罪行为的认定标准及电子证据采集的标准作出规定;发布包括电子合同签订规范等在内的互联网金融行为指引和国家标准等规范性文件,规范互联网金融市场资本运作,保障金融秩序。

二是加大对金融违法的执法力度和对严重金融犯罪的打击力度。完善行政执法和刑事司法的衔接,对互联网金融的规制,应以民事和行政手段为主,刑事司法应保持审慎,保护金融创新,重点打击严重危害互联网金融安全的犯罪行为。一方面应切实加大行政执法的工作力度。当前,影响行政执法力度和效果的突出矛盾在于个别执法人员碍于"情面",对辖区内的违法行为不愿严格执法,一旦发生严重违法案件,又害怕因此承担监管不力的失职渎职责任而有意"压案不查、瞒案不报"。同时,行政执法人员对相关司法解释内容不甚了解,面对刑事法律"隔行如隔山",往往只凭感觉和经验决定是否移送司法机关。另一方面应突出对严重刑事犯罪的打击重点,严厉打击利用互联网借贷平台从事诈骗、洗钱类犯罪,利用股权众筹融资平台从事非法集资、证券类犯罪,以理财为名从事传销活动犯罪,以及金融从业机构、金融从业人员参与的职务犯罪。在行政执法和刑事司法的衔接机制上,刑事司法应加强与人民银行、银监会、金融办、网信办等相关行政执法机关的沟通协作,规范线索移送、审查、协商等操作程序,确保案件依法快速办理。同时,应构建刑事和行政两方面的完善的处罚体系,同时在移送制度上可建立双向移送程序。在案件已经移送公安机关的情况下,行政执法机关应当依法中止案件处理,若司法机关做出从轻不起诉等决定的,可将案卷移送回行政执法机关作出行政处罚,以此公正合理地使行为人承担应有的法律责任。

三是加强互联网金融行业自律。充分发挥互联网金融企业平台和行业协会的自律机制在规范从业机构市场行为和保护行业合法权益等方面的积极作用。一方面通过组建互联网金融协会的方式,吸收有一定资质的互联网金融企业成为会员,并按照业务类型制定经营管理规则和行业标准,明确准入、退出机制,信息披露机制,风险管理机制,从业人员登记备案机制,自律惩戒机制等制度,提高行业规则和标准的约束力。适时开展互联网金融企业信用等级评定和公示工作,引导企业依法合规开展业务,对违法违规的互联网金融企业进行社会公示,同时要依托协会的力量推动各互联网金融企业之间的业务交流和信息共享,营造公平的市场竞争环境。另一方面,互联网金融企业应不断强化守法、诚信、自律意识,尽快熟悉了解与互联网金融相关的法律法规,对违法违规行为坚决不触及,树立从业机构服务经济社会发展的正面形象,营造诚信规范发展的良好氛围。企业应严格执行相关行业标准，规范运营管理的各个环节，并主动向社会、投资人披露相关信息，公布恶意行为人的黑名单，积极开展对投资者的教育和金融消费者权益保护工作，引导社会公众增强投资风险意识，共同促进互联网金融的健康发展。

四是强化社会公众的金融风险防范意识。加强宣传教育，强化预警防范，提高社会公众对金融违法犯罪的识别能力，引导社会公众树立理性的投资观念和风险自负意识，从源头上遏制金融犯罪活动。金融犯罪因其本身专业性强，又加上互联网虚拟、隐蔽性强等特点，容易导致金融消费者得到的信息不对称，监管部门对互联网金融犯罪的典型个案、常见类型、惯用手法、风险提示等应进行多层面、多角度的宣传，通过传统媒体、自媒体等途径进行有效传播，提醒公众理性投资，提升整体防范意识和能力。同时金融监管部门应督促金融从业机构贯彻投资者适当性原则，确保投资者的风险承受能力和其所购买的金融投资产品所匹配，并在此基础上推动建立和完善多元化的纠纷解决机制，通过调解、仲裁、民事诉讼、刑事诉讼等多重救济途径解决金融纠纷，保护消费者权益。而对金融消费者自身来说，要切实做好自我管理，不被假象迷惑、不被高利益诱惑，增加自身判断和识别能力。

五是加强对互联网金融犯罪的预防工作。侦查机关应运用"大数据思维"，提升研判力，通过对互联网金融相关数据的深度整合和研判分析，获取互联网金融安全风险的苗头性、预警性信息，发现犯罪线索，积极构建基于大数据的互联网安全评判新标准，实现对互联网安全风险的提前处置和有效防控。同时，加强情报信息的收集和分析研判，做好电子数据证据收集、网络信息查证和犯罪嫌疑人员追踪等工作，打击犯罪人员。司法部门应跟踪了解、梳理分析互联网金融犯罪的主要类型和发展动态，建立互联网金融犯罪风险监测、预警和管控工作机制，及时提出防范涉及互联网金融经济犯罪活动的工作方法、意见建议，助力犯罪防控。金融办、银监部门则应密切关注互联网金融企业动态，加快金融市场诚信体系的建设，对涉嫌违法违规的企业应及时予以跟踪，并通报司法部门。

互联网金融犯罪及刑事救济路径分析

温州市瓯海区人民检察院　　温小燕

摘　要: 互联网金融作为新兴产业,给金融业输入了新鲜血液。但由于缺乏完善的管理机制和有效的监督机制,金融创新不但不能消除风险,反而会直接催生互联网金融犯罪。本文试图通过对互联网金融犯罪的主要模式进行分析,发现经营正当互联网金融存在的潜在风险,同时探析利用互联网金融实施违法犯罪的类型,以探讨应对互联网金融犯罪的刑法规制。

关键词: 互联网金融;主要模式;刑事风险;刑法规制

一、互联网金融的概念与主要模式

互联网金融是指以依托于支付、云计算、社交网络以及搜索引擎等互联网工具,实现资金融通、支付和信息中介等业务的一种新兴金融,是传统金融行业与互联网精神相结合的新兴领域。[①] 因此,互联网金融是传统金融业与现代信息科技,特别是搜索引擎、移动支付、云计算、社区网络和数据挖掘等互联网技术相结合而催生的新金融业态。它带来的不仅是对传统金融的冲击与颠覆,以及对传统金融无法满足中小微企业融资的破冰与挑战,而且是源于我国传统金融体系中"金融压抑"而释放出来的变革与创新力量,在一定意义上源于民间融资不断扩张的诉求,也是现代互联网科技发展促发的传统垄断金融体制的一场深刻变革。[②] 这种新金融在对传统金融带来新挑战与竞争的同时,因监管缺失和能量过度释放不断衍生涉嫌违法犯罪的风险,甚至催生一些新的犯罪手段或者开辟了金融犯罪的新领域和新路径,给金融秩序和社会稳定制造麻烦。互联网金融创新涉嫌违法犯罪在以下几个方面的表现尤为突出。

---

① 参见谢平:《互联网金融新模式》,《新世纪周刊》2012 年第 24 期。
② 陈健:《融资租赁"搭车"互联网金融》,《上海金融报》2015 年 2 月 18 日。

(一)以"支付宝"、"余额宝"等第三方支付为代表的"宝宝们"的创新与犯罪

作为独立第三方支付平台"支付宝"出现以后,其自身又打造了一项余额增值服务——"余额宝"。"余额宝"把货币市场和资本市场连接起来使之具有吸收存款、发行基金的功能,为投资者带来了收益,并创造了新金融业态。随着这些"宝宝们"规模的不断扩张与发展跨界,在一定程度上"搅乱"了传统金融的秩序。例如"微信红包"等将散户的零钱悉数吸纳,悄无声息地打破了只有金融机构才能吸收存款的限定与界限。"支付宝"、"余额宝"的资金作为客户网上购买和支付的预付保证金,实际上是借助互联网手段吸收"存款"。当这些被吸收的存款或者资金越滚越多,尤其作为投资收入返还给客户时,其行为类似基于规范间接融资变相吸收公众存款,存在违反非银行机构不得吸收存款规定的嫌疑。一旦跨界越走越远或者沉积巨额资金按照经济效益原则无限发挥时,利益的冲突难免会触及非法吸收公众存款犯罪或者不得设立资金池的政策"红线",使之与犯罪可能仅有一步之遥。一旦出现不良事件或者问题,犯罪也就不再是遥远的事情,互联网金融创新甚至可能成为金融体制改革失败的责任承担者。

(二)以 P2P 网贷平台模式的创新与犯罪

P2P 网络借贷平台,是指个体和个体之间通过互联网平台实现的直接借贷,平台为借贷双方提供信息流通交互、撮合、资信评估、投资咨询、法律手续办理等中介服务,有些平台还提供资金移转、债务催收等相关服务。P2P 贷款是对中小企业的贷款提供支持,为中小企业的发展扩展融资空间,打破银行对金融的垄断,从而缓解小微企业融资困难,具有"普惠金融"的特质。P2P 贷款平台出现之前,类似于 P2P 借贷的民间借贷早已存在,但由于其仅仅在熟人之间发生,范围、空间与地域等因素有限,中小微企业实现直接融资仍相对困难。然而,P2P 贷款平台的逆向选择过程使其面临更大的信用风险。在创新模式上的不断去"中介化"引发了沉积资金和吸收存款的问题,不仅存在因资金期限错配和数额错配带来的风险,还存在互联网金融"黄牛"带来的系统性风险。同时由于借贷双方不直接签订债权债务合同,对资金期限和金额进行双重分割,由第三方个人先行放贷给资金需求者,再由该第三方个人将债权转让给投资者,致使 P2P 平台不再是独立于借贷双方的纯粹中介,而成为资金往来的枢纽,这与非法吸收公众存款并无二致,在此期间会延伸出"超募"、"自融"和洗钱等违法犯罪问题。上述问题不仅是刑事政策要思考的,也是刑事司法需要讨论的,更是 P2P 平台公司以及监管部门需要注意的。

(三)以众筹为代表的融资模式的创新与犯罪

众筹作为互联网金融的一种形式,主要是利用互联网和 SNS(社交网络服务)传播的特性,让小企业、艺术家或者个人向公众展示他们的创意,争取大家的关注和支持,进而获得资金援助。获得资金与否不限于项目的商业价值,也不以商业价值作为唯一标准,即只要网友喜欢的项目,均可以通过众筹方式获得项目启动的第一笔资金。这种模式为更多小本经营者或艺术创作者提供了可能,使其实现融资梦想。相对于传统的融资方式,众筹更符合互联网金融的开放性要求,对投资者的回报更加透明。在现行法律体系框架内,无论是创业者、投资人还是众筹平台,均存在较大的法律风险,其中,股权众筹涉嫌违法犯罪风险较大。这些风险不仅表现为股权众筹在成长过程中涉嫌擅自发行股票和公司、企业债券等犯罪,还有可能闯入非法集资的犯罪圈。由于股权众筹门户既是提供信息的居间人,又是撮合股权交易的交易所,因此也可以说其是为投资者购买证券提供服务的券商或者投资顾问。股权众筹的发展在一定程度上冲击了传统"公募"与"私募"界限的划分,使传统的线下筹资活动转换为线上,线下私募因此转变为"网络私募",从而涉足传统"公募"的领域,犯罪的可能性更加突出。

二、互联网金融犯罪的现状分析

(一)经营正当互联网金融业务的刑事风险

虽然我国目前已经是市场经济体制,但是建立的时间不长,政府部门对很多行业都采取严格的管制措施,金融业就是管制相对严格的一个行业。基本上金融业领域都是以国有为主导的企业,私人和民营企业很难涉足这个产业。因此,民间的融资往往被扣上"非法吸收公众存款"或者"非法集资"的帽子,尤其是发生严重的无法偿还巨额融资的情况时,司法机关往往会追究融资者的刑事责任。笔者认为,经营正当的互联网金融业务可能存在以下的刑事风险:

第一,涉嫌构成集资诈骗罪、非法吸收公众存款罪或擅自发行股票、公司、企业债券罪。从现状看,网络集资平台极易涉及非法吸收公众存款、集资诈骗等集资类犯罪。2010 年 12 月 13 日《最高人民法院关于审理非法集资刑事案件具体应用法律若干问题的解释》(以下简称《解释》)的第 1、2、3 条规定了构成非法吸收公众存款罪的具体情形,《解释》第 4、5 条规定了集资诈骗罪的特征和认定标准。因此,当这些网络集资平台或者个人的互联网集资行为符合《解释》的规定时,则可能涉嫌非法吸收公众存款、集资诈骗等犯罪。如轰动一时,涉案金额达

1.2亿元的国内P2P网贷自融平台被判非法吸收公众存款罪的第一案——"东方创投案"。① 2013年5月,邓某出资注册了深圳市东方投资管理有限公司,由邓某任法定代表人及公司负责人,其朋友李某任运营总监。2013年6月19日,深圳市东方投资管理有限公司创建了"东方创投"网络投资平台,向社会公众推广P2P信贷投资模式,以提供资金中介服务为名,承诺3‰~4‰月息的高额回报,并通过网上平台吸收公众存款。东方创投网站注册人数为2900人左右,真实投资人数为1330人,单笔投资为280万~300万元。平台按不同借款期限向投资者承诺付月息,1个月期3.1‰,2个月期3.5‰,3个月期4.0‰。"东方创投"网络投资平台共吸收公众存款1.2亿元左右,投资人已提现金额为7000万元左右。2013年9月至10月间爆发P2P平台公司倒闭潮,出现投资人密集提现的情况,东方创投因挤兑出现现金链断裂。该提现金额折抵本金后,造成投资参与人实际未归还本金为人民币5000多万元。最后邓某、李某被判决构成非法吸收公众存款罪。

同时,还应当看到,众筹活动中的一些组织者实际上存在涉嫌构成擅自发行股票、公司、企业债券罪的问题。目前,股权类众筹是存在最大刑事风险的众筹模式。② 若众筹活动的发起人发行股票的特定对象超过200人或者向30人以上的社会公众发行股票,就符合《解释》第6条的规定,涉嫌擅自发行股票、公司、企业债券罪。

第二,涉嫌构成非法经营罪。我国互联网金融服务的提供方大多是没有互联网支付牌照的互联网企业或民间金融信贷公司,而这些单位的经营合法性还有待官方认证。③ 目前互联网金融涉及的领域多是资金支付结算、证券、期货、保险等金融领域,而这些行业都需要经过国家的特别许可方可经营,国家的相关法律对经营此类业务都设立了严格的准入门槛。但是目前的互联网金融产品不断衍生,多是未经相关部门批准,"先斩后奏",如"余额宝"是第三方支付公司支付宝和基金公司天弘基金合作创新的产品,拥有"余额宝"51‰股权控股的支付宝,由于其本身并无基金销售资质,其销售基金存在涉嫌非法经营犯罪的嫌疑。

(二)利用互联网金融实施违法犯罪行为的刑事风险

互联网金融的相关软件系统与电脑程序对其健康发展具有关键性作用,计

---

① 参见广东省深圳市罗湖区人民法院刑事判决书(〔2014〕深罗法刑二初字第147号);杨珏轩:《东方创投案一审宣判P2P自融被判非法吸存》,《每日经济新闻》2014年7月23日。

② 参见刘宪权:《论互联网金融刑法规制的两面性》,《法学家》2014年第5期。

③ 参见于建宁:《我国互联网金融发展中的问题与对策》,《人民论坛》2014年第3期。

算机软件系统、互联网网络技术的安全性直接关系到互联网金融能否有序运行以及能否有效保障经营者、投资者的合法利益。因此，电子信息系统的管理和技术存在的缺陷，容易被不法分子所利用，进而实施违法犯罪活动，实质上这也是互联网金融产生的刑事风险。

第一，涉嫌盗窃罪、诈骗罪等传统犯罪。盗窃罪、诈骗罪等传统犯罪在各个领域几乎都存在，互联网金融领域也不例外。犯罪分子的犯罪能力也随着技术进步而不断提高，互联网金融是个新兴的行业，各种规范并不完善，犯罪分子就从漏洞中寻找犯罪的机会。例如，我院审查起诉的"刘某等人诈骗案"，犯罪嫌疑人刘某等人在瓯海区梧田街道经营一家水果店。2015 年 8 月，支付宝公司推出消费优惠补贴活动，后犯罪嫌疑人刘某等人得知该优惠补贴活动存在交易漏洞，便授意朱某等人进行虚假交易，同时朱某等人发送二维码给亲朋好友，积极组织人员共同骗取支付宝公司优惠补贴款并从中牟利。该案中刘某等人的行为就属于以非法占有为目的，虚构事实骗取他人财物的行为。该案例与传统诈骗罪的区别在于因互联网金融的发展，产生利用互联网金融支付和优惠活动的可能性，才给犯罪分子以可乘之机。

第二，涉嫌赌博罪。2014 年微信红包突然成了"网络红人"，其不仅可以消费购物，还可以送礼表达心意，但同时也面临着相当程度的刑事风险。不法分子利用微信红包进行赌博，例如，我院审查起诉的"郑某某赌博案"，2016 年 2 月，郑某在温州市瓯海区三垟街道的家中伙同陈某等四人，利用微信抢红包并按红包金额的小数点后两位以"牛牛"①比大小的形式，组织谢某等多人通过手机网络进行聚众赌博，并抽取头薪。该案的特点就是利用微信红包这种新型的互联网支付方式进行赌博，不再限于在传统的赌桌上面对面进行博弈，其隐蔽性较高，很难被查获。

第三，涉嫌构成洗钱罪。互联网金融活动中的网络交易破除了地域限制和时间限制，互联网金融的经营机构完全可能利用互联网金融活动中资金快速流动的特点，通过互联网的渠道为犯罪分子提供洗钱服务，也给洗钱行为的识别、追踪与控制增添了难度。无论是通过保险销售、P2P 网络集资机构的集资中介服务、基金销售、保险销售、证券经纪，还是通过微信红包的网银转账业务，经营机构只要将他人上游犯罪所得的赃款转入第三方支付机构的网络平台，再通过该平台转出相应资金，那么赃款的来源和性质便能得以漂白。② 因此，如果行为人利用互联网金融为他人提供洗钱服务，则可能涉嫌洗钱罪。如"上海快钱支付

---

① 温州地区流行的一种赌博形式。

② 参见刘宪权：《互联网金融面临的刑事风险》，《解放日报》2014 年 5 月 7 日。

有限公司"涉嫌洗钱犯罪案。[①]

综上,无论是经营正当的互联网金融业务,还是利用互联网实施违法犯罪行为,互联网金融领域都存在巨大的刑事犯罪风险,因此凸显对互联网金融进行刑法规制的迫切性和必要性。

三、互联网金融犯罪的刑法规制

互联网金融犯罪属于经济犯罪,又属于法定犯或者行政犯,应当按照行政犯的理论以及考虑经济犯罪要旨予以犯罪化。一方面,随着互联网金融与社会公众生活的关联性不断加深以及监管的介入,有些犯罪原本在传统金融领域中比较典型,可借助于互联网金融的附属刑法逐渐定型化;另一方面,随着互联网金融制度的创新发展,有些涉及传统金融秩序的罪名需要在创新过程中放逐犯罪化。司法实践在此背景下应尽可能采取非犯罪化处理的方式处理。例如,对于涉嫌非法经营、非法吸收公众存款等危害传统金融管理秩序的行为应尽可能地作非罪化处理。针对以上问题,在互联网金融入罪与出罪问题上刑法可以进行以下几方面的规制:

第一,对于利用互联网金融实施违法犯罪行为的刑事风险应当重点遏制,特别是利用互联网金融进行的洗钱、盗窃、诈骗等犯罪活动,应当纳入刑法刑事规制的范围。因为这类犯罪在一定意义上与互联网金融正常业务无关,即使对此进行刑事打击也不妨碍互联网金融的创新与发展,相反,对此进行刑法规制有利于净化互联网金融的创新环境,保障互联网金融不断创新与持续发展。

第二,针对互联网金融入罪,刑法应当理性地作出限缩性规定。对于那些利用互联网金融实施的违法犯罪行为,假借金融创新之名而非法占有他人财产之实的,刑法应予以严厉的惩罚和打击,及时予以入罪处理;对于那些因经营正当的互联网金融业务而不得已触及刑事法律的行为,应予以适当程度的宽宥处理,可以作出出罪处理,以免阻碍或者扼杀金融创新。[②] 也就是说,对经营正当互联网金融业务出现的违法风险及涉嫌犯罪的,如"余额宝"在设立之初业务中有部分基金销售支付结算账户并未向监管部门备案,也未提交监督银行的监督协议,对此发生的严重后果不宜简单地以"不得"的禁止性要求予以犯罪化处理和进行刑事规制。浙江省本身是一个中小企业发达的省份,互联网金融的发展本身给中小企业的融资带来一定的便利,若片面地对所有互联网金融创新的行为进行

---

① 沈官轩、于英杰:《江苏苏州 50 亿元网络赌博案告破 2.2 万人参赌》,《扬子晚报》2010 年 6 月 1 日。

② 李振林:《"互联网金融犯罪的防控与治理"犯罪学沙龙综述》,《犯罪研究》2014 年第 4 期。

入罪化处理,势必会影响市场经济的发展,影响中小企业的发展。

第三,在互联网金融的刑事司法活动中,由于社会公众难以知晓互联网金融活动中的资金流向、经营机构的赢利模式等事项,在信息不对称的背景下,互联网金融企业常常采用欺诈的方法做虚假宣传,更容易导致金融消费者上当,引发社会不稳定的事件,对此可以予以犯罪化处理。但是,对互联网金融活动中"欺诈"的证明标准应予以放宽。在一定意义上,刑事司法对涉及金融管理秩序的刑法规制应当谨慎,而对于金融诈骗的刑事规制应当从严,因为互联网金融本身是为实体经济服务的,尤其是为小微企业服务,而非围绕"以钱炒钱",也非仅仅利用互联网作虚拟资本投资。①

参考文献:

1. 罗明维、唐颖、刘勇主编:《互联网金融》,中国财政经济出版社 2013 年。

2. 郭华:《互联网金融犯罪概说》,法律出版社,2015 年。

3. 刘宪权主编:《刑法学研究——互联网金融刑法规制研究》(第 11 卷),上海人民出版社,2014 年。

4. 毛玲玲:《金融犯罪的实证研究——金融领域的刑法规范与司法制度反思》,法律出版社,2014 年。

---

① 毛玲玲:《发展中互联网金融法律监督》,《华东政法大学学报》2014 年第 5 期。

互联网金融犯罪及刑事救济路径

傅跃建　傅俊梅[*]

摘　要：互联网金融的兴起，必然伴随互联网金融犯罪的发生。互联网金融犯罪严重威胁了金融领域的稳定、健康、有序发展，已经成为影响我国金融安全的主要因素。相较于传统的金融犯罪行为，互联网金融犯罪行为有其自身的特点。互联网金融监管的创新性滞后，会使得金融犯罪行为存在空间。互联网金融本身作为新生事物，代表着未来金融发展的方向，一方面要给其发展预留足够的空间，为其创新提供必要的支撑；另一方面，互联网金融的健康发展，其救济手段局限于行政和民事责任，无法从根本上防范其固有的风险以及可能产生的社会危害性。本文对互联网金融犯罪行为进行探索并提出相应的救济对策。

关键词：互联网金融；金融犯罪；刑事救济路径

互联网金融因其普惠性、数字化、便利化特征，极大地满足了实体经济网络化、信息化的需求，因此具有很强的生命力并代表着金融未来改革创新的方向。互联网金融有助于改善小微企业融资环境，优化金融资源配置，提高金融体制的包容性，但在互联网金融蓬勃发展的同时，与互联网金融相关的犯罪也相伴而生。普华永道公布的《全球经济犯罪调查》显示，互联网犯罪已成为四大主要经济犯罪类别之一，并成为影响金融服务行业第二严重的经济犯罪活动，发生率仅次于资产挪用案件。近几年金融犯罪手法的网络化确实愈加明显，大量案件的犯罪全程在网络上完成。[①] 以互联网和移动通信技术为基础的便捷金融服务的蓬勃发展，极大地方便了人民生活，推动了相关行业发展。互联网金融在其出现之日起，犯罪行为也随之而生，因其推行速度过快、缺乏相应监管，网络技术的运

---

　　[*]　傅跃建，男，浙江省金华市人民警察学校教授；傅俊梅，女，浙江省金华市人民检察院控告申诉检察处副处长，法律硕士。
　　[①]　"普华永道：金融业互联网犯罪尤为严重"，http://finance.caixin.com/2012-05-08/100387988.html。

用在提高金融业务效率的同时也留下了新型犯罪的空间,给犯罪分子以可乘之机,从而产生了大量涉及互联网金融的犯罪活动。据统计,在我国,互联网金融犯罪案件发案比例占整个计算机犯罪比例的 61%,而每年通过网银的盗窃和诈骗犯罪给公民造成的损失超过数十亿元。而且互联网金融犯罪引发的危机可能比较大,比如众筹模式的参与对象十分广泛,一旦引发诉讼,波及面很大,甚至是集团诉讼。尽管各国(地区)对互联网金融刑事犯罪的界定标准有所差异,但其行为具有危害性已成为人们的共识,因此对其治理必然要从刑法规制的角度进行有效探索并寻求合适的救济路径,为互联网金融的健康发展提供重要的保障。

一、互联网金融的主要形式

根据中国人民银行发布的《中国金融稳定报告》,互联网金融是互联网与金融的结合,是借助互联网和移动通信技术实现资金融通、支付和信息中介功能的新兴金融模式。广义的互联网金融既包括作为非金融机构的互联网企业从事的金融业务,也包括金融机构通过互联网开展的业务。狭义的互联网金融仅指互联网企业开展的、基于互联网技术的金融业务。不过需要指出的是,这里的互联网不单指国际互联网,还包括局域网,包括金融机构内部的计算机网络等。[1]

互联网金融表现形式可以分为:一是互联网金融的核心——支付,主要分为网上支付,以支付宝、财付通为代表的第三方支付,以及日益兴起的移动支付,包括支付宝钱包、微信支付等;二是电商平台、互联网搜索公司等应用互联网技术进行在线金融理财销售,比如余额宝、百度百发、百度百赚等;三是以"阿里小贷"等为代表的网络小微贷款,这类业务的主要特点是成熟的电商平台和庞大的客户数据;四是以兴业、民生为代表的直销银行,为客户提供全线上的互联网银行服务;五是第三方信息平台,包括以人人贷为代表的 P2P 网贷、众筹模式、融360、淘宝基金店等,纯粹作为合作平台提供服务,除了必要的手续费用外,不接触任何交易双方的资金,此类平台更多的是体现互联网金融"信息中介"的功能。[2]

---

① 殷宪龙:《我国网络金融犯罪司法认定研究》,《法学杂志》2014 年第 2 期。

② 参见"互联网金融棋局",中金在线网,http://news. cnfol. com/chanyejingji/20131212/16432596. shtml,2014 年 5 月 29 日访问。

二、互联网金融刑事犯罪表现形式

(一)互联网金融刑事犯罪的概念

互联网金融消费者往往由于实际交易地位不平等、信息不对称等因素,比一般商品的消费者更易遭受权益损害。互联网金融犯罪本质上属于金融犯罪,犯罪行为的实施或者犯罪目的的实现必须借助于互联网媒介,这也是它与传统的金融犯罪的区别所在。

(二)互联网金融刑事犯罪的表现形式

互联网金融犯罪与其他犯罪一样,是多种原因或者多种因素相互作用的结果。在互联网金融运行过程中,可能涉及的刑事犯罪行为总体表现为以下几个方面:

(1)互联网集资诈骗。比如通过设立虚假的网络基金非法设立网站,使得该网站投资若干资金,便可获得高额返利,一旦有网民相信并投资,则会形成互联网金融诈骗。

(2)P2P 诈骗和挪用资金罪。比如 P2P 中借款人担保物在各个平台重复抵押,远超过抵押物的价值,投资人面临投资无法收回的风险。或者平台没有真实的第三方资金托管,资金控制在平台手中,为挪用资金罪提供了可能。

(3)众筹中非法吸收公众存款罪、集资诈骗罪以及擅自发行股票和公司、企业债券罪。众筹融资作为一种新兴金融形式,同样也面临着违法犯罪风险,且其可能触犯的罪名比较广泛,可能涉及三类刑事犯罪,即《刑法》第 176 条规定的非法吸收公众存款罪、第 192 条规定的集资诈骗罪和第 179 条规定的擅自发行股票、公司、企业债券罪。

(4)第三方支付中的洗钱罪。随着瑞士银行宣布公开外国人账户详细资料,互联网金融将成为洗钱的一个重要渠道,而这也是互联网金融刑事法律规范需要关注的一个重要领域。此外,随着互联网保险的兴起,越来越多的投保者借着互联网保险开始洗钱,即投保人通过网络在线投保,在线支付保费。虽然网上保险需在网下补办相关手续,但根据电子签名法的规定,保单已经生效,投保人可以退保变现。

(三)基于实证的研判的互联网金融犯罪分类

我国互联网金融犯罪无论在规模还是在种类上都在扩张,根据金融犯罪对互联网依赖的程度不同,互联网金融犯罪可以分为以下三类:利用网络信息技术作为简单存储和传输手段的金融犯罪、以网络信息技术作为重要传播手段的金融犯罪,以及比较纯粹的网络金融犯罪。纯网络的金融犯罪的特点在于全部或者某一必要犯罪环节与网络信息技术密不可分,即一旦离开网络信息技术,犯罪将变得难以甚至无法实施。

而从参与主体的角度分析,也有人认为互联网金融领域可能产生的犯罪行为包括两类,一类是互联网金融平台提供者实施犯罪行为,比如洗钱、非法集资、非法吸收公众存款等;另外一类是互联网金融业普通参与者实施的犯罪,比如诈骗、侵犯商业秘密等。2015 年以来,互联网金融领域违法违规的现象有所突显,个人信息保护力度不够(个人信息泄露、买卖事件频发)、网络技术安全隐患不时显现,但由于互联网金融领域的犯罪往往具有跨界、无形等特点,较之传统犯罪行为具有更强的隐蔽性,很多行为属于法律的交叉地带或模糊地带。①

无论是从互联网参与程度角度,还是从实施主体角度实施犯罪行为,互联网金融犯罪都显示出鲜明的特征。我们认为,对于互联网金融犯罪的区分应该抓住其本质,才能表征其特殊性。

三、互联网金融犯罪刑法规制现状

(一)与互联网金融犯罪相关的刑事法律法规梳理

1. 传统金融犯罪的相关法律规范梳理

对于传统的金融犯罪,刑事法律作出了相对明确的规定。目前给金融犯罪下定义的观点有 13 种以上。一般认为,金融犯罪的定义应有广义与狭义之分,本文所指的是狭义的金融犯罪,即我国刑法分则第三章第四节"破坏金融管理秩序罪"和第五节"金融诈骗罪"37 个罪名。2006 年 6 月《刑法修正案(六)》增加了惩治以欺骗手段取得银行或者其他金融机构贷款、票据承兑、信用证、保函等犯罪的规定;《刑法修正案(八)》也对金融欺诈犯罪的刑罚做出了适当的调整。

2. 互联网金融犯罪的相关法律规范梳理

对于互联网金融犯罪,除了参照传统金融犯罪的罪名规制外,目前尚无专门直接具有针对性的刑事法律规制条款。与此相关的法律条文和规定主要包括《刑法》第 285 条、第 286 条。

2013 年 9 月,淘宝网上一起擅自发行股票的行为被中国证监会叫停,这意

---

① 《加快立法,让互联网金融告别"裸奔"》,《中国证券报》2014 年 3 月 11 日。

味着以网络为平台向社会公众发行股票的行为,首次被界定为"非法证券活动"。2013 年底,上海市网络信贷服务业企业联盟率先发布国内首个《网络借贷行业准入标准》,内容涉及运营持续性要求、高层人员任职资格条件、经营条件、经营规范、风险防范、信息披露、出借人权益保护、征信报告、行业监督和适用范围。①

2014 年 5 月中国保监会发布了《关于防范利用网络实施保险违法犯罪活动的通知》,要求各保险机构加强互联网保险的风险管控,组织开展自查、堵塞网络漏洞并加强安全防护。

(二)立法评价

作为新型的交易模式,网络金融交易模式不仅突破了地域的界限,通过互联网将业务延伸至世界的每一个角落,还颠覆了纸质合约的交易模式,对原有的法律保护体系和管理监督体制提出了挑战。我们应以必要的审慎和理性态度对待金融领域出现的这些新问题。

1. 相关实体法律规定侧重于计算机信息系统的保护

我国《刑法》规定的涉及网络金融犯罪行为的条文有第 285、286、287 条,其中刑法 286 条第三款中使用的是"计算机系统",其他条款使用的则是"计算机信息系统"。刑法区分这两者的原意是考虑侵入计算机信息系统,破坏对象应当是数据库、网站等提供信息服务的系统;而传播计算机病毒如果只影响计算机操作系统本身,即使不对系统上的信息服务造成影响,也应当受到处罚。上述条文的设置,是为了保护计算机系统,而不是为了保护金融管理秩序和受害人的财产利益。我们认为侵犯"计算机信息系统"、"计算机系统"和互联网金融犯罪是两个不同的犯罪客体,互联网金融犯罪更多地强调通过互联网突出参与主体的变化,而不只是局限于计算机系统等物质手段,二者之间是不同的性质,并且并不互为前提。如果仅以"计算机信息系统"和"计算机系统"作为互联网金融犯罪侵犯的客体,无疑混淆了两类犯罪的本质,不利于从根本上治理互联网金融犯罪行为。

2. 犯罪主体局限于自然人以及量刑的单一,不利于从根本上治理相关犯罪行为

将网络犯罪主体资格限定在自然人内,没有确定单位可以作为此类犯罪的主体,使以单位名义实施的网络金融犯罪行为无法规制,存在法律漏洞,很不科学。② 另外,利用计算机网络实施诈骗、盗窃等犯罪行为,其侵犯的客体是多重的,既侵犯了受害人的财产权,又破坏了国家对网络的管理秩序,较之传统的诈骗、盗窃行为,其社会危害性更大。因此,对通过互联网实施的犯罪行为实行适

---

① 胡雁云:《论网络金融欺诈犯罪的刑事规制研究》,《金融理论与实践》2011 年第 5 期。
② 殷宪龙:《我国网络金融犯罪司法认定研究》,《法学杂志》2014 年第 2 期。

当的数罪并罚,更能准确地反映这类犯罪行为的社会危害程度。

3. 互联网金融诈骗犯罪的刑法规制有失周延性,不利于惩治互联网金融犯罪行为

纵观我国刑事立法对网络金融诈骗犯罪的相关规定可以看出,我国目前刑事法律体系仍存在以下问题:一是关于网络金融欺诈犯罪的规定很少,传统的规定又无法解释新技术带来的难题,此罪与彼罪的区分等方面较难把握,形成法律的"真空地带";二是网络金融交易手段的更新造成金融衍生工具的大量出现,这对传统的金融交易法律保护框架提出了严峻挑战;三是网络金融欺诈犯罪的证据的确认和取得存在很大难度,缺乏相关的法律规定。① 我国刑法虽然已经在互联网金融犯罪方面有所关注,但在具体防范和惩处的力度上仍旧欠缺。

四、互联网金融犯罪的救济指导理念和路径分析

(一)互联网金融违法犯罪行为刑法救济的指导理念

为进一步完善互联网金融刑事规制体系,我们认为应把握以下几个原则:

1. 要坚持二次性违法原则

首先,对于违反法律和行政法规的行为,要通过刑法予以坚决打击。其次,只有在既违反其他部门法又触犯刑法,其他法律无法充分保护相关法益的情况下,也就是在二次性违法的情况下,刑法才能介入。

2. 要坚持公平原则

对于同一种犯罪行为,重复频率比较高的情形下,会出现相同的犯罪行为,不同的结果。比如对各类非法吸收公众存款与集资诈骗行为的定性,应当以统一的标准进行区别,防止司法活动被一些人指责为刑事报复的工具。另外,我们也可以通过其他部门法适当调控金融市场,指引金融活动,以减少刑法对金融活动的选择性打击。

3. 要鼓励创新原则

在传统的金融市场,类似众筹和余额宝等互联网金融的存在有利于推进我国举步维艰的金融市场改革,有利于促使银行这些"沙丁鱼"在进行自我反省的同时更好地提高服务创新意识。从这个角度上说,对于互联网金融创新,我们的刑事政策宜以适当宽松为主,尽量让行政部门以行政监管的方式对其进行规范。②

---

① 胡雁云:《论网络金融欺诈犯罪的刑事规制研究》,《金融理论与实践》2011年第5期。

② 熊理思:《互联网金融创新的刑法规制》,《上海法治报》2014年4月16日。

(二)互联网金融违法犯罪行为刑法救济的路径选择

通过完善网上交易安全措施,改进网上交易安全技术,使网上交易的各方能够相互确认身份并留存不可改变记录,从而解决网上信息安全和信用问题,从根源上解决互联网诈骗和盗窃犯罪的防范问题。

1. 基于预防的角度做好互联网金融犯罪的事先防范

(1)加强互联网核心基础设施安全是基础。新加坡政府引导企业参与安全协议的制定推广,以及电子支付系统的建设,共同制定公共核心基础设施安全协议,探讨如何改进网上交易的安全性。所谓的公共核心基础设施安全协议,其主旨是通过验证网上交易者的身份,确保在传输过程中数据不被更改,发出的信息不被删除,在电子环境下保护敏感信息或高价值信息的真实性,为电子交易提供法律保障。基于维护互联网核心基础设施安全,借鉴国外先进的经验,有必要对核心基础设施进行研发,为互联网金融犯罪行为的防范提供基本的硬件支撑。

(2)提高金融业内控力度是关键。控制和防范互联网金融犯罪的速度和规模,需要完善互联网犯罪的情报基础建设,建立预防互联网犯罪的打、防、控长效体系,建立全国范围统一的网上交易认证制度和互联网犯罪信息库。比如网上支付功能是网络犯罪者实施诈骗的主要途径。针对愈演愈烈的网络金融犯罪,最根本的解决办法是提高互联网金融内控力度。安全的根本是内控而非单纯地外防。纵观数额巨大的互联网金融犯罪案件,有时问题主要在内部,内部制度不健全,要加强对员工的法律培训,使员工既懂金融又懂法。

(3)增强互联网金融消费者自身防范意识是根本。风险意识薄弱,是发生互联网金融犯罪的重要成因。作为互联网金融的参与者的金融消费者自身对犯罪行为的识别度和自我防范能力的增强是根本。为了预防互联网金融犯罪,英国金融支付机构的行业协会 PAPCS 提醒民众采取以下 6 步措施以避免成为互联网金融犯罪的受害者:保管好自己的信用卡等银行资料;给自己的信用卡设置密码并常更换密码;只在安全网站购物,并具备识别安全网站的能力;网上购物后打印出订单,并保留商家售货条款、退货规定、邮寄政策、商家地址电话等信息,一旦发生纠纷,这些信息可帮助信用卡公司更快解决问题;搞清楚自己的付款承诺是一次性的还是一系列的;可申请一张信用卡,专门用于网上购物。从参与互联网金融交易的各个环节提高防范意识,从而避免成为互联网金融犯罪的受害者。

2. 基于立法角度的互联网金融犯罪法律预期

尽管我国在立法的法律层面上给予其高度重视,构建了一个较为完整的制度体系来打击互联网金融犯罪,但互联网金融犯罪相比较刑法规定的传统的盗窃、诈骗犯罪有其独特性,其危害性远超过传统的盗窃、诈骗犯罪。正是由于互联网金融业务建立在网络技术和信息技术的基础上,有着其特有的魅力,同时因其网络的虚拟性、信息的快捷性,产生了难以预见和控制的风险。打击互联网金融犯罪的实践证明,仅仅依赖金融犯罪的一般法是不够的。亟须制定一套长效、完善的针对互联网金融犯罪的特别法。从刑事政策的角度考虑,非常有必要专门针对互联网金融犯罪立法。国外在这方面已经有成熟的立法经验,如美国1977年的《联邦计算机系统保护法》和1984年的《电脑诈骗和滥用法案》,英国1984年的《数据保护法》和1990年的《计算机滥用法》等。

我国现时的成文法存在一些缺陷或漏洞,如法律责任的规定缺乏系统性和具体化,对违法犯罪责任追究不到位,对互联网金融犯罪的定性和法律适用存在着模糊地带,如犯罪主体确定错位和法律适用空白等。同时在刑罚体系上,现时刑法所规定的资格刑,主要指剥夺政治权利,比较单一。为了有效遏止金融犯罪,应当完善我国的资格刑,这是由资格刑的独特功能和金融犯罪的特殊性决定的。对某些犯罪人依法剥夺或限制其从事金融业务的资格,从而达到其他刑罚方法所无法取代的特殊预防和一般预防的双重目的。此外有必要通过立法或者司法解释,对涉及互联网金融犯罪行为的救济手段及时进行补充和修正,从而有效发挥法律的指引和预期功能,促进互联网金融的健康发展。

从国家层面而言,针对互联网金融犯罪日益呈现出全球化的特点,还应当加强国际刑事司法合作,积极加入相应的国际公约,如2001年的《网络犯罪公约》。在国际条约的框架下,积极开展国家间的刑事司法合作,在国际范围内共同打击网络犯罪。

3. 基于互联网金融犯罪的特征创新个性化刑法救济

(1)力争互联网金融犯罪罪名的独立。有学者认为:"由于当前网络犯罪呈现与传统犯罪较大的差异,无法再以传统的犯罪构成来限定行为性质。而且即使网络金融犯罪人并没有获取直接的经济利益,他的犯罪行为也会给国家金融制度带来巨大损害,因而应将网络金融犯罪与一般的金融犯罪区别开来,这样才能更好地加以抑制。"[①]尽管同属于财产型犯罪,互联网金融犯罪的作案手段和表现形式与传统的金融犯罪相比具有特殊性,有必要将其独立出来,以实现对这一类型的犯罪精准化的法律规制,这也是适应互联网金融蓬勃发展而不可避免会因此产生大量已知和未知犯罪行为的有效应对需要。

(2)拓宽互联网金融犯罪处罚的手段。有学者指出:"当前我国刑法中对于计算机犯罪的刑法方式只有自由刑,这与当今世界各国网络犯罪立法广泛使用财产刑和资格刑的通例不相符。因此在增加网络金融犯罪条款时,刑罚方式除

---

① 王东:《论网络金融犯罪的成因与法律监管》,《中国经贸导刊》2011年第14期。

自由刑,应当增加资格刑和罚金刑,如没收计算机设备,处以罚金,并剥夺其从事与计算机网络有关的工作资格。"①从规范的角度考证,互联网金融主体的设立应该具有一定的门槛,以增强金融安全和金融监管。因此,在对互联网金融犯罪进行处罚时要考虑多元化的处罚手段,以从根本上对此类犯罪行为起到抑制作用。

(3)扩大互联网金融犯罪主体。有学者认为:"我国刑法只规定了自然人主体的网络犯罪,没有关于法人的网络犯罪的刑事法律规定。在当前,金融运营服务国际化,跨国犯罪组织常常利用法人的合法外衣通过金融网络进行犯罪活动。因此,有必要增加法人作为犯罪主体。"②纵观现今已经发生的互联网金融犯罪行为,很多犯罪行为都是以单位为犯罪主体,或者披上单位的外衣,相较于自然人犯罪,往往涉及的金额也更大,所以有必要扩大互联网金融犯罪主体,不仅包括自然人,还应包括法人以及非法人组织。

(4)尝试设立限制性财产发还制度。针对非法集资案件的赃款,本应作为非法所得予以罚没,但考虑到社会的稳定和存款人的生活,可以在追缴款物的范围内按存款人损失的比例发还,即在实践中可探索限制性财产发还制度。我们认为可以用规范性法律文件的形式建立涉众型经济犯罪,如互联网众筹中的非法集资行为受害人登记制度,尝试限制性财产发还制度。

(5)探索刑事和解制度在救济中的运用。刑事和解,又称"受害人与加害人的和解",是指在犯罪发生后,经由调停人出面,促使受害人和加害人直接商谈,解决刑事纠纷;商谈结果所达成的和解协议,由司法机关予以认可并作为对加害人刑事处分的依据。刑事和解制度的本意并不排斥互联网金融犯罪对其适用,有利于化解矛盾,从而达到多赢的局面,当然在司法实践中对于刑事和解制度的具体适用范围还可以作进一步的细分,从而更好地推动互联网金融犯罪刑事救济途径的多样化发展。

(6)弥补互联网金融犯罪救济的不足。刑法的目的是保护法益,在目前刑法尚未明确的情况下,以刑法所要保护的利益为出发点,对互联网金融犯罪做出司法解释,以应对法律暂时空白的状况。但如何处理好罪行法定和法益保护之间的关系是核心所在。在司法时要尽可能地运用法益保护的本意来弥补对于具体罪名刑法救济的不足。

---

① 王东:《论网络金融犯罪的成因与法律监管》,《中国经贸导刊》2011 年第 14 期。

② 王东:《论网络金融犯罪的成因与法律监管》,《中国经贸导刊》2011 年第 14 期。

互联网金融犯罪治理浅析

温岭市人民检察院　　王　纯*

摘　要:党的十八届五中全会指出,要实施网络强国战略,互联网金融的持续的革命性力量正是对这一战略的积极响应。为了护航互联网金融的良性、健康发展,针对第三方支付、P2P 网贷、众筹等领域的特点,展示其可能涉及的法律问题,分析现行立法的不足和司法的困境并提出叠新司法理念、建立健全相关法律体系、提升办案专业化水平的对策。

关键词:互联网金融;刑事犯罪;刑法谦抑

党的十八届五中全会提出,要实施网络强国战略,实施"互联网＋"行动计划,发展分享经济,实施国家大数据战略。在当下,我国的线上支付、网络信贷等金融服务进入发展井喷期,互联网支付、移动支付、P2P 等多个领域市场规模跃居全球首位,金融行业与网络结合后产生的持续的革命性力量,无疑是对这一国家战略的积极响应。互联网金融(ITFIN),作为传统金融机构与互联网企业利用互联网技术和信息通信技术实现资金融通、支付、投资和信息中介服务的新型金融业务模式,既丰富了消费者的理财途径、支付习惯、消费内容,又深刻影响了资金的流转,打破了媒介与平台的界限,深刻影响了日常的生产、生活模式。

然而,以网络平台为依托高歌猛进的金融业,带来的发展红利与与之相随的风险如币之两面:发展快、效率高、覆盖广,同时管理弱、风险高,容易引发雪球效应,这一革命性的创新力量以新、快的特点,对立法、司法的理念和技术都提出了不同于传统犯罪的挑战。而这对法律护航互联网金融的发展,即针对互联网金融发展过程中出现问题的法律层面的规制,无疑提出了更高的要求,在促进互联网金融健康发展的大背景下,使法"与时俱进",无疑需要立足国家战略的格局与方寸间的智慧。

---

*　王纯,女,温岭市人民检察院公诉科公务员。

一、互联网金融的基本模式

(一)第三方支付

第三方支付(third-partypayment)狭义上是指具备一定实力和信誉保障的非银行机构,借助通信、计算机和信息安全技术,采用与各大银行签约的方式,在用户与银行支付结算系统间建立连接的电子支付模式。

根据央行 2010 年在《非金融机构支付服务管理办法》中给出的非金融机构支付服务的定义,从广义上讲第三方支付是指非金融机构作为收、付款人的支付中介所提供的网络支付、预付卡、银行卡收单以及中国人民银行确定的其他支付服务。艾瑞网站的最新数据显示,2014 年有 59924.7 亿元的交易在第三方移动支付市场完成,差不多是 2013 年的 5 倍。[1]

网络第三方支付与传统支付相比,具有支付便捷、交易安全等优点,但在发展中也蕴含着风险。一是法律定位不清,2010 年 9 月央行出台的《非金融机构支付服务管理办法》中将第三方支付机构定位为"非金融机构"。但"非金融机构"本身是一个含糊的概念。尤其是 2013 年 6 月,支付宝推出的余额宝横空出世,其理财与消费的双重功能,无疑使之具有了金融和商品的二元属性。二是依托网络带来的风险。第三方支付提供的支付中介服务实质上类似于金融机构的结算业务,介于网络运营和金融业务之间的"灰色地带",已经明显突破了现有的一些特许经营的限制,为资金的非法转移和套现提供便利,构成潜在的金融危险[2]。结合网络交易隐蔽性、匿名性强,不受限固定地域、时空的特点,容易滋生洗钱、诈骗套现等犯罪行为。

(二)P2P 网贷

中国人民银行等十部门发布的《关于促进互联网金融健康发展的指导意见》(银发〔2015〕221 号)中指出,P2P 网络平台是指个体和个体之间通过互联网平台实现的直接借贷。

我国最早的 P2P 平台是 2007 年成立的上海拍拍贷。其采用了欧美典型的中介形式,平台不提供担保。由于利用网络优势,P2P 网贷交易快捷,主要面向借款额度低、大银行因成本考量不能惠及的小微人群,解决了部分小微用户融资

---

① 刘翠丽:《网络第三方支付法律制度研究》,河北经贸大学 2015 年硕士论文,第 1 页。
② 张倩:《第三方支付平台反洗钱法律制度研究》,西南政法大学 2016 年硕士论文,第 5 页。

难的问题,获得小微用户的喜爱。然而,2013 年,P2P 平台如雨后春笋般出现,又大规模倒闭。2013 年约有 80 家平台跑路,引发很多刑事和民事案件。据"网贷之家"统计,截至 2015 年 10 月底,正常运营的 P2P 平台为 2520 家,其中,新上线平台数量为 150 家,新增问题平台 47 家。截至 2015 年 10 月底,P2P 行业累计平台数量达到 3598 家(含问题平台),累计问题平台数量达到 1078 家,接近 1/3。①

P2P 网贷造成风险和引发诉讼的原因如下:一是 P2P 平台无准入门槛、无行业监管、无部门监管,给不法分子及一些投机客以可乘之机。二是资金池问题。因资金沉淀账户未受监管,资金池的形成虽使机构的资本运作顺利,但投资人对资金的用途、去向等实际情况难以掌握,增加了投资人风险。三是信用问题。我国的征信体系不完善,征信活动不规范,统一的信用评价机制、信用管理办法尚未建立健全,中国人民银行的个人征信系统和网络平台尚未进行嵌入式对接,信用数据无法共享,无法有效保护当事人的合法权益。四是平台自融问题。平台虚构借款人而欺骗投资人,实际是借 P2P 名义进行自我融资,进行长线房地产等投资,造成期限错配,引起流动性风险。五是流动性风险。个别借贷平台变相吸储放贷,且产生的信贷存量没有存贷比、准备金等"防火墙"设置,杠杆效应极度放大,造成流动性问题。② 2014 年,仅 P2P 网络借贷平台涉嫌非法集资的发案数、涉案金额、参与集资人数就分别是 2013 年全年的 11 倍、16 倍和 39 倍。③

(三)众筹

众筹,英文为 crowdfunding,是指个人或小企业通过互联网向大众发布筹款项目并募集资金的行为,具有低门槛、多样性、注重创意、依靠大众力量等特点。众筹从最初艺术家筹措创作资金的一种手段,演变成初创企业和个人为自己项目向大众,尤其是广大网友筹募资金的新的途径。

在众筹模式下,主要会涉及三方主体,即发起人、平台运营方和支持者。发起人,又称筹资者或项目创建人,即资金的需求者,其在众筹平台上创建项目介绍自己的产品、创意或需求,设定筹资模式、筹资期限、目标筹资额和预期回报;平台运营方,作为连接发起人和支持者的互联网终端,多是以网站的形式,负责审核、展示筹资人创建的项目,提供各种支持服务;支持者,即投资人,选择投资

---

① 何方竹:《P2P 火爆背后"坑很多"》,《中国经济周刊》2015 年第 45 期。
② 吴景丽:《互联网金融可能涉及的犯罪行为及法律思考》,《人民法院报》2014 年 4 月 3 日第 7 版。
③ 彭波、李纵:《非法集资案件一年增长 2 倍以上》,《人民日报》2015 年 8 月 5 日第 18 版。

目标,根据项目设定的投资金额档次进行投资,等待预期回报。筹资项目必须在发起人预设的时间内达到或超过目标金额才算成功。如果达到或超过目标金额,发起人通过平台获得支持者的资金;如果未能达到目标金额,发起人需要在一定的时间内通知平台退回已经取得的支持者的资金。众筹网站的收入源于自身所提供的服务,绝大部分的众筹平台实行单向收费,只对发起人收费,不对支持者收费。赢利来源可以分为三个部分:交易手续费、增值服务收费、流量导入与营销费用。

众筹融资作为一种新兴金融形式,在蓬勃发展的过程中不可避免地遇到了问题。法律层面,其与非法集资界限模糊,如从形式要件上看,众筹未经许可,通过网站公开推荐、承诺一定回报,向不特定对象吸收资金的特征均符合《最高人民法院关于审理非法集资刑事案件具体应用法律若干问题的解释》中有关非法集资的构罪要件,极易越过雷池。保护投资者层面,监管体制不匹配、监管法律缺位、监管力度和平衡点难以把握;投资者保护难度大,当下,众筹平台众多,众筹项目五花八门,约定回报诱惑力大,在保护投资者利益与尊重投资正常风险、投资者盈亏自负上需作出政策上的谨慎考量,此外,以"创意"为卖点的众筹也极容易引发知识产权保护方面的法律问题。

二、互联网金融犯罪刑事规制上的薄弱环节

(一)涉及刑法罪名

(1)第三方支付主要涉及的是信用卡诈骗罪和洗钱罪。2009 年 12 月 16 日实施的《最高人民法院、最高人民检察院关于办理妨害信用卡管理刑事案件具体应用法律若干问题的解释》第 7 条第一款规定:"违反国家规定,使用销售点终端机具(POS 机)等方法,以虚构交易、虚开价格、现金退货等方式向信用卡持卡人直接支付现金,情节严重的,应当依据刑法第 225 条的规定,以非法经营罪定罪处罚。"第三款规定:"持卡人以非法占有为目的,采用上述方式恶意透支,应当追究刑事责任的,依照刑法第 196 条的规定,以信用卡诈骗罪定罪处罚。"

同时,第三方支付平台由于存在交易匿名性、隐蔽性的问题,不注意会滋生洗钱犯罪,如利用第三方支付可以为用户提供充值服务,向第三方账户注资实现资金转移;与第三方支付机构或第三方支付机构的工作人员结伙,利用平台洗钱。《刑法》第 191 条规定:"明知是毒品犯罪、黑社会性质的组织犯罪……为掩饰、隐瞒其来源和性质,有下列行为之一的……(一)提供资金账户的;(二)协助将资产转换为现金或者金融票据的;(三)通过转账或者其他结算方式协助资金

转移的;(四)协助将资金汇往境外的;(五)以其他方法掩饰、隐瞒犯罪的违法所得及其收益的性质和来源的……"应认定为洗钱罪。

(2)P2P 网络借贷在刑事方面主要涉及两类刑事犯罪:《刑法》第 176 条规定的非法吸收公众存款罪和第 192 条规定的集资诈骗罪。我国《刑法》第 176 条规定:"非法吸收公众存款或者变相吸收公众存款,扰乱金融秩序的,处 3 年以下有期徒刑或者拘役,并处或者单处 2 万元以上 20 万元以下罚金;数额巨大或者有其他严重情节的,处 3 年以上 10 年以下有期徒刑,并处 5 万元以上 50 万元以下罚金。单位犯前款罪的,对单位判处罚金,并对其直接负责的主管人员和其他直接责任人员,依照前款的规定处罚。"此外《最高人民法院关于审理非法集资刑事案件具体应用法律若干问题的解释》规定,下列行为属于《刑法》第 176 条规定的非法吸收公众存款罪:未经有关部门依法批准或者借用合法经营的形式吸收资金;通过媒体、推介会、传单、手机短信等途径向社会公开宣传;承诺在一定期限内以货币、实物、股权等方式还本付息或者给付回报;向社会公众即社会不特定对象吸收资金。而 2014 年 3 月 25 日最高人民法院、最高人民检察院、公安部印发的《关于办理非法集资刑事案件适用法律若干问题的意见》第 2 条规定:"《最高人民法院关于审理非法集资刑事案件具体应用法律若干问题的解释》第 1 条第 1 款第 2 项中的'向社会公开宣传',包括以各种途径向社会公众传播吸收资金的信息,以及明知吸收资金的信息向社会公众扩散而予以放任的情形。"无疑,此处的规定当然包括以网络方式进行的社会公开宣传,毋宁说,该规定,即针对网络而言。此外,《最高人民检察院、公安部关于公安机关管辖的刑事案件立案追诉标准的规定(二)》(以下简称《规定二》)第 28 条规定:"非法吸收公众存款或者变相吸收公众存款,扰乱金融秩序,涉嫌下列情形之一的,应予立案追诉:个人非法吸收或者变相吸收公众存款数额在 20 万元以上的,单位非法吸收或者变相吸收公众存款数额在 100 万元以上的;个人非法吸收或者变相吸收公众存款 30 户以上的,单位非法吸收或者变相吸收公众存款 150 户以上的;个人非法吸收或者变相吸收公众存款给存款人造成直接经济损失数额在 10 万元以上的,单位非法吸收或者变相吸收公众存款给存款人造成直接经济损失数额在 50 万元以上的;造成恶劣社会影响的;其他扰乱金融秩序情节严重的情形。"

(3)众筹可能涉及三类刑事犯罪,即《刑法》第 176 条规定的非法吸收公众存款罪、第 192 条规定的集资诈骗罪和第 179 条规定的擅自发行股票、公司、企业债券罪。针对非法吸收公众存款罪,众筹模式的发起者和运营平台,必须在发起筹资项目之初即明确发起人不是融资方,所有的筹资均是基于明确的项目计划和明确的产品或服务回馈周期。同时必须明确筹集的资金是基于特定项目的生产经营所用,而非同时进行资金的融出。就规避集资诈骗而言,发起人对资金的使用应有明确项目,并按事先确定的众筹的规则进行公示,如项目失败则应及时按规则进行款项的退还。此外,2013 年 9 月 16 日,中国证监会对于淘宝网上一起涉嫌擅自发行股票的行为予以叫停。利用网络平台向社会公众发行股票的行为被首次界定为"非法证券活动"。《证券法》第 10 条第 1 款规定:"公开发行证券,必须符合法律、行政法规规定的条件,并依法报经国务院证券监督管理机构或者国务院授权的部门核准;未经依法核准,任何单位和个人不得公开发行证券。有下列情形之一的,为公开发行:向不特定对象发行证券的;向特定对象发行证券累计超过 200 人的;法律、行政法规规定的其他发行行为。"《规定(二)》第34 条规定,未经国家有关主管部门批准,擅自发行股票或者公司、企业债券,涉嫌下列情形之一的,应予立案追诉:发行数额在 50 万元以上的;虽未达到上述数额标准,但擅自发行致使 30 人以上的投资者购买了股票或者公司、企业债券的;不能及时清偿或者清退的;其他后果严重或者有其他严重情节的情形。

(二)立法领域

一是对各部门法的依赖明显强于传统犯罪。互联网金融犯罪中对互联网金融的关切指数,实胜过对法律条文本身;民商法,细分至票据、证券、保险等部门法律的先行规制,其应用要远远宽泛于刑法自身。各部门法针对互联网金融各环节的分工明确、无缝衔接的规定,在多数时候可以成为该类刑法罪名在解释名词、明确标准时的依托。如擅自发行股票、公司、企业债券罪,将利用网络融资平台向社会公众发行股票的行为界定为"非法证券活动",就离不开证券法的相关规定。由于各部门法相较于蓬勃发展的网络金融的滞后,相关针对性的细则、条例、法律责任等无法到位,刑法有种源头性的不足。

二是以应变为主,前瞻指导性不强。一方面,大量互联网金融领域的违法行为虽被规定为某一罪名,但构罪标准一般体现在数额上,没有跟线下的传统犯罪作合适区分,存在偏轻、偏重,或量刑档次划分不当的情况,与互联网金融犯罪的特点和特殊性不相匹配。更重要的是,部分罪名仍完全以涉案金额、涉案人数作为犯罪构成要件,对"犯罪情节"考虑不足,法律规定上仍存在一刀切的现象。此外,在此领域,没有具体的、针对性的立法,如第三方支付中,仍以电子商务、电子支付等规定、办法应付。

三是对社会金融发展响应不足。一如存活于计划经济年代,而于 1997 年在刑法中取消的投机倒把罪,其起落兴废与计划体制的形成及强化、市场秩序确立及逐步完善的过程相随,任何罪名都无法也不应脱离社会生活发展的实际而被视为普适而超越历史的阶段性。在投机倒把罪被废除的同一年被写入刑法的非法吸收公众存款罪,近年来伴随着多起令公众侧目的大案,现在也来到了争议的中心,并因严重遏制民间融资的发展而广受诟病。在网络金融蓬勃发展的当下,该罪的存在明显与经济发展形式手段日趋多样性的现实不符。

(三)司法方面

(1)取证困难。相较多数传统罪名以言辞证据为定罪的关键,在互联网犯罪中,无疑电子证据发挥着举足轻重的作用。然而电子证据因其形式的特殊性,很容易遭到篡改、删除,无法保证可靠性和可信性。为了保持证据的原始性,这就要求取证过程中的规范流程,包括证据现场的保护,证据的提取、固定、分析。由于网络本身对时空局限的打破,网络犯罪中的犯罪嫌疑人、受害人等往往存在跨省的现象且人数众多,这也为全面、及时取证带来了客观上的困难。

(2)基层办案力量不足。基层院金融犯罪领域的案件相较"两抢一盗"等传统犯罪数量少且类型单一,实践中以信用卡诈骗等第三方支付类为主,P2P网络借贷几乎为零。这导致一旦出现该类案件,承办人员容易出现相关理论储备不足,引导取证、补证的技巧缺乏,对电子证据的审查与运用不足等问题。考虑到在P2P、众筹类案件中,相关涉案人员对网络金融的了解与相关作案手法的熟练"运用",侦监、公诉力量的相对不足就尤为凸显。网络金融的发展一日千里,相关金融犯罪的技术手段及作案手法越来越高级,任何不足造成的滞后,都是指数级的落后。

(3)宽严相济的刑事政策落实不足。尽管发展互联网金融已被列入国家战略重点支持,但司法实践中涉及的案件却并未体现宽严相济的刑事政策。一些实际危害不大,及时挽回损失的案件相对不起诉的条件各地掌握还是标准过高,在涉案金额的要求上规定过严;在涉及非法集资、非法吸收公众存款等罪方面,仍多以涉案金额、损失等确定罪责刑,对资金用途、各用途占比、主观目的等考虑不足,有客观归责的倾向;共同犯罪的帽子扣得过大,对涉案人员的具体作用等审查、甄别不够严谨,打击面过大。

三、对策

(一)迭新立法、司法理念

当下,我国正处于社会转型期,通过互联网金融创新,提升资本流转、配置的效率,激发个体、小微企业等的发展活力,是当下经济发展的必然选择。立法、司法的全方位努力,都不应脱离保护并促进互联网金融的巨大创新价值的前提。另一个前提,无论应对何种社会问题,法律都不应冲锋在前;无论应对怎样的法律问题,刑法均不应置于众法之前。一如德国学者耶塞克所言,经济刑法的范围与规模取决于经济状况。[①] 对网络金融活动的刑法规制应以保障有序发展为主,尽量保持克制与谦抑,尊重市场经济的规律,在无明文规定下,保持理性克制,不宜过分扩张入罪,在维护金融安全的同时减少对金融效率的影响。

(二)建立健全相关法律体系

刑法在介入经济行为的过程中,应当在部门法之间明确边界,从而促使相互之间更加协调,并依据不同法律的效力位阶构建监管经济行为、保障经济发展的综合的法律体系[②]。首先,应在法律层面对基本的术语作出法律上的解释,厘定范畴、明确指代;其次,先行审视《公司法》、《商业银行法》、《票据法》、《保险法》、《证券法》等相关规定,是否存在与现行互联网金融发展趋势不相适应、陈旧滞后的规定,再行完善《刑法》相关规定、制定有关司法解释。第三,在全局内,针对互联网金融细化、具化相关规章制度。立足网络金融发展战略,协调相关部委出台或完善有关制度,并发布互联网金融行为指引和国家标准[③]。

(三)提升办案专业化水平

互联网金融作为新生事物,对司法人员的专业化水平也提出了更高要求。一是要加强学习,专业上,在新领域注重对典型案例的学习,尤其是最高法、最高检发布的指导性案例,加强研究,从而便于更有效地追求同案同判的自然正义。此外,加强对相关金融领域的规章、规范、专业性规定的涉猎了解。二是要执中守正,在办案中杜绝对法律条文的扩张性解释、客观归责等,提高对证据的使用、组织、分析能力,提升释法说理水平,促进认罪服法,避免造成群体性事件。

---

① 转引自王世洲《德国经济犯罪与经济刑法研究》,北京大学出版社 1999 年版,第 27 页。
② 姚海放:《网络平台借贷的金融法规制路径》,《法学家》2013 年第 5 期。
③ 上海市浦东新区人民检察院课题组:《网络金融犯罪治理研究》,《刑事法学》2016 年第 6 期。

浅析互联网金融犯罪的防控格局构建

——从非法集资行为的刑事界定入手

杭州市富阳区人民检察院 杜巧萍 李伊红[*]

摘　要：非法集资行为在互联网金融兴起的大背景之下呈现出一种多发、滥发的态势，且表现出了新的特征，对于非法集资的监管与法律规制正在逐步强化，但是从鼓励互联网金融行业"大众创业、万众创新"的角度出发，过于严苛的管制与界限认定势必对整体的互联网金融秩序产生重大的冲击，故本文试从非法集资的概念、特征等出发严格其具体限定，并完善互联网金融视域下非法集资行为的防控体系。

关键词：互联网金融；非法集资；刑事界定；防控格局

互联网金融是"互联网＋金融"的有机整体，凡是利用互联网技术和信息通信技术开展的金融业务模式均为互联网金融，其基本特点是目标客户的广泛性、技术手段的先进性、资本配置的高效性、金融服务的便捷性[①]。一定程度上来说，互联网金融能够逐步摆脱传统金融模式对于网点和柜台的依赖，将更多的金融业务线上开展、线上运营，直接促进了各类客户的融资及中小微企业的发展。然而，由于该产业尚处于摸索阶段，互联网融资与非法集资又存在一定的混同现象，导致在鼓励互联网创新的大背景下，发生了一批以互联网金融为名、行非法集资之实的犯罪行为。

一、互联网金融中非法集资行为的特征

我国互联网金融的发展时间较短，目前的发展模式主要有三种，一是以 P2P 为基础衍生的 P2B、P2C、P2N、P2S、P2G、P2F 等"P 型"网络借贷平台模式；二是以电商融资为基础的股权众筹模式，例如人人投、天使汇等；三是以第三方支付

---

[*] 杜巧萍，女，杭州市富阳区人民检察院书记员；李伊红，女，杭州市富阳区人民检察院书记员。

[①] 李鑫萍：《互联网金融创新之法律监管》，山东大学硕士学位论文，2016 年，第 19 页。

渠道为媒介的增值服务模式,例如余额宝、招财宝、理财宝等。实践中,前两种互联网金融发展模式极易触犯集资类犯罪,"P型"网贷平台模式以及股权型众筹模式本身就带有集资犯罪行为的公开性、盈利性、广泛性等特点,故而认定上述两种模式是否构成犯罪存在天然的困难。所以说,厘清互联网金融下非法集资行为的具体特征显得至关重要,下面笔者将对其作逐一阐述。

(一)涉及人员众多、辐射地域广阔

传统的非法集资行为因受到宣传媒介的限制,故而在扩散力度上存在一定的局限性。而互联网的虚拟性正好可以突破空间界限,促使个人获取和传递信息的速度大大加快。非法集资的信息一经网上公布,便可得到不断的转发、分享,任何人都可以从网上浏览到相关内容,并投入其中,如此集资数额快速增加,辐射地域范围也高度扩散,如"e租宝"平台在短短一年半的时间内就吸收资金高达 500 多亿元,受害投资人遍布全国 31 个省区市。

(二)融资手段新颖、法律规定滞后

借助互联网的发展,金融活动的方式不断创新,例如在"P型"网贷平台、众筹平台上,即使融资方没有任何的抵押或是担保,上述平台仍会发布其需要资金的信息,吸引投资人出资,快速实现双方资金融通;余额宝、理财宝等"宝宝"类产品成功将第三方支付平台与基金销售公司相结合,促使广大中小理财客户将零散资金注入,形成一个不断吸纳和沉淀大量资金的巨大资金池。但是关于互联网金融的法律制定尚未跟上不断创新的互联网金融发展脚步,现行法律法规对于新兴互联网金融活动的监管并不明朗,很多互联网金融活动主体往往带着侥幸心理,游走在国家政策和法律法规的灰色地带。

(三)集资周期短暂、侦查取证困难

由于互联网的隐蔽性,集资准备工作如平台设立、信息发布、项目构建能够在极短的时间内完成,且在具体集资过程中,集资方、平台管理方等可以同时与多人进行交易,短期内就能够聚集大量资金。在集资行为完成后,集资方或者平台管理方一旦快速转移资产,就会导致大量投资者血本无归,如福建的"福翔创投"平台,于 2013 年 10 月 15 日上线,上线仅 3 天,老板即卷款潜逃,被"誉为"史上最短命的网贷平台[①]。之后,2014 年 6 月 27 日上午恒金贷(P2P 平台)开业,下午就卷款跑路,时间更短。另外,网络平台的专业性使得侦查机关在查处时存

---

① 刘琪:《浅议互联网金融背景下的非法集资问题》,《科技与法律》2014 年第 3 期。

在证据采集、保存、固定、恢复等困难，而这往往为行为人（包括集资方与平台管理方）销毁证据提供了时间上的可能性，进一步加大查处难度。

综上，在互联网金融的大背景下，非法集资行为出现了完全不同于以往的特征，涉及非法集资的风险在互联网技术的加持下大大增加。但是我们同样注意到，互联网金融是我国现行金融体制的创新，其诞生系线上营销、线上消费等网络市场发展的必然产物，其存在也确实为投资者提供了更多、更便捷的选择。因此，对互联网金融的规制不能机械地"堵"，而应该妥适地进行疏导[①]。我们应该以"引"为目标导向，正确认识互联网金融中的集资犯罪，准确界定其行为边界，并通过法律等手段对互联网金融进行全面监管，使互联网金融在不脱离法治轨道的前提下平稳地运行。

二、互联网金融下非法集资行为的刑事界定

非法集资概念的首次正式提出是最高人民法院于 1996 年 12 月发布的《关于审理诈骗案件具体应用法律的若干问题的解释》（以下简称为《解释》）。《解释》规定，非法集资是指法人、其他组织或者个人，未经有权机关批准，向社会公众募集资金的行为。此后，我国相关刑事立法大多沿袭了此种概念，并不断完善非法集资的内涵。

2010 年 5 月，《最高人民检察院、公安部关于公安机关管辖的刑事案件立案追诉标准的规定（二）》中对非法集资犯罪的追诉标准作出了规定，特别是对数额、情节等进一步明确。同年 12 月，《最高人民法院关于审理非法集资刑事案件具体应用法律若干问题的解释》第一条中对非法集资概念的特征要件予以具体细化，明确成立非法集资犯罪需要同时具备非法性、公开性、利诱性及社会性四个特征，即：未经有关部门依法批准或者借用合法经营的形式吸收资金；通过媒体、推介会、传单、手机短信等途径向社会公开宣传；承诺在一定期限内以货币、实物、股权等方式还本付息或者给予回报；向社会公众即社会不特定对象吸收资金[②]。2011 年 8 月 18 日，最高人民法院发布了《关于非法集资刑事案件性质认定问题的通知》，针对非法集资性质认定问题作出规定，强调非法集资行为在行政认定与刑事认定上的区别。2014 年 3 月 25 日，最高人民法院、最高人民检察院、公安部又提出了《关于办理非法集资刑事案件适用法律若干问题的意见》（以

---

① 刘宪权：《论互联网金融刑法规制的"两面性"》，《法学家》2014 年第 5 期。
② 黄楠：《论互联网金融中的"非法集资"——兼评最新非法集资司法解释》，《天水行政学院学报》2014 年第 5 期（总第 89 期）。

下简称《意见》）。至此，已经是我国第三次专门针对非法集资犯罪出台相关司法解释或者作出相关指导意见，从中也可以看出监管部门和司法机关对非法集资案件的重视[1]。同时，我国《刑法》直接规定了非法吸收公众存款罪，欺诈发行股票、债券罪，擅自发行股票、公司、企业债券罪和集资诈骗罪这四种具体类型，上述四种犯罪均符合司法解释及相关指导意见对于非法集资的要件规定，属于非法集资类犯罪。虽然说目前对于非法集资的刑事规范已经初具规模，但是基本都以原则性规定为主，实务界对于具体适用存在较大分歧。结合现行互联网金融体制的特征，笔者试从犯罪构成要件出发对非法集资犯罪作刑事界定。

在互联网金融下，大部分的融资行为天然针对不特定的人员，且融资数目大多能够达到追诉标准，在这样的情况下必须严格其违法要件的认定，以防止过分抑制互联网金融的创新发展，这也与现下倡导的"绿色司法"理念相符合。具体而言：

（一）非法性的认定

所谓"非法性"，一是指互联网金融企业未经有关部门依法批准，在未取得相关资质的情况下，私自使用资金池模式募集资金。二是指借用合法经营的形式吸收资金，在司法实践中，未经审批从事金融机构存贷款业务的行为并不多见，大多数互联网金融企业还是借用合法经营的形式吸收资金，以合法手段掩盖其非法吸收资金的目的。

（二）社会公众的认定

非法集资犯罪要求面向社会公众吸收资金，这也是区分正常融资和非法集资的法律标准之一。社会公众的认定标准一般包括两个方面，一是多数，二是不特定性。二者缺一不可，不能单凭集资对象人数众多就认定为集资者向社会公众集资，也不能因为条件有所限定就认定是特定人，互联网金融的非法集资犯罪中，亲友、单位员工等特定对象可成为"间接公众"[2]。

---

① 李科、屈博洋：《何为互联网非法集资》，《人民公安》2014 年第 5 期。

② 《意见》第 3 条规定，对互联网金融企业和创业者来说，企业不仅要自身行为合法合规，而且必须要确保自己的员工不发生任何向不特定对象吸收资金的行为，这在小型企业中还可以适用，但对于那些有几千人、几万人的中大型企业而言，互联网金融企业和创业者应当通过制定相关规章制度来表明自身是完全禁止违法行为、违法宣传的，否则就存在入罪的风险。同时，《意见》还把类似将社会公众人员吸收为单位内部人员，并向其吸收资金的行为也列入非法集资犯罪的范畴，如此那些以商会会员、众筹网站成员等名义开展的互联网金融业务也有入罪的风险。

(三)集资性质的认定

当然,如果企业已经获得银行的授信并且资产可控,足以偿还所有投资款项,则其集资的主观状态应当推定为非过错故意,这在《解释》中也有明确规定[①]。笔者认为,互联网金融企业通过线上网络平台进行融资,其融资所得资金用于自身主营业务的生产经营,且不存在资金转移、隐匿等情形的,或者企业已经设立了完备有效的风险预警机制,并没有出现投资者不可控的现象,则不应当认定企业客观上的集资行为非法。总而言之,主观故意与客观行为是非法集资性质的充分必要条件。

三、互联网金融下非法集资犯罪的防控体系构建

笔者注意到,我国刑法中与互联网金融相关的刑法条款,以及法益保护设计反映的是金融抑制的理念,而这与互联网金融所反映的金融创新理念并不一致[②]。随着我国资本市场的逐渐成熟、社会公众的投资与小微企业融资需求的日益旺盛,过大的非法集资入罪口径可能会抑制互联网金融的蓬勃发展。对此,笔者试着针对互联网金融下非法集资的界定三方面,兼顾引导互联网金融的健康发展和防控互联网金融中的非法集资行为两个要求,从法律规制、行业自律、部门监控等角度出发,旨在建立完善的监管体系。

(一)结合新型发展模式,完善法律规制体系

虽然我国刑法对于互联网金融领域的某些行为已经有相关规定,但是我们同样可以发现,日益发展的新型互联网金融犯罪类型并未在法律上有针对性的详细规定,故立法机关应就互联网金融犯罪的新型发展模式,在相关法律中明确互联网金融机构的准入条件、业务模式、风险控制和监督管理[③],尤其要在刑法及司法解释中准确界定互联网金融下非法集资犯罪构成要件,严格与合法合规的互联网融资相区分,从而建立起一个防控互联网金融犯罪的综合法律体系。

(二)设立行业自律准则,加强部门监管力度

加强行业自律,建立和完善互联网金融自治体系,鼓励成立行业协会,引导

---

① 《解释》第 3 条第 4 款规定:"非法吸收或者变相吸收公众存款,主要用于正常的生产经营活动,能够及时清退所吸收资金,可以免予刑事处罚;情节显著轻微的,不作为犯罪处理。"

② 莫志:《浅析互联网金融与非法集资类犯罪》,《法制博览》2016 年第 3 期。

③ 陶震:《关于互联网金融法律监管问题的探讨》,《中国政法大学学报》2014 年第 6 期。

行业成员远离非法集资、非法存款、挪用客户资金,充分发挥行业自律组织的作用,做好相关风险监管和防范。此外,还要强化不同金融监管部门之间的信息沟通,由银监会、证监会等部门共同监管新型融资平台(包括"P型"借贷平台、众筹平台等)。虽分工不同,但各个监管单位仍应统一监管归口,建立以地方政府为中心的数据库,详细记录新型产品模式,实时监督。以上自律与他律相结合的方式,可以有效地防范非法集资,但又不至于过分压缩互联网金融创新与发展的空间①。

(三)加强网络平台审核,合理设置准入门槛

根据《意见》的规定,为非法集资提供帮助的平台也有可能构成非法集资犯罪的共犯。对此,笔者认为,银保监会(2018年3月,银监会与保监会职责整合,组建"中国银行保险监督管理委员会",简称银保监会)、证监会等监管部门应联合出台相关规定,设置合理的互联网金融行业准入门槛,通过事前审核对参与互联网金融活动的非金融机构进行筛选、规范。互联网金融行业的准入虽然不需要严格的审查审批,但笔者认为相关部门对创业者的风险承担能力、金融知识结构、业务模式安全性设置统一的准入标准还是很有必要的,比如创业者需要具备资金托管、产品登记、信息公开三原则。

(四)建立信息披露制度,加强风险预警机制

互联网金融平台在本身符合准入门槛后,其对在该平台上的金融活动也应承担相应的监管义务,承担该义务最直接、客观的表现就是如实披露经营者的真实经营信息,如此一方面有助于监管部门开展工作,另一方面也保障了投资者的知情权,同时更有利于互联网金融活动逐步走向透明化与规范化。通过信息披露制度,互联网平台还可以帮助有关部门健全征信体系建设,完善黑名单制度,也可以监测预警、早期防范。

(五)强化涉法宣传教育,严控非法集资操作

在新型非法集资犯罪中,亲友、单位员工的特定关系人身份已不能成为不构成犯罪的挡箭牌。因此,笔者认为,不仅仅需要增强普通公众的风险防范意识和风险自担意识,更需要重点对互联网金融经营者员工进行法律知识宣传,以此从源头上遏制非法集资。而对于涉嫌非法集资的操作,可以通过开展涉嫌非法集资广告资讯信息排查清理活动,重点查验投资咨询、金融咨询、代办金融业务广告发布者是否具备相应的主体资格、是否具有相应的经营范围,全面清查涉嫌非法集资企业的虚假宣传广告。

---

① 黄利军:《论如何加强当前互联网金融的法律监管问题》,《金融经济》2016年第4期。

互联网金融犯罪刑事案件办理中的问题及意见建议

金华市人民检察院　冯　丹　卢金有　赵　旭[*]

摘　要:习近平总书记明确提出建设网络强国战略,我国由此开启了从"网络大国"走向"网络强国"的新征程。随着互联网应用的发展及金融制度改革创新,网上银行、互联网信贷、投资以及第三方支付等互联网金融业务获得了蓬勃发展。与此同时,互联网金融犯罪也开始涌现,并且愈演愈烈,挑战互联网秩序及金融监管制度,侵害了群众的财产权益和国家的根本利益。互联网金融犯罪是新型犯罪,行为性质认定、犯罪手段、犯罪特点、社会危害性、罪名认定以及证据的收集、固定、运用均有别于普通犯罪,这对司法机关的办案能力也提出了新要求。

关键词:互联网金融;刑事案件;问题;建议

一、2014 年以来我市互联网金融犯罪概况

1. 我市互联网金融犯罪情况数据分析

2014 年至 2016 年 7 月,全市检察机关共受理互联网金融犯罪案件 20 件 130 人,提起公诉 14 件 107 人,已判决 9 件 70 人,其中 2 件主犯被判处无期徒刑,1 件主犯被判处 10 年以上有期徒刑,3 件主犯被判处 5 年以上有期徒刑。我市办理的互联网金融犯罪案件罪名相对集中,其中诈骗罪 8 件 108 人,件数及人数分别占比 40%、83%;非法吸收公众存款罪 7 件 10 人,件数及人数分别占比 35%、7.7%;非法经营罪 3 件 7 人,件数及人数分别占比 15%、5.4%;盗窃罪 1

---

　*　冯丹,女,金华市人民检察院,公诉二处处长;卢金有,男,金华市人民检察院,公诉二处副处长;赵旭,女,金华市人民检察院,公诉二处助理检察员。

件 3 人，件数及人数分别占比 5％、2.3％；集资诈骗罪 1 件 2 人，件数及人数分别占比 5％、1.5％。在所有 20 件案件中，仅 1 件为单位犯罪。近 3 年，金华市互联网金融犯罪案件上升较快，2014 年全年共计 5 件，2015 年全年为 6 件，而 2016 年至 7 月份已达 9 件，犯罪数额和危害性不断扩大。

2.涉案人员众多，分工具体明确

随着金融领域管理的软硬件不断科学化、规模化，金融犯罪向集团化、团伙化发展，犯罪团伙进行金融诈骗，组织内部人员分工明确，各自担任不同角色，彼此配合默契。金华市办理的利用互联网实施的金融诈骗案件中，有 4 起涉案的犯罪嫌疑人人数在 10 人以上，且各犯罪嫌疑人之间进行了不同的分工，相互协作配合完成犯罪。如永康市院办理的俞某某等人涉嫌集资诈骗罪一案中，除自然人犯罪外，还涉嫌单位犯罪。该案的犯罪嫌疑人均为犯罪嫌疑单位"浙江物联科技有限公司"、"浙江国富易通信息技术有限公司"的核心管理人员，自上而下形成一个犯罪团体，并进行分工合作，包括公司的法定代表人、股东、总管、技术总管、市场总管、教育总管、财务总管、后勤总管、接待总管、总经理助理等等，将犯罪法人化、集团化、有组织化。

3.犯罪数额巨大，受害人多

互联网金融犯罪多以投资理财，能够获得高额回报为诱饵，吸引大量人士参与其中，数额巨大。利用互联网实施金融犯罪案件的涉案金额一般较大，以金华市办理的案件为例，20 起案件中有 3 件涉案金额上亿元，占比 15％；有 7 件涉案金额千万元以上，占比 35％。此外，由于系利用网络实施犯罪，因而受害对象的不特定性较其他案件要强，如上文提到的浙江物联科技有限公司、浙江国富易通信息技术有限公司、俞某某等集资诈骗一案，犯罪嫌疑人通过网络宣传、讲师授课等方式进行虚假宣传，向全国各个省市近万名社会不特定公众对象非法募集资金，被骗对象遍布全国各地。长尾效应是互联网金融的重要优势，但另一方面，互联网金融服务边界的拓展，覆盖了不被传统金融业服务的人群，利用互联网金融服务业务的违法犯罪活动往往影响面比较广、人数比较多，且多是缺乏金融知识或者自我保护能力的普通投资者，极易引发群体性事件。

4.犯罪形式多样化和专业化

随着互联网金融的迅速发展，利用互联网金融实施犯罪行为的相关案件形式也愈发呈现出多样性。我市办理的互联网金融犯罪案件中，涉嫌非法吸收公众存款罪的，既有方某某等人介绍他人投资英国 EuroFX 公司炒外汇，也有倪某某等人设立"义乌贷"等 P2P 网贷平台，以高额回报为诱饵；涉嫌诈骗的案件中，既有郑某某通过"京东白条"、"蚂蚁花呗"的方式套现，也有柯某某等人冒充阿里巴巴信贷工作人员发放无息贷款实施诈骗；涉嫌盗窃的案件中，也有吉某某利用

"QQ钱包"盗取他人钱财;涉嫌集资诈骗的案件中,有的案件犯罪嫌疑人借助国外投资公司网站名义(如王某某案的瑞士 API 公司、方某案中的 EuroFX 公司),以高额利润回报为诱饵(回报率一般日息 1‰～3‰ 不等,年回报率可达 200％～500％),以互联网炒"网络外汇""投资基金"等名义,在给予投资者少量利润后,又以层层发展会员等手段疯狂进行敛财,实施非法集资活动,手段和方式层出不穷。另一方面,利用互联网实施的金融犯罪案件普遍具有专业化的特征,包括网络技术的专业性和金融领域的专业性。利用网络实施犯罪的案件,犯罪分子中总有一些掌握计算机技术的人员,通过掌握的网络技术为犯罪提供帮助。在潘某某等人诈骗案中,潘某某、磨某某、丘某某等人均具有一定的计算机技术,上述人员通过企业查询网站等方式获取企业负责人身份信息、联系方式后,或通过手机号制作企业负责人的微信,或通过邮箱向受害人发送邮件,冒充企业负责人行骗,让受害人向犯罪嫌疑人提供的银行账户打款。金融领域的专业性体现在,金融犯罪从一开始就具有智能犯罪的特点。随着金融业的发展,普通的外行人对金融行业的各种票据、结算方式均了解不多,更不清楚期权、期指、互换等衍生金融交易以及项目融资和证券化融资等各种融资手段。因此,金融犯罪需要相当的金融专业知识和技能,犯罪方式日趋专业化。

5.犯罪呈现跨区域特点

由于互联网金融是通过网络技术支持交易行为的,无须通过实际货币完成交易、支付和结算等业务,不仅不受时间和空间的限制,而且互联网金融可以突破空间限制,实现跨越地区甚至跨越国境的交易,从而在短时间内迅速将犯罪规模扩大。此类案件中,受害人也往往分布在各地,涉及各个领域各种阶层。我市受理的互联网金融领域犯罪案件涉案嫌疑人大多非本地人,犯罪行为实施地也大多在外地,由于网络具有传播快、范围广的特殊性,导致其受害主体的不确定性,为作案人员跨区域犯罪提供便利。

二、办理互联网金融犯罪案件存在的问题

1.线索发现难

一是犯罪手段具有隐蔽性。互联网金融犯罪行为人大多在非常隐蔽和谨慎的状态下,通过电话等口述方式或者当面会谈等口述方式与同案犯进行沟通、运作,再依靠互联网平台实施诈骗等行为,犯罪过程中没有激烈的矛盾冲突。如有的犯罪行为人在实施金融诈骗过程中,利用虚假或"山寨"知名理财网站预设骗局,结合网络聊天软件以及电话、手机等通信工具,再辅之以改号软件,获取受害人的信任,整个过程受害人与犯罪行为人无任何物理接触,有的甚至连犯罪行为

人的真实声音都未曾听到。二是犯罪危害结果具有滞后性。由于资金的存取、周转以及约定的还本付息方式都有时间要求,互联网金融犯罪的危害结果通常过一段时期以后才显现,受害人察觉损害后果时,往往首先寻求私下解决,至大规模案发时犯罪行为人早已销声匿迹。而且一些案件侵害的客体是公共利益,没有直接的受害人,没有主动报案、控告、作证,致使许多互联网金融犯罪成为隐案。① 三是犯罪主体具有隐蔽性。第一,互联网金融犯罪是一种相当复杂的犯罪,风险大、收益大,需要多人分工、共同完成;有的犯罪流程离不开金融机构工作人员的配合,而金融机构工作人员对于金融机构的运作和内部事务十分了解,其利用职务之便违反金融法规、制度或者利用法律与管理制度上的疏漏伺机联合作案,不易被人怀疑和发现。再加之金融机构顾忌互联网金融犯罪行为的曝光对其经营造成不必要的损害,其内部监管部门即便发现从业人员有违规行为也常常是采取轮岗或者辞退处罚,而少有将违规人员移交外部金融监管机构或司法机关处理,这些都增加了互联网金融犯罪的隐蔽性。第二,因互联网金融犯罪多是在网络上进行操作,网络上的身份难以追踪,网名与真实身份无法对应,且嫌疑人多辩解并不是自己操作,给侦查工作加大了难度。

2.调查取证难

互联网金融犯罪多为异地作案、匿名作案,又加上电子数据本身具有抽象性、易删改性、易复制性,以及来源与制作具有隐蔽性等特征,且电子数据容易灭失,行为人容易对数字化电子记录进行转移和删除,取证难度较大。一是犯罪手段狡猾多变,不断翻新。近几年金融市场发展迅速,金融理念日新月异,各种金融工具不断推陈出新,而通过互联网吸收存款使投资异常便利,双方只需签订电子合同将投资款支付给第三方平台便可达成协议,整个过程并无传统意义上的书证、物证。互联网金融犯罪行为人利用其熟练金融业务知识、工作流程和监管法规的便利,根据打击防范措施的变化和新业务的发展而不断拓宽犯罪领域,翻新犯罪手段。以P2P为例,新型犯罪套用互联网金融创新概念,设立所谓P2P网络借贷平台,以高额返利为诱饵,采取虚构借款人及资金用途、发布虚假招标信息等手段吸收公众资金,再通过隐匿或虚构借款人信息,突破平台中介属性变成实际借款人,最后突然关闭网站或携款潜逃。二是互联网金融犯罪与正当交易相混合。随着人们对互联网金融犯罪防范意识的增强和司法机关打击力度的加大,互联网金融犯罪的空间受到了一定程度的压缩,于是一部分犯罪行为人将互联网金融犯罪与正当交易相结合,以合法形式掩盖非法目的。有的采取现代公司的组织形式注册专属域名、开设独立网站,有的依托投资题材紧跟社会热

---

① 徐志、陈秋梅:《互联网金融犯罪侦查的难点与对策》,《中国警察学院学报》2016年第1期。

点,有的借助著名网站的成功案例宣扬其互联网商务模式的潜在价值,以降低人们的防范意识,增加侦查机关发现犯罪的难度。以我市办理的众筹融资为例,有的犯罪嫌疑人通过网络、推介会、手机微信等方式对"易币"项目进行虚假宣传,采取易币日增长 1.5%、只涨不跌的高额回报为诱饵,虚构相关事实,并积极发展团队成员,向全国各个省市数千名社会不特定公众对象非法募集资金,众筹人在募集成功后违约不兑现承诺而把资金挪作他用。

3. 证据获取和固定难

一是口供获取难。一方面,互联网金融犯罪大多以有组织的犯罪形式进行,犯罪分工越来越细,犯罪嫌疑人大多具有一定的专业知识,在犯罪的方式、方法上往往会进行一定的选择以逃避侦查部门的打击,许多是采用单线联系、遥控指控等方式,主犯躲在幕后不直接参与犯罪。即使抓获了犯罪嫌疑人,他们总是一概否认自己的犯罪行为,要么把互联网金融犯罪描述成正常的经营、投资行为,要么推脱不知情,且这些人深知其要承担的刑事责任的轻重,通常有严重的侥幸心理和顽抗心理。二是电子证据固定难。电子证据主要包括两类,一类是电子数据,如电子邮件、即时通信聊天记录等等;另一类是电子勘查的成果,主要体现在对犯罪分子电脑、服务器的数据提取,IP 数据的监控记录以及相关的网络痕迹等等。然而,因为网络犯罪一方面是由于其新颖性,对传统办案的理念和经验带来一定的冲击,另一方面对于网络犯罪的证据还没有一套完整的规则,也未形成统一的认识。网络犯罪的证据往往具有片段、孤立的特点,因此可能存在证明力不足的问题。

4. 跨区域执法不一致

互联网技术推动了金融服务手段的现代化,人们可以便利地享受金融服务,网上银行的支付方式突破了资金划拨在时间和空间上的限制,再加上移动互联网支付、第三方支付方式的出现,仅需一台联网的计算机或手机终端就能够在任何时间完成跨区域、跨境资金周转,随之互联网金融犯罪也呈现出明显的跨区域、跨境作案的特点。互联网金融犯罪的跨区域性导致我们办案中出现管辖争议及执法不一的问题,例如有的案件分公司已经被查处,但是总部所在辖区的公安机关没有对总公司的相关人员立案,就会出现案件定性困难,执法不公等情况。

5. 上访压力大,网络处置难

互联网金融案件发生后,投资人最关心的是能否及时挽回财产损失,但该类案件多在事后发现,大部分资金或者消耗于资金链上,或者被犯罪分子挥霍、隐匿,办案机关查控的财产与出资人的损失存在较大缺口。且因 P2P 外汇投资平台的涉案资金均进入国外账户,而服务器又设立在国外,查处难度相对较大,最终导致办案机关追赃不力、贻误时机。与传统的非法集资案件相比较,网络非法集资案件涉案人数多、辐射地域广、社会影响力较大,导致上访压力大。如金华市办理的"义乌贷"网贷案件的涉案人数便达 2900 余人。因此,一旦出现问题往往难以挽救,处理不当可能升级矛盾、扩大事态,引发舆情、集体信访等事件。一些案件中涉案资金多通过地下钱庄流向境外,追寻资金流向的过程曲折,在查办过程中往往因资金难以一一对应,导致收集的证据不能作为指控犯罪的有力支持。

6. 法律适用

一是罪名争议大。互联网金融涉嫌犯罪的,其罪名认定存在一定分歧,甚至出现公检法机关对同一行为作出不同法律评价的现象。例如,东阳市院办理的刘某、金某、黄某某等人建立比特币交易网站实施诈骗的案件,在办案中就出现三种意见:第一种意见认为应定非法经营罪;第二种意见认为前一部分行为应定侵占,后一部分行为应定诈骗;第三种意见认为不适宜把刘某等人的行为分开评价,应统一认定为诈骗。我市所办理的案件中,争议最大的两个罪名为非法吸收公众存款罪与集资诈骗罪。需要特别注意的是,集资诈骗罪认定过程相对复杂,集资诈骗罪的认定是以主观方面还是以客观行为作为认定"非法占有目的"的标准存在争议。在实践中,对于有的集资诈骗罪犯罪嫌疑人,开始筹集资金多是为了正常的合法经营需要或者投资其他领域,原本无非法占有的意图,由于经营过程中资金链断裂,资金缺口不能有效堵住或者资金无法回笼,导致行为人出现跑路情况。在 P2P 网络信贷模式下,平台享有完全的资金支配权。平台在调剂各资金需求方与资金供给方的资金时出现挤兑潮,或者自身投资缺口无法有效填补时,为逃避巨额债务,潜逃的可能性也是存在的。此外,平台以自身信誉担保,为保障贷款人出借资金安全性,一旦出现借款人生产经营不善,不能按时还款,平台将会垫付资金。限于平台自身资金有限,大批垫付资金集中流出,平台往往无法承受此等负担,如果平台负责人卷款逃跑,在主观意图上很容易被认定为具有非法占有目的。这就导致很多案件在判断主观意图时出现错误,侦查机关因认定罪名错误而没有及时收集固定相关证据,导致案件办理中出现诸多困难。二是犯罪数额认定存在争议。还是以上面比特币交易的案件为例,第一种观点认为应根据受害人报案的损失来认定;第二种观点认为应根据被告人分到手的钱来认定;第三种观点认为应将第三方收取的手续费从犯罪数额中扣除;第四种观点认为应按照网站关闭时,第三方支付平台上仍留有的资金及被告人控制的账户余额来计算;最后,检察院是以受害人充值人民币、比特币的数额减去取现人民币、比特币数额的差额的方式认定数额。互联网金融犯罪案件涉案金额较难计算与认定,需针对案件具体情况进行分析,综合整个案件的案情予以认定。

7.金融检察专业性强,检察人员应对能力不足

互联网金融案件需要运用专业的金融、经济知识,网络知识判断行为人的融资行为。而检察人员因缺乏相关的专业知识,难以准确评价行为人的行为性质。通常将之比照传统集资案件处理。即使局限在法律框架内,该类案件也常常在诉讼程序方面遇到刑民交叉或刑民冲突,增加了办案难度。同时,纷繁复杂的互联网金融犯罪的案件材料给检察人员审查案件也带来了不小的难度,尤其是审查其中海量的交易账目和银行流水等数据资料,对于不具有会计金融专业知识的检察人员来说,挑战难度较高。因此,也带来了案发后在嫌疑人的身份确定、抓捕、证据的收集与固定以及证据审查等方面的难度,该类案件投入的司法成本要远高于其他案件。

三、查办互联网金融犯罪的措施及建议

1.通过实体与虚拟空间两种手段强化监管

一是提高准入制度。对互联网金融机构参照实体金融机构模式,提高注册资金,实行准许制,确保只有实体经济支持并且能够保障资金基本安全的企业才能够从事互联网金融。二是强化网络平台对互联网金融企业的连带责任。互联网平台商实际上相当于银行,并且在一定程度上具有人民银行的职能,比较熟悉互联网金融企业经营状况、年交易量、资金实力等,并且通过对账户的掌控具有得天独厚的优势。因此,应通过法律明确互联网平台明知有关企业从事犯罪行为而提供帮助的,应依法追究有关人员刑事责任,通过确保权利义务对等原则,对企业犯罪行为对受害人造成的民事损失,按照民商事法律规定,依法追究其民事责任。

2.充分发挥综合检察职能,优化互联网金融犯罪治理模式

互联网金融毕竟还是一个新事物,在没有完善的法律出台之前,检察机关应立足于执法办案,把握好服务互联网金融创新和发展的界限,妥善处理可能危害金融安全的行为。一方面对于涉及互联网非法集资等犯罪行为要严厉打击,并坚决禁止;另一方面,也要及时总结办案经验以及存在问题,为完善法律制度立法建言。同时,互联网金融治理是一项全面、系统性的工程,各执法部门受其职能所限,无法对网络行为进行系统全面的监管。检察机关应积极主动联合相关部门,发挥各部门主观能动性,形成互联网金融犯罪治理的执法合力。

3.依法做好追赃工作

追赃是集资参与人的主要利益诉求,是整个案件的重中之重一方面,检察机关在提前介入公安机关侦查时,除解决行为定性、法律适用等问题,还要把工作

重心放在涉案财产及时、全面、准确查控上，引导公安机关就重视追赃线索，对犯罪嫌疑人及其利害关系人的财产状况进行调查，甄别财产性质并查清其去向。另一方面，检察机关在讯问犯罪嫌疑人时也应着重讯问其赃款赃物数额、去向等问题。

4. 积极培育和利用专业资源，探索专业办案模式

在互联网金融蓬勃发展的今天，需要我们加强网络操作技能和金融专业知识的学习，通过机制创新、管理创新、手段创新，及时缩小信息进步带来的差距。检察机关可加强与专业研究机构、高校、金融监管机构等组织的合作与资源共享，通过专家授课、理论研究等形式进一步熟悉相关的金融业务知识，熟悉金融市场运作规则。对于互联网金融犯罪中专业性强、案件类型新、社会影响大的案件，检察机关也可借助外部智力资源，充分发挥专家优势，提高办案质量。加强侦查、检察队伍建设，提高证据意识。侦查、检察人员在查办和审查互联网金融犯罪案件中，会涉及互联网、财会、税务、金融、证券、保险、基金等专门知识，如果没有全面的业务素质就难以应对案件中各种复杂情况，因而亟须加强侦查、检察人员队伍的专业化建设。一方面要调整侦查、检察队伍的人员结构，充实互联网、会计、金融等方面的专业人才，只有侦查、检察人员具备专业知识，才能有效打击互联网金融犯罪。另一方面要优化现有的侦查、检察队伍的知识层级结构，提高证据意识，这样才能使侦查人员在实际运用专业知识侦查时更注意与刑事诉讼的要求相结合，检察人员在运用相关专业知识审查时运用现代证据思维，从而形成打击互联网金融犯罪的合力。

5. 延伸执法触角

加强金融检察部门与监管部门的联系，健全沟通机制。互联网金融的创新性和复杂性增加了打击犯罪的难度，对我国分业监管机制也提出了挑战，检察监督手段的单一和监管部门职能分散影响了刑事执法和行政监督部门衔接的有效性，因此需进一步加强沟通机制，通过建立金融检察与金融监管联席会议机制、建立金融法律政策研究机制等方式，定期沟通互联网金融违法犯罪动态信息和典型案例，联合进行前瞻性研究，挖掘犯罪规律、制度风险和管理漏网，以进一步加强金融监管和金融法治建设。

6. 加强预防宣传

当前在互联网金融活动中，铺天盖地的宣传中充斥着"高收益、零风险"等字眼，对安全、风险的提示不多。广大互联网金融消费者处于信息不对称的一方，出于对"高收益"的期望，盲目投资、跟风投资现象突出。作为司法机关，必须切实履行职能，加强对互联网金融安全风险的客观提醒，有效解决信息不对称的问题。互联网金融犯罪活动往往影响面比较广、人数比较多，社会关注也就较大，

这就需要公安机关、检察院、法院联合应对,在极易引发群体性事件的互联网金融犯罪出现时,要及时组织安排三机关新闻发布会、微博、微信等多种方式,及时回应社会舆论,消除受害人的担忧和焦虑,维护社会秩序,以在群体性事件爆发前把它消灭在萌芽之中。要加强对网络新媒体的应用,学会"网言网语",占领互联网宣传主阵地,成为互联网上的主流声音。一方面,要结合典型案例,及时揭露犯罪手段,教会群众识别防范互联网金融犯罪的方法和技能,有效预防互联网金融安全风险。另一方面,也要结合案件办理,对互联网金融企业存在的技术漏洞、业务风险等提出针对性的防范建议,避免企业受到侵害。

7. 提前介入侦查,引导收集固定证据

互联网金融案件中,资金流动分散频繁,法律关系复杂,行为性质难以界定,案件办理面临不少困难。而公安机关办案人员的法律素养未完全适应办案需要,常常对所涉罪名及证据标准把握不准。因此,对于 P2P 金融案件,检察机关有必要提前介入侦查引导取证,健全衔接机制,减少侦查实践中在事实认定、证据采信、法律适用等方面的争议,节约司法资源,提高办案质效。加强检察机关与公安机关的沟通交流,建议公安机关在对部分案件取证方向不确定时,及时与人民检察院联系,以便承办人对案件进行提前介入侦查,引导侦查人员对案件的定罪量刑证据一次性全面地收集,避免一次退查二次退查却毫无进展的低效率办案模式。

互联网金融犯罪刑事案件办理机制探析

湖州市吴兴区人民检察院　　王宇飞　魏冠卿　谭　婷董　嫔*

摘　要:随着当前我国经济转型与创新驱动的变革进程进一步深化,互联网金融活动的兴起普及,颠覆了传统意义上金融犯罪的单一性,逐渐趋向于复杂化与技术化,各种假借金融创新之名行违法犯罪之实的新型金融犯罪也已凸显出愈演愈烈的发展势头,不断挑战着互联网的生态环境与金融秩序。因此,笔者结合在基层检察机关的办案实务,立足于宽严相济的基本政策与罪刑法定的基本原则,以互联网金融犯罪的概念特征为基点,通过分析论证当前办理此类案件的现状与面临的现实障碍,提出了几点相应的解决措施与应对途径,以期为当前我国互联网金融犯罪案件的办理尽一份绵薄之力。

关键词:互联网;金融犯罪;司法困境;办理机制

一、互联网金融犯罪之概念界定及类型

互联网金融是指依托于支付、云计算、社交网络以及搜索引擎等互联网工具,实现资金融通、支付和信息中介等业务的一种新兴金融,是传统金融行业与互联网精神相结合的新兴领域[1]。顾名思义,互联网金融犯罪,则包括了发生于互联网金融业态中的各类犯罪活动。但较之传统的金融犯罪而言,互联网金融犯罪并非一项简单的叠加概念。当前,对于互联网金融犯罪的基本内涵也尚未形成统一的规范性认识,在学术界和实务界仍存在着广义说和狭义说的意见分歧,也有将互联网金融犯罪与计算机金融犯罪等其他相关类型犯罪的基本范畴混为一谈的现象存在。因此,笔者认为,我们应结合互联网金融行为的运作模

---

* 王宇飞,男,浙江省湖州市吴兴区人民检察院副检察长;魏冠卿,女,公诉科科长;谭婷,女,公诉科副科长;董嫔,女,公诉科干警。

① 谢平:《互联网金融新模式》,《新世纪周刊》2012 年第 24 期。

式、利益形态等多方面来综合区分界定。所谓互联网金融犯罪,是指单位或者个人在参与互联网金融业务活动的过程中,如实施网上银行操作、办理网络信贷业务或运用互联网进行投资、第三方支付等金融行为,侵犯损害金融活动秩序、互联网管理秩序或他方财产等公共、个人权益的行为。首先,结合当前的互联网金融犯罪案件来看,此类犯罪形成了具有固定模式和程序的产业化活动,且有较强的传播性和影响性。例如,近年来兴起的"P2P"行业的非法集资类案件,通常表现为设立网络交易平台或者仅以 P2P 平台交易为幌,以信息服务、投资理财等名义招募公司成员,并以电话形式进行客户招揽,最终通过假标、控制第三方平台等手段来操作占有客户款项,甚至携款逃离。故综合不同的审视角度,互联网金融犯罪可以分为以下几种类型:

(1)以业务内容为标准,可以分为网银操作类犯罪,网络信贷、网络投资类及第三方支付平台类犯罪;

(2)以侵犯对象为标准,可以分为侵害网络金融系统类犯罪和针对网络受众及消费群体类犯罪;

(3)以侵犯方式为标准,可以分为窃取型、骗取型及攻击系统型犯罪等类型。

二、我国当前对互联网金融犯罪的刑法规制概况及困境

(一)互联网金融法律制度及监管体系尚欠完善

近年来,互联网金融行业在我国的发展呈现出方兴未艾之势,其中很多新型犯罪模式也持续呈现出扩张趋势,如利用"爱币"、"K 币"等网络虚拟货币进行非法敛财或以项目融资为名,通过建立包装"P2P平台"并发布投资标的,以高息诱惑投资者投资等非法集资行为,以及打着"投资理财"的旗号,利用虚拟货币的形式,收取加入会费并通过发展下线拿提成等非法传销行为,等等。但是,作为金融和互联网结合的新兴产物,当前我国对其认知尚不全面,传统的法律规范也相对滞后,如现行刑法分则第三章的第 4 节和第 5 节,规定了破坏金融管理秩序罪和金融诈骗罪,但随着涉及互联网金融活动的新型犯罪不断涌现,其侵犯的客体也延伸至他方财产或社会管理秩序等多方面,且其中很多新型行为,已经不能为现行刑法框架所涵盖评价。加之运营期间存在信息不对称的问题,以及监管制度和措施也未能及时跟进完善,因此,引发了互联网金融领域中创新与犯罪的界限模糊,企业合法活动在中后期滑向违法犯罪等消极隐患,也对政务管理及司法办案提出了严峻挑战。例如,前文提及的 P2P 网贷行为,在涉嫌非法集资的情况下,对于网贷中介机构的行为,是否应当纳入刑事法律规制的范围,应参照何

种认定标准,因未有相关法规或司法解释予以明确,在实践中仍存争议,较难统一。故笔者认为,我们应当并举打击与预防,不仅需要联合金融机构及监管部门的配合支持,更需要针对当前金融犯罪的形式特点,在各项法律制度及规范设计方面予以更新完善,填补当前存在的立法空白和监管缺陷,从而封堵住部分违法犯罪人员"钻空子、踩红线"的边缘性行为,确保金融创新途径的"有法可依,违法必究"。

(二)刑法规制路径及范围有待适度限缩

因互联网的传播性强,波及范围较广,往往引发群体性的经济损失事件。如前文所述,正因相关法律规范存在空白与漏洞,互联网金融领域的一些行为仍旧处于合法与违法、罪与非罪的尴尬境地。对此,不能仅考虑社会维稳效果而忽视法律效果的重要性,应明确我国依法治国的根本理念及罪刑法定的基本原则。但在当前的司法实践中,对于互联网领域中涉及融集资金等方面的行为,仍存在一概而论的"口袋性"做法,即过多运用刑事法律干预、阻滞正常金融活动的创新发展。如部分网络集资机构在经营过程中,存在未经有关部门批准向不特定对象进行融资业务,或虚构投资项目以公开宣传的方式募集资金等情形,往往也具有还本付息等承诺约定,故此类行为往往行走在现行集资类犯罪的边缘,普通的非法集资活动也极易被纳入刑事犯罪的范畴,从而导致"错误地扩大了惩治范围,也不利于构建有关非法集资活动的有效规制体系,未能为民间金融的合法化预留空间"这一负面影响①。因此,刑法规制作为社会防控的最后一道防线,应当秉持"慎用"而非"泛用"、"滥用"原则,从行为特征、社会危害及危害程度等多方面综合考量,严格厘清罪与非罪的本质区别。

(三)司法审查面临专业性挑战,追查取证存在隐蔽性障碍

首先,互联网金融犯罪的追责过程中,因信息网络的便捷性及时空跨度大、资金数额高,加之具有一定组织性、规划性等犯罪特点,上下游成员分工细密,具有较强的隐蔽性和追查难度。如去年广东深圳市查获的利用网络虚拟货币进行的非法集资案,投资人员遍及我国20余个省市,涉案金额高达10亿余元。其次,互联网金融活动本身具有智能化和专业化的特点,加之在依托互联网金融平台实施违法犯罪活动的过程中,往往也涵盖了信息技术、证券金融、法律服务等多方面的专业人员,他们具有高度专业的操作能力和较强的反侦查意识,犯罪单位或个人以取得合法执照的企业机构为幌子,以金融创新为名义来掩盖犯罪本质。再次,因互联网金融犯罪活动的操作平台是信息网络,业务往来及交易形

---

① 彭冰:《非法集资活动的刑法规制》,《清华法学》2009年第3期。

式、记录等也多为电子合同、电子数据形式,对此,一般会有专门的技术人员进行数据维护与管理,对于犯罪记录与关键信息会定期移除或销毁,因此,相对于传统法律意义上的金融类犯罪,互联网金融犯罪多了"信息技术"、"原始股"、"虚拟财产"等诸多号称"金融创新"的噱头,在对外形式上具有更大的迷惑性,在本质上具有网络金融活动的专业性和复杂性,这些也导致了当前我国司法机关从源头上惩处及准确打击互联网金融犯罪活动的障碍和难度。

(四)金融受众的防范意识及甄别能力有待增强

在具有较强迷惑性和欺骗性的互联网金融犯罪活动中,利用互联网疯狂敛财的不法分子在犯罪手段方面,具有一定的共通之处,如借用网络刷单、电商、微商、网游等时兴热门概念大力炒作,通过传播媒介进行虚假宣传,以展示所谓的有形资产"实力"和后台人脉软"实力"来欺骗群众,对不明真相的普通群众具有很强的诱惑性和误导性。纵观近年来笔者所在地区办理的涉众型互联网金融犯罪案件,被骗对象当中,不仅有认知能力较差的老年群体,也有受过高等教育并熟悉理财投资的中青年人员。同时,在打击非法集资等类型的涉众型互联网金融犯罪的过程中,即使部分人员明知所涉的网络金融平台不合规或涉嫌违法,但仍旧存有侥幸心理,认为后面陆续还会有接棒者加入,更有甚者会有意搜寻参与此类金融平台,抱着"干一票、捞一把就撤"的目的先期进入,在后续投资人员加入后,套出其投资本金。反之,如果事件被纳入了刑事司法程序,投资人再拿回出资款的可能性将微乎其微,因此,当前的这些消极现象也都导致了司法机关在追查或惩处此类犯罪过程中,不但无法得到部分利益受损人员的积极配合与理解,反而使他们心存抵触。这些,都是当前互联网金融活动的受众群体在互联网金融业务及法律法规等方面知识匮乏、金融风险认知水平及承担能力低下的典型表现。如何抵挡虚假的利益前景诱惑,识别互联网金融活动中的犯罪陷阱,有力防范遏制互联网金融犯罪的持续衍生及恶性扩张,是当前亟须解决的一项重要问题。

三、对互联网金融犯罪进行刑事规制的有效途径及建议

(一)全面更新、完善防控互联网金融犯罪的法制及监管体系

当前互联网金融犯罪防控措施单一、技术落后,以往规制金融犯罪的法律条文及司法解释在应对新型的互联网金融犯罪时已丧失原有的适应环境和条件,互联网金融主体屡屡打擦边球,给市场带来极大的不稳定因素,因此亟须梳理完

善防控互联网金融犯罪的法律体系,协调民商法、经济法、行政法和刑法各部门之间的关系。因此,笔者认为,针对互联网金融业务的特殊性和互联网金融消费者的非理性行为,应修订和完善、更新现有金融法律、法规体系,制定专门面向互联网金融业务及风险的监管规制,具体包括以下方面:第一,可通过立法形式对互联网金融机构的形式、性质和法律地位等予以明确,对其准入门槛、业务模式、风险控制、进出机制、监管主体及职责等问题作出明确规范,特别是对互联网金融在网络信贷、众筹融资等新型融资过程中涉嫌非法集资、诈骗的行为,指明民间融资行为罪与非罪的界限。第二,充实互联网金融发展相关的基础性法律,如个人征信体系、个人信用体系、电子签章、电子签名等,为互联网金融交易提供相应的技术和法律支持。第三,配套制定具体的法律执行性细则,如现行的《合同法》《物权法》《担保法》《公司法》等均对 P2P、众筹等互联网业务设计的相关环节有所约束,但是互联网金融活动仍缺少专项的执行细则,因此要对涉及互联网金融发展的框架性、原则性内容进行细化立法。第四,加快完善互联网金融消费者权益保护、个人信息保护等立法工作,明确网络数据隐私的法律地位,为其他部门法的立法提供理论依据,切实保障消费者的权益。第五,建议在刑罚体系方面,增加资格刑和罚金刑,如处以罚金,并加以期限地限制或剥夺实施金融犯罪者的从业资格,达到特殊预防和一般预防的目的。第六,可以适度扩大互联网金融犯罪的主体范畴。如在传统金融犯罪领域,挪用资金罪和职务侵占罪的主体均为自然人,单位并不能构成,而以第三方支付平台为例,如果互联网金融机构挪用、侵占、借用客户的备付金,那么如何对犯罪主体进行定罪?而以单位为犯罪相较于自然人犯罪,往往涉及的金额更多,危害性更大,所以有必要适当拓宽互联网金融犯罪的主体范围及类型,不仅包括自然人,还应包括法人以及非法人组织等单位主体。第七,可以通过出台司法解释、定期发布指导案例等方式,对涉及传统刑法无法评价、规制的新型互联网金融犯罪行为给予及时打击,并实时扩充该类犯罪的其他救济手段,从而有效发挥法律的指引和预期功能。第八,在现行法律基础上,结合当前互联网金融活动的基本特点,进一步完善互联网监管体系,使得互联网金融业务的操作有法可依、有规可循。同时,可以借助大数据处理平台来建立健全个人、企业征信体系,为互联网金融交易的双方提供信息支持,确保交易的公平、公正,以此来优化互联网金融生态,构造良好的、透明的交易环境。

(二)秉持罪刑法定与理性谦抑并举的刑事规制原则

首先,自由与创新是互联网金融赖以生存的基础,互联网金融活动是一种新型的金融形态,是现有金融体系的有益补充,对推进我国的金融改革,提升金融服务,起到了尤为突出的作用。例如,支付宝与天弘基金合作推出的余额宝,将众多小客户的闲散资金聚集整合起来进行投资,改变了多年没有大变动的货币市场基金,促进了金融行业的发展。但当前较为落后的监管制度、部分过时的传统法条却在一定程度上干预和阻滞着其创新发展的进程。在司法实践中,由于我国金融资源的高度垄断、未实现利率市场化、未取消某些行政许可制度等,一个新兴行业或者营业模式,即便是经营正当的业务,也可能因违反相关行政规定而构成刑法规定的相应犯罪。基于互联网金融所具有的巨大创新价值,刑法在介入该创新领域时,理应保持谦抑性,宽容对待互联网金融这种新生事物。互联网金融领域所涉及的犯罪类型大多是法定犯,即先违反已有的行政或经济法规,在已有的行政性、经济性处罚无法应对所出现的金融领域的违法犯罪活动时,刑法才有介入的必要。因此,对于违法程度低、情节轻微、数额不大的情况,通过行政处罚或经济制裁能够解决互联网金融违法犯罪时,刑法要限缩"口袋罪"、兜底性条款的适用,如果随意将某些具有创新性的互联网金融活动定性为犯罪,禁止所有未经批准的互联网金融活动,可能无法满足我国经济持续发展所产生的合理资金需求,阻碍创新性服务模式的兴起以及相关的技术革新,也会使刑法陷入"纯工具论"的立场。

其次,遵循谦抑并不意味着刑法规制的完全脱离,而是在罪刑法定的基本原则下,在规制层面适度克制,有所为也有所不为。对于僭越刑法这条红线借助互联网所实施的有关金融方面的违法犯罪活动必须果断采取措施,予以严惩,否则互联网金融秩序则无从谈起。但在司法实践中,要严格遵循罪刑法定原则,明确刑法制裁的法律依据,准确把握刑法用语的含义,准确区分罪与非罪的界限,将符合该含义的互联网金融行为纳入刑法规制的范畴。如利用互联网平台实施的非法吸收公众存款行为,在网贷领域,有的经营机构在未获得批准的情况下,擅自开办融资业务并集为资金池;有的网贷平台机构即使在形式上具备经营资质,但在实际业务操作过程中,跨越居间人身份,而以融资者的角色向不特定社会对象公开宣传并招募资金。对此,笔者认为,应在罪刑法定原则的要求下,明确刑法制裁的法规依据与标准,结合其行为特点究其本质,以此认定是否符合法定法律构罪要件及社会危害程度,对于涉及犯罪的,依法打击惩处,进行司法规制。

(三)加强司法专业化水平,提升互联网金融犯罪案件审查能力

互联网金融犯罪建立在现代网络技术与传统金融业务结合的基础之上,因此该领域的相关犯罪呈现出专业性强,作案手段隐蔽,翻新速度快等特点,这些均要求司法人员应当具备较高的认知判定能力,一些法律性质不清的金融创新产品往往成为犯罪分子利用的重点,给案件性质的认定带来了极大的困难,罪与

非罪、此罪与彼罪等法律适用问题短时间内难以准确判断和统一认识。因此,笔者认为,可以通过以下几方面进行增强:第一,定期组织检察办案人员进行金融知识业务学习培训,邀请该领域的金融专家开展讲座,提高办案人员的专业化知识水平;第二,合理运用司法资源,对于新类型(特别是具有较高专业门槛)的互联网金融犯罪案件,则应当选择相对固定的检察办案小组人员,以便促使检察官积累相关经验,实现专业化办案,从而保证案件的审理质量;第三,加强互联网金融犯罪的个案研究和类案分析,对涉及新产品和新业态的违法犯罪行为,加强法律适用和刑事政策把握,通过对新类型案件的准确指控定罪,发挥其对同类案件的参考指导作用。

(四)规范电子证据的调取、保存方式,强化取证技术与合作

作为修改后刑诉法的新增证据种类,电子证据的重要作用也在逐步凸显,尤其在互联网金融犯罪中,采用窃取信息和攻击信息系统手段进行犯罪,会留下大量电子痕迹,如客户信息、资金交易明细、聊天记录、电子合同、虚假广告等,而这些电子证据往往是定罪量刑的关键。但电子证据产生于新的犯罪方式,收集电子证据面临着传统证据收集未曾面临的互联网环境,且电子证据具有抽象性、易毁性、易复制性等特点,很容易遭到篡改、伪造或删除,导致在取证和保管过程中难以保障证据的原始性、完整性、真实性,因此应高度重视电子证据收集与规定,规范完善电子证据的取证要求:第一,明确、细化电子证据的收集、提取程序,结合不同案件的需要来决定采取何种取证方式。第二,规范电子证据的保存方式,在收集到原物证后,应迅速采用拷贝、拍照等固定方式及时固定保存,并制作相应的法律文书,以保证证据的合法性和有效性。第三,提高对电子证据的取证技术,积极培养掌握电子取证能力的高科技侦查队伍,研究分析最新的电子证据形式,提升改进传统取证方式。第四,注重调取电子证据的异地、境内外合作,做好跨地区(国内)、跨境的证据收集、犯罪嫌疑人引渡等工作。

(五)加强法制宣传与警示教育,增强金融受众群体的风险防控意识

犯罪人员最终能够顺利实施互联网金融犯罪,往往是利用了投资群体追求高回报的心理要求及对网络理财业务知识的匮乏。因此,检察机关针对互联网金融受众群体,应当加大法制宣传和警示教育力度,提高他们对金融犯罪的鉴别能力,穿透犯罪者精心勾画的假象来看清违法犯罪的本质,并树立高收益与高风险并存、理性投资的基本意识,依法保障自身合法权益;可以联合其他部门,定期对上述群体进行集中性的投资理财知识培训,传授普及金融投资的业务常识与行业规范,如各类金融产品的特性、收益亏损范围及网络金融监管规范与维权举

措等,提升其自身的风险识别水平及风险承受能力,从而理解互联网金融犯罪的严重危害性与司法机关及时查处此类犯罪的重要意义,并在必要时给予配合与支持。

参考文献:

[1]谢平:《互联网金融的现实与未来》,《新金融》2014年第4期。

[2]陆岷峰、刘凤:《互联网金融背景下商业银行变与不变的选择》,《金融理论与教学》2014年第3期。

[3]谢平:《互联网金融新模式》,《新世纪周刊》2012年第24期。

[4]彭冰:《非法集资活动的刑法规制》,《清华法学》2009年第3期。

[5]李科、屈博洋:《何为互联网非法集资》,《人民公安》2014年第5期。

[6]吴景丽:《互联网金融的基本模式及法律思考》,《人民法院报》2014年3月。

[7]熊理思:《互联网金融创新的刑法规制》,《上海法治报》2014年4月。

[8]顾肖荣:《经济刑法总论比较研究》,上海社会科学院出版社,2008年。

论互联网金融犯罪之共同犯罪

——以本省三个生效判决为模板

台州市人民检察院　孙婷婷

台州市黄岩区人民检察院　潘松强[*]

摘　要：互联网金融犯罪离不开网络平台的支撑和技术上的维护，鉴别互联网行为是否违法、互联网行为参与者是否构成共同犯罪，在定性上可以参照德日刑法中的共犯理论，在量刑上可以直接适用我国刑法典关于主从犯的规定。对提供网络服务的行为要慎用中立行为来免责，行为人明知自己的行为是为他人提供犯罪帮助，或者应当履行监管责任而没有履行，对犯罪后果应当承担相应的刑事责任，该分析路径同样适用于广告新闻媒体的参与行为。

关键词：互联网金融犯罪；共同犯罪；中立行为

互联网金融是传统金融机构与互联网企业利用互联网技术和信息通信技术实现资金融通、支付、投资和信息中介服务的新型金融业务模式。互联网与金融深度融合是大势所趋，将对金融产品、业务、组织和服务等方面产生更加深刻的影响。互联网将"开放、平等、创新、服务"的基因与金融相融合产生的互联网金融，其本质上还是金融，只是利用互联网技术、思想和业务模式，让金融交易效率更高、成本更低。既然互联网金融的本质就是金融，它同样具有信息不对称、交易成本、合规性、风险性、外部性、公共性、监管谨慎性等基本的金融特征，并且这些特征无论运用何种先进技术都无法改变。同时，互联网金融因其便利、高效、低成本、基数大等特点，深受中小型企业及个体消费者的青睐，也确实为中小型企业和个体消费者提供了融资渠道，但又因其需要互联网的媒介，使得在融资过程中增加了环节，也相应地增加了很多的参与者，那么对于处理实施或者参与互联网金融活动的单位或者个人，在实施或者参与开设网上银行、实施互联网信

---

*　孙婷婷，女，台州市人民检察院公诉二处副处长；潘松强，台州市黄岩区人民检察院公诉科书记员。

贷、投资或者第三方支付等互联网金融行为①过程中，实施危害金融秩序、互联网管理和侵犯公共或者个人财产的互联网金融犯罪行为时，则十分有必要厘清各参与者的法律责任。

目前互联网金融犯罪主要的犯罪类型有三：第一种是金融诈骗；第二种是网络洗钱；第三种是非法集资，主要包括集资诈骗和非法吸收公众存款。而实务中以非法集资占主要部分，这些通过互联网平台的非法集资，大部分是打着P2P或众筹的名号，与传统非法集资的不同之处在于这些案子中，都必须要进行相应网络平台的经营或维护，亦即在这些互联网金融犯罪中，大多都不是个体行为人单独实施犯罪，与被热炒的快播案一样，也有观点认为仅提供技术上的帮助，是中立的帮助行为，不应追究刑事责任。就目前的司法实践，鲜有用中立行为出罪的判决，本文选取的2015年浙江省已判决生效的三个以P2P为模式非法集资案例，分别为温州的"德赛财富"案、宁波的"联创财富"案、绍兴的"力合创投"案②，其中"联创财富"案中仅追究了开设该集资网站平台的宁波以赛亚公司负责人葛某某集资诈骗的刑事责任，"德赛财富"案和"力合创投"案中则还以非法吸收公众存款罪的从犯追究了负责系统维护、运营和提供技术支持的相关人员的刑事责任，但对该相关人员系属的网络公司却没有涉及。可见实务中对原本合法经营的网络公司为欲通过网络平台非法集资的个人或单位提供技术服务的行为是否入罪，采取的是比较谨慎的态度，仅追究直接行为人，且在说理部分也仅采用我国刑法中对主从犯的规定，未对其构成共同犯罪作详细评述。主要原因在于我国立法上尚未采纳德日的共犯理论，而目前的主从犯体系在量刑上有较明显的优势，但在解决定性问题上却显不足，这也是引发快播案第一次庭审中辩护人提出的技术无罪的一个原因，任何互联网金融犯罪均离不开网络技术的支撑，本文拟从德日刑法中共犯理论入手，论述中立行为的免责条件，并结合上述三起实例，厘清互联网金融犯罪中共同犯罪问题，使共犯理论与我国刑法规定合理接洽。

一、共犯理论

1. 正犯和共犯的区分标准

尽管在共同犯罪理论上，学界上存在单一制和区分制的争议，但不论是国外的通说还是我国理论界均采取区分制，因此在此前提下，首先需要讨论的焦点问

① 陈林：《互联网金融发展与监管研究》，《南方金融》2013年第11期。
② 详见〔2015〕温瑞刑初字第247号判决书、〔2015〕浙甬刑一初字第119号判决书、〔2015〕绍虞刑初字第229号判决书。

题自然是正犯和共犯的区分标准。主要学说有主观说(分为意思说和利益说)、客观说(分为形式客观说和实质客观说)和犯罪事实支配理论(分为事实的行为支配说和规范的行为支配说)①。其中犯罪事实支配理论,从字面上就能反映正犯与共犯的区别,即正犯是在具体犯罪中占支配地位的核心角色,是犯罪行为实施和犯罪结果实现的关键人物,而不具有这种支配性,只作为边缘角色唆使或帮助实施犯罪的,是共犯。正犯支配犯罪的类型包括行为支配(控制)、意思支配(意志控制)和功能支配(功能性控制)三种②。即行为支配将直接行为人、意思支配将间接正犯、功能支配将共同正犯合理地纳入正犯范畴,同时,这种支配性"应理解为对构成要件事实的支配,尤其应理解为对法益侵害、危险结果的支配"③,而不仅仅是事实上的支配也包括规范层面的支配,即义务犯中的身份主体都有支配作用。犯罪事实支配理论尽管其支配概念本身具有一定的空洞性,即何为支配,达到何种程度的为支配,按照行为支配类型,教唆犯和帮助犯也可能支配犯罪进程,但从方法论上而言刑法从来都不是如自然科学般标准明确单一,相反时刻需要价值判断,即使是在构成要件符合性上也是如此,从事实层面可能被看作是帮助犯的,却极有可能在对法益侵害上评价为有支配作用而认定为正犯,因此,笔者认为犯罪事实支配理论分析问题的思路已经从单纯的行为者与自己行为客观形势之间的关系转到了不同行为人之间与不同行为相互之间的关系上来,是目前区分正犯和共犯最为妥当的理论,也完全适用于下文所要论述的互联网金融犯罪。

　　2.共犯的处罚根据及本质

　　如果说正犯和共犯的区分理论旨在解决正犯的范围,由于正犯在实质上支配了犯罪事实,对其处罚无可厚非,因此只要确定范围即可。而共犯只处于犯罪的边缘地带,刑法对其处罚的理由何在,这也直接关系到下文要分析的中立行为能否或者在何种情形下可以纳入处罚范围,在刑法理论上就是存有争论的共犯的处罚依据,以及共犯与正犯的关系亦即本质中独立性与从属性的讨论。归根结底争议的中心问题就是共犯的不法是来自正犯行为的不法还是其独立的不法。

　　共犯的处罚依据应该从共犯行为和法益侵害的联系中寻找,这是各国包括我国理论的通说,即引起说(惹起说、因果共犯论),但其内部又有纯粹惹起说、混

---

　　① 周光权:《刑法总论》(第三版),中国人民大学出版社2016年版,第321页。
　　② [德]克劳斯·罗克辛:《德国刑法总论》(第2卷),王世洲等译,法律出版社2013年版,第18页以下;林钰雄:《新刑法总则》,中国人民大学出版社2009年版,第315页。
　　③ 张明楷:《刑法学》(第五版),法律出版社2016年版,第392页。

合惹起说、修正惹起说的争议,该三种学说如果从共犯的从属性程度上排列是依次递增的,在我国,对共犯的处罚依据主要集中在修正惹起说和混合惹起说之间。

部分持结果无价值的学者比如黎宏教授,就主张修正惹起说,认为违法的实质在于法益侵害,所以共犯的处罚依据都是从正犯的违法且侵害法益的行为中推导出来的,在共同引起法益侵害的场合,各个参与人都是平等的,一方的行为被评价为违法的话,另一方也不能例外。① 既不承认"没有共犯的正犯",也不承认"没有正犯的共犯"。

相对的,混合惹起说则是对共犯处罚根据的双重限定,如周光权教授就认为"处罚共犯是因为其自身的不法引起正犯的不法行为及其后果,并且肯定共犯对正犯的心理一起关系,实际上是承认主观违法要素,因此与行为无价值二元论具有内在一致性。② 但部分坚持结果无价值的学者,如张明楷教授也赞成混合惹起说,认为共犯处罚依据在于共犯通过正犯间接地侵害了法益,即处罚共犯者,是因为其诱使、促成了正犯实施符合构成要件的法益侵害行为,共犯的违法性来源于正犯行为的违法性而非共犯本身的行为无价值,但要处罚共犯,共犯必须没有违法阻却事由。③ 两者解释路径虽有细微差别,但都部分承认违法的连带性,否定"没有正犯的共犯",同时部分承认违法的相对性,肯定"没有共犯的正犯"。即在共犯从属性上均坚持限制的从属性说④,一言以概之,违法是连带的(前提是共犯没有违法阻却事由),责任是独立的,这也是目前我国的通说,也是笔者在下文分析时采用的立场。

3. 帮助犯的成立条件

我国刑法在总则中没有直接规定帮助犯,只是在刑法分则中的具体罪名中规定了帮助犯,基于学界通说的共犯的处罚根据因果共犯论,理论界关于帮助犯的通行观点是认为帮助犯是为正犯犯罪提供方便的人。即自己不直接实行犯罪,而是在他人具有犯罪决意之后,为他人实行犯罪创造条件或者提供方便,帮助他人完成犯罪⑤。这一关于帮助犯的观点也被实务界普遍接受,即成立帮助犯要求客观上实施帮助行为,主观上有帮助故意。而且该帮助行为与正犯行为、结果之间必须具备因果性(或者是物理上的或者是心理上的),同时该行为必须达到值得称其为"帮助"的程度⑥。德国学者罗克辛教授从客观归责理论的角度

---

① 参见黎宏:《刑法总论问题思考》,中国人民大学出版社 2007 年版,第 510 页。
② 周光权:《刑法总论》(第三版),中国人民大学出版社 2016 年版,第 340—341 页。
③ 张明楷:《刑法学》(第五版),法律出版社 2016 年版,第 407 页。
④ 参见张明楷:《外国刑法纲要》(第二版),清华大学出版社 2007 年版,第 308 页以下。
⑤ 黎宏:《刑法学》,法律出版社 2012 年版,第 292 页。
⑥ [日]西田典之:《日本刑法总论》(第二版),王昭武、刘明祥译,法律出版社 2013 年版,第 307—308 页。

将帮助理解为"一个对符合行为构成的结果所作的在因果性上的、在法上不容许的风险提高……从根本上来说,实行人与帮助人之间不需要存在心理联系"①。笔者认为,该种理解对那种实行行为类型不具明显定型化的犯罪,特别是本文涉及的利用网络实施的互联网金融犯罪的适用更有指导意义。

二、中立行为的界定及处罚范围

在厘清了帮助犯的成立要件后,由于刑法并未限定帮助的手段,因此日常中立行为是否也能够成为帮助犯就成了需要讨论的问题。因此,接下来必须进一步分析何为刑法上的中立行为以及中立行为是否一律免责。

1. 刑法上的中立行为

在日常生活中普遍存在一种表面上看没有社会危害性的中立行为,在客观上却可能对他人犯罪的实行起到重要的促进作用。例如,商店的销售者将刀卖给准备实施杀人行为者,后者利用该刀实施了杀人行为;提供 P2P 技术服务的网络平台服务商预料到会员会利用此服务侵犯他人著作权或是财产权仍然提供此服务的行为等等,就是刑法理论界近十几年广泛讨论的中立行为。

笔者认为,值得刑法理论讨论的中立行为应当具备以下四个特征:一是日常生活中常见的且大多是在正常的职业实践范围之内的行为;二是本意并不在于帮助他人实施犯罪而是谋求自己非犯罪的利益;三是对自己的行为可能为他人犯罪所用有一定的认识;四是该行为客观上为犯罪的实施提供了帮助或者是促进作用。前两种特征就是所谓的"中立",亦即在外观上无害,被社会和法律所接受,后两种特性是让这些成千上万无害的日常行为或职业行为进入刑法视野的条件。亦即只有同时具备这四个要件才是需要讨论的刑法上的中立行为,因为如果没有前两项,那就是典型的帮助犯甚至正犯,是前两项的存在让其拥有出罪的可能性,是中立行为和帮助犯的界限所在。如果缺少后两项就是一个普通的日常行为,也不需讨论,即使只是缺少第三项,也不需讨论,因为一点认识都没有,从犯罪构成上特别是故意犯中,就意味着缺乏主观上的要素,无论该要素是在不法阶层还是在责任阶层,最终都会毫无争议地出罪。只有同时具备上述四项特征的行为,才能引发是否应该对其进行刑事处罚以及处罚范围的讨论。

按照传统关于帮助犯的构成要件,中立帮助的行为人在得知正犯的犯罪意图后,主观上具有直接或间接故意,客观上对正犯行为和结果又起到了促进作用,满足了通说承认的帮助的因果性或促进关系,因而完全应当作为帮助犯处

---

① ［德］克劳斯·罗克辛:《德国刑法总论》(第 2 卷),王世洲等译,法律出版社 2013 年版,第 145、155 页。

罚。但是如果中立帮助的行为人主观上仅是对行为的后果有一定的预见,客观上对他人的犯罪行为起到了一定帮助作用就作为帮助犯论处,不仅是对行为人的义务提出了过高的要求,而且只能造成事与愿违的后果。试想,如要求提供服务或者出售商品之时就要对顾客进行审查,并且不仅要求进行形式上的审查而且要保证客观上顾客不得利用接受的服务和商品进行犯罪,这显然是不切实际的,并且必将造成有关领域的完全停滞。

2. 中立行为的处罚范围

我国刑法中没有帮助犯的总则条文,传统刑法理论由于只区别主、从犯,因此,更容易将所有的中立行为都评价为从犯而进行处罚,因此此处也显现了理论上有研究和区分正犯和共犯的必要性。纵观德日的刑法理论,对中立行为处罚范围或者说限定大致可以区分为主观说、客观说和折中说。这些学说都是试图通过给中立行为附加各种入罪要件,以期明确日常生活以及职业的边界,亦即既能避免民众在日常生活和职业活动时惴惴不安,唯恐被贴上帮助犯的标签,又不能使和职业挂钩的行为成为那些值得处罚的帮助犯的免罪金牌。

主观说主张只有明确认识到正犯要去实施犯罪,即行为人只有在直接故意时才具可罚性,间接故意的排除可罚性,此说结论上看似合理,但论证上因为需要将主观上的不同评价为不法程度的区别,过于依赖对主观的认识,具有不确定性。客观说主张既然是一种被社会生活秩序允许的行为,当然就应该由社会对这种行为的后果负责。[①] 但其只是提供了将中立的帮助行为免除可罚性的论证思路,而未明确提出确定易操作的标准,且脱离了行为人的主观因素研究帮助犯的成立范围。为了克服主观说和客观说的缺陷,学者提出了折中说,即综合实施中立帮助行为的行为人的主、客观方面因素,对是否构成帮助犯进行限定。行为人或者制造了法所不容的风险,或完全知悉正犯打算时,才可以帮助犯入罪。[②]但折中说对于主观方面的明知的范围目前探讨仍不深入,折中说主张支持行为应当具有犯罪的意义关联,但在认定有犯罪的意义关联的过程中,难免造成对犯罪有明确认识或者多了解情况的人比怠惰的人容易成立犯罪,间接鼓励了冷漠和怠惰。可见,任何一种学说都不可能完全精确地作出区分,也并非无懈可击,只是提供一个判断的方向和方法,但整体上看折中说在处理实务问题上还是基本可行的。

---

① 陈璇:《社会相当性理论的源流、概念和基础》,《刑事法评论》2010 年 11 月第 27 卷。
② 参见林钰雄:《新刑法总则》,中国人民大学出版社 2009 年版,第 362—363 页。

三、互联网金融犯罪的共同犯罪问题

通过前文对于共犯犯罪理论的分析,将相关理论结合到互联网金融犯罪的实例中,以便更好地掌握互联网金融犯罪中关于各行为人的行为定性。正如前文所述,我国刑法总则中没有关于共犯的规定,其关于主从犯的规定,实质是将有犯罪故意的所有参与人全部入罪之后,再就其在共同犯罪中所起的作用,在量刑上予以评价考量,而无法对共同犯罪中的众多复杂的参与者是否需要承担刑事责任进行指导,尤其是互联网金融犯罪中,参与犯罪行为中的众多参与者,谁应该承担刑事责任,既要防止网络犯罪的处罚漏洞,又不可让刑法的触角过度地延伸,妨碍互联网金融创新。

1. 互联网络服务提供者的刑事责任

互联网金融需要相关的互联网络服务支持,行为人创建一个 P2P 网络融资平台之后,需要互联网接入、服务器托管、网络存储、通信传输等技术支持,或者提供广告推广、支付结算等帮助,认定这些网络服务提供者是否构成共同犯罪,需要从两方面分析。一方面要看这些网络服务的提供者是否违反了相应的义务。这如前文关于职业相当性说的阐述,网络服务的提供者首先不应违反其职业操守,在提供服务时应合乎其职业规范,网络服务的提供者在为网络融资平台提供服务时应该尽到注意、审查义务;另一方面要看其违反义务是否造成了严重的后果。当然也不能对网络服务提供者过分苛求,毕竟涉网非法吸收公众存款犯罪具有隐蔽性强、犯罪手段多种多样的侦查难点,我们不能全部寄希望于从事 IT 专业的网络服务提供者能成为一道"防火墙",只要不是明知是犯罪的情况下,尽到了相应的审查注意义务,就不宜将网络服务提供者作为共同犯罪认定。

宁波的"联创财富"案中,且不论仅追究以赛亚公司负责人葛某某一人,而对经手集资的直接责任避而不谈是否合适,仅从判决书认定的事实和证据看,宁波某网络技术公司的技术员王某的证言及"联创财富"会员资金情况光盘,证明该网络技术公司为葛某某公司制作"联创财富"网站软件,后又从"联创财富"网站调取宁波以赛亚公司即"联创财富"所有会员的账号姓名、投入资金及提现情况,如果相关证据能证明该网络技术公司明知"联创财富"可能涉及非法集资类犯罪,而为其集资行为提供帮助,就不属于可以免责的中立行为,可视具体情况追究相关责任人员的责任。首先,根据犯罪事实支配理论,网络公司的行为不可能支配整个集资犯罪的进程,因此不构成正犯;其次,网络公司的行为在客观上促进了非法集资犯罪的实施,主观上不需要与集资者有犯意上的双向联系,只要求其单方明知自己的行为可能为他人的犯罪提供帮助即可符合共犯的处罚依据;

再次,网络公司的行为不属于日常生活中常见的且大多是在正常的职业范围之内的行为,不符合中立行为的属性,且即使将其勉强认定为正常职业范围,不论是根据主观说、客观说还是折中说,都无法将其纳入豁免范畴。

相比之下,"德赛财富"案和"力合创投"案将为相关网络运营提供技术帮助的行为人认定为共同犯罪,同时发挥我国主从犯规定中在量刑上的优势,对其适用从犯是妥当的,至于是否需要追究其所属网络公司的责任,则要进一步根据案件的事实、证据再结合单位犯罪的理论和法律规定,此处不再赘述。

2.新闻媒体的刑事责任

通过近年来几个例如"e租宝",大大集团等案例我们不难发现,在这些犯罪案件中,行为人都会采取利用互联网、电台、报纸、广告等媒介为其互联网金融犯罪活动相关的商品或者服务进行宣传,已达到蒙骗广大受害人的目的,使广大投资人对其产生信任并自愿将钱款交予行为人创建的互联网融资平台。行为人利用媒体宣传无非是其顺利集资,达到非法吸收他人钱款的目的的一个手段。因此,这里就势必牵涉到媒体比如广告经营者、发布者行为在非法集资中的责任问题,同时,司法实践中非法集资案件中的出资人在起诉集资人的同时,往往会一并把新闻媒体列为被告,要求其承担连带责任。到底在非法集资类犯罪中,作为为集资者进行虚假宣传的媒体的责任如何认定,也成为一个十分重要的问题。①

对于新闻媒体的责任认定,必须区分以下两个不同情况进行分析:第一情形是新闻媒体对于行为人的犯罪目的不明知。也就是说,可能行为人确实虚构了自己的所谓的实力雄厚的公司、可以提供高收益的项目,投资人可以通过购买产品获得高额回报等宣传内容,但为其进行宣传、推广的媒体对于集资方主观上是为了非法吸收公众存款创造便利条件的目的是不知情的。这里可以认为,虽然媒体没有尽到对其宣传的内容进行审慎核实的义务,客观上进行了虚假的宣传,但媒体主观上却并不具有非法吸收公众存款的目的,不能让其承担非法吸收公众存款的责任,而应依据《刑法》对虚假广告罪的规定进行认定。② 而第二种情形就是,媒体对于行为人要求为其进行虚假宣传是为了互联网金融犯罪的主观目的是明知的,却仍为其进行相关不确定宣传。这时,应该与行为人成立共同犯罪,应当认为,媒体对广大不知情的投资者(往往也是最终的受害人)进行虚假的广告宣传,或者是大肆鼓吹根本不具有合法资格的公司财力雄厚、具有很好的发展前景,或者是利用公众对媒体的信任宣传根本不可能达到行为人承诺的所谓的高收益、高回报的商品、服务或者其他形式的投资,实际上都是起到了一个帮

---

① 李希慧:《论非法吸收公众存款罪的几个问题》,《中国刑事法杂志》2001 年第 4 期。

② 彭冰:《非法集资活动的刑法规制》,《清华法学》2009 年第 3 期。

助行为人对广大的受害人进行欺骗的作用。[①] 有了媒体的大力宣传、鼓吹,投资者会更加相信,这为行为人顺利地敛财起到了相当大的帮助作用。因此,应当认为,在媒体明知行为人是根本不具有为投资者谋取利益回报也根本不具有相应的实力的情况下,仍然为其进行虚假的广告、报纸、新闻宣传,蛊惑广大不知情的投资人,使其上当受骗的行为,可以认定为与集资者成立共同犯罪,而媒体在共同犯罪中起辅助作用,应为帮助犯。

刑法上所谓的帮助犯是相对于实行犯而言的,是指没有直接参与犯罪的实行,但为实行犯的犯罪创造便利条件的犯罪分子。在共同犯罪中起辅助作用,一般是指为了实施共同犯罪提供方便、创造有利条件、排除障碍等。《最高人民法院关于审理非法集资刑事案件具体应用法律若干问题的解释》第8条对于广告经营者、广告发布者的责任作出了规定:广告经营者、广告发布者违反国家规定,利用广告为非法集资活动相关的商品或者服务作虚假宣传,违法所得数额在10万元以上的,造成严重危害后果或者恶劣社会影响的,2年内利用广告作虚假宣传,受过行政处罚2次以上的,以及其他情节严重的情形,依照《刑法》第222条的规定,以虚假广告罪定罪处罚。第2款明确指出明知他人从事欺诈发行股票、债券,非法吸收公众存款,擅自发行股票、债券,集资诈骗或者组织、领导传销活动等集资犯罪活动,为其提供广告等宣传的,以相关犯罪的共犯论处。

3.非法集资中被集资人的相应责任

在互联网金融犯罪尤其是非法吸收公众存款案件中,存款人一般都知道行为人的行为违反了国家金融管理法律、法规,但为了获取高额回报仍向行为人出资。这种行为客观上帮助了行为人实施违法犯罪行为,似乎符合刑法总则关于帮助犯的规定,那么能否据此认定存款人(特别是那些巨额出资人)构成非法吸收公众存款罪的共犯呢? 答案是否定的。非法吸收公众存款罪是片面的对向犯,因为刑法规定只处罚吸收公众存款人,向行为人非法出资的对向性的参与行为之所以不应该受到刑罚处罚,是因为其法益侵害性没有达到可罚的程度。

但是,如果存款人的行为超出了一定的范围,达到了刑法所要求的可罚的程度,就可以按照教唆犯或者帮助犯的处罚原则进行处罚。例如,教唆他人向包括自己在内的不特定对象吸收存款,引起他人非法吸收公众存款的犯意,就构成非法吸收公众存款罪的教唆犯。

一些存款人在获利之后,虽然明知他人实施吸收公众存款的行为是违法犯罪行为,却基于各种动机和目的,或者希望自己的亲朋好友也从"投资"中获利,或者希望非法集资活动继续延续下去,为自己抽逃资金提供方便等等,以自己获

---

① 岳彩申:《民间借贷的激励性法律规制》,《中国社会科学》2013年第10期。

利的事实帮助非法集资人进行宣传。① 从理论上讲,存款人完全可以构成帮助犯,但是,存款人的这种参与行为毕竟与组织和积极实施非法吸收公众存款的行为不同,因此实际中是否追究其刑事责任还需要谨慎对待。应当认为,从宽严相济的刑事政策出发,对于这种帮助行为适宜尽量作非罪或者量刑处理,分别依据《刑法》第13条及第27条。另外,一些出资人帮助集资者进行集资,但是集资者并不知情,两者没有形成共同行为的意思联络。对此,出资人在理论上可能构成片面共犯。

综上所述,纵观近几年的涉网非法集资案件占经济犯罪的比例越来越大。这类案件都以承诺虚假高额利润或者高额利息,获取不特定社会公众财物,犯罪组织内部分工细化严密,从预谋犯罪到设立公司,从招募人员到具体实施,都有计划、按步骤进行。一些涉案公司和企业之所以能够在短时间内就募集到巨额资金,就是由于该共同犯罪经过了精密计划,所有人员分工负责、具体实施完成。

在网络2.0时代,刑法如何和社会发展接洽? 每一条刑法规定都对应特定的时代,对应具体的社会生活状况。对待网络应当一律从严或者一律宽缓的观点均不甚妥当。基于应用互联网技术过程中而产生的犯罪,刑事立法应当保持谦抑,互联网金融的创新式发展极大地便利了以往的线下金融行为,在这一过程中将不可避免地对现有法律造成冲击,我们不能过多地限制互联网金融企业的业务行为,不应该赋予其本不该承受的责任与义务。② 但对于破坏金融生态环境,造成人民群众财产损失,有碍正常金融创新和发展的行为,应当依法定罪处罚,对其中应认定为共同犯罪的行为,不能轻易以技术创新、技术中立为其出罪的理由,唯此,方能做到罚当其罪,才能更有效维护金融管理秩序。

---

① 糜方强:《当前办理非法集资犯罪案件的若干法律问题》,《人民检察》2009年第9期。
② 参见刘宪权:《论互联网金融刑法规制的"两面性"》,《法学家》2014年第5期。

互联网金融消费者权益保护制度之完善

天台县人民检察院　　魏　民[*]

摘　要： 互联网金融作为互联网和金融的融合体，具有传统金融业无法比拟的优势，近年来发展迅速，已成为我国现代金融业的重要分支。但近年来，互联网金融消费者权益被损害的事件频发，互联网金融消费者权益的保护成为一个现实难题。互联网金融的良好发展要立足于对互联网金融消费者的权益进行保护，其发展的趋势是进一步提高互联网金融消费者权益保护的力度。因此有必要立足我国国情，分析目前我国在互联网金融消费者权益保护方面存在的问题和不足，借鉴国际经验，提出完善我国互联网金融消费者权益保护法律制度的建议。

关键词： 互联网金融消费者；权益保护；法律制度；完善

互联网金融消费者是指为了满足个人生活消费需要购买、使用互联网金融产品的个人，或者接受金融机构和互联网技术结合提供的互联网金融服务的投资者。互联网金融消费者不仅包括自然人还包括各种参与互联网金融的小微企业。互联网金融消费者的特点：（1）分布范围广，参与者众多；（2）与传统金融业相比，没有资金准入的限制；（3）乐于尝试新鲜事物，但是抵御风险的能力差。

互联网金融消费者权益保护伴随着互联网金融业的发展而产生。随着社会的发展，互联网金融产品和服务如今已渗透到社会的各个领域，全面影响着人们的生活，成为人们日常生活乃至整个社会的重要一部分。但由于信息获取、专业知识与技能、经济实力等方面的限制，互联网金融消费者在购买产品、享受服务时往往处于弱势地位，权益易受到侵害。这些侵害行为不仅损害互联网金融消费者的利益，还对互联网金融业稳健发展、地区稳定产生不利的影响。我国到现在为止还没有出台专门的法律解决互联网金融消费者权益保护问题，在法律法规中真正涉及互联网金融的规定不多且多为概念性条款，操作性不强，没有形成

　　＊　魏民，男，天台县人民检察院助理检察员。

互联网金融消费者的保护体系。因此,通过分析我国的现状和借鉴国外经验,对构建我国互联网金融消费者权益保护法律体系具有一定的现实意义。

一、互联网金融消费者权益保护的现状

近年来,全国各地多次曝出 P2P 平台倒闭,投资者血本无归的事件,互联网金融领域侵害消费者权益现象日益严重,主要表现为利用虚构项目引诱互联网金融消费者投资,欺诈互联网金融消费者,资金无法收回等方面,这些行为侵害互联网金融消费者的安全权、公平交易权、知情权和求偿权等多种权利。

(一)互联网金融消费者权益被侵害的形式

1.知情权不足

第一,互联网金融消费者缺乏专业知识,在互联网金融领域内,想要参与其中必须具备专业性和知识性。互联网金融消费者从整体来看以自然人和小微企业等群体为主,这些人的专业性较差,不能够与互联网金融企业的专业技术人员相提并论。第二,互联网金融消费者信息获取能力弱。互联网金融本身具有很强的风险性,如果对于金融活动的信息把握不准确,必然会增加风险,导致资本的亏损。对消费者而言,由于自身年龄、知识水平等存在差异,又缺乏相关互联网金融方面专业知识,他们大多无法正确评估互联网金融商品的风险,也很难掌握相关互联网金融信息。所以在交易中只能依靠互联网金融机构的说明、推荐来决定买何种互联网金融产品或服务,这在无形中增加了风险。实践中,互联网金融机构之间的竞争非常激烈。一些互联网金融机构为了招揽客户,故意隐瞒投资风险、夸大预期收益,不按照协议或产品说明擅自对客户进行宣传或承诺,致使消费者产生误解,做出不正确的投资决定。

2.公平交易权易受侵害

在互联网金融消费领域,消费者大多处于弱势的地位。互联网金融机构常利用其优势地位,利用格式条款、免责条款免除自己的责任,转嫁风险。如将第三方引发的诸多风险和损失转嫁于消费者。此外,互联网金融机构收费项目和收费标准的制定和调整或者服务章程的修改,由互联网金融机构单方面决定并公告,自公告期满对消费者有效等,这种单方面修改影响消费者权利的条款而缺乏协商和充分告知程序的做法,严重损害了消费者的公平交易权。

3.财产安全权易受侵害

互联网金融依托于互联网而存在,互联网本身由于是高新技术的产物存在着大量的技术漏洞,也面临着技术的更新换代,这就导致了互联网自身的风险度极高,而依托其存在的互联网金融也继承了其高度的风险性。实践中,因系统故障而不能进行交易,造成客户财产的损失的案例比比皆是。除了技术原因外,人为的风险因素也正在增长。而许多互联网金融的安全措施不到位,导致客户网上互联网金融账号密码被泄露,可能使得某些掌握专业技术的人员通过非法途径入侵、骗取甚至盗取互联网金融消费者的相关信息及财产利益。而目前法律对于网上互联网金融以及互联网金融安全措施不到位导致的客户财产损失的责任承担没有明确的规定。

4.信息安全保护措施极差

目前我国立法对于互联网金融收集、保密和运用消费者个人信息规定过于笼统,互联网金融机构泄露个人信息应该承担的责任往往落实不到位。这就导致互联网金融在收集、运用消费者个人信息方面存在随意性,甚至消费者的个人信息被有组织地贩卖,往往消费者刚购买了互联网金融产品或服务不久,就会接到各种推销电话和诈骗电话,部分消费者深受其害。

5.求偿权无法实现

目前,由于互联网金融缺乏纠纷解决机制,消费者与互联网金融发生纠纷,只能通过工商局、消费者协会或者直接到法院提起诉讼进行解决。传统金融业化解纠纷的方式在解决互联网金融业消费者纠纷时难以发挥效果,也容易激化互联网金融与消费者的矛盾,更加不利于纠纷的解决。互联网金融业的特殊性使得消费者与互联网金融机构往往不在一个地方,距离较远,求偿权的实现需要付出巨大成本。我国目前并没有设立集体诉讼机制,消费者在诉讼中面临着诉讼成本巨大等问题,一般不愿起诉,即使提起诉讼,消费者在取证、举证等方面都十分困难,也阻碍了求偿权的实现。

(二)互联网金融消费者合法权益受侵害的原因分析

我国互联网金融消费者权益被侵害的现象日趋严重,造成这种现状的原因有以下几方面。

1.没有制定保护互联网金融消费者权益的特别法

目前我国没有针对互联网金融消费者制定特别保护法。《消费者权益保护法》作为消费者保护的基本法律,规定了消费者的权利,经营者的义务以及争议的解决等消费者保护的基本制度。作为宏观保护消费者的法律,消费者保护法的很多规定都属于消费者保护领域的原则性规定,为消费者提供的是一般性的保护,没有考虑互联网金融业存在的严重的信息不对称和负外部性,互联网金融商品和服务结构复杂、专业化程度高等特点,不能实现有效的保护。涉及互联网金融方面的具体业务,主要按照其属性分别由银行法、证券法、票据法、担保法等法律进行规范。而互联网金融消费者最重视的财产安全、资金安全,仅有《支付机构客户备付金存管办法》《证券投资基金销售机构通过第三方电子商务平台开展业务管理暂行规定》及《中国互联网金融协会会员自律公约》等几部分散的法规进行了规定,缺乏一部系统、全面、专业的特别法。

2. 互联网金融消费者权益保护监管机构不明确

互联网金融监管是指互联网金融主管部门根据法律赋予的权力,依法对互联网金融及其运营情况实施监督管理,以维护正常的互联网金融秩序,保护消费者的利益,保障互联网金融体系安全、健康、高效运行。在我国传统金融行业中,主要监管机构为"一行三会"。"一行三会"在国家法律法规、政策的授权下,参与对整个金融领域的分业管理。而在互联网金融兴起后,由于其兼具互联网和金融两种特性,对我国监管制度进行的冲击,给我国金融监管机构带来了新的难题。现在我国互联网金融监管方面尚处于低层次,分工不明晰,而互联网金融这个新兴的金融领域及逐渐衍生出多种与其他行业交叉结合的新型互联网金融产品及服务,往往相错交叉,性质模糊,存在着诸多的漏洞和灰色地带,使得"一行三会"原本监管不能有效发挥作用。而现在没有明确的监管规则和监管条例出台,互联网金融消费者权益保护仍然进展缓慢。

3. 缺乏保护互联网金融消费者权益的有效救济途径

我国的互联网金融机构没有为消费者维权提供恰当的手段。现有的监管制度还没有对互联网金融业消费者的保护问题给予关注,现行规定消费者如发现互联网金融不符合公约规定的行为,可以选择向互联网金融机构或者相关协会投诉,但是这种规定还是过于笼统,可操作性差,缺乏具体有效的处理途径。最终使得互联网金融消费者的投诉只能诉诸司法途径,司法诉讼复杂、耗时久,这种做法不仅大大激化了互联网金融机构与消费者之间的矛盾,也给消费者带来了诉累。

二、借鉴国际经验,完善我国互联网金融消费者权益保护制度建议

(一)域外经验与借鉴

许多发达国家制定了保护互联网金融消费者权益的具体法律制度,并与保护消费者权益的基本法相配套,形成了比较完善的互联网金融消费者保护制度和法律体系,建立了方便互联网金融消费者诉讼和寻求保护的制度。

1. 美国互联网金融消费者保护

作为世界上最发达和成熟的市场经济国家,美国互联网金融体系具有一定

的代表性。为保护互联网金融消费者的权益,美国制定了相当数量的法律,如《诚实信贷法》、《诚实储蓄法》、《公开信用记录报告法》、《银行隐私权法》、《据实披露存款资料法》、《住宅贷款信息披露法》、《公平信贷报告法》、《信贷机会公平法》等。①

美国关于互联网金融消费者权益保护的法律法规不仅种类繁多,从多个方面限制互联网金融的行为,而且详尽具体,具有较强的可操作性。《公开信用记录报告法》及《银行隐私权法》,防止金融业消费者个人信用记录被非法使用,保护互联网金融消费者的互联网金融隐私权。《诚实储蓄法》规定互联网金融必须向客户充分披露账户信息;《住宅贷款信息披露法》要求金融机构向公众公布其可贷资金情况;还有《公平信贷报告法》和《信贷机会公平法》则规定金融机构必须平等对待不同状况的消费者。

近年来美国遭遇了大规模的次贷危机,这场危机导致了美国经济的萧条,美国当局面对危机进行了深刻的思考。而后,美国国会通过了《金融消费者保护机构法案》、《金融监管改革法案》、《创业企业融资法案》及《华尔街改革和消费者保护法》等。其中,《华尔街改革和消费者保护法》赋予了金融消费者保护机构规则制定权、相关条例制定权、禁止金融服务领域不良做法或惯例及严格执法检查权等。这些法案使美国摆脱危机阴影,重新挽回金融消费者对金融领域的信任。

2. 英国互联网金融消费者保护

英国的互联网金融监管以"自律"著称,专门的法律法规虽然不多,但已实施的法律法规有着较强的可操作性,注重实效,能很好地实现立法意图。《银行营运守则》在英国实行已有一百多年历史,在规范金融业营运方式、促进金融业与客户之间建立公开公平的关系、保障互联网金融消费者权益方面发挥着极其重要的作用。2001年,英国出台了《金融服务和市场法案》。此法案,首次对"金融消费者"进行定义,并要求建立英国金融服务管理局进行统一监管。不仅如此,金融服务管理局在对金融服务进行监管的同时还要开展金融消费者在金融知识方面的教育工作,增强金融消费者的专业知识从而完善金融消费者保护机制。2013年,由多方共同努力而成的《消费者投诉处理办法》在英国正式颁布,旨在完善金融消费者投诉处理机制,在金融领域拥有相当程度的权威性。

(二)完善我国互联网金融消费者权益保护法律制度建议

与英美两国相比,我国保护互联网金融消费者的法律较少且缺乏操作性。

---

① [美]戴维·G.爱泼斯坦、史蒂夫·H.尼克尔斯:《消费者保护法概要》,陆震纶、郑明哲译,中国社会科学出版社1998年版,第80页。

因此,我们在立足国情的基础上可以学习国外经验,逐步完善保护互联网金融消费者的法律体系。

1. 制定金融消费者保护法

互联网金融业的持续健康发展应立足于维护互联网金融消费者权益,国家应对现行滞后的法律法规进行修改,制定专门的金融消费者保护法,使互联网金融消费者在权益维护时有明确的法律依据。因此,我们可以学习英美国家的经验,制定类似于美国《金融服务现代化法》的特别法,全面保护互联网金融消费者的权益,或者对现在正在修改中的《消费者权益保护法》,可以考虑专设章节突出对互联网金融消费者权益的保护。

2. 立法规范格式合同

格式合同和条款可以简化程序,提高交易的效率,降低成本,对交易双方都有一定好处。但是,格式合同一般是由处于强势地位的互联网金融机构事先拟定的,互联网金融机构通常会通过格式合同或条款转嫁风险。因此规范格式合同条款对促进公平交易,维护消费者权益具有很大的现实意义。因此笔者认为应该在《合同法》、《消费者权益保护法》等法律法规中对互联网金融格式合同和条款的使用、效力、解释等进行特别规范,侧重于对消费者的保护。同时我们也可以借鉴英美国家的经验,由有关主管部门颁布互联网金融格式合同范本,公布格式合同应记载或不得记载的事项。并赋予监管机构对于不公平的格式合同和条款进行限制的权力。

3. 立法保护消费者隐私权

我国互联网金融消费者隐私权保护仅在零星法律中有所体现,并且操作性不强。因此我国可以借鉴美国的《财务隐私权法案》、《公开信用记录报告法》及《银行隐私权法》,通过制定专门的隐私权保护法保护互联网金融消费者的隐私权。[1] 此外,如果互联网金融机构利用客户信息侵害消费者权益将对消费者造成巨大伤害,仅仅适用民事责任不足以遏制侵害互联网金融隐私权的行为,因而在互联网金融服务业发达的国家,法律对侵害互联网金融消费者隐私权的行为通常规定了严厉的刑事责任,美国《金融服务现代化法》规定采取欺骗手段而获取私人消费者金融信息,属于联邦认定的犯罪行为,最长可以处 5 年监禁。可见,在互联网金融消费者权益保护相关法律规定中,确立刑事保护原则也是非常必要的。

---

① 李斌:《金融消费者权益法律保护浅析》,《泉州师范学院学报》2010 年第 1 期。

4.明确信息披露和说明义务

"阳光是最好的消毒剂,灯光是最有效的警察。"①信息披露规则是解决互联网金融与消费者交易双方严重的信息不对称问题的有效途径。我国目前在强制信息披露和说明义务方面最大问题在于,仅仅作为监管者的一项手段发挥作用,存在虚假陈述的互联网金融机构很少受到处罚,无法有效防止互联网金融机构欺诈性交易行为。因此,建议借鉴美国《诚实储蓄法》、《住宅贷款信息披露法》等相关法律规定,要求互联网金融机构增加信息披露和说明义务,要求所提供的信息必须真实、准确、完整和及时,以满足消费者对信息的需求。此外,还可以借鉴日本的做法,规定互联网金融未告知重要事项的赔偿责任,并在因果关系和损害额度的证明上,减轻当事人的举证责任,或者赋予消费者一定时间内的无条件解约权。

5.举证责任倒置

面对越来越专业、复杂的互联网金融产品和服务,消费者在诉讼取证过程中往往处于弱势地位。一般情况下,消费者仅拥有格式合同和对账单,致使消费者在诉讼中难以维护自身的权益。因此,应当规定互联网金融机构必须保障消费者的安全权、知情权、选择权、公平交易权、损害赔偿权等权利的具体操作程序和要求,并由互联网金融机构承担举证责任,以利于保护互联网金融消费者的权益。

6.建立集体诉讼制度,强化多渠道的非诉纠纷解决机制

现实中发生的互联网金融机构侵犯消费者合法权益的案例中,受到侵害的消费者人数众多,个体损失的数额也很小,求助于传统救济方式在经济上不具可行性。这样集体诉讼就显现出很大优势,有利于众多同样被侵权的消费者能够以节约资源的方式进入到诉讼程序中,最大化地提高效率;除此以外,可在诉讼外补充仲裁、调解及线上解决争议机构等机制。诉讼虽然是人们最为认可的纠纷解决机制,但是费时费力,在适用过程中的效果并不十分理想。所以,在诉讼外设置非诉纠纷解决机制,对我国是十分必要的。而在非诉纠纷解决机制中,应该针对互联网金融消费者的特点来对仲裁、调解和线上解决争议机构进行相关规定,比如从程序上讲可尽量简化,避免繁杂的程序影响其在现实中的适用。

三、结 语

对互联网金融消费者权益予以特殊保护是由互联网金融消费者的特殊地位

---

① [美]布兰代斯:《别人的钱》,胡凌斌译,法律出版社2009年版,第161页。

所决定的,只有对互联网金融消费者权益进行特殊保护才能从根本上改变互联网金融消费者与互联网金融机构实质上的不平等地位。实践中,互联网金融消费者权益保护不是一个割裂的部分,它需要社会有关各方密切配合、协同努力,建立一套完备保护体系,从而建立合理、操作性强的保护制度和立法体系,实现对互联网金融消费者权益的全方位保护。

互联网金融消费信贷领域刑事案件定性争议

——以"花呗套现"系列案为视角

义乌市人民检察院　　吴永强[*]

摘　要："蚂蚁花呗"是具有金融机构资质的"蚂蚁小贷"所发放的定向消费性贷款。"花呗套现"有"黑花呗"和"白花呗"之分。"黑花呗"套现应认定为普通诈骗罪还是贷款诈骗罪,弄清消费性贷款的归属是关键。无论是在利用"大众点评网"商家进行套现的情形中,还是在利用淘宝上的不法店铺进行套现的情形中,该消费性贷款均为"套现者"所直接占有,"套现者"欺骗的对象是"蚂蚁小贷","上家"及"中介"欺骗的对象是"套现者"而非"蚂蚁小贷"。"白花呗"套现,情节严重的,对"上家"及"中介"应认定为非法经营罪。

关键词:花呗套现;普通诈骗;贷款诈骗;消费性贷款;归属

一、典型案例^①

2015 年 8 月份,"上家"韩某某通过 QQ 联系了"中介"施某某,合谋利用"花呗套现"进行诈骗。之后施某某在多个 QQ 群里散发"花呗套现"的广告,许诺扣除 15% 手续费后返现,引诱他人上钩。2015 年 9 月 12 日,某 QQ 群里的"套现者"张某某看到了该广告,通过 QQ 向施某某提出了想套现 8000 元的要求,施某某立即把该要求转发给韩某某,韩某某根据该金额在"大众点评网"上向在线商家"中百仓储"下单购买了超市购物卡 83 张,并在订单上把领卡人设为自己指定的人,下单后"大众点评网"生成了需要支付 7968 元的支付二维码,韩某某通过施某某把该支付二维码转发给张某某,张某某使用自己的支付宝账号以"蚂蚁花呗"的形式扫码支付了该笔款项。之后韩某某指使他人到"中百仓储"实体店领取

---

*　吴永强:浙江省义乌市人民检察院侦查监督二科副科长。
①　为了充分展现该类新型诈骗案件的基本脉络,特选取系列案件中的一例典型性个案进行说明。

了该83张超市购物卡,并以八五折的价格卖给专门收购超市购物卡的收购者,得款6700余元,施某某则在QQ上把张某某拉黑,不兑现之前的返现承诺。事后,韩某某按照事先约定的比例,使用支付宝转账的方式把部分赃款打给施某某。

韩某某、施某某利用相同手段,诈骗了其他散布在全国各地的多名"套现者"①。

二、案件背景

自从进入互联网时代,网络购物日益成为一种重要的购物形式,2009年以来,电商业务持续快速增长,由此催生了各式各样的网络支付手段,"阿里巴巴"旗下的淘宝网作为中国最大的电商平台,在其支付体系中,"蚂蚁花呗"就是其中的一种网络支付手段,本文所探讨的整个系列案件就是围绕"蚂蚁花呗"业务而展开的。因此要深入了解该系列案件的症结所在,首先必须要深入了解"蚂蚁花呗"业务。

(1)"蚂蚁花呗"业务的概念和性质业务是由"蚂蚁金服"旗下重庆市阿里巴巴小额贷款有限公司及重庆市阿里小微小额贷款有限公司(以下简称"蚂蚁小贷")面向支付宝注册客户提供的定向消费贷款服务。该业务模式下,"蚂蚁小贷"通过大数据,结合客户信用情况及其风控模型确定客户消费授信额度;客户在天猫、淘宝以及其他特定商家处购买商品或服务时,"蚂蚁小贷"为客户提供消费贷款并定向支付给商家,客户可以在下月或分期归还该笔贷款。"蚂蚁小贷"的放款、商家的收款以及客户的还款所依托的支付服务由支付宝公司提供。

"蚂蚁花呗"基于大数据的授信模式,提供了即时申请、即时审批的服务能力,审批通过后可立即用于购物支付,从而与消费购物过程紧密结合。"蚂蚁花呗"是循环授信贷款,授信审批通过后,在授信有效期内可以循环使用授信额度用于消费。

(2)"蚂蚁花呗"业务的优势和弱点。"蚂蚁花呗"业务的优势在于便捷、高效,没有繁杂的审批手续,开通业务后就能获取一定的授信额度,方便客户进行网络支付,但是,"蚂蚁花呗"业务被违法犯罪分子利用的弱点也恰恰在于此。因为获取"蚂蚁花呗"信用额度的门槛相对较低,注册支付宝账号开通"蚂蚁花呗"业务后,大部分用户能获取500元至40000元不等的授信额度②,大量手头紧张急需用钱的"套现者"就有了利用"蚂蚁花呗"进行套现的需求,有需求就有市场,

---

① 到审查逮捕阶段为止,除了"套现者"张某某以外,因警力有限等原因,公安机关无法联系到其他更多的"套现者"制作笔录。

② 目前额度为500元至30000元,特别需要可以申请临时增加额度,增额不超过10000元。

一伙专门从事"花呗套现"的"上家"、"中介"迎合了这些需求,从中赚取"手续费",并把零散的套现活动向"专业化"、集中化方向推进,这就是所谓的"白花呗";在"花呗套现"业务高度发展后,其中部分人员就产生了不兑现套现承诺进行骗钱的想法,这就是所谓的"黑花呗"。

(3)"黑花呗"违法犯罪行为日益猖獗并呈集群化发展。"黑花呗"产生的时间为 2015 年 8、9 月份。在此之前,互联网上只有"白花呗"而不存在"黑花呗",在"白花呗"阶段,这些专门从事"花呗套现"的"上家"、"中介"尚能兑现收取一定的手续费后返现的承诺;在此之后,因为该行业没有多少技术含量,大量的人员加入了做"白花呗"的行列,相互之间的竞争日趋激烈,其中部分人员产生了不兑现套现承诺而进行骗钱的想法,从而出现了"白花呗"和"黑花呗"并存、"黑花呗"日益猖獗的状况。因为做"黑花呗"利润丰厚可观,原来做"白花呗"的人员有相当部分转做"黑花呗",也有大量原来不做"花呗套现"生意的人涌入做"黑花呗"的行列,导致"黑花呗"这一违法犯罪行为向集群化发展,公安机关查获的这批案件,只是其中的冰山一角[①]。

三、该类案件在实体定性上存在的争议

一种观点认为,本案应定性为普通诈骗罪,受害人为"套现者",犯罪对象为"套现者"所占有的、其已经从"蚂蚁花呗"借出来的消费性贷款。

另一种观点认为,本案应定性为贷款诈骗,受害人为"蚂蚁小贷",犯罪对象为"蚂蚁小贷"的消费性贷款,"上家"、"中介"以非法占有为目的,利用"套现者",间接从"蚂蚁小贷"骗取消费性贷款(间接正犯),数额累计预计[②]能够达到贷款诈骗罪的构罪标准,应当以贷款诈骗罪定罪处罚。

四、对争议的分析论证及定性选择

(一)厘清论证所需的前提条件

1.要明确"蚂蚁小贷"是否属于金融机构

按照持贷款诈骗罪观点者的逻辑,至少"蚂蚁花呗"的经营者必须具备金融机构的资质。"蚂蚁花呗"业务是"蚂蚁小贷"面向支付宝注册用户提供的定向消

---

① 该系列案件义乌市公安局共向义乌市检察院报捕 9 件 13 人。
② 按照"蚂蚁小贷"提供的数据初步计算。

费性贷款，其基本逻辑是"我借钱给你，你去消费，到期偿还"。"蚂蚁小贷"作为小额贷款公司，属于金融机构中的一类①，被授予了明确的金融机构代码，具备人民银行及银监会依法批准的发放贷款资格②，被明确界定为"其他金融业企业"之一③，在日常经营相关业务中也按照金融机构的标准受相关部门的监督或管理④。因此，"蚂蚁小贷"作为金融机构的性质是明确的，其有资格成为贷款诈骗罪的受害人。

2.要弄清"上家"及"中介"、"套现者"、"蚂蚁小贷"、"大众点评网"商家之间的四角法律关系

"套现者"因为怕麻烦或者没有变现的渠道，而不得不求助于专门做这行的"上家"及"中介"；"上家"及"中介"则为了迎合"套现者"的套现需求，或者引诱"套现者"产生套现的需求，从而骗取钱财；"蚂蚁小贷"并不与"上家"及"中介"直接发生法律关系，而是与"套现者"直接发生法律关系，其基本逻辑是"我借钱给你，你去消费，到期偿还"，如果"套现者"在到期后偿还了该笔借款，那么该法律关系终结，"蚂蚁小贷"并未受到任何损失，如果到期后该笔借款尚未偿还，"蚂蚁小贷"可以根据合约向"套现者"进行民事追索；"蚂蚁小贷"根据消费信贷合约直接将资金支付给"大众点评网"的商家，"大众点评网"的商家则根据"上家"在线所下订单，把"购物点卡"⑤交付给"上家"，购买者与支付者相分离，这是"上家"、"中介"能够诈骗成功的重要条件。

3.要认识到套现载体经历了从实物商品转移到虚拟商品"购物点卡"等更容易变现的商品上的过程

在"花呗套现"兴起之初，"上家"选择淘宝上的不法店铺所售商品作为载体，如果想要诈骗成功，必然要勾结淘宝店铺商家，使淘宝店铺商家成为共犯，这样一来，淘宝店铺商家也要从中分一杯羹，且比率不低，一般要分走套现额的30%左右。后来由于淘宝平台对不法店铺的打击力度进一步加强，同时"上家"为了压缩这一块的成本，遂把载体从淘宝店铺所售的商品转移到了"大众点评网"商家所售的"购物点卡"等更容易变现的商品上，如在很多超市附近有专门收购超市购物卡的收购者，这些收购者见卡就收，并不专门服务于从事"花呗套现"的"上家"，他们要拿走"购物点卡"面额的15%作为手续费。

---

① 《中国人民银行关于2010年中资金融机构金融统计制度有关事项的通知》。
② 《关于小额贷款公司试点的指导意见》。
③ 2015年在"一行三会"及国家统计局联合制定的《金融业企业划型标准规定》。
④ 2008年财政部下发的《关于小额贷款公司执行〈金融企业财务规则〉的通知》。
⑤ 购物卡、票、券的简称。

(二)争议分析及定性选择

普通诈骗罪与贷款诈骗罪是普通法条与特别法条之间的关系,应当遵循特别法条优于普通法条的适用原则,在本案中,如果"上家"及"中介"的行为既符合普通诈骗罪的构成要件又符合贷款诈骗罪的构成要件的话,那么应当优先适用贷款诈骗罪。因此判断贷款诈骗罪是否成立是本案争议的关键所在。

持贷款诈骗罪观点者的理论依据是"间接正犯",即"上家"及"中介"利用"套现者"作为媒介实施犯罪,从"蚂蚁小贷"骗取消费性贷款,虽然每笔金额数量较少,但诈骗次数很多,事实上累计金额很容易超过贷款诈骗罪的2万元构罪标准(虽然目前证据情况不容乐观,但有补证的可能)。关于间接正犯的正犯性,以前是用"工具理论"来进行说明的,即被利用者如同刀枪棍棒一样,只不过是利用者的工具;既然利用刀枪棍棒的行为是实行行为,那么利用他人的行为也是实行行为。但是,被利用者与刀枪棍棒不同,是有意识的人。所以,现在占通说地位的是"犯罪事实支配说",即对犯罪实施过程具有决定性影响的关键人物或者核心角色,具有犯罪事实支配性,是正犯。支配类型有两种:一种是幕后者强迫直接实施者实施犯罪行为,另一种是幕后者隐瞒犯罪事实,从而欺骗直接实施者实施犯罪行为。从形式上来看,本案显然不属于强迫类型而更像是欺骗类型,但从实质上来看,本案是否属于欺骗类型的间接正犯呢?

贷款诈骗罪是指以非法占有为目的,使用欺诈方法,诈骗银行或者其他金融机构的贷款,数额较大的行为。需要特别指出的是,贷款诈骗罪与骗取贷款罪存在特别关系,即两罪的区别仅在于有无非法占有目的。在本案中,"上家"及"中介"具有非法占有的目的,即拿到"蚂蚁花呗"借款不想再归还,而"套现者"并没有非法占有的目的,即"蚂蚁花呗"借款只是挪用一下,到期之后还是要偿还的,除此之外,两者在使用欺诈方法上,都是一致的,也就是说,在骗取贷款行为上,两者是共犯,"上家"及"中介"只是多了非法占有的目的而已。如果骗取贷款行为在数额上能够达到构罪标准,那么"套现者"与"上家"及"中介"都以骗取贷款罪进行处罚是没有问题的,但在同样情况下,"套现者"以骗取贷款罪进行处罚、"上家"及"中介"以贷款诈骗罪进行处罚是否合适呢?

在思维陷入僵局的情况下,不妨回头来看看前面所说的套现载体即"购物点卡","套现者"直接从"蚂蚁小贷"拿到的是消费性贷款,但"上家"并没有从"蚂蚁小贷"直接拿到该消费性贷款,而是直接拿到了该消费性贷款的对价即套现载体"购物点卡",可以这么说,消费性贷款已经通过"套现者"转化成"购物点卡",该"购物点卡"属于"套现者"而非"蚂蚁小贷",也就是说"上家"及"中介"是通过从"套现者"处直接骗取"购物点卡"从而达到对消费性贷款的间接所有,"上家"及

"中介"的非法占有目的直接针对的对象是"购物点卡",而对于"蚂蚁小贷"的消费性贷款,因为该贷款已被"套现者"购买"购物点卡"所使用、已被"大众点评网"的商家所收取,"上家"及"中介"无法对不在掌控范围内的该笔贷款形成非法占有的目的,换句话说,"上家"及"中介"的非法占有的目的只是直接作用于套现载体即"购物点卡",而无法直接作用于该笔消费性贷款。

从犯罪构成要件来说,无论是普通诈骗罪还是贷款诈骗罪,都应当符合诈骗罪的基本架构,即:行为人虚构事实、隐瞒真相——→受害人陷入错误认识——→受害人基于错误认识处分(交付)财产——→行为人或者第三人取得财产——→受害人遭受财产损失。在本案中,"上家"及"中介"并未对"蚂蚁小贷"实施欺骗行为,实施欺骗行为的是"套现者",只有在"套现者"欺骗"蚂蚁小贷"的行为是被"上家"及"中介"所操控的情况下,才有适用间接正犯理论来追究"上家"及"中介"构成贷款诈骗罪的前提,但事实上,"套现者"之所以要"套现",并非因为受到"上家"及"中介"的操控或者利用,而是因为其本身有套现需求,"上家"及"中介"只是迎合或者加强了该需求,两者之间并没有形成操控与被操控的关系,因此,"上家"及"中介"与"套现者"仅在骗取贷款的层面上成立共犯,但不能认定"上家"及"中介"是贷款诈骗的间接正犯。其次,"蚂蚁小贷"基于错误认识处分财产,其处分(支付)财产所指向的对象是"套现者"而非"上家"及"中介",即消费性贷款是发放给"套现者"而非"上家"及"中介",这更能说明"上家"及"中介"并不是直接从"蚂蚁小贷"处骗取该消费性贷款,而是直接从"套现者"处骗取"购物点卡"。

综上,笔者倾向性认为,本案定性应为普通诈骗罪,从骗取贷款的角度来讲,"上家"及"中介"和"套现者"是共犯,但因数额不够而无法认定,"上家"及"中介"虽然有非法占有的目的,但只是直接作用于套现载体而无法直接作用于消费性贷款,换句话说,本案是"上家"及"中介"和"套现者"骗取贷款后分赃不均,"上家"及"中介"从"套现者"手中骗走了套现载体即"购物点卡"。

五、拓展分析

(一)利用淘宝上的不法店铺做"黑花呗"套现的定性分析

如上所述,套现载体经历了从淘宝上的不法店铺所售商品到"大众点评网"商家所售商品的过程。如果"上家"、"中介"利用淘宝上的不法店铺做"黑花呗",其行为定性是普通诈骗还是贷款诈骗?笔者认为这很有必要进一步进行分析。

利用淘宝店铺进行套现是直接套现,所谓购买商品都是幌子,与利用"购物点卡"进行套现有着明显的区别。"购物点卡"还可以说是一个实际存在的套现载体,而淘宝店铺里的商品只是一个名义,并非消费性贷款所对应的对价。从这个角度来看,利用淘宝店铺进行套现更接近于贷款诈骗。有观点认为,即便套现载体不存在,"套现者"的偿还义务和偿还意愿还是存在的,这是认定贷款诈骗罪难以逾越的一道坎;也有相反观点认为,"套现者"是否偿还借款与"上家"、"中介"及淘宝店铺商家是否构成贷款诈骗罪并无必然的关系。我们认为要分析清楚这个问题,必须先弄清楚该消费性贷款的归属。与该消费性贷款有关联的是三方主体:一方是"蚂蚁小贷",一方是"套现者",还有一方是淘宝上的不法店铺,消费性贷款看似由"蚂蚁小贷"直接支付给淘宝店铺,"套现者"实际上没有经手,但该笔款项实质上真的是"蚂蚁花呗"支付给淘宝店铺的吗?笔者认为,该笔消费性贷款在"蚂蚁小贷"与"套现者"签署借贷协议并确认支付的那一瞬间,就已经不再归"蚂蚁小贷"占有,而是归"套现者"占有,在"蚂蚁小贷"与"套现者"之间仅留下了债权债务关系,被"上家"、"中介"、淘宝上的不法店铺所骗走的只是"套现者"占有的、已经从"蚂蚁小贷"借出的款项,因为互联网支付的关系,该笔款项经由"蚂蚁小贷"借给"套现者",再由"套现者"支付给淘宝店铺的整个过程被瞬间化了,从而形成了"蚂蚁小贷"直接支付给淘宝店铺的错觉。当然,如果从反向来考虑,使用"蚂蚁花呗"业务进行淘宝交易,如果交易失败需要退货退款的话,退款是直接退回"蚂蚁花呗"账户也就是"蚂蚁小贷",从这个角度来看,该借款归"蚂蚁小贷"占有,似乎认定为贷款诈骗罪也不无理由,但基于第四部分的诈骗罪基本架构分析,笔者还是更倾向于把该情形认定为普通诈骗罪。

(二)"白花呗"套现行为的定性分析

上述分析论证都是立足于"黑花呗"套现的案例,若把目光作适当延伸,我们就会发现做"白花呗"套现的"上家"、"中介"同样也涉嫌违法犯罪。

1."白花呗"套现行为,情节严重的应认定为非法经营罪

《刑法修正案(七)》已将非法从事资金结算业务规定为非法经营罪的行为方式之一,因此对于实践中利用 POS 机、网上支付、电话支付等方法从事套现活动,情节严重,需要追究刑事责任的,可以适用《刑法》第 225 条规定处理①。"白花呗"套现行为,就是套现组织者("上家"及"中介")代替了小额贷款公司向"蚂蚁花呗"用户提供货币给付②,以收取手续费为业,属于典型的非法从事资金支付结算业务。

---

① 《人民司法》2010 年第 1 期。

② 1997 年 12 月中国人民银行颁布的《支付结算办法》,明确定义支付结算本质上就是货币给付及其资金清算的行为。

2."白花呗"套现行为社会危害性大,应予打击

伴随着"蚂蚁花呗"等创新金融产品的蓬勃发展,不法分子组织套现行为愈发猖獗,如果不能明确"蚂蚁花呗"套现组织者犯罪行为的刑事责任,会使不法分子误以为针对"蚂蚁花呗"等新类型消费信贷产品进行犯罪活动程序简单、非法所得颇丰、犯罪成本极低,这样不但会抑制金融企业和金融产品的创新,也将导致更多不法分子效仿该类型犯罪,造成更大范围的恶劣社会影响。因此,及时、全面地打击该类型犯罪是刑事司法的应有之义。

谈互联网金融融资人信息披露的准确性和完整性

杭州师范大学沈钧儒法学院　　汪彩华　蒋文文　章温博*

摘　要：随着互联网技术的发展,传统金融与互联网技术的结合产生了互联网金融。近些年,互联网金融在我国呈现繁荣之势,在促进经济发展同时,也产生了许多问题,互联网金融融资人的信息披露就是其中之一。这涉及三方面的问题,即投资人的利益,投资风险,监管方的监管。融资人信息披露的准确和完整更是信息披露的基本要求和原则。本文旨在通过分析互联网金融发展中出现的问题、出现问题的原因、融资人信息披露准确完整的重要性以及如何实现三个方面浅谈融资人信息披露的准确性和完整性。

关键词：互联网金融融资人；信息披露；准确性；完整性

科学技术的迅猛发展,推动着互联网技术的发展。传统的金融机构与互联网公司利用互联网技术和信息通信技术进行金融交易活动,由此形成了一个新兴的金融业务模式——互联网金融。我国的互联网金融比欧美国家发展得晚,兴起于 20 世纪 90 年代,20 多年前在缓慢中探索着前进。2011 年后,互联网金融的发展成井喷之势,各种各样的互联网金融平台如雨后春笋般纷纷崛起,出现了如众筹、P2P、第三方支付等新兴的发展模式。这段时间内的互联网金融也呈现繁荣之势,成为经济发展的一个新的增长点。

互联网金融迅速发展的同时,也暴露出发展过程中各种各样的问题。我们经常可以看到社会新闻中一些违法的事件,例如融资人跑路、非法集资等,还有很多互联网金融平台暂停服务,公司倒闭的情况。这导致很多投资人的资金流失,进而对互联网金融平台失望,当投资人再次选择互联网金融投资时则表现得小心翼翼,提心吊胆。这样的情况势必不利于互联网金融的发展,因此,应该追溯出现问题的根源,通过研究发现,互联网金融的信息披露制度显得尤为重要。

---

　　* 汪彩华,女,杭州师范大学沈钧儒法学院；蒋文文,女,杭州师范大学沈钧儒法学院 2016 级硕士研究生；章温博,女,杭州师范大学沈钧儒法学院 2015 级硕士研究生。

其中互联网金融融资人信息披露的准确性和完整性更应当落到实处。

一、互联网金融融资人信息披露不准确和不完整的表现

互联网金融信息披露应该包括很多方面,不仅包括互联网金融平台自身的信息披露,这主要是平台的运行情况、运行模式、资产去向、经营信息、财务信息等等。也包括融资人的信息披露,主要包括融资人的基本信息、主要资产、信用情况、债务情况、还款能力等。当下融资人信息披露的不准确和不完整主要表现在以下几个方面:

(一)融资项目信息的不准确

互联网金融平台为了吸引投资人,推出各种各样的融资项目,并且会披露融资项目的信息,以便投资人在做出投资决定之前了解融资项目的信息。有些平台为了吸引投资人,会夸大融资项目的情况,披露的融资项目信息与实际的融资项目信息有出入,这会误导投资人。

(二)融资人的基本信息不全

有关机构做过调查,很多互联网金融平台没有向投资者展示融资人的姓名或名称,投资人在一些互联网金融平台作出投资之前看不到融资人的姓名和基本信息,即使互联网金融平台对融资人进行了资质审查,有他的基本信息,但是在对外界展示时没有全部公示出来,对一些融资人的名称进行马赛克处理。这样导致的后果就是投资人不了解融资人的状况,一旦发生问题,投资人追债就会遇到阻碍,会发生找不到融资人的情况。

(三)融资人的主要债务没有披露

作为投资人,在把钱借给融资人的时候,必然要考虑融资人的偿还能力,而融资人的主要债务情况是考查其还款能力的一个重要方面。目前很多互联网金融平台并没有披露融资人的主要债务,这是信息披露不完整的表现。主要债务没有披露,投资人不了解融资人主要债务的情况,这势必会增加投资人的投资风险。

(四)投资人没有收到借款合同

投资人通过互联网金融平台将钱借给融资人,就是一个借款法律关系。互联网金融平台一般会向投资人提供借款合同,也就是投资人和融资人两方的合

同，但是很多互联网金融平台没有提供借款合同，或者是提供的借款合同上融资人的信息不全面，那么借款合同有效性值得考量。借款合同是投资人追债的有效依据，是投资人维护自身利益的有力武器。

融资人信息披露的不准确、不完整不只这几方面，有的互联网金融平台没有披露融资方的征信报告、运营情况、财务状况等一系列的信息，这就造成了投资人获得的信息不完整，投资人对融资人的不了解，增加投资风险，有损害金融消费者利益的可能性。

二、互联网金融融资人信息披露不准确和不完整的原因

(一)互联网金融平台信息披露成本较大

互联网金融平台的信息披露不仅涉及金融平台自身的信息披露，还包括融资人的信息披露。项目信息、平台运营情况、财务状况、融资人的主要债务情况、还款能力、信用报告等等，这些都是信息披露的重点，真正落实到每一个点，需要的成本大，因此很多平台只披露一些必要的信息给予投资人，不会全部披露出来。

(二)互联网金融平台没有完整且准确地披露融资人信息

目前，互联网金融平台企业众多，相互竞争。为了吸引投资人，在披露融资人信息的时候，对于不利于投资人作出投资决策的信息就不会披露出来。这是其考虑到企业自身发展所作出的行为。

(三)互联网金融行业内没有统一规范

互联网金融作为新兴行业，发展很快，很多关于它的法律还没有出台。对于信息披露也是，互联网金融行业内没有统一的规范指引。因此，互联网金融平台都是披露常见的信息，如果要实现信息披露的准确性和完整性，还需要法律或者行业给出统一的标准和具体要求。

(四)融资人的个人隐私与信息披露难以平衡

现在很多互联网金融平台不会披露融资人的全部信息，其理由是涉及融资人的隐私。隐私权是受法律保护的，其中融资人的部分隐私与信息披露相冲突。互联网金融平台难以在两者之间寻求平衡。

三、提高互联网金融融资人信息披露的准确性和完整性的重要意义

(一)融资人信息披露制度

信息披露制度,又称信息公开制度,是指公开发行证券的公司在证券发行与交易诸环节中,依法将有关信息资料真实、准确、完全、及时地披露,以供证券投资者作出投资判断的法律制度。① 这是证券法中的信息披露制度,同样,融资人的信息披露也应该是一样的原理,就是在通过互联网金融交易平台融资的过程中,依法将有关信息资料真实、准确、完全、及时地披露,让投资人依此作出判断并作出投资与否的决定。可见信息披露的准确性和完整性是融资人信息披露的基本要求和原则。

1.准确性

信息披露的准确性要求信息披露人在进行信息披露时,必须采用精确的表述方式以确切表明其含义,不得有误导性陈述。② 融资人通过互联网金融平台融资,应当将自身的基本信息准确地披露出来,不能使用模棱两可或者是含糊不清的表达。对于不准确的信息披露,投资人很可能没有在意,在没有深入了解融资人的情况下,就作出投资的决定。因此可能承担着更多的投资风险。其次,融资人信息披露应该是简单明了的,达到以普通投资者的判断能力能够准确理解和解释的程度。因为这些信息是给投资者看的,互联网金融平台上的投资者很多都是普通的老百姓,可能对于专业的投资知识了解得少,准确简单的信息能够使他们更快、更便捷地了解融资人的情况,也能有效率地做出是否投资的决定。

2.完整性

信息披露的完整性要求所有可能影响投资者决策的信息均应得到披露,在披露某一具体信息时,必须对其所有方面进行全面、充分的揭示,不得有所侧重、故意隐瞒或有重大遗漏。③④ 融资人信息披露就要遵循完整性原则,融资人信息披露时应该将自己的信息完全披露出来,不应该有任何的遗漏,当然这种披露的信息是涉及投资人投资的,而不是融资人的所有信息。

---

① 范健、王建文:《商法学》(第四版),法律出版社 2015 年版,第 288 页。
② 范健、王建文:《商法学》(第四版),法律出版社 2015 年版,第 288 页。
③ 《证券时报》评论员:《互联网金融信息披露应提高准确性加强风险提示》,《证券时报》2016 年 3 月 23 日。
④ 范健、王建文:《商法学》(第四版),法律出版社 2015 年版,第 289 页。

(二)提高融资人信息披露准确性和完整性之必要性

通过分析融资人信息披露的准确性和完整性的含义,可以发现准确性和完整性是融资人信息披露的基本要求和原则。融资人信息的不准确、不完整可能会损害到投资人的利益,还会产生其他一系列的问题。因此确有必要保证融资人信息披露的准确性和完整性。

1.投资人利益的保障

融资人信息披露准确和完整,这也使得互联网金融的信息对称,投资人可以根据融资人披露的信息了解融资人的基本情况,知道自己投资资金的使用方向,所投资项目的基本情况。知道融资人的经济实力,偿还资金的能力,当投资人对于融资人有一个基本了解之后,也才可以决定自己要不要投资,投资之后的风险大概是什么样的情况,能不能放心地投资,如果融资人出现问题之后,自己的资金怎么追回,如何维护自己权益。总之,融资人的信息披露对于投资人来说有重大的意义,因为这关系到投资人的切身利益。

2.投资风险的有效把控

互联网金融平台作为衔接投资者和融资人的桥梁,应该做好融资人信息披露的工作。互联网金融平台应该使得融资人信息披露准确、完整。现在市面上有各式各样的金融平台,有的经营得很好,有的却是暂停服务,甚至面临着倒闭的局面。背后的原因就是融资人携款跑路,非法集资等非法的问题。要想做好互联网金融平台,更应该对融资人要求严格,要求他们信息披露得准确和完整,而且应该展示给投资者。这不仅是自身职责的要求,也是为了企业更好地发展。完整准确的信息披露也是互联网金融行业的自我规范的重要表现。现在投资者面临着很多互联网金融平台的选择,他们在选择时考虑的是投资的收益和风险。融资人的信息披露准确和完整,这也是降低投资人投资风险的一个方面,企业这么做,不仅可以把控投资风险,还能提升自身竞争力,可以取得投资人的信赖。

3.监管方监管责任的落实

互联网金融发展之迅猛,必然离不开监管方的监管,不同的发展模式,监管的单位也不同。但是他们的着眼点都是相同的,为了监管互联网金融交易,维护金融秩序,保护消费者的利益。互联网金融融资人信息披露的准确和完整,便于监管方了解融资人的情况,掌握融资人融资活动动向。而当融资人出现问题时,根据已掌握的融资人的信息可以准确地找出问题之所在,站在消费者的角度,最大程度地维护消费者的利益,从而维持金融市场的秩序。

四、实现互联网金融融资人信息披露准确性和完整性的途径

2016 年 2 月,互联网金融信息披露制度论坛在北京召开,各方代表发表了自己的看法,还讨论了互联网金融的信息披露问题。这也是第一届论坛,可见信息披露制度开始被重视。2017 年 3 月,中国互联网金融协会还召开了互联网金融信息披露研讨会,公布了《互联网金融信息披露规范(初稿)》。从互联网金融界的这些动作来看,互联网金融信息披露尤为重要。要互联网金融融资人信息披露准确、完整,不能只停留在纸面上,而是应想着如何将准确和完整落实到实处,在实际中做到融资人信息披露的准确和完整,这一切才有意义。具体做法如下:

(一)建立健全融资人信息披露制度

对于融资人信息披露,应当建立健全信息披露制度,完善信息披露流程,指定专门人员负责信息披露工作,按照法律和相关文件的规定披露信息。[①] 确保融资人披露的每一项信息都是准确的,并且是简单明了的,使得投资者能够快速地了解融资人的信息。

(二)互联网金融平台做好信息披露工作

平台吸引投资人的出发点是好的,但是应当通过正确的方式方法。准确完整地披露融资人信息,才是对投资人负责的表现。做好融资人信息披露工作,不仅使得平台投资透明化,为投资人的利益着想,也是平台稳步运营的长久之计。

(三)设立互联网金融行业内的信息披露标准规范

目前,虽然信息披露作为一个议题被行业内外的专家探讨,互联网金融协会也公布了信息披露规范的草稿,但是互联网金融行业内没有信息披露的统一标准。因此行业内应该尽快地设立一个统一的标准和要求,这样才能有根据地披露融资人信息,也能保证融资人信息披露的准确性和完整性。

(四)努力平衡融资人的信息披露和隐私

互联网金融平台在披露融资人信息时确实要注意融资人的隐私,因为隐私

---

① 牧晨:《中国互金协会牵头规范 P2P 信息披露,标准更严格》,http://www.wdzj.com/news/zhengce/26917.html.访问时间 2016-9-17.

权是受法律保护的,不可侵犯的。但是披露信息并不是与之相矛盾的。平台在决定披露融资人信息时应该识别这是不是融资人的隐私,如果是融资人的隐私,则不可披露。但是切忌以隐私之名,不披露融资人应披露的信息。这样就会造成融资人信息的不准确和不完整。

融资人信息披露的准确性和完整性应当落到每一个具体的项目,包括融资人的基本信息、财务状况、运营情况、主要债务等。只有落实到每一个方面,将每一个信息都披露给投资人,才能体现信息披露的准确性和完整性。其次,融资人应当对信息披露的准确性和完整性负责任,并承担相应的法律责任。只有做到这些,投资人才能对互联网金融平台有信任感,大胆放心地投资,这也有利于互联网金融业的发展。

参考文献:

[1]《证券时报》评论员:《互联网金融信息披露应提高准确性加强风险提示》,《证券时报》,2016年3月23日。

[2]李有星、陈飞、金幼芳:《互联网金融监管的探析》,《浙江大学学报(人文社会科学版)》2014年第4卷。

[3]武玉胜:《互联网金融投资者保护机制下信息披露理念审视》,《长春金融高等专科学校学报》2016年第2期。

[4]范健、王建文:《商法学》(第四版),法律出版社,2015年。

二、P2P 网络借贷法律问题研究

网贷平台信息披露责任制度研究[*]

浙江大学光华法学院　李有星　要瑞琪^{**}

　　摘　　要：网络借贷金融使投融资双方信息更加不对称，投资者更依赖于融资平台的信息披露。网贷欺诈事件充分反映了资产端信息披露存在的瑕疵以及平台信息披露责任的缺位。网络借贷健康发展需要有严格的信息披露责任制度，以明确网贷平台作为融资中介承担信息披露的形式审核义务，以保证资产端信息披露的真实、准确、完整。建立事后救济的平台民事赔偿责任制度，应以过错推定为归责原则，以平台与融资方分担责任的机制确立平台的侵权责任，创新性地引入"董监高"连带赔偿责任制度。

　　关键词：网贷平台；融资中介；审核义务；信息披露；分担机制

一、网贷平台信息披露义务与责任

(一)网贷平台信息披露的义务

　　信息披露的根本目的就是保护投资者，减轻市场中的"柠檬问题"。网络借

---

　　* 【基金项目】国家哲学社会科学基金重点项目"互联网融资法律制度创新构建研究"(15AFX020)，浙江省哲学社会科学规划优势学科重大项目"民间金融市场治理的法律制度构建及完善研究"(14YSXK01ZD)及子课题"民间金融市场主体法律制度构建及完善"、"民间金融市场行为法律制度构建及完善"、"民间金融市场监管法律制度及完善"、"民间金融市场信用体系的法律制度构建及完善"、"民间金融市场风险防范与处置法律制度构建及完善"成果。

　　** 李有星，男，浙江大学光华法学院博导，主要从事金融法、证券法研究；要瑞琪，女，浙江大学光华法学院硕士研究生，主要从事金融法研究。

贷金融市场也是一个基于信息做出决策的市场。投资者基于对披露信息的信赖而做出投资,表现为一种信赖关系。① 网络借贷的信息披露是将资产端的基本信息公开给投资者,确保投资者知情,使得投资者有效识别融资信息中所包含的投资价值,做出理性的投资决策。

信息披露的根本动因就是解决信息不对称②,信息披露是防止欺诈最有效的手段。信息有天然的不对称性,网络借贷金融模式下交易模式不受限于时空,投融资双方主体均是陌生关系,而信息的不对称性由此产生的"逆向选择"和"道德风险"问题必然导致市场失灵,严重地降低金融市场的运作效率。信息披露制度的引入便是解决这一问题的"解药"。融资方和投资方之间存在信息不对称,由于投资方多是中小投资者,存在天然的信息劣势,融资方掌握主动权,很容易出现欺诈融资,故意隐瞒融资方不良信用信息,引发逆向选择和道德风险。网络借贷金融业务中,平台作为连接融资方和投资方的媒介,为投融资关系的形成起到了信息流通的作用,为缓解投资者和融资者的信息不对称,降低投资者搜集信息的成本,平台要协助和监督融资方披露信息以达到保护投资者利益的目的;另外平台和投资者之间也存在信息不对称,因为网络借贷金融业务是一个新兴发展的事物,投资者了解的渠道有限,构建信任关系的前期一定是平台的广告宣传和对自身平台运营信息的披露,而投资者会选择信息披露更全面的平台进行投资;投资者与投资者之间也存在信息不对称,信息分布不均匀,掌握信息较多的投资者往往处于相对优势的地位,他们的投资行为更为理性,投资的风险规避能力会更强,取得的投资收益也会更高,而掌握信息较少的投资者处于相对劣势的地位,投资更容易出现"羊群效应"。③

网贷平台应该承担为投资者提供详细的信息披露的义务,包括融资信息、高管信息、相关风险、实质性的交易记录,如果消息变更,必须马上实时更新披露。如果出现遗漏、错误、误导等,导致投资者遭受损失,则可以对其进行追责。④ 网络借贷信息披露的责任制度有助于网贷平台生存困境和投资者保护困境的问题

---

① 石一峰:《违反信息披露义务责任中的交易因果关系认定》,《政治与法律》2015 年第 9 期。

② 苗壮:《美国证券法强制披露制度的经济分析》,《法制与社会发展》2005 年第 2 期。

③ "羊群效应"也叫"从众效应",是个人的观念或行为由于真实的或想象的群体的影响或压力,而向与多数人相一致的方向变化的现象。表现为对特定的或临时的情境中的优势观念和行为方式的采纳(随潮),或表现为对长期性的占优势地位的观念和行为方式的接受(顺应风俗习惯)。人们会追随大众所同意的,将自己的意见默认否定,且不会主观上思考事件的意义。

④ See United States of America before the securities and exchange commission, order instituting cease-and-desist proceedings pursuant to section 8A of the securities act of 1933, making findings, and imposing a cease-and-desist order, http://www. sec. gov/litigation/admin/2008/33-8984. pdf

的解决。网络借贷金融的本质就是金融。① 在正规的金融活动中,投资人或融资人在融资过程中出现其中一方违约或者侵权,由于这种融资关系中的法律关系明确,交易信息对称,权利义务对等,法律责任可以直接归于违约方或者侵权一方当事人。相比较网络借贷金融,针对 P2P 的非法集资化,现实中法院在审判中将非法集资的法律责任直接归于 P2P 平台一方,而对融资方采取了宽容的态度。关于美国 JOBS 法案(乔布斯法案),新增的 Section4A(c)部分,确立了新的股权众筹欺诈责任制度,增加了股权众筹的发行人存在重大错误陈述和遗漏时的法律责任,证券的首次购买者可以提起诉讼。② 实际上在融资过程中,末端融资方的道德风险是最大的,其具有天然的欺诈动机,而平台的赔偿能力有限,不能全面地保障投资者的利益。这样,一方面造成平台的生存能力脆弱;另一方面容易侵害投资者利益。这两方面实际上互相联系,互为因果,形成一个恶性循环。平台虚构标的,进行非法集资,侵害投资者的利益,原因之一可能就是平台的生存能力有限,具有欺诈动机,同时平台发生损害投资者利益的事件又会威胁到平台的生存能力。因此我们要解决这两个问题的关键就是平台承担信息披露的审核义务,保证信息的真实、准确、完整,缓解信息不对称,打击末端融资方的欺诈动机,遏制违约和侵权事件的发生,有效保护投资者的利益。同时,平台承担信息披露审核义务下,只要尽了最大努力去审慎审核就可以免责,有利于平台的可持续生存和发展。

(二)网贷平台信息披露的责任

有义务才有责任,网贷平台的责任与网贷平台的信息披露义务的性质有关。正规金融的融资法律关系中,信息披露是融资人即发行人的一项法定义务,发行人必须依照《证券法》、《上市公司信息披露管理办法》等履行信息披露的义务。在网络借贷金融领域,目前并没有任何的法律规定网贷平台的信息披露义务。平台信息披露义务是基于契约产生的附随义务。由于契约具有意思自由、非法定性,基于合同产生的信息披露义务就是约定履行的义务。网贷平台一般与投资者签订服务协议,约定相互之间的权利义务关系以及承担的责任,但是协议中不会专门约定平台信息披露的义务,那么我们不妨把信息披露义务归为合同的

---

① 2015 年 7 月 18 日,中国人民银行、工业和信息化部、公安部等部门联合发布的《关于促进互联网金融健康发展的指导意见》中第二部分指出,互联网金融本质仍属于金融,没有改变金融风险隐蔽性、传染性、广泛性和突发性的特点。

② 参见 1933 年美国《证券法》Section 4A(c)。发行人作为融资方要承担信息披露义务瑕疵的责任,而不应该将责任直接归于平台。傅穹、杨硕:《股权众筹信息披露制度下的投资者保护路径构建》,《社会科学研究》2016 年第 2 期。

附随义务。附随义务具有非基于当事人约定而生的本质属性,是随着合同关系的不断发展形成的。① 《合同法》第 60 条:当事人应当按照约定全面履行自己的义务。当事人应当遵循诚实信用原则,根据合同的性质、目的和交易习惯履行通知、协助、保密等义务。《合同法》第 92 条:合同的权利义务终止后,当事人应当遵循诚实信用原则,根据交易习惯履行通知、协助、保密等义务。关于附随义务的概念各国立法均没有明确。附随义务是在债务关系产生之处即伴随着主给付义务出现的,为了维护债务关系主体一方的既存利益,依照民法诚实信用原则而要求对方所负担的照顾性或保护性义务。在合同之债中,由于合同主体的既存利益难以也不需要被合同双方所约定,因而附随义务的出现也就具有了内容多样性和个案解释性的特征。② 在网络借贷金融交易中,平台与投资者签订的服务协议约定的主给付义务就是充当信息中介,发布资产端的信息,而对资产端披露信息的审核义务就是基于诚实信用原则附随于主给付义务的附随义务。把网贷平台信息披露的审核义务归为中介服务协议中的附随义务,平台的信息披露履行就存在任意性,没有强制性的话,平台在签订服务协议中一般会订立格式条款故意排除平台对信息披露的义务和责任,比如新浪微财富的服务协议中:"8.3 用户知悉并同意,本公司及其关联公司并非所展示和推介之金融产品的交易参与方,不对金融产品交易的任意一个或多个参与方的任何口头、书面陈述或者任何线上信息之真实性、合法性做任何明示或暗示的担保,或对此承担任何责任,不对合作金融机构及任何第三方的法定义务或契约责任承担任何责任(包括但不限于连带责任)。③ "这种约定免责的事项明显不符合保护投资者利益的诉求。"

信息披露义务应当是法定义务、强制性义务,承担这种义务不当而引发的是责任。信息披露的内容、范围、时间以及形式由法律加以明文规定,排除当事人依自由意志进行协商的可能性,具有法定性和强制性。信息披露是强制披露而不是自愿披露。自愿信息披露制度认为,即使没有政府管制,只要披露的边际成本不高于边际效益,发行者也会自愿披露信息。④ 自愿信息披露是建立在有效资本市场的假说⑤基础之上成立的,在有效的资本市场下,所有主体都是理性的经济人,市场处于完全自由竞争的状态,没有交易成本,信息及时地披露且投资

---

① 崔建远:《合同法》,法律出版社 2010 年版,第 88 页。

② 刘毅强:《附随义务侵害与合同解除问题研究》,《东方法学》2012 年第 3 期。

③ 参见:https://www.weicaifu.com/site/protocol/wcfuser.html,2016 年 9 月 13 日访问。

④ 苗壮:《美国证券法强制披露制度的经济分析》,《法制与社会发展》2005 年第 2 期。

⑤ 有效资本市场假说是由法国数学家路易斯·巴舍利耶提出的,由芝加哥大学教授法玛进一步扩展,把资本市场机制的运作效率在不同信息环境下分为以下三种市场:弱势有效市场、半强势有效市场和强势有效市场。

者能够无偿地取得。然而,现实中市场不完全竞争是普遍现象,信息不对称现象比比皆是,很难满足以上的理论前提,自愿信息披露只能是一种不现实的理想状态。确立网络借贷平台的强制性信息披露义务,使平台对融资方披露信息承担审核义务,保证资产端的信息真实、准确、完整,没有虚假陈述、误导性欺诈事由以及重大遗漏,才能充分保护投资者的利益。一旦网贷平台所披露的信息存在虚假、误导性陈述、欺诈等情况,其应当承担相应的民事、行政和刑事责任。而这些责任的安排需要法律制度的精心设计。

二、网贷平台信息披露责任的争议问题

2016 年 8 月 24 日,银监会联合工信部、公安部、网信办发布了《网络借贷信息中介机构业务活动管理暂行办法》(以下简称《暂行办法》),明确了 P2P 借贷的合法地位。《暂行办法》是适用于从事网络借贷信息中介业务的管理办法,其中第 3 条第 2 款做了原则性的规定:"借款人与出借人遵循借贷自愿、诚实守信、责任自负、风险自担的原则承担借贷风险。网络借贷信息中介机构承担客观、真实、全面、及时进行信息披露的责任,不承担借贷违约风险。"《暂行办法》在第五章第 30—32 条专门对 P2P 平台进行信息披露做了具体的规定,其中第 30 条、31 条规定了平台信息披露的具体内容和方式,第 32 条规定了披露义务的责任主体:"网络借贷信息中介机构的董事、监事、高级管理人员应当忠实、勤勉地履行职责,保证披露的信息真实、准确、完整、及时、公平,不得有虚假记载、误导性陈述或者重大遗漏。借款人应当配合网络借贷信息中介机构及出借人对融资项目有关信息的调查核实,保证提供的信息真实、准确、完整。"这一条创新性地对"董监高"加以责任,第 2 款规定借款人的信息披露义务。总而言之,《暂行办法》过于强调网贷平台的信息披露义务而忽视了借款人的信息披露义务,只是将借款人作为配合的角色,同时第 32 条也并没有具体细化"董监高"和借款人在信息披露瑕疵造成损害的情况下的责任形式和责任分配,完全不具有可操作性。那么到底平台应该承担什么样的信息披露义务,违反信息披露义务应当承担什么样的责任,讨论如下:

(一)形式审核义务抑或是实质审核义务

现实的网络借贷金融交易中,由于投资者对平台的刚性兑付功能抱有过大的期望值,所以投资者会更加关注平台的实力而不关注实际的资产端项目的基本信息是否存在欺诈,造成平台以自身实力为投资者做信用担保的现状,导致很多平台出现兑付危机以及非法集资的风险。平台作为信用担保其实也就是网贷

平台承担信息披露实质审核的义务,其不利于对投资者的教育和摆脱刚性兑付。投融资关系中,网贷平台进行实质审核就是不仅保证融资方信息披露的真实、准确、完整,而且对融资人的信用情况进行实质审核评估,确保融资方到期对投资者还本付息或者回购股权、确保分红收益,平台所起的作用已经突破信息中介而变为信用中介。平台承担形式审核和实质审核义务的不同之处在于平台是否保证融资方的信用状况,是否对投资者保障刚性兑付或收益分红。网贷平台不提供信用担保,融资方的信用风险完全由投资者承担,平台根据自己的标准,审查和筛选借款信息,并给出自己的风险提示和基础定价,但并不承担信用风险。① 实质审核的义务会大大增加平台对融资方尽职调查的时间成本和金钱成本,而且对融资方信用情况的保证过于加重平台一方的责任,平台没有能力也没有成本去为每一个融资者的信用进行担保,实质审核下的刚性兑付更不利于促进投资者的教育和市场经济的自由竞争性。相比之下,平台的信息披露形式审核义务则比较科学,平台只需要对融资方披露的信息进行调查、识别,保证信息的真实、完整、准确,投资价值由投资者自行判断进行投资决策。

(二)违反信息披露义务承担违约责任抑或是侵权责任

对于违反信息披露义务的责任模式向来比较有争议。一般而言有合同责任②、侵权责任和合同责任的竞合③、侵权责任④、独立责任⑤这几种观点。⑥ 本文主张违反信息披露义务下,网贷平台承担侵权责任。

根据信息披露是一种契约义务的观点,网贷平台的信息披露审核义务是作为合同的附随义务。目前我国立法并未对违反附随义务的责任性质做出明确的规定,《合同法》也没有明确地规定违反附随义务的法律责任。一般认为,违反合同履行中的附随义务会构成履行瑕疵或者是履行不适当,如果造成履行利益以外的固有利益损失,则应当承担损害赔偿责任,对于这种损害赔偿责任的责任性质是有争议的,但是我国目前的学界通说认为违反合同履行的附随义务构成不完全履行,这种责任在性质上属于违约责任。⑦

根据信息披露作为法定义务的观点,网贷平台信息披露义务应当在法律中

---

① 彭冰:《P2P 网贷监管模式研究》,《网络借贷金融与法律》2014 年第 7 期。

② 何乃刚、朱宏:《完善我国证券信息披露的民事责任制度的思考》,《国际商务研究》2002 年第 1 期。

③ 陈洁:《证券欺诈侵权损害赔偿研究》,北京大学出版社 2002 年版,第 37 页。

④ 王利明:《我国证券法中民事责任制度的完善》,《法学研究》2001 年第 4 期。

⑤ 曹顺明、郎贵梅:《我国信息披露不实的民事责任及其立法完善》,《当代法学》2002 年第 2 期。

⑥ 石一峰:《违反信息披露义务责任中的交易因果关系认定》,《政治与法律》2015 年第 9 期。

⑦ 樊桂东:《合同附随义务研究》,华东政法大学硕士学位论文,2013 年 4 月,第 18 页。

有明确的规定,应当是强制性的信息披露义务,因此就排除了违反信息披露义务构成违约责任的理论。在违反强制性信息披露义务造成投资者财产损失的情况下,构成侵权责任。原则上违反信息披露造成的财产和人身损害不构成特殊侵权责任,只构成一般的侵权责任,侵权责任的构成需要有 4 个构成要件:其一,有侵权行为;其二,有损害后果;其三,侵权行为和损害后果有因果关系;其四,侵权人有主观过错。① 网贷平台不履行对融资方信息披露的审核义务造成投资者的损失,判定平台是否对投资者构成侵权责任的时候主要需要考量两方面的因素:一方面要考量平台的主观过错,另一方面要考量平台不履行审核义务与造成投资者的损失是否有因果关系。如果平台怠于履行或者故意不履行对融资方信息的审核义务,就说明平台具有主观过错。如果平台在投融资过程中,对融资方所披露的融资基本信息已经尽了最大努力的审慎审核义务,仍然没有避免融资方的还款违约,那么平台就不需要承担侵权责任。

违反合同的附随义务的法律责任在责任性质上属于违约责任的范畴,但是如果违反附随义务的行为造成债权人人身或财产利益受到损害时,可能构成履行不适当或者履行瑕疵,导致违约责任和侵权责任的竞合,根据《合同法》第 122 条②,相对人有权选择要求其承担责任的方式。③ 投资者有权选择让网贷平台承担侵权责任或者违约责任。

(三)归责原则是过错责任抑或是严格责任

网贷平台在不履行信息披露审核义务的情况下造成了投资者的损失,投资者有权请求平台承担赔偿损失的侵权责任。根据 4 个侵权责任构成要件,侵权责任归责原则的不同会导致举证责任分配的不同。如果适用过错原则的认定标准,投资者要举证平台没有尽到审核义务的侵权行为、自己的财产损失以及因果关系,同时还要对平台的主观过错进行举证;如果适用过错推定原则的认定标准,意味着法律直接依据某些事实的存在而推定被告存在过错这一事实,即对于这一作为侵权责任的构成要件之一的事实——被告具有过错,原告无须举证,法律直接推认。④ 投资者无须对平台的主观进行举证,只要网贷平台披露的信息存在虚假记载、误导性陈述和重大遗漏就推定网贷平台具有过错,因此举证责任倒置,平台要举证证明自己已经尽到最大的审核义务,没有信息披露过错,才可

---

① 江平、费安玲:《中国侵权责任法教程》,知识产权出版社 2010 年版,第 174 页。

② 《合同法》第 122 条:因当事人一方的违约行为,侵害对方人身、财产权益的,受损害方有权选择依照本法要求其承担违约责任或者依照其他法律要求其承担侵权责任。

③ 樊桂东:《合同附随义务研究》,华东政法大学硕士学位论文,2013 年 4 月,第 18 页。

④ 程啸:《侵权责任法》,法律出版社 2015 年版,第 97 页。

以免责。同时,完善反欺诈的法律制度,必须采用过错推定的信息披露欺诈行为的认定标准。[1] 如果适用无过错的认定原则,构成侵权责任不需要考察平台的主观过错与否,投资者主张侵权损害赔偿时只要证明信息披露存在虚假记载、误导性陈述或重大遗漏,有损失并存在因果关系即可。网贷平台承担无过错的侵权责任明显过于严格,一方面平台难以承载过重的责任负担;另一方面,关于网贷平台信息披露的主观过错与否,投资者无法知晓,让投资者举证,成本必然很高,难度非常高甚至是无从举证。综上,无过错责任过于严格,有矫枉过正之嫌,普通的过错责任不利于保护被侵权人,有不及之虞,过错推定则"中庸之为德也,其至矣乎"。[2]

三、网贷平台信息披露责任制度的设想

(一)明确把网贷平台定位为融资中介

网络借贷平台作为信息中介的最后结果一定是投资者的利益受到侵害。网贷平台担当信息中介,平台负有将资产端项目的全部信息披露于投资者的义务,但是其对信息披露的内容真实性和准确性不作保证,也不承担任何形式的责任,而只是由融资人一方承担法定的保证信息真实准确的义务。这种义务的分配格局容易造成投资者由于缺乏辨别信息真假的能力而盲目进行投资,在实际的运营中其必然导致的结果就是投资者的利益遭受损失,进而平台出现兑付危机甚至跑路问题。比如 e 租宝、大大集团、云南泛亚事件,这些事件发生的一个重要原因就是平台存在虚假标的,投资者无法分辨资产端标的的真假,一时被高额的利息引诱投资进而造成了巨额损失。

网络借贷平台作为信用中介的最后结果一定是平台的倒闭。网贷平台同正规金融中的商业银行不同,不能担当信用中介。信用中介是 P2P 平台承担保本保息的刚性兑付义务,众筹平台对企业盈利能力构成担保,平台将自身信用介入,对融资方的信用状况作担保,明显是不符合融资市场发展规律的,是不科学的。实际的网络借贷金融业务运营中,平台对刚性兑付的保障最终必然会导致平台的兑付危机,从而导致平台倒闭或跑路。

《暂行办法》虽然明确规定平台只能作为信息中介,但实际上平台在发挥信息中介的作用时又存在类信用中介的功能,因此不能简单地把平台归为信息中

---

① 梁清华:《论我国私募信息披露制度的完善》,《中国法学(文摘)》2014 年第 5 期。

② 程啸:《侵权责任法》,法律出版社 2015 年版,第 95 页。

介和信用中介中的任何一种,平台的定位是介于二者之间的一种状态。不妨把网贷平台定位为融资中介。平台作为融资中介的义务范围除了发挥信息中介的功能,还包括平台的法定形式审核义务。平台应该对项目的真实性、准确性和完整性进行保证,违反这一法定义务,平台就应当承担违反信息披露应当承担的民事侵权责任。这样能防止虚假标的、不良资产端标的的出现,保证网络借贷金融健康有序发展,方能真正地保护投资者。

(二)确立网贷平台信息披露中形式审核的义务

平台的形式审核义务就是对融资方信息的一个基本甄别,进而确保投资者知情的信息真实、准确、完整。面对融资方冗多复杂的信息,投资者一方面没有甄别的能力,另一方面甄别总成本太高,而平台直接为投资者完成甄别,有效节约众多投资者的时间成本,提高融资效率。平台的形式审核义务是对投资者知情权的保护,但是不等于确保知情。首先,投资者的投资知识和经验十分有限,虽然平台保证信息披露的真实、充分,但是投资决策是投资者自己作出的,即使对投资价值不知情,平台也帮不上忙;其次就是投资者的疏忽大意,即使平台履行了法定的审核义务,投资者不看或对披露的信息疏忽大意,同样平台是帮不上忙。网络借贷金融业务中资产端上线发标之前,平台要进行基本的尽职调查,通过走访调查、大数据调查等对融资方披露的信息真实性、完整性和准确性进行确认,也可以与律师事务所和会计师事务所进行合作提高尽职调查的效率。对于一个按照监管要求不做资金期限错配,不做资金池或者少量资金池的平台来说,其最大的风险来自于借款人的信用风险和欺诈风险,[①]而平台的信息披露审查能够有效排除信用不佳的融资者,识破融资者欺诈融资的企图。《暂行办法》第 9 条之(二)对出借人与借款人的资格条件,信息的真实性,融资项目的真实性、合法性进行必要审核,也是在一定程度上体现了 P2P 平台的形式审核义务。

(三)确立平台和末端融资方的违反信息披露的责任分担制度

《暂行办法》中第 9 条规定了网络借贷信息中介机构的义务,第 12 条规定了借款人的义务,但是《暂行办法》并没有规定违反义务的民事责任。没有责任的义务是没有法律意义的,因此,应当确定网贷平台和借款人的责任机制。

(1)平台和用资人承担连带赔偿责任的情形:共同侵权理论是侵权责任法的一个重要理论,《侵权责任法》第 8 条规定:"二人以上共同实施侵权行为,造成他人损害的,应当承担连带责任。"司法实践一直以来将共同侵权界定为"二人以上

---

① 谢群:《P2P 网贷平台的风险控制和信息披露》,《清华金融评论》2015 年第 7 期。

具有共同的故意或过失行为造成他人损害"。无论是共同故意还是共同过失,侵权责任法对共同侵权的共同性要件采取了严格立场,只认可有意思联络的主观共同侵权,①也就是需要平台和融资方有共同侵权的意思联络,共同欺诈融资对投资者进行诈骗,就构成共同侵权。一旦构成共同侵权,数行为人需承担连带责任,受害人可以请求任一行为人赔偿一部分或全部损害。② 这种情形下,融资方具有欺诈融资的过错,平台基于和融资者的共同故意,放弃履行法定的审核义务,或者平台和融资方直接勾结诈骗投资者,法律应当明确规定由网贷平台和融资方承担连带赔偿责任,投资者可以任意选择向其中一方或者同时向两方主张侵权损害赔偿责任。同时这一非法集资行为,构成刑事犯罪的以非法吸收公众存款罪或者集资诈骗罪等论处。

(2)融资方单独承担违约损害赔偿责任的情形:网贷平台如果已经尽了合理的审核注意义务,确保了信息的真实、准确、完整,但是平台不能保证融资方一定不会违约还款,在这种情况下,平台只要举证证明无过错就具有免责性,不构成侵权责任,而应当由融资人单独承担违约责任,赔偿投资者的损失。

(3)平台承担补充赔偿责任的情形:网贷平台和融资者在没有意思联络不构成共同侵权的情况下,网络借贷平台疏于对用资人的信息披露的审核,使得信息存在虚假记载、误导性陈述或者重大遗漏,从而造成投资者利益损失的情况。一方面平台和融资方也没有意思联络,不构成共同侵权;另一方面让平台和融资方承担连带赔偿责任对平台而言责任会过于严重,不符合公平价值,也会严重阻碍网贷平台的可持续发展。因此由于融资方的虚假披露造成投资者损失,应当由融资方承担侵权赔偿责任,平台没有尽到审慎审核义务情况下承担补充赔偿责任。这样在不会使平台负担过重的情况下又能对平台起到很好的惩罚作用,同时充分地保护了投资者的利益。

(4)平台单独承担赔偿责任的情形:网贷平台存在虚假标的或者平台存在自融的情况下,投融资法律关系中由于末端融资者实际不存在,只有平台一方。平台就存在非法集资的主观故意,应当由平台单独承担侵权损害赔偿责任,比如 e 租宝事件,平台长期伪造虚假标的骗取投资者的投资,民事赔偿上就应当由 e 租宝平台承担对投资者的损害赔偿责任。

(四)建议引入"董监高"连带赔偿责任的机制

确立平台应当承担的赔偿责任的同时,非常有创新的是《网络借贷信息中介

---

① 孙海龙、何洪波:《共同侵权行为中共同意思的目的范围识别》,《人民司法(案例)》2012 年第 20 期。

② 叶金强:《共同侵权的类型要素及法律效果》,《中国法学》2010 年第 1 期。

机构业务活动管理暂行办法》第 32 条第 1 款引入了信息披露义务的责任主体：董事、监事、高级管理人员。但是暂行办法没有确立"董监高"的具体责任制度。建议借鉴《证券法》69 条①和《上市公司信息披露管理办法》第 58 条②，在因上市公司虚假陈述、重大遗漏以及误导性陈述致使投资者利益受损的情况下，"董蓝高"承担连带赔偿责任制度。并且根据现代风险分担理论，公司的实际控制人和发起人、公司董事、监事和高级管理人员等是最接近风险源的机构和个人，其极尽审慎勤勉地履行各自职责，将有效地抵御、化解该种风险源对市场造成的损害。③ 网贷平台的"董监高"如果不能证明自己在客观条件下已经尽到了最大努力的审慎注意义务，就推定"董监高"对信息披露中的不实陈述等存在过错④，应该承担相应的责任，建议和平台承担连带赔偿责任。"董监高"基于其身份的特殊性，以及对企业的运营和决策能够起到重大作用，其直接或间接地会影响到平台的信息披露的真实性、准确性和完整性，因此有必要将其纳入承担责任的范畴。引入"董监高"的责任，一方面能有效促进其谨慎勤勉地进行信息披露，有效抑制平台非法集资的动机，控制平台欺诈性的信息披露，另一方面为投资者多设置了一道保护的屏障。

（五）鼓励网贷平台引入保障措施，做到兼顾平台的生存发展和投资者的保护

鼓励网络借贷引入保障措施的实质性目的是对平台自身信息披露义务履行提供保证，是网贷平台信息披露的配套保障，并不是作为信用中介，对融资方的信用进行担保，对投资者承诺刚性兑付。网贷平台引入保障措施，是为了在信息披露义务履行不足或者履行瑕疵对投资者造成损失时，保障投资者能够得到充分的赔偿。引入保障措施是基于目前中国互联网金融属于刚刚兴起的金融业态，平台发展不够成熟稳定，生存能力不够强，对信息披露的义务履行一时半会不会很

---

① 《证券法》第 69 条：发行人、上市公司公告的招股说明书、公司债券募集办法、财务会计报告、上市报告文件、年度报告、中期报告、临时报告以及其他信息披露资料，有虚假记载、误导性陈述或者重大遗漏，致使投资者在证券交易中遭受损失的，发行人、上市公司应当承担赔偿责任；发行人、上市公司的董事、监事、高级管理人员和其他直接责任人员以及保荐人、承销的证券公司，应当与发行人、上市公司承担连带赔偿责任，但是能够证明自己没有过错的除外；发行人、上市公司的控股股东、实际控制人有过错的，应当与发行人、上市公司承担连带赔偿责任。
② 《上市公司信息披露管理办法》第 58 条规定："上市公司董事、监事、高级管理人员应当对公司信息披露的真实性、准确性、完整性、及时性、公平性负责，但有充分证据表明其已经履行勤勉尽责义务的除外。"
③ 叶林：《证券法》，中国人民大学出版社 2013 年版，第 206 页。
④ 网贷平台的"董监高"承担连带赔偿责任的归责原则是过错推定。注意：平台与融资方分配承担责任是外部责任的分担机制，与"董监高"的连带赔偿责任是内部责任分担机制。

完善,以防止在义务履行瑕疵发生时过度打击平台的生存发展。因此,引入保障具有天然的科学性,互联网金融平台可以通过设立风险准备金、引入第三方担保、与第三方保险公司合作等途径为投资者的保护和平台自身生存设置屏障。

P2P 信息披露浅谈

大庆油田　吕　达　毛周南*

摘　要：文章论述了互联网金融行业中 P2P 的信息披露问题，探讨了三个问题：1. P2P 产生和发展的背景。2. 为什么 P2P 行业信息披露很重要，应规范？3. 关于 P2P 披露信息的设想。着重点在第三个问题。

关键词：互联网金融；P2P；信息披露

一、P2P 产生和发展的背景

改革开放 30 多年来，民营经济一直是中国社会中最具活力的成分之一。大量小微企业和个人无法从传统银行获得他们所渴求的资金，尽管从 P2P 平台等企业借款要承受更高的成本，但能解决问题且服务便捷。互联网金融企业满足了民营经济的资金需求，填补了市场空白，对传统银行起到了有益的补充作用，是中国经济的有益"拼版"。

P2P 作为新生事物，打破常规，让更多主体参与到金融创新中。"互联网金融让普通人获得了相对平等的金融参与权和金融收益权。一方面，互联网金融大幅度降低了老百姓的投资理财的门槛……而大多数的 P2P 网贷平台的最低投资额不足百元，这与商业银行动辄几万、十几万元的理财产品相比降低很多。因此，互联网金融产品的出现，给不能或不想参与股票投资、房地产投资的老百姓增加了投资获利渠道。同时，由于门槛的降低，互联网金融平台吸引了大量民间的闲散资金，为市场提供了更多的流动性补充，另一方面也让零散小额的资金实现了最大化的收益。"①万众参与的 P2P 大大激活了市场内在能量，刺激了消费，助力于我国经济转型。

---

* 吕达，男，大庆钻探测井公司培训中心馆员；毛周南，女，大庆油田测试技术分公司评价中心工程师。

① 胡滨、尹振涛：《不应妖魔化互金 需客观评价其积极作用》，《上海证券报》2016 年 7 月 26 日。

二、为什么 P2P 行业信息披露很重要，应规范？

从烽火戏诸侯、用快马驿站传递信息，到如今只要有移动信号和 WiFi 覆盖的地方，就可以进入"信息海洋畅游"。通过互联网等先进生产力，地球已经变成了无远弗届之小村落。庆幸现代人赶上一个伟大时代，享受着人类文明成果的汇聚。历次经济危机的惨痛教训，为我们防范风险提供了借鉴。大数据、移动通信和云计算为金融风险的管控提供了强有力手段，并催生了互联网金融。和传统金融相比，互联网金融成本更低，打破了时空限制，缓解了信息不对称，充分利用长尾效应，成为真正普惠金融。P2P 自 2007 年诞生以来，经历了近些年野蛮生长，到如今的规范发展。网贷之家数据显示，截至 2016 年 5 月底，P2P 历史累计成交量已经达到了 20361.35 亿元。P2P 实现第一个万亿元用时超过 7 年，而第二个万亿元仅用了 7 个月。这一趋势昭示着网贷强大的生命力和广阔的市场空间。

21 世纪以来，人类社会系统已经发展得超级复杂，组织形式多样，技术不断更新，商业业态持续演化。专业越来越细分和杂交，在经营者与所有者分离和精力有限的状态下，每个人都面临着隔行如隔山的窘态，仍然存在普遍的信息不对称。而这孕育着极大的经济风险，正如 2008 年华尔街金融风暴所揭示的深层次原因一样。如果监管层不能纠正这种"摸黑"的状况，任其蔓延下去，"泡沫"一旦破裂，将对经济和社会系统造成雪崩式冲击。

从投资者到融资人，从 P2P 企业到监管层，没有人清楚了解 P2P 行业的全貌，不管是业内，还是行业之外都在"盲人摸象"，所有人都只能从自己的视角感知其有限"纹理"，而凭借碎片化的信息去推断整个行业，又往往谬以千里。[①] 目前中国的两千多家 P2P 企业在信息披露方面参差不齐，某些平台有意隐瞒真实信息，捏造虚假信息；部分主动公开信息的平台也存在覆盖面较窄，淡化投资风险，选择性公开对自己有利信息的现象，在揭示经营信息的真实性、全面性和及时性上存在诸多问题，有些甚至很严重……这使得欺诈犯罪很难被及时发现，同时形成了投资者只比收益、不看风险的情况，为跑路等恶性事件埋下了"伏笔"。

为让广大互联网金融参与方和监管方获得充分的知情权，从而对风险作出预判，保护各方合法权益，有必要对互联网金融行业的信息披露进行规范。当然，因为是新生事物，变化又极其迅速，对明天会产生什么影响一时半会看不太清楚，为避免监管过度，降低甚至扼杀人们探索的积极性，笔者认为有必要在信

---

① 木木灰：《说说几个你不知道的 P2P 行业秘密》，网贷之家，2016 年 7 月 21 日。

息披露上采取多观察、慢半拍的对策,制定监管细则宜粗不宜细。待问题渐次暴露,监管再及时跟上,将风险扑灭在萌芽状态。

维护市场"三公"局面,降低金融动荡对社会的冲击,公开是基础和前提条件。

三、关于 P2P 信息披露的设想

根据《互联网金融信息披露-个体网络借贷(征求意见稿)》和《中国互联网金融协会信息披露自律管理规范(征求意见稿)》,信息披露主要包括从业机构信息、平台运营信息,融资人和项目信息。

尽管上述两个征求意见稿被称为史上最严信息披露,仍然受到不少质疑。主要有,其一,其中都是一些"不疼不痒"的惩罚,没有几条切实保护投资人的问责措施。最重的处罚就是暂停会员权利之类,取消会员资格能挽回投资人损失吗? 其二,取消"刚兑"后,平台有了逾期项目怎么处理? 完全由投资者自己扛? 其三,让一个跑路频频的行业搞自律,是不是很搞笑?

其实,感觉信息披露的标准也许是,在对投资者尽可能详细公开和保护融资人等相关责任方利益之间取得一种动态平衡,需要把握一个度的问题。

经过不断学习、探索,经过多轮试错、完善,在基础制度、执行力度等方面,我国证券市场已经比 20 世纪 90 年代有了长足进步。P2P 在信息披露方面可以借鉴这方面发展的历史经验和教训。

证券投资基金和 P2P 平台都是相对于投融资方的第三方企业,同样是融资和投资工具,前者中的股票型基金是股权投资工具,而后者则主要是债权投资工具。从理论上讲,投资者通过股票型基金在股市上投入的资金,可能赢利十倍百倍,也可能颗粒无收;但投资者在 P2P 上的投资,则不论融资人是亏损还是赢利,都必须按照双方签订的合同,到期后本息全额支付给投资者,否则就是违约。其实这种想法有失偏颇,也一定程度上掩盖了行业风险。

可以从基金业信息披露规范的要义上"照猫画虎",为 P2P 行业提供蓝本。参照我国基金信息披露制度体系,应由银监会、工信部、公安部、各地金融办等有关机构召集业内人士,组成专家小组,起草 P2P 信息披露制度体系。大体应包括:P2P(网络借贷)法、P2P 信息披露管理办法、P2P 信息披露内容和格式准则等。

既然中国的股市和基金因为效仿西方成熟市场受益匪浅,而"宜人贷"作为唯一在美国上市的平台,已经按照当地较严苛的标准公开信息,我们以"宜人贷"作为案例,提取要点,适当结合中国的情况,制定出关于平台运营的信息披露标准。

四、从业机构信息

笔者认为,从业机构除了对组织架构、员工组成、分支机构等基本信息进行披露外,应着重公示治理结构。所谓结构决定功能,投资者不知道治理结构细节,怎么知道一家企业能有激励、有制约,像一台机器严丝合缝地协调运行,从而实现其赢利目标? 公司治理是指股东会、董事会、监事会和高管层等信息。P2P网站一般都有高管层的简介,但对于"三会"的公示却较少。一种可能是没有建立法人治理结构;也可能虽然有相关设置,但不愿意披露,特别是持有公司 5% 以上的股东信息。作为借贷信息中介,P2P 平台涉及众多投资者利益,因此应有完善的公司治理结构并进行详细披露。如果投资者和监管方不了解平台主要股东或实际控制人信息,就无法判断借款项目是否为"自融"。

笔者曾对比了多家 P2P 网站上的"关于我们"的信息披露,大多数有企业总部和分部的详情,但也有少数缺乏详细地址,使人无法通过第三方地理信息系统,如腾讯地图的街景,验证其所在办公地点,获得客观的感性认识。还有一家连高管团队的介绍也没有,让投资人云里雾里。试问,不知高管学历和工作经历,如何判断其专业能力?

按照《网络借贷信息中介机构业务活动管理暂行办法》、《网络借贷资金存管业务指引(征求意见稿)》和《互联网信息服务管理办法》,作为提供资信评估、借贷撮合,信息搜集、交互和发布等服务的 P2P 公司,不仅需要在工商登记注册地的金融监管部门完成备案登记,也需要有 ICP 证(增值电信业务经营许可证)。但对多家企业网站首页的抽查发现,有的是未取得 ICP 证,属于无证经营;有的有 ICP 证,却不知为什么未公开。浙江企业在这方面做得不错,而广东企业则多有欠缺。《互联网信息服务管理办法》中规定,未取得增值电信业务经营许可证,擅自从事经营性互联网信息服务,轻者罚款,重者责令关闭网站。因此,一件看似不起眼的小事情,却埋藏着很大隐患。

"监管部门一直要求,P2P 平台必须由银行负责资金存管……好处是实现用户资金与平台运营资金的全面隔离,避免用户资金被平台随意挪用,杜绝资金池的形成,提高用户的资金安全……因为银行在监控着你的资金的流向。"[①]故而从业机构应严格按照《网络借贷资金存管业务指引(征求意见稿)》,从软件系统、人员等方面落实银行存管,并详实公示。

---

① 沁心:《P2P 网贷新规落地,投资人应树立哪些安全防线?》,网贷之家论坛,2016 年 9 月 6 日。

五、平台运营信息

这方面的信息也很丰富,但新的征求意见稿过于简洁,特别是涉及企业财务信息方面。大多数平台,包括许多运行了 3 年以上的企业,在公开其月报、季报或年报时,有用的信息寥寥。面对如此重要的动态信息,投资者战战兢兢像行走在昏暗的山路,不知道下一步会发生什么。

鉴于中国 P2P 已经(或者说某种程度上)成为信用中介,强制披露企业财务信息,重点是按会计准则编制的资产负债表、利润表、现金流量表三表和相应的附注,这是保护金融消费者的前提。

"财务报告具有较高的专业性,普通民众很难辨别财务报告中披露信息的真实性、准确性。通常做法是委托独立的会计师事务所对金融机构的财务报告进行审计。因此,应要求 P2P 平台的年度财务报告必须经过审计,并披露审计报告。"①

关于逾期率和逾期项目。人们大多喜欢把自己高大上的一面展示出来,却避讳缺点、丑陋的一面。问题是:按监管趋势,减少直到取消"刚兑"是必然的。如此则平台肩负的任务是全面、客观地揭示项目风险,尤其是融资人因各种原因到期无法还贷的,由投资者自行独立判断其不确定性。现实情况是,有的平台对逾期项目只字不提;有的则只在月度运营报告中非常简单地提及逾期率,没有进一步的详情;稍好一些的平台从 2017 年开始设置逾期板块,从 2 月到 9 月也仅有 4 个逾期项目。传统金融机构执行严格风控制度,仍然有一定的呆坏账率;在实体经济疲软的当下,问题趋于严重是正常现象。据此推理,P2P 的逾期实情目前相当程度上被遮掩了。

六、融资人和项目信息

虽然项目名称千奇百怪,实际上多数为传统金融业务,主要业务种类有:信用贷款、房产抵押贷款、车贷业务、股权质押贷款、供应链金融、票据、融资租赁等,在此以最火的车贷业务为例,剖析项目披露的细节。

车贷业务分为抵押和质押两种方式。车辆抵押贷款,意味着押证不押车,风险比较大。平台在自有车库、专人看管的条件下,质押车辆较安全。这里的重点是,不管是抵押还是质押模式,都需要在车管所签署委托买卖协议,以防借款人

---

① 郭峰:《个体网络借贷平台信息披露管理办法(个人建议版)》。

在其他公司重复借贷和人车失联。

车辆抵押项目的信息披露主要包括四方面内容:一是基本信息,包括性别、婚姻等;二主要是收入信息;三是资产信息,比如是否购房购车;四是征信情况,这些信息尽量以图片形式展现。要注意三个问题:(1)车的外部,要有多个角度照片;(2)车辆内部图片;(3)车钥匙的照片。机动车登记证、行驶证、车辆购置税单、保险单、备用钥匙、抵押情况声明、汽车抵押申请表、车辆所在地理位置、车贷评估表、收款收据、车辆转让协议书等资料应齐全。

借款人应披露有无被执法情况和车辆状况,详细内容有:法院执行记录,车身情况,发动机情况,违章事故,车辆首次上牌时间,裸车价格,累计行驶公里;在押车所在车库,质押车辆的视频等。

还有合同方面,包括借款合同、机动车质押合同、授权委托书、质押汽车变卖委托书等,应公开清晰的照片。①

2015 年,在探索 P2P 盈利模式时,因无法在头脑中形成完整清晰的逻辑链条,笔者一直充满惶惑。经过在多家平台的实践,向杭州市政府金融办、深圳某专家等多位资深人士请教,才终于理解借款人、平台存在每年净资产收益率超过20%的盈利模式。换句话说,只有当投资者掌握客观、全面和及时的信息,才可能明白融资方和平台可持续发展的内在逻辑,进而放心地投资。

对于投资者,从业机构、平台运营、融资人和项目三方面信息中的关键是什么?尽管财务信息、逾期情况等量化指标很重要,但毕竟很多因素无法精确统计出来,比如劳动力价值,而人的因素可能是诸多复杂信息中最重要的。一家互联网金融企业必须配备法律、金融、IT 等多方面专业人才,需要企业文化和制度设计把所有员工凝聚为合力,更需要强有力的执行力,这才是其核心竞争力。这是下一步信息披露需要着力细抠的地方。

另外,笔者认为,基于部分投资者对合同法等方面认知欠缺、风险意识淡薄的现状,监管层应制定与信息披露相配套的投资者教育方案,以及探讨建立投资者保护基金事宜,以应对"刚兑"取消后逾期等风险。

---

① 玉叶不败:《怎么看车贷的信息披露》,http://news.p2peye.com/article-482390-1.html,访问 2016 年 7 月 25 日。

互联网借贷平台信息披露制度构建研究[*]

浙江大学光华法学院　祁琦琦[**]

摘　要:要规范我国互联网借贷平台的运营、降低互联网金融风险,就需加强对其监管。而加强对其监管的核心在于信息监管,而严格的信息披露制度是实现信息监管的关键。然而,我国当前并无完备、有效的互联网借贷平台信息披露的统一规范标准。实践中,各个平台的信息披露自主性较大,呈现披露内容自定、披露范围不一的混乱状态,亦加剧了平台风险,加大了问题平台出现的可能性。可见,互联网借贷平台信息披露制度亟待统一构建,在业内形成规范标准以供参照执行。下文将在分析互联网借贷平台信息披露制度构建理论的基础上,借鉴英美良好实践,试图提出制度构建设想。

关键词:互联网借贷平台;信息披露;制度

一、互联网借贷平台信息披露制度构建基础

(一)互联网借贷平台的性质界定

当前我国互联网借贷平台性质界定不明晰,学界说法不一,存在信息中介、信用中介、融资中介等观点,争议较大。而实务操作中,平台亦发展出多种模式,代表性模式有借贷撮合型、债权转让型、债权收益型、代销型等。大部分平台发展不甚规范,存在一定风险。而 2016 年 8 月 17 日中国银监会、工信部、公安部

---

　* 【基金项目】国家哲学社会科学基金重点项目"互联网融资法律制度创新构建研究"(15AFX020),浙江省哲学社会科学规划优势学科重大项目"民间金融市场治理的法律制度构建及完善研究"(14YSXK01ZD)及子课题"民间金融市场主体法律制度构建及完善"、"民间金融市场行为法律制度构建及完善"、"民间金融市场监管法律制度及完善"、"民间金融市场信用体系的法律制度构建及完善"、"民间金融市场风险防范与处置法律制度构建及完善"成果。

　** 祁琦琦,女,浙江大学光华法学院经济法学研究生。

与网信办四部委正式发布了《网络借贷信息中介机构业务活动管理暂行办法》（以下简称《暂行办法》），第 2 条、第 3 条明确了互联网借贷平台信息中介的法律地位，指出互联网借贷平台是专门从事网络借贷信息中介业务活动的金融信息中介，为借款人与出借人（即贷款人）实现直接借贷提供信息搜集、信息公布、资信评估、信息交互、借贷撮合等服务，不得提供增信服务，不得直接或间接归集资金，不得非法集资。

（二）互联网借贷平台信息披露的法理分析

互联网借贷平台信息披露应以反欺诈为核心、以加强投资者保护为原则、以缓解信息不对称为导向。

首先，互联网借贷实为信用交易，反欺诈是其存在的底线。倘若互联网借贷市场中充斥着大量不实信息，将误导投资者，扭曲投资者决策，给投资者造成不必要的损失，最终可能导致市场逆向选择、劣币驱逐良币。而在当下金融消费者维权意识较弱、自律协会又缺乏有效措施的情况下，政府监管机构实施强制监管以遏制欺诈行为的有效措施之一便是要求互联网借贷平台加强信息披露，使金融消费者尽可能获取借贷关系中的风险及收益信息，做出理性选择。

其次，互联网借贷主要定位于弥补小微企业融资缺口、满足民间资本投资需求、促进普惠金融发展，其拓展了交易可能性边界，服务了大量传统金融不曾覆盖的群体。然而，这一群体的金融知识、风险识别和承担能力相对欠缺，属于金融领域的弱势群体，更易遭受误导、欺诈等不公正待遇，且一旦出现互联网借贷风险，尽管涉及金融风险可能不大，但从涉及人数上衡量，对社会的外部性负面作用更大。因此，加强信息披露、保护投资者则显得尤为重要。

最后，与互联网借贷平台相比，投资者对借贷项目的成本、风险、收益等信息的唯一知悉渠道即平台，平台掌握着借贷项目内部信息的主导权，且由于受专业知识的限制，一般的投资者难以发现其中的信息纰漏及风险所在，处于劣势地位。此外，互联网借贷平台对金融消费者有"锁定效应"[①]，欺诈行为一般不能被市场竞争消除（也就是，金融消费者发现欺诈行为后，也不会另选机构）。[②] 因而，有必要通过强制信息披露缓解互联网借贷领域的信息不对称现象。

---

① 在这方面，The Lending Club Story：How the World's Largest Peer to Peer Lender Is Transforming Finance and How You Can Benefit（Peter Renton，2012）提供了佐证。他发现，借款人如果在某个（P2P）平台上留下了过高的债务占收入的比重的记录，也很难从其他平台借款；就放款人而言，熟悉了某个平台之后也会产生依赖性；就借款人和放款人而言，转换平台的成本都是非常高的。

② 参见谢平、邹传伟等：《互联网金融监管的必要性与核心原则》，《国际金融研究》2014 年第 8 期。

（三）互联网借贷平台信息披露的法益平衡

从投资人与融资人之间利益平衡的角度看，因互联网借贷的借款人多为个人或小微企业，若信息披露要求过于严格，可能引发隐私权保护、商业秘密保护和强制信息披露之间的矛盾。在实践中，基于不同的情况可有不同的考虑。若投资者普遍较为成熟、理性，多属合格投资者，为刺激经济，可更多地考虑便利借款人通过互联网借贷平台融资；而如果投资者普遍不成熟，非合格投资者较多，则应给予投资者更充分的保护，以呵护市场的发展。①

从投资人保护与平台发展之间利益平衡的角度看，若因信息披露导致较大的成本支出，则将阻碍互联网借贷平台的发展，不利于行业竞争的充分展开。且强制信息披露带来的运营成本最终将会转嫁给借款人，从而降低互联网借贷平台相较于其他融资渠道的竞争优势。此外，倘若造成信息泛滥，则反倒使实质有效的信息被湮没在各种无关紧要的信息之中而无法发挥警示投资者的作用，且提高了投资者识别有效信息的成本。

由此看来，互联网借贷平台信息披露必须建立在适度和准确的基础上，以平衡各方利益，真正起到促进互联网借贷行业发展的作用。

二、互联网借贷平台信息披露的义务和责任

（一）互联网借贷平台信息披露义务的性质

厘清互联网借贷平台信息披露义务的性质是界定平台责任的前提。若认为平台信息披露为意定义务，则披露的具体内容、方式等由平台经营方与借款人、投资人约定，由平台为投融资双方提供信息服务，帮助他们寻找合适的潜在交易对象，并通过技术手段（如网页的展示、条件搜索和排序等）撮合可能的交易。然而，在信息不对称的互联网借贷领域，投资者相较于平台往往处于弱势地位，由平台自愿进行信息披露并不利于对投资者的保护。且就最新发布的《暂行办法》的规定看，平台信息披露是明文规定的强制性义务，当事人不得协商。借鉴证券领域较为完善的信息披露制度而言，之所以把信息披露设定为强制性规则，而不能由当事人依意思自治自由设定，不仅是因为投资者处于弱势地位，更重要的是平台的信息披露关系到公众对互联网借贷领域的信心，以至于关系到整个互联网借贷市场的正常交易秩序，也关系到监管层对该领域有效监管的实施。因此，

① 参见王腊梅：《论我国 P2P 网络借贷平台信息披露制度的构建》，《南方金融》2015 年第 7 期。

互联网借贷平台信息披露制度已经超越了私法的范畴,将其作为平台的法定义务,即强制性披露义务更为合宜。

(二)互联网借贷平台信息披露责任的性质

若按照契约责任说,则投资者必须证明其与互联网借贷信息中介平台间存在合同关系,且平台违反了合同约定的信息披露义务,致使其错误地依赖虚假信息而造成投资损失。而根据前述,互联网借贷平台信息披露制度应为法定强制性披露义务,不宜由当事人双方意定。由此,二者之间并无就信息披露产生合同关系,也便谈不上违约责任了。

若按照侵权责任说,则能克服契约责任说的缺陷。按照《民法通则》第 106 条第 2 款的规定,在信息披露不实致投资者受损的场合,一切参与信息披露的单位及负有责任的自然人均对受害人负有连带赔偿之责。也就是说,这种责任承担原因在于平台行为的违法性,只要平台违反了相关信息披露的规定,给投资者造成投资损失,侵犯了投资者的合法权益,即应依法承担相应责任。

(三)互联网借贷平台信息披露责任的归责原则

按照侵权法上的归责原则,若将互联网借贷平台信息披露不实致使投资者损失的民事责任设定为无过错责任,而不究其原因,则未免过于严苛,相较于平台信息中介的法律定位而言,其责任性质难免过重,且在一定程度上忽视了借款人的责任承担。

若按过错责任原则归责,则投资者须证明互联网借贷平台主观上存在过错,即故意或过失披露虚假信息误导投资者,且需证明由于信息披露的问题才导致其进行投资从而产生损失。但是实践表明,投资者往往难以证明平台在信息披露中的过错。因此,按照此侵权责任理论,投资者利益的保护也只是空谈。

因此,在确定互联网借贷平台信息披露不实责任承担的归责原则时,采用过错推定的认定标准更有利于保护投资者,且更利于平台的有序发展。即只要平台披露的信息存在虚假陈述、误导性陈述或重大纰漏,则推定平台存在过错。若平台及其发起人、控股股东、董监高等高级管理人员无法证明自身在客观条件下已尽到了合理的审慎注意义务,不存在过错,则应承担相应的法律责任。反之,若平台能证明自身已根据监管要求建立了合格的信息审核及披露体系,且尽到了合理注意义务,则就信息披露失实而给投资者造成的损失,不与借款人承担连带或补充赔偿责任。

此外,就互联网借贷平台信息披露不实的法律责任主体而言,不仅应包括平台本身,还应包括平台的发起人、控股股东以及平台董事、监事、经理等高级管理人员。上述人员基于其特殊身份与地位,会直接或间接地影响平台信息披露的真实性、完整性、准确性和及时性,因此亦需纳入责任承担的范畴。

三、国内外互联网借贷平台信息披露制度现状

(一)我国的制度现状

在我国,信息披露作为一种互联网借贷监管工具,在多个规范性文件及多部法律法规中已有所体现,包括《关于促进互联网金融健康发展的指导意见》(银发〔2015〕221 号)、《网络借贷信息中介机构业务活动管理暂行办法(征求意见稿)》、《推进普惠金融发展规划(2016—2020 年)》(国发〔2015〕74 号)、《互联网金融信息披露规范(初稿)》、《互联网金融风险专项整治工作实施方案》、《浙江省促进互联网金融持续健康发展暂行办法》、《上海个体网络借贷(P2P)平台信息披露指引(试行)》、《江苏省网贷平台产品模式备案管理办法(征求意见稿)》等规范性文件及《温州市民间融资管理条例》等法律法规。可见,对于互联网借贷信息披露的规定主要集中在各个规范性文件中,法律法规层面还鲜有涉及。且上述规定大部分只是笼统、粗略地提及这一制度,多为指导性、原则性、方向性规定,并未作责任主体、披露方式、披露标准、披露内容等方面的具体规定,法律效力不高,可操作性不强。仅 2016 年 3 月 10 日央行条法司、科技司组织中国互联网金融协会部分成员单位展开讨论的《互联网金融信息披露规范(初稿)》做了较为全面、详细、系统的具体规定。

此外,2016 年 8 月 1 日,中国互联网金融协会(以下简称"互金协会")发布了《互联网金融信息披露标准——个体网络借贷(征求意见稿)》和《中国互联网金融协会互联网金融信息披露自律管理规范(征求意见稿)》,广泛向业内征求意见。然而,目前加入互金协会的互联网借贷平台不足 40 家,上述自律文件的覆盖面较窄。且在相关法律法规尚不具备的情况下,其合法性、有效性、对行业发展的前瞻性及未来的适应性,都值得商榷。此外,《暂行办法》仅在第 30 条至第32 条、第 36 条对互联网借贷平台信息披露做了笼统规定,并指出"网络借贷信息披露具体细则另行制定"。

(二)美国的制度现状

美国《证券法》提供了一整套基于信息披露的投资者保护机制。证券交易委员会(SEC)要求互联网借贷平台所有信息完整、透明、无误地披露,其中主要侧重于贷款信息的披露,如要求平台贷款说明书包括贷款的总体条款、投资者投资

贷款的主要风险及平台运作流程等。补充材料要求包括贷款的详细条款（如利率、期限等）、借款人信用报告、借款目的及收入情况等。同时还要求在接受 SEC 监管之后，平台每日至少向 SEC 提交一次报告，保证全面的信息披露，保证当有消费者起诉时，有足够的信息来证明是否存在错误信息误导消费者，使得消费者免于被不实信息误导。①

此外，美国在联邦层面上还有一系列法律可以适用于对网贷平台的监管，这些法律主要关注消费者是否受到公平对待以及隐私权的保护。例如，《公平信用报告法》(Fair Credit Reporting Act)要求必须是基于受许可的用途才能获得消费者的信用报告，要求个人向信用部门提供正确的信息，贷方如要拒绝信贷申请人，必须根据信贷报告中的信息公开披露；《格雷姆-里奇-比利雷法案》(Gram-Leach-Bliley Act)限制金融机构将消费者"非公开个人信息"透露给非关联的第三方，要求金融机构知会客户其信息共享机制，并告知客户如果其不希望他们的信息被无关联的第三方机构获知，他们有权选择退出。②

然而事实上，包括 SEC 官员和美国两大网贷平台的运营者都承认，大多数投资者根本不可能也没有时间去参考这些厚重的文件。这些文件的真正价值并不体现在事前能够协助投资决策，而主要体现在事后维权诉讼时能够作为证据提交法院。不仅投资者对过于严格的信息披露要求不买账，而且这种限制还抑制了金融创新。③

（三）英国的制度现状

作为互联网借贷平台起源地的英国，其相关监管制度较为完善。英国《运营原则》规定公司应在其网站上清楚标示使用平台的资格、成员注册方法、借贷过程等 14 类信息；英国《监管方法》的要求更加细致，平台应向出借人披露的信息包括借款人相关信息，如违约相关信息（过去和未来投资情况的实际违约率和预期违约率）、平台对逾期或者违约贷款处理情况的说明、回报率相关信息、担保情况信息以及其他信息等。此外，从 2014 年 10 月 1 日开始，平台应向金融行为监管局（FCA）提交包括财务状况、客户资金状况、每季度贷款信息和客户投诉情况等在内的详细报告。如 Zopa 公布的数据有投资者和借款人的预期利率水

---

① Paul Slattey, Square Pegs in a Round Hole: SEC Regulation of Online Peer-to-Peer Lending and the CFPB Alternative, 30 Yale Journal on Regulation(2013).

② 陈敏轩、李钧（第一财经新金融研究中心）:《美国 P2P 行业的发展和新监管挑战》,《金融发展评论》2013 年第 3 期。

③ Eugenia Macchiavello, Peer-to-Peer Lending and the "Democratization" of Credit Markets: Another Financial Innovation Puzzling Regulators, 21 Colum. J. Eur. L. 521(2014—2015).

平、风险拨备余额及逾期率等。

四、我国互联网借贷平台信息披露制度构建设想

近年来,大量平台"跑路"、无法提现以及涉嫌诈骗已然显现了互联网借贷市场的风险,金融市场的高风险性决定了金融市场离不开政府的监管和保护。要确保互联网借贷市场的良性发展,就必须构建起有效的监管体系。而在互联网借贷市场中,其核心在于信息监管,严格的信息披露制度则是实现信息监管的关键。就未来的监管制度构想而言,需在现有各规范性文件规定的基础上,提高信息披露的立法层级,制定专门的、具有较强可操作性的法律法规,对信息披露作全面、系统规定,具体则可参考《网络借贷信息中介机构业务活动管理暂行办法(征求意见稿)》《互联网金融信息披露规范(初稿)》《互联网金融信息披露标准——个体网络(征求意见稿)》《中国互联网金融协会互联网金融信息披露自律管理规范(征求意见稿)》及《证券法》第三章第三节"持续信息公开"等现有规定。

具体言之,互联网借贷作为一种金融创新形式,改变了信贷市场的交易工具和交易渠道,使交易主体范围更加广泛,交易的地理范围得到大幅度拓展,是推进普惠金融发展的重要方面。当下,完善我国互联网借贷信息披露制度,必须首先明确政府与市场的关系。党的十八届三中全会通过的《中共中央关于全面深化改革若干重大问题的决定》指出,要"使市场在资源配置中起决定性作用","大幅度减少政府对资源的直接配置,推动资源配置依据市场规则、市场价格、市场竞争实现效益最大化和效率最优化"。众所周知,我国正规金融市场的建立主要依赖于政府的强力推进与宏观调控,建立在此基础上的金融监管制度也更多地体现了政府对金融市场资源配置的干预。而随着我国经济改革的深入,在非正规金融领域,让市场发挥资源配置的决定性作用已逐步成为广泛共识。因此,在互联网借贷信息披露制度的完善中,就需要改变以往形成的政府对披露信息的实质审查模式,确立以投资者判断力为导向、以责任追究为保障的信息披露制度,强调政府的事中和事后执法监管,以解决互联网理财市场的信息不对称问题。

另外,未来互联网借贷信息披露制度的构建,应以强制信息披露与自愿信息披露并举,从而达到充分保护投资者的目的。就强制信息披露而言,参考《网络借贷信息中介机构业务活动管理暂行办法(征求意见稿)》《互联网金融信息披露规范(初稿)》《互联网金融信息披露标准——个体网络(征求意见稿)》及《中国互联网金融协会互联网金融信息披露自律管理规范(征求意见稿)》,应以全面

性、真实性、完整性、准确性、及时性、持续性为原则,以从业机构的董事、监事、高级管理人员为责任主体,要求从业机构对平台运营公司概况、公司治理信息、公司网站信息等进行全面披露;要求互联网理财平台至少每日更新交易金额、交易总笔数、借款人数量、投资人数量、人均累计借款额度、笔均借款额度、人均累计投资额度、笔均投资额度、贷款余额、最大单户借款余额占比、最大 10 户借款余额占比、平均满标时间、累计违约率、平台项目逾期率、近三月项目逾期率、借款逾期金额、代偿金额、借贷逾期率、借贷坏账率、客户投诉情况、已撮合未到期融资项目有关信息等;要求从业机构应当在项目上线后披露项目名称、项目金额、项目期限、起投金额、预期收益率、起息日、还款方式、项目融资状态、投标进度、剩余额度、已投标人数、项目简介、增信措施、项目风险提示、逾期保障措施、相关费用、转让信息(如有)等项目基本信息;要求从业机构披露借款人姓名、证件号码、信用评价依据、借款用途等借款人信息及法人机构全称及简称、注册资本、注册地区、办公地点、成立时间、法定代表人、股东信息、借款用途等借款机构信息。同时参考《证券法》第三章第三节"持续信息公开",要求从业机构持续信息披露,对地方金融监管部门做到一般信息报送、重大风险信息报送、年度审计报告报送。

除了上述要求从业机构承担以法定方式为投资者披露法定信息的义务以外,从保护投资者的角度出发,还应当鼓励从业机构自愿为投资者披露法定信息之外的信息,主要为预测性信息,并为其提供责任豁免机制。从业机构作为连接投资者和借款人的信息中介,具有天然的信息优势。它们基于自己所占有的信息,能够对借款项目作出预测,这类预测信息的披露对投资者的决策无疑有一定的帮助。但是,为避免从业机构欺诈投资者行为的发生,要求其自愿披露的信息也必须满足相应的法律标准,即从业机构须是基于善意进行自愿披露并且具有合理基础。

然而,需要注意的是,虽然互联网理财与证券发行交易具有类似性,都属直接融资的概念范畴,互联网理财可以理解为微型的互联网证券市场,都是沟通资金供需双方的信息桥梁。但在保证上述法定基本信息披露、保护投资人合法权益的前提下,对互联网信息披露的要求标准应大幅度低于证券市场,否则高成本将使得互联网理财失去存在的价值。① 毕竟对互联网理财而言,其服务的融资主体主要为个人和小微企业,单笔融资金额相对较小,即便通过完善的信息披露可能吸引足够多的投资者,但如果为之付出的成本可能远超过其可负担的水平,那么互联网理财的便利性便不再能得到很好的彰显。②

---

① 参见李有星、陈飞、金幼芳:《互联网金融监管的探析》,《浙江大学学报(人文社会科学版)》2014年第 7 期。

② 参见赵渊、罗培新:《论互联网金融监管》,《法学评论(双月刊)》2014 年第 6 期。

P2P 网贷的刑事规制现状及前景探析

——以非法吸收公众存款罪为视角

乐清市人民检察院　　侯璐韵[*]

摘　要：作为互联网金融的一大创新，P2P 网贷在发展过程中却备受争议。刑法学界更是质疑 P2P 网贷的运作模式可能涉嫌非法吸收公众存款罪，实务中亦有诸多 P2P 网贷公司主管人员因涉嫌非法吸收公众存款罪被刑事追责。P2P 网贷衍生的非法集资犯罪确需刑事规制，但滞后的刑事法规、过低的入罪门槛极易造成刑法的过度介入。作为司法机关，我们应当秉持刑法谦抑性原则，及时转变落后的司法观念，合理划分 P2P 网贷刑事规制的界限，从而保障 P2P 网贷的生存空间。

关键词：P2P 网贷；非法吸收公众存款罪；刑事规制

2011 年 2 月以来，浙江省衢州市中宝投资有限公司（以下简称中宝投资）法定代表人周辉利用中宝投资公司及其网站，以开展 P2P 网贷为名，以高息为诱饵，对外发布虚假借款标的，向全国各地公众吸收资金。2014 年 4 月 14 日，衢州市人民检察院以非法吸收公众存款罪对其批准逮捕。[①] 中宝投资是第一家被立案侦查的"老牌"P2P 网贷公司，也是诸多 P2P 网络犯罪的一个缩影。P2P 网贷作为互联网金融的新生事物，却每每游走在刑事犯罪的边缘，诸多刑事立案不仅让 P2P 平台经营者惶惶不可终日，也让其他金融参与者对 P2P 网贷望而却步。这不得不引起我们对 P2P 网贷的深思：以现行刑事法规规制新生的 P2P 网贷是否合理？应如何划分 P2P 网贷刑事规制的合理范畴？本文拟从 P2P 网贷平台可能涉嫌非法吸收公众存款罪这一角度，探讨以现行刑事法规对 P2P 网贷进行规制可能存在的问题，以期进一步划分 P2P 网贷刑事规制的合理范畴，从而为司法机关的刑事追究指明方向。

---

[*]　侯璐韵，女，乐清市人民检察院，助理检察员。

[①]　肖岳：《中宝投资公司创始人周辉被捕》，《法人》2014 年第 5 期。

一、P2P 网贷的基本概况

P2P 是 peer to peer/person to person 的简称,意指个人与个人之间的网络借贷,最早来源于 2006 年诺贝尔和平奖得主尤努斯教授(孟加拉国)20 世纪 70 年代首创的依靠信用的小额无抵押借贷。而我国最早的 P2P 网贷平台是 2005 年成立于上海的拍拍贷。之后一直到 2013 年,因互联网金融概念爆发及 CCTV 等权威媒体播报,P2P 网贷开始呈井喷式发展。据统计,2013 年以前,P2P 网贷平台数量不足 200 家,成交总额约 200 亿元,网贷投资人规模约 5 万人;2013 年以后,以平均每天成立一家平台的速度增长,截至 2014 年 6 月,平台数量达到 1263 家,半年成交金额接近 1000 亿元,接近 2013 年全年成交金额。有效投资人超过 29 万人,比 2013 年以前增长了约 3 倍。

P2P 网贷平台在我国金融市场上大量涌现并非毫无缘由,就借款人而言,P2P 网贷具有便捷易贷的特点,出借人及借款人只需提供相应的证明材料完成平台注册,经平台审核后即可参与贷款及投资;而就出借人而言,P2P 网贷具有灵活高利的特点,出借人可以自由选择出借金额及出借方式,在遇到紧急状况时可以快速收回成本,且收益率普遍较高。显然,P2P 网贷不仅满足了中小企业及个人对资金的需求,也在一定程度上弥补了传统金融的不足,为我国金融市场注入了新的活力。但由于缺乏相应的规制及引导,P2P 网贷在本土化过程中暴露出了诸多问题,P2P 网贷平台资金链断裂、运营者跑路的消息时时见诸报端,截至 2015 年第四季度 P2P 行业问题平台达 289 家,被刑事立案的平台更不在少数。由此,我们应当认识到 P2P 网贷的理性发展亟待必要的行政监管及适当的刑事规制。

二、P2P 网贷的刑事规制现状及问题

自 1997 年以来,刑法及相关司法解释就对"非法吸收公众存款罪"多有规定;而自 2013 年以来,相关监管部门亦针对 P2P 网贷提出多项规范意见,笔者现将有关规定及规范梳理列表于下。

表1 法规政策梳理

来　源	大致内容	发布时间
刑法法条		
《刑法》第 176 条	罪名规定	1997
司法解释		
《最高人民检察院、公安部关于公安机关管辖的刑事案件立案追诉标准的规定（二）》（以下简称《规定（二）》）第 28 条	非法吸收公众存款的立案标准： 1. 自然人犯罪数额在 20 万元以上的、吸存对象 30 户以上或造成直接经济损失 10 万元以上； 2. 单位犯罪数额在 100 万元以上的、吸存对象 150 户以上或造成直接经济损失 50 万元以上。	2010-05
《最高人民法院关于审理非法集资刑事案件具体应用法律若干问题的解释》（以下简称《解释》）第 1 条及第 3 条	规定非法吸收公众存款罪应具备非法性、公开性、利诱性、社会性。 追诉标准： 1. 自然人犯罪数额在 20 万元以上的、吸存对象 30 人以上或造成直接经济损失 10 万元以上； 2. 单位犯罪数额在 100 万元以上的、吸存对象 150 人以上或造成直接经济损失 50 万元以上。	2011-01
《关于办理非法集资刑事案件适用法律若干问题的意见》（以下简称《意见》）第 2 条	"向社会公开宣传"，包括以各种途径向社会公众传播吸收资金的信息。	2014-03
行政规范		
央行在银监会牵头的"9 部委处置非法集资部际联席会议"上发表的声明	三类行为属于以开展 P2P 网络借贷业务为名实施非法集资行为： 第一，理财——资金池模式。 第二，不合格借款人导致的非法集资风险。 第三，庞氏骗局。	2013-11
央行等十部委联合发布的《关于促进互联网金融健康发展的指导意见》	规定了 P2P 网贷的基本业务规则及监管部门。	2015-07
公安部发布的"6 类新型非法集资行为"之一	假借 P2P 网络借贷名义非法集资，即套用互联网金融创新概念，设立所谓 P2P 网络借贷平台，以高利为诱饵，采取虚构借款人及资金用途，发布虚假招标信息等手段吸收公众资金，然后突然关闭网站或携款潜逃。	2014-04

结合上表所做梳理,笔者认为以现行刑事法规对 P2P 网贷进行规制,存在规定滞后及规制过严这两个问题:

(一)刑事立法滞后于互联网金融的发展

我国现行刑法有关非法集资的规定是在非互联网时代制定的,其有关非法吸收公众存款罪的规定,并没有考虑到互联网时代 P2P 网贷所可能为融资模式带来的制度示范效应。① 发布于 2014 年的最新司法解释——《意见》,虽然将"通过互联网进行公开宣传"纳入"向社会公开宣传"之中,但其仅仅是对网络犯罪做出的笼统性规定,适用于具体的互联网金融犯罪既无针对性亦无实用性。而行政部门针对 P2P 网贷所出台的意见及声明,虽然具有针对性,对司法机关办理有关刑事案件具有一定借鉴意义。但是行政规制与刑事规制本身存在着不可逾越的鸿沟,主要体现在两者对社会危害性的要求上,单纯地复制及套用极有可能造成行政及刑事规制的混乱。 总体而言,P2P 网贷作为互联网与金融业相结合的新生事物,与传统制度法规必然产生一定冲突,而法律的滞后性直接导致现阶段并无相应的刑事法律法规专门对其进行规制。

(二)现行法规对 P2P 网贷的规制过严

P2P 网贷刑事规制的滞后导致了规制的不合理。 从刑法法规到之后陆续发布的司法解释来看,有关非法吸收公众存款罪的入罪标准总体趋于降低,严苛的刑事规制极大地增加了 P2P 网贷涉罪的可能性。

一方面,P2P 网贷与非法吸收公众存款罪的构成要件高度契合。《解释》具体规定了非法吸收公众存款罪的四大构成要件:未经有关部门依法批准或者借用合法经营的形式吸收资金(非法性);通过媒体、推介会、传单、手机短信等途径向社会公开宣传(公开性);承诺在一定期限内以货币、实物、股权等方式还本付息或者给付回报(利诱性);向社会公众即社会不特定对象吸收资金(社会性)。而对比 P2P 网贷,平台一般仅经过工商登记,虽然目前确定由银保监会监管,但银保监会相关监管规定尚未出台,相关 P2P 平台成立时并未经银保监会批准,具备非法性;平台通过互联网进行平台推广及项目宣传,具备公开性;大部分 P2P 平台在上线之初通过承诺高息回报来吸引全国的投资者注资,具备利诱性;参与其中的投资者及筹资者只要经网站注册就能成为平台会员,平台聚集了广大不特定公众的闲散资金,具备社会性。 由此可见,常规的 P2P 网贷显然已经满足了《解释》对于非法吸收公众存款罪构成要件的规定。

---

① 姜涛:《互联网金融所涉犯罪的刑事政策分析》,《华东政法大学学报》2014 年第 5 期。

另一方面,以现有刑事追诉标准规制 P2P 网贷,门槛显然过低。

从《规定(二)》到《解释》,非法吸收公众存款罪的立案追诉标准降低为自然人犯罪人数 30 人以上、金额 20 万元以上,单位犯罪人数 150 人以上、金额 100 万元以上。反观 P2P 网贷,自 2014 年之后 P2P 网贷平台及投资人数量呈爆发式增长。以 2014 年 6 月份为例,我国 P2P 平台数量达到 1263 家,半年成交金额接近 1000 亿元,有效投资人数超过 29 万人。平均计算下来,单个平台的半年成交金额接近 7900 万元,投资人数接近 229 人。两相对比,我们不得不对《解释》所列的立案标准产生怀疑:互联网的开放性决定了任意一家 P2P 平台的交易金额及投资人数都能轻易地高于刑事立案标准。换言之,囿于 P2P 网贷与非法吸收公众存款罪的高度契合,以现有的刑事追诉标准来规制 P2P 网贷,势必会造成 P2P 网贷刑事违法的必然性。

三、P2P 网贷的刑事规制前景探析

最新发布的《关于促进互联网金融健康发展的指导意见》中规定:个体网络借贷要坚持平台功能,为投资方和融资方提供信息交互、撮合、资信评估等中介服务。该项意见将 P2P 网贷信息中介模式认定为正规经营模式,那么 P2P 网贷的其他经营模式,是否应一律纳入刑事规制范畴呢?答案自然是否定的。笔者认为,我国对金融业务的监管主要遵循"行政法规—刑法"的阶梯式监管体系,[①]刑法的规制仅仅是补充性的。作为司法机关,我们只有与时俱进地转变司法理念,在等待政策导向及刑事立法调整的同时,适当地缩限非法吸收公众存款罪的适用范围,才能在打击犯罪的同时规范 P2P 网贷的有序发展。

(一)转变司法理念

近年来,非法吸收公众存款罪已因严重遏制了民间金融的发展而备受诟病,现又因遏制了互联网金融的发展被推到风口浪尖,诸多质疑皆因我国一直奉行的金融垄断主义已经难以满足市场经济的发展。金融垄断主义强调银行等金融机构才具有吸收存款与发放贷款的权利,1997 年刑法恰恰是在这种政策导向之下规定了非法吸收公众存款罪。而随着市场的发展和改革的深入,中国金融市场上"民间资金多,投资渠道少;中小企业多,银行贷款少"的现象越发严重,实行金融交易本位主义,推行利率市场化已成为大势所趋。P2P 网贷正是对现有金融难以普遍服务中小融资需求的有益尝试,本土化的过程中固然存在诸多不足

---

① 刘宪权、金华捷:《论互联网金融的行政监管与刑法规制》,《华东政法大学学报》2014 年第 6 期。

及违法犯罪风险,但以刑法中非法吸收公众存款罪的无差别适用来压制 P2P 网贷的发展,却有因噎废食之嫌。对此我们应当在刑法框架下将司法理念及政策导向由金融管理本位向金融交易本位过渡,遵循"行政法规—刑法"的阶梯式监管体系,充分听取金融监管机构的意见,为金融创新活动提供必要的成长空间。

(二)缩限非法吸收公众存款罪的适用范围

一方面,适当提高非法吸收公众存款罪的入罪门槛,尽量减少刑法打击的扩大化。经济的飞速发展及一定程度的通货膨胀,在互联网金融领域直接表现为 P2P 网贷的投资人数及成交金额逐年上涨。上文分析已经提及,2014 年 P2P 网贷的成交金额及投资人数已远高于目前非法吸收公众存款罪的追诉标准,适当提高非法吸收公众存款罪的入罪门槛已势在必行。通过横向对比同在破坏金融管理秩序罪之下的骗取贷款、票据承兑、金融票证以及违法发放贷款等犯罪的规定,我们会发现这几种犯罪的构罪金额是非法吸收公众存款罪的 5 倍。同时纵向比较单位犯罪与自然人犯罪,我们也会发现单位犯罪的起刑点一般是自然人犯罪的 5 倍。由此,笔者倾向于认同刘宪权教授的观点——将互联网金融中非法吸收公众存款罪的追诉标准提高 5 倍①。这不仅能给予 P2P 网贷一定的自由空间,也为 P2P 网贷的集资规模设定了上限,避免大额融资所带来的金融风险。

另一方面,限缩解释非法吸收公众存款罪,尽量消弭 P2P 网贷与非法吸收公众存款罪在构成要件上的高度契合。《解释》对非法吸收公众存款罪构成要件的规定固然需要有所变更,但立法的修改是一个严格且漫长的过程。有学者提出,实践中我们应以明确列举的方式将部分 P2P 网贷行为纳入刑事规制范围。对此笔者并不赞同,互联网金融的发展瞬息万变,P2P 网贷的运营模式也逐日创新,若目前简单地将个别行为界定为犯罪,该界定在短时间内或许有效,却无法应对未来 P2P 网贷的发展。故笔者倾向于以社会危害性来划分行政/刑事干预的界限,并将欺诈和高风险作为判断非法吸收公众存款罪危害性的标准②。

P2P 网贷平台的"欺诈"主要表现在两方面。一是 P2P 平台本身实施虚设借款人、虚设利率、虚构借款标的等欺诈行为。平台的欺诈行为误导了投资人,造成双方信息的不对称,已然违背了民法上的意思自治原则。而高利回报、优质项目吸纳过来的大量资金,在虚增交易量和虚降坏账风险的同时,也使平台本身成为实际的债务人。之后只要平台的一个经营环节出现问题或是在一段期限内坏账率居高不下,则必然引起连锁反应,造成大规模的债务危机,进而造成金融

---

① 刘宪权:《论互联网金融刑法规制的两面性》,《法学家》2014 年第 5 期。
② 姜涛:《互联网金融所涉犯罪的刑事政策分析》,《华东政法大学学报》2014 年第 5 期。

秩序的紊乱。二是 P2P 网贷平台放任甚至默许违法犯罪分子通过平台进行欺诈。P2P 网贷平台负有审查筹资人身份真实性的义务，审查内容包括实地考察、信用审核、抵押物定价等方面。若 P2P 平台未尽审查义务，导致违法犯罪分子通过平台以多个虚假借款人的名义发布大量虚假借款标的骗取投资人资金，那么 P2P 平台主观上具有放任犯罪的故意，客观上为犯罪分子的违法行为提供了帮助，可以认定为帮助犯。若 P2P 平台是在明知的情况下，则更应当认定为犯罪。

P2P 网贷平台的"高风险"主要体现在资金用途上。若 P2P 网贷平台发布的融资项目是真实的，平台按约定将资金汇给筹资人，那么即使筹资人出现资金链断裂、无力还债的情况，投资人可以根据延续的债权债务关系追索损失，不会造成大批投资人的利益受损。但如果平台擅自将该部分资金挪作他用，笔者认为，不论该笔资金是用于正常的生产经营还是用于资本经营活动，都是对投资人的违约，更是让平台成为流动资金的中转站以及集资的债务人，后果等同于上文所述的"欺诈"，在极大提高投资人投资风险的同时，也会直接影响国家的金融秩序。

笔者认为，合理划分 P2P 网贷的刑事规制界限，不仅能够推动 P2P 网贷回归理性发展，也将会是我国互联网金融方面刑事法律的进一步完善。但刑事规制仅仅是诸多法律规制的一部分，我们在着重研究 P2P 网贷刑事规制问题的同时，也不能忽略行政监管制度的探索，相关行政部门应当尽快出台监管规定，完善征信体系，发挥行业自律与政府监管的双重作用，引导 P2P 网贷合理有序发展，切实保障出借人的合法权益。而在我们司法实务中，由于各地检察机关缺乏办理 P2P 类犯罪的经验，在查办相关 P2P 案件时容易出现金融专业知识不足、法律适用研究不够、追赃成效有限等问题。笔者认为，在互联网金融蓬勃发展的今天，检察机关还应当积极挖掘和培养有金融、经济知识的检察干警，打造一支既具有法律知识，又具备经济学、金融学知识的专业化队伍。通过实行案件专人专办模式，及时总结办案经验及金融监管方面的缺陷，在保障办案效率及办案质量的同时，以检察建议的方式帮助有关部门和机构查堵漏洞、防范风险。

P2P 金融刑事规制若干实务问题研究

杭州市人民检察院　　鲍　键　　沈佩颖[*]

摘　要：当前，以 P2P 金融模式从事非法集资犯罪活动的案件频发。本文从 P2P 金融刑事规制的若干实务问题出发，探讨如何依法有效打击互联网金融领域的犯罪活动。文章第一部分认为应当通过 P2P 平台与投资方、借款方的法律关系分析，来判断和认定此类非法集资犯罪的非法性特征；主张在认定行为人非法性认识问题时，对直接责任人员、主管人员等可采用推定的方式，但对普通业务人员、财物人员，除审查其对具体业务模式的了解程度及其客观行为外，还应当考量其参与非法集资活动的时间、获利情况、是否曾因类似行为接受处罚、是否曾主动了解公司有无相应资质等因素，全面评价、判断其对违法性的认识程度。文章第二部分主要分析了 P2P 金融涉嫌非法集资犯罪的犯罪主体认定问题。文章第三部分主要分析了"以非法占有为目的"的取证方向和审查认定角度。

关键词：P2P 金融；非法集资；非法性；犯罪主体

2016 年 8 月 24 日，银监会、工业和信息化部、公安部、国家互联网信息办公室四部委联合发布了《网络借贷信息中介机构业务活动管理暂行办法》。这部号称"史上最严"监管新规的落地，有望结束当前 P2P 金融市场出现的无准入门槛、无行业标准、无监管机构的危险局面[①]，使 P2P 金融回归服务中小微企业的普惠金融本质，更好地发挥"长尾效应"。在行政监管配套完善的同时，也应注意到，随着一些互联网金融企业涉嫌非法集资案件的发生，司法机关也在加大对 P2P 金融涉嫌非法集资案件的打击力度。如何规范 P2P 行业健康发展、服务互联网金融大局，是当前司法、行政机关面临的重大课题。本文就 P2P 金融涉嫌非法集资案件审查中涉及的非法性认定问题、犯罪主体问题及非法集资罪名适

---

[*]　鲍键，男，杭州市人民检察院公诉二处副处长（主持工作）；沈佩颖，女，杭州市人民检察院助理检察员。
[①]　姚文平：《互联网金融》，中信出版社 2013 年版，第 44 页。

用问题等实务问题作出分析,以期依法准确打击 P2P 互联网金融领域的犯罪活动。

一、非法集资犯罪非法性认定问题

以 P2P 形式实施非法集资,涉及的主要罪名是非法吸收公众存款罪和集资诈骗罪。非法吸收公众存款罪、集资诈骗罪均具有非法性的特征。P2P 金融涉嫌非法集资犯罪案件的审查过程中,非法性的判断和证明是无法回避的重点,也是此类案件的难点。其中主要涉及两个层次的问题:第一层次是 P2P 金融行为本身是否具有非法性,第二层次是行为人对于 P2P 金融的非法性的认识问题,也即行为人的主观故意问题。

(一)P2P 金融行为非法性的判断

P2P 金融"中国化"以后,运作模式日趋多样,导致对非法性的判断增加了迷惑性成分。笔者认为,认定 P2P 金融行为本身是否具有非法性,根本在于厘清 P2P 金融运作之下所涉的具体法律关系,对其作出实质性判断。P2P 金融运营过程中,借款方、出资方及平台方之间根据不同的法律行为形成不同的法律关系,对应不同的法律规范予以调节。P2P 金融下可能发生的法律关系,主要有两大类:传统 P2P 模式下的法律关系及异化型 P2P 模式下的法律关系。

1. 传统 P2P 模式下的法律关系

传统 P2P 融资的实质是民间借贷行为的网络化,其基础法律关系为借款方和出借方的借贷合同关系。根据《民法通则》相关规定,具有完全民事行为能力的个人出于其真实意思表示缔结借款合同,且借款合同未违反禁止性规定的情况下,该借贷关系即受合法保护。[①] 此外,P2P 金融中的借贷双方主体也可能是不具有金融许可资质的企业,对于其缔结的借款合同的有效性问题不能统一认定无效,应根据具体情况具体认定。实际上,最高人民法院发布的《关于审理民间借贷案件适用法律若干问题的规定》(2015 年 9 月 1 日起实施,以下简称《民间借贷司法解释》)已经认可法人或其他组织可以成为民间借贷的主体从事资金融通活动,但其主体资格是有限制的,即必须是为生产、经营需要订立民间借贷

---

① 《民法通则》第 55 条:"民事法律行为应当具备下列条件:(一)行为人具有相应的民事行为能力;(二)意思表示真实;(三)不违反法律或者社会公共利益"。第 90 条:"合法的借贷关系受法律保护"。

合同,且不存在《合同法》第 52 条、本规定第 14 条规定的情形。①

传统 P2P 模式,其平台是信息中介地位。在信用审查的基础上为借款方发布借款需求,在身份审核的基础上协助出借方完成投资意向。平台方作为信息中介,分别与借款人和投资人建立金融服务合同关系,从而发挥在网络金融中的作用。这种金融服务合同关系是居间合同关系,系 P2P 金融中的附随法律关系。按照该种模式,P2P 平台充当的是居间人角色,与借贷双方形成的是居间合同关系。居间指的是居间人向委托人报告订立合同的机会或者提供订立合同的媒介服务,并向委托人收取报酬的行为。尽管对何种主体可担当居间人存在不同观点②,但基于"法无明文禁止即许可"的精神,P2P 平台的居间身份并无实质的法律障碍。因此,P2P 平台可以适用《合同法》有关居间人的相关规定。

2.异化 P2P 模式下的法律关系

异化型的 P2P 融资已经突破了传统 P2P 融资所具备的纯居间特征,其自身也参与到借贷关系业务中,使法律关系发生了实质性的转变,产生以下几种法律关系:

其一,担保关系。就成熟的金融市场而言,P2P 金融控制风险的主要手段是依靠社会征信体系及分散投资,对担保业的依赖程度有限。然而,我国的社会征信系统并不成熟,非常依赖担保业的支持,国内的 P2P 平台几乎不约而同地选择担保机制,一来转移违约风险,二来吸引客户投资。对于担保机制,一般而言有平台自身提供担保和第三方公司提供担保两种模式。对于第三方公司为资金提供担保的情形③,本文暂不予以讨论,主要关注平台自身提供担保的情形。根据《民间借贷司法解释》第 13 条的规定,"在借贷关系中,仅起联系、介绍作用的人,不承担担保责任。对债务的履行确有保证意思表示的,应认定为保证人,承担保证责任"。在 P2P 平台自身提供担保的情况下,平台显然已经违背了中介

---

① 《关于审理民间借贷案件适用法律若干问题的规定》第 11 条:"法人之间、其他组织之间以及它们相互之间为生产、经营需要订立的民间借贷合同,除存在合同法第 52 条、本规定第 14 条规定的情形外,当事人主张民间借贷合同有效的,人民法院应予支持"。第 14 条:"具有下列情形之一,人民法院应当认定民间借贷合同无效:(一)套取金融机构信贷资金又高利转贷给借款人,且借款人事先知道或者应当知道的;(二)以向其他企业借贷或者向本单位职工集资取得的资金又转贷给借款人牟利,且借款人事先知道或者应当知道的;(三)出借人事先知道或者应当知道借款人借款用于违法犯罪活动仍然提供借款的;(四)违背社会公序良俗的;(五)其他违反法律、行政法规效力性强制规定的"。《合同法》第 52 条:"有下列情形之一的,合同无效:(一)一方以欺诈、胁迫的手段订立合同,损害国家利益;(二)恶意串通,损害国家、集体或者第三人利益;(三)以合法形式掩盖非法目的;(四)损害社会公共利益;(五)违反法律、行政法规的强制性规定"。

② 陈甦:《委托合同 行纪合同 居间合同》,法律出版社 1999 年版,第 179 页。

③ 当前 P2P 市场中,若选择第三方担保,一般由担保公司或小额贷款公司作为平台外的第三方公司对债权债务提供担保,比如陆金所等。

性质,而是在借款人和投资人的借贷合同关系中,承担担保人的角色,形成担保关系。因此,在此模式下,P2P平台已异化为担保人的角色。

其二,借贷合同关系。在自融型 P2P 融资模式下,平台方虽冠以各种形式的融资名目,如公布具体投资项目、拟制投资标的等,但最终归集资金的实际使用人是平台方。因此,在自融型 P2P 融资模式下,P2P 平台方系实际借款方,其与投资者形成借贷合同关系。因该模式下,借贷合同形成过程中,平台方具有虚构资金用途等欺诈行为,该借贷合同的效力存在瑕疵。

其三,债权转让关系。在传统中介型 P2P 金融模式之下,由于普通个体自行通过平台实现资金融通,因此借款人与贷款人之间形成的借贷合同关系构成了 P2P 金融的基础法律关系。而在债权转让模式下,平台方与借款人先行成立的借贷合同关系是先行的基础法律关系,而后,平台方与投资者签订债权转让合同,形成新的债权转让关系。根据《合同法》规定,除了根据合同性质不允许、约定排除和法定禁止三种情况外,债权人可以将合同权利转让给第三人。因此,单纯从民事法律关系的角度而言,该种债权转让应当是合法有效的。但结合 P2P 平台的纯信息中介性质,该债权转让模式,实际仍背离传统 P2P 的本质。

其四,买卖合同关系。部分 P2P 平台以 P2P 融资为名,将自身拥有的合法债权进行分割,打包成理财产品销售给投资者或者直接以销售理财产品的模式筹集资金,再行出借给他人。该种模式之下,被转让的债权的实现与否与投资者并无密切关联,投资者系与 P2P 平台签订购买理财产品的协议,该民事法律关系的主体系投资者与平台方,双方形成买卖合同关系。而原债权中的借款方在该法律关系中的作用相当于平台方的担保方,用以证实平台方的履约能力。这种异化的 P2P 金融模式,对传统 P2P 金融的法律关系基础已作了重大改变。

根据《网络借贷信息中介机构业务活动管理暂行办法》的规定,P2P 金融平台系信息中介机构,其与投资者、借款人之间系居间合同关系。而异化型 P2P 金融所表现的法律关系是担保合同关系、借贷合同关系、债权转让合同关系、买卖合同关系等,上述法律关系均已违背 P2P 金融的市场定位,应当认定具有违法性。在《网络借贷信息中介机构业务活动管理暂行办法》颁布实施前,立法的滞后性曾一度导致市场对于 P2P 金融平台的定位、作用认识混乱的现象,执法人员主要依据十部委《关于促进互联网金融健康发展的指导意见》等对 P2P 金融平台的非法性作出判断。应当说,《网络借贷信息中介机构业务活动管理暂行办法》的正式实施,极大程度地解决了关于 P2P 金融非法性判断的问题。

(二)行为人违法性认识的判断

P2P 金融涉嫌非法集资犯罪,往往具有集团化的特点。P2P 平台运作参与人员主要包括主管人员、直接责任人员及业务人员、财物人员等。上述人员在 P2P 平台运行过程中各司其职、各有分工,其获利情况及对整个犯罪活动的主观明知程度各有不同。客观分析各参与人在共同犯罪中的地位、作用及主观明知程度、违法性认识等事实问题,是此类案件审查过程中判断出罪或入罪、此罪与彼罪的基础和前提。

1. 当前司法实践的认定标准

对于 P2P 平台参与人员违法性认识的认定问题,是当前司法实践中控辩双方的主要争议焦点。根据笔者总结,司法实践主要从三个层面予以认定:第一层面,行为人明知 P2P 平台公司无吸储的资质,可以直接认定其参与非法集资的主观故意;第二层面,行为人的职务行为让其主观上必然明知平台公司的运营模式,如业务人员以打电话的方式推销产品、吸引客户投资;第三层面,行为人的职务行为虽不能必然明知公司的运营模式,但其有途径了解公司的运营模式,如财务人员虽不直接参与客户吸存,在客户签订投资合同后,其负责审核合同能够了解到公司从事非法集资活动。后两个层面主要采用的是推定的方式,认定行为人的主观认识问题,其认定标准已经降低到,只要行为人知道平台公司从事吸收资金的行为而其客观上提供了帮助,无论行为人是否知晓公司有无吸存资质均可认定。

按照该种观点,对于非法吸收公众存款罪、集资诈骗罪中主观故意的认定,只要行为客观上符合非法集资犯罪的非法性特征即可,无须证明行为人是否具有非法性认识。

2. 笔者观点

笔者认为,上述认定方式稍显粗放,可能导致非法集资犯罪打击面过广的后果。认定犯罪必须遵循罪刑法定原则,严格把握犯罪构成要件。犯罪故意是认定犯罪不可或缺的要素之一,在违法性认识的认定上不能采取过于宽泛的解释。对于非法集资犯罪而言,行为人构成非法吸收公众存款罪或集资诈骗罪,需有非法吸收公众存款或诈骗的主观故意,对其所从事行为的非法性、公开性、利诱性和社会性要有明确的认知。

客观而言,此类案件中行为人在共同犯罪中的地位、分工不同导致其非法性的认识程度是有差异的。因此,案件审查过程中,应结合行为人的职能分工、客观行为、参与培训情况等证据,查清其所认识或者应当认识到的投资运行模式的具体内容,然后基于该投资运行模式判断其非法性认识程度。判断过程中,对于主管人员或直接责任人员可以采用推定的方式认定其非法性认识,而对于一般业务人员、财务人员等则应谨慎采用推定方式。

对于 P2P 平台的主管人员、直接责任人员而言,其往往是 P2P 金融活动的发起者或积极参与者，对行业的准入情况、法律规制对象及公司是否具有相关从业资质等应当具有相应的认识条件，或者说有责任、义务对此产生认知。基于此类人员在非法集资中的主导地位，只要证实行为人的客观行为及对非法集资运作模式的明知程度符合非法性特征，就可以认定其具有非法性认识。此类行为人提出的不知道相关法律规定、不知晓公司是否具有从业资质证书等的辩解不足以推翻对其非法性认识的认定。当然，如果客观证据能够证实，行为人基于被蒙骗等原因，主观上确实认为 P2P 平台公司具有相应吸储资质而从事非法集资活动的，应当区别认定。

一般而言，P2P 平台的一般业务人员或者财务人员在共同犯罪中的地位较低，对于非法集资的运作模式、钱款去向、是否形成资金池等不一定主观明知，因此，在证据审查过程中，应当尤为重视该部分事实情节的认定。在传统中介式的 P2P 金融平台运营过程中，融资方和投资方通过网站平台自行选择、匹配，一般无第三方的介入。但在自融型 P2P 金融运营过程中，平台方宣传的投资项目或理财产品仅仅是平台实际控制人的一个融资名目，往往需要投入大量的人力资源在线上或者线下进行宣传。尤其是线下投资理财产品的融资过程，一般都是通过业务人员以传单、宣讲、熟人介绍等方式吸引投资人投资。这些业务人员对吸引的客户的投资金额按照一定的比例进行提成，且业务员之上有业务组长、业务主管、业务总监（经理）等不同行政级别的业务管理人员，亦分别享有提成。高额的业务提成已经成为此类非法集资犯罪的重要资金去向，案发后往往难以全额追回。并且，投资人在投资受损的过程中，其接触最多的是此类业务人员、财务人员。因此，该类非法集资案件案发后，投资人员要求司法机关惩治上述人员的诉求比较高。实践中，司法机关被投资人员的诉求"裹胁"的情况亦有发生。

笔者认为，对于此类业务人员、财务人员等，除重点审查其对具体业务模式的了解程度及投资人对其客观行为所作证言外，还应当考量其参与非法集资活动的时间、获利情况、是否曾因类似行为接受处罚、是否曾主动了解公司有无相应资质等因素，全面评价、判断其对违法性的认识程度。

二、犯罪主体问题

根据最高人民法院《关于审理单位犯罪案件应用具体法律有关问题的解释》，认定 P2P 金融平台是否构成单位犯罪，应当从以下方面进行审查：一是平台公司的成立目的是否合法；二是平台公司是否以非法集资为主要业务活动；三是非法集资所得是否归平台公司所有。①

(一)构成单位犯罪的情形

就 P2P 融资而言,认定构成非法集资的单位犯罪主要有两种情形。

一是,平台公司完全符合上述三个要素,即合法成立且不以非法集资活动为主要业务活动,非法集资所得以平台公司的名义实际控制、使用。司法实践中,这种情况是比较少的。因为自融型 P2P 金融平台成立的目的一般是解决实际控制人的融资需求,因此,就其成立的目的而言,主要是进行非法吸收存款的犯罪活动,故而不符合上述第一个条件。所以,针对上述三个要素而言,自融型 P2P 一般难以构成单位犯罪。笔者分析发现,现行进入司法程序的 P2P 金融案件基本属于自融型 P2P,这也是此类案件几乎不被判决认定成立单位犯罪的原因。

二是,平台公司的实际控制人系合法成立的法人主体。在此种情况下,虽构成单位犯罪,但犯罪主体并非平台公司。其认定思路是先行否定平台公司的刑事责任主体资格,追究实际控制人(单位)的刑事责任,进而明确作为实际控制人的法人主体承担刑事责任,在进一步排除该法人主体具有需要"揭开法人面纱"的情形下,以法人主体为相应刑事责任主体。

(二)单位犯罪的责任承担

按照我国刑法的规定,单位犯罪的,对单位判处罚金,并对其直接负责的主管人员和其他直接责任人员判处刑罚。《全国法院审理金融犯罪案件工作座谈会纪要》根据犯罪嫌疑人在单位犯罪中的地位、作用和犯罪情节对直接负责的主管人员和直接责任人员作出进一步的解释和明确。②

实践中,主要根据人员的分工、责任、获利分配和具体的行为等综合认定

---

① 最高人民法院《关于审理单位犯罪具体案件应用法律有关问题的解释》(1999 年 6 月 18 日)对《刑法》第 30 条有关单位犯罪规定中的"公司、企业、事业单位"作出进一步明确,第 2 条规定:"个人为进行违法犯罪活动而设立的公司、企业、事业单位实施犯罪的,或者公司、企业、事业单位设立后,以实施犯罪为主要活动的,不以单位犯罪论处。";第三条:"盗用单位名义实施犯罪,违法所得由实施犯罪的个人私分的,依照刑法有关自然人犯罪的规定定罪处罚。"

② 《全国法院审理金融犯罪案件工作座谈会纪要》(2001 年 1 月 21 日)第 2 条第 1 款第 2 项:"单位犯罪直接负责的主管人员和其他直接责任人员的认定:直接负责的主管人员,是在单位实施的犯罪中起决定、批准、授意、纵容、指挥等作用的人员,一般是单位的主管负责人,包括法定代表人。其他直接责任人员,是在单位犯罪中具体实施犯罪并起较大作用的人员,既可以是单位的经营管理人员,也可以是单位的职工,包括聘任、雇佣的人员。应当注意的是,在单位犯罪中,对于受单位领导指派或奉命而参与实施了一定犯罪行为的人员,一般不宜作为直接责任人员追究刑事责任……"

P2P 金融平台公司下的"主管人员"和"责任人员"。在认定过程中,"层级性"特征对认定不同人员的责任大小、罪名适用都具有重要价值。一般而言,平台公司的实际控制人、参与经营管理的股东、总经理、业务经理、业务主管等对 P2P 融资业务的开展具有直接推动作用的人员可以认定为上述主管人员或责任人员。

在自融型 P2P 融资中,往往采用按比例提成的方式分配非法利益,除实际控制人外,对吸收资金有相应作用的人均参与提成,且级别越高,其参与提成的基数越大。因此,提成方式也是认定责任、分工的一项重要依据。

三、涉嫌罪名适用问题

非法吸收公众存款罪与集资诈骗罪的外在表现形式具有重合性,均有非法性、公开性、利诱性和社会性的特征。但较之非法吸收公众存款罪,集资诈骗罪在主观上还应具有"非法占有的主观目的",客观上采取了"诈骗"的方法。因此,具体罪名的选择关键在于"以非法占有为目的"的审查认定。在具体罪名适用时,应坚持主客观相统一的原则。实践中,"以非法占有为目的"的认定往往采用客观推定的方法,即通过犯罪嫌疑人的客观行为来分析论证其是否具有非法占有的主观目的。"诈骗行为"当然属于客观行为,也是分析推定主观目的的重要依据。

最高人民法院《关于审理非法集资刑事案件具体应用法律若干问题的解释》第四条以推定的方式列举了七种"以非法占有为目的"的情形。根据该解释的精神,笔者认为 P2P 金融涉嫌非法集资案件中关于非法占有主观目的认定,可以从以下方面进行审查:

(一)自身负债情况

自融型 P2P 案件中,行为人及其实际控制的企业在集资前后的负债情况,虽不能必然地推定其对集资款项具有非法占有的主观目的,但能据以判断行为人集资的主要目的。从当前进入司法程序的相关案件情况看,相当数量的犯罪嫌疑人在非法集资前已身负巨额债务、自身难以维系,为偿还前期债务不计后果地吸收社会资金,集资的目的不在于生产经营而在于推迟资金链断裂的时间,"拆东墙补西墙"。在这种情况下,其非法占有的主观目的比较明显。

此外,该类案件中,行为人集资前的资产情况也是判断其还本付息的履约能力的重要依据。尤其是在行为人存在可用原有资产保障投资人资金安全的辩解的情况下,对该部分证据的搜集和固定就必不可缺。

(二)实际资金用途

在自融型 P2P 案件中,往往伴随资金链断裂而案发,平台方无法偿还投资人本息。笔者认为,不能简单地认为只要平台无法偿还本息就认定行为人"以非法占有为目的"。

"无法偿还本息"仅仅是认定"以非法占有为目的"的必要条件而非充分条件。实践中应调查分析"无法偿还本息"的具体原因,即实际资金用途。若行为人将自融资金主要用于正当的生产经营,客观上因经营不善、政策更迭等原因导致偿付困难,一般难以认定其对款项具有非法占有的主观目的。[①] 此时,还应考虑经营成本的合理化程度。融资项目是否真实、资金用途是否对应、实际资金用途能否维系融资成本、是否对投资者隐瞒资金真实去向、是否主要用于灭失性支出等均是关于实际资金用途的考量因素之一。偿还先期债务、支付不正常高额经营成本(支付平台公司的租金、工资、业务员提成等)、维系犯罪运作(支付高额返利)、赌博、挥霍等均属于无法产生盈利的灭失性支出,可作为认定"非法占有目的"的依据。

(三)回报率是否畸高

部分 P2P 平台为快速、大量地吸收社会资金,往往采用许以显著高于同行业资金回报的方式吸引客户,其承诺的还本付息仅系吸收资金的诱饵,难以具有偿还的可能性。一般而言,P2P 平台的资金回报率最高在年化 20% 左右,亦有部分平台明显高于 20%。如笔者办理的蔡某某涉嫌集资诈骗罪一案中,P2P 平台许以的年化利率最高达 50%。按照一般市场经济规律,除股票、期货等高风险行业外,鲜有经济实体能承担如此高额的资金成本。此种异于寻常的资金回报率,反映行为人为攫取资金不计后果的主观心态,对于认定"非法占有的主观目的"亦有一定帮助。

(四)宣传是否真实

对外宣传的方式和内容是决定 P2P 融资成功与否的重要因素之一。尤其

[①] 最高人民法院《关于审理非法集资刑事案件具体应用法律若干问题的解释》第 4 条:"使用诈骗方法非法集资,具有下列情形之一的,可以认定为以非法占有为目的:(一)集资后不用于生产经营活动或者用于生产经营活动与筹集资金规模明显不成比例,致使集资款不能返还的;(二)肆意挥霍集资款,致使集资款不能返还的;(三)携带集资款逃匿的;(四)将集资款用于违法犯罪活动的;(五)抽逃、转移资金、隐匿财产,逃避返还资金的;(六)隐匿、销毁账目,或者搞假破产、假倒闭,逃避返还资金的;(七)拒不交代资金去向,逃避返还资金的;(八)其他可以认定非法占有目的的情形。"

是对于非法集资的行为人而言,为在短期内快速有效地聚集资金,往往存在虚假宣传的客观行为。虚假宣传的手段和方式虽各不相同,但主要目的均在于令投资者对投资的安全性深信不疑。此类宣传,往往注重以下三个方面:一是关于自身实力(现有资产、企业经营状况等),二是关于第三方担保(担保单位实力、担保资金储备等),三是关于资金去向(具体投资项目等)。行为人对外宣传的内容可以从受害人的陈述、宣传单等书证、业务人员的证言(或供述和辩解)等几类证据中提取、固定,宣传的真实性可通过犯罪嫌疑人的供述和辩解、相关书证真假甄别及证人证言等予以考量分析。

上述列举的是笔者调研分析的案例的共性问题,具有一定的代表性,但不代表所有此类案件都应从上述角度进行分析。非法占有的主观目的的认定是一个综合考量的过程,并非满足上述某个或某几个要素就能必然地机械推导。实践中,应当结合具体案件事实、证据情况进行综合认定。

四、结 语

在大力倡导"大众创业、万众创新"①的当下,P2P 金融以互联网金融的身份成为金融创新的典型代表,具有存在价值和发展空间。为避免将该互联网金融创新扼杀在"摇篮"之中,从而阻滞金融创新与发展,在刑事规制问题上理应体现刑法的谦抑性②。反映到刑罚的配置中,就是刑事干预力度的节制,也就是使用轻缓的刑罚。③ 在规范、管理 P2P 金融市场时,优先适用经济、行政等手段,达到问题平台"良性退出"的目的。④ 但是对于 P2P 金融发展过程中出现的明显违背 P2P 金融市场定位、扰乱金融管理秩序、侵害投资人财产权利的融资行为,甚至假借 P2P 金融形式进行恶意圈钱的自融行为,理应进行必要的刑事规制。并且在具体刑罚适用中应当充分考虑行为人的地位、作用和社会危害性,体现"罪责刑相适应"的刑法原则,贯彻"宽严相济"的刑事政策。只有这样才能避免"劣币驱逐良币"现象,真正保障 P2P 金融健康、稳定发展。

① 《国务院关于大力推进大众创业万众创新若干政策措施的意见》(2015 年 6 月 16 日)第五条:"搞活金融市场,实现便捷融资:……(十)丰富创业融资新模式。支持互联网金融发展,引导和鼓励众筹融资平台规范发展,开展公开、小额股权众筹融资试点,加强风险控制和规范管理……",载于中华人民共和国中央人民政府网政府信息公开专栏,http://www.gov.cn/zhengce/content/2015-06/16/congtent_9855.htm,最后访问时间:2016 年 3 月 21 日。
② 参见刘宪权:《论互联网金融刑法规制的"两面性"》,《法学家》2014 年第 5 期。
③ 参见陈兴良:《形势政策视野中的刑罚结构调整》,《法学研究》1998 年第 6 期。
④ 参见《P2P 网贷行业 2016 年上半年报告》,网贷之家,http://m.wdzj.com/news/baogao/30277.html,最后访问时间:2016 年 7 月 1 日。

P2P 网络借贷平台的刑事犯罪风险及防范治理对策

——兼评最新的监管法规

湖州市人民检察院　郭　军 [*]

摘　要: P2P 网络借贷是 P2P 理念与互联网技术深度结合的产物,也是互联网金融新业态。近年来国内 P2P 网络借贷平台得到了长足发展,但也面临"成长的烦恼"。不少平台发展异化,甚至发生刑事犯罪,平台倒闭和跑路现象也屡见不鲜,这些乱象不仅造成了金融市场的混乱,也妨碍了互联网金融的发展创新。为了防范和化解 P2P 市场的金融风险,笔者从 P2P 的概念和发展入手,介绍目前国内 P2P 网贷平台的发展现状,从类型化的角度分析平台刑事犯罪风险,并结合最新的业内监管法规,提供防范治理的若干对策,以期国内 P2P 行业的绿色发展。

关键词: P2P;网络借贷平台;刑事犯罪;监管;治理

一、P2P 的概念和国内网贷平台的发展现状

(一)P2P 网络借贷的概念与特征

P2P 是英语(peer to peer lending)的缩写,指的是一种点对点或者个人对个人的小额信贷模式。P2P 理念最早可以追溯到穆罕默德·尤努斯教授在孟加拉国欠发达地区开创的"微额贷款"服务。[①] 随着互联网的普及与发展,P2P 理念与互联网技术融合,线下借贷开始转型为线上。P2P 网络借贷是借贷双方利用互联网技术在网贷平台的撮合下达成借贷的互联网金融活动,与传统金融相比,

---

* 郭军,男,湖州市人民检察院干部。

① 宣刚、王庆国:《论 P2P 网络借贷犯罪的刑法适用》,《山东警察学院学报》2014 年 11 月第 6 期。

P2P 网贷具有以下特征：

1.金融脱媒

P2P 网络借贷是在资金供求规律下自发形成的融资活动,避开了具有高成本与强监管的商业银行体系及其烦琐程序,节约了交易成本,加快了融资过程,实现了金融"脱媒"(disintermediation),是出借人与借款人之间的资金体外循环。

2.普惠金融

长期以来,传统金融机构大都以大企业为其放贷的优选客户,小微企业及个人受制于门槛无法受惠。P2P 网贷秉持小额分散理念,将个人、家庭以及小微企业纳入交易主体范围,让普罗大众享受到均等的金融服务,并惠及具有投资意愿的广大金融消费者,实现了普惠的价值追求。

3.网络思维

P2P 网贷最显著的特点是充分利用互联网思维和技术,借贷双方借助互联网突破了传统金融的时空限制,实现了借贷信息实时共享和资金即时流转。借贷双方依托互联网完成从用户注册到发布借款信息再到达成合意、资金到账的整个借贷过程,平台通过互联网实现对用户身份的审核及后续监管,监管部门也同样借助网络技术实现监管。

4.亟待规制

P2P 以网络为媒介,传播迅速、受众广泛,易积聚金融风险,对其进行法律规制是一种必然。P2P 作为新生事物,在对传统金融进行发展创新的同时已产生不少问题。近年来,层出不穷的平台跑路和刑事案例也从侧面暴露出对 P2P 进行立法和监管已刻不容缓。

(二)国内 P2P 平台的发展现状

自 2007 年,我国首家采用线上方式的 P2P 网络借贷公司"拍拍贷"在上海成立以来,国内 P2P 平台呈现爆炸式增长,并出现增长过快、发展异化、风险时有发生等现象。[①] 随着监管规定的出台和互联网金融专项整治的开展,P2P 行业迎来了发展的阵痛期,平台面临转型升级,发展上呈现以下三方面特点:

一是行业持续发展,但增长势头开始放缓。

据有关部门透露,截至 2016 年 6 月底,全国正常运营的网贷机构共 2349 家,借贷余额 6212.61 亿元,同比 2014 年年末分别增长了 49.1%、499.7%。又

---

① 中国银监会:《网贷机构业务活动管理暂行办法》答记者问,http://www.cbrc.gov.cn/chinese/home/docView/63095C65646F4C85902F0CC10D6F6935.html,2016.8.28 访问。

据第三方网站联合咨询机构发布的《2016 年中国 P2P 网贷行业半年报》,在经历了前两年平台数量大幅增长后,2016 年上半年 P2P 平台数量呈现阶梯式下降,相较 2015 年底,半年时间共有 515 家平台退出 P2P 行业。[①] 因此,经过几年的发展,P2P 市场虽然方兴未艾,但已趋于饱和,加上投资者趋向理性和监管力度不断加大,行业发展已现收缩、沉淀之势。未来,国内正常运营的平台数量将减少。

二是金融风险依然存在,但行业已进入良性发展。

截至 2016 年 6 月底,全国累计问题平台 1778 家,约占全国平台总数的 43.1%,[①]这些问题平台或受限于资本实力和自身管理,经营难以为继,或者因触碰自融、非法集资等禁令进入刑事司法程序,金融风险较高。同时,监管和整改初见成效,问题平台在退出市场的平台中占比不断下降,2016 年上半年退出市场的 515 家平台中,出现跑路、提现困难、经侦介入等恶性退出的平台为 268 家,良性退出的有 247 家。[②]可见,国内 P2P 市场的良性退出机制正在逐渐建立和完善,市场将走向成熟。

三是平台面临转型,行业集中度进一步提高。

在市场日趋规范的情况下,大平台有意愿也有能力满足监管要求,同时凭借其自身过硬的资本实力、经营能力和风险抵御能力,更能赢得投资者青睐。可以预见,大平台的行业集中度将迅速提高,在平台交易量的占比份额也将日趋增大。据中国小额信贷联盟秘书长白澄宇估计,待监管政策一一落地,全国性的大型平台可能只剩 10 家,加上各地的特色平台,总数最多会有上百家。[②]

二、P2P 的交易流程和平台类型

(一)P2P 网络借贷的交易流程

国内 P2P 网贷平台的交易流程大体类似,由出借人和借款人各自在平台申请注册账户,然后填录个人基本信息包括银行账户,借贷信息发布后,由出借人自行选择匹配并在平台的账户进行充值或者直接将资金转入借款人账户或借款人在第三方支付机构的账户,借款由网贷平台或者第三方支付机构划拨给借款

---

① 网贷之家:《2016 年全国 P2P 网贷行业半年报》,http://www.wdzj.com/news/baogao/30277.html,2016 年 8 月 5 日访问。

② 吴雨欣、汪建君:《"互联网金融基本法"出台一年 P2P"洗牌"加速》,http://www.it-times.com.cn/sbdj/57229.jhtml,2016 年 8 月 20 日访问。

人。借款人到期还款,资金流转为前述路径的逆向。

(二)国内 P2P 平台的交易环节及模式

国内的 P2P 网络借贷基本为出借人、P2P 网络借贷平台、第三方支付机构、第三方担保机构、借款人五方主体,涉及信息交互、资金流转储存、担保三项环节。P2P 平台虽只是中介,但与其他四方主体均可以发生法律关系,并在多项环节中发挥作用。

1. 信息交互

P2P 网贷中的信息交互是指平台居间为借贷双方完成信息交换、识别,即借款人、出借人各自向平台提交身份、借贷信息,平台通过一定方法对上述信息进行审核、筛选和评估。鉴于我国征信体系尚不完善,P2P 平台上的交互信息可能为虚假,表现为:(1)借款人虚构个人信息,或者发布虚假借款信息;(2)出借人虚构个人身份信息,寻求与真实借款人之间的交易或者同时又虚构借款人,实现自己与自己的虚假交易;(3)P2P 平台虚构借款人身份或借款信息,向真实出借人募集资金;或者同时虚构出借人和借款人进行自我交易。

2. 资金的流转与储存

借贷合意达成后,就是资金的流转、交付,通常还涉及第三方支付机构。目前国内 P2P 网贷的资金流转有四种形式:(1) P2P 借贷平台作为居间人,既不经手资金流动,也不进行资金的存储和实际支配。资金流动仅发生在出借人、借款人之间。(2)平台经手出借人的资金并进行存储,并由其支配流向借款人。出借人的资金在 P2P 平台会沉淀形成"资金池"。(3)P2P 平台与第三方支付机构合作,资金由出借人流动到 P2P 平台在第三方支付机构开设的账户中,再流动到借款人手中。平台表面不经手资金,但实际可以对资金进行控制,即伪托管。(4)P2P 平台与第三方支付机构没有合作,由出借人、借款人分别在第三方支付机构开设账户,资金通过第三方支付机构实现从出借人账户流动到借款人账户中,与 P2P 平台无关。

3. 担保

自 2010 年红岭创投首开平台担保以来,不少国内网贷平台跟风引入担保模式,主要有四种形式:(1)风险准备金,由平台从借款人处收取一定比例的金额加上平台自身的投入构成,在借款逾期时对投资人先行赔付。2015 年公布的《网络借贷信息中介机构业务活动管理暂行办法》(以下简称《暂行办法》)虽然禁止平台自身为借款人提供担保和增信,但未明确风险准备金是否违规。① (2)与第三方保险公司合作。该模式为《关于促进互联网金融健康发展的指导意见》(以下简称《指导意见》)所倡导。据不完全统计,截至 2015 年 7 月底,共有 43 家 P2P 网贷平台和保险公司进行增信合作,但目前双方多停留在战略合作层面,尚未一起理赔,且保险公司对与 P2P 平台合作也持谨慎态度②。(3)与第三方担保机构(不包括平台关联机构)合作。合作对象有融资性担保公司和小贷公司两种类型。③ 而后者是否具有融资性担保的特许经营资质可能会影响到该类担保行为是否有效。(4)自担保,既包括平台自身提出担保,也包括由其参股或同属一家母公司的关联担保公司担保。如红岭创投由自己成立的深圳可信担保有限公司为平台上的借款提供担保,陆金所由与其隶属于同一集团旗下的平安融资担保为其担保,均为此类型。

三、不同模式下的平台涉罪风险分析

通过上文分析,可知目前国内 P2P 网贷平台数量众多,经营模式不一。经营规范、业绩良好的平台固然为数不少,但出现问题甚至移送刑事司法程序的不良平台也并非个例。对 P2P 网贷平台刑事犯罪风险的分析,必须在类型化的基础上进行讨论。

(一)信息中介平台

信息中介性质的 P2P 平台仅仅从事借贷中介服务,通过提供信息、匹配借贷收取佣金,也是 P2P 平台的原初定位。近年来国内出台的监管法规再三强调 P2P 平台应回归信息中介的属性,这从监管法规标题对于 P2P 平台的表述"网络借贷信息中介机构"就可见一斑。这类平台对借贷资金并无需求,既不经手资金流转,也不会以各种方式极力帮助借款人募集资金,而是仅仅提供中立性质的信息交互服务,既不属于自身吸收资金或融资,也不属于为他人向社会公众吸收资金提供帮助,并不会涉及非法集资犯罪。当然本类平台因提供信息服务,必须

---

① 《暂行办法》第 10 条第三项规定:网络借贷信息中介机构不得从事或者接受委托从事直接或变相向出借人提供担保或者承诺保本保息,未明确禁止风险备用金制度。对风险备用金的性质业界也有不同看法,如仅以风险备用金额度为限垫付逾期借款,笔者认为似不宜认定为盲目夸大的自担保,相反对金融消费者的保护有利。

② 网贷之家:《去自担保趋势明晰 P2P 网贷打破刚兑渐进有序》,http://www.wdzj.com/news/hangye/30689.html,2016 年 8 月 26 日访问。

③ 赵玉平、胡鹏:《我国 P2P 平台借款人担保机制现状、风险及完善》,《金融监管》2015 年第 12 期。

对借贷双方的信息起到必要的审核义务,否则也有可能涉嫌提供虚假信息一方的共同犯罪或者掩隐类型犯罪。

(二)异化平台的涉罪可能

P2P 平台异化后最有可能涉嫌非法集资犯罪。早在 2011 年 8 月银监会在下发的《人人贷有关风险提示的通知》中就指出,P2P 网络借贷"容易演变为吸收存款、发放贷款的非法金融机构,甚至变成非法集资"。2014 年 7 月,深圳市罗湖区人民法院宣判了国内首例 P2P 网贷平台非法集资案即东方创投案,揭开本行业诸多安全隐患。众所周知,非法集资犯罪必须同时具备非法性、公开性、利诱性和社会性四个特征。公开性和社会性是网贷平台无法回避的事实,因此,非法性和利诱性就成为判断平台是否构成非法集资犯罪的重要考量标准。监管法律允许 P2P 平台为借贷双方提供撮合中介,但禁止平台成为类金融机构,禁止其擅自开展资金支付等金融业务。实践中,当一些平台直接介入借贷交易成为交易主体后,就偏离了法律对其的中介定位,并因不具备从事金融业务的特许经营资格而失却合法性。平台也会在逐利性的驱使下,采取诸如虚假宣传、担保等利诱性的手段促进募集资金。因此,异化了的 P2P 网贷平台完全符合非法集资犯罪的要件,涉嫌本类犯罪。

"对于 P2P 网络借贷的监管不完善,易引发洗钱等犯罪行为。"[①]P2P 经营者利用平台为自身或投资人、借款人洗黑钱,有可能涉嫌洗钱罪或者掩隐型犯罪,并可能同时触犯伪造、变造、买卖国家机关公文、证件、印章罪或伪造、变造居民身份证罪等手段性罪名。平台即使是片面帮助犯,也同样能够成立犯罪。另外,平台若在运营过程中形成沉淀资金并进行挪用或侵吞,将会涉嫌职务侵占罪或者挪用资金罪。平台如以归集的资金再以高利转借他人,发放高利贷,则可能构成非法经营罪;平台如以从银行套取的贷款转借给借款人,则涉嫌高利转贷罪。

此外,平台还可能涉嫌侵犯公民个人信息犯罪。金融消费者在 P2P 借贷过程中会向平台提供个人信息,平台也可以通过数据分析,获得更深层次的信息内容。[②]《刑法修正案(九)》将《刑法》第 253 条之一规定的侵犯公民个人信息罪犯罪主体从特殊主体扩大为一般主体,即有鉴于公民个人信息保护形势严峻作出的调整。因此,如果 P2P 网贷平台在服务过程中获取了公民的个人信息,必须遵守相关法律,如有出售、非法提供等泄露行为,必然涉嫌侵犯金融消费者个人信息犯罪。

[①] 茅建中:《商业性 P2P 网络借贷的风险与法律规制》,《人民司法》2013 年第 17 期。

[②] 宋晓源:《基于互联网金融条件下的金融消费者保护》,《海南金融》2014 年第 6 期。

（三）不同经营模式下的 P2P 平台风险评估

1. 自融

自融是指 P2P 平台设立者或运营商通过平台为自身募集资金。这种模式下，平台直接参与借贷，是借贷关系的当事人，P2P 仅仅是非法集资活动的伪装和形式。如"东方创投"案，即系平台经营者以自用为目的借助平台以虚构的借款资料募集资金。此时的 P2P 平台不再是中立第三方，实际变成吸收资金的借款方，涉嫌非法集资犯罪。根据经营者对资金用途的使用情况以及案发后的行为不同，对平台非法占有目的的认定也会有所区别，自融行为可能构成非法吸收公众存款罪，也可能构成集资诈骗罪。

2. 资金中介

这种模式下，P2P 平台参与到借贷双方的资金流转，不只提供信息交互，有资金池和类资金池两种形式。平台经营者通过发布虚假借款信息或者通过改变借款期限和金额，提前归集一定数量的资金，再出借或自用。其间在平台控制的账户上沉淀的在途资金即形成资金池。同样是归集资金，有的平台直接设立账户接收投资者的资金，而有的平台则通过与第三方支付机构合作，对投资者储存在第三方支付平台的资金进行自由支配，后者属于类资金池形式。投资人与借款人背对背交易，P2P 平台先归集资金，再寻找借款对象，则从中介蜕变为"影子银行"，不管是以理财产品的名义，还是通过拆分债权、期限错配的方法，均是行非法吸收公众存款之实。实践中，中宝投资和淘金贷非法集资案即此类典型。

3. 信用中介

此种模式即平台自担保，平台自身为借款标的担保，向投资人承诺保本付息，也即在纯信息中介之外提供了增信服务。目前国内大部分 P2P 平台实力有限，资金流量不足以支撑所担保的额度，缺少金融风险抵御能力。平台以自身为借款标的担保，会将分散的风险聚集，易诱发金融风险，并会造成投资者非理性投资。此外，P2P 平台明知借款人提供虚假借款资料或者借款不适格，仍以自担保的方式提供帮助的，根据相关司法解释，可能构成借款人非法集资犯罪的共犯。

4. 类资产证券化等债权转让模式

该模式以宜信和陆金所为代表。宜信公司创始人先以其自有资金与借款人签订借款合同，创设一个固定的初始出借人，再将债权进行拆分组合以理财产品的形式转让给有意向的出借人，投资人与借款人之间并不直接发生联系，不清楚对方的对价,P2P 平台从中赚取利差,盈利模式与一般商业银行无异。[①] 上海的陆金所则是将信贷资产通过互联网的方式以极低的门槛对外销售,起售额更低,产品期限更灵活。这两种形式均具有明显的资产证券化特征,平台承担了巨大的信用风险,若其资产不足以偿还债务,易诱发剧烈的金融动荡,且平台本身蜕变为与商业银行一样具有吸储、放贷、理财诸多功能的准金融机构,可能涉嫌非法经营罪或者非法吸收公众存款犯罪。

四、防范和化解 P2P 网贷平台刑事犯罪风险的对策

(一)明确 P2P 平台的信息中介定位,合理划定业务边界

要实现 P2P 网贷平台的健康发展,首先要明确 P2P 平台的定位,并合理界定其业务边界。P2P 平台从监管伊始,就被定位为信息中介,只负责向借贷双方提供信息交互、信用评级等有限的信息服务,既不是信用中介也不是资金中介。银监会在《暂行办法》中不仅再次明确了网贷平台作为网络金融信息中介企业的定位,也为平台业务活动划定了红线,包括自融、归集资金搞资金池、自担保、线下营销、类资产证券化形式的债权转让等异化业务均受到了禁止。

在上述监管要求下,P2P 平台的业务转型应以去资金池和去自担保为重点,平台必须将在途资金和投资者的资金全数交由银行或第三方支付机构进行托管,引入保险公司或者第三方担保机构来替代平台自身的担保。网贷平台只能监控客户的资金流向,而不能使用,如此也方便银监部门对资金流进行全程监管,降低金融消费者投资被挪用的金融风险。同样,根据风险自理的市场经济基本原则,网贷的担保业务也应交给第三方机构独立负责,平台可以在风险备用金的额度范围内为投资者减少损失起到一定作用,但不能承诺保本付息。可以预见,国内的 P2P 借贷市场将迎来新一轮的洗牌,偏离正常发展模式的平台将逐渐淡出市场。

(二)完善监管体系,加强行业自律,防范金融风险

2015 年 7 月,由央行联合多部门制定的《指导意见》明确了对互联网金融的监管分工,规定网络借贷业务由银监会负责监管。历经数年,以中央的银监会为主牵头,各地金融办作为配合执法单位的网贷监管路径日渐清晰。同时,P2P 网贷的行业自律也在逐步加强,地方性监管规章不断推进。结合监管要求,市场整

---

① 冯果、蒋莎莎:《论我国 P2P 网络贷款平台的异化及其监管》,《法商研究》2013 年第 5 期。

改可从以下几方面着手降低金融和刑事犯罪风险：

1. 提高 P2P 网贷平台的市场准入门槛

国内 P2P 网贷平台的设立门槛较低，往往只要到工商部门领取营业执照，再申请增加"互联网信息服务"经营范围，就可以成立网贷平台开展业务。而英国等发达国家无一例外均对 P2P 公司有一定的准入要求，如对平台的最低营运资金会做出一些限制。① P2P 网贷平台从事准金融业务，应据其业务规模对其注册资本或者营运资金规定相应标准，确保其有一定的风险抵御能力。另外，基于互联网金融市场风险较高，为了金融市场的稳定和保护各方权益，未来有必要在市场准入环节对参与 P2P 金融活动的平台机构进行事前审核和筛选。

《暂行办法》规定的 P2P 网贷平台须以银行作为资金存管机构，也会成为 P2P 市场的新准入条件。银监会在下发的《网络借贷资金存管业务指引（征求意见稿）》中对从事存管业务的银行及 P2P 平台资质做了细化规定。据盈灿咨询不完全统计，截至 2016 年 8 月 15 日，与银行签订直接存管协议的平台有 130 家，其中上线直接存管系统的平台仅有 39 家。已经完成银行资金存管、符合监管要求的平台不足 3%。② 同时，P2P 平台要实现银行存管，还必须有 ICP 经营许可证，这在上海、深圳等地具有现实困难，待监管完全落地，这些"硬指标"有可能成为未来本行业的隐性门槛，限制市场的盲目扩张。

2. 加强平台信息披露和主动报告

网贷平台在经营过程中有义务向金融消费者披露自身经营和财务状况以及平台上的借款具体信息，并且主动向监管部门报送相关信息寻求监管，这固然会增加平台的运营成本，但对于防范金融风险、保护投资者利益作用巨大。目前国内平台虽然数量众多，但对于经营信息进行全面披露的却较少，导致投资者难以对金融风险做出理性判断。

中国互联网金融协会下发的《互联网金融信息披露标准——个体网络借贷（征求意见稿）》（以下简称《信披标准》）和《中国互联网金融协会互联网金融信息披露自律管理规范（征求意见稿）》，对平台信息披露作了具体规定，包括强制性披露指标 65 项，鼓励性披露指标 21 项，累计 86 项，包括逾期率等敏感信息，号称史上最严。③ 申请加入中国互联网金融协会的网贷平台按规范须进行信息披露 3 个月以上，为此，想要入会提升自身信誉的平台，将推动行业整体提高信息

① 伍坚：《我国 P2P 网贷监管问题研究》，《法学》2015 年第 4 期。

② 洪偌馨：《97%P2P 面临淘汰 至少三成借款人"超标"》，http://www.yicai.com/news/5069869. html，2016 年 8 月 4 日访问。

③ 岳品瑜、刘双霞：《中国互金协会推史上最严信披》，http://www.bbtnews.com.cn/2016/0802/156512.shtml，2016 年 8 月 5 日访问。

披露程度。针对平台普遍担心的披露完全信息可能会影响到个人隐私或者商业机密,《信披标准》指出可以对这些借款主体进行"脱敏"处理,以平衡投资人的知情权和借款者的信息保护需求。然而,作为居间人的网贷平台无法确保信息披露中的借款人信息完全真实,由此造成的损失应如何分配责任,《信披标准》并未明确,这也将影响到网贷平台信息披露的执行程度。

3. 建设统一共享的征信体系

国外 P2P 网贷行业的经验反映,成熟完善的征信体系对于本行业健康发展具有不可替代的作用。目前,P2P 网贷平台并未与央行征信系统对接,不能进入该系统查询借款人的信用记录,也不能上传逾期客户信息。鉴于接入央行征信系统威慑力较大,绝大多数 P2P 平台都有对接该系统的强烈意愿,建设一个全行业共享的征信系统已成当务之急。

现阶段,多数平台采取线上和线下结合,线上为主的风控方式。有部分借款人针对上述模式,通过编造用户资料专门进行"闯关"过审。人工审核又比较依赖客户经理的业务水平。在人力有限的情况下,平台对于征信的需求越来越迫切,不少平台使用了第三方征信公司提供的服务,并且接入多个征信平台,但目前征信产品还未能完全满足网贷平台对这方面的需求。以公共征信机构为主,社会征信机构为辅的征信体系已然成形,未来 P2P 平台可以考虑推出征信业务,并在业内建立起一套有效的信息共享和交换机制。目前,已有多家平台建立"黑名单"共享机制,如中国支付清算协会建立互联网金融风险信息共享系统,有50 多家平台共享逾期贷款信息,京东也联合腾讯等 11 家机构发起互联网金融安全联盟,共享欺诈中介、套现商家和违法个人等三类负面清单。①

4. 建立完善的市场退出机制

国内 P2P 平台因经营失败退出市场时,有超过一半的平台无法保障投资者回收全部款项。在监管政策日趋完善的情况下,未来 P2P 行业集中度将越来越高,不少低信誉、不规范的平台将逐渐退出市场,目前关于退出市场机制的规定还处于空白,有必要尽快建立起这样的一套机制,协调各方利益,尤其是确保出借人有效回收借款。在英国,P2P 自律协会强调各平台要确保尚未到期的借贷合同继续得到有序管理,在美国针对平台退出市场也都有破产后备计划,一旦平台破产,就会有第三方机构来接管平台运营,继续提供服务。我国也可以借鉴上述做法,引入第三方机构或者保理机制完善退出市场的善后机制,解决后续问题。

---

① 21 世纪经济报道:《互金行业多头借贷普遍 过半坏账损失源于欺诈》,http://news.21so.com/2016/21cbhnews_82/316257.html,2016 年 8 月 3 日访问。

5.设置借款和投资上限,保护投资者

《暂行办法》对借款人借款额度进行了限制,规定同一自然人在同一平台的借款余额上限不超过 20 万元,在不同平台不超过 100 万元,同一法人或其他组织在同一平台的借款余额上限不超过 100 万元,在不同平台不超过 500 万元。鉴于 P2P 网贷有相当的风险,投资者如果缺少理性分析和风险规避意识,将大部分财产通过网贷平台出借,有可能遭受毁灭性损失。因此,上述规定不失为对投资者的一种保护,意在控制同一借款人通过同一或者不同平台借款的余额上限,对于防范信贷集中度风险,引导网络借贷回归小额分散具有重要作用,同时也将促成一些原先以大额标的为主要中介业务的平台适时进行业务转型。

6.行业自律为主,行政监管为辅

行业协会等自律组织应充分发挥其在平台与监管部门之间的桥梁、纽带作用,对政策动向保持高度关注,积极为本行业争取最大的发展空间。目前,由央行牵头成立的中国互联网金融协会属于全国性的半官方协会,各地可以根据实际需要和不同业态建立相应的 P2P 行业协会和自律组织,就本地 P2P 平台的业务经营模式进行协商设定,与归口管理部门和地方金融管理部门建立制度化的信息共享渠道,主动寻求合作。行业协会可发布自律公约,建立业内统一的服务标准和风险保证金制度,搭建信息共享平台,做好风险预警提示和防范,督促部分偏离正常经营模式的平台进行转型,形成完善的内部自律约束机制。

(三)惩防结合,运用互联网技术和刑事治理手段保障行业发展

P2P 平台在实施犯罪和出现问题前往往会有较长的潜伏期,监管部门和公安机关必须加强情报收集研判,建立专业化的互联网金融信息监测预警平台,运用大数据对非法集资的苗头和倾向进行预警,防患于未然,及时掌握 P2P 平台违法犯罪的手法、特点和规律,建立起 P2P 平台犯罪情报的信息档案库。[①] 地方政府监管部门也可以运用专门的程序对特定平台的非法集资风险进行检测、评估,还可以通过设立网站接受公众信息举报,通畅联系、快速反应,防范平台异化和涉及刑事犯罪的风险。当平台实施犯罪时,司法机关也应及时出击,通过以下刑事手段实现有效治理:

1.适度介入,宽严相济

P2P 网贷是互联网金融的创新模式,属于新生事物,从中央到地方均给予了有力的政策扶持,对其进行刑事治理应掌握一定限度。一方面应当肯定金融创新,尊重其发展,对于争议较大的新型互联网金融行为,避免过度的刑事评价;另

---

① 何光、沙璐:《400 余机构涉非法集资被"关注"》,《新京报》2015 年 6 月 17 日,第 A14 版。

一方面,对于因 P2P 网贷引发的严重犯罪行为,应保持零容忍,及时、准确、适度介入,宽严相济,起到屏障作用。

2. 依法取证,提升收集和固定电子证据能力

P2P 网贷犯罪的证据多为电子证据,易更改和销毁、难提取。办案人员应依据法定操作规程对电子证据进行收集,通过网络记录挖掘出用户在平台信息交互过程中的第二手数据,如交易记录、日志记录等,同时使用关联性分析技术发现隐藏在资金数据中的事实,提高对犯罪的识别能力,提升案件质量。[①]

电子证据的真实性主要取决于电子数据生成系统的可靠性,有赖专业技术人员的专业判断。负责网络技术的工作人员证言对于电子证据的证明力具有很大的补强作用。申请专家证人出庭作证,对专业问题进行说明,对于完善证据体系,厘清案件事实具有重要帮助。

3. 积极追赃,做好舆情稳控工作

P2P 网贷平台一旦发生犯罪风险,往往涉及人员众多,并会出现维权上访等群体性事件。司法机关应及时排查化解不安定因素,密切关注舆情动态,及时披露案件进展,澄清事实,消除误解,引导舆论。平台投资者最关切自身损失能否得到挽回。因此,司法机关对涉案财产的查控力度将直接影响到投资者群体情绪稳定。侦查过程应加强与金融部门的沟通、协作,争取在抓捕犯罪嫌疑人之前,就已集中冻结涉案单位、个人的资产,最大限度地防止涉案财产流失。可以尝试建立涉案财产举报奖励制度,扩大涉案财产的来源线索,并在第一时间委托鉴定机构对资金流进行鉴定。

4. 以案释法,强化宣传教育,引导合法经营和理性投资

各地司法机关可以联合银监、工商等职能部门对本地 P2P 公司召开警示教育会议,以案说法,提高经营主体对非法集资的法律认识,引导合法经营。同时,利用电视、网络等多种媒介,向投资者普及网贷知识,对 P2P 非法集资的犯罪表现进行宣传,提高投资者的风险识别能力,帮助树立"责任自负"的投资理念,引导投资人理性投资。

五、结语

P2P 网络借贷是新生的互联网金融运营模式,涉及出借人、网贷平台、借款人、第三方支付平台、第三方担保机构等多个主体。网贷平台是多方共力的汇聚点,在中间起着桥梁和纽带作用。但在实践中不少平台的发展偏离了正常轨道,

---

① 邓亮:《P2P 网贷中非法集资犯罪侦防对策》,《湖南警察学院学报》2015 年第 5 期。

引发了刑事犯罪风险。在法律和监管日渐完善的情况下,平台必须回归信息中介的原初定位,去自担保、去资金池,并以此为契机加强转型升级。司法机关则应在秉持刑法谦抑性的基础上,对 P2P 平台涉嫌非法集资等刑事犯罪的现象适时介入,惩防结合,保障 P2P 网贷市场的规范和发展。

P2P 网贷平台的刑事治理问题研究

温州市瓯海区人民检察院　虞珺婧*

摘　要:P2P 网络借贷平台作为互联网金融创新的一种主要模式近几年在我国呈现出了爆炸式的增长速度,其发展也渐渐演变出许多具有中国本土化特点的运营模式。然而,由于监管的缺失等原因,自 2014 年以来,P2P 平台跑路、关停现象频发,其严重的社会危害性将大量 P2P 平台推入刑事治理领域。本文对我国 P2P 平台犯罪在实际司法实践中遇到的问题进行了探讨并提出相应的建议。

关键词:异化 P2P 平台;非法占有目的;期限错配;电子证据;行政监管

随着经济全球化、社会信息化的不断发展,以互联网与金融快速融合为代表的金融创新对我国经济、政治、文化和社会的发展产生日益深刻的影响。党的十八届三中全会和 2015 年中央政府工作报告对"互联网＋"、"普惠金融"等概念进行了确认,更是为互联网金融新业态的发展提供了政策导向和支持。目前,公认的互联网金融模式主要包含第三方支付、网络借贷及众筹融资。本文主要分析 P2P 网络借贷平台在温州地区的发展态势及其在刑事司法实践中存在的难题,并提出相应的对策。

一、P2P 的定义及演变历程

P2P 最早诞生于英国,以 2005 年 3 月全球第一家 P2P 平台 Zopa 的设立为标志。英国监管机构 FCA(金融行为监管局)对 P2P 网贷的定义为个人与个人之间、个人与企业之间利用互联网平台建立债权债务关系,出借人以借款人按时偿本付息作为收益的借贷①。2007 年我国第一家 P2P 网络借贷平台"拍拍贷"

＊　虞珺婧,女,温州市瓯海区人民检察院,助理检察员。

①　张雨露:《英国借贷型众筹监管规则综述》,《互联网金融与法律》2014 年第 5 期。

成立,之后此类互联网金融新业态在我国得到迅速发展。2011 年,中国银监会办公厅下发的《人人贷有关风险提示的通知》作为我国第一个有关 P2P 网络借贷行业的官方文件,内容中揭示了 P2P 网络借贷的七个风险,标志着 P2P 作为互联网金融的主要新业态之一正式进入监管者的视线,但该文件只是针对银行业的一个风险警惕提示,未对 P2P 本身做出任何指导性或限制性的规范。在此之后,P2P 网络借贷平台在我国出现了爆炸式增长,其作为金融行业和互联网行业的结合,由于具有更好地实现金融市场的供需平衡,并为处于创业期和成长期的小企业提供资金支持的功能,被许多学者所赞赏,其后续发展也渐渐演变出许多具有中国本土化特点的运营模式。

(一)担保模式

引入担保机制实质上是平台通过各种方式转移出借人的风险,担保的方式也多种多样,主要有平台自有资金担保、担保公司担保、小贷公司担保和风险备付金担保等几大类①。此类模式在我国盛行的主要原因归结于征信系统的不完善,目前我国 P2P 平台没有可依托的社会征信系统,央行的征信系统也未对其开放,自身更不可能开发征信系统,征信信息的缺失无疑加剧了平台的不稳定因素,为了取得投资者的信任,增强市场竞争力,引入担保机制成为很多平台的选择。

(二)债权转让模式

在债权转让模式中,真实借款人与出借人之间不直接形成债权债务关系,而是由第三方,即专业放贷人先将资金出借给借款人,然后通过 P2P 平台将已经取得的债权进行转让,此种模式也是目前司法实践中争议最大,最容易触碰刑事犯罪警戒线的模式,这类债权在网络借贷平台上有时也被包装成理财产品予以销售。对该类行为可能触犯的刑法罪名在后文中将予以详细讨论。

(三)线上线下混同模式

国外的 P2P 平台基本采用纯线上的经营模式,线下不设置物理网点,双方的借贷关系通过线上平台建立。而在我国,大量 P2P 平台采用线上线下混同模式,甚至部分平台深度依赖线下渠道,只将线上平台作为宣传媒介。部分地区线下经营模式又分化出两种形式,一是"+线下",即开设多家线下门店或加盟商,或与二手车经营专业机构、房产中介机构合作等,通过线下渠道获得借款客户。

---

① 岳苏萌:《我国 P2P 网贷运营模式研究》,《互联网金融与法律》2014 年第 5 期。

另一种是"＋中介",平台自身不开展线下营销,通过专业中介咨询公司外包营销业务。这些线下模式的出现一是由于我国征信系统不完善,部分平台为了增加业务,需要在线下主动寻找借款人,二是出借人风险意识欠缺,盲目追求高利润和更倾向于信任设有物理网点的平台的心理需求。

二、温州地区 P2P 网络借贷平台的现状

2016 年 4 月,国务院部署启动为期一年的互联网金融领域风险专项整治工作,而温州地区近年来由于 P2P 行业频繁出现跑路、关停现象,P2P 平台成为整治工作的重点。截至 2016 年 6 月,工商登记在册的 P2P 平台共计 76 家,平均注册资本 3600 万元左右,其中 51 家为法人注册地在温州的本土平台企业,25 家为输入性的外地机构分支。市银监分局针对省网贷整治办下发的温州名单,对大部分目前登记在册的 P2P 网络借贷平台进行了摸底,发现 P2P 平台的经营现状堪忧,经排查只有 17 家平台是在正常开展经营,其余平台中 2 家已经完成工商登记注销,9 家已经停止经营,另有 7 家平台无法取得联系,16 家平台已被公安机关立案。从经营数据上看,开展经营的 P2P 平台数量分别为 2013 年 5 家、2014 年 9 家、2015 年 13 家、2016 年 17 家,呈现逐年递增态势,待收余额从 2013 年的 3400 多万元到 2015 年的 410000 多万元,呈现超快速发展态势,累计出借人数 2015 年达到 33 万余人,人数为 2013 年的 92 倍。融资年利率平均在 11.83％左右,比小贷公司、农村资金互助会分别高出 5％、4.69％。然后,风险密集爆发仍然是温州地区 P2P 平台的最大特点,自 2014 年以来,温州共有 27 家 P2P 平台因涉嫌非法吸收公众存款或集资诈骗等罪名被公安机关立案查处,其中本土法人注册平台 17 家,半数以上的本土平台从上线到出险仅一年左右时间。同时,在本次排查中发现,大量平台超范围经营,自融、违规担保、设置资金池等现象普遍存在,虽然也有只为借贷双方提供信息服务,进行资金撮合的纯中介平台,但绝大部分的 P2P 网络借贷平台均不同程度地出现异化经营。

三、P2P 平台刑事案件在司法实践中的困难

由原银监会下发的《网络借贷信息中介结构业务活动管理暂行办法》,该办法定义了 P2P 网络借贷平台系以互联网为主要渠道,为借款人与出借人(即贷款人)实现直接借贷提供信息搜集、信息公布、资信评估、信息交互、借贷撮合等服务。同时确定了 P2P 平台的监管责任分配,由银监会实施行为监管,各级人民政府实施机构监管,工业和信息化部门实施电信业务监管。涉及平台的实际

经营模式方面,该办法的第 10 条明令禁止了大部分国内异化的 P2P 平台经营模式,包括自融、设立资金池、提供增信服务、线下推介、发放贷款、期限拆分、销售金融产品、债权转让、虚假宣传等。该办法的出台表明了监管者对 P2P 网络借贷平台未来发展方向的态度,也及时遏制了高风险的异化经营模式。对网络借贷行业如何进行规范是一个逐步摸索的过程,且行政管理手段应当成为最主要的监管方式,但现阶段已然频频发生的跑路现象,平台倒闭将越来越多的 P2P 网络借贷平台推向了刑事治理的道路,同时,司法机关在办理该类案件的过程中也发现了不少的困难。

(一)非法占有的主观故意认定难

P2P 借贷平台在实务中涉及最多的两个罪名为非法吸收公众存款罪与集资诈骗罪,而这两个罪名的区别在于是否存在"非法占有的主观故意"。2010 年最高人民法院发布的《关于审理非法集资刑事案件具体应用法律若干问题的解释》(以下简称《解释》)中规定了 8 种可以认定为非法占有的情形,且明确了多个行为人具有不同的主观故意时,按照各自查明的主观故意进行定罪处罚。但 P2P平台在我国异化程度深、种类多,行为人的客观行为往往极其复杂,且主观意图也可能随着经营状况的转变而发生转化,司法实践中往往难以把握。实践中要做到避免以诈骗方法的认定替代非法占有目的的认定,也要避免单纯根据损失结果进行客观归罪,最后还要避免仅凭行为人的供述予以认定,而要根据案情具体情况具体分析①。以下四种情形在 P2P 借贷平台实际操作中均有存在,但没有明确司法解释,且在实践中也存在意见分歧。一是平台没有将集资款项用于与投资人约定的使用用途,而是用于个人还债、其他经营或者挪归他人用于其他投资,后投资人集中提现或经济形势恶化,导致资金链断裂而不能归还本息的行为如何认定? 二是平台出于生产经营需求吸收公众存款,后因经营不善等客观原因无法归还集资款,但在发生经营变故后继续向他人吸收资金的行为如何认定? 三是平台通过广告的形式进行虚假宣传,承诺的预期年收益远远高于一般经营活动可能达到的平均年收益,最终导致资金链断裂无法还本付息的情况应如何认定? 四是集资人将筹集的资金主要用于高风险的投资活动,例如进行古玩、股票投资,最终导致无法归还本息的行为如何认定?

---

① 刘为波:《〈关于审理非法集资刑事案件具体应用法律若干问题的解释〉的理解与适用》,《人民司法》2011 年 5 月。

(二)罪名界限不清晰

擅自发行股票、公司、企业债券罪与非法吸收公众存款、集资诈骗罪的罪名界限不清晰。上文提到国内的几种异化的 P2P 平台经营模式中的债权转让模式就可能触及该 3 种罪名,原因并非专业放贷人的介入,而是 P2P 平台在转让债权时进行了拆标或者称之为错配,包括金额拆标和期限拆标,这种方式实际上是将债权进行重组分割出售,可以认为这是一种类资产证券化的行为。最高法、最高检、公安部、证监会于 2008 年下发的《关于整治非法证券活动有关问题的通知》第 2 条第 2 款规定:"未经依法核准,擅自发行证券,涉嫌犯罪的,依照《刑法》第 179 条之规定,以擅自发行股票、公司、企业债券罪追究刑事责任。未经依法核准,以发行证券为幌子,实施非法证券活动,涉嫌犯罪的,依照《刑法》第 176 条、第 192 条等规定,以非法吸收公众存款罪、集资诈骗罪等罪名追究刑事责任。"上述通知将发行公司、企业债券的行为进行了两种罪名的划分,但实践中已有部分学者指出,该规定本身存在一定悖论。因为发行债券本身就是一种向公众募集资金的方式,属于集资行为的一种[1],故无法以其目的是否为吸收公众存款作为区分此罪或彼罪的标准。

(三)电子证据取证、保全能力不足

P2P 网络借贷平台以网络为载体,故在此类犯罪中电子数据往往成为至关重要的证据,但作为新兴的证据种类,其在提取、保全等过程中常常遭遇难题。

第一,电子数据提取的司法实践与现行法律规定不符。《关于适用〈中华人民共和国刑事诉讼法〉的解释》规定:电子数据应当随原始介质移送;在原始介质无法封存、不便移动或者依法应当由有关部门保管、处理、返还时,提取、复制电子数据由 2 人以上进行。司法实践中,对于涉嫌犯罪的 P2P 平台,对其存贮电子数据的原始介质进行扣押或数据提取并无障碍,但对其他相关机构电子数据的提取则无法做到上述规定的要求,例如第三方存管机构数据的提取。实际中的普遍做法既无法随原始介质移送,也非由 2 名以上侦查人员进行提取复制,而是直接由被调取机构的工作人员将数据以纸质打印或复制至光盘的形式提供给侦查人员,此种方法不仅在提取程序上存在问题,也无法保证电子数据的真实性。

第二,侦查人员取证能力有待提高。电子数据其本身的易复制性和易篡改性特点使其区别于其他的证据种类,即使不存在人为修改和删除的情况,如何保

① 林越坚、李俊:《P2P 平台犯罪分析及治理》,《温州检察》2015 年第 3、4 期。

全电子数据也需要一定的技术知识。例如某些保存于应用程序中的聊天记录等电子数据，在非联网情况下能被保存并固定下来，但一旦联网就会被新数据覆盖或删除。此种情况下侦查人员的知识水平和技术水平直接影响到能否提取到证据，一旦数据被覆盖或删除，重新进行恢复的司法成本将大大增加。

四、P2P 平台刑事治理工作的建议

(一)完善可以认定"具有非法占有的主观故意"的情形

实践中 P2P 网络借贷平台的异化经营模式多样，而目前司法解释对"以非法占有为目的"的认定涵盖面较窄，且 P2P 平台犯罪案件有呈现逐年上升的趋势，故应当针对"非法占有目的"出台更为细致的标准。笔者认为以下三种情况均可以认定行为人具有非法占有的主观故意。

第一，需要区分正常的经营活动和非正常的经营活动，非正常的经营活动包括非法或者高风险投资活动。2010 年发布的《解释》的第 4 条规定了将集资款用于违法犯罪活动的可以认定为"以非法占有为目的"，而未对高风险投资做出明确规定，笔者认为将筹集的资金用于高风险投资活动，由于高风险活动无法保证稳定的收益也无法保证本金，实际上是将他人财产权益置于可能大量损失的危险之下，如果最终导致集资人无法归还本息的，应当认定其具有非法占有的主观故意①。

第二，当集资人承诺的回报远远高出预期正常经营的盈利时，应当认定其系以非法占有为目的。因为在该种情况下，集资人是以客观上不能实现的回报为诱饵进行资金募集，其在筹资时就应当预见这种高回报的承诺在未来将出现资不抵债的情况，无法返还资金是必然的结果。但笔者认为在认定何为高回报时应当谨慎处理。P2P 借贷平台本土化的其中一个重要特征为高融资利率，不同于国外融资利率一般在同期银行贷款利率与存款利率中间值的标准。因此在认定高回报时不应当以同期银行贷款利率作为标准，而应当以当地 P2P 平台投资年交易利率作为参考标准。

第三，部分行为可以认定为犯意转化型的"以非法占有为目的"。集资者因生产经营需求进行融资，而后因为经营不善导致无法归还本息的行为并不能推断出其有非法占有的故意，但是，如果集资人在遭遇资金困难，已经出现资不抵债的情况下继续向他人吸收资金的，可以认定其主观上有非法占有的目的。

---

① 叶瑜：《P2P 网络集资行为的刑法规制》，《中国优秀硕士学位论文全文数据库》2015 年第 6 期。

(二)完善司法解释,明确罪名间的区分

擅自发行股票、债券罪的立法宗旨是要求所有股票、债券发行行为通过登记注册或行政审批,以充分的信息披露来防范欺诈,而 P2P 平台在对债权进行重组、期限错配的过程中存在刻意隐瞒部分信息的行为,扭曲了集资信息的公布与传递[①],其侵犯的法益与擅自发行股票、债券罪所保护的法益相一致,故部分学者认为应当将 P2P 平台中存在的期限错配行为依照擅自发行股票、债券罪的标准定罪处罚。但笔者认为,期限错配行为带给投资者的风险不仅仅来源于不实的信息披露,更多的在于 P2P 平台为了迎合投资者的偏好,对大额、长期的资金借款进行错配后的资金链断裂风险。平台在进行期限错配后,每一期借款到期时需要归还投资人的本息要由下一期融到的钱填补,以此形成循环,若其中任何一期出现融资不到位,资金链就会断裂。这种以新债还旧债的资金链断裂风险不存在于传统的企业债券发行行为中,故笔者认为期限错配行为系 P2P 借贷平台为了达到集资目的而采用的手段,更符合非法吸收公众存款罪和集资诈骗罪的行为特征。

(三)提高提取和认定电子数据的能力

第一,完善关于电子数据的相关法律规则,在无法由侦查人员直接从原始介质提取电子数据的情况下,确立电子数据真实性的认定标准,可以借鉴国外的立法和司法实践,比如:(1)自认可方法,即对一方不利而此不利一方不加反对的证据可以予以采纳;(2)证人具结方法,即由数据的管理人或其他对该数据的生成产生影响的人对电子数据的真实性做出证言;(3)专家鉴定方法,由适格的专家对某些需要借助掌握专门计算机相关知识的问题进行鉴定,以推定证据的真实性[②]。

第二,建立电子证据提取协作机制。由于电子证据具有高科技含量的特性,因此侦查人员在取证过程中需保持高度的谨慎,避免因不规范操作导致证据灭失或证据不完整,这就要求取证人员必须具备专业的收集技术,但目前具有专业技术的取证人员数量远远不能满足工作需要,且一般侦查人员的知识更新很难跟上电子信息技术的发展速度,要求所有侦查人员随时掌握最新技术的要求也过于苛刻。因此,可以在实践中建立电子数据提取协作机制,在侦查人员或公诉

---

① 林越坚、李俊:《P2P 平台犯罪分析及治理》,《温州检察》2015 年第 3、4 期。
② 闫海钰:《我国刑事诉讼中的电子证据法律问题研究》,《中国优秀硕士学位论文全文数据库》2013 年第 11 期。

人的主持下,由计算机专业人员或熟悉电算化程序的司法会计人员辅助取证及审查证据。

(四)健全行政监管机制,防范刑事犯罪风险

第一,相关部门尽快出台资金存管、备案、信息披露等细则。刑法介入 P2P 网络融资无序发展的状况具有一定的必要性,但近年来 P2P 网络借贷平台在无监管、无牌照、无门槛的情况下持续进行野蛮式的生长的原因更多地还在于行政监管的缺位。目前,《网络借贷信息中介机构业务活动管理暂行办法》已经实施,但其中关于机构备案登记、信息披露具体细则均另行制定,导致当前行政部门仍然缺乏处置 P2P 网络借贷平台的有效手段。因此,相应的配套措施亟待完善。

第二,建立信息共享渠道,加强风险预警提示。横向跨部门建立人行、银监、公安、工商、电信等部门之间的信息共享机制,并建立地方金融监管信息大数据交互平台,加强 P2P 行业的监管信息沟通。纵向建立跨地区经营平台的信息共享机制,机构法人所在地监管部门及时向分支机构所在地监管部门提供该机构的相关经营业务数据。通过信息共享机制及时掌握 P2P 平台的风险状况,对违法行为及早进行规范和整治,对犯罪行为予以打击。

P2P 网贷平台刑事法律风险及意见建议

浙江泽大律师事务所　毛朝臣[*]

摘　要：P2P 网贷作为一种全新金融理念和金融形式，诞生于英国，发展于美国，繁荣在中国。中国 P2P 网贷作为金融体系的重要组成部分，弥补了传统金融的不足，缓解中小微企业融资困境，助推普惠金融发展进程，丰富和完善了金融服务体系。在经过野蛮生长的阶段后，行业集聚了很多问题，存在一些刑事法律风险，行业进入规范调整的阶段。正确对待 P2P 网贷平台的刑事责任问题，要确立三个是否有利于的评价标准，把握金融创新与金融安全的关系，谨慎、谦抑地适用刑罚，为 P2P 网贷行业的发展留足空间。

关键词：P2P 网贷；金融；刑事责任；评价标准

一、P2P 网贷概况

P2P 为"peer-to-peer"的简称，为点对点或者个体对个体之意。P2P 网贷作为一种全新金融理念和金融形式，核心是"基于互联网思想的金融"。它通过信息互通、资源共享、资金流动，为很多无法从银行等金融机构获取资金的融资者提供一条新的融资渠道。

作为互联网金融中最能体现互联网精神的 P2P 网贷，中国几乎与世界同步进入该领域，并迅速成为该领域最重要的参与者。P2P 网贷诞生于英国，发展于美国，繁荣在中国。英、美、中三国 P2P 发展情况的简要对比见表 1。

---

[*]　毛朝臣，男，浙江泽大律师事务所律师。

表 1　英、美、中三国 P2P 发展情况的简要对比（2014 年）

P2P 情况	英国	美国	中国
平台数量（家）	30	3	1540
典型平台	Zopa、Funding、Circle 等	Prosper、Lending Club、Kiva	陆金所、人人贷、拍拍贷等
规模	15 亿英镑（截至 2014 年 5 月）	70.6 亿美元（截至 2014 年 6 月）	964.46 亿元人民币（截至 2014 年 6 月）
收益率（%）	3～6	4～10	5～20
特点	1. P2P 业务主要分为个人借贷、企业借贷和票据融资，各平台的业务专业性程度较高，借款违约率低 2. 行业自律，政府监管，政府对 P2P 行业给予大量支持	1. 受 SEC 监管，产品采用证券化形式 2. 建立破产隔离制度和二级市场 3. 集约化发展，高速稳定地增长	1. 行业门槛较低，发展迅速，交易量巨大 2. 新兴模式不断涌现，如 P2B/P2C 等，大资本等开始介入 3. 大多具有担保模式 4. 行业法律监管尚未明晰

　　2005 年 3 月，在英国，由三个年轻人创建的 Zopa，作为全球首家网络借贷网站，开创了 P2P 网贷这一新型经营业态。美国随后于 2006 年和 2007 年相继出现了提供类似服务的网站——Prosper 和 Lending Club，并占据美国 P2P 网贷市场的绝大部分。受发达国家 P2P 网贷平台的影响，2006 年，唐宁在北京创办宜信公司，P2P 借贷在中国扎根。2007 年 6 月，中国第一家 P2P 网贷平台——拍拍贷正式上线运营。随后，涌现出红岭创投、人人贷、陆金所等一大批规模和影响力较大的网贷平台，自 2012 起，中国 P2P 平台出现了爆发式增长，投资人、借款人、平台数量及成交量等主要规模指标都是成倍增长。根据网贷之家联合盈灿咨询发布的《P2P 网贷行业 2016 年 8 月月报》数据，2016 年 8 月 P2P 网贷行业单月实现了 1910.30 亿元的整体成交量，P2P 网贷行业历史累计成交量为 25815.09 亿元，累计平台数量达到 4213 家，正常运营平台数量为 2235 家，P2P 网贷行业贷款余额增至 6803.32 亿元，P2P 网贷行业的投资人数上升至 351.80 万人，借款人数达到了 135.31 万人。

　　随后，各路资本纷纷进入 P2P 网贷行业，抢占市场份额，在原来出身草根的民营系 P2P 网贷企业之外，出现了以开鑫贷、小企业 e 家为代表的银行系，以招财宝、搜易贷为代表的互联网系，以金开贷为代表的国资系，以黄河金融、银湖网等为代表的上市公司系，以陆金所为代表的保险系，以投哪网为代表的券商系。

全球 P2P 网贷行业发展大事记①

1983 年	孟加拉国,国际小额借贷之父尤努斯创办格莱珉银行
2005 年 3 月	英国,全球首家 P2P 网贷平台 Zopa 上线
2006 年 2 月	美国,首家 P2P 平台 Prosper 上线
2006 年 5 月	北京,唐宁创办宜信公司,P2P 借贷在中国扎根
2007 年 5 月	美国,Lending Club 上线,现已为全球最大的 P2P 网贷平台
2007 年 6 月	上海,拍拍贷上线,开启中国 P2P 网贷篇章
2009 年 3 月	深圳,红岭创投上线,开启 P2P 网贷中国化模式
2011 年	瑞典,TrustBuddy 在 NASDAQ(纳斯达克市场)上市,成为全球首家在公开市场发行股票的 P2P 平台
2013 年	中国,互联网金融元年,P2P 平台遍地开花,迎来大发展时代
2014 年 12 月	美国,Lending Club 上市,成为首家在主板上市的 P2P 平台
2015 年 7 月	中国,《关于促进互联网金融健康发展的指导意见》发布,P2P 行业进入规范发展时期
2016 年 8 月	中国,《网络借贷信息中介机构业务活动管理暂行办法》发布,P2P 行业进入整改年

2013 年以前,P2P 网贷平台运营资产主要包括主要面对个人的小额信贷债权和小额担保贷款。2013 年,P2P 网贷平台开始涉及企业借款,2014 年,各类金融资产或者类金融资产纷纷进入 P2P 网贷平台,P2P 网贷平台承接、处理、售卖的资产已经非常丰富。2014 年 P2P 网贷行业的主要资产类型见表 2。

表 2   2014 年 P2P 网贷行业的主要资产类型

资产类型	资产来源	进入时间[1]	交易规模(亿元)
个人信用贷款	P2P 网贷平台、小贷公司、信息服务公司等	2007 年	150 左右[2]
担保贷款[3]	P2P 网贷平台、小贷公司、担保公司等	2011—2012 年	1500 左右
大额企业贷款	P2P 网贷平台、小贷公司、担保公司等	2013 年	1000 左右
企业股权	P2P 网贷平台、小贷公司、担保公司等	2013 年	较零散,未统计
融资租赁	融资租赁公司	2013—2014 年	16
货币基金[4]	基金公司	2013—2014 年	暂未统计
银行承兑汇票	持票企业、票据公司	2014 年	50
商业保理	商业保理公司	2014 年	10

---

① 李鸿、夏昕主编:《P2P 借贷的逻辑》,机械工业出版社 2016 年版,第 14 页。

续表

资产类型	资产来源	进入时间	交易规模(亿元)
典当	典当公司	2014 年	2.5
上市公司股权	配资公司	2014 年	15
银行不良资产	银行、资产管理公司	2014 年	较少,未统计

资料来源:零壹研究院统计整理。①

注:[1]指该类资产大量进入的时间,而非首个该类资产产品的上线时间。

[2]不包括大学生分期贷款中未对接线上 P2P 平台的部分

[3]这里指扣除大额企业借贷外的担保贷款总额。

[4]指对接平台站岗资金的货币基金总额。

P2P 网贷进入中国,因不同于英美发达国家的国情,特别是征信体系不健全,很多信息没有免费开放给社会查询,甚至根本就无法查询。P2P 网贷在中国发生了许多改变。图 1 为我国 P2P 网贷服务平台的模式演进:②

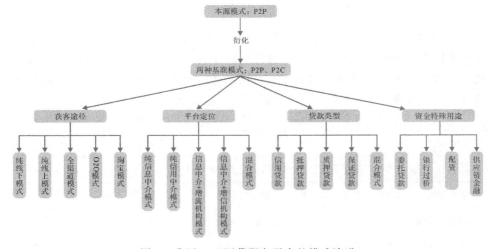

图 1   我国 P2P 网贷服务平台的模式演进

二、P2P 网贷行业的积极意义

(1)P2P 网贷弥补了传统金融的不足,体现了金融的民主化和普惠化,缓解

---

①   零壹研究院:《中国 P2P 借贷服务行业白皮书(2015)》,东方出版社 2015 年版,第 6 页。

②   李鸿、夏昕主编:《P2P 借贷的逻辑》,机械工业出版社 2016 年版,第 82 页。

中小微企业融资困境,助推普惠金融发展进程。

金融体系最重要的作用,应是为实体经济服务,以及为公民日常生活增加便利而提供基础金融产品。金融作为一项大众民生基础需求,应起到与水、电等类似的基础设施或公共产品的作用。金融服务应有公平性和普惠性,每一个人都应该获得最低程度的金融服务,从而促进社会公平。

但现实是,传统金融向来是"嫌贫爱富",不会"雪中送炭",只做"锦上添花"之事,许多贷款和投资需求无法通过传统金融得到满足,存在匹配失灵的情况。P2P 网贷普惠金融的特征,将这一部分压抑和蛰伏的需求激发出来,以快捷、便利的金融服务满足了这一部分需求。P2P 网贷填补了传统金融机构和传统民间借贷之间的空白,丰富了我国多层次借贷服务体系的内容,满足了融资主体的多样化服务需求。

P2P 网贷丰富了我国多层次借贷服务体系①

借贷服务体系		贷款利率区间	利率基准
银行	◎	5%～8%	贷款基准利率
信托计划		10%～15%	2 倍贷款基准利率
P2P 网贷		14%～18%	3 倍贷款基准利率
小贷公司和民间借贷		18%～24%	不超过 4 倍贷款基准利率

(2)P2P 网贷加速金融脱媒,实现间接融资向直接融资方式的转变,提高资源配置效率。

"金融脱媒"采用新兴的技术手段与去中心化的思想改变风险传播模式,扁平化金融中介,提高资金使用效率,让借贷双方都能够从中获益。与基于银行的间接融资方式不同,P2P 网贷是一种直接融资方式,可以有效降低融资成本,带来资源配置效率的提高,同时,也有助于分散系统性金融风险。

P2P 网贷的信息优势和成本优势将冲击商业银行的借贷业务,产生"鲇鱼效应",搅活金融市场。传统银行业主动拥抱互联网,进入 P2P 网贷等互联网金融领域,转变过去吃高额利差的业务增长模式,增强了产品创新能力和服务能力。

(3)P2P 网贷促进利率市场化和优化信用环境,推动金融市场化进程。

P2P 网贷市场的越来越透明化,对于利率市场化有着直接的促进意义,它可以带动整个金融行业向市场化转变。

我国缺乏完善的征信体系,央行的征信平台又不向 P2P 网贷企业开放,P2P 网贷平台为了对投资者和自身业务负责,不得不亲自承担征信职责,通过大量的尽职调查对借款人的信用材料进行收集、整理和评估,客观上起到了以巨大的成

---

① 李鸿、夏昕主编:《P2P 借贷的逻辑》,机械工业出版社 2016 年版,第 44 页。

本代价帮助大量个人借款人建立信用档案,并对其进行信用评估的作用。经由行业征信联盟和商业征信机构的链接和整合,这些零散、细碎的征信数据有望汇集成较全面、完善的民间金融基础信息,加上大数据征信技术的推动,我国的整体征信环境很有可能在个人征信领域率先得到较大改善,并逐渐延伸至中小企业征信领域,从而为我国金融市场化进程奠定发展基础。

(4)推动民间借贷走向阳光化,优化多层次融资服务体系。

P2P 网贷模式的出现,通过线上化、规范化的形式,为借贷双方提供了一个直接对接的平台,平台的服务商不吸储也不放贷,规避了民间借贷的法律风险,为民间借贷阳光化提供了可靠的商业模式,进而对我国多层次融资服务体系的优化做出了贡献。

(5)提高闲散资金利用率,丰富大众投资理财渠道。

我国金融领域存在"两多两难"问题(民间资本多投资难、中小企业多融资难),高储蓄率说明民众大量的资金存放在银行里,过低的存款利率,根本无法抵御货币贬值的风险。P2P 网贷的出现,使民众在国债、银行理财产品、基金、股票、信托、外汇、期货、黄金、房产、投资性保险之外,多了一个投资渠道,在资产配置"篮子"中增添了一个新的品类,扩大了可投资的范围。P2P 网贷还在投资门槛、投资收益、便利性和流动性等方面具备相对优势,能够更好地满足多样化需求。

P2P 网贷填补了我国大众理财市场的一个空白①

投资工具	预期收益主区间	收益基准
储蓄(定存)	2%~4%	存款基准利率
国债	4%~7%	1.5 倍存款基准利率
银行理财	4%~8%	2 倍存款基准利率
中富理财市场有信托,	8%~12%	3 倍存款基准利率
大众理财市场有 P2P		

三、P2P 网贷行业存在的问题

(1)我国 P2P 网贷发展的核心障碍是征信系统不健全、不开放。信用体系无法满足 P2P 行业发展需求。

P2P 网贷发展的基础是良好的个人信用体系。英美等发达国家的征信体系历史悠久,发展较为完善,P2P 行业相对健康。而中国征信体系还是处于从企业

---

① 李鸿、夏昕主编:《P2P 借贷的逻辑》,机械工业出版社 2016 年版,第 68 页。

征信到个人征信、从局部试点到全国统筹的发展阶段。我国征信行业的发展与 P2P 网贷行业发展相比,仍具有明显的滞后性,如征信法律建设不足、征信信息覆盖性差、征信产品单一等。不但如此,P2P 网贷平台还无法像小额贷款公司、融资性担保公司等机构一样接入央行征信系统,获得借款人的信用信息。这直接制约了 P2P 网贷的信用评估、贷款定价和风险管理的效率。很多 P2P 网贷平台开展线下的尽职调查,增加了交易成本,贷款利率也相应提高,增加了运营成本和运营风险。

(2)P2P 网贷平台之间缺乏信息共享,增加了恶意骗贷发生的概率。

每个 P2P 网贷平台都掌握部分借款人的零星信用数据,但这些数据并没有联网,使一些不诚信的借款人在多个 P2P 网贷平台之间贷款,增加了违约风险,甚至出现恶意骗贷。相关行业组织或者央行有必要将这些零散的信用数据收集、整理,实现同行间数据共享,降低此类风险。

(3)受信用数据获取困难的限制,P2P 网贷平台可以跨地域服务的特点受到限制。

互联网技术可以消除时空限制,为扩大用户数量、直接匹配借贷需求奠定基础。但国内的信用环境,使许多平台不得不通过线下审核借贷人来控制风险,受制于此,其业务范围有一定的地域性。从目前网贷平台的数据看,借贷双方主要还是 25~40 周岁的人居多,而且主要是沿海发达城市的互联网和金融相关的行业人士居多,而三四线的人群的理财需求和借贷需求还难以得到满足。

此外存在 P2P 网贷平台信息披露不够,违约风险、信用风险、流动性风险怎么控制,对个人信息安全的保护,一些平台的"跑路"、诈骗给整个行业带来的负面影响等等问题。

四、P2P 网贷平台容易碰到的刑事责任分析

伴随 P2P 网贷行业的高速发展,整个行业鱼龙混杂,风险也急剧增加。从 2013 年秋季开始爆发 P2P 网贷平台公司倒闭潮,一些问题平台甚至出现负责人卷款跑路的现象。2013 年出现了被称为"网贷第一大案"的优易网集资诈骗案,国内 P2P 自融平台被判非法吸收公众存款罪第一案的"东方创投案"。P2P 网贷平台容易涉及的刑事罪名主要有:

1. 非法吸收公众存款罪

本罪规定于《刑法》第 176 条,是指违反国家金融管理法规,非法吸收公众存款或变相吸收公众存款,扰乱金融秩序的行为。"非法吸收公众存款,是指未经中国人民银行批准,向社会不特定对象吸收资金,出具凭证,承诺在一定期限内

还本付息的活动;所称变相吸收公众存款,是指未经中国人民银行批准,不以吸收公众存款的名义,向社会不特定对象吸收资金,但承诺履行的义务与吸收公众存款性质相同的活动。"2010 年最高人民法院颁布《最高人民法院关于审理非法集资刑事案件具体应用法律若干问题的解释》,在第 1 条至第 3 条明确界定了非法吸收公众存款罪的构成要件。只有违反国家金融管理法规,具备"未经有关部门依法批准或者借用合法经营的形式"、"向社会不特定对象吸收资金"、"承诺还本付息"、"公开宣传"这四个条件,达到量刑标准的才能构成犯罪。

该罪名是 P2P 网贷平台最容易触碰到的罪名,按上述犯罪构成,初看,几乎所有的 P2P 网贷平台都符合,这无疑是 P2P 网贷机构头上悬着的达摩克利斯之剑。其中存在自融行为的平台,最容易被认定为该罪,如"东方创投案"。同时,一些 P2P 网贷平台没有进行第三方资金托管,所实施的模式或者业务流程,比较常见的如:债权转让模式、理财模式、拆标错配、充值,容易形成所谓的"资金池",很容易被认为非法吸收公众存款的行为,刑事风险比较大。

2. 集资诈骗罪

本罪规定于《刑法》第 192 条,是指以非法占有为目的,适用诈骗方法集资,数额较大的行为。诈骗方法是指行为人采取虚构资金用途,以虚假的证明文件、良好的经济效益、高回报率等为诱饵骗取集资款的手段。集资诈骗罪与非法吸收公众存款罪都属于非法筹集资金的行为,两者的区别主要表现在犯罪的主观故意方面,集资诈骗罪是行为人采用虚构事实、隐瞒真相的方法意图永久非法占有社会不特定公众的资金,具有非法占有的主观故意;而非法吸收公众存款罪行为人没有非法占有的目的,只是临时占用投资人的资金,行为人承诺而且也意图还本付息。P2P 网贷平台涉嫌集资诈骗罪或非法吸收公众存款罪,可根据筹集资金的主观意图以及资金的主要用途和流向综合分析进行判断。

如被称为"网贷第一大案"的优易网集资诈骗案,案件罪名虽一波三折,但两个犯罪嫌疑人最终被认定构成集资诈骗罪。其平台所挂的借款标的均为虚构,集资款项主要投向了期货和股市,最终由于投资失败无法偿还出借人。那些涉及"跑路"的平台,存在大量虚构标的的平台,都容易涉嫌集资诈骗罪。

3. 高利转贷罪

本罪规定于《刑法》第 175 条,是指以转贷牟利为目的,套取金融机构信贷资金高利转贷他人,违法所得数额较大的行为。由于我国金融市场上存在比较大的利差,而传统银行只会"锦上添花"的特点,一些国有企业、上市公司、大中型企业,比较容易获得银行较低的贷款,资金充足,而大量的中小企业有融资需求,但无法从银行获得贷款,客观上造成这样一个利差市场。P2P 网贷平台的出现,更是为其提供了一个很好的平台。除了投资者可能利用 P2P 网贷平台进行高利转贷,一些 P2P 网贷平台自身并未将重心放在投资人的客户开发上,而是利用平台从金融机构进行融资并高利转贷转给借款人,比较容易涉嫌本罪。

4.洗钱罪

《刑法》第 191 条规定了本罪,明知是毒品犯罪、黑社会性质的组织犯罪、恐怖活动犯罪、走私犯罪、贪污贿赂犯罪、破坏金融管理秩序犯罪、金融诈骗犯罪的所得及其产生的收益,为掩饰、隐瞒其来源和性质,有下列行为之一的,构成洗钱罪:

(1)提供资金账户的;

(2)协助将财产转换为现金、金融票据、有价证券的;

(3)通过转账或者其他结算方式协助资金转移的;

(4)协助将资金汇往境外的;

(5)以其他方法掩饰、隐瞒犯罪所得及其收益的来源和性质的。

P2P 网贷因金融的属性,有资金快速流动的特点,比较容易成为犯罪分子进行洗钱犯罪的通道。P2P 网贷平台明知投资人资金来源于上述犯罪所得还继续提供上述协助行为的,构成洗钱罪。如果从事上述犯罪的犯罪分子设立 P2P 网贷平台为自己从事洗钱行为,也会构成本罪,并且也可能与上游犯罪一起实行数罪并罚。①

5.侵犯公民个人信息罪

本罪规定于《刑法》第 253 条之一,入罪门槛很低。是指违反国家有关规定,向他人出售或者提供公民个人信息,情节严重的行为。违反国家有关规定,将在履行职责或者提供服务过程中获得的公民个人信息,出售或者提供给他人的,从重处罚。

各 P2P 网贷平台均有大量的资金数据和客户重要信息,在现在还没有司法解释对违反国家有关规定,情节严重进行细化规定的情况下,各平台必须要做好客户信息保护工作,不得出售或提供给他人,否则极易涉嫌侵犯公民个人信息罪。

6.虚假广告罪

本罪规定于《刑法》第 222 条,是指广告主、广告经营者、广告发布者违反国家规定,利用广告对商品或者服务作虚假宣传,情节严重的行为。

P2P 网贷行业平台众多,竞争激烈,有平台主动发布虚假的标的,吸引人气,或者对借款人发布的虚假信息,明知或应知所发布的信息为虚假而进行多次宣传。致使投资者多人受骗上当或者违法所得较大等情节的将会构成虚假广告罪。

7.P2P 网贷平台涉及共同犯罪的问题

最高人民法院、最高人民检察院、公安部《关于办理非法集资刑事案件适用

---

① 何萍:《自我洗钱者可以单独构成洗钱罪》,《检察日报》2010 年 1 月 6 日第 3 版。

法律若干问题的意见》第 4 条规定："为他人向社会公众非法吸收资金提供帮助，从中收取代理费、好处费、返点费、佣金、提成等费用，构成非法集资共同犯罪的，应当依法追究刑事责任。"该条规定了共同犯罪的问题，现在一些 P2P 网贷平台出现了"通道化"的现象，从事金融业务的机构将 P2P 平台作为吸收公众资金的通道。一些小额贷款公司、典当公司、融资性担保公司等从事金融业务的机构与 P2P 网贷平台合作，或者自行设立 P2P 网贷平台，这些公司提供项目，经由 P2P 平台完成融资，P2P 网贷就成为这些公司吸收公众资金的线上平台，借以绕过国家对这些机构的监管。

一些 P2P 网贷平台未能及时发现甚至默许不合格借款人在平台上以多个虚假借款人的名义发布大量虚假借款信息，向不特定多数人募集资金，如果这些借款人涉嫌"非法吸收公共存款罪"、"集资诈骗罪"、"擅自发行股票、公司、企业债券罪"等非法集资的刑事犯罪，P2P 网贷平台作为中介平台非常有可能被认定为"共犯"受到刑事追责。

此外，个别平台因从事股权众筹，自行发售理财或代销银行理财、券商资管、基金、保险或信托产品等金融产品，开展类资产证券化的业务，有可能触碰到擅自发行股票、公司、企业债券罪和非法经营罪等刑事犯罪。

五、对 P2P 网贷平台刑事责任追究应注意的问题

囿于立法者的认识能力有限，不可能对所有试图规范的社会事实都有充分的认识。立法者不但不可能对现有的社会生活有充分的认识，更不可能对将来的社会生活有足够的认识。所以，法律规范永远滞后于社会发展变化。互联网领域又是一个变化非常快的领域，面对这些新领域、新事物，在进行刑事司法评价时，如果只是简单死板适用条文规定，评价结论肯定与实际情况不符，无法符合社会发展的要求。法律的指引作用，刑法的价值无法得到正确体现。

1. 对待新事物、新情况，坚持正确的评价标准

P2P 网贷作为一种网络金融时代的有效创新模式，对于完善我国金融体系、填补信贷空缺、弥补中小企业融资缺口、缓解民间资本投资等具有重要的作用，其所引发的"长尾效应"也引起政府、社会和学术界的高度关注。P2P 网贷已成为国家金融服务体系不可或缺的组成部分，带着互联网的基因，其正给整个金融行业带来催化剂的作用，促使传统的金融机构也来主动拥抱互联网，正日益改变着金融行业，甚至是颠覆或者重生。互联网金融是我国整个"互联网＋"战略的重要组成部分，是一个新事物，过去的政策、监管、调控都已经无法完全适应。迫切需要确立统一的评价标准，避免行政监管或司法评价有较大的随意性。作为刑事审判

的指导思想,法官在具体审理这些涉及新事物、新情况的案件的过程中,面对还没有法律或者司法解释更具操作性的适用标准时,也能保证案件判决结果符合立法的目的。

P2P 网贷对金融行业来说是一场改革,是新生事物,邓小平提出的"三个是否有利于"和习近平今年提出的"两个是否"评价标准,不但可以作为评价 P2P 网贷发展(或者说金融领域改革)方向和成效的评价标准,也可以作为对 P2P 网贷的监管方向和成效的指导标准,亦可以作为涉及 P2P 网贷案件审判和司法评价是否正确的指导标准。

"三个是否有利于"的标准是指"是否有利于发展社会主义社会的生产力,是否有利于增强社会主义国家的综合国力,是否有利于提高人民的生活水平"。这"三个有利于"表述后来写入党的十四大报告和党章之中,成为全党的指导思想。"两个是否"是指"是否促进经济社会发展、是否给人民群众带来实实在在的获得感"。具体到对 P2P 网贷的评价标准可以表述为,是否有利于促进更广泛的经济社会发展,是否有利于促进金融领域的发展,增强国际竞争力,维护国家金融安全,是否有利于提高最广大人民利益,享受到更多更好更便宜的金融服务。

2. 准确把握和平衡金融创新与金融安全的关系

创新也是一种破坏,P2P 网贷对现有的传统金融行业所带来的冲击是显而易见的,但对这种破坏性力量所带来的破坏是正向的还是负向的,我们要用前面的"三个是否有利于"进行评价。

针对 P2P 网贷平台涉嫌非法吸收公众存款罪案件,对于是否扰乱金融秩序,不是看其对现有金融秩序是否造成破坏。国家要维护金融管理秩序,不是说维护现有既得利益者的利益,而更关注的是其背后所保护的目的,那就是国家金融安全。现在看 P2P 网贷那点业务量,在整个金融行业中是微不足道的部分,整个 P2P 网贷行业的业务量还不如一家普通商业银行。即使整个 P2P 网贷行业出问题,也无法撼动国家金融安全。相反,从长远看,其对增强国家金融安全是有帮助的。能促使传统金融企业主动拥抱互联网,完成"互联网+"的改造,改变原来"躺着吃高利差"的业务增长模式,增强竞争力,能面对发达国家金融机构的竞争而处于不败之地,保证国家金融安全。

在处理 P2P 网贷平台涉及违法犯罪问题且诉至人民法院时,要查实具体交易过程,并予以谦抑地评价,慎用刑罚,而非不顾社会危害性大小就做简单地作刑事评价,应为我国互联网金融的发展留足空间。

3. 处理好行政监管与刑事司法救济的关系

刑法具有补充性,只有当一般部门法不能充分保护某种社会关系时,才由刑法保护;只有当一般部门法还不足以抑制某种危害行为时,才能适用刑法。所以,当 P2P 网贷平台的违法行为,行政监管能予以纠正调整的,刑法不应介入。

对于有些行业问题,监管中完全可以采用技术性手段加以解决的,也无须动辄借助刑法措施加以调整。如借款人在多个平台间重复借贷的问题,无形中增加了杠杆率,导致违约风险增加。技术上通过各平台信息联网,信息共享的方式就可以很好地控制风险。最新颁布的《网络借贷信息中介机构业务活动管理暂行办法》,对此只是做了比较原则的规定,网络借贷信息中介机构应当加强与金融信用信息基础数据库运行机构、征信机构等的业务合作,依法提供、查询和使用有关金融信用信息。但对具体怎么实现,特别是央行的征信信息向 P2P 网贷行业开放怎么解决,还需更进一步的细化。

监管尽可能采取疏导的方式而不宜采用堵的方式。该办法坚持由银行业金融机构对客户资金实行第三方存管,促进 P2P 网贷平台与银行业金融机构的合作,取长补短,有利于双方的共同发展。同时又有效地避免了"资金池"现象,规避刑事法律风险的发生。同时还引导与保险公司等机构合作,这些都非常有利于行业健康发展。但该办法同时对借款余额上限进行规定,简单粗暴地堵截,可能会阻断 P2P 网贷创新的进程。

4.追究 P2P 网贷平台刑事责任,要更多从保护投资人权益的原则进行价值判断,妥善解决刑事与民事的交叉问题

P2P 网贷平台涉嫌刑事犯罪,其对金融安全、金融秩序的影响并不是很大,但对投资人的利益影响很大。我们应更多从保护投资人权益出发,尊重投资人选择不同的司法救济途径的意愿。对于不同投资人选择结果不同,造成处理 P2P 平台业务涉民事、刑事交叉问题的,目前主要应当按照最高人民法院、最高人民检察院、公安部出台《关于办理非法集资刑事案件适用法律若干问题的意见》第七条"关于涉及民事案件的处理问题"的规定处理,刑事先于民事。

六、结 语

P2P 网贷同民间借贷一样,都是国家金融服务体系的组成部分,尺有所短,寸有所长,对于大型金融机构无法覆盖的众多小微金融需求,P2P 网贷却能予以匹配,满足市场上被压抑的众多小微金融需求,其存在有一定的合理性。P2P 网贷因其金融的属性,与其他金融行业一样都存在风险。面对风险,我们需要通过法律规范加以约束和规范,在保证行业正常发展的前提下,控制风险的发生。在 P2P 网贷平台涉及刑事犯罪评价时,应坚持"三个是否有利于"的评价标准,平衡金融创新和金融安全的关系,留足 P2P 网贷行业创新发展的空间。

P2P 网贷平台非法集资犯罪的刑法规制

温州市人民检察院　林越坚　叶英波　吴　为[*]

摘　要：目前我国 P2P 网贷问题平台的数量激增，非法集资化的趋势正日益显著。尽管 2015 年人民银行等十部委联合发布的《关于促进互联网金融健康发展的指导意见》已确立相关的常态监管体制，但刑法规制的适当运用更具有现实的紧迫性。本文立足于金融检察实践，针对 P2P 非法集资犯罪相较于传统非法集资犯罪的不同之处，就审查 P2P 非法集资犯罪中所涉及的证据审查、行为定性等问题提出相应的解决措施。同时从预防犯罪的角度出发，建议延伸检察职能，实现与行政监管间的有效衔接。

关键词：P2P；非法集资；刑法规制；金融检察

银监会发布的数据显示，据不完全统计，截至 2015 年 11 月末，全国正在运营的网贷机构共 2612 家，撮合达成融资余额 4000 多亿元，问题平台的数量有 1000 多家，约占全行业机构总数的 30％。[①] 加上相继爆出的 e 租宝、大大集团等大规模网贷非法集资案件，P2P 网贷的非法集资及其法律应对问题正在日益受到关注。

一、P2P 网贷平台的基本模式及异化趋势

（一）P2P 网贷平台的现状分析

P2P 网络贷款在我国最早始于 2007 年的"拍拍贷"，至今已走过八载的发展历程。近三年来，全国 P2P 网贷平台数量更是呈现出了几何级数式的爆炸增长，从原先的寥寥 50 家骤升至 2000 余家。具体到温州地区而言，作为民营经济

---

[*] 林越坚，男，温州市人民检察院副检察长，课题负责人；叶英波，男，温州市人民检察院检察员，主诉检察官；吴为，女，温州市人民检察院助理检察员。

[①] 王丽娜：《非法集资新困局》，《财经》2016 年第 1 期。

发展的高地,有限的熟人之间的信用和契约关系、僵化的金融机构借贷体系与实体经济的发展需求矛盾日显,P2P 网贷平台作为一种技术解决方案在温州有着肥沃的生长土壤和广阔的生长空间。根据温州民间借贷登记服务中心的名单,截至 2014 年 12 月,温州地区的 P2P 网贷公司数量达到 61 家,约占全国总数的4%,资金规模也接近 221.7 亿元。伴随着 P2P 网贷平台这种新型金融业态的出现,系统性风险也随之凸显。以温州地区为例,P2P 网贷平台中存在着一部分原先从事民间借贷业务、顺应潮流转型而来的公司,其本身具有因管理不善背负债务而借机弥补亏损的不良因,这为新一轮的民间借贷危机埋下隐患。据统计,仅 2014 年一年温州市公安局就相继查处 7 家涉嫌非法吸存的 P2P 网贷平台①,涉案金额达一亿余元。可见,以 P2P 网贷平台为代表的 P2P 金融在国内发展虽然初具雏形,互联网金融顶层设计的文件业已出台,但此间的法律风险由于政策落地的滞后性尚无法完全避免,往往带来侵蚀金融信誉的后果,与普惠金融的初衷背道而驰。

(二)P2P 网贷平台的基本模式及异化

P2P 网贷平台的基本模式是非金融机构利用互联网或移动平台为民间借贷双方提供借贷信息中介服务,包括信息发布、交易撮合,以及为实现交易撮合而提供的风险评估、信用评价、投资咨询、交易管理及资金流转等服务。但 P2P 网贷行业自进入中国市场之初就未沿着国外的基准路径展开,而是迅速异化为多种不同性质的模式,形成中国式的 P2P 网贷平台。

(1)平台担保模式。平台担保模式指的是平台本身不参与借款交易,但为投资人提供本金担保。由于网贷平台本身主要以服务小微企业为主,借款额度一般较大,通过平台的自我担保,可以进一步保证投资人的资金安全,提高交易效率。但其缺陷也是显而易见的。在现有包括全球的金融监管体系中对这类机构都是按照最严格的方式进行监管的情形下,这种自担保是把相应的信用风险、流动性风险进行自我承担,带来的最大问题是投资项目认知的风险和收益的扭曲。一方面,这种风险的自我承担对平台自身实力的要求较高,即必须具备雄厚的资金保证。一方面,仅适用于客户违约率较低的情形,否则一旦出现大规模违约,则容易导致平台倒闭甚至跑路的情形。

(2)债权转让模式。债权转让模式是指借贷双方不直接签订债权债务合同,而是通过第三方个人先行放款给资金需求者,再由第三方个人将债权转让给投资者。P2P 网贷平台则通过对第三方个人债权进行金额拆分和期限错配,将其

---

① 这 7 家网贷平台指德赛财富、弘昌创投、亚盛投资、融益财富、如通金融、万通财富、富城贷。

打包成类似于理财产品的债权包,供出借人选择。由此,借、贷双方经由第三方个人产生借贷关系的模式使原本"一对一"、"一对多"的 P2P 借贷关系变为"多对多"的债权关系。这种模式实质就是利用债权拆分和转让进行了资产证券化,进而实现流通。其本身的弊端也十分突出。第一,对借款人的信息披露不够透明充分,风险较大;第二,很容易出现期限错配和流动性错配的问题,后果严重;第三,资金是否会流进平台出资人难以掌握,资金去向不明极易导致资金陷入失联的危险境地。

(3)资金自融模式。资金自融,即构建资金池,是百无禁忌的互联网企业在 P2P 网贷平台创新道路上铤而走险的一种极端异化模式。该模式是先将投资人的钱直接转入平台的账户或者平台人员的私人账户再行分配,通过构建资金池使自身实际上成为没有牌照的银行等金融机构,这样也就意味着平台可以擅自将投资人的资金移作他用而不受监管。而且一旦踏上资金池的道路就必须追求规模持续增长,同时,随时提现的便利性会逼着所有同行业加入靠资金池运转的行列。一旦经营风险的金融行业需要靠持续规模增长来确保低风险,投资人的资金安全得不到长远保障,极易诱发平台跑路的风险。

二、P2P 网贷平台非法集资犯罪的特点

鉴于国内 P2P 网贷平台的异化趋势不可逆转。2011 年 9 月,中国银监会发布《关于人人贷有关风险提示的通知》昭示了监管部门对 P2P 行业异化趋势下法律风险的担忧,目前 P2P 网贷平台涉及的可能法律风险主要集中于泄露用户信息、成为洗钱工具及非法集资等方面,其中尤以网贷平台的非法集资化最为突出,也是当前刑法控制的重点所在。P2P 网贷平台滋生的非法集资犯罪与传统的非法集资犯罪相比,其在犯罪形态、辐射范围、发案导向方面均有诸多新特点。

(一)集资形式

(1)资金线上往来,去当面化交易。区别于传统的非法集资犯罪,P2P 网贷平台向社会公众集资主要采取的是非现金交易,依托于互联网技术,操作便捷。非法集资的宣传活动及客户注册均在平台网站上进行,其资金往来也主要依靠电子转账和网上支付。利息收益也不直接转到投资者的银行账户中,只是在其注册的会员账号内显示收益金额,投资者需要在网站申请提取现金。这种去当面化的集资形式,使得集资效率和集资范围显著增强,但使得双方的信息交流机会减少,信息交流范围趋于狭小,投资人难以对平台获得最直观的了解。

(2)高收益,低门槛,期限灵活。P2P 网贷平台只需前期支出一定费用搭建

网络借贷平台,后期聘请 1～2 名网络技术维护人员和少量业务推广员,即可开门迎客、开展业务,成本可谓低廉。较低的运营成本意味着较大的利润空间。为了和银行等传统金融机构的理财项目竞争,P2P 网贷平台依靠自身的成本优势往往会将产品包装成更高收益的理财产品。据融 360 重点监测的 325 家网贷平台数据显示,2014 年 P2P 网贷平台全年平均年化收益率为 17.4%,部分平台的收益更高达 20%以上[①]。而传统非法集资犯罪许诺的月息通常在一分左右浮动,稍低于此。从人的趋利本性来看,在同等风险的情况下投资人通常会趋于选择收益更高的投资产品。故相较于传统的非法集资犯罪,网贷平台的非法集资化具有更强的投资驱动性。而且与传统非法集资案件中动辄几万元甚至数十万元的投资起步价相比,P2P 网贷平台"广撒网"的小额投资对储蓄有限的中小客户具有更强的投资吸引力。

(二)受害人范围

(1)年龄结构:P2P 网贷平台搭建于虚拟网络之上,宣传辐射虚拟网络世界,与现实社会的相对隔离性意味着其吸引的客户群体不是全民性的,而是活跃的互联网族群。该群体具有受教育程度高、消费能力高、年龄层次低的特点。上述特点也正是 P2P 网贷平台主要针对的目标客户群体所具有的。《中国 P2P 借贷服务行业白皮书(2015)》显示,在 P2P 理财用户中,80、90 后的人群已占比过半,达到 53%,可见其用户群体的年轻化。且 P2P 网贷平台具有投资门槛低、期限灵活等特点,也更适应该年龄层尤其是中等收入人群的投资需求。而传统非法集资犯罪的关注人群则与 P2P 网贷平台有着较为鲜明的界限,主要集中在有闲钱、警惕性较低的中老年人群体。

(2)区域范围:辐射面广是 P2P 网贷平台非法集资犯罪的另一大特点。P2P 网贷平台依托网络进行宣传,网络宣传的特点概括而言即全方位、全天候、多维度。其运用文字、图像和声音的有机组合,传递多感官信息,使宣传受众更直观地对产品信息进行了解,大大增强了宣传的实效性。另外,网络宣传制作成本低、速度快,其无边界性也使得吸收资金的信息能够迅速大范围传播,集资对象和影响范围明显扩大。而传统非法集资主要以发传单、打电话、推介会甚至口对口的形式进行宣传,传播速度缓慢,宣传效果有限,影响局限在某一特定区域。故相较而言,P2P 网贷平台具有先天的宣传优势和受众优势,不受时间之限,不受地域之困,吸收的资金规模数倍于传统非法集资案件,涉案的受害人人数也远高于传统非法集资案件。

---

① 数据来源于 http://www.rong360.com/gl/2015/01/23/63999.html。

(三)处置上的结果导向

近些年最高人民法院相继出台的诸多司法解释使得传统非法集资案件业已有相对明确的审查标准,但在个案审理时仍存在着差别和争议。而作为一种新的金融业态,"中国本土化"的 P2P 网贷平台呈现了非标准化的发展态势,实践也默认了这些异化模式的发展,故由此引发的非法集资案件在认定标准上模糊化和表象化的倾向更甚。上述倾向投射到司法处理层面,出现了以结果为导向的实用主义倾向,即司法保护往往以 P2P 网贷平台运营的成败为标准,而不是以非法集资犯罪的核心法律特征为标准。一般而言,对于成功的平台运营者,只要其没有产生不能偿还借款的后果、未影响社会稳定,司法居于中立;而对于失败者,因其造成了群体性借贷纠纷,刑法就予以惩处。这是典型的"成者英雄败者寇"理念,有违刑法平等保护之宗旨。尽管结果导向的做法能行一时之效,但长远来看这种司法失范反而会加剧民间金融领域的投机和道德风险。

三、P2P 网贷平台非法集资犯罪的刑事司法困境

(一)管辖权归属难确定

P2P 网贷平台非法集资犯罪本质上是一种网络犯罪。网络空间的全球化、虚拟化、非中心化等特点一定程度上动摇了传统司法管辖的基础,使司法机关对网络犯罪的管辖面临严峻挑战。传统的刑事司法管辖建立在现实的物理空间之上,故以属地管辖权为基础,确认管辖有赖于犯罪行为地和结果地的确定。在网络犯罪中,由于涉案人员通常人数众多且散布多地,犯罪地往往突破地域甚至主权的限制,机械运用传统的管辖原则无法适应侦办案件的需求,易出现各地相互推诿或争办案件的现象。目前实践中网络犯罪的管辖权存在多种考量因素,主要有以网络行为的最终目的地、网络犯罪行为实施地、网络犯罪行为结果地等作为合理依据,但具体以何种作为确定依据却又因案而异。

(二)证据审查有难度

(1)搜集不全面,取证成本高。首先,公安跨地区取证难度高。P2P 网贷平台非法集资犯罪辐射范围较广,受害人遍布全国各地,一一取证、面对面取证相较于传统非法集资犯罪更为困难。跨地区取证涉及各地区公安机关的配合问题。按照《公安机关办理刑事案件程序规定》的精神,对异地公安机关提出协助调查、执行强制措施等协作请求,只要法律手续完备,协作地公安机关就应当及

时无条件予以配合。但目前上述规定大多用于犯罪嫌疑人的抓捕工作,对受害人的取证还是主要依赖本地公安机关的异地取证。具体到 P2P 网贷平台非法集资犯罪这么多受害人的情形,异地取证的经济成本大幅增加。其次,受害人主动配合积极性低。很多小额投资者由于跨地域等原因,维权费用比投资金额大,又鉴于犯罪嫌疑人已陷入山穷水尽之境地欠缺还款的期待可能性,出于减少损失的考量,部分受害人也缺乏主动报案的积极性。以"温州金融港"P2P 网贷平台非法吸收公众存款案[①]为例,平台显示的涉案受害人高达 600 人之多,但实际报案的受害人为 233 人,仅 1/3。故实践过程中,咎于上述因素侦查人员往往难以穷尽所有涉案的受害人,只能采取个别取证的方法,选取本区域内的受害人或者主动报案的受害人进行走访取证。

(2)电子数据杂,证据难辨识。P2P 网贷平台借助互联网强大的触角,让互不相识的人像买卖商品一样完成出借款项的过程,受害人与犯罪嫌疑人远隔千山万水素未谋面,无法遵循通常的交易规则,所有交易的完成诸如签订合同等都在互联网上进行。这种线上的交易模式一般仅保留电子数据作为凭证,电子数据有"易修改、易损毁、不易固化"的特征,故在证据保存上要求更高。案发后为逃避追诉,电子数据易遭到毁损或者人为篡改,如何搜集并保证其完整性、原始性、真实性是 P2P 非法集资案件办理的一大难点。而且即使未遭篡改,貌似"客观"的电子数据也存在着作伪的可能。如 P2P 网贷平台为了账面"漂亮"而大量雇佣"水军"、使用"马甲"伪造"幽灵"数据以致虚高。以"德赛财富"平台非法吸收公众存款案[②]为例,其平台数据存在大量"马甲"以及后台刷数据产生的金额,故显示金额远远超过实际金额,此类数据的甄别、筛选为案件审查带来挑战。

(3)言词证据弱,金额难认定。在传统非法集资案件中,犯罪嫌疑人的供述和受害人的陈述是认定犯罪金额的主要基础,必要时公安机关还可以通过安排双方当事人对账的方式来核实集资金额。基于上文分析可知 P2P 网贷平台的非法集资犯罪具有涉案数额大、受害人众多、金额细碎化的特点,犯罪嫌疑人一

---

① "温州金融港"P2P 网贷平台由犯罪嫌疑人孙秀森等人于 2014 年 5 月设立,通过互联网、QQ 群吸引全国各地投资人在"温州金融港"网络投资平台上进行投资,并承诺支付高额利息予以回报。投资款被犯罪嫌疑人孙秀森用于爱投公司、黄山柏金假日有限公司经营及债务偿还。截至 2014 年 12 月 15 日,"温州金融港"网络投资平台注册会员达 1300 余人。平台共吸收资金达人民币 38423659.86 元,共计 863 万余元无法偿还。

② "德赛财富"网络投资平台由犯罪嫌疑人徐某注册温州市乾伟特电子商务公司于 2013 年 8 月左右创建,在互联网上向社会公众推广其 P2P 信贷投资模式,以提供资金中介服务为名,承诺年化收益 24%以上的高额回报。截至 2014 年 4 月,"德赛财富"网络投资平台共吸收 119 名投资者投资 2900 余万元,犯罪嫌疑人徐某将这些款项部分用于"德赛财富"网络投资平台的创建和日常运营,部分用于温州厨工酿造有限公司的经营,造成 1400 多万的款项无法偿还。

方无法详尽记忆并供述涉案的每笔款项,故往往会出现与受害人各执一词或者无受害人陈述印证的局面,言词证据在整个证明体系中的证明力被削弱。相较于传统的非法集资案件,网贷平台案件通常缺乏书证(如借条、单笔转账的纸质银行凭证等)这种最明确直观最利于发现事实的证据,从而给其他关联证据的发现、固定和印证带来障碍。

(三)定罪量刑有争议

(1)犯罪主体问题。P2P 网贷平台的日常经营一般由平台运营者、财务人员及技术人员负责,对 P2P 网贷平台非法集资犯罪主体的审查难点主要集中于如何划分上述平台内部人员的责任问题。在实践层面,各地公安机关对此均有不同认识,在"温州金融港"一案中,龙湾区公安分局将公司负责人、平台运营者、财务人员及后台技术人员均列为犯罪嫌疑人予以立案,而侦办"德赛财富"一案的瑞安市公安局则仅仅抓获了公司负责人和平台运营者。实践中的这种分歧容易导致定罪标准不一、量刑差异较大,进而影响社会公众对司法统一尺度的观感。

(2)共同犯罪问题。为平台提供资金托管的第三方支付机构是否应承担相应责任。作为 P2P 网贷平台在其官网上进行增信的标配手段之一,不少 P2P 网贷平台都声称其客户资金已经委托了第三方支付机构进行托管,有些还会给出第三方平台托管业务的介绍和网站链接。事实上目前的大多数第三方支付机构普遍不具有托管业务的资质,尽管如此,部分支付机构仍然在其网站上虚假宣传可以进行资金托管业务。有些支付机构仅仅只是提供资金支付接口,并未对资金划转进行监督,徒有托管之名,不行托管之责,违背了诚实信用的商业原则。诚然存在着上述法律风险和漏洞,由于当前法律监管的盲区,第三方支付机构在 P2P 网贷平台野蛮生长、屡屡触及法律底线的同时几乎都没有被追究法律责任的先例,侵害了投资者的切身利益。

四、P2P 网贷平台非法集资案件的刑事规制

(一)管辖确定采网络犯罪行为实施地

所谓网络犯罪行为实施地,是指实施网络犯罪行为的计算机终端所在地或行为人有目的地利用 ICP 服务器所在地。"ICP 服务器是犯罪行为在网络空间得以完成的终点,也是犯罪结果在网络上被感知的起点,可见实施和发现网络犯

罪行为的计算机终端和 ICP 服务器与网络犯罪行为存在实质性的关联。"①根据工信部的有关规定,经营性网站必须取得 ICP 许可证方可运营,故 ICP 服务器所在地具有唯一性和确定性。因此把 P2P 网贷平台非法集资犯罪的计算机终端所在地或者有目的利用的 ICP 服务器所在地认定为犯罪行为地,既符合网络行为的技术特征,又能最大限度地寻找到行为的源发地,便于侦查和打击犯罪行为。而另外两个合理依据——网络犯罪行为目的地以及网络犯罪行为结果地,对于 P2P 网贷平台非法集资犯罪而言,前者没有明确区域,后者具有多个区域,都不能锁定唯一管辖地。

(二)建立电子数据+银行明细审查模式

P2P 网贷平台非法集资犯罪案件的审查应逐步建立电子数据+银行明细审查模式。这实际上是"客观性证据审查模式"在金融犯罪领域的一种强化和发展。该模式是对传统非法集资案件主要依赖言词证据+传统书证的一种突破,既减少了公安机关异地取证的舟车劳顿和经济成本,又避免了因犯罪嫌疑人记忆不清或者语焉不详而陷入的犯罪金额认定困局,同时提高了对资金来源及去向的侦查效率。这其中尤以对电子数据的审查最为重要。需要注意的是,实践中 P2P 网贷平台普遍存在着用"马甲"恶意刷数据的情形,故辨别电子数据的真实性成为核定犯罪数额甚至定案的关键所在。一般认为,电子数据真实性判断的普遍标准是,"在整个电子数据证据形式当中,系统数据的真实性高于孤立数据。其中,在孤立数据中,不可读数据的真实性高于只读数据,只读数据又高于可编辑数据;在系统数据中,多维数据的真实性高于二维数据,联网数据往往又高于单机数据"②。故个案经办人应根据上述原则并结合公安机关出具的电子物证鉴定书进行综合分析,排除不真实数据、被篡改数据。

(三)严格共同犯罪认定标准

(1)严肃追究第三方机构的责任。第三方支付平台为 P2P 网贷平台违规提供托管服务,尤其存在虚假宣传的情况下导致投资人受损的,视其具体违规情节,应当被追究民事责任甚至刑事责任。就民事责任而言,由于 P2P 业务中,投资人不与第三方支付公司直接发生合同关系,因此,只能从侵权的角度来寻求第三方支付公司的责任。在当下并无法律界定的情况下,由法院通过个案判决的

---

① 袁昱:《网络犯罪管辖权确立的思考》,http://www.chinacourt.org/article/detail/2015/12/id/1766372.shtml,2015 年 12 月 11 日。

② 何文燕、张庆霖:《电子数据类型化及其真实性判断》,《湘潭大学学报》2013 年第 3 期。

方式来寻求对第三方平台的归责。就刑事责任而言,若第三方平台明知 P2P 网贷平台存在违法挪用或卷款跑路的情形,仍协助或者放任 P2P 从事犯罪行为,则第三方平台可以构成共同犯罪,从而被认定为非法集资犯罪的共犯而承担刑事责任。

(2)严格区分平台内部人员的责任。一般而言,平台负责人深谙平台的操作流程、款项来源及去向,明知不可为而执意将平台变成其自身经营的资金池,当然成为 P2P 网贷平台非法集资犯罪的犯罪主体。而平台运营者如果明知平台已异化成为非法集资的工具,仍利用职权,安排"马甲"非法吸收或者诈骗投资人款项,则构成共同犯罪。至于财务人员和技术人员等一般岗位,通常认为掌握平台资金的动向是财务人员的工作职责,从温州地区爆发的几起案件来看,财务人员对于平台资金流入负责人私人账户也是明知的,故财务人员也应当为此承担责任。技术人员主要负责平台的日常运行和维护,并不直接接触核心业务,认定其构成共同犯罪并不妥当。

五、金融检察与金融监管的衔接与协同机制

事实上,刑事司法路径是整治 P2P 网贷平台乱象的最后一道防线,行政监管才是规范 P2P 网贷平台发展的达摩克利斯之剑。两者是共同推动这项金融创新前行的车轮。在保障金融创新改革的目标下,秉持刑法谦抑性原则,加强行政监管和刑法规制的衔接,探索搭建"双法平台"的渠道和途径,将有利于金融改革创新更加有序、科学的发展。

(一)建立金融检察和金融监管联席会议机制

为推动金融违法犯罪领域的执法协作,检察机关与金融监管部门应各自设立相对固定的联络人员,建立专门的对口联络机制。通过每年召开联席会议的方式,统一金融违法犯罪领域的防控思路,互相通报 P2P 网贷平台案件的有关工作情况,对需协作处理的重大事项进行沟通,对相关金融方面法律的适用进行探讨,达成统一共识,建立一套从行政到司法无缝衔接的 P2P 网贷平台违法犯罪案件协作新模式,弥合刑法与行政法的断层,真正实现向金融违法犯罪控制的平滑过渡。

(二)建立金融违法犯罪的两法衔接信息平台

"目前,公安机关、检察机关和法院在联合构建金融刑事司法体制的过程中已经初步建立了公检法三机关的案件衔接信息共享平台,当前,有必要将信息平

台扩大到金融监管部门。"①国务院和最高人民检察院业已分别出台了行政执法机关移送涉嫌犯罪案件的相应规范,为此提供了法律依据。故检察机关可以尝试与各级金融监管部门建立资源共享、危害共防的两法衔接信息平台,分享 P2P 网贷平台运营的数据信息,掌握发展的前沿动态,做好风险防范和预警,从制度上将 P2P 网贷平台犯罪的防线提前到金融监管工作中去,形成良性互动。

(三)建立金融违法犯罪的执法协作机制

检察机关与金融监管机构应当进一步建立疑难复杂金融案件执法办案协作机制。一方面,检察机关可以将 P2P 网贷平台案件办理过程中发现的新特点、新手法及金融监管部门的疏漏之处进行汇总,以检察建议等形式告知金融监管部门。另一方面,金融监管部门在日常工作中也应当及时反馈 P2P 行业内破坏金融管理秩序的活动手法及规律。同时,金融监管部门及民间借贷服务中心等金融服务部门应通过多种检查方式督促 P2P 网贷平台遵守相关法律法规,依法受理举报投诉。对存在违法行为的平台,在事实清楚、证据充分的基础上,在规定期限内将案件移送同级公安机关,并抄送检察机关备案。

六、结 语

国务院出台的《推进普惠金融发展规划(2016—2020 年)》,首次从国家层面确立普惠金融的实施战略,突出强调了互联网促进普惠金融发展的有益作用。而 P2P 网贷平台正是该规划中提及的各类新型机构的代表。本文旨在探讨如何促进 P2P 平台规范健康发展,探寻建立行政管理与刑事司法双管齐下、双轨并行的协同机制,这对"提高普惠金融服务水平、降低市场风险和道德风险"②意义深远。我们坚信,正规合法的 P2P 网贷平台将全面实践普惠金融的理念,将价格合理、便捷安全的金融服务带到普通大众的生活中。

---

① 贺英:《中国(上海)自贸区金融检察与金融监管的衔接与协调》,长三角法学论坛——中国自贸区建设的法治保障研究,2014。

② 中国政府网:《推进普惠金融发展规划(2016—2020 年)》,http://www.gov.cn/zhengce/content/2016-01/15/content_10602.htm,2016 年 2 月 21 日。

P2P 网贷平台合法融资与非法吸收公众存款罪的界限

——以债权转让模式网贷为分析对象

浙江大学光华法学院　　叶良芳　马路瑶*

摘　要：在当前市场在资源配置中起决定作用的形势下，市场参与主体利益的保护力度应随之加大，非法吸收公众存款罪的法益应当由金融管理秩序转变为公众财产安全。如果债权转让模式的 P2P 网贷平台不真实而全面地向投资者披露债务人信息或者以担保的方式提供增信服务，则将使作为社会不特定多数人的投资者误判投资风险，使公众财产安全陷于不合理的高度风险中，进而构成非法吸收公众存款罪。

关键词：债权转让；P2P 网贷平台；非法吸收公众存款罪；公众财产安全；信息披露；增信

随着市场经济的不断发展，中小企业扮演着越来越重要的角色，然而传统的从银行等金融机构中融资这一获得发展壮大所必需的资金的途径，却因为中小企业规模小、实力弱等原因，使得中小企业在发展中对资金的需求难以通过从银行借贷得以满足，不得不另寻他途。在互联网高速发展的时代，P2P 网贷平台便应运而生。由于互联网上信息传播范围广、速度快，因而，资金的融通更加便捷。一方面，中小企业等资金需求者获取生产经营的资金的门槛和条件更低，另一方面，拥有闲散资金的资金提供者能获得比银行储蓄等传统投资方式更多的收益。然而，近年来 P2P 网贷平台经营者因投资者的本息无法收回被以非法吸收公众存款罪追究刑事责任的案件频频出现。本文将从债权转让模式的 P2P 网贷平台这一非传统中介模式入手，分析在当前经济背景下应当如何厘清该模式下合法融资与非法吸收公众存款罪的界限。

---

* 叶良芳，男，浙江大学光华法学院教授、博士生导师；马路瑶，女，浙江大学光华法学院硕士研究生。

一、问题的提出

(一)债权转让模式的 P2P 网贷平台构罪的典例:林××非法吸收公众存款案

所谓债权转让模式的 P2P 网贷平台,通常是指将自身对资金需求者的债权进行拆分和包装后,利用高回报率和内部提供担保等方式吸引资金提供者投资购买全部或者部分债权,然后将吸收的资金继续用于放贷或者生产经营活动,形成资金池的网贷平台。① 林××非法吸收公众存款案中涉及的 P2P 网贷平台运行方式则是债权转让模式构罪的典型。该案的基本案情是:

保亚财富(北京)投资管理有限公司[以下简称保亚财富(北京)公司]于2012 年 8 月成立,法定代表人为方×,后保亚财富(北京)公司上海分公司于2012 年 10 月成立;北京财富虹泰担保有限责任公司(以下简称虹泰担保公司)于 2011 年 1 月成立,法定代表人为林×,上述公司经营范围均为一般经营项目(不含许可经营项目),实际控制人均为被告人林××。被告人林××于 2009 年至 2014 年 4 月间,在北京市朝阳区光华路×号保亚财富(北京)公司等地,以转让债权可获得高额收益为由,以保亚财富(北京)公司名义并由虹泰担保公司提供担保,采取与投资人签订返本付息三方协议的方式,非法吸收王×等人人民币3635.5 万元,后陆续返款 100 余万元后无力兑付,后投资人报警。根据林××的供述,公司做的 P2P 业务是债权转让,先有债权,然后将债权转让给个人,投资人获得相应的收益和回报,公司获得相应的服务费。首先,林××将自有资金贷给贷款人,该贷款业务由虹泰担保公司进行担保,然后将持有的债权再转卖给投资人,这些投资人的资金又向外出借,以此实现资金的滚动。最终被告人林××被以非法吸收公众存款罪追究刑事责任。②

(二)债权转让模式的 P2P 网贷平台何以构罪

本案中,被告人林××和其辩护人对于公诉机关指控的非法吸收公众存款罪的罪名均没有提出异议,在林××实际控制下的保亚财富(北京)公司和虹泰担保公司的行为确实造成了大量投资者数额巨大的财产损失,但是这类债权转

---

① 梅腾、阎二鹏:《"P2P 网贷债权转让"的刑法介入——以非法吸收公众存款罪的实质解释为视角》,《中国人民公安大学学报(社会科学版)》2016 年第 2 期。

② 参见"林××非法吸收公众存款案一审判决书",北京市朝阳区人民法院刑事判决书(〔2015〕朝刑初字第 1119 号)。

让模式的 P2P 网贷平台的行为罪与非罪的界限在哪里,也即究竟其行为若构成非法吸收公众存款罪需要符合怎样的条件? 对于 P2P 网贷平台构成非法吸收公众存款罪的关键要件,刑法理论和实务界通常有以下几种观点。一是"用途说",该说持有者认为刑法规定非法吸收公众存款罪的目的在于遏制企业从事货币资本经营,因而只有以将所获资金用于放贷等货币、资本经营活动为目的的吸收资金并形成资金池的平台,才能构成本罪。① 二是"承诺说",即认为对于 P2P 网贷平台是否涉嫌非法集资之具体认定,必须考虑平台是否以自身信用承诺收益等方式参与到借贷双方的交易中,而债权转让模式的 P2P 网贷平台如果对出资人作出到期会有专业放贷人对理财产品进行贴现回购等承诺,承诺出资人能够得到还本付息或给付回报,则涉嫌本罪。② 三是"虚假宣传说",该说以非法吸收公众存款罪侵害的法益已变更为公众财产权益为出发点,认为只有平台通过虚假宣传的手段、未尽信息披露义务,导致公众在不知情的前提下出现资金损失的实害或者危险,才能构成本罪。③ 四是"欺诈加高风险说",该说的一部分持有者认为 P2P 平台自身实施或者放任、默许犯罪分子实施欺诈行为,以及平台擅自将吸收的资金挪作他用这一后果等同于欺诈的,提高了投资风险的行为,都是判断是否构成本罪之标准④,但另一部分持有者则认为应该将集资款项用途限定于货币、资本经营和证券、期货、地产等投资的高风险领域⑤,与"用途说"有相似之处。五是"废止说",该说持有者认为非法吸收公众存款罪的存在对互联网金融活动起到了严重的阻滞作用,且利率市场化的趋势也要求废除该罪名,但当前刑法中尚存在该罪名的情况下,应当以提高入罪门槛和科刑轻缓化的方式来化解法律规定与社会发展之间的矛盾。⑥ 上述观点对于 P2P 网贷平台的运营与非法吸收公众存款罪之构成的契合点从不同角度进行了比对,也得出了各不相同的结论。可见,债权转让模式的 P2P 网贷平台的运营在何种情况下属于合法融资行为,在何种情况下构成非法吸收公众存款罪,并非社会大众直观上感受到的面向不特定多数人并使得这些大量的投资者遭受了巨大的财产损失即构罪这样简单。

---

① 梅腾、阎二鹏:《"P2P 网贷债权转让"的刑法介入——以非法吸收公众存款罪的实质解释为视角》,《中国人民公安大学学报(社会科学版)》2016 年第 2 期。

② 李志杨:《P2P 网络借贷风险及其法律控制研究》,重庆大学硕士学位论文 2015 年 4 月,第 18 页。

③ 崔志伟:《互联网金融视域下非法吸收公众存款罪的审视与重释》,《广西政法管理干部学院学报》2015 年第 5 期。

④ 侯璐韵:《P2P 网贷的刑事规制——以非法吸收公众存款罪为视角》,《中国检察官》2015 年第 6 期。

⑤ 吴文嫔、张启飞:《论互联网金融创新刑法规制的路径选择——以非法集资类犯罪为视角》,《中国检察官》2015 年第 6 期。

⑥ 刘宪权:《论互联网金融刑法规制的"两面性"》,《法学家》2014 年第 5 期。

二、债权转让模式的 P2P 网贷平台罪与非罪界限的本质：非法吸收公众存款罪保护法益之新探

刑法上的法益作为在宪法原则指导下由刑法所保护的、客观上可能受到侵害或者威胁的个人的、国家的或者社会的利益，对其保护乃是刑法的任务和目的。因而，只有证明了某一行为对刑法所保护的人的生活利益进行了具有高度严重性的侵犯，将这一行为评价为犯罪才能具有合理性。[①] 如果不对市场对资源配置起决定性作用的时代背景下非法吸收公众存款罪所保护的法益进行准确判断，那么将无法摸清债权转让模式 P2P 网贷平台的运营罪与非罪的界限。非法吸收公众存款罪规定于《刑法》第 176 条，位于《刑法》分则第三章破坏社会主义经济秩序罪的第四节破坏金融管理秩序罪中，因而从体系上来看本罪在 20 世纪 90 年代从出现于单行刑法《全国人民代表大会常务委员会关于惩治破坏金融秩序犯罪的决定》到进入刑法典，其保护的法益即金融管理秩序，触犯本罪之核心乃是破坏国家在金融领域具有垄断性、排他性、强制性的管理秩序。本罪在立法中出现的时代背景，乃是 20 世纪 90 年代中期社会主义市场经济的发展刚开始起步，尽管党的十四大报告中对市场在国家宏观调控下对资源配置起基础性作用的社会主义市场经济体制的建设做出了初步构想[②]，但是"冰冻三尺非一日之寒"，经济体制的转型难以一蹴而就，计划经济在国民经济发展中仍然有巨大的影响力。在这种背景下，将非金融机构吸收资金这种减少了国家认可的金融机构在金融市场中份额、使得国家对于闲散资金失控的破坏金融管理秩序的行为，上升到破坏国家金融安全、破坏国家经济发展甚至破坏社会稳定的严重性程度并追究刑事责任[③]，体现了市场经济起步阶段国家对金融秩序管控之严格。

然而正所谓"经济基础决定上层建筑"，经过了二十多年的发展，我国的市场经济发展状况与非法吸收公众存款罪入刑时相比可谓发生了翻天覆地的变化，党的十八届三中全会也将市场在资源配置中的作用的表述从基础性提升为决定性，并提到完善金融市场体系[④]，如果仍然原封不动地以二十多年前的标准对非法吸收公众存款罪之法益进行解释并以同样的标准追究刑事责任，这样的上层建筑显然是与经济基础不相符合的，不利于推动经济发展。在当前的经济发展

---

① 张明楷：《刑法学》，法律出版社 2016 年版。
② 江泽民：《加快改革开放和现代化建设步伐夺取有中国特色社会主义事业的更大胜利——江泽民在中国共产党第十四次全国代表大会上的报告》，1992 年 10 月 12 日。
③ 翁继敏：《集资与犯罪的关系浅析》，《法学》1998 年第 3 期。
④ 参见《中国共产党第十八届中央委员会第三次全体会议公报》，2013 年 11 月 12 日。

中,中小企业的"遍地开花"对于提供更丰富的商品和服务、提高人们的物质和精神生活水平、促进就业等起到了重要作用,大大增加了市场经济的活力,推动了我国经济和社会的发展。然而由于中小企业本身资本实力不及大型国有企业,经营具有较大风险,其规模的限制贷款额度往往并不大,但是按照《贷款通则》等行政规章其贷款手续成本是相当大的,银行等传统金融机构往往基于对风险和成本的考量不愿向这些中小企业提供用于其生产经营的贷款。① 一方面,中小企业的起步与发展需要外部资金的支持;另一方面,银行等金融机构不愿意向中小企业放贷款;此外,随着经济发展,拥有闲散资金的社会公众有能力将资金用于投资理财。在这种形势下,如果对 P2P 网贷平台等新型融资平台采取过于严厉的刑事打击措施,就很难克服垄断金融下中小企业融资难的瓶颈,不利于社会闲散资金更多地流向有需求的地方,不利于生产经营的发展繁荣。

因此,随着经济形势的变化,金融管理秩序应当从目的转变为手段,保护金融管理秩序也即设置非法吸收公众存款罪等破坏金融管理秩序的犯罪更深层的目的应当是遏制金融市场中不合理的高风险,而非有学者所认为的"遏制企业从事货币、资本经营业务"②。尽管 2010 年《最高人民法院关于审理非法集资刑事案件具体应用法律若干问题的解释》(以下简称《非法集资解释》)第 1 条对于非法吸收公众存款或者变相吸收公众存款作出了程序或实质非法、公开宣传、承诺回报、面向社会不特定对象等四点界定经常被学界批判,认为这样的界定会拓宽非法吸收公众存款罪的打击面,但是笔者认为只满足这四点特征并不意味着一定追究行为人的刑事责任,因为《刑法》第 176 条对非法吸收公众存款罪犯罪构成的表述除了上述行政违法的形式以外,还有"扰乱金融秩序"的严重性程度之要求。换言之,不能想当然地认为《非法集资解释》第 1 条因为界定了"非法吸收公众存款或者变相吸收公众存款"就意味着司法解释与时代脱轨。而对于行为的法益侵害性严重程度要求的"扰乱金融秩序"的表述,则应当作出符合时代发展特征的客观目的解释。国家之所以对金融进行垄断,归根结底是出于保障作为普通民众的投资者的资金安全,因为正规金融机构相较于新型的 P2P 网贷平台等新型融资平台具有更强的资金和信用保证③,也即将金融业务交由特定的具有严格的运营条件的金融机构办理仅仅是手段,而公众财产安全的保障才是

① 姜涛:《非法吸收公众存款罪的限缩适用新路径:以欺诈和高风险为标准》,《政治与法律》2013 年第 8 期。
② 梅腾、阎二鹏:《"P2P 网贷债权转让"的刑法介入——以非法吸收公众存款罪的实质解释为视角》,《中国人民公安大学学报(社会科学版)》2016 年第 2 期。
③ 崔志伟、张浩:《互联网融资创新、风险及其法律规制——以 P2P 网贷平台为分析视角》,《胜利油田党校学报》2015 年第 4 期。

目的。在市场经济刚刚起步的时期也即非法吸收公众存款罪设立时,以国有经济为代表的公有制经济在国民经济中扮演着绝对的"龙头大哥"的角色,中小企业的数量和对国民经济的作用远不及当前,因而金融垄断对于经济发展的阻滞作用并不显著,保障金融管理秩序与促进国民经济发展、保障储户财产安全等目标的实现具有一致性。市场在资源配置中起决定作用的时代背景下,国家应当为市场参与的主体提供更加宽松的条件,消除原先制度下阻碍实力薄弱的中小企业公平地参与市场竞争的壁垒。当严守金融管理秩序会为中小企业发展制造瓶颈进而阻碍国民经济发展时,非法吸收公众存款罪的法益应当随之改变,否则难以避免"恶法亦法"。

在法的诸多价值中,秩序价值的实现是保障自由、正义等其他价值实现的基础,某种意义上讲,秩序价值具有手段性而非目的性。有学者指出,经济犯罪在市场经济的环境下,其本质应当是"平等市场主体滥用经济自由而导致的对其他平等主体或社会、公共利益伤害的行为"①,那么非法吸收公众存款罪所要求的需要达到"扰乱金融秩序"的严重程度,在市场经济环境下则应当透过金融秩序的手段功能看到金融秩序所保护的内容。换言之,构成非法吸收公众存款罪的本质不是对金融秩序在管理层面的破坏,而是使得作为金融市场参与者中弱者的公众投资者所投资金处于不合理的高度危险中。落脚到债权转让模式的 P2P 网贷平台,如果平台投资者的运营使投资者所承担的风险明显高于投资者所能知晓的范围,则是对民法中意思自治原则的违背,属于网贷平台利用信息不对称的优势诱使投资者在逐利心理的影响下意志不自由地处分了财产,使得投资者的资金处于自己所不知晓的高度风险中。由于网络上信息传播速度快、范围广,如果债权转让模式的 P2P 网贷平台一旦以滥用信息优势者地位的方式从事融资业务,那么潜在的投资者相较线下寻找、电话、短信等方式更为量大面广,这将会使更多个体投资者的更多资金陷入不合理的高风险中,应当为刑法所保护的公众财产安全法益将受到侵害。

三、债权转让模式的 P2P 网贷平台运营融资风险的合理控制和分配

(一)传统融资模式的风险控制与分配

所谓金融即为货币资金的融通,即"以货币或与货币相关的交易工具形式存

---

① 何荣功:《经济自由与经济刑法正当性的体系思考》,《法学评论》2014 年第 6 期。

在的资产的流通"①。互联网金融逐步发展壮大与当前市场在资源配置中的作用渐趋重要和互联网技术的发展息息相关,融资不再局限于在有形的严格经过国家监管部门批准的特定交易场所中进行,传统金融机构的业务可以将业务搬到互联网上进行,新兴的 P2P 网贷平台、股权众筹平台等同样可以在合法合规的前提下在互联网上进行。传统的融资机构经过二十多年的发展,在立法和监管体制相比较 P2P 网贷平台等新兴融资平台来说更为完备。在前期的保障国家金融管理秩序和金融安全以及当前的保护公众财产安全上,这些传统金融机构起到了积极作用。当前,在债权转让模式的 P2P 网贷平台缺少健全的监管体制的情况下,对传统金融机构控制分配融资风险的方式进行参考和借鉴是有必要的。

传统金融机构中从事贷款与存款业务的主要是商业银行,这与债权转让模式的 P2P 网贷平台的功能有相类似之处,两者都是一端连接的是资金提供者,另一端连接的是资金需求者。对于办理商业银行的贷款业务来说,根据中国人民银行《贷款通则》,借款人向贷款人即在境内依法设立的经营贷款业务的中资金融机构贷款时,要经过贷款申请、对借款人的信用等级评估、贷款调查、贷款审批、签订借款合同、贷款发放、贷后检查和贷款归还等一系列复杂而严格的程序。以借款人的领导者素质、经济实力、资金结构、履约情况、经营效益和发展前景等为评估依据的借款人信用等级以及借款的合法性、安全性、营利性等,在贷款审批和合同签订前都要进行严格的调查,而且贷款发放后贷款人仍然要对借款人的经营状况进行跟踪调查和检查。通过这样严格的程序,商业银行等金融机构可以将发放贷款的风险降到最低,减少因为借款人隐瞒重要信息或者经营状况不佳等出现难以偿还的情况,同时由央行统一调控贷款利率使得商业银行不能擅自抬高利率也降低了借款人的还款压力,保障金融机构利益的同时也降低了储户的存款风险。而对于存款人储蓄风险的分配,根据《中华人民共和国商业银行法》的规定,商业银行以向央行交存存款准备金的方式留足备付金,且商业银行有义务向存款人还本付息,另外商业银行的设立和组织机构、财务会计制度、接管和终止等也有着严格的规定,也即商业银行以存款准备金制度和自身的实力、信用为承担存款人的储蓄风险提供了保障。但商业银行在当前中小企业资金需求量大、民众拥有闲散资金数量多且投资理财意识提高的形势下,其风险控制和分配方式存在着许多弊端。一方面,对于借款人严格的信用等级评估、经营状况调查以及烦冗的程序,会将一些刚刚起步、资金力量弱的中小企业拒之门外;另一方面,由央行统一制定的较低水平的存款利率,会挫伤拥有闲散资金的

---

① 高翔:《金融概念的定义演变》,《兰州学刊》2005 年第 3 期。

社会公众以银行储蓄的方式进行投资的积极性。

相比之下,证券的风险控制和分配模式则有区别。根据《中华人民共和国证券法》的规定,在证券交易中对资金需求者方面风险的控制,在于对发行股票、公司债券或其他证券的公司资质和信息披露作出严格要求,以及对保荐人和承销的证券公司在对发行人、上市公司持续信息公开上的责任作严格规定;而对于投资者在证券交易中损益风险的分配上,则明确禁止从事证券经纪业务的证券公司对其收益或者赔偿证券交易损失进行承诺,且证券公司与客户的资金账户不允许混同。换言之,投资者需要自行承担证券交易的风险。此外,对于证券公司成立和运营以及风险处置均有严格的标准。证券市场仍然解决不了没有发行股票、债权或者其他证券资格的中小企业的融资问题,但是证券交易中证券公司并不对投资者的损益承担保证责任,由投资者在全面知晓证券发行者的信息的基础上自行判断投资风险并对此负责的模式却值得借鉴。

(二)债权转让模式的 P2P 网贷平台运营不越非法吸收公众存款罪雷池之关键:真实而全面地向投资者披露债务人信息

债权转让模式的 P2P 网贷平台基于平台自身规模有限和其可以解决中小企业小额融资困难的优势,注定了不能像上述两种传统金融机构的融资业务中贷款人或证券发行人、上市公司一样严格地对债务人作出要求,但对于其控制来自债务人方面的风险上,对前两者并不是毫无借鉴之处。根据《中华人民共和国合同法》对债权转让的相关规定,债权人向第三人转让债权的行为若欲对债务人发生效力,需经过对债务人的通知,债权转让后受让人取得债权及其相关的除人身权之外的从权利,债务人取得向受让人主张原先可向债权人主张的抗辩的权利。这意味着债权转让在我国民法领域是具有合法性的,债权转让模式的 P2P 网贷平台之运行如果能够有效防控风险,则完全具有合法存在的空间。

对于证券投资者损益风险自担的规定印证了投资者在金融活动中完全具有自担风险的可能性,并不是所有投资行为都必须如银行储蓄行为一般由金融机构承担还本付息保证收益的风险。事实上,在市场经济的环境下,任何产业的生产经营受供求关系杠杆的影响,都有盈利和亏损的可能性,如果要求资金需求者一定如向银行贷款和发行证券所具有的雄厚实力和良好的经营状况,尽一切可能消除无法还本付息或者使证券持有者卖出时收益的风险,这本身与市场经济的运行相背离,也挤压了中小企业的生存空间。既然市场经济环境下风险不可避免,投资者所投资金的绝对安全不可能得到完全保障,那么风险的分配就显得尤为重要了。市场经济的环境下,应当要求每个金融市场参与者都具备一定的风险意识。在债权转让模式的 P2P 网贷平台中,如果投资者根据已知信息理性地对自己投资的收益损失情况和是否具有重大风险作出判断之后再选择是否投资,而不是看到利息高而不考虑债务人是否具有偿还能力就进行投资,那么将会减少很多不理性投资和这些投资人主张债权未果后诉诸司法机关对司法资源的浪费。① 那么问题的关键就在于投资者在作出从债权转让模式 P2P 网贷平台处"买进"对债务人的债券时,平台究竟能给投资者提供什么样的信息以及对于投资者承担风险有无进行提示,如果投资者在意志自由而不受欺诈的情况下作出以资金之物权换取对债务人之债权,那么这完全符合民法的意思自治原则,即使投资者在债权到期时向债务人和担保人主张支付本息的请求权而债务人无力履行进而蒙受财产损失,也不应当认为平台的运营具有法益侵害性。

在债权转让模式的 P2P 网贷平台的运营中,最终承担投资风险的是出资"购买"了高息债权的投资者,事先以自有资金和滚动的资金流对债务人贷款的平台则不需要承担风险。在 2016 年 8 月 24 日银监会、工业和信息化部、公安部、国家互联网信息办公室联合发布的《网络借贷信息中介机构业务活动管理暂行办法》(以下简称《暂行办法》)出台前,对于该模式的融资活动中,法律、法规、规章对借款人是否具有自行披露自身的注册资本、借款用途、负债情况、经营状况以及董事、监事和高级管理人员的违法犯罪情况等和将影响投资者风险判断的信息之义务进行规定,也没有对平台的审查义务及责任进行规定。而随着《暂行办法》的公布,平台具有了"对出借人与借款人的资格条件、信息的真实性、融资项目的真实性、合法性进行必要审核"和"采取措施防范欺诈行为,发现欺诈行为或其他损害出借人利益的情形,及时公告并终止相关网络借贷活动"的义务,相应地借款人也有了披露自身融资信息、披露在所有网贷平台未偿还借款信息、合法按约定用途使用且不得出借、披露可能对出借人权益产生重大影响的信息等信息披露义务。这些义务的规定,符合保护作为不特定多数人的出借人或者投资者财产安全的本质要求。由于互联网信息传播范围广,投资者在债权转让模式的 P2P 网贷平台上进行的投资行为不再是线下基于对债务人情况的全面了解而选择取得对其债权的情形,而是基于平台能够提供的信息对债务人的信用状况和投资风险进行判断。当平台将自有资金以高息出借给资金需求者并要求其支付服务费时,完全可以要求借款人将上文列举的影响投资者对风险判断的信息进行披露并要求借款人对披露信息的真实性进行承诺,如果借款人为自然人,则应当要求其提供真实的身份信息、住所地、借款用途、个人征信情况等。基于债权转让模式的 P2P 网贷平台中投资者应当自行承担投资风险,平台可以

---

① 参见姜涛:《非法吸收公众存款罪的限缩适用新路径:以欺诈和高风险为标准》,《政治与法律》2013 年第 8 期。

只对借款人披露的信息的真实性进行形式审查,对于借款人发展前景也即借款人将来可以盈利和还本付息可能性大小的审查可以不作严格要求;基于平台组织机构的复杂性、规范性程度与商业银行不同,对于是否向借款人出借资金的审批程序上可以比商业银行有所简化。平台将上述有关借款人情况的信息真实而完整地在其网站上公布,由投资者自行对投资风险进行评估后决定是否出资购买对该借款人的债权,平台以这种方式运行并不会使作为投资者的社会不特定多数人的财产安全陷入不合理的高度风险中。当然平台若以此方式运营,其承担的风险便是将自有资金对资金需求者出借后由于借款人的信用状况为投资人所知晓,如果借款人信用状况差则可能没有投资者被吸引,无法收回本息的风险则停留在平台身上无法转移,这便倒逼平台在选择借款人时应当保持谨慎而不能由于风险可能转移给投资者就高枕无忧。

换言之,如果债权转让模式的 P2P 网贷平台未要求借款人提供与判断其信用状况相关的信息,未对该信息的真实性进行审查,或者未在平台网站上进行真实而全面地公布,那么平台的运营则使投资者无法正确判断投资的风险,投资者在处分财产时的意志则不是完全自由的,作为社会不特定多数人的投资者的财产安全则陷入了不合理的高度风险中。如果吸收投资者的数量或者资金数额达到了相关司法解释规定的构罪标准,则应当以非法吸收公众存款罪追究平台直接负责的主管人员和其他直接责任人员的刑事责任。如果行为人不是对借款人本身的信用情况未作真实而全面的披露,而是对债权本身进行虚假宣传,也即根本不存在行为人曾经将资金出借给借款人的事实的情况下,行为人将虚构的债权"转让"给作为社会不特定多数人的投资人,使得投资人误以为自己有权对"借款人"行使请求还本付息的权利而将资金交付给行为人,那么行为人则可能涉嫌集资诈骗罪。

(三)债权转让模式的 P2P 网贷平台涉嫌非法吸收公众存款罪的又一表现形式:提供增信服务

债权转让模式的 P2P 网贷平台提供增信服务,是指平台自身或者平台的关联企业为债务人能够履行对债权受让人也即投资人还本付息义务提供担保,若债务人向投资人无法履行义务,则由平台或者平台的关联企业承担连带责任。有学者认为如果将承诺还本付息或给予回报作为非法吸收公众存款罪的构成要件,容易混淆本罪与合法的民间借贷。[①] 但是笔者认为该学者的主张并不能涵

---

① 姜涛:《非法吸收公众存款罪的限缩适用新路径:以欺诈和高风险为标准》,《政治与法律》2013 年第 8 期。

括 P2P 网贷平台作出的承诺和担保这种情况。普通民间借贷合同的债务人向债权人作出还本付息的承诺并提供担保,这是借贷合同本身的内容;但是债权转让模式的 P2P 网贷平台在运营中并不是扮演债务人角色,而是有一个从债权人转变为与借贷合同无关的第三人的过程,反而不再是普通借贷合同之通常模式。人民银行等十部门在 2015 年 7 月 18 日发布了《关于促进互联网金融健康发展的指导意见》,其对个体网络借贷机构(也即 P2P 网络借贷平台)性质界定为“信息中介”,并且明确要求“不得提供增信服务,不得非法集资”。这样的要求对于控制 P2P 网贷平台的融资风险和合理分配投资者与平台之间风险具有积极作用。由于 P2P 网贷平台资金实力要求较低,经过平台产生的债权债务数额往往远远超出平台本身的资金,加之前面所述平台对借款人信用情况的审核要求应当低于商业银行,如果平台本身或者由平台的实际控制人控制的其他企业对债务人还本付息提供担保,往往会出现平台因债务人无法履约而遭受重大经济损失,进而导致平台倒闭、实际控制人卷款跑路等。① 正是由于 P2P 网贷平台准入门槛低和对小额贷款的借款人资质情况审核要求宽松,这类平台才为中小企业的小额融资提供了较多便利,为市场的活跃起到积极作用,这也就意味着这类平台缺少像商业银行一样对储户承担还本付息义务的实力。如果债权转让模式的 P2P 网贷平台或者由同一实际控制人控制的其他企业向投资者提供担保,如果债务人无法履行还本付息义务则承担连带责任,势必对投资者在投资风险判断上产生误导,会让投资者过分低估购买债权的风险,从而使社会不特定多数人的财产安全处于不合理的高风险中。

另外,本罪的行为人向社会不特定多数人吸收的货币等财产,在法条中被表述为“存款”而非“货币”、“资金”、“财产”等,这表明行为人的行为若构成本罪,其对待投资者交付的钱财应当与商业银行等储蓄机构对待存款的方式有相同或者相似之处。从《储蓄管理条例》第 3 条对“储蓄”的界定可知,存款是储蓄活动的对象,储蓄机构有对作为个人的储户开具凭证并凭该凭证对储户还本付息的义务。由此可见,存款的核心是由商业银行等金融机构对储户承担还本付息义务,金融机构不是单纯的资金供求双方中间人,而需要以自身信用对储户承担责任。如果债权转让模式的 P2P 网贷平台或其关联企业对投资人作出债务人可以还本付息之担保,其吸引投资人投资的根本原因还在于自身信用,投资人对其支付的用于购买债权的资金,虽然与吸收存款时产生平台自身还本付息义务完全相同,但与存款的本质高度相似,平台自身或者关联企业都承担着还本付息的兜底性质的连带责任,应当认为平台的行为属于变相吸收公众存款,进而认定其构成

---

① 倪心田:《中国 P2P 网络借贷平台法律问题探究》,华东政法大学硕士学位论文 2014 年 4 月,第 1 页。

非法吸收公众存款罪。判断平台的吸金行为是否属于吸收存款或者变相吸收存款，应当对平台是否利用自身信用为投资者收回本息提供保障进行考虑，而不应当如"用途说"持有者所认为的考虑资金是否用于货币、资本经营。

四、结　论

综合以上分析，当前市场经济发展程度较非法吸收公众存款罪开始为刑法所规制时更高，个体利益的保护力度应当随之加大，本罪的法益应当由当时的金融管理秩序转变为公众财产安全。因而，如果债权转让模式的 P2P 网贷平台不真实而全面地向投资者披露债务人信息或者以担保的方式提供增信服务，则将使作为社会不特定多数人的投资者误判投资风险，进而使公众财产安全陷于不合理的高度风险中，在投资者数量或者资金数额达到一定值时则应构成非法吸收公众存款罪。在上文提到的林××非法吸收公众存款案中，林××经营的债权转让模式的 P2P 网贷平台是否有对投资者尽到披露债务人信息的义务我们无从得知，但是平台将林××实际控制的另一公司作为担保人向投资人保证收益，而事实上无还本付息的能力，使得大量投资者的财产安全处于不合理的高风险中，这显然已经构成非法吸收公众存款罪，至于由高风险转化而来的实害则并非本罪构成判断之要素。

P2P 网贷平台非法吸收公众存款罪研究*

浙江大学光华法学院　周文辉**

摘　要:P2P 行业的快速发展为中国的经济发展注入了一股新的力量。但由于是新兴行业的崛起,监管的缺失、法律规范的不完善以及行业标准的不清晰使得 P2P 的发展偏离了最初的轨道。P2P 网贷的借贷模式更是触及了司法犯罪,非法吸收公众存款成了重要的问题,由此划清 P2P 的运作模式与非法吸收公众存款的界限显得迫在眉睫。P2P 的发展需要合理的规制,更需要清晰的法律界限,从而保障其健康快速的发展。

关键词:P2P;非法吸收公众存款;合理规则

一、P2P 概述

互联网借贷的风靡缘起于欧美,在英国 ZOPA 与美国 Prosper 和 Lending club 等 P2P 平台的带领下快速发展。互联网与借贷经济的融合为经济发展开辟了一条新的道路。但是当前信贷风险频发,金融机构不良率迅速上升,担保公司、小贷公司倒闭声不绝于耳。尽管中央银行及政府反复对商业银行施压,以促进其加大对中小微企业的信贷投放,但由于面临的信贷风险太大,金融机构投无可投,贷款余额实际上不增反降。与此同时,P2P 行业却逆势而起,新增平台数、月度成交量、贷款余额迅速上升。P2P 融资在社会上迅速发展以及广泛被接受的过程中产生的法律风险更是引起了广大投资者的关注。由于 P2P 的发展之

* 【基金项目】国家哲学社会科学基金重点项目"互联网融资法律制度创新构建研究"(15AFX020),浙江省哲学社会科学规划优势学科重大项目"民间金融市场治理的法律制度构建及完善研究"(14YSXK01ZD)及子课题"民间金融市场主体法律制度构建及完善"、"民间金融市场行为法律制度构建及完善"、"民间金融市场监管法律制度及完善"、"民间金融市场信用体系的法律制度构建及完善"、"民间金融市场风险防范与处置法律制度构建及完善"成果。

** 周文辉,女,浙江大学光华法学院硕士研究生。

迅猛,相关的法律规范无法及时更新涉及导致其在操作中暗含多方面的法律问题。2015 年全国网贷行业出现了 896 家问题平台,而在 2014 年,这一数据是 275 家,2013 年是 76 家。过低的门槛,已让 P2P 平台成泛滥趋势。国内火爆的 P2P 网贷市场目前建立在一个无准入门槛、无行业标准、无政策监管的"三无"环境中,甚至几乎没有任何金融背景的企业都能借助于互联网 P2P 网贷市场分得一杯羹。在 P2P 行业的发展历程中最不能不提的事件就是"e 租宝"事件。2015 年 12 月,一则关于 e 租宝因涉嫌违法经营而接受有关部门调查的报道惊动了整个 P2P 圈,这家成立一年多的平台,因其发展迅猛,堪称互联网金融领域一匹"黑马"。据网贷之家数据统计,截至 2015 年 12 月 8 日,e 租宝总成交量 745.68 亿元,总投资人数 90.95 万人,待收总额 703.97 亿元。2016 年 8 月 16 日,北京市人民检察院官网发布公告称,e 租宝实际控制人钰诚国际控股集团有限公司涉嫌集资诈骗罪,董事长、董事局主席丁宁和总裁张敏等 11 人涉嫌集资诈骗罪,党委书记、首席运营官王之焕等 15 人涉嫌非法吸收公众存款罪一案,由北京市公安局侦查终结移送审查起诉,北京市人民检察院第一分院于 8 月 15 日依法受理。"e 租宝"事件不仅给整个 P2P 行业敲响了警钟,也对司法机关敲响了警钟。如何规范 P2P 行业的融资行为以及如何去甄别非法吸收公众存款罪成了司法机关迫在眉睫的任务。

二、我国 P2P 行业目前监管现状

2015 年 12 月底,银监会会同工信部、公安部、国家网信办等部门研究起草了《网络借贷信息中介机构业务活动管理暂行办法(征求意见稿)》(以下简称《征求意见稿》),确定网贷行业监管总体原则是以市场自律为主,行政监管为辅。对 P2P 取消了准入门槛监管,转而实行负面清单管理,明确网贷机构不得吸收公众存款、不得设立资金池、不得提供担保或承诺保本保息等 12 项禁止性行为。2015 年 7 月 18 日中国人民银行等 10 部门发布《关于促进互联网金融健康发展的指导意见》,2015 年 12 月 28 日银监会会同工信部、公安部、国家网信办等部门研究起草了《征求意见稿》,并征求了相关部门的意见,现向社会公开征求意见。在《关于促进互联网金融健康发展的指导意见》第 8 款中详细描述了关于 P2P 网络借贷融资的相关规定:"个体网络借贷是指个体和个体之间通过互联网平台实现的直接借贷。在个体网络借贷平台上发生的直接借贷行为属于民间借贷范畴,受合同法、民法通则等法律法规以及最高人民法院相关司法解释规范。个体网络借贷要坚持平台功能,为投资方和融资方提供信息交互、撮合、资信评估等中介服务。个体网络借贷机构要明确信息中介性质,主要为借贷双方的直

接借贷提供信息服务,不得提供增信服务,不得非法集资。"网络借贷业务由银监会负责监管。指导意见中明确指出了 P2P 网络融资的监管由银监会负责。而对 P2P 平台的审核内容主要包括三方面:平台性质定义(平台只是信息中介)、增信服务(平台不得提供增信服务)、资金问题(平台不得非法集资)。而指导意见第 13、14、15、16、17 和 18 条中更是详细描述了在 P2P 网贷融资过程中涉及的备案、资金存管、信息披露、消费者权益保护、网络与信息安全以及反洗钱和防范金融犯罪方面政府各个相关部门应负的审核和监管义务。2016 年 8 月 24 日下午,银监会官网正式对外公布《网络借贷信息中介机构业务活动管理暂行办法》。

三、P2P 平台与非法吸收公众存款罪的联系

P2P 行业的迅猛发展是有目共睹的,如今的 P2P 行业已经在全世界各国经济发展中占有一席之地。但是由于其毕竟是一个新兴的行业,对其的规范在各个国家政府间都产生了一定的困难。而在我国,P2P 行业发展之迅速更是始料未及,政策和法规的缺失使得其发展开始偏离其初衷走向了触及不法利益的一端。尽管这几年我国政府正在积极谋划和出台相关的政策,也已经出台了一定的规范,但是还远远没有达到预期的效果,最令人担心的就是非法吸收公众存款罪的问题。

P2P 网络借贷中和非法吸收公众存款最紧密的自然当属资金池问题。P2P 网贷平台最为忌讳和害怕的问题就是资金池问题。我国 P2P 网络借贷平台主要有四种类型的资金池:一是有些平台所采用的债权转让模式造成资金池的嫌疑。二是有些平台所采用的将借款需求包装成理财产品出售的模式。三是有些平台事先收集资金,然后寻找借款人把钱贷出。四是用于投资者保障的风险准备"资金池"。早在 2013 年央行对我国 P2P 网络借贷行业进行调研时,已经点名指出采用资金池模式的 P2P 网贷平台涉嫌非法集资。非法集资是非法吸收公众存款和集资诈骗的并称。集资诈骗带有主观意图的诈骗性质,暂不讨论,P2P 网络借贷平台主要涉及的是非法吸收公众存款的问题。[①]《最高人民法院关于审理非法集资刑事案件具体应用法律若干问题的解释》(以下简称《解释》)第 1 条规定,违反国家金融管理法律规定,向社会公众(包括单位和个人)吸收资金的行为,同时具备下列四个条件的,除刑法另有规定的以外,应当认定为刑法第 176 条规定的"非法吸收公众存款或者变相吸收公众存款":

---

① 高舒娅:《P2P 网络借贷资金池问题及其法律风险分析》,《法制博览》2015 年第 2 期。

（1）未经有关部门依法批准或者借用合法经营的形式吸收资金；

（2）通过媒体、推介会、传单、手机短信等途径向社会公开宣传；

（3）承诺在一定期限内以货币、实物、股权等方式还本付息或者给付回报；

（4）向社会公众即社会不特定对象吸收资金。①

P2P 网贷平台从事债权转让，有可能出现三种情况。一是借贷给借款人的资金和平台吸引到投资人的资金正好等额，债权完全分配且平台不保留投资人的资金；二是借贷给借款人的资金高于平台吸引到投资人的资金，债权不能完全分配，流转人本身保留有一部分债权；三是借贷给借款人的资金低于平台吸引到投资人的资金，债权完全分配，而且平台还持有一大笔投资人的资金。第三种情况就是比较典型的先融资、后放贷的情况。根据我国法律的规定，融资的主体必须要获得相关部门的许可，得到融资牌照后才能进行融资，否则就是非法集资，很显然 P2P 网贷平台并不能获取国家发放的融资牌照。因此，当上述的第三种情况出现时，P2P 网贷平台的行为就属于非法集资行为。当然，判断一个平台到底是否先融资、后放贷是非常难以取证的，也就难以判断是否非法集资。原央行副行长、全国人大财经委副主任委员吴晓灵曾在公开场合表示这种模式恰恰是最高法院对于非法集资的定义。若先通过平台从投资人处获得资金，再用资金进行放贷并转让债权，则属于非法集资；若资金的获取是基于已形成的债权债务关系，债权转让也得到参与双方认可，则是合法的债权转让。由于开展此业务的 P2P 平台运作不透明、信息披露有限，监管也处于缺失状态，很难判定债权形成与资金获取孰先孰后，使得关于网贷债权转让有非法集资可能的质疑一直存在。判断这一模式是否属于变相吸收公众存款的关键在于债权形成是否先于资金获取。

《解释》第 3 条明确的构罪门槛是："（一）个人非法吸收或者变相吸收公众存款，数额在 20 万元以上的，单位非法吸收或者变相吸收公众存款，数额在 100 万元以上的；（二）个人非法吸收或者变相吸收公众存款对象 30 人以上的，单位非法吸收或者变相吸收公众存款对象 150 人以上的；（三）个人非法吸收或者变相吸收公众存款，给存款人造成直接经济损失数额在 10 万元以上的，单位非法吸收或者变相吸收公众存款，给存款人造成直接经济损失数额在 50 万元以上的；（四）造成恶劣社会影响或者其他严重后果的。"P2P 平台以互联网为基础，平台的投资人没有地域限制，资金平台达到上述标准亦是极为容易的。但在做虚标非法吸收存款时，为了制造平台交易繁荣的景象，P2P 平台经营者会用马甲

---

① 《最高人民法院关于审理非法集资刑事案件具体应用法律若干问题的解释》，http://www.mps.gov.cn/n6/n282/n3493/n3838/2921956.html,2014 年 8 月 1 日。

自己投标,笔者认为这部分人数及金额不应计入非法吸收公众存款的对象数和金额数当中,这部分并非向公众吸收存款。从非法吸收公众存款罪的构成要件来看,P2P 平台如果不是同时逾越建资金池和以自身财产为借款提供担保两条界线,也尚在刑法规制之外。作为 P2P 平台的经营者,应当尽可能避免以自身财产提供担保。如若以自有资金提供了担保,就切不可以虚标设立资金池,包括为了聚集人气而设置的"秒标",否则便有要承担刑事责任之虞。①

在明确非法吸收公众存款罪的详细解释后,我们更应该清楚地界定 P2P 网络借贷的运作模式与该罪名的临界点在哪里,由此才能保证 P2P 网络借贷在操作中不触及该罪名,保证其合法性。P2P 网络借贷毕竟是一个新兴的行业,现行法规显然对其规制过严。从刑法到之后陆续发布的司法解释来看,有关非法吸收公众存款罪的入罪标准总体趋于降低,严苛的刑事规制极大地增加了 P2P 网贷涉罪的可能性。② 无论是《解释》中对于非法吸收公众存款罪的犯罪构成要件,还是立案标准中的犯罪人数的下调都表现出 P2P 在非法吸收公众存款罪中难以脱身的尴尬境地。目前大部分 P2P 平台为了避免非法吸收公众存款罪而对资金进行了托管。但是托管的方式多种多样,且该罪名并不是以其资金托管就可以避免。真正划清其界限还是需要政府的介入,明确非法吸收公众存款罪与 P2P 行业的切合点和区分点,让其在合规合法的范围内发展其模式。

四、结 语

综上所述可以看出,目前 P2P 行业的发展面临的最大的问题就是法律法规的缺失以及不明确。而非法吸收公众存款罪的门槛定义过低以至于 P2P 发展举步维艰,一不小心就会掉入该罪名中不可获救。目前对于 P2P 行业而言行之有效的方法是对其资金的托管,由第三方银行或是担保公司监管其资金,P2P 平台则完全与资金隔离。该方法目前是各 P2P 平台较为普遍适用的方法,但是这样的托管或是监管模式只是单纯的为其自己规避非法吸收公众存款罪的犯罪构成,是一种治标不治本的手段。真正的源头需要从法律出发,对于非法吸收公众存款罪需要有更明确的界定标准,适当的缩限其对 P2P 行业的标准要求,只有这样,P2P 行业的发展才能有效且合规地进行。一个新兴行业的发展需要的是法律的有效规制并支持,一味地限制只会适得其反。

---

① 陈小杉:《论 P2P 平台非法吸收公众存款罪风险及承担》,《时代法学》2016 年第 3 期。
② 候璐韵:《P2P 网贷的刑事规制——以非法吸收公众存款罪为视角》,《中国检察官》2015 年第 12 期。

P2P 网络借贷涉及的刑法问题

仙居县人民检察院　张　敏[*]

摘　要:近年来,P2P 网络借贷发展迅速,已然成为金融体系中重要的一分子,为我国经济的发展和金融市场的繁荣做出了很大的贡献。但是由于这是一个新事物,在技术和监管方面仍存在许多的不足和漏洞,导致 P2P 网络借贷的违法事件常有发生,这就要求我们必须对此加以重视。P2P 网贷平台在运营的过程中,可能涉及多种刑事犯罪,其中最典型的就是非法集资类的犯罪,除了网贷平台自身可能涉及刑事犯罪,借款人和贷款人也可能涉及许多刑事犯罪,因此,必须加强对 P2P 网络借贷的监管,但是我们又必须注意到,刑法对介入 P2P 网络借贷必须有一定的限度,最终目的是为了促进 P2P 网贷行业的健康发展。

关键词:P2P 网络借贷;网贷平台;刑法

一、P2P 网络借贷概述

P2P 网络借贷,即 Peer-to-Peer Lending,又称"个人对个人"信贷,点对点信贷,或者"人人贷",是一种依靠互联网技术的发展而流行起来的民间借贷的新形式。对于 P2P 网络借贷,目前尚无统一的定义。一般认为,P2P 网络借贷就是资金借款方和资金贷款方通过网络中介机构进行撮合,在网络上对借贷金额、借贷利息、借贷期限等方面形成约定,进而借助网络进行身份认证、记账、清算和资金交付等操作,最终完成信用借贷的一种新模式。通俗地讲,P2P 网络借贷就是自然人与自然人之间借助互联网达成交易的一种借贷方式,实质上也就是网络版的民间借贷,其最主要的特点是介入了中介平台这个第三方主体。在 P2P 网络借贷这一模式中,贷款人具有闲余的资金并有投资理财的意愿,希望通过将手中资金贷出而获取一定的利息收入;借款人则是有资金需求的人,并且愿意通过

　＊　张敏,女,仙居县检察院公诉科副科长。

支付利息报酬来获得贷款人的资金；而中介平台则通过为借贷双方提供信息匹配和审核等服务，收取账户管理费和服务费等作为收入，这是 P2P 网络借贷发展至今最主要的运作模式。但是随着社会的不断发展和进步，P2P 网络借贷的运作模式也越来越多元化。因此，对 P2P 网络借贷的概念也必须跟着不断完善，所谓 P2P 网络借贷，就是资金借款方和资金贷款方通过中介机构（即 P2P 网络借贷平台）提供的与借贷有关的服务，借助互联网实现借款和贷款的目的的一种借贷模式。

P2P 网络借贷产生于市场经济的大背景下，最早起源于英国伦敦，我国 P2P 网络借贷的发展比发达国家稍晚，2006 年由唐宁创立的"宜信"最早将 P2P 网络借贷的概念引入到国内，2007 年在上海，第一家 P2P 网络借贷平台"拍拍贷"成立，紧接着，P2P 网贷平台的发展就如同雨后春笋一般，其数量更以一种火热的势头不断地增长，截至 2015 年年底，我国 P2P 网贷平台的数量已经高达两千多家，成了金融市场中不可忽视的一种金融形态，为我国经济的发展起到了极大的促进作用。P2P 网贷平台的快速发展，并非是一种偶然，而是符合市场需求应运而生的。随着经济的发展，人们经济情况富裕，手头也有更多的闲余资金可以用于投资，而有些企业或个人又急需适用资金，但通过正规融资、借贷渠道获得资金又比较困难烦琐，此时 P2P 网贷平台因具有贷款门槛低、对象范围广泛、操作便捷灵活，且信息透明度高、收益率高等特点，成了许多人的选择。

二、P2P 网络借贷立法层面所涉刑事犯罪分析

(一)P2P 网贷平台所涉及刑事犯罪分析

1. P2P 网贷平台涉嫌非法集资类犯罪

(1)P2P 网贷平台涉嫌构成非法吸收公众存款罪。非法吸收公众存款罪是指非法吸收公众存款或者变相吸收公众存款，扰乱金融秩序的行为。由于非法集资犯罪的社会影响恶劣，犯罪手段多样化，2010 年最高人民法院出台了《最高人民法院关于审理非法集资刑事案件具体应用法律若干问题的解释》（以下简称《非法集资解释》），以便更好地打击非法集资类犯罪。其中明确了非法吸收公众存款罪的特征是非法性、公开性、利诱性和社会性。

从目前的实践来看，国内 P2P 网络借贷中，网贷平台在很大程度上存在着涉嫌非法吸收公众存款罪的刑事风险。曾经轰动一时的 P2P 史上第一案——东方创投案就是最典型的例子。案件中，被告人所创建的"东方创投"网络借贷平台，未经合法批准，以提供资金中介服务为名，广泛向社会不特定公众推广其

网络信贷投资模式,并承诺给予投资人月利率 3‰ 至 4‰ 的高额回报,直至案发平台共计吸收公众存款一亿两千多万元。近年来,利用 P2P 网贷平台进行非法吸收公众存款犯罪的案件不断有发生,这给我们敲响了警钟,让我们认识到 P2P 平台可能存在的漏洞及违法行为,许多 P2P 平台已经不单纯的只是信息中介了,而是直接经手双方的资金或者直接加入到借贷双方的债权债务关系中,成为实际的借款人,这种严重异化的经营模式存在极大的社会危险性,符合非法吸收公众存款罪的犯罪构成要件。首先,P2P 网贷平台不是依法获准设立的正规金融机构,开展集资活动也未得到相关部门的依法批准,符合非法吸收公众存款罪非法性的特征。其次,P2P 网贷平台几乎都是利用互联网进行大规模的宣传,其宣传效应显而易见,完全符合非法吸收公众存款罪公开性的特征。再次,P2P 网贷平台对于借款人往往都会许以固定的高额回报,而这些回报和网贷平台的经营状况几乎不存在关联性,其目的在于诱使借款人进行投资,这又符合了非法吸收公众存款罪的利诱性的特征。最后,P2P 网贷平台所吸收的资金都是来源于不特定的社会公众,辐射范围相当之广,完全符合非法吸收公众存款罪的社会性特征。

(2)P2P 网贷平台涉嫌构成集资诈骗罪。集资诈骗罪是指以非法占有为目的,违反金融法律的规定,使用诈骗的方法进行非法集资,扰乱国家正常金融,侵犯公司财产所有权,且数额较大的行为。集资诈骗罪和非法吸收公众存款罪都属于非法集资类的刑事犯罪,两者的区别就在于行为人主观上是否具有非法占有集资的目的,集资诈骗的行为在主观上具有非法占有集资的目的。在非法占有的认定上,最新的规定体现在《非法集资解释》的第 4 条[①],从中可以看出,最高人民法院对非法占有目的的认定采取的是主客观相统一的原则。

从国内现行的 P2P 网贷的运行和发展来看,许多平台的融资行为都存在着涉嫌集资诈骗罪的刑事风险。以广东深圳网赢天下电子商务有限公司案为例,案件中的被告人预谋通过网络借贷平台实施非法集资,为此专门成立了网赢天下公司,继而设立网络借贷平台,发布虚拟投资标的,向社会进行公开宣传,并且承诺给予投资人高额利息和奖励。实际上,投资人通过网贷平台支付给网赢天下的资金多被被告人用于个人消费或挥霍,借贷平台为投资提供担保的公司实

---

① 《非法集资解释》第 4 条规定:"适用诈骗方法非法集资,具有下列情形之一的,可以认定为'以非法占有为目的':(一)集资后不用于生产经营活动或者用于生产经营活动与筹集资金规模明显不成比例,致使集资款不能返还的;(二)肆意挥霍集资款,致使集资款不能返还的;(三)携带集资款逃匿的;(四)将集资款用于违法犯罪活动的;(五)抽逃、转移资金、隐匿财产,逃避返还资金的;(六)隐匿、销毁账目,或者搞假破产、假倒闭,逃避返还资金的;(七)拒不交代资金去向,逃避返还资金的;(八)其他可以认定非法占有目的的情形。"

际控制人也是被告人本人,这些公司根本不具备担保能力。截至案发,该案集资诈骗金额高达 1.6 亿元①。从该案例中我们可以看出,P2P 网贷平台若违反法律规定以高额回报诱使社会不特定公众进行投资后,并且具有《非法集资解释》第 4 条规定的行为,就可以认定为具有非法占有的主观目的,那么 P2P 网络借贷平台的行为即涉嫌构成集资诈骗犯罪。

2. P2P 网贷平台涉嫌构成挪用资金罪

当前 P2P 网贷平台成为我国互联网金融的主要模式之一,受到了国家和社会的关注,为了规范金融秩序,2015 年 7 月,中国人民银行等十部委联合印发了《关于促进互联网金融健康发展的指导意见》,其中第 14 条明确规定:除另有规定外,从业机构应当选择符合条件的银行金融机构作为资金存管机构,对顾客进行管理和监督,实现客户资金与从业机构自身资金分账管理。从该规定可以看出,中国人民银行和相关的监管机构一直在引导 P2P 网贷回归最初的信息中介的角色,并不允许网贷平台直接接手客户资金,更不允许网贷平台擅自动用托管中的投资人资金。然而,实践中网贷平台擅自挪用投资人资金的现象却屡见不鲜,平台之间的同业拆借也是屡禁不止。东方创投案中被告人就大量使用投资资金购买商铺,供自己投资使用。安徽省铜陵市网贷平台"铜都贷"向另一平台"辉煌带"借款 2300 万元,铜都贷资金断裂后,引起恐慌,出现兑付困难等问题。

现实情况下,我国 P2P 网络借贷行业缺乏完备的监管细则,资金的收集、管理和使用没有规范的管理制度,平台可以随意向银行或第三方支付机构下达转账指令,肆意挪用投资人的资金,更有甚者会叫投资人直接将投资资金转账至网贷平台自身账户,避开资金存管机构的监管,从而为擅自挪用资金提供便利。网贷平台及其工作人员利用业务和职务上的便利,擅自挪用投资资金的行为虽然不符合相关监管要求,但是否构成《刑法》上规定的挪用资金罪尚存争议。因为根据《刑法》第 272 条规定,要构成挪用资金罪必须存在挪用本单位资金的行为②,而 P2P 网贷平台挪用的是投资人投到网贷平台账户中的资金,这些资金是否能认定为 P2P 网贷平台的自有资金就成为认定本罪的关键所在。有些学者认为网贷平台只是作为中介角色,协助投资人和借款人完成借款行为,因此资金仍归属于投资人,不属于网贷平台,那么平台的行为自然也就不构成挪用资金罪。但也有些学者认为,货币作为一种种类物,其占有权和所有权是一致的,因

---

① 包力、王东兴:《深圳 P2P 网赢天下涉嫌集资诈骗案开庭,一千余人被骗 1.66 亿》,《深圳商报》,2014 年 10 月 12 日。

② 《刑法》第 272 条规定:公司、企业或者其他单位的人员,利用职务上的便利,挪用本单位资金归个人使用或者借贷他人,数额较大、超过 3 个月未还,或者虽未超过 3 个月,但数额较大,进行营利活动的,或者进行非法活动的行为构成挪用资金罪。

此投资人将资金转移至网贷平台指定的账户后,网贷平台实际也就取得了货币的所有权,因此 P2P 网贷平台擅自挪用资金的行为符合挪用资金罪的构成要件,涉嫌挪用资金罪。

(二)出借人借款人所涉嫌的刑事风险分析

1. 出借人涉嫌刑事犯罪的类型

(1)出借人涉嫌洗钱犯罪的认定。根据我国《刑法》第 191 条的规定,洗钱罪是指明知是毒品犯罪、黑社会性质的组织犯罪、贪污贿赂犯罪、恐怖活动犯罪、走私犯罪、破坏金融管理秩序犯罪、金融诈骗犯罪的违法所得及其产生的收益,以提供资金账户、协助将财产转换为现金或者金融票据、通过转账结算方式协助资金转移、协助将资金汇往境外以及其他方法掩饰、隐瞒犯罪的违法所得及其收益的来源和性质的行为。简而言之,也即犯罪分子将犯罪所得的赃款,通过另一种犯罪行为合法化,将"黑钱洗白",从而达到可以公开使用的目的。根据《反洗钱法》的规定,金融机构应当按照规定建立客户身份识别制度,不得为身份不明的客户提供服务或者与其进行交易,

因此我国法律赋予了金融机构特定的反洗钱义务,如客户身份识别、大额交易报告等,但是目前以 P2P 网贷平台为代表的互联网金融机构不属于法律规定的金融机构,不需要履行交易记录保存和上报可疑交易报告等反洗钱义务,况且其作为新兴事物尚处于迅速发展时期,对于业务量和成交额的极度重视使得其对于出借人身份识别、资金来源等疏于审核,因而极易被不法分子利用,成为滋生洗钱犯罪的温床。从当前 P2P 网络借贷的运营情况来看,网贷平台所关注的重点是借款人是否具有良好的信用记录和还款实力,而对于资金出借人所投资资金的来源往往疏于审核或者只做形式化审核,因此犯罪分子极易利用这个漏洞,为实施洗钱犯罪开辟新的绿色通道。

(2)出借人涉嫌高利转贷罪的认定。高利转贷罪,是指违反国家规定,以转贷牟利为目的,套取金融机构信贷资金高利转贷他人,违法所得数额较大的行为。在 P2P 网络借贷模式下,借贷利率完全依托于借贷双方的协商确定,借款人群体大多是很难从正规金融机构获得资金的中小型企业,因此借款人愿意支付比银行同期贷款利率高很多的借贷利率,受到高额投资回报的诱惑,很多资金短缺而又想通过投机手段大发横财的人士往往铤而走险,通过各种手段套取金融机构的信贷资金,然后利用网络借贷平台将资金转贷出去,在这种情况下,出借人就可能会步入高利转贷罪的雷区。但是,实践中也存在此种情况,如某些企业或者个人从银行等正规金融机构贷出资金后因为某些原因未能立即投入使用而成为闲置资金,为了减少利息损失并且获取一定的收益,这些企业或者个人就

会选择将已获得的贷款转而通过网贷平台借与他人,收取高额利息。对于这种出借人,虽然其在向金融机构申请贷款时并未有转贷牟利的目的,但是在后来的转贷过程中又产生了新的犯意,其行为符合高利转贷罪的构成要件,也应当以高利转贷罪加以认定。

2. 借款人涉嫌刑事犯罪的认定

由于网络借贷模式下,出借人和借款人的信息不对称,借款人极有可能通过伪造身份证明、资金用途、夸大还款实力等手段骗取出借人的资金后逃跑,这种情况完全符合我国刑法中诈骗罪的构成要件,构成诈骗罪无疑。然而,此种诈骗活动的实施一般是借助于借贷合同的签订,符合合同诈骗罪的基本特征,按照特别法条优先的原则,对于借款人的此种行为应当以合同诈骗罪来认定。

此外,在前文中提到的 P2P 网贷平台可能涉嫌的集资诈骗罪和非法吸收公众存款罪,借款人也可能通过 P2P 网贷平台单独进行实施,也可能和 P2P 网贷平台构成共同犯罪。若 P2P 网贷平台未进到谨慎注意义务,对借款人的还款能力、资金用途、经营状况进行审核,或者明知借款人非法集资的可能,却为了平台的交易额和收取中介费而放任,那么 P2P 网贷平台和借款人就涉嫌共同犯罪,可能涉嫌非法吸收公众存款罪或集资诈骗罪的共同犯罪。

三、刑法介入 P2P 网贷平台的建议

目前 P2P 网贷平台的发展可以说是相当之快,P2P 网络融资代表互联网技术在金融领域的创新,它的出现给我们的社会生活和经济发展都带来了很多积极的影响。我国融资渠道单一,众多中小企业和民众的个人融资需求未能满足,影响了我国经济的发展,P2P 网贷平台的出现正是对单一融资渠道的补救。P2P 网络融资流动性强,投资门槛低,投资程序便捷,通过广泛吸收社会闲余资金来满足中小企业和民众的个人融资需求,能够一定程度解决我国中小企业的生存问题,为我国中小企业的发展开辟了一条合法的融资渠道,为社会民众的个人融资需求提供了一条新的合法渠道。虽然说金融创新不代表必须以违法的手段为代价,但是创新需要一个不断试错发展的过程,错误的积累和反思是创新不断进步的宝贵资源,如果对创新过程中的错误进行严打,很可能就扼杀了创新继续发展的动力。很多创新往往都是"未经有关部门批准"而实施并取得巨大成功的,刑法的过度干预势必会遏制创新并严重阻滞互联网金融活动的正常发展[①]。其次,我国对集资的刑法规定很多不够合理,如在非法吸收公众存款罪上,直接

---

① 刘宪权:《论互联网余融刑法规制的"两面性"》,《法学家》2014 年第 5 期。

融资和间接融资混为一谈,集资诈骗罪对占有目的的大扩张等等,如果严惩非法集资刑事政策"全力"贯彻,我国 P2P 网贷平台将无一幸免涉罪。在具体操作上,刑法介入 P2P 网络融资的紧缩性要求可以从刑事立法和司法来进行调整。刑事立法上适当调整和限缩非法吸收公众存款罪的构成要件,消弭正常 P2P 网络融资行为在客观上与非法吸收公众存款罪构成要件之间的契合,可以适当提高非法集资犯罪的入罪门槛;刑事司法实践上一定程度包容 P2P 网络融资发展过程的"小错误",对 P2P 网络集资犯罪给予更多经济效益的考量。

刑法在诸多法律中具有最强的强制力,可以剥夺人的财产和自由,所以在社会上出现侵害行为的时候,刑法作为一种保证法,只有在其他手段无法调整或规制的时候,才使用刑法。因此刑法介入 P2P 网络融资的时候,在能够利用社会的其他方法规范 P2P 网络集资行为的时候,应尽量避免刑法的发动。具体操作上可以有:一是尽快出台相关的金融监管措施,给刑法介入 P2P 网络融资一条缓冲带,可以通过相关金融监管措施解决和规范 P2P 网络融资行为的时候,避免刑法的启用;二是对于金融市场发展可以包容的自我创新错误,如果可以在金融市场自我更迭中优胜劣汰,则尽量减少刑法发动的频率;三是 P2P 网贷平台经营不善导致的跑路问题上,可以用民法债务追偿内容来解决或者引用企业破产制度来解决,因为对人的报复性惩罚不是社会的最终目的,维护经济的健康稳定发展、社会安定才是最终的目的。总之刑法介入 P2P 网贷平台只有在社会其他措施不能有效控制社会危害性的时候,刑法才有介入的必要性。

P2P 网贷平台风险及对策分析

杭州市富阳区人民检察院　　盛旖瑾　　许翁宇欣[*]

摘　要:P2P 网络贷款平台作为一种新型的借贷模式引入我国后,出现了爆发式的增长,其法律风险也不断体现出来。究其原因主要是准入门槛低,信用体系不完善,相关法律不健全。文章重点分析 P2P 网贷平台的刑事法律风险及其表现形式,以期降低投资风险,并对 P2P 网贷平台的规范运营起到一定指导作用。

关键词:P2P 网贷平台;风险;对策

一、P2P 网贷平台的概念及异化表现

(一)P2P 网贷的概念

P2P,即 person-to-person(或 peer-to-peer),意思是"个人对个人"。P2P 网贷平台,又称网络借款平台,是指互联网金融点对点借贷平台。具体来说就是投资方和贷款方通过网贷平台这个中介在网上协商一致从而达成包括借款金额、借款利息、借款期限、违约责任等条款的借贷合同,并通过网络完成认证、交割和清算等步骤从而实现信用借贷的一种方式。

P2P 网贷平台这种新型的商业运作模式最早始于英国,之后便以其强大的生命力蔓延到了美国、德国等其他国家。在欧美国家,虽然网络借贷模式在借贷市场所占份额并不算很高,但其发展稳健并受到众多民众的青睐,这主要归功于发达国家健全的法律法规体系、完善的征信体制及完备的风险防控手段。在国外,按其运作模式一般分为三类:[①]

---

[*]　盛旖瑾,女,杭州市富阳区人民检察院干部;许翁宇欣,男,杭州市富阳区人民检察院干部。

[①]　许笑莉:《我国 P2P 网络借贷的法律风险控制研究》,华东政法大学硕士学位论文,2105 年 4 月 。

(1)单纯中介模式,其采用的是竞拍模式。借款人自主设定贷款利率,创建借款条目;由多个贷款人进行竞拍,利率低的贷款人中标;平台负责借贷双方信息的匹配与交易的撮合。该模式的特点是在借贷过程中只提供平台而不参加交易,贷款利率由双方自主决定;既不承担风险也不分享收益,投资风险由贷款人自行承担。平台只通过收取服务费或手续费盈利。

(2)复合中介模式,其采用的是信用评分模式。信用评分模式中将借款人按信用情况分为 A＋、A、B 三个信用等级,贷款人根据借款人的信用等级及其他情况决定是否提供贷款。该模式的特点是在借贷过程中分享收益的同时也分担风险,除了提供交易平台之外,还充当担保人、借款追款人、利率制定人等角色。

(3)公益型模式,其采用的是"批量出借人＋小额贷款"模式。具有慈善性质的贷款人通过浏览网站上资金需求者的信息,自主选择借贷人及借贷金额。该模式属于非营利性的 P2P 网贷平台,服务对象是发展中国家里收入非常低的企业和个人。作为纯粹的公益性组织,其不向放贷人及合作的小额借贷机构收取服务费。

(二)P2P 网贷的异化

P2P 网贷平台自 2006 年被移植到我国后,同样取得了迅猛的发展。总体上看,我国的 P2P 网贷平台大约经历了以信用借款为主的初始发展期到以地域借款为主的快速扩张期,再到以自融高息为主的风险爆发期,并到目前以规范监管为主的政策调整期,预期将会朝着以国内市场为基础向海外市场拓展发展五个阶段。由于中国土壤的特殊性,P2P 网贷在我国发展过程中,出现了一系列水土不服的现象,并逐步变异出中国特色的运行模式。其主要表现在:

(1)平台服务对象范围有所扩大。在国外的 P2P 平台只是为了满足个人对资金的需求,包括上学、买车、买房等生活消费用途。目前在国内,通过平台借款的多为小微企业,这些企业为了解决经营资金的问题,通过平台进行融资,形成了商业贷款。与此同时,小微企业经营状况的好坏也决定了平台是否会遭遇风险。

(2)交易过程从线上转移到了线下或线上线下相结合。国外网贷平台的经营流程大多在线上完成,从搜寻信息、信用审核、交易磋商以及后期的汇款和还款付息,全部在互联网上完成。其依托发达的个人征信体系,能够保障借款人的信息真实,即使在违约以后,也能够通过法律途径得到妥善的解决。然而由于我国的个人征信体系不健全,无论是平台还是放贷人,对借款人的信息是否真实都心存忧虑。因此,平台不能依靠使用虚拟的网络来审核借款人的信息,只能通过实地考察,全面验证其身份信息、考察其财务状况,确认借款人提供信息的可靠性从而降低诈骗的风险。所以,我国的 P2P 网贷平台出现了线上与线下相结合的模式,坚持线下审核线上经营的路线,但是这些线下的流程不仅大大增加了平台的运营成本,同时也加大了职能部门对于平台资金监管的难度。

(3)扩展了担保业务。根据《最高人民法院关于人民法院审理借贷案件的若干意见》第 13 条规定:在借贷关系中仅起联系、介绍作用的人,不承担保证责任。因此,作为中介人的 P2P 网贷平台不需要为促成借贷关系而提供担保,平台仅作为借贷双方的信息中介机构。但在现阶段,鉴于我国的信用机制不完善,发生风险的概率较高,因此平台为了缓解放贷人对坏账风险的担忧,吸引更多的投资者前来投资,纷纷提供担保服务,保证投资者的本金收益。有的由平台自行进行担保,主要通过开设风险备用金账户等方式;有的引入专业担保公司对每个项目进行担保;还有的由线下合作的小额贷款公司为项目进行本息担保。当借款人违约时,平台以各种担保方式保障投资人的本金及收益,从而转移借贷交易的信用风险。这样保障本金提供担保的方式,在一定程度上使网贷平台演变成担保公司,这也从根本上脱离了互联网金融脱媒的本质。

(4)产生了债权转让模式。P2P 网贷平台最原始的目的是作为中间人来撮合借贷双方达成借贷法律关系,而自身不介入其中。随着 P2P 行业在我国的发展,出现了债权转让模式,即平台首先作为债权人出借资金,然后将债权进行转让从而获得资金继续出借,平台本身已经进入借贷法律关系中,这种吸存放贷的经营方式,虽然在一定程度上打破了网贷平台融资"瓶颈"的限制,推进了网贷业务的进一步扩张,但是其实质上已经使网贷平台开始扮演商业银行的角色。另外债权转让模式的平台在经营过程中,需要对债权进行高效的拆分和转让,以此来保证资金链的安全,存在流动性风险。

二、P2P 网贷平台存在的主要风险

(一)政策风险

自从 P2P 网贷平台传入我国以来,P2P 网贷平台在我国尚属于新鲜事物,一开始处于"无市场准入门槛、无行业标准、无监管机构"的三无状态。长期的监管缺失导致当下的 P2P 网贷平台五花八门、种类繁多。但是随着监管目标和监管原则的不断明确,平台或多或少会面临一些政策风险。

(1)目前政府对于 P2P 网贷行业市场准入的标准尚未作出具体规定,未明确平台的资本限额,那么很多资本实力薄弱的 P2P 网贷平台是去是留将成为不可回避的问题。如果这些资本薄弱的平台一旦被要求退出市场,那么发生在这些平台上的债权和借贷关系又将何去何从,也是随之而来的问题。

(2)对于债权转让模式的平台,其出售债权的行为实质上属于债权的证券化,这可能会构成向不特定公众发行证券的行为,涉嫌超范围经营。

(3)现在很多 P2P 网贷平台开发了向放贷人提供担保的业务,以满足放贷人对资金安全性的需求,保证贷款人的本金和利息。一旦 P2P 网贷平台利用其自身资金为放贷人提供保证,那么就属于从事借款担保业务。因此,按照一般企业在工商局进行登记的 P2P 网贷平台就涉嫌违法提供借款担保的行为。

(二)信用风险

当前我国 P2P 网贷平台的类型繁多,借款人更是来自全国各地、各行各业,当前我国征信系统不健全、信息不对称的问题是 P2P 网贷行业面临的最大的难题。

(1)借款人以虚假信息注册引发信用风险。由于我国征信体系不健全,借贷双方都是通过"线上交易"模式进行的,平台审查借款人的信用只能依靠其自身力量,以形式审查的方式来进行,通过审查借款人的劳动合同、信用卡账单、工资收入等信息,简单地评价借款人的信用,导致平台对于借款人提供的这些信息真假难以辨别,这无疑隐藏了巨大的风险。[①]

(2)借款人违约成本低引发信用风险。首先,借款人到期无法还款付息,更有甚者,恶意拖延甚至拒绝还款付息。放贷人想要追究其法律责任,却由于交易都是在网上进行的,借贷人提供的电子信息的可靠性得不到保证,当违约的借款人使用了虚假信息时,放贷人往往因找不到真正的债务人而面临状告无门的困境。违约人从而逃避了违约责任,降低了违约成本,这也是引发信用风险的重大隐患。

(3)借款用途缺乏监督引发信用风险。大部分 P2P 网贷平台都要求借款人详细说明资金用途,但是却很少有平台明确提出对借款用途的限制。P2P 平台的产生也是金融普惠的结果,帮助更多需要资金的人摆脱融资困境。因此,有必要禁止借款人进行违法违规和高风险的投资活动。在正规金融领域,对借款的用途都有明确的规制。例如,《贷款通则》明确指出,除另有规定外,借款人不得使用借款资金进行股权投资,不得从事有价证券或者期货等方面的投资。借款人若要从事房地产领域的投资业务,必须取得房地产经营资格。但是,在非正规金融领域,关于民间借贷资金用途方面的法律规制几乎是空白。

---

① 黄震、何璇:《P2P 网络借贷平台的风险法律及规范》,《金融电子化》2013 年第 2 期。

(三)法律风险

由于我国 P2P 网贷平台的准入机制不健全,平台进入市场、借贷双方进入平台都没有经过严格的审查,导致一些法律风险频发。

1. 非法集资的风险

根据平台运营方对平台资金是否具有非法占有的故意,非法集资主要分为两种类型:

(1)集资诈骗。实践中,很多 P2P 网贷平台在网站上虚构短期限内获得高收益的借款标的,吸引放贷者投资,然后将后投资者的资金作为先投资者的本金和利息,返还给先投资者,制造平台赚钱的假象。随后以这种假象作为诱饵,不断引诱更多的投资者,继续将后投资者的资金作为先投资者的本金和利息进行返还,循环往复,这种行为很有可能就是 P2P 网贷行业的庞氏骗局。如果此时的平台经营者主观上具有非法占有的故意,将平台上的全部资金卷走跑路,那么平台只是作为一种诈骗工具,平台经营者将构成集资诈骗罪。例如,本院审查起诉的汤某某等人集资诈骗案中,汤某某等人采用在 P2P 网贷平台上发布虚假借款标的,并承诺高回报率、保本付息的方式,引诱投资人投资,后以借款、劳务费、专项支出等名义将投资人的投资款非法占为己有。

(2)非法吸收公众存款。目前我国 P2P 网贷平台多数采用债权转让模式,并且很多平台的债权转让优先于借款行为,即借款行为发生在投资行为之后,形成沉淀的资金池,大有非法吸收公众存款的嫌疑。比如,一些平台提前把借款需求或者债权采用理财产品等方式售出,出售给有闲余资金的放贷人,先行归集放贷人的资金,然后再寻找资金需求者放出贷款,赚取高额利息,完成交易。这些借款需求或者转让债权大多是虚构的,是发生在前的,而真正的债权是发生在后的,平台在真正债权发生之前就已经完成债权转让或理财产品的出售。平台以这种方式汇集了大量的放贷人的资金,必然会产生资金池。此种行为完全属于先吸收存款后发放贷款的范畴,从中赚取利息的差额,与银行基本无异。因此,平台在未获得监管部门同意的情况下,从事吸存放贷的业务,涉嫌非法吸收公众存款。例如,我院审查起诉的张某某等人非法吸收公众存款案,张某某等人将借款标的发布在 P2P 网贷平台上,吸引投资人投资,但是投资款并未直接进入借款人账户,而是停留在 P2P 网贷平台上,后再以高于投资回报率的利息发放给借款人,从中赚取利息差。

2. 洗钱的风险

在我国,借款双方只需要交付很少的会员费或中介费,便可成为平台的会员,可以发放借款或申请借款,由于会员人数众多,鱼龙混杂,难以确定其真实身份、资金来源及资金用途。加之我国 P2P 网贷平台目前处于监管缺失的困境，监管部门也难以查明资金的来源和流向，这就为犯罪分子洗钱提供了空间。犯罪分子利用网络的分散性和虚拟性，采用多种身份，将一笔赃款拆分为多笔小额款项进行出借，到期收回本息后，就变身成为合法财产；还有些不法分子，自身既承担借款人的角色，又担任放贷人的角色，将平台作为洗钱的工具。①

三、P2P 网贷平台风险防范现状及对策

P2P 网贷行业在我国已经经历了近 10 年的发展，但是与行业快速发展相对应的却是监管政策的滞后与相对缺失。2016 年 8 月 24 日，银监会、工信部、公安部、国信办联合发布了《网络借贷信息中介机构业务活动管理暂行办法》(简称《P2P 管理办法》)，这标志着政府对网贷行业的监管正式展开，网贷平台"无门槛、无标准、无监管"的混乱局面将结束，逐渐回归信息中介的本质，走向健康化、规范化的发展模式。

(一)明确平台地位

2015 年 7 月出台的《关于促进互联网金融健康发展的指导意见》(简称《互金指导意见》)中提到"个体网络借贷机构要明确信息中介性质"。2016 年 4 月出台的《互联网金融风险专项整治工作实施方案》(简称《互金整治方案》)中明确指出"P2P 网贷平台应守住法律底线和政策底线，落实信息中介"。而《P2P 管理办法》重申了这一定位并提出相应的要求，明确"网络借贷是指个体和个体之间通过互联网平台实现的直接借贷。个体包含自然人、法人及其他组织"；同时明确"网络借贷信息中介机构是指依法设立，专门从事网络借贷信息中介业务活动的金融信息中介公司"。

(二)建立全面监管框架

1. 监管主体：从"4＋1"到"双负责"

在中央层面，由银监会、工业和信息化部(简称工信部)、公安部及国家互联网信息管理办公室(简称国信办)负责分类监管、协同监管；在地方层面，则由省级人民政府金融办负责本辖区内 P2P 网贷平台的机构监管，即"4＋1"的监管模式。此次《P2P 管理办法》突出强调了银监会及派出机构和地方金融办"双负责"的监管安排，即由银监会负责行为监管，地方金融办负责机构监管。

---

① 于春敏、周艳军：《互联网时代反洗钱防御体系的构建》，《财经科学》2014 年第 11 期。

根据《互金指导意见》和关于界定中央和地方金融监管职责分工的有关规定,对于非存款类金融活动的监管,由中央金融监管部门制定统一的业务规则和监管规则,督促和指导地方人民政府金融监管工作;由省级人民政府对机构实施监管,承担相应的风险处置责任,并加强对民间借贷的引导和规范,防范和化解地方金融风险。鉴于网贷机构定性为信息中介,而非存款类机构,且将网贷归属于民间借贷范畴,为此,《P2P 管理办法》明确银监会作为中央金融监管部门,负责对网贷机构业务活动制定统一制度规则,督促和指导省级人民政府做好网贷监管工作,加强风险监测和提示,推进行业基础设施建设,指导网贷协会等;同时,网贷行业作为新兴业态,其业务管理涉及多个部门职责,应坚持协同监管,故《P2P 管理办法》明确工信部主要职责是对网贷机构具体业务中涉及的电信业务进行监管;公安部主要职责是牵头对网贷机构业务活动进行互联网安全监管,打击网络借贷涉及的金融犯罪;国信办主要职责是负责对金融信息服务、互联网信息内容等业务进行监管。地方人民政府金融监管部门承担辖区内网贷机构的具体监管职能,包括备案管理、规范引导、风险防范和处置等。

2.行业自律:互金协会的行业自律管理职责

除政府机关的监管职责外,更进一步明确了中国互联网金融协会(简称互金协会)作为全国性行业自律组织在 P2P 网贷平台业务管理中的职责,包括制定和实施相关自律规则、行业标准,维护会员合法权益,受理投诉和举报,成立网络借贷专业委员会等。目前,互金协会已编写了《互联网金融信息披露标准——P2P 网贷(征求意见稿)》和《中国互联网金融协会互联网金融信息披露自律管理规范(征求意见稿)》等行业重要管理规范并正式向其会员单位征求意见,这将对推进 P2P 网贷平台的自律管理起到重要作用。在这种全新的监管框架下,行业自律组织建立,对促进行业健康发展十分必要,有利于建立统一数据登记平台,完善风险预警、监测机制,在规范从业机构市场行为和保护行业合法权益等方面发挥积极作用,加强机构之间的业务交流和信息共享,树立行业的正面形象,营造规范发展的良好氛围。

3.监管原则:穿透式监管

《互金整治方案》中提出了"穿透式"的监管要求,规定要根据业务实质认定业务属性,"金融机构不得依托互联网通过各类资产管理产品嵌套开展资产管理业务、规避监管要求。应综合资金来源、中间环节与最终投向等全流程信息,采取'穿透式'监管方法,透过表面判定业务本质属性、监管职责和应遵循的行为规则与监管要求"。

"穿透式"的监管重点体现在要透过互联网金融产品的表面形态看清业务实质,将资金来源、中间环节与最终投向穿透连接起来,按照"实质重于形式"的原则甄别业务性质，根据业务功能和法律属性明确监管规则。

《P2P 管理办法》的多项规定也体现了这一监管要求。例如，第 10 条规定平台不得从事包括变相为自身融资、间接归集资金、变相提供担保、发放贷款、自行发售金融产品募集资金或代销金融产品、开展类资产证券化等业务，均表明业务将受到实质审查。如果平台涉嫌事实上开展上述业务，则即使采用 P2P 的名义，也将被监管部门认定为违规。

（三）出台详细监管措施

（1）对业务经营活动实行负面清单管理。考虑到网贷机构处于探索创新阶段，业务模式尚待观察，因此，《P2P 管理办法》对其业务经营范围采用以负面清单为主的管理模式，明确了包括不得吸收公众存款、不得设立资金池、不得提供担保或承诺保本保息、不得发售金融理财产品、不得开展类资产证券化等形式的债权转让等十三项禁止性行为。在提出监管红线的同时在政策安排上，允许网贷机构引入第三方机构进行担保或者与保险公司开展相关业务合作。

（2）对客户资金实行第三方存管。为防范网贷机构设立资金池和欺诈、侵占、挪用客户资金，增强市场信心，《P2P 管理办法》对客户资金和网贷机构自身资金实行分账管理，规定由银行业金融机构对客户资金实行第三方存管，对客户资金进行管理和监督，资金存管机构与网贷机构应明确约定各方责任边界，便于做好风险识别和风险控制，实现尽职免责。

（3）限制借款集中度风险。为更好地保护出借人权益和降低网贷机构道德风险等，《P2P 管理办法》规定网贷具体金额应当以小额为主，同一借款人在网贷机构上的单笔借款上限和借款余额上限应当与网贷机构风险管理能力相适应。

（4）完善风险评价与控制制度。经营者内部风险控制、外部风险评估始终是金融行业合规、持续经营的要点，P2P 业务也不例外。风险评价与控制制度既可以保护投资人的权益，又能够降低经营风险。《P2P 管理办法》将"对出借人与借款人的资格条件、信息的真实性、融资项目的真实性、合法性进行必要审核"的风险评价及控制行为列为 P2P 网贷平台的义务，这与其信息中介的属性相呼应。此外，《P2P 管理办法》也具体列举了关于反洗钱、借款余额上限、信息共享、借贷双方的义务和条件等风险评价和控制的方法。

（四）建立健全相关法规

根据《P2P 管理办法》的规定及相关监管人员的介绍，以下配套措施也正在制定中：

（1）P2P 平台信息和产品登记、披露指引，这体现了平台业务操作透明化的要求,也是加强事前、事中、事后监管的具体体现。

(2)网络借贷备案登记指引,这将对 P2P 网贷平台应当向地方金融办进行备案登记的要求进行细化。

(3)网络借贷资金第三方存管指引,将出台专门针对网络借贷资金存管业务的规定,其中详细规定了可以开展网络借贷资金存管业务银行的条件,存管人网络借贷存管业务技术系统应满足的条件,存管人应与委托人、网络借贷业务当事人签署网络借贷资金存管合同,存管银行定期出具网贷机构资金存管报告等,从而减少 P2P 网贷平台进行自融、归集客户资金、欺诈、侵占、挪用客户资金等情形的发生。

四、结 语

P2P 网贷平台是互联网技术带来的新的金融产物,它的运作降低了借贷成本,扩大了原本局限在地域和熟人之间的民间借贷范围,改变了传统的金融参与模式。但当前,P2P 网贷平台还存在诸多风险,需要对其进行适当监管,《网络借贷信息中介机构业务活动管理暂行办法》的出台,必将营造更加良好的行业环境,引导民间金融健康发展。

P2P 网贷平台犯罪及司法治理研究[*]

温州市人民检察院　　林越坚　李　俊^{**}

摘　要:P2P 网贷平台犯罪不等于 P2P 非法集资犯罪,前者外延大于后者。根据人民银行等十部委《关于促进互联网金融健康发展的指导意见》,本文认为 P2P 网贷平台可定性为类金融机构,可能触犯的罪名涉及非法集资、擅自发行股票债券、非法经营三种罪。本文以罪名划分为主线,分别论述此三种罪名的具体罪状可能涵盖的互联网金融模式,并相应提出司法治理的建议。司法机关应当运用自身职能,参与对互联网金融行业的有效治理。建议以"擅自发行股票、债券罪"来规制互联网金融资产证券化业务模式,但不应根据人数,而应根据融资金额来设定入罪标准。对于尚未构成非法集资或擅自发行股票、债券罪的互联网金融违法活动,则以"非法经营罪"来进行规制,但入罪的标准应适度提高。在具体处断 P2P 网贷平台融资行为的法律效力时,应结合《最高人民法院关于审理民间借贷案件适用法律若干问题的规定》来作出合理的刑事、民事处分。在强化司法治理的基础上,还应进一步强化行政监管,并构建好互联网金融健康发展的信息基础。

关键词:互联网金融;司法治理;非法集资;资产证券化;非法经营

P2P 网贷平台犯罪不等于 P2P 非法集资犯罪,前者外延大于后者,所涉罪名不止于非法集资。P2P 网贷平台犯罪是指 P2P 网贷平台在综合采用各种互联网金融模式开展经营的过程中,因触犯不同刑法条文而导致的不同类型犯罪。因互联网金融的结构及模式各异,P2P 网贷平台可能触犯的罪名也完全不同。

---

　* 课题项目:2015 年度浙江省人民检察院立项专题调研重点课题《P2P 平台非法集资犯罪问题研究》(立项号 sydy201514)。本论文曾参加浙江省刑法学 2015 年年会交流,论文已发表于《河北法学》2016 年第 10 期。

　** 林越坚,男,浙江省温州市人民检察院副检察长,西南财经大学金融法学博士研究生,研究方向:刑法、金融法;李俊,男,浙江省温州市人民检察院未成年人刑事检察处副处长,中级经济师(金融),重庆大学民商法学硕士,研究方向:刑法、民商法。

并且伴随互联网金融的不断深化和拓展，P2P 网贷平台可能涉及的罪名还将日益增多。因此，对 P2P 网贷平台犯罪的论证分析，不能不围绕互联网金融的不同模式，并依据平台在其中的地位和作用来展开。

2015 年 7 月，中国人民银行、工业和信息化部、公安部、财政部、国家工商总局、国务院法制办、中国银监会、中国证监会、中国保监会、国家互联网信息办公室等十部委联合发布《关于促进互联网金融健康发展的指导意见》（以下简称《指导意见》），对互联网金融及其子概念 P2P 网络借贷进行了厘清。《指导意见》指出"互联网金融本质上仍属于金融，没有改变金融风险隐蔽性、传染性、广泛性和突发性的特点"。根据指导意见，互联网金融包括互联网支付、网络借贷、股权众筹融资、互联网基金销售、互联网保险、互联网信托和互联网消费金融等模式，其中"网络借贷包括个体网络借贷（P2P 网络借贷）和网络小额贷款"。但在现实经济环境中，P2P 网贷平台并不会单一采用 P2P 网络借贷一种方式开展经营，其他诸如互联网支付、网络小额贷款、众筹、互联网基金销售等模式，也被广泛引入 P2P 网贷平台的经营之中，故 P2P 网络借贷并不能涵盖 P2P 网贷平台业务的全部内容。因此，P2P 网贷平台的经营行为在一定程度上可以等同于互联网金融行为，而 P2P 网贷平台本身也可以定性为"类金融机构"，所涉的刑事犯罪风险复杂多样。

同在 2015 年 7 月，另一个立法性质文件也紧随十部委《指导意见》出台，即《最高人民法院关于审理民间借贷案件适用法律若干问题的规定》。因 P2P 网贷平台的大部分业务本质上是民间借贷行为，故最高人民法院的司法解释将深远影响 P2P 网贷平台所涉刑事、民事案件的司法处理，亦将对 P2P 网贷平台犯罪判定产生一定影响。

一、国内 P2P 网贷行业现状分析

P2P 网贷全称是"Peer to Peer Lending"，以 2005 年英国 Zopa 网站开通为诞生标志。Zopa 提供借款信息展示、资金交易撮合以及信用评估等服务，借款人在平台上注册后可提交借款申请，申请信息包括需求的资金总额、使用期限和期望利率，Zopa 对借款人作身份审核和信用评估之后，将借款需求信息发布在网站上，投资者可以查看借款列表并选择投资，网站平台向双方收取服务费和管理费。随后，该模式在欧美国家迅速扩散。总体而言，欧美国家的 P2P 网贷平台未偏离"信息中介"角色，其经营建立在完善的个人征信体系之上，P2P 网贷平台只负责用户审核和信息撮合，不承担借贷风险的转移，也不会承诺保本付息，借贷双方信息充分对等，并严格执行分散化投资的基本准则，故而分散、降低了

风险。P2P 网贷模式进入国内之后,由于经营模式异化,大部分 P2P 网贷平台演变成了风险汇聚之地。由于国内缺乏完善的征信系统,P2P 网贷平台无法利用征信数据进行信用评估,也无法建立自动化的审查、定价和风险控制流程,致使运营成本增加。信息不对称也导致借款人违约成本低、催收成本增加,由此导致投资人风险厌恶程度增高。P2P 网贷平台为了吸引投资者,直接介入风险控制并作出担保本息的承诺。可见,运营成本和风险成本双双高企,是国内 P2P 网贷平台与国外最大的差别之一。

以温州 P2P 网贷行业为例,P2P 网贷平台一般仅通过工商登记注册的方式设立,工商登记经营范围是"借贷信息撮合",但实际上大多数 P2P 网贷平台直接从事归集资金、发放贷款的活动,并因此形成资金池。亦即平台本身就是吸收存款、发放贷款的主体。在贷款利率方面,P2P 网贷平台向外发放贷款的利率远高于银行甚至信托,平均年化超过 16%,且对贷款企业的尽职调查、办理抵押登记等各项费用均由借款人承担。照此计算,借款人实际借款利率超过年化 20%。并且,这些 P2P 网贷平台融资规模动辄逾千万,却往往仅以平台公司作担保,均未提存风险保证金。在贷款利率严重偏高的情况下,稍有不慎就可能发生资金链断裂风险。虽然央行曾于 2014 年 10 月发布通知,明确 P2P 网贷平台的中介性质、要求 P2P 网贷平台本身不得提供担保、不得将归集资金搞资金池,但在温州收效甚微。

根据笔者调研,截至 2015 年 6 月,温州尚有 72 家 P2P 网贷平台在温州市金融办备案,其中 25 家建有在线网站平台,其余 47 家主要通过线下开展业务。平台来源主要有三:一是由原来从事民间借贷的公司顺应潮流转型而来,或是公司因自身项目融资需求而设立 P2P 网贷平台;二是 IT 技术从业者由网站平台开发者介入 P2P 网贷行业;三是注册在外地的 P2P 网贷公司来温州掘金。由 2014 年中至 2015 年 5 月底,温州共有 14 家 P2P 网贷平台出险接受政府介入处置,其中 12 家平台注册地在温州主城三个区,2 家平台在温州下辖县市。现已被提起公诉的有 3 家,其余 11 家尚在政府处置过程中。出险的 14 家 P2P 网贷平台中,涉案金额最高 9000 余万元、最低 1000 余万元,涉及人数最高 1000 余人、最低 60 余人。温州 P2P 网贷行业的现状,也在一定程度上代表了全国范围的行业状况。将温州出险的 14 家 P2P 网贷平台经营模式进行归类,大体可以分为以下几类:

模式一:传统模式型。交易流程为:投资人在 P2P 网贷平台网站注册并向平台账户充值——投资人与借款人形成借款关系——平台将款项划给借款人——借款人还本付息——投资人从平台账户提取资金。从流程来看,投资人的资金实际上是先交予 P2P 网贷平台,在平台收到资金与向借款人放款之间存在时间差,使得平台在这段时间里能完全占有、支配该资金。除此之外,有些平台还以销售理财产品的方式先归集资金,然后再寻找资金需求者。此种模式中,平台本身就是集资者,扮演信用转换角色、发挥信用中介功能,实质与银行无异,且必然形成巨大资金池。

模式二:债权转让型。交易流程为:与 P2P 网贷平台有关联关系的第三人先将资金出借给借款人,之后由第三人通过 P2P 网贷平台将债权分割转让给投资人。从法律关系看,三方的权利义务一一对应、清晰明了,即在债权转让之后,借款人承担向投资人还款的义务,第三人脱离借贷法律关系。但现实情况却是,P2P 网贷平台在其中往往进行期限错配,通过将原有的借款金额、借款期限、还款条件等合同条件进行更改,通过债权重组的方式将债权分割出售。此种模式下,第三人承担着职业放贷人的角色,由于其与 P2P 网贷平台存在关联关系,原始债权的真实情况存疑;并且将一个债权进行重组分割出售,也涉嫌资产证券化。

模式三:自融型,即平台向投资人虚构借款项目,融资供平台自身使用。这种平台具有很大隐蔽性,犯罪行为往往直至投资者兑付困难、平台倒闭才得以暴露。

以上三种模式是根据温州已出现的 P2P 网贷平台经营模式归类划分所得,都还属于低端模式。实践中,有部分上规模的 P2P 网贷平台参与众筹、发行证券理财产品,将互联网支付、股权众筹融资、互联网基金销售等多种业务模式融合运用于经营之中,其法律关系相比单一模式,则更为复杂多变。

在 P2P 网贷监管方面,《指导意见》通过划分互联网金融监管归口责任单位的方式,搭建了 P2P 监管框架,但具体监管细则并不明确。其规定"互联网金融是新生事物和新兴业态,要制定适度宽松的监管政策,为互联网金融创新留有余地和空间",为 P2P 网贷监管作了一个方向定调,但具体落实效果还无法预测。因此,我们司法机关通过司法行为对互联网金融作出合理的刑、民分界,进一步明确互联网金融的刑事法律边界,其实质就是参与了互联网金融的治理。尤其重要的价值还在于,通过司法治理,能够为金融活动参与者们提供相对确定的司法准据,并增强互联网金融创新行为的法律后果可预测性,保障创新的安全。

本文在结构上以刑事罪名划分为主线,根据《指导意见》相关规定,将 P2P 网贷平台可能触犯的罪名划分为非法集资、擅自发行股票债券、非法经营三类,通过分析此三个罪名的具体罪状,厘清其中可能涵盖的互联网金融创新模式,再根据各模式的法律架构进行构罪性分析,通过设置差异化的处置方式,初步构建对 P2P 行业司法治理的合理路径。

二、P2P 网贷平台犯罪分析及相应司法处置

(一)非法集资犯罪分析

非法集资罪主要包括非法吸收公众存款和集资诈骗两个罪名。由于 P2P 网络贷款吸收公众资金的对象不特定性,故其本质上天然具有非法集资的性质。非法集资是国内 P2P 网贷平台的通病,目前温州地区已经判决定罪的 P2P 网贷平台主要出自传统模式型和自融型两种模式,以两个案件为例:

案例一:徐某于 2013 年 7 月成立温州乾伟特电子商务公司,创建"德赛财富"P2P 网贷平台。平台对社会公众宣传以中间人身份撮合借款,并对外宣称由平台公司——乾伟特公司承担无限担保责任。借款标的年化收益在 24% 以上,外加奖励,年化收益在 30%～40% 左右。平台所发布的借款标的资料都是虚构的,吸收的资金汇入徐某实际控制的浙江厨 * 酿造有限公司基本账户及出纳个人账户,资金全部用于公司生产经营。截至 2014 年 4 月,平台共吸收 118 名投资者投资 4000 余万元,其中 1400 多万元投资款无法偿还。

案例二:徐某林于 2013 年 11 月成立温州富城投资管理有限公司,创建"富城贷"P2P 网贷平台。平台通过互联网向社会公众推广,以承诺高额回报的方式吸引公众资金存入公司账户。平台分两个板块,一个板块是"我要投资",由投资者在平台上实名注册账户并绑定其银行账户,投资者将钱转入该账户后,再按照平台提供的借款标书决定投资;另一个板块是"我要借款",由借款人提出借款申请,经平台审核同意后,由平台将钱划转借款人。平台初期从事吸收资金、发放贷款的业务,从中赚取利息差价。后期,因投资者有大量资金留存在平台账户上,徐某林将这部分资金挪用于个人投资,同时还通过虚构借款标的的方式吸收资金用于发放贷款或个人投资。截至 2014 年 11 月,"富城贷"网络投资平台共吸收 127 名投资者投资 3000 余万元,其中 940 多万投资款无法偿还。

第一个案例即 P2P 自融模式,吸收资金全部用于个人生产经营;第二个案例即 P2P 传统模式,平台通过吸收存款、发放贷款方式谋取利息差,在经营过程中建立了资金池,并挪用池中资金用于个人投资。此两个案例是当前典型的 P2P 网贷平台犯罪模式。由于互联网涉及的社会关系只是传统社会关系的衍生,故 P2P 非法集资犯罪与传统非法集资犯罪在本质上并没有区别,只不过 P2P 网贷平台的加入扩大了非法集资的社会影响面、增大了犯罪风险。鉴于国内当前对于传统非法集资犯罪的研究已经比较深入,而浙江省内司法机关对于传统非法集资犯罪也已经形成了一套成熟的法规体系,故本文不再对非法集资

犯罪的共性问题重复论述,而仅着眼于互联网犯罪特定背景下的一些个性问题进行探讨。

1. 关于 P2P 网贷平台非法集资的行为定性问题

由于非法吸收公众存款罪是非法集资的基础罪名,故对 P2P 网贷平台非法集资犯罪的研究,首先着眼于非法吸收公众存款罪。非法吸收公众存款罪的犯罪客体是国家金融秩序,根据 2015 年人民银行等十部委《指导意见》"互联网金融本质仍属于金融,没有改变金融风险隐蔽性、传染性、广泛性和突发性的特点"的规定,P2P 集资行为作为互联网金融的其中一种模式,本质仍属于金融行为,理应受非法吸收公众存款罪的规制。

案例一所代表的自融型 P2P 模式实质就是公开吸存行为。并且与传统非法吸存案件中,行为人以真实主体身份对外吸收资金、在投资者对融资主体有明确认识的前提下再作出是否借款的决定所不同,徐某在 P2P 网贷平台上虚构借款标的,故意误导投资人对借款主体及资金用途的判断,且最终有大量资金无法偿还。如不对其定罪处罚,将不符合"罪责相适应"的原则,但同时考虑到徐某吸收资金是用于生产经营的实际情况,故对于此种自融型 P2P 模式,最终是以非法吸存,而非集资诈骗来定罪处罚。

对于案例二所代表的传统型 P2P 模式,由于平台本身就是吸收存款、发放贷款的主体,发挥的是信用中介的作用,其实质与银行经营行为无异。对此种模式,毫无疑问应当以非法集资犯罪进行打击。至于应当定性为非法吸收公众存款罪还是集资诈骗罪,则根据行为人以吸收资金向外投资的行为是否风险可控来进行认定。对此,司法机关也已经积累了较为丰富的实践经验,在此不赘述。

为进一步探讨 P2P 集资犯罪问题,我们还可以再提出假设:假如这两个案例都没有出现提现困难、行为人也如期偿还了全部投资款,则又当如何处理?笔者认为,对于案例一的自融模式,虽然存在虚构借款标的的行为,但因其为生产经营所需进行集资,故根据最高人民法院及浙江省内的规定,应当对其免予刑事处罚。对于案例二所代表的传统模式,由于其发挥了信用转换功能,笔者认为,在处理上可以不采用"非法集资罪"、而采用"非法经营罪"来规制,但其入罪标准应当适度提高,具体将在本文"非法经营犯罪分析"部分论述。

2. 关于 P2P 网贷平台非法集资犯罪的主体

在 P2P 网贷平台犯罪中,需注意区分单位犯罪和自然人犯罪。在上述两个案例中,这两个 P2P 网贷平台公司自设立之日起,都以实施犯罪为主要活动,根据《关于审理单位犯罪案件具体应用法律有关问题的解释》之规定,其犯罪主体应是自然人,而非 P2P 网贷平台公司。但是,对于犯罪主体的判断不能一概而论。随着互联网金融行业的发展,有些 P2P 网贷平台公司发展迅猛,如果沿用自然人犯罪的思路,可能不符合客观实际。笔者认为,判断 P2P 网贷平台非法集资的犯罪主体,应根据其经营利益的归属来判定。如果经营利益归属于 P2P 网贷平台公司享有,且公司具有相对完善的公司法人治理结构,则定性单位犯罪为宜。

3. 关于非法集资金额的认定

传统非法集资案件中,集资金额往往是根据行为人供述与受害人证言相互印证规则来进行判断。但在 P2P 网贷平台非法集资犯罪中,由于受害人涉及面广、地域分散,通过向受害人取证的方式来确定集资金额,既无效率,也缺乏现实可行性。在上述两个案例中,有少数受害人未到公安机关做笔录,或者虽到公安机关做笔录,但无法提供转账记录。但司法机关最终根据 P2P 后台提取的电子数据来计算得出集资金额,且得到了地方公检法三家的共同认可。此种方法相比通过言词证据计算得出的数据,更接近客观实际。当然,在此过程中需注意司法鉴定问题,尤其应确保电子数据调取、鉴定行为的程序合法。

4. 关于非法集资的共犯

P2P 网络借贷过程中,一些借款人借助 P2P 网贷平台以民间借贷为名行非法集资之实,P2P 网贷平台本身不是集资主体,仅发挥信息审核、发布的功能。在此情况下,能否将 P2P 网贷平台定性为非法集资的共犯?笔者认为,根据片面共犯理论,虽然平台与集资行为人没有事先联络的意思,但在集资过程中,P2P 网贷平台明知行为人在实施犯罪行为,而暗中帮助或提供便利,即使行为人不知情,平台也构成片面共犯。同时,最高人民法院、最高人民检察院、公安部《关于办理非法集资刑事案件适用法律若干问题的意见》第 4 条"为他人向社会公众非法吸收资金提供帮助,从中收取代理费、好处费、返点费、佣金、提成等费用,构成非法集资共同犯罪的,应当依法追究刑事责任"的规定,也可作为认定 P2P 网贷平台构成共同犯罪的法律依据。具体到 P2P 网贷平台的经营中,对于借款人涉嫌构成非法集资犯罪的行为,作为收取中介费用的 P2P 网贷平台,如果没有采取有效措施予以阻止,而是放任该行为在本平台上进行,可以构成放任犯罪行为发生的间接故意,而成为非法集资共犯。

(二)擅自发行股票、债券犯罪分析

人民银行等十部委《指导意见》明确规定,"个体网络借贷机构要明确信息中介性质,主要为借贷双方的直接借贷提供信息服务,不得提供增信服务、不得非法集资","股权众筹融资主要是指通过互联网形式进行公开小额股权融资的活动,股权众筹融资必须通过股权众筹中介机构平台(互联网网站或其他类似的电子媒介)进行"。由于 P2P 网贷平台信息中介的特性,在不断发展的互联网金融模式创新背景下,其擅自发行股票、债券,犯罪风险将大大增加。

2008 年最高人民法院、最高人民检察院、公安部、证监会《关于整治非法证券活动有关问题的通知》规定,"未经依法核准,擅自发行证券,涉嫌犯罪的,以擅自发行股票、公司、企业债券罪追究刑事责任;未经依法核准,以发行证券为幌子,实施非法证券活动,涉嫌犯罪的,以非法吸收公众存款罪、集资诈骗罪等罪名追究刑事责任"。根据此规定,未经核准、确以证券发行为目的发行证券的,构成擅自发行股票、债券罪;不以发行证券为目的,而是利用发行证券形式为幌子向公众募集资金,未经核准发行证券的,构成非法集资犯罪。

但笔者认为,上述规定存在一定悖论。因为发行证券本身就是一种向公众募资的方式,属于集资行为的一种。该规定将一种行为分为两种犯罪来进行打击,其实是非法集资打击范围泛化这一背景之下得出的司法政策,具有特定历史背景。经过多年社会发展,深化金融体制改革已经列入政府工作目标,国内金融环境早已异于当年,在制订规则当时未能设想的商业模式在当前也已经完全盛行,例如互联网金融。如果将打击非法集资的传统思维继续沿用于 P2P 网贷平台的资产证券化行为,可能并不符合社会客观实际。而《指导意见》也明确提出"股权众筹融资业务由证监会负责监管"。可见新形势下,发展趋势就是要将 P2P 网贷平台资产证券化模式作为证券犯罪来进行监管规制。

擅自发行股票、债券罪实质来源于《证券法》,证券法的立法宗旨是保护投资者免受欺诈。该法要求所有证券发行均需经登记注册或行政审批,初衷在于通过充分信息披露来保障投资者作出明智选择。故擅自发行股票、债券罪的核心是指向于信息披露与欺诈防范,这与传统利用发行证券的手段进行非法集资犯罪是有区别的。传统利用证券进行非法集资的犯罪,集资人是显化于投资者面前,投资者根据自身对集资人的了解来决定是否购买集资人所发行的证券,由于这种证券发行行为本质是非法集资行为的一种手段变化,并不涉及信息披露等证券法核心问题,故将其纳入非法集资罪进行打击并无不妥。但是,P2P 网贷平台所推行的资产证券化与传统利用证券进行非法集资的行为不同,公众投资者购买股票债券,依据的不是对集资人的了解,而是基于对 P2P 网贷平台提供投资信息的信任。而 P2P 网贷平台在资产证券化过程中,往往进行债权重组、期限错配,甚至刻意隐瞒部分信息,扭曲了集资信息的公布与传递途径,这种情形正是《证券法》以及擅自发行证券罪所要重点规制和打击的范畴。因此,《指导意见》也明确提出"股权众筹融资方应为小微企业,应通过股权众筹融资中介机构向投资人如实披露企业的商业模式、经营管理、财务、资金使用等关键信息"。

在 P2P 网贷平台犯罪行为中,涉嫌擅自发行股票、债券罪的行为主要是债权转让模式和众筹模式。众筹(crowdfunding)是一种基于互联网平台,从广大的投资者群体中获得少量资金并通过长尾效应实现融资目标的融资方式。众筹分为股权众筹和债权众筹两大类,其中债权众筹是当前许多 P2P 网贷平台重点发展的业务类型。而债权转让模式,其核心是 P2P 网贷平台通过期限错配的方式,将原有债权的借款金额、期限、还款条件等合同条件进行更改,通过债权重组的方式将债权分割出售以筹集资金,其本质与"债权众筹"相同。因此,不管是众筹模式还是债权转让模式,其本质都是资产证券化行为。

在美国,股权、债权众筹自推出之日起就被认定为证券,由美国证券监督委员会(U. S. Securities and Exchange Commission,SEC)严格监管。在英国,债权众筹由金融行为监管局(Financial Conduct Authority,FCA)负责监管。由此可知,在 P2P 网贷模式发源地的英国和美国,均是将 P2P 债权转让模式、众筹模式纳入证券法的监管范围,并是以证券发行的标准来对待此类业务。借鉴英美的监管经验,笔者建议将 P2P 网贷平台债权转让模式以及众筹经营行为,依照擅自发行股票、债券罪的认定标准来进行司法评判。

问题是,我国立法对于擅自发行股票、债券罪的规定相对严苛。2010 年最高人民检察院、公安部《关于公安机关管辖的刑事案件立案追诉标准的规定(二)》规定"未经国家有关主管部门批准,擅自发行股票或公司、企业债券,涉嫌下列情形之一的,应予立案追诉:……擅自发行致使 30 人以上的投资者购买了股票或公司、企业债券的",2010 年最高人民法院《关于审理非法集资刑事案件具体应用法律若干问题的解释》规定"未经国家有关主管部门批准,向社会不特定对象发行、以转让股权等方式变相发行股票或公司、企业债券,或者向特定对象发行、变相发行股票或者公司、企业债券累计超过 200 人的,应当认定为刑法第 179 条规定的'擅自发行股票、公司、企业债券'"。根据此两份司法解释,集资者向特定对象发行股票、债券累计超过 200 人,向不特定对象发行股票、债券累计超过 30 人,就构成擅自发行股票、债券罪。

笔者认为,以人数为标准来设定 P2P 擅自发行证券入罪标准,并不符合客观发展需要。因为互联网金融的最根本特征就是"分散化投资以分散风险",以人数来设定入罪标准,无异于扼杀互联网金融的生存空间。在国家推进金融体制改革、鼓励互联网金融创新的大背景下,为了保障中小企业的合理融资需求,司法机关在处理 P2P 网贷平台涉嫌擅自发行证券犯罪的时候,不宜遵循以投资者人数设定的入罪标准,而应适度变通。在美国,众筹证券发行豁免有两种类型,归纳起来即认证式众筹(又称私募众筹)和零售式众筹(又称网络众筹)。认证式众筹证券发行以合格投资者为主要目标客户,没有融资额度的限制;零售式众筹以普通大众为融资对象,对人数没有限制,筹资限额为 100 万美元①。在 2015 年 10 月 30 日,美国证监会又进一步发布股权众筹规则,主要内容归纳为: 第一,融资主体一年上限融资额 100 万美元,其中单个投资者投资额不得超过 10 万美元;第二,个人年收入 10 万美元以下的,对单个项目标投资额不得超过 2000 美元,个人年收入 10 万美元以上的,对单个项目标投资额不得超过年收入 的 10%。

笔者认为,美国的此种立法经验可以适当借鉴。对于 P2P 网贷平台"私募 众筹",由于合格投资者本身具有较高的投资判断能力和风险抵御能力,虽然合 格投资者不属于最高法司法解释所规定的"特定对象"范畴,但也可以参照适用 "向特定对象发行股票或者债券"的法律规定。只要私募众筹的合格投资者人数 未超过 200 人,就不以擅自发行股票、债券罪进行追诉打击。而对于 P2P 网贷 平台"网络众筹",则应当以"融资金额"来设定入罪标准,不应固守投资者人数的 规定。具体到国内,根据中小企业融资需求的实际情况,可考虑在人民币 200 万 元左右设定筹资上限,对投资者人数则不加限制;如果融资总额超过 200 万元, 则应向证券监管部门备案甚至核准。之所以提此建议,是由于投资人数的增加 反而会分散风险,即使出现违约也不会引发重大社会风险,对社会稳定影响较 小。当然,考虑到集资金额过大,有可能对社会稳定存在潜在威胁,故同时又设 定一个 200 万元的行政监管门槛,使互联网金融行为风险处在可控范围内。在 众筹过程中,由于 P2P 网贷平台负有融资信息审核的义务,假如因 P2P 网贷平 台未尽到融资信息审核义务而导致投资者损失,则由 P2P 网贷平台向投资者承 担民事损害赔偿责任。如此,既可以防范 P2P 网贷平台犯罪发生,也可以促进 其审慎经营、合理创新,进而缓解中小企业融资难题。当然,如果 P2P 网贷平台 以发行证券为幌子进行诈骗,则以集资诈骗罪予以刑事打击。

(三)非法经营犯罪分析

金融是资金融通、结算的经营活动。人民银行等 10 部委发布的《指导意见》 指出,"互联网金融是传统金融机构与互联网企业利用互联网技术和信息通信技 术实现资金融通、支付、投资和信息中介服务的新型金融业务模式","互联网金 融本质仍属于金融,没有改变金融风险隐蔽性、传染性、广泛性和突发性的特 点"。故互联网金融的核心当然就是通过互联网开展资金融通、结算活动。《指 导意见》将互联网金融几种模式的监管权划归不同金融监管部门,并规定"任何 组织和个人开设网站从事互联网金融业务的,除应按规定履行相关金融监管程

① 龚鹏程、臧公庆:《美国众筹监管立法研究及其对我国的启示》,《金融监管研究》2014 年第 11 期。

序外，还应依法向电信主管部门履行网站备案手续，否则不得开展互联网金融业务"，"各金融监管部门要积极支持金融机构开展互联网金融业务，按照法律法规规定，对符合条件的互联网企业开展相关金融业务实施高效管理"。可见，按照《指导意见》精神，从事互联网金融业务仍需按照法定程序向金融监管部门申请行政许可、并由金融监管部门对互联网金融进行日常金融监管。根据《刑法》第 225 条规定，未经国家有关主管部门批准非法经营证券、期货、保险业务的，或者非法从事资金支付结算业务的，构成非法经营罪。如果 P2P 网贷平台违反金融准入规则、未取得金融许可就开展上述互联网金融业务活动，就可能构成非法经营。因此，互联网金融天然存在非法经营犯罪风险。

2008 年最高人民法院、最高人民检察院、公安部、证监会发布的《关于整治非法证券活动有关问题的通知》规定，"任何单位和个人经营证券业务，必须经证监会批准。未经批准的，属于非法经营证券业务，应予取缔；涉嫌犯罪的，以非法经营罪追究刑事责任。对于中介机构非法代理买卖非上市公司股票，涉嫌犯罪的，应当以非法经营罪追究刑事责任"。2010 年最高人民法院《关于审理非法集资刑事案件具体应用法律若干问题的解释》规定，"违反国家规定，未经依法核准擅自发行基金份额募集资金，情节严重的，以非法经营罪定罪处罚"。根据上述司法解释规定，笔者认为 P2P 网贷平台在从事理财产品销售过程中可能存在两种情况：一是发行理财产品的单位未经批准、不具有发行理财产品的资格，例如 P2P 网贷平台自己设计、发行此类理财产品，或者代理销售此类未经批准的理财产品，这无疑构成非法经营罪或非法经营共犯。当然，这里还存在与非法集资犯罪的竞合问题，对此只需依照犯罪竞合一般原则处理即可，故不展开赘述。二是理财产品本身是由具备资质的主体发行，但 P2P 网贷平台在未获得销售代理资质的情况下从事代理销售活动。根据金融监管部门的普遍做法，基金代理销售机构的资质必须通过行政许可方能获得，未经许可代理销售理财产品属于违法行为。《指导意见》规定，"基金销售机构与其他机构通过互联网合作销售基金等理财产品的，要切实履行风险披露义务"。由此规定进行推演可以得出，在互联网基金销售模式中，P2P 网贷平台要想销售理财产品，也必须先获得基金销售机构的资质，或获得有权销售基金的机构授权。而根据《关于整治非法证券活动有关问题的通知》及《关于审理非法集资刑事案件具体应用法律若干问题的解释》的规定，如果此种行为情节严重，也可能构成非法经营罪。

综上，出于金融保护的传统思维，我国目前立法对于非法经营罪的规制相对严格。目前非法经营证券、期货、保险业务或非法从事资金支付结算业务构成非法经营罪的标准是：非法经营证券、期货、保险业务数额在 30 万元以上，非法从事资金支付结算业务数额在 200 万元以上，或违法所得 5 万元以上。但笔者认为,在针对互联网金融创新的司法处置过程中,司法机关还应顺应社会客观需求,灵活掌握非法经营的入罪标准。在刑法上,判断一个行为是否构罪,不仅要看其行为是否符合犯罪构成条件,还要看其结果是否情节严重。刑法规定"情节显著轻微"不构成犯罪,刑诉法也规定"情节轻微"的,检察机关可以相对不起诉、法院可以判决免于刑事处罚。人民银行等 10 部委发布的《指导意见》也提出"互联网金融是新生事物和新兴业态,要制定适度宽松的监管政策,为互联网金融创新留有余地和空间"。因此,对于我们司法机关而言,有必要积极发挥司法能动性,对非法经营犯罪的入罪情节予以灵活掌握。具体到 P2P 网贷平台,不宜仅根据未经行政审批就直接将其作为犯罪来进行打击,还应看其融资金额、行为后果、造成的影响等情节是否属于情节严重,再来综合决定是否入罪打击。对此,省级公检法部门可以根据地方发展实际情况,对互联网金融非法经营的构罪标准统一发布适度宽松的司法指导意见,以进一步鼓励互联网金融的发展。

(四)P2P 网贷平台融资行为效力的刑、民处分

P2P 网贷是在民间借贷基础上融入互联网技术而发展出来的新型融资模式,故《最高人民法院关于审理民间借贷案件适用法律若干问题的规定》对于处理 P2P 网贷平台构成犯罪后的借贷纠纷具有重大影响。对于涉嫌非法集资犯罪的民间借贷行为,该规定改变了之前一律驳回起诉或认定无效的惯常做法,其第 5 条、第 6 条分别从民间借贷行为与犯罪行为之间的关联关系入手,规定了不同处分方式;其第 8 条和第 13 条又分别对民间借贷本身的合同效力,以及担保合同的效力作出了规定。总体而言,该规定的出台,完善了司法实践中对 P2P 网贷平台涉嫌犯罪所涉借贷纠纷的刑、民处分机制。由于该规定本身已经较为完善,可以直接依据适用,故针对 P2P 网贷平台构成犯罪之后的融资行为效力刑、民处分问题,本文不展开详述。

三、结 语

人民银行等 10 部委发布的《指导意见》指出互联网金融本质仍属金融、应接受金融监管部门常规监管,并进一步明确了 P2P 网贷平台应遵循信息中介角色定位。结合国内 P2P 互联网金融发展的实际状况,我国 P2P 网贷平台目前采用的互联网金融模式均存在犯罪风险。但《指导意见》同时也提出,"互联网金融是新生事物和新兴业态,要制定适度宽松的监管政策,为互联网金融创新留有余地和空间",虽然这主要是针对金融行政监管而言,但司法机关作为国家治理结构的一个重要组成部分,在互联网金融创新的大趋势下,仍有必要充分尊重该指导

意见的精神,合理运用刑事手段。而从社会治理实际需要角度出发,欲有效治理当前互联网金融乱象、维护互联网金融良性发展,司法机关的有效参与也不可或缺。

就检察机关而言,通过司法行为对互联网金融行为作出合理的刑、民界分,合理设定 P2P 网贷平台经营行为的入罪标准及其互联网金融活动的刑事法律边界,灵活掌握法律规定的"情节严重"、"情节轻微"、"情节显著轻微"等犯罪情节,通过能动司法的方式为互联网金融创新划定一个合法区域。在法律边界确定的前提下,对涉嫌犯罪的互联网金融行为严厉打击,对合法区域范围内的互联网金融创新则谨守刑法"谦抑原则",既鼓励金融创新、保障有序发展,又打击刑事犯罪、防控其中风险。这与中央提出的"法不禁止即自由"的经济体制改革主旨思想能够一脉相承。就金融治理的效果而言,通过预期性刑事法律后果评判的治理方式,相对于行政监管的过程性监管,其效果也更为直接、高效。

司法机关参与 P2P 网贷平台互联网金融活动的治理,援用的刑法依据也不应仅聚焦在非法吸存和集资诈骗这两个罪名上。笔者建议应充分利用擅自发行股票债券罪和非法经营罪这两种罪名,进一步拓宽司法机关参与互联网金融治理的途径与手段。但必须注意的是,在 P2P 网贷平台涉嫌犯罪的入罪处理上,司法机关还需充分顺应当地经济社会发展的需要,适度变通其入罪标准。其中,对于擅自发行股票债券罪,可以借鉴美国的监管经验,根据募资金额,而非投资者人数来设定入罪标准;对于非法经营罪,则在现有法律规定的金额标准的基础上适度变通,建议由各地市级以上公检法部门联合制定适度宽松的司法指导意见,以鼓励当地互联网金融行业的发展。

在互联网金融行政监管方面,当务之急是要进一步强化对 P2P 资金池的监管,建议强制将 P2P 网贷平台资金池托管于正规银行机构,将资金池的管理权从平台分离,防范 P2P 网贷平台挪用资金池的资金;借鉴银行最低存款准备金、风险提存等风险管理机制,建立 P2P 风险准备金提存制度;对 P2P 的融资和放贷比例进行合理配比。①

从长远而言,制约互联网金融健康发展的关键瓶颈是我国个人征信体系不完善、信息基础缺失。因此在政府层面还应进一步整合、完善我国的个人征信系统,形成统一高效的社会征信体系,为互联网金融的健康发展提供坚实的信息基础保障。

---

① 李俊:《规范民间金融的一些思考》,《浙江检察》2015 年第 10 期。

P2P 金融的第三方监管[*]

——以网贷评级为例

浙江大学光华法学院　　王　　琳[**]

摘　　要：网贷评级的本质是对网贷机构资信的综合反映，其对于发挥第三方监管力量，打击失信行为，防范和化解网络金融风险，促进金融稳定和发展，保护借贷双方权益，具有积极的现实意义。然而当前评级准入缺位、评级程序不规范、评级信息不对称等都影响了评级结果的公正客观性，并极易对网贷机构造成损害。规范有序、公开公正开展网贷评级已经成为网络借贷市场的客观需求。因此，各有关部门亟须从评级机构准入机制、评级报告客观中立性、评级失灵责任机制等方面予以统筹制度安排，从而发挥其第三方监管之力，保护投资者合法权益。

关键词：网贷评级；公信力；责任机制；投资者权益

P2P 在国外诞生之初是为了撮合借款人和贷款人之间的直接交易，P2P 平台扮演着居间人的角色，其本应是在借款人与出借人之间提供信息撮合和咨询服务，其本质是信息中介而非信用中介。然而随着我国 P2P 行业竞争的加剧，改变了纯交易平台的性质，使其纷纷介入实际交易，其所从事的不少业务已经演化为金融服务[①]，已超出了信息中介的原有定位，平台的性质发生了根本性变化。最初纯信用无担保的 P2P 模式在我国信用环境下难以做大做强，行业内的竞争促使平台采取各种方式兜底风险以吸引投资者，如平台自身承担担保责任

---

*　【基金项目】国家哲学社会科学基金重点项目"互联网融资法律制度创新构建研究"（15AFX020），浙江省哲学社会科学规划优势学科重大项目"民间金融市场治理的法律制度构建及完善研究"（14YSXK01ZD）及子课题"民间金融市场主体法律制度构建及完善"、"民间金融市场行为法律制度构建及完善"、"民间金融市场监管法律制度及完善"、"民间金融市场信用体系的法律制度构建及完善"、"民间金融市场风险防范与处置法律制度构建及完善"成果。

**　王琳，女，浙江大学光华法学院博士研究生。

①　冯果、蒋莎莎：《论我国 P2P 网络贷款平台的异化及其监管》，《法商研究》2013 年第 5 期。

等。P2P 平台风险控制不当容易导致风险的激化,威胁着金融市场秩序与社会稳定。现实中频频发生的平台"跑路"事件的原因除混杂其中盗以 P2P 之名从事违法犯罪之实的伪装平台外,还有就是异化的 P2P 平台自身实力难以满足信用中介定位对平台风险控制的更高要求,一旦发生逾期违约,难以承担其风险兜底的承诺,P2P 平台的异化是平台跑路事件产生的根源之一,也让平台本身成了 P2P 投资最直接的风险因素。因此,对于平台本身风险的揭示就成了投资者的迫切需求。异化发展、监管缺位与投资者教育缺失的背景下,投资者对于 P2P 风险的回应策略聚焦于对平台的选择,试图筛选出"跑路"可能性小的平台,而非更多关注投资项目本身。在我国征信数据缺乏的不利条件下,平台对借款项目审核所依赖的信用信息可能无法保证对项目信用风险的有效评估,因此,市场参与者寄希望于平台实力,以平台实力越强、项目投资可靠性越高的逻辑进行投资。评估平台实力为重点而非评估投资项目质量成了我国 P2P 投资无奈却不乏功效的选择。[①] 在此基础之上,网贷评级以优质平台的筛选者或危险平台的警示者的身份出现,逐渐扮演第三方监管的重要角色。而与此同时,其自身呈现的诸多问题也亟待予以制度调整。

一、网贷评级必要性

(一)帮助投资者识别风险

2015 年,国务院办公厅印发了《关于加强金融消费者权益保护工作的指导意见》,强调应充分尊重并保障金融消费者的财产安全权、知情权、自主选择权、公平交易权等基本权利。由人民银行等 10 部委发布的《关于促进互联网金融健康发展的指导意见》(以下简称《指导意见》)明确了对互联网企业本身进行信用评级的重要性:"支持具备资质的信用中介组织开展互联网企业信用评级,增强市场信息透明度。"当前,P2P 网贷金融消费者权益保护刻不容缓。相比传统金融,其缺乏成熟的监管体系,准入门槛较低,信息披露不充分,消费者的知情权、自主选择权难以保障,导致其合法权益极易受到侵害。[②] 传统 P2P 商业模式的设计为借贷双方直接发生融资交易提供媒介。平台为借贷双方提供信息中介服务,以及与之有关的信用评级、资金保障等促进直接交易的其他服务,平台并不实质参与到借贷双方的交易中。但是近些年来,我国 P2P 金融平台同样对

---

① 阎维博:《P2P 网贷评级的现实困境与发展趋势》,《征信》2016 年第 8 期。

② 邓建鹏:《网贷评级是时代之需》,《银行家》2016 年第 2 期。

资金交易进行干预。为了保持借贷资金的连续交易和借贷规模的扩张,采取拆标方式和债权转让方式,从而实现借贷资金和出借资金的一一匹配。无论是拆标方式还是债权转让方式,实际上是债务的证券化。在拆标模式下,由平台本身对借款期限和金额进行了"拆标":从期限上,平台将长期的融资需求拆成几段连续的短期投资需求来满足投资人短期投资的需求;金额上,将大额的融资需求拆成若干小额的投资需求。具体体现为借款人的债务经过平台的整合后,划分为若干标准化的"标",在互联网平台向社会公众公开发售,以理财产品方式供投资人投资,以证券化的方式出售给投资人,实际上是借款人债务的证券化。而在债权转让模式下,借贷双方不直接发生债权债务交易,由专业放贷人先行将贷款发放给借款人,形成债权,再由专业放贷人将债权转让给投资人,网贷平台为交易过程提供中介服务。事实上是专业放贷人债务的证券化。[1] 上述交易模式事实蕴含较大的流动性风险,并且交易结构复杂,对投资者风险识别能力提出过高的要求,需要借助网贷评级实现专业监管。

(二)辅助行政监管

网贷评级有助于为监管部门提供依据,辅助监管。2015 年 12 月末银监会等部门发布了《网络借贷信息中介机构业务活动管理暂行办法(征求意见稿)》(以下简称《暂行办法》),确定银监会与地方政府金融监管部门监管双负责制,并加强中央地方的协调监管。银监会作为主导性的监管机构,自身监管资源极为有限,其还负有传统金融机构的审慎监管职责,难免对于网络借贷平台的监管会有所疏漏。在当前公布的网贷监管征求意见稿中,银监会需要借助工信部、网信办特别是地方金额监管部门共同合力监管。不过,地方金融监管部门执法资源也会存在一定的局限性。因此,通过第三方机构进行专业的网贷评判,一方面可以节约行政监管资源,另一方面也可以将网贷评级结果(特别是一些经由网络监测到的 P2P 经营数据和风险分析)提供给监管部门,利于网贷风险的事前防范。监管部门可以在此基础上采取有针对性的监管措施,防范金融风险。[2]《暂行办法》指出,银监会、工业和信息化部、公安部、国家互联网信息管理办公室和地方金融监管部门根据不同职责,对网贷机构实施协同监管,但主要强调加强事中事后监管。而网贷评级从资本实力、盈利能力、风险管理能力、平台活跃度、品牌影响力、平台体验、平台透明度等方面考察和评价网贷平台,有助于加强事前防范,

---

① 孙艳军:《基于 P2P 金融模式变异法律性质之论证构建其监管模式》,《中央财经大学学报》2016年第 3 期。

② 邓建鹏:《网贷评级是时代之需》,《银行家》2016 年第 2 期。

减少问题平台。①

二、网贷评级困境

(一)客观性不足

网贷评级是对于网贷平台的评级,而项目信用评级则是平台之上所发布的融资项目的评级,主要是对借款人的信用等级划分。这种对于融资项目的评级在我国并非缺失,实际上网贷平台从纯线上平台向线下延伸也正是出于更准确评估的考量。但对比国外可以发现,国外平台在评价借贷者的信用等级时,广泛参考成熟的征信机构的相关数据,如 Zopa 就大量参考了 Equifax 等专业征信机构的数据。我国征信整体环境仍然处于较低层次,欠缺完整的个人征信体系,投资者难以从项目不规范的信息披露中获得有效风险揭示,所以投资者在难以分辨互联网海量信息和隐蔽信息的情况下,更倾向于选择对资金安全作出承诺的平台,而不是依据融资项目的优劣进行决策。② 由于央行征信系统尚未对民间金融系统开放,评级所采数据来源的真实性客观性,以及评级的标准都会存在客观性欠缺的质疑。

(二)公信力欠缺

评级报告的公信力缺乏主要基于以下原因:第一,缺乏准入机制,没有解决评级的权利来源以及资质问题。第二,对于本身就是互联网金融企业的机构来发布评级报告,难逃"既是运动员又是裁判"的嫌疑。目前,评级主要包括以下几类主体:第一类是传统的社会评级机构,如以大公国际、惠誉为代表的相关评级机构,其主要发布向投资者预警的黑名单为主;第二类是门户网站,如网贷之家、网贷天眼等类似的 P2P 门户信息网站,主要作 P2P 平台排行榜性质的评比,通常选取表现靠前的 P2P 平台推荐给投资者;第三类是金融机构,如融 360 等金融信息机构,通过对 P2P 平台从 A 到 C－不同等级进行的打分评级;第四类是学术机构,如社科院、清华大学经济管理学院等推出的评级报告,其主要是通过 P2P 行业相关的数据和平台的数据进行打分,最后分别归类于 A＋ 到 C 等 6 个不同的类别,第五类是新浪、和讯等新闻门户进行的网贷平台评级,主要是通过对 P2P 平台的相关数据进行整理量化最后进行的评级。"由于网贷评级市场没

---

① 植凤寅:《网贷评级谁说了算》,《中国金融》2016 年第 2 期。
② 阎维博:《P2P 网贷评级的现实困境与发展趋势》,《征信》2016 年第 8 期。

有相关的管理办法,同时也没有统一的标准对 P2P 平台进行评级,相关的评级机构主要是通过对接平台的交易数据、模式等或者通过 P2P 平台公开的数据进行整理最后作出的评级报告。评级主要是为了让投资者提升风险与安全的信息透明度。"①各网贷评级机构都将其出具对网贷平台研究报告的行为称为评级,但实际上各评级的方法、指标、结果呈现形式都具有明显的差异。从评级指标上看,各网贷评级关注项目有明显差异,评级试图揭示的研究目标并不一致,如有评级直接将结果定义为"平台发展指数",虽然也有指标关注平台风险,但更侧重于平台发展潜力的考量。各式标准不一的评级方法让网贷评级行业整体显现出混乱的观感,在目前网贷评级究竟评的是什么,并不是一个能够抽象概括并统一回答的问题。虽然各网贷评级机构普遍采用了"评级",但实际上彼此内涵的差别让各评级报告并不具备比较参照的意义。相反,面对不同评级报告中差异显著的排名,投资者很难从简单字符呈现出的最终评级结果中获得准确和有价值的信息。此外,目前 P2P 市场并不存在统一的信息披露渠道,无论是评级机构自主获取还是向评级对象征求,作为评级依据的数据的完整性与真实性都难以获得保证。公众与平台自然会产生对网贷评级是否具备科学性与公信力的质疑。另外,这种本属言论自由范畴的研究行为是否异化成了事实上诋毁商誉的行为。一些评级主体并非独立于网贷市场之外,同样是市场的参与者,网贷评级主体第三方独立性难以自证导致其难以充分摆脱侵犯商誉的嫌疑。②

(三)缺乏评级失灵责任机制

若将评级视为一种权利,无论是否须经授权成为特许性权利,都应有相应的责任机制确保审慎行权,以免对被评级企业的商誉造成损害。要确立责任机制,首先要解决正当性问题,即如何应对免责抗辩。2015 年 12 月 15 日,被称为"网贷评级第一案"——短融网状告融 360 诉讼案在北京海淀区人民法院正式开庭审理,对于短融网提出的融 360 有无 P2P 平台的评级资质以及是否和评级报告中相关企业存在利益输送引起了外界的激烈争论。2015 年 2 月 9 日,融 360 发布的第一期网贷评级报告中,将短融网评定为 C 级,即"平台综合股东背景一般,部分管理团队成员在金融、IT 经验方面存在诸多不足,部分平台在运营过程中存在一些不合规问题,风险承受能力较弱,品牌知名度低,投资需谨慎考虑"。这是这起"评级纠纷"的开端。而最后导致融 360 和短融网走上法庭的导火索却是在 2015 年 5 月 19 日的第二期评级报告中,融 360 将短融网的级别下调至

① 参见 http://p2p.hexun.com/2016-01-11/181731823.htm,最近访问时间:2016 年 10 月 9 日。
② 阎维博:《P2P 网贷评级的现实困境与发展趋势》,《征信》2016 年第 8 期。

C—，即"平台综合实力弱，仅少数平台获得过风险投资，管理团队结构有较大改进空间，经验相对不足，平台规模较小，抗风险能力差。C— 平台整体实力最弱，风险较高，投资需特别谨慎。"2015 年 9 月，短融网将融 360 告上法庭，希望融 360 立即停止对短融网商业信誉进行诋毁的不正当竞争行为，并请求判令融 360 删除涉案文章、登报道歉并赔偿经济损失 50 万元，相关诉讼费用由融 360 承担。短融网认为，融 360 不具备评级业务资质，网贷评级报告有涉及资金往来之嫌，并认为融 360 的评级没有依据，对短融网的品牌和信誉造成损失。短融网认为，"融 360 不具有网贷评级业务资质，依照中国人民银行的有关规定，设立企业征信机构，应当符合法律规定，并向中国人民银行备案。融 360 所谓的评级标准对原告企业信用进行评价并公开发布，违反了相关法律规定，给企业造成了重大影响。"而融 360 认为，发布 P2P 评级报告为业内惯例，融 360 并非首家不具有评级资质而发布评级报告的主体，被告发布网贷评级报告仅为投资者提供参考借鉴，无须具备信用评级资格。并且，融 360 评级并不是信用评级，所进行网贷评级是处于对于市场的考量，为投资者提供安全选择平台的参考依据，目前并没有相关的法律要求评级必须具有资质，即法无明文规定即可为。① 事实上，美国也曾经历过类似于评级报告只是作为一种意见，一种参考的抗辩。在美国，信用评级定位成为世纪之争。信用评级机构曾一度被定位为新闻媒体而受到《宪法第一修正案》关于言论自由的庇护。② 而且，1934 年《美国证券交易法》第 18 节规定律师、会计师、承销商等在虚假陈述时要承担法律责任，唯独信用评级机构被排除在外。其原因在于，信用评级机构被认为是一种特殊的媒体，只是收集、分析和发布具有新闻价值的金融信息，不构成买卖建议。③ 然而从信用评级的功能分析，将信用评级机构定位为专家无疑是更合理的。④ 首先，评级机构对受评对象的偿债能力和意愿进行分析评价，提供的不仅仅是事实，而是带有主观判断的观点。其次，信用评级机构作出的评级是向被评级对象收费的，而新闻媒体并非向报道对象收费，其更多代表社会公益。再次，信用评级不仅影响到评级报告使用者决策，同时也会对被评级对象的融资行为造成影响，这种联系的紧密程度

---

① 参见 http://p2p. hexun. com/2016-01-11/181731823. htm，最近访问时间：2016 年 10 月 9 日。

② 聂飞舟：《美国信用评级机构法律责任反思及启示——以司法判例为视角》，《东方法学》2010 年第 6 期。

③ 韩玎、鲁篱：《信用评级机构民事责任的实现机制》，《财经科学》2014 年第 4 期。

④ Remin P. Baghai, Henri Servaes, and Ane Tamayo, "Have rating agencies become more conservative? Implications for capital structure and debt pricing" *The Journal of Finance*, 2014, 69(5), pp. 1961-2005.

也区别于新闻媒体的新闻报道。^① 近来美国的司法实践表明法院在受理有关评级机构的民事赔偿案件中也不再简单适用《宪法第一修正案》予以豁免,而是根据个案具体情况进行判断,主要判断标准包括:业务性质、主动还是被动评级、代表利益、是否积极参与交易构建、信用评级结果是在评级机构出版的报告中向公众传播还是作为金融产品发行材料而被公众所信赖等。^② 对于我国而言,虽然不存在判例法语境下宪法修正案的相关庇护,但是却存在类似排除专家责任的抗辩。例如信用评级对于评级报告的免责陈述:对于投资者决策不具有直接影响(不构成建议)、评级结果只是主观陈述不涉及对事实的判断等。对此,有意见认为不同于传统评级建立在一个相对稳定的行业中的特征,网贷行业作为一个信息中介具有动态变化的特征,网贷评级在操作上更多采用动态指标和评级,力求实现尽可能的公允、准确和灵活。从这一点上看,网贷评级报告从本质上不能当作投资指南,也不构成具体投资建议,但帮助借贷关系实现信息对称。^③

三、发挥网贷评级第三方监管之制度完善

第一,制定专门规范资信评级行业的统一的基础性法律法规。目前没有一部专门的法律法规对资信评级行业进行统一的规范。我国民间机构现在从事的网贷评级主要是针对网贷平台的综合实力进行的评级评价。^④ 我国现行信用评级机构的基本执业准则包括央行 2006 年 4 月实施的《信用评级管理指导意见》、证监会发布的《证券市场资信评级业务暂行管理办法》等。但在当时,中国 P2P 网络借贷尚未产生,诸如此类的法规均未涉及网贷行业的评级。由于我国的 P2P 网贷平台被《指导意见》以及《暂行办法》均定性为信息中介,网贷平台并非借款方。因此当前各类网贷评级显然不适用央行等机构发布的信用评级管理办法。^⑤ 要加速推进社会中介组织法制定工作,尽快组织推动《银行业监督管理法》、《商业银行法》的全面修订工作,完善互联网金融法律制度建设,做到对互联网金融监管有法可依。

第二,加强行业自律,并由行业自律组织针对不同评级业务制定标准化评价体系,包括数据来源、评级标准等。根据《中华人民共和国标准化法》第 6 条规

---

① 刘文字:《信用评级机构民事法律责任研究》,吉林大学博士学位论文,2013 年。

② 聂飞舟:《美国信用评级机构法律责任反思及启示——以司法判例为视角》,《东方法学》2010 年第 6 期。

③ 植凤寅:《网贷评级谁说了算》,《中国金融》2016 年第 2 期。

④ 参见 http://finance.chinaso.com/,最近访问时间:2016 年 10 月 8 日。

⑤ 植凤寅:《网贷评级谁说了算》,《中国金融》2016 年第 2 期。

定,对需要在全国范围内统一的技术要求,应当制定国家标准。目前,全国网贷评级既没有国家标准,也没有行业标准和地方标准,从事网贷评级企业的机构自行制定的企业标准,因不具有客观性、公正性,"既是运动员又是裁判员",实际上是评级机构缺乏独立性的现实写照,不被社会各界认可也是理所当然的事情。制定网贷评级标准,可以采用自下而上的方式进行探索,即由行业协会收集、整理具有一定代表性金融企业网贷评级指标要素,通过行业专家、法律专家等共同努力,形成行业标准,在行业标准试行的基础上逐步完善,最终形成由有关监管机构联合制定的国家标准。国家标准推行到位后,则可以通过立法方式,固化国家标准,依法规范网贷行业评级工作。同时,政府行业监管部门也要承担起对相关行业协会牵头制定行业标准的指导责任,尽快通过相关行业协会制定网贷评级标准,在行业标准推行一定时间后,条件成熟时制定国家标准,规范网贷评级工作。[①]

第三,与征信体系相衔接。制定网贷评级行业标准还必须将之与征信法治建设有机结合起来,充分考虑国家推进社会信用建设的整体要求,把网贷评级纳入国家信用体系建设之中,推动互联网金融健康有序发展。从国际信用评级发展历史和实践来看,信用评级应当交由市场主体而不是政府或政府主导的机构来进行,国际著名信用评级公司多为民营,民营或自律组织开展网贷评级应该更加符合市场经济发展的内在逻辑和法治要求[②]

第四,建立利益冲突防火墙制度。当前,类似融360、网贷天眼等都是主动评级,未来会逐渐建立起新的委托评级模式,由评级机构根据平台请求进行调查,进而给予评级。[③] 因此,需要明确评级机构与被评对象存在利益关系时,可否作评级。可区分的利益关系并不必然影响评级机构的公正性。近十年来,就算是现有的许多信用评级,也是评级机构受被评对象委托与支付费用后作出的评级,两者存在明显的利益关系,但不必然影响其评级的公正性。网贷评级机构在发布评级报告的同时,如果事先主动公开有利益关系的网贷平台(即被评对象),则可以充分接受公众和媒体监督。一旦被媒体或公众查出其评级受被评对象利益影响,通过市场选择机制,势必负面影响此类评级机构的声誉。[④] 因而,建立防火墙制度,加强声誉机制的约束可以避免一定程度的利益冲突。

第五,完善评级失灵责任机制。要建立信用评级机构的民事责任制度,首先

---

① 植凤寅:《网贷评级谁说了算》,《中国金融》2016 年第 2 期。
② 植凤寅:《网贷评级谁说了算》,《中国金融》2016 年第 2 期。
③ 阎维博:《P2P 网贷评级的现实困境与发展趋势》,《征信》2016 年第 8 期。
④ 植凤寅:《网贷评级谁说了算》,《中国金融》2016 年第 2 期。

需要对评级机构在评级失灵的结果中合理判断,将其作不可归责任性与可归责性分析。由于垄断、外部性、信息不对称等因素的影响,市场的理想化运行往往会出现失灵。① 市场失灵的一种表现为传播失灵,从而导致资源配置的低效率。从信息经济学的角度看,设计一种"说真话机制",能够改善传播失灵并有效克服信息不对称。② 信用评级作为一种有效揭示信用风险的手段,恰似资本市场的"真话机制",对市场的稳定发挥着重要作用,更是市场自矫正机制发挥作用的信息枢纽。然而,评级失灵就相当于信息传导机制的溃散,必然会加剧市场动荡。信用评级失准与虚假信用评级有着本质的区别,评级结果的失准并不意味着评级机构的行为违法。③ 因此在评级机构责任机制的设置中应该对失灵背后的深层次原因进行类型化区分,为避免民事责任的设置陷入"结果归责"的范式,分析评级失灵原因与行为过程是极为必要的。在信用评级法律关系中支持请求权的法律基础主要包括契约和侵权④。主动评级情况下,两者一般不存在合同关系,被评级对象行使请求权的法律基础只能基于侵权。而被动评级中,对于过错造成的不当评级对公司声誉、融资成本等造成的损害,可能产生违约与侵权责任的竞合。不过不能同时产生这两项独立请求权。在这种情况下,受评公司可以自行选择有利的救济途径。在评级机构与投资者的法律关系中,由于目前以发行人付费为主导模式,因此评级机构与投资者之间一般也不存在合同关系,由于评级失灵造成的损害可通过侵权之诉寻求救济。专家责任若定位为合同责任,仅依据违约作为请求权基础是具有局限性的,合同的相对性原则往往限制了投资者的诉权。因为虽不存在形式上的合同关系,投资者却是实质的潜在受害者。并且,合同领域以意思自治为首要原则。合同责任囿于合同条款的限制,对于订立时未能预见或者一方刻意规避的责任往往难以得到有效救济。⑤ 因此,相较合同责任在信用评级领域适用的两难处境,将信用评级机构的专家责任界定为侵权责任的规范模式是更为合理的,无论是主动评级还是被动评级,无论对于被评级公司还是投资者都可以实现有利的救济。⑥

① 吴开超、白莹:《市场失灵与市场自矫正机制》,《财经科学》2004 年 5 期。
② 潘祥辉:《论传播失灵、政府失灵及市场失灵的三角关系——一种信息经济学的考察视角》,《现代传播》2012 年第 2 期。
③ 罗培新:《后金融危机时代信用评级机构法律责任之完善》,《法学杂志》2009 年 7 月。
④ 李晓郛:《信用评级业的专家责任问题》,《上海金融学院学报》2014 年第 3 期。
⑤ 李晓郛:《信用评级业的专家责任问题》,《上海金融学院学报》2014 年第 3 期。
⑥ 孟翔韬:《欧盟信用评级机构监管的最新发展及其对我国的启示》,《金融法苑》2014 年第 1 期。

网贷新规下的 P2P 网贷保理融资业务合规性辨析*

杭州师范大学钱江学院　　王　　立**

摘　要:P2P 网贷保理融资业务是对实体经济的一种支持,应大力支持。网贷新规出台后,P2P 网贷平台对接商业保理公司的融资业务面临合规性的拷问。网贷新规中关于债权转让的部分禁止、借款余额的限制都对 P2P 网贷保理融资业务的持续开展提出挑战。P2P 网贷保理融资业务可绕开《网络借贷信息中介机构业务活动管理暂行办法》第 17 条借款余额上限的限制,但受到第 10 条类资产证券化债权转让禁止的限制。

关键词:P2P 网贷;商业保理;网贷新规;债权转让

2016 年 8 月 17 日银监会等四部委联合发布的《网络借贷信息中介机构业务活动管理暂行办法》(以下简称《办法》)出台后,鉴于借款余额的限制以及债权转让的禁止性规定,许多 P2P 网贷平台面临业务转型与合规整改。实践中 P2P 网贷从业者有很多对接供应链金融的金融创新模式面临合规性的拷问,如 P2P 网贷平台对接商业保理公司的融资业务。本文拟对 P2P 网贷保理融资业务做些粗浅的法律分析。

---

　*　【基金项目】国家哲学社会科学基金重点项目"互联网融资法律制度创新构建研究"(15AFX020),浙江省哲学社会科学规划优势学科重大项目"民间金融市场治理的法律制度构建及完善研究"(14YSXK01ZD)及子课题"民间金融市场主体法律制度构建及完善"、"民间金融市场行为法律制度构建及完善"、"民间金融市场监管法律制度及完善"、"民间金融市场信用体系的法律制度构建及完善"、"民间金融市场风险防范与处置法律制度构建及完善"成果。

　**　王立,男,杭州师范大学钱江学院讲师、华东政法大学经济法学博士研究生,主要研究方向为金融法、商法。

一、P2P 网贷保理融资业务的发展与典型模式

保理是"保付代理"的简称,起源于国际贸易,是信用销售环境下的产物。[①]英国学者福瑞迪·萨林格将保理的定义为,以提供融资便利或使卖方免去管理上的麻烦,或使卖方免除坏账风险,或以上任何两种或全部为目的而购买应收账款的行为。[②]

实践中的国内保理业务一般模式为:销售商与购货商签订购销合同或服务合同,购货商应付款延迟支付,使得销售商产生一笔应收账款;为了融资或催收目的,销售商将该笔应收账款转让给保理商(商业银行或保理公司),保理商根据业务需要向销售商提供应收账款融资、资信评估、销售分账管理、信用风险担保、账款催收等一系列服务。[③]

国内的保理业务传统是由银行运作的商业银行保理,由商业保理公司从事的商业保理业务发展的时间并不长。2009 年商务部等五部门联合印发《关于推动信用健康发展的意见》,首次提出"开展商业保理业务试点,促进应收账款流转"。从 2009 年天津诞生第一批商业保理公司至今,目前我国保理市场主要还是商业银行占主导地位。2012 年,商务部下发《关于商业保理试点有关工作的通知》,我国商业保理业务才开始发力,商业保理试点工作在全国各地逐步展开。到了 2014 年,商业保理业务呈井喷式发展,应收账款总量巨大,流转需求旺盛,行业潜力非常巨大。

P2P 网贷对接的保理融资业务就是国内的商业保理业务。其业务并非涉外业务,从事保理的主体是商业保理公司,而非商业银行。P2P 网贷对接保理融资业务是一项互联网金融领域与传统金融行业结合的崭新模式,2014 年下半年才开始作为我国网贷行业的创新模式出现在投资人视野中。

这种业务模式尚未有具体的法律规定直接给出其定义[④],但实践中普遍认为这种金融创新是网贷平台与商业保理公司在业务上的有机串联。具体来说,销售方将其基于与购货方之间基础贸易合同产生的应收账款转让给商业保理公司,商业保理公司又通过 P2P 网贷平台将签署应收账款转让给平台投资人,并承诺在一定期限后,以一定的溢价率回购该应收账款。[⑤]

[①] 许多奇:《债权融资法律问题研究》,法律出版社 2005 年版,第 134 页。

[②] 黄斌:《国际保理:金融创新及法律实务》,法律出版社 2006 年版,第 1 页。

[③] 李爱君:《互联网金融法律与实务》,机械工业出版社 2015 年版,第 223 页。

[④] 《商业银行保理业务管理暂行办法》的规范对象是商业银行的保理业务,商业保理业务不受其规制。

[⑤] 李爱君:《互联网金融法律与实务》,机械工业出版社 2015 年版,第 234 页。

我们可以分解流程如下：

(1)形成基础交易：买卖双方签订基础买卖合同，约定卖方交付合同标的物，但买方延迟支付对价，产生买方的应收账款。此时，买方成为债务人，卖方成为债权人，应收账款为债权。

(2)应收账款转让：债权人（卖方）将其所有的应收账款转让给商业保理公司，商业保理公司为其提供贸易融资、客户信用资信评估等保理服务。该保理服务分为两种：一种是有追索权的保理，保理合同中会约定商业保理公司在无法从债务人（买方）处回收应收款项时有权要求基础合同中债权人（卖方）回购该应收账款；另一种是无追索权的保理，商业保理公司只能要求原债务人（买方）支付应收款项，无权要求债权人（卖方）回购该应收账款。

(3)网贷平台发布项目标的：商业保理公司为融资需求，将该应收账款在P2P 网贷平台上展示披露，并承诺到期回购。请注意这里的到期回购约定，表明这实际上并非彻底的不可回转的债权转让。

(4)应收账款再转让：P2P 网贷平台的投资人（出借人）通过 P2P 网贷平台设定的方式完成投资，签订电子合同，受让保理公司的债权（应收账款）。这是应收账款的第二次转让。另需注意，借款合同为实践合同，合同签订时合同成立但未生效。只有项目在募集期内成功募集，借款合同才生效。

(5)应收账款回购：约定的回购日到期，商业保理公司依照约定溢价回购应收账款。

(6)应收账款追索：还款日到期，商业保理公司向基础合同中的债务人（买方）要求支付应收款项，或向原债权人（卖方）要求回购应收账款。这是有追索权的保理。

二、《办法》对 P2P 网贷保理融资业务的监管限制

P2P 网贷保理融资业务属于供应链金融的范畴。P2P 网贷平台对接供应链金融，实际上有三种模式：(1)通过接入银行支付融资系统，直接对接银行资金；(2)对接 P2P 网贷平台投资人资金；(3)通过商业保理公司过渡，由保理公司对接 P2P 网贷平台投资人资金。

《办法》第 2 条规定："本办法所称网络借贷是指个体和个体之间通过互联网平台实现的直接借贷。个体包含自然人、法人及其他组织。"网络借贷是指个体和个体之间通过互联网平台实现的直接借贷。银行资金是间接借贷，不属于直接借贷，且银行也不属于这里的"个体"范畴。由于第一种模式资金端接入的是银行资金，因此不属于《办法》规制范围。第二种模式中的 P2P 网贷平台属于

《办法》规定的典型模式——信息中介机构,合规性没有异议。但第三种模式是否合规,存在异议。

《办法》对 P2P 网贷保理融资业务构成实质性障碍的规则主要是以下两方面:

1. 债权转让行为的部分禁止

《办法》第 10 条第(八)项禁止了部分债权转让行为:"开展类资产证券化业务或实现以打包资产、证券化资产、信托资产、基金份额等形式的债权转让行为。"我国目前资产证券化业务须相关监管部门批准,这条禁令阻止了 ABS、私募基金份额质押债权转让、各种通道业务等大额复杂金融衍生产品的存在可能。但同时也给债权转让留出了腾挪空间,并没有把普通的债权转让全面封杀。这符合普惠金融小额、分散的风险控制要求。

《办法》并未禁止所有的债权转让行为,投资人之间的普通债权转让是允许的。普通债权转让在《合同法》中是合法行为,《合同法》第 79~83 条规定了普通债权的转让规则。笔者认为,单个资产形成的债权转让、单个不良资产形成的债权转让都是可以的,但不允许资产打包。

具体到 P2P 网贷保理融资,保理公司的单笔应收账款是可以转让的,而保理公司打包的收益权转让是禁止的。但"打包资产"这个词并非严谨的法律概念。业界虽然经常用这个词,但具体界定并不清晰。这也给监管扩大化留下了余地。

2. 借款余额的限制

《办法》第 17 条对网贷借款人的借款余额做了限定:"网络借贷金额应当以小额为主。网络借贷信息中介机构应当根据本机构风险管理能力,控制同一借款人在同一网络借贷信息中介机构平台及不同网络借贷信息中介机构平台的借款余额上限,防范信贷集中风险。同一自然人在同一网络借贷信息中介机构平台的借款余额上限不超过人民币 20 万元;同一法人或其他组织在同一网络借贷信息中介机构平台的借款余额上限不超过人民币 100 万元;同一自然人在不同网络借贷信息中介机构平台借款总余额不超过人民币 100 万元;同一法人或其他组织在不同网络借贷信息中介机构平台借款总余额不超过人民币 500 万元。"

借款限额卡住了融资者将资金从网贷平台线上流出至线下的出口。学者和业界的主流观点认为,即便《办法》第 10 条第(八)项给保理应收账款的债权转让行为放行,《办法》第 10 条的借款余额限制,也会截断 P2P 网贷对接保理公司的长期经营之路。因为同一法人在单一平台借款余额上限为 100 万元、多平台上限 500 万元,对于供应链金融而言这个数字确实太小了些,单笔融资就有可能超限,何况保理公司的融资业务是长期经营项目,营业积累借款余额必然超过《办法》规定的限额。

换言之,P2P 网贷平台对接商业保理公司所进行的保理融资业务有可能触及债权转让的禁令,也有可能因为借款余额限制而不可持续。需注意的是,这里的借款总余额和借款总额还是有很大不同,"余额"意味着可以反复多次借贷。

三、P2P 网贷融资业务的《办法》规范分析

上述推理似乎完整,但实际上还有三个关键环节的推理存有疑问。

1. P2P 网贷保理融资业务的法律定性确定是"债权转让"吗?

商业保理公司的应收账款通过 P2P 网贷平台寻找合适的投资人、将应收账款转让给投资人的行为,单独看无疑属于债权转让的范畴。但如前文所述 P2P 网贷保理融资业务流程中,除了第 4 个步骤"应收账款转让"外,还有第 5 个步骤"应收账款回购"。即在整个流程中,应收账款其实有两次转让:一次是商业保理公司将债权转让给了 P2P 网贷平台的投资人,另一次是约定的回购日到期后,商业保理公司依照约定溢价向投资人回购应收账款。有观点认为这是两次单独的债权转让行为,也有观点认为从整个 P2P 网贷保理融资业务流程看,将两次应收账款的转让视为一个整体看,这是一次应收账款质押借款行为。[①] 在实务中,一般认为保理业务是基于应收账款转让的行为,但很多保理合同或 P2P 网贷平台的借款合同中却同时体现了债权转让与应收账款质押的双重性质。

应收账款转让是将应收账款视为债权权利的一种,应收账款质押是将应收账款视为权利质权的一种。虽然在实践中两者都能达到应收账款融资的目的,但在法务操作和法律性质上有着重大区别。应收账款转让时债权完全转让,是作为主权利的完整让渡,需要有应收账款回购作为投资人的回款保障;应收账款质押则是附随于主权利下的担保权利,不存在应收账款回购的问题。

在法理上,应收账款由商业保理公司转移至 P2P 投资人的过程既可以通过合同约定为应收账款质押,也可以通过合同设定为应收账款转让。如果是前者,则不受《办法》第 10 条债权转让禁止规则的限制,但须签订借款合同作为主合同,而且这些借款合同的借款余额仍然受到《办法》第 17 条的限制。如果是后者,也即将应收账款的转让视为债权转让,那势必要受到《办法》第 10 条债权转让禁止规则的限制,但是否受《办法》第 17 条借款余额限制还需进一步分析。

---

① 李爱君:《互联网金融法律与实务》,机械工业出版社 2015 年版,第 244 页。

2."债权转让融资"是否等于"借款融资"？保理公司的应收账款转让金额是否受到《办法》的借款余额限制？

假设我们将 P2P 网贷保理融资业务按照应收账款转让的模式进行设定，仍然可以追问的是，"债权转让融资"是否在法律定性上可以等同于"借款融资"？"债权转让融资额"是否等于"借款余额"？这个问题看似抠字眼，但却直接关系到应收账款转让是否受到《办法》第 17 条借款余额限制。如果"债权转让融资"等于"借款融资"，那么 P2P 网贷保理融资业务就会受《办法》第 17 条限制，其结果就是经营不可持续；如果"债权转让融资"与"借款融资"在法律上是不同的概念，那么 P2P 网贷保理融资业务就可以绕开《办法》第 17 条的限制，通过精细的模式设计使这种经营模式可持续。

从数额与融资效果来看，债权转让融资与借款融资的效果似乎是一致的。但笔者遍查文献，却从未有认为"债权转让"等于"借款"的观点。我们只能依法理推断之。

债权转让是原债权人与新债权人之间签订合同，原债权人将对债务人的债权移转给新债权人的行为。新债权人成为债权的享有人，而原债权人丧失了其债权。与所有权一样，债权转让也是一种处分。[①] 债权转让作为抽象的处分行为，独立于作为其基础原因行为的存在而存在，有准物权行为的性质。最常见的原因行为为有偿行为，即债权买卖行为，且大都是金钱债权的买卖。[②] 保理公司转让债权（应收账款）给 P2P 投资人后，保理公司获得一笔资金，同时丧失了该笔债权，不再是债权人的身份。问题是，此时的债务人是谁？

在债权转让中，债务人的法律地位不受债权转让的影响。[③] 在 P2P 网贷保理融资业务中，虽然应收账款转让了两次（基础合同卖方至商业保理公司、商业保理公司至 P2P 投资人），但债务人的地位并没有发生变化，债务人仍然是基础合同的买方。

而基础合同的买方所承担的债务性质并非是"借款"，而是"欠款"。这有着本质区别。借款是根据借款合同的约定还本付息，而欠款则是按照买卖合同的条款依约履行。债权转让不会改变债权的法律性质，债权转让不会让"欠款"变成"借款"。通俗地说，不论"欠条"转手了几次，都不会变成"借条"。

既然 P2P 网贷保理融资业务中的债权转让与借款无关，那么这种经营模式也就不受《办法》第 17 条借款余额上限的限制了。

---

① 朱广新：《合同法总论（第 2 版）》，中国人民大学出版社 2012 年版，第 404 页。

② 王洪亮：《债法总论》，北京大学出版社 2016 年版，第 449、450 页。

③ 王洪亮：《债法总论》，北京大学出版社 2016 年版，第 458 页。

3. 应该计算商业保理公司的借款余额还是基础合同债务人(买方)的借款余额?

退一步说,我们假设可以将基础合同中的欠款等同于借款,那么基础合同的债务人(买方)就可以被认为是借款人。应收账款经过两次转让后,商业保理公司是什么身份?是借款人吗?答案是否定的。如前所述,在债权转让中债务人的法律地位不受债权转让的影响。应收账款经过两次转让后,借款人仍然是基础合同的债务人(买方),而不是商业保理公司。商业保理公司作为原债权人,在应收账款再转让之后,实际上已经退出了债权债务关系。

因此,债权两次转让之后,"借款余额"仍然应该算在基础合同的债务人(买方)头上。如此一来,《办法》第 17 条对借款余额上限的规定就对 P2P 网贷保理融资业务的持续经营没什么影响了。每一笔保理融资业务都有一个基础合同的债务人(买方),若可以每笔保理融资业务都单独计算借款上限,法人单平台 100 万元、多平台 500 万元的融资额还是可以接受的。

这种理解其实也符合穿透式监管的逻辑。我们在防范金融风险、非法集资风险时,一般会将中间环节的私募基金、有限合伙等实体做穿透式审查,直接透过这些实体,将实体背后的投资人进行风险评估、实质审查。在计算借款余额限制时,也应该遵循这一理念,做穿透式、实质性审查。应该透过保理公司,审查背后的每一笔保理融资的债权债务关系。只有如此,才符合权利义务对等原则。

因此从规范分析的角度,《办法》第 17 条的借款余额限制对 P2P 网贷保理融资业务并不当然适用。①

四、P2P 网贷保理融资业务应作为监管限制的例外

前面的论述纯粹从规范分析角度进行理论推演,银监会等监管部门是否承认这种逻辑,有待进一步的解释。实际上,从应然价值的角度,本文也认为应该对 P2P 网贷保理融资业务网开一面:

1. 保理模式的债权转让是对实体经济的一种支持,促进实体经济健康发展的金融形态应大力支持

最初的供应链金融主要是商业银行和企业进行合作的一种方式,现在一些新兴的互联网金融平台也开始试水供应链金融。供应链金融能够有效地打开对实体经济的一个金融服务渠道,部分解决中小企业融资难的困境。金融的本质

---

① 债权转让模式从本质来说,不属于"直接借贷",不归《办法》管理,自然也就不受借款余额上限的限制。但这种理解有些极端,基本不会被监管部门所接受。

是跨期价值交换,P2P 网贷对接保理融资有很强的正外部效应。

当前的监管试点规则对于商业保理公司的运作模式也一直持开放态度——把控风险、不限制业务。《天津市商业保理业试点管理办法》和《上海市商业保理试点暂行管理办法》对商业保理公司的运营资金来源做了一定限制,即不得吸收存款;并列举了一系列顺序或禁止商业保理公司从事的业务项目,却未对应收账款的转让以融资的形式进行规定。这种开放的态度也应该延续到 P2P 网贷与商业保理公司的合作融资业务中来。

《办法》的规定有模糊和灰色地带,应该对借款余额限制做出对 P2P 网贷保理融资业务的例外设定。比如允许保理业务的债权转让余额放宽上限,或者干脆如前文分析将借款余额的限制放在基础合同的债权人头上。

2. 保理模式的债权转让有多重尽职调查,风险控制机制相对完善

相对于自担保模式、纯信息中介模式等一般 P2P 网贷平台,P2P 网贷保理融资模式的违约风险较小。

首先,该模式有多重还款来源:(1)直接与 P2P 网贷投资人对接的商业保理公司依据合同有应收账款溢价回购的义务;(2)基础买卖合同中原债务人(买方)的未付款项还款义务;(3)基础买卖合同中的原债权人(卖方)基于商业保理公司的追索权而产生的回购义务。在实践中,买方、卖方、商业保理公司一般不存在关联关系,相互独立。因此即使其中一方因为经营失误等原因而丧失还款能力,最终也不会全盘影响 P2P 平台投资者的风险控制。

其次,保理有着更为扎实的信用基础。应收账款的产生基于买方的赊账行为。一般来说,允许买方赊账的前提是买卖双方之间有长期的合作关系,相互之间有一定程度的信任。商业保理公司更会基于自己坏账损失的风险而对买卖双方的交易进行充分的尽职调查,最终降低 P2P 投资人可能的借款人道德风险。[1]而且商业保理公司的尽职调查一般会比第三方担保公司的尽职调查更为严谨。因为后者一般会要求借款人先提供反担保物,再出具担保函,因此担保公司会更关注反担保物的价值、而轻视尽职调查。而保理公司则是提供资金在先,应收账款到期后方能收回资金,因此会在最初提供资金之前就进行严谨的尽职调查、确保风险可控。就本质而言,担保是转嫁了风险承担主体,保理则是事先甄别风险。保理相对于担保有着运行机制上的不同动力和优势。

---

[1] 李爱君:《互联网金融法律与实务》,机械工业出版社 2015 年版,第 226 页。

五、余 论

P2P 网贷保理融资业务不论从实然规范分析还是应然价值判断,都不受《办法》第 17 条借款余额上限的限制,P2P 网贷保理融资业务的经营可持续性不成问题。

但 P2P 网贷保理融资业务法律定性为债权转让,受到《办法》第 10 条类资产证券化债权转让禁止的限制。P2P 网贷平台在合规整改中要注意停掉类资产证券化的打包权益类产品。至于具体什么样的债权转让模式属于"类资产证券化",什么样的资产属于"打包资产",要看 P2P 网贷平台的具体合同设计及金融监管部门的后续解释。

另需注意的是,实践中应保证 P2P 网贷保理融资业务在平台上转让的应收账款期限不能长于原应收账款剩余期限。否则在"再转让"期内,原"转让"期限已届满,基础合同债权人的还款义务已经履行完毕,此时若商业保理公司仍然将应收账款再转让给 P2P 投资人,因其已没有合法的应收账款,多方法律行为没有基础依托。这种情况下的商业保理公司涉嫌非法集资。

信息中介型 P2P 平台责任研究 *

浙江大学光华法学院　张伟恒 **

摘　要：信息中介型 P2P 借贷平台①在交易中应该承担如下责任：P2P 平台对借款人的资格条件进行必要的审核，履行尽职调查责任；如实向投资人和借款人告知交易信息，合同履行情况，履行如实告知责任；保护借款人和出借人提供的信息，履行保护借贷双方信息责任；及时发布业绩报告，反映平台运营情况，履行平台信息披露责任。当 P2P 平台已经完全履行自己的义务时，P2P 平台则无须对投资人的损失承担赔偿责任。现阶段我国 P2P 平台责任的履行还有不足之处，可以在拓宽信息查询渠道，提高民事责任比重和建立投资者筛选机制这三方面做出改进。

关键词：P2P 平台；尽职调查；信息披露；行为监管

“'P2P'是对'Peer-to-peer Lending and Online Invest'的概括，其中，'Peer-to-peer Lending'是'点对点的信贷或个人对个人的信贷'的意思。P2P 本质上是连接个人资金借贷双方的第三方网络平台，是一种与互联网、小额信贷等创新技术、创新金融模式紧密相关的新型借贷形式。”②自从 2007 年拍拍贷借贷平台在我国成立以来，互联网 P2P 平台在我国迅速兴起，现有规模较大的 P2P 借贷

* 【基金项目】国家哲学社会科学基金重点项目“互联网融资法律制度创新构建研究”（15AFX020），浙江省哲学社会科学规划优势学科重大项目“民间金融市场治理的法律制度构建及完善研究”（14YSXK01ZD）及子课题“民间金融市场主体法律制度构建及完善”、“民间金融市场行为法律制度构建及完善”、“民间金融市场监管法律制度及完善”、“民间金融市场信用体系的法律制度构建及完善”、“民间金融市场风险防范与处置法律制度构建及完善”成果。

** 张伟恒，男，浙江大学法学硕士研究生。

① 信息中介型 P2P 平台（以下简称 P2P 平台），是指平台不参与投资人与借款人之间的借贷关系，平台资金不用于投资，不吸收投资人资金，只是为投资人和借款人达成借贷合同提供信息中介服务的网络借贷平台。

② 张正平、胡夏露：《P2P 网络借贷：国际发展与中国实践》，《北京工商大学学报（社会科学版）》2013 年第 2 期。

平台有宜信、陆金所、红岭创投等等，"互联网融资为传统金融注入了活力，改变了金融市场的竞争格局，加速了我国金融业的改革进程"。① 在世界范围内，P2P平台也发展迅速，美国的 Prosper 和 Lending Club 这两家 P2P 平台总共为借款人提供超过 3.9 亿美元的贷款。然而，我国互联网 P2P 借贷行业尚处于起步阶段，法律法规不健全，存在监管主体不明确、监管效率低下、平台责任混乱、平台信息审查能力弱等问题，导致投资者要面临较大的风险，影响了投资者的投资信心，从而减少投资额，不利于互联网金融行业的发展。为了维护 P2P 借贷行业健康有序发展，自 2015 年 7 月人民银行等 10 部门发布《关于促进互联网金融健康发展的指导意见》（以下简称《指导意见》）以来，相关部门发布了一系列文件对网贷行业进行整治，直至 2016 年 8 月 24 日，中国银监会、工信部、公安部、国家网信办制定并公布《网络借贷信息中介机构业务活动管理暂行办法》（以下简称《暂行办法》），使得对 P2P 平台的监管有法可依。这些整治措施的出台，起到了初步规范网贷行业的作用，但是尚有大量细则尚未制定。在《指导意见》出台之前，我国的 P2P 平台存在多种经营模式，但是在《指导意见》明确规定了 P2P 平台的经营模式之后，只允许信息中介型 P2P 平台的运行，因此，本文选择信息中介型 P2P 平台为研究对象，对其在交易中存在的责任规则进行研究，完善 P2P平台的责任制度，以使 P2P 借贷行业发展更规范。

一、P2P 平台责任分析

根据《指导意见》的规定，P2P 平台提供金融信息中介服务的行为，属于居间行为。"在提供居间行为时，P2P 网贷平台公司与委托人之间形成居间合同法律关系。"②在该法律关系中，P2P 平台主要应承担尽职调查责任、如实告知责任、客户信息保护责任和平台信息披露责任。

（一）违反尽职调查义务的责任

在一般的民间借贷行为中，出借人一般通过对借款人的信用状况、财务状况、借款用途、担保情况等信息来判断是否要提供借款，而且借贷关系大都发生在熟人之间，或者是有熟人做担保。而在 P2P 借贷平台上，借贷关系都发生在陌生人之间，出借人需要承担较大的违约风险。因此，P2P 平台必须要承担尽职调查义务，对借款人的资格条件、信息的真实性、融资项目的真实性、合法性进行

---

① 翁健敏：《我国互联网融资发展及监管路径探析》，《福建金融》2014 年第 11 期。

② 张雪楳：《P2P 网络借贷相关法律问题研究》，《法律适用》2014 年第 8 期。

必要的审核。

P2P 平台公司需要审查出借人所提供信息资料的真实性,并对出借人的信用状况做出科学的判断。P2P 平台违反该义务的情形是,借款人提供了虚假的信息,但是 P2P 平台未对出借人所提供的信息进行审查或是审查行为不合格,使本来不能通过审查的借款人通过了审查并在平台上借得贷款,最终投资人无法从借款人处收回借款的本金和利息。投资人可以和 P2P 平台通过"用户协议"的形式对平台的审查标准做出明确的规定,P2P 平台也可以公开自己的审查标准。当借款人违约的情况发生时,可以根据"用户协议"或者审查标准来判断P2P 平台是否履行了尽职调查义务,如果 P2P 平台未能履行尽职调查义务,即可构成违约行为。如对赔偿金有约定,应该按照约定赔偿投资人的损失,若无约定,应该按照投资人实际受到的损失进行赔偿。

(二)违反如实告知义务的责任

根据《合同法》第 425 条的规定,居间人要履行如实报告义务。"所谓如实报告是指居间人应就其所知的有关订立合同的事项不加隐瞒地告知于委托人。"[1]由于交易环节的复杂性和社会信用体系尚未完善,委托人与订约当事人之间必然会产生信息不对称的情况。"诚实信用原则应是居间人履行合同指导思想之一。"[2]尤其是在网络借贷中,对于投资人来说,借款人完全是陌生人,只能通过P2P 平台的介绍来获取对方的信息,诚实信用原则显得更为重要,因此,P2P 平台能够履行如实报告责任,是 P2P 借贷行为顺利进行的基础。对于如实报告的内容,江平教授认为,"在报告居间中,应将相对人的信用、财产状况、货物的数量、质量、销售情况等有关信息如实报告给委托人,系无订约能力的相对人,应不为其与委托人充当中介"[3]。由此可知,居间人要向委托人如实报告合同的事项,以及当居间人故意隐瞒与订立合同相关的事项,或是提供不真实的信息时,不得要求委托人支付报酬,并应当对委托人因此造成的损失承担赔偿责任。P2P 平台承担的如实告知义务主要表现在三个方面。第一,P2P 平台向投资人发布的借款标的,必须是在尽职调查的基础之上,以真实情况为依据所产生的,并能如实反映借款人的身份信息、信用状况、还款能力以及资金使用目的。第二,随着 P2P 平台业务的拓展和信息技术的发展,需要投资者自己来逐个选择标的的"散标投资"业务数量已经逐渐减少,更多的投资者会使用 P2P 平台提供

---

① 曾庆俊:《居间合同研究》,山东大学硕士学位论文 2007 年,第 25 页。
② 邱月:《我国 P2P 网络借贷平台的居间人角色分析》,《金融市场》2015 年第 46 期。
③ 江平主编:《中华人民共和国合同法精解》,中国政法大学出版社 1999 年版,第 369 页。

的投资工具来简化投资,比如"拍拍贷"平台上提供的"快投"系统,使投资人只要选择风险等级,即可将投资人支付的资金自动与相应的借款人匹配,而且一笔资金会被拆散,投向众多的借款标的,产生许多借贷合同。此时,P2P 平台就应该将每一个借贷合同的履行情况如实告知投资人,使投资人充分了解借款人是否有违约情况。第三,如实报告义务的对象不应该仅限于投资人,P2P 平台也应对借款人履行如实报告义务,主要表现在 P2P 平台应及时、准确地告知借款人借款项目的融资情况,在满标、流标时都应通知借款人。

　　P2P 平台未履行如实告知义务的情形有三种:一是提供虚假信息导致告知错误;二是故意隐瞒重要事实导致告知错误;三是因为 P2P 平台的过失未能提供重要事实导致告知错误。根据《合同法》第 425 条第 2 款对前两种情形的法律后果作出了规定,当居间人违反如实告知义务时,不得要求委托人支付报酬,并应该赔偿委托人损失。在第三种情形下,P2P 平台也未能履行如实告知义务,应该受到《合同法》第 107 条的规制,对委托人承担继续履行、采取补救措施或者赔偿损失等违约责任。因为如实告知义务是居间人的首要义务,必须在居间合同中加以约定,所以 P2P 平台违反如实告知义务应该承担违约责任。至于违反如实告知义务的行为是否构成违约责任和侵权责任的竞合,应该分情况讨论。第一种情况是,P2P 平台并不知道借款人不会履行还款义务,又为了能够促使借款合同的成立等目的而故意隐瞒重要事实或是提供虚假信息导致告知错误,最终借款人未能履行还款义务,给投资人造成损失;第二种情况是 P2P 平台明知借款人不会履行还款义务,仍然为其故意隐瞒重要事实或是提供虚假信息促使借款合同成立。侵权责任的成立要求 P2P 平台违反如实告知义务的行为与投资人的资金损失之间存在因果关系。"依据'相当因果关系说'理论,侵权行为与损害结果之间具有的这个因果关系,既要求'条件性',又要求'相当性'。"[①]在第一种情况下,对 P2P 平台而言,即使其履行了如实告知义务,借款人依然存在还款不能的情况,因为还款不能的很多时候是客观情况发生了变化导致的,P2P 平台难以预料借款人无法还款,此时其违反如实告知义务的行为不具有条件性,侵权责任不成立。在第二种情况下,P2P 平台明知借款人不会还款,如果其履行如实告知义务,借款合同必然不能成立,损害结果必然不会发生,所以不履行如实告知义务具有条件性;P2P 平台不履行如实告知义务,使得投资人相信了错误的信息,通常情况下借贷合同能够成立,导致损害结果的发生,符合因果关系"相当性"的要求。该情况下,P2P 平台不履行如实告知义务的行为与投资人的损害结果之间存在侵权责任法上的因果关系,P2P 平台应承担侵权责任。

---

　　①　王泽鉴:《侵权行为法》第一册,中国政法大学出版社 2001 年版,第 193、204 页。

（三）违反客户信息保护义务的责任

P2P 平台运营过程中，必然会获取平台用户的大量信息，包括身份信息、财产状况、收入情况、经营情况等等。P2P 平台所取得的这些信息，对借贷双方之外的第三方，应该严格保密，并提高网站的安全防护措施，防止信息泄漏。在借贷双方之间，P2P 平台应该在确保投资人能够充分了解"标的物"投资风险的情况下，将借款人信息披露程度控制在一定的范围之内。个人认为，如果合同约定的还款期限到期时，借款人能够按约还款，则投资人自然无须知道借款人的身份信息，但若借款人无法按期还款，长期拖欠借款构成违约之后，投资人若要通过法律渠道寻求救济，则必须获得借款人身份信息。此外，借款人违约的情况一旦发生，P2P 平台有义务将借款人提供的证明材料全部转交给投资人，不得私藏或是隐瞒，因为这些材料除了可以证明借贷关系的存在，还可以通过这些材料来判断 P2P 平台是否严格履行了审核义务和如实告知义务。

在 P2P 平台与借贷双方之间的居间关系中，应对双方的个人信息披露、告知范围有所约定，P2P 平台如果违反约定，向借款人或投资人报告的信息超过约定的信息告知范围，在平台上公开披露的借款人或投资人信息超过约定的披露范围，给相对人造成的损失，P2P 平台应承担赔偿责任。一般情况下，单纯的信息泄漏不会产生损害后果，还要有人使用这些被泄漏的信息，使信息被泄露者遭受损失。因此，信息泄漏的行为不构成侵权，而是违约责任。在特殊情况下，例如，P2P 平台与第三方相勾结，故意泄漏用户信息，使第三方使用这些泄漏的信息来侵害用户的权利时，根据《中华人民共和国侵权责任法》第 12 条的规定，按照 P2P 平台应承担的责任大小对用户的损失进行赔偿。

（四）违反平台信息披露义务的责任

P2P 平台虽然为借贷双方提供中介服务，并不参与进借贷关系中，但是，由于互联网的隐秘性，投资人难以了解借款人的信息，无法较为准确地判断出借款人信用状况和还款能力，更多情况是出于对 P2P 平台本身的信赖，根据 P2P 平台对借款人信用度的评级来判断是否进行投资，可见 P2P 平台实际上已经在无形之中起到了增加借款人信用度的作用，因此，P2P 平台应该承担信息披露义务，使得平台运营的真实情况能够为用户尤其是投资人知晓。

其次，随着 P2P 平台上简化投资工具的出现，例如"拍拍贷"平台上提供的"快投"系统和"彩虹计划"，使投资人只要选择风险等级，即可将投资人支付的资金"自动"（是否真的自动不得而知，有可能会认为有操作资金投向之嫌）与相应的借款人匹配，而且一笔资金会被拆散，投向众多的借款标的。这种情况下，

P2P平台已经掌管了指引资金流向的能力,平台信息透明度不足,可能会引起非法集资、通过构建虚假的借款人来搭建资金池、挪用投资人资金、携款潜逃等风险。为了加强社会公众、监管部门对P2P平台的监督,平台应该承担严格的信息披露义务。信息中介性质P2P平台的信息披露范围应该包括真实客观的业绩报告,内容包括借款人、投资人数量,投资资金金额,成交笔数,成交率,以及基于大数据分析的各风险等级借款人的违约情况等信息,此类信息可以使投资人对该平台上的投资风险有所了解。P2P平台还应在业绩报告中公布自己的盈亏情况、资本情况,使投资者对平台的运营能力、是否存在破产的风险有充分认识,毕竟投资人很难信任一个处于亏损或是濒临破产的P2P平台。在"拍拍贷"平台上,其信息披露的范围包括平台业绩报告、大股东介绍、高管团队介绍以及公司介绍,这些披露的信息均为正面信息,客观上起到了增强平台信用度的作用。此外,"拍拍贷"平台披露了其"风险备用金计划"①的资金托管报告,以表明自己没有违规挪用"风险备用金"。

P2P平台违反信息披露义务,披露虚假的交易信息、公司情况,或是隐瞒重要的信息,主要目的是为了增加平台的信誉,吸引更多的投资人和借款人。如上文所述,要求P2P平台严格履行信息披露义务的主要目的是为了加强对平台的监督,防止平台通过虚假的宣传内容吸引客户,降低平台滥用、侵占投资人资金的风险。单纯的违反信息披露义务行为一般不会给投资者和借款人造成损失,往往需要和其他违法行为结合来达到平台的违法目的,通常会直接以之后的违法行为定性处罚。所以,当P2P平台有违规披露的行为,而尚未给用户造成损失的时候,难以按照违约责任和侵权责任的制度加以制裁,而适用行政责任制度可以较好地解决这个问题。通过行政责任制度来对P2P平台进行监督,需要制定专门针对P2P平台的规范性文件,明确披露行为的范围和违规披露的惩罚措施,有关监管部门应该对P2P平台披露的信息进行审查,并对平台的实际运营情况加以监督,如果发现P2P平台有违规披露的情况,应该及时要求P2P平台进行整改,并根据违规的程度对P2P平台进行惩罚。

(五)责任免除

"居间人的法律义务只在居间合同中承担,在促成委托人和第三人签订合同后,居间人的居间合同义务即完成。对于委托人和第三人合同的履行,居间人没

---

① 风险备用金计划:"逾期就赔"标成交时,提取一定比例的金额放入"风险备用金账户"。借款出现严重逾期时(即逾期超过30天),根据"风险备用金账户使用规则",通过"风险备用金"向理财人垫付此笔借款的剩余出借本金或本息(具体情况视投资标的类型的具体垫付规则为准)。

有法律义务。所以在出现委托人和第三人之间的合同出现履行不能时,居间人并不负有责任。"[①]从人民银行等 10 部门发布的《指导意见》中的有关规定中可知,P2P 互联网融资平台现阶段只能通过信息中介的模式进行运作,并且不得为借款人提供担保等增信服务,这都是出于对 P2P 平台承担风险能力有限的考虑,因为相比于借贷合同中的借款金额,平台自身的资本就如九牛一毛,难以承担借贷活动中潜藏的风险。"风险是指由于市场的不确定性引起的造成经济损失的可能性。借贷合同存在不确定性,这意味着借贷双方可能盈利,可能收支平衡,也可能产生经济损失。"[②]对于 P2P 平台来说,即使其已经穷尽平台所能做到的调查手段,对借款人的个人信息、信用状况都已经尽职调查并能向出借人如实报告,也严格履行了信息披露义务和用户信息保护的义务,也难以完全杜绝出借人违约情况的发生,此时,P2P 平台则无须对投资人的损失承担赔偿责任。

二、P2P 平台责任的完善

(一)加强 P2P 平台信息审查能力

为了降低投资者风险,提高 P2P 借贷效率,加强 P2P 平台信息审查能力就非常必要了。可以从以下几个方面加以改进:第一,进一步完善中国人民银行的征信系统建设。第二,提高现有征信系统的开放性,允许 P2P 平台依法使用中国人民银行的征信系统对借款人信用信息进行查询。第三,建立明确、统一的信用等级评价制度,保障信用评级业务的开展,使借款人的信用情况能够得到公正合理的评价。第四,建立信用风险提示系统,该系统的功能在于当个人和机构信用情况发生变化时,能够及时通知与之存在业务往来的对象。例如,当某一借款人在其他商业活动中有违约行为并导致信用等级降低时,该系统可以将信息及时通知给 P2P 平台,P2P 平台应及时将该借款人信用等级的变化情况反映在平台上,并告知已经向该借款人借款的投资者。从整体上看,社会征信体系的完善,可以降低 P2P 平台对借款人进行信用调查的成本,使得 P2P 平台更好地履行尽职调查义务和如实报告义务,也有利于当借款人违约时 P2P 平台应承担责任的认定。

---

① 张爽:《中介平台模式 P2P 借贷中的平台责任研究》,天津师范大学硕士学位论文 2015 年,第 13—14 页。

② 房蕾:《论企业间借贷合同的效力及其风险防范》,上海交通大学硕士学位论文 2010 年,第 29 页。

(二)提高 P2P 平台民事责任比重

对于信息中介型的 P2P 网络借贷平台而言,因为其并未参与到借贷双方的债务关系中,不用承担借款人无法还款的风险,承担的行政责任有限。而 P2P 平台在为借贷双方提供服务的过程中,容易出现损害用户利益的行为,重视 P2P 平台民事责任的承担,更有利于保护平台用户的利益。"P2P 网络借贷涉及大量社会公众,类似于证券的交易,所以以消费者权益保护为核心的行为监管应是监管的主要内容。"①要加强 P2P 平台的民事责任,则应该提高行为监管的作用。具体措施包括:第一,在现有《消费者权益保护法》中加入金融消费者权益保护的内容;第二,可以设立专门的行为监管机构,或是给现有监管部门赋予行为监管的职能;第三,明确 P2P 平台在未履行义务或是侵犯用户权利给其造成损失时的赔偿责任;第四,制定相应的信息披露规则,建立 P2P 平台服务数据报送机制,使监管部门可以及时了解对 P2P 平台的经营情况。

(三)建立投资者管理制度

加强 P2P 平台对投资者的管理,可以更好地控制投资者要承担的投资风险,也可以防止投资者利用 P2P 平台从事违法行为。建立投资者管理制度,来规定 P2P 平台应该采取哪些措施来管理投资者,并确定平台在违反管理制度后应该承担哪些责任。P2P 平台可以从两个方面着手来加强对投资者的管理:一是设立投资者准入制度,对投资者的财务状况进行审核;二是完善 P2P 平台对投资人的风险提示。第一个方面,以国外较为成熟的 P2P 平台 Lending Club 为例,其要求投资者的年收入、个人净资产达到一定的标准,并且只能将个人财富10％以下的资金在 Lending Club 上进行投资。② 在国内,也有相似的投资者准入制度,如《公司债券发行与交易管理办法》第 14 条对公司债券的投资者资格有

---

① 刘绘、沈庆劼:《我国 P2P 网络借贷的风险与监管研究》,《财经问题研究》2015 年第 1 期。

② 贷款人的总收入必须在 7 万美元以上,个人净资产(除去住宅,住宅装修和机动车之外)在 7 万美元以上,其个人净资产必须在 25 万美元以上。Peter Renton:《Lending Club 简史》,第一财经新金融研究中心译,中国经济出版社 2013 年版,第 40 页。

了明确的规定。① 这也为设立投资者准入制度提供了一定的法律基础。我国的
P2P 平台可以借鉴 Lending Club 对投资者资格限制的规定,要求在 P2P 平台上
的投资者提供一份个人资产或是个人收入的评估报告,只有达到准入标准的投
资者才可以在 P2P 平台上进行投资,P2P 平台还应该通过投资者的财务信息和
在平台上的交易行为,来判断投资者是否从事违法行为,例如进行以洗钱为目的
的借贷,或者将银行贷款用于投资等。第二个方面,要求 P2P 平台根据评估报
告来判断投资人的风险承受能力,针对能力不同的投资者,P2P 平台应该如实告
知其合适的投资金额,推荐合适的投资项目,给出合适的投资建议,并将项目可
能会遇到的投资风险如实告知投资者。"对于借款人短时间内,集中且大额的借
款,P2P 借贷平台也应该予以风险提示,或是制定相应的限制措施。"②如果 P2P
平台未能采取上述措施对投资者进行管理,应该承担民事责任或者行政责任。
例如,当投资者资产收入未达到而被 P2P 平台允许进入市场,P2P 平台应该受
到行政处罚,没收平台在完成该交易所获得的佣金,并责令其取消该投资者的投
资资格。当资金来源违法时,P2P 平台若无法举证证明自己已经尽职地对投资
人资金进行调查,那么 P2P 平台就要承担行政处罚责任,受到行政处罚。在上
述两种情况下,为了维护借款人的利益,不宜宣布借贷合同无效,应继续维持借
贷关系,因此产生的利息,应该予以没收,作为对不合格投资者的处罚。

---

① 《公司债券发行与交易管理办法》第 14 条:本办法所称合格投资者,应当具备相应的风险识别和
承担能力,知悉并自行承担公司债券的投资风险,并符合下列资质条件:(一)经有关金融监管部门批准设
立的金融机构,包括证券公司、基金管理公司及其子公司、期货公司、商业银行、保险公司和信托公司等,
以及经中国证券投资基金业协会(以下简称基金业协会)登记的私募基金管理人;(二)上述金融机构面向
投资者发行的理财产品,包括但不限于证券公司资产管理产品、基金及基金子公司产品、期货公司资产管
理产品、银行理财产品、保险产品、信托产品以及经基金业协会备案的私募基金;(三)净资产不低于人民
币一千万元的企事业单位法人、合伙企业;(四)合格境外机构投资者(QFII)、人民币合格境外机构投资者
(RQFII);(五)社会保障基金、企业年金等养老基金,慈善基金等社会公益基金;(六)名下金融资产不低于
人民币三百万元的个人投资者;(七)经中国证监会认可的其他合格投资者。前款所称金融资产包括银行
存款、股票、债券、基金份额、资产管理计划、银行理财产品、信托计划、保险产品、期货权益等;理财产品、
合伙企业拟将主要资产投向单一债券,需要穿透核查最终投资者是否为合格投资者并合并计算投资者人
数,具体标准由基金业协会规定。证券自律组织可以在本办法规定的基础上,设定更为严格的合格投资
者资质条件。
② 陈哲:《P2P 借贷平台的问题与法律对策研究》,安徽大学硕士学位论文 2014 年,第 24—25 页。

P2P 网络借贷行为的监管和法律规制初探及建议

泰融理财　　周晓龙　　戴新喜

摘　要: 2005 年英国 Zopa 公司成立,2007 年我国第一家 P2P 网络借贷平台成立,至 2016 年我国 P2P 网络借贷行业已经发展了 9 年多的时间。目前,英美两国对 P2P 网络借贷行为监管也日趋完善,对我国有着较好的借鉴意义。本文梳理了目前我国 P2P 网络借贷的模式,对涉及的刑事风险进行了简要分析;初步分析了英美两国 P2P 的模式和监管方式及配套的法律制度;对我国 P2P 网络借贷行为的监管和法律规制提出了建议。

关键词: P2P;网络借贷;消费者保护;监管;公益诉讼

一、P2P 网络借贷模式及其刑事风险的简要初步分析

(一)P2P 网络借贷模式

本文对网络借贷模式的区分以网络借贷行为的发生形式为基准,不以某个或某一类平台为标准,主要分为两种:

1.直接借贷模式

P2P 网络借贷平台充当纯信息中介,投资人和借款人直接发生借贷关系。此模式下又可以细分为无第三方担保、有第三方担保、有保险公司承保和有风险备用金等四种。其中,有保险公司承保的,因保险公司可以开展保证保险业务,该形式符合法律规定,但监管部门应该注意到 P2P 行业的整体风险情况,对保险公司的此类业务会持续关注甚至采取一定的监管措施。有自然人担保的,目前我国未有明确法律限制。有其他公司担保的,如果仅就单一借款提供担保,应当认为不违反法律规定。但是,公司批量化为第三方融资提供担保,涉嫌经营融资性担保业务,根据《融资性担保公司管理暂行办法》等法律法规的规定,公司必须有融资性担保资质,否则,公司涉嫌非法经营。有风险备用金的,目前虽然没

有明确的限制,但笔者认为平台至少应当实现风险备用金的托管和风险准备金的明细公布。此外,如果 P2P 网络借贷平台利用风险备用金发放借款,则涉嫌非法经营和非法集资。

2.债权转让模式

在 P2P 平台外有一个专业放款人角色,专业放款人向借款人放款,然后将取得的债权通过 P2P 平台转让给投资人。此模式下又可以细分为小额贷款公司债权转让、保理公司债权转让、自然人债权转让和无资质公司债权转让。根据中国银行业监督管理委员会、中国人民银行《关于小额贷款公司试点的指导意见》(银监发〔2008〕23 号)的规定,小额贷款公司的主要资金来源为股东缴纳的资本金、捐赠资金,以及来自不超过两个银行业金融机构的融入资金。各地的具体管理办法也大都规定小额贷款公司不得向内部或外部集资、吸收或变相吸收公众存款。因此,小额贷款公司通过 P2P 平台融资涉嫌违规,严重的涉嫌非法集资。《商务部关于商业保理试点有关工作的通知》要求商业保理公司的投资者应具备开展保理业务相应的资产规模和资金实力,不得以借贷资金和他人委托资金投资。但是未对保理公司的融资途径进行明确限制,仅规定不得吸收存款。而在 P2P 平台与保理公司合作的过程中,保理公司和小额贷款公司一样都是变相通过 P2P 平台向不特定的公众吸收资金,理论上应当适用同样的监管规则,笔者认为未对保理公司的资金来源进行合理规制属于立法上的漏洞,建议及时出台相应的规定予以规范。自然人债权转让和无资质公司债权转让主要涉嫌非法集资问题。此外,还有部分 P2P 平台将债权转让模式升级,设置更复杂的交易结构,产生了类理财和类资产证券化的模式,其本质仍然是债权转让或收益权转让。

(二)共同犯罪

共同犯罪是指二人以上共同故意犯罪。在上述模式中,如果 P2P 平台事前对合作第三方的违法行为知晓,认识到会发生危害社会的结果,并希望或放任这种结果发生,则 P2P 平台涉嫌共同犯罪。

二、英美两国的 P2P 模式及监管方式及配套的法律规制初探

(一)英国

英国网络借贷行业发展较早,2005 年就成立了全球第一家网络借贷平台 Zopa。初期,P2P 网络借贷行为由公平交易管理局(Office of Fair Trading,简称

OFT)根据《消费信贷法》(Consumer Credit Act)进行监管。例如 Zopa 方面拥有公平交易管理局的信贷许可证,是英国反欺诈协会的成员,向信息专员办公室注册①。同时,英国具有发达的金融市场和较完备金融规制体系,对不公平合同、金融销售和客户资金保护等都有配套的监管要求。2014 年 3 月 6 日,金融行为监管局(Financial Conduct Authority,FCA)发布了《关于网络众筹和通过其他方式发行不易变现证券的监管规则》(The FCA's regulatory approach to crowdfunding over the internet and the promotion of non-readily realisable securities by other media,PS14/4)(以下简称《众筹监管规则》),并于 2014 年 4 月 1 日起正式施行,P2P 网络借贷行为正式纳入 FCA 的监管,不再由 OFT 监管。《众筹监管规则》对网络借贷型众筹(crowdfunding based on loan)建立了平台最低审慎资本标准、客户资金保护规则、信息披露制度、信息报告制度、合同解除权(后悔权)、平台倒闭后借贷管理安排与争端解决机制等七项基本监管规则,其中信息披露制度是借贷类众筹监管的核心规则。英国 P2P 金融协会(peer-to-peer finance association)2014 年的会员资格要求,平台操作方式是借款人和贷款人之间直接签订借贷合同②。

(二)美国

Prosper 与 Lending Club 是美国境内最主要的两家网络借贷平台,交易额约占美国市场的 96%。在向证券交易委员会(Securities and Exchange Commission,SEC)登记注册之前,Prosper 和 Lending Club 允许放款人直接购买贷款份额,即 P2P 平台通过 WebBank(在犹他州注册的州立银行),以向 P2P 平台负有还款义务的信用凭证的形式,向借款人发放贷款。然后,WebBank 再将这些信用凭证出售给放款人③。同时,P2P 网络借贷行为受到《诚信贷款法案》(Truth in Lending Bill)等法案的约束④。2008 年 10 月,SEC 认定 Prosper 出售的凭证属于证券,要求 Prosper 必须提交注册申请。Lending Club 主动自愿提出注册申请,并付出高达 400 万美元的注册成本。在向 SEC 登记注册后,P2P 平台为实现合规,改变了模式。借款人的贷款仍然由 WebBank 发放,而 P2P 平台从 WebBank 购买该贷款的债权,并以借款人每月归还本息的还款现金流为基础发行收益权凭证(payment-dependent notes),实现贷款证券化的过程。美

① 李雪静:《国外 P2P 网络借贷平台的监管及对我国的启示》,《金融理论与实践》2013 年第 7 期。
② 徐雪:《我国 P2P 网络借贷法律规制研究》,中国海洋大学硕士学位论文 2015 年,第 48 页。
③ 王朋月、李钧:《美国 P2P 借贷平台发展:历史、现状与展望》,《金融监管研究》2013 年第 7 期。
④ 邓雄、高勇:《英美 P2P 网络借贷发展与监管的比较分析与借鉴》,《新金融》2015 年第 4 期。

国目前的 P2P 网络借贷行为监管则主要依据 1933 年《证券法》、《多德-弗兰克法案》等法律。

比较英美两国过去和现在的 P2P 网络借贷模式和监管方式，即使在 P2P 行业发展的初期，P2P 网络借贷行为也受到两国其他法律的规制，P2P 行业实行宽松的市场准入，但配套的法律对信息披露、消费者权益保护、客户资金保护等都有着严格要求，有关监管部门既没有一刀切禁止开展 P2P 业务，但也没有放松对 P2P 网络借贷行为的监管。后来，监管部门和监管规则更加明确，P2P 网络借贷行为受到了更加严格的监管。

三、对 P2P 网络借贷行为监管和法律规制的建议

（一）积极拥抱监管规范经营

2016 年 8 月 24 日，银监会会同工信部、公安部、国家网信办公布了《网络借贷信息中介机构业务活动管理暂行办法》（以下简称《暂行办法》），对网络借贷信息中介业务进行规范。《暂行办法》对网络借贷信息中介机构的业务经营范围采用以负面清单为主的管理模式，明确了包括不得吸收公众存款、不得设立资金池、不得提供担保或承诺保本保息、不得发售金融理财产品、不得开展类资产证券化等形式的债权转让等十三项禁止性行为。监管部门明确 P2P 个体网贷，属于民间借贷范畴，受合同法、民法通则等法律法规以及最高人民法院有关司法解释规范。该办法对整个互联网金融行业都具有重要意义，笔者建议 P2P 平台以积极的心态拥抱监管，对比《暂行办法》进行自查整改。

关于《暂行办法》中规定，禁止开展类资产证券化业务或实现以打包资产、证券化资产、信托资产、基金份额等形式的债权转让行为。笔者建议监管部门能够对此条进行具体的解释，明确是否所有的债权转让行为都予以禁止，明确哪些债权转让行为是可以开展的。笔者认为，在一级市场即融资阶段，如果能做到资金资产———对应，即单一借款债权向单一投资人转让或多个借款债权向单一投资人转让，这与直接借贷行为基本一致，可由银监会监管。但单一借款债权向多个投资人转让或者多个借款债权向多个投资人转让的，笔者认为其实质是将借款债权进行等额拆分后实现证券化的过程，与发行证券基本一致。关于证券的外延，理论界一直都有研究，不少学者认为应当将市场上已经普遍存在和被人们所接受的金融产品纳入到证券的概念下，银行理财产品、信托理财产品、艺术品份额等基于投资契约而从他人经营中获得利益并可在市场中流通的这种资产份

额,符合证券实质要求。① 虽然《证券法》主要规定的是股票和公司债券两种形式,但《证券法》第 2 条规定,在中华人民共和国境内,股票、公司债券和国务院依法认定的其他证券的发行和交易,适用本法。因此,国务院在理论和法律上应有权认定其他证券的发行和交易行为,笔者认为在时机成熟时可参考美国的 P2P 模式放开 P2P 开展证券化业务,由证监会对此类行为进行监管。

(二)严格要求信息披露和资金托管

严格要求信息披露。信息不对称理论是信息披露制度的理论基础,最早由美国经济学家阿卡勒夫(Akerlof)提出,该理论认为在市场经济活动中,各类市场主体掌握的信息是有差异的,掌握信息较多的市场主体处于有利地位,而掌握信息不足的主体则处于不利地位。市场主体掌握的信息是影响其决策的关键因素,因此,信息披露势在必行。但是,仅仅要求信息披露并不能解决信息不对称的问题,出于保护隐私权的角度以及互联网形式的特征,投资者不可能像银行贷前调查一样掌握所有必要的信息,核实信息的真实性也存在困难。因此,政府应当及时介入,一方面监督 P2P 平台披露必要的信息,更重要的是监督披露信息的真实性。

尽快落实资金存管制度。根据网贷之家的统计,截至 2016 年 7 月 P2P 平台累计有 4160 家,累计停业及问题平台达到 1879 家。前文提到,英美两国之所以未出现像中国如此多跑路的现象,一个重要原因是有着较为完备的客户资金保护制度,我国的《网络借贷资金存管业务指引》已经在征求意见阶段,笔者真诚地希望资金存管制度能够尽快得到落实,有效防止 P2P 平台跑路现象,以免更多的投资者遭受损失。

(三)禁止误导销售和虚假宣传

在明确具体的监管部门后,监管部门应当对 P2P 平台的销售行为进行监督。同时,无论是否明确监管部门,工商行政管理部门应当承担对广告行为的监督责任和维护公平正当竞争市场环境的责任。例如"中国最佳×××平台"等类似宣传涉嫌违反《广告法》第 9 条第 3 款规定,即广告不得使用"国家级"、"最高级"、"最佳"等用语。"约银行活期利率×倍"、"约银行一年利率×倍"、"约余额宝收益的×倍"等类似宣传涉嫌违反《广告法》第 13 条规定,即"广告不得贬低其他生产经营者的商品或者服务"。"第三方金融机构资金监管",涉嫌违反《反不正当竞争法》第 9 条第 1 款的规定,即"经营者不得利用广告或者其他方法,对商

---

① 黄红元、徐明主编:《证券法苑》,北京法律出版社 2014 年版,第 31—34 页

品的质量、制作成分、性能、用途、生产者、有效期限、产地等作引人误解的虚假宣传"。对于上述类似的违法行为,建议工商行政管理部门及时采取责令停止发布广告、责令在相应范围内消除影响、罚款、吊销营业执照等措施。

(四)切实执行《消费者权益保护法》维护公平交易

建议工商行政管理部门继续加强对不公平合同的监管。《消费者权益保护法》第 26 条规定,经营者在经营活动中使用格式条款的,应当以显著方式提示消费者注意商品或者服务的数量和质量、价款或者费用、履行期限和方式、安全注意事项和风险警示、售后服务、民事责任等与消费者有重大利害关系的内容,并按照消费者的要求予以说明。经营者不得以格式条款、通知、声明、店堂告示等方式,作出排除或者限制消费者权利、减轻或者免除经营者责任、加重消费者责任等对消费者不公平、不合理的规定,不得利用格式条款并借助技术手段强制交易。对于发现此种不公平合同的行为,建议工商行政管理部门及时采取警示、停止服务等措施。

对商品或者服务作虚假或者引人误解的宣传的,建议工商行政管理部门或者其他有关行政部门根据《消费者权益保护法》第 56 条规定,采取责令改正、停业整顿、吊销营业执照等措施,根据情节单处或者并处警告、没收违法所得、处以违法所得 1 倍以上 10 倍以下的罚款,没有违法所得的,处以 50 万元以下的罚款。

(五)加强检察建议和公益诉讼监督机制

引导发挥消费公益诉讼制度的作用。《民事诉讼法》第 55 条规定,对污染环境、侵害众多消费者合法权益等损害社会公共利益的行为,法律规定的机关和有关组织可以向人民法院提起诉讼。《消费者权益保护法》第 47 条,对侵害众多消费者合法权益的行为,中国消费者协会以及在省、自治区、直辖市设立的消费者协会,可以向人民法院提起诉讼。因此,消费者公益诉讼具有法律上的可行性。我国的消费者协会具有的半官方性质有利有弊,受政策导向的影响明显。建议政府部门引导消费者协会对 P2P 平台侵害众多消费者合法权益的行为进行监督,并根据情况提起消费公益诉讼。

发挥检察建议和行政公益诉讼的监管作用。根据《全国人民代表大会常务委员会关于授权最高人民检察院在部分地区开展公益诉讼试点工作的决定》、《检察机关提起公益诉讼试点方案》、《人民检察院提起公益诉讼试点工作实施办法》,针对 P2P 网络借贷平台的行为负有监管责任的机关出现不作为的情况,建议人民检察院向行政机关提出检察建议。行政机关拒不履行法定职责的,建议人民检察院提起行政公益诉讼,履行法律监督职能。

(六)保护消费者应当适度

消费者保护并不是保护消费者不做错误的决定,而是使消费者能够在一个没有欺骗和滥用的市场中做明智的决策[①]。政府应当为建立一个没有欺骗和滥用的市场做出努力,就 P2P 网络借贷行为而言,监管信息披露是核心措施。政府应当加强对信息披露行为监管,监督经营者真实、准确、完整地披露信息。同时,平台经营出现问题时,政府不应当以一个"救市者"的角色出现,而应当对平台是否合规经营进行调查,进而确定平台和投资者的责任,或者修改相关法律法规,以实现在日后的执法过程中有法可依。在公平交易的市场经济条件下,政府调动社会资源对部分不理智投资者的过度保护,实质上是对其他理性投资者的侵害。投资者应当对自己的投资行为负责,而不是由政府负责,这也是通过"市场之手"对投资者进行的风险教育。

(七)实行分类制裁

应当准确区分罪与非罪的界限,以 P2P 平台实施的行为为标准,而不能单纯以产生的后果为标准。例如,某平台经营得很好,但是其实质上实施的却是非法吸收公众存款的行为,只不过因为其实力和背景雄厚,暂时未发生跑路风险。为公平地适用法律,对此类平台一样应当追究其刑事责任。在 1000 多家跑路平台的老板中,笔者相信其开立 P2P 平台的初衷不一定都是抱着圈钱跑路的心态,应当有一部分人是在经营不利后自身对法律认识不清和我国 P2P 网络借贷行为定性模糊情况下,担心受到刑事制裁,加上我国缺少民间借贷配套法律规制体系和客户资金保护制度,恶念一生遂决定一跑了之。因此,对于严格遵循 P2P 平台的信息中介属性的平台,仅仅因管理不善导致投资人遭受损失的,不应一律追究其刑事责任。

---

①　张超、周婷:《金融稳定委员会〈信贷领域的消费者保护〉》,《金融服务法评论》2013 年第 2 期。

网络借贷平台借款限额制度探析[*]

——基于《网络借贷信息中介机构业务活动管理暂行办法》的思考

浙江大学   柯   达^{**}

摘   要：对借款额度的无限宽容，促进了网络借贷领域的迅速发展，同时也伴生诸多法律风险。以小额证券发行豁免为制度溯源的网络借贷平台借款限额制度应运而生。本文在对互联网金融背景下小额证券发行豁免制度发展的阐述的基础上，对《网络借贷信息中介机构业务活动管理暂行办法》中的相关规定和学界探讨进行评价，并提出了基准与浮动金额相结合的借款限额制度。

关键词：网络借贷平台；借款限额；信息披露；分级

一、问题的提出

2013 年至今，中国互联网金融行业迅猛发展，而互联网金融系统性和非系统性风险也随之逐渐增加。在网络借贷领域，对借款额度的立法缺失助长了个人与企业的非理性行为，引发了网络借贷平台和借款人的道德风险。一方面，除了沉淀资金有被挪用的可能外，① 网络借贷平台为了扩大经营规模、获得更多经济利益，会暗中降低借款人的借款标准并提高借款人的借款额度，引发"劣币驱逐良币"现象，导致内部治理完善、风险控制能力较强的网络借贷平台的市场份额缩小，进而退出市场；另一方面，借款人可能会轻视进行合理估算融资成本、偿

---

* 【基金项目】国家哲学社会科学基金重点项目"互联网融资法律制度创新构建研究"（15AFX020），浙江省哲学社会科学规划优势学科重大项目"民间金融市场治理的法律制度构建及完善研究"（14YSXK01ZD）及子课题"民间金融市场主体法律制度构建及完善"、"民间金融市场行为法律制度构建及完善"、"民间金融市场监管法律制度及完善"、"民间金融市场信用体系的法律制度构建及完善"、"民间金融市场风险防范与处置法律制度构建及完善"成果。

** 柯达，男，浙江大学光华法学院 2016 级经济法硕士研究生。

① 杨东：《P2P 网络借贷平台的异化及其规制》，《社会科学》2015 年第 8 期。

还能力等融资要素,过分夸大自身的融资需求,在借款人资金周转不畅时,极易引发信用风险。信息不对称已严重到一定程度时,公权力的干预需求就会逐渐增加,①以公权干预为主要内容的借款限额制度就应当产生。

2016 年 8 月 24 日,银监会、工信部、公安部与国家网信办四部委发布《网络借贷信息中介机构业务活动管理暂行办法》(以下简称《暂行办法》),《暂行办法》第 17 条确认了网络借贷平台借款限额制度。然而,该条规定选择了固定金额限制作为限额制度的唯一方式,并不能满足今后网贷行业的发展需要。建立适合于中国网络借贷平台的借款限额制度,完善中国网络借贷平台监管体系势在必行。

二、网络借贷平台借款限额制度概述

网络借贷平台借款限额制度是将符合一定条件的借款人在一个或多个网络借贷平台上的借款金额限制为一定数额,超过该数额限制的借款行为无效的制度。该制度不仅仅包括对某一借款金额的限制,还包括信息披露、投资者适当性等诸多配套制度规则。

(一)制度溯源:小额证券发行豁免制度

网络借贷平台借款限额制度的溯源为小额证券发行豁免制度。所谓小额证券发行豁免制度,是指对于中小企业的融资数量在一定限额之内,在其融资时,不仅承认其发行的公开性,而且允许免除其公开发行核准或注册程序。②迄今为止,美国 1933 年《证券法》及其一系列配套制度、2012 年 JOBS 法案,以及欧盟《金融工具市场指令》均明确了小额证券发行豁免制度,在互联网金融背景下,进一步明确了股权众筹的小额豁免。该制度一般包括以下内容:

1. 豁免金额

小额豁免制度一般以固定金额或比例限制为主,并且结合了投资者的收入情况或财务状况。美国 1933 年《证券法》第 3(b)条规定:"证券交易委员会若认为和因公开发行所涉金额小或公开发行特征有限,从维护公共利益和保护投资者的角度对发行证券执行本法没有必要,则可以通过制定规则和条例并依据其中可能规定的条款和条件,随时增加本条所规定的豁免证券的种类;但是,若向公众发售证券的发行总额超过 500 万美元,则该证券之发行不得依本条款规定

---

① 李昌麒、岳彩申:《经济法学》,法律出版社 2013 年版,第 5 页。
② 彭冰:《中国证券法学》,高等教育出版社 2007 年版,第 47 页。

予以豁免。"①

2.信息披露

权利与义务相对应,在豁免金额上为发行人即中小企业大开方便之门的同时,必然要在其他涉众行为特别是信息披露方面给予中小企业更多义务,以加强保障投资者的知情权。

原本对核准或注册发行的豁免降低了中小企业的融资成本,而被要求予以更严格的信息披露行为则又提高了中小企业的融资成本。一方面,这使得部分尚未对融资有周全考虑的中小企业对进行融资采取更加慎重的态度;另一方面,在中小企业豁免核准注册后,其信息披露也使得投资者能更加充分地了解该企业的经营状况和其他与企业有关的重要信息,减少了互联网金融消费者自行调查企业信息的成本。

此外,有学者认为网络借贷平台借款限额制度不同于小额证券发行豁免制度,理由是后者只适用于股权众筹,而前者适用于网络借贷平台,且限制的金额是为了迎合与非法集资相关的司法解释。需要注意的是,小额豁免制度的重点不在于豁免的对象、金额,而在于豁免的作用,即中小企业的保障融资需求在一定范围内能更加便利地获得,同时保护互联网金融市场的有序发展。

(二)互联网金融背景下小额证券发行豁免制度的发展

以开放、平等、分享、包容等内容为核心的互联网精神是互联网行业的价值指南,也是互联网金融行业发展的基本指引。互联网金融通过金融脱媒,建立起面向互联网金融消费者以直接金融为核心的竞争型金融业态,优化了金融的资金融通和降低交易成本的功能。②而互联网金融在发展理念、客户群体、管理方式、交易数额、涉众程度等方面与传统金融存在较大区别,直接影响互联网金融领域小额证券发行豁免制度的特殊衍变。

(1)豁免金额由固定金额限制改为弹性金额限制,并结合投资者的收入情况或财务状况。美国 JOBS 法案条款 302 对众筹豁免的条件做出了规定:"(A)发行人出售给所有投资人的总额应不超过 100 万美元,包括该交易发生前 12 个月内依照本豁免规定累计出售的所有金额。(B)发行人出售给任一投资者的总额,包括该交易发生前 12 个月内依照本豁免规定累计出售的所有金额,应不超过:(i)2000 美元,或该投资者年收入或资产净值的 5%,两项中的较大值,如果该投资者年收入或资产净值不超过 10 万美元;并且(ii)该投资者年收入或资产

---

① 洪锦:《论我国证券小额发行豁免法律制度的建立》,《湖北社会科学》2009 年第 4 期。

② 杨东:《互联网金融风险规制路径》,《中国法学》2015 年第 3 期。

净值的 10%,最多不超过 10 万美元,如果该投资者年收入或资产净值达到或超过 10 万美元;(c)该交易通过符合第 4a(a)条款要求的证券经纪商或集资门户进行……"

（2）强化信息披露程度,同时考虑到中小企业的信息披露成本,允许中小企业信息披露方式多样化。美国 JOBS 法案对发行人的信息披露事项也做了详细的规定:"发行人应当向证券委员会申报、向中介机构和投资者披露以下信息:(1)发行人的名称、法律身份、地理位置和网址;(2)主要管理人员的信息以及任何拥有超过 20%股权的股东信息;(3)发行人的主要业务以及商业计划;(4)发行人在 12 个月内发行和销售金额的公司财务报表,以及公司的纳税申报信息。财务报表需要由独立公共会计师评审或由独立审计师审计。发行总额超过 10 万美元但不超过 50 万美元的,提供经独立于发行人的公共会计师按照委员会规则设立的专业标准和程序审核的财务报表;超过 50 万美元的,可以提供评审过的财务报表(财务报表已被审计过的除外);(5)证券的公开发行价格或是定价方法,目标发行额,达到目标发行额的截止时间以及发行人是否接受投资额超过目标发行额;(6)发行人对筹集资金的收益目的和使用规划……"[1]

（三）实行网络借贷平台借款限额制度的必要性

制定和施行体系严谨、内容完备的借款限额制度,能降低监管成本、融资成本和平台管理成本,提高互联网金融消费者的理性投资和风险防范意识。首先,金融监管部门的监管压力得到进一步释放,使得监管部门的工作重心可以放于网贷平台信息披露、风险管理和内部控制等具体事项,更加强调事中和事后监管。其次,以往网络借贷平台替借款人分担了较多的信息披露义务,实施该制度后,信息披露的责任主要由借款人承担,一定程度上减轻了平台的借款人信息搜集、评价、公示的成本,提高了网络借贷平台的效益。再次,借款人在借款时只需专注于信息披露的具体内容,减轻了由监管部门或网络借贷平台长期存在的事务性烦扰。最后,不同借款人融资信息的异质化会影响借款利率和投资收益率,投资收益率的变化使互联网金融消费者能做出更加理性的投资选择,避免投资标的的单一化和集中化,维护互联网金融消费者的合法权益。

---

① H. R. 3606. Section 302 (a). 转引自王延川、吴炜:《论我国小额股权众筹发行豁免制度之构建——借鉴美国 JOBS 法案》,《证券法律评论》2016 年版,第 59 页。

二、《暂行办法》中借款限额制度的不足

《暂行办法》第 17 条规定了网络借贷的小额性、信息中介机构的小额控制义务和具体的小额数额限制。此外,《暂行办法》第 12 条第(二)项规定了借款人提供未偿还借款信息的义务。总体来看,《暂行办法》初步建立起网络借贷平台限额制度,对促进网络借贷行业有序发展有一定的积极意义。然而,由于该制度尚属初步建立,在具体的限制金额、弹性空间、配套规则等方面仍存在诸多不足。

(一)借款限额数额规定不甚合理

《暂行办法》第 17 条第 2 款规定:"同一自然人在同一网络借贷信息中介机构平台的借款余额上限不超过人民币 20 万元;同一法人或其他组织在同一网络借贷信息中介机构平台的借款余额上限不超过人民币 100 万元;同一自然人在不同网络借贷信息中介机构平台借款总余额不超过人民币 100 万元;同一法人或其他组织在不同网络借贷信息中介机构平台借款总余额不超过人民币 500 万元。"关于自然人借款限额 20 万元和 100 万元、法人或自然组织 100 万元和 500 万元这两类借款数额,监管机构和学界有着不同的解读:

1. 非法集资入刑数额衔接说

在《暂行办法》发布当日,监管机构负责人称"为防止信贷集中度风险,根据相关部门意见,实现《暂行办法》与刑事法律中非法集资有关规定衔接,引导网贷机构遵循小额分散原则,避免刑事执法混乱……""为更好地保护出借人权益和降低网贷机构道德风险,并与非法吸收公众存款有关司法解释及立案标准相衔接……"[①]此外,有学者认为与《最高人民法院关于审理非法集资刑事案件具体应用法律若干问题的解释》(以下简称《司法解释》)相衔接,有利于避免犯罪分子披着互联网的外衣肆无忌惮地进行非法集资,损害民众的合法财产。[②]本文作者认为,网络借贷平台借款限额制度如与《司法解释》相关规定衔接,其逻辑性、可行性、合法性方面均可受到质疑。

首先,以非法吸收公众存款罪的有关司法解释条文为例,《司法解释》第 3 条规定了"依法追究刑事责任"、"数额巨大或者有其他严重情节"两种定罪量刑处

---

① 中国银行业监督管理委员会官方网站《〈网络借贷信息中介机构业务活动管理暂行办法〉答记者问》,http://www.cbrc.gov.cn/chinese/home/docView/63095C65646F4C85902F0CC10D6F6935.html,最后访问日期 2016 年 9 月 28 日。

② 中国网《网贷暂行办法落地 李爱君教授逐条解读网贷细则》,http://finance.ifeng.com/a/20160825/14797780_0.shtml,最后访问日期 2016 年 9 月 28 日。

理方式,而这两种处理方式又依据犯罪金额、犯罪主体、犯罪后果等特定条件的不同,分为多种情形,而与《暂行办法》第 17 条所规定限额能勉强对应的条文也只是《司法解释》第 3 条第 1 款第(1)项,如为了衔接需要,就会造成该条文中其他款项无法衔接的现象,导致新的立法空白。

其次,《司法解释》规定了个人 20 万元、单位 100 万元是"入刑"的起点条件,与《暂行办法》中的个人、法人或其他组织在同一平台的借款限额数额完全一致。监管者的逻辑是,只要借款人在同一平台的借款数额超过了 20 万元或者 100 万元,平台和借款人就构成非法集资并要被追究刑事责任。再以非法吸收公众存款为例,其"入刑"不仅要符合《司法解释》第 3 条中集资数额等规定,而且要符合第 1 条关于"非法吸收公众存款或者变相吸收公众存款"的四个要件。如借款人在不同平台的借款数额在 20 万元到 100 万元之间或者是 100 万元到 500 万元之间,那么按照"衔接机制"的说法,如不符合四要件,是否就不可以追究其刑事责任了?《暂行办法》立法者选择性忽视四要件而过分强调借款数额,暗显监管机构在此问题上的处理仍面临诸多难题,但同时也表明监管机构存在"懒政"、不作为的思想。

再次,《暂行办法》是由国务院诸多部委联合发布施行的行政规章,《司法解释》是最高人民法院在非法集资案件审判工作中具体应用法律的问题进行的解释,两者在性质、功能、具体内容方面有诸多不同。在行政法规、行政部门规章与最高人民法院、最高人民检察院的司法解释的法律位阶尚存争议的背景下,《暂行办法》只为了方便实践操作的需要而去迎合与《司法解释》的衔接,亦会影响到监管机构的立法与执法权威。

2. 保护投资者说

有学者认为,对投资者而言,《暂行办法》中对借款数额进行固定限制可以降低投机性资本进入网贷行业的规模,将信用风险控制在一定额度内。而监管机构也表示规定如此数额,是出于保护互联网金融消费者的需要。

实施借款限额制度确实能保护投资者的正当权益,特别是能保护那些风险防范意识不强、投资经验不足的互联网金融消费者。然而,把借款额度限制在较小的范围内,意味着网络借贷平台的业务总量相比以往会大幅下降,平台为了维持正常经营,会把部分成本转嫁到借款人和互联网金融消费者身上,甚至会降低借款门槛,给互联网金融消费者带来更大的信用风险。此外,若出于保护互联网金融消费者的需要,仅仅对借款额度进行限制是不够的,要对投资者进行分类并对出借金额进行分级限制,才能更好地保护互联网金融消费者的合法权益。

3. 银行授信额度说

在传统金融机构中,与网贷平台借款限额较为相似的是商业银行予以客户的授信额度。授信额度是指商业银行为客户核定的短期授信业务的存量管理指标,只要授信余额不超过对应的业务品种指标,无论累计发放金额和发放次数为多少,商业银行业务部门均可快速向客户提供短期授信,即企业可便捷地循环使用银行的短期授信资金。授信额度适用于期限在一年以内的授信业务,其部分业务的期限可放宽到一年以上。[1]有学者认为,在互联网金融领域,由于个人借款者没有资产负债表,网贷平台很难全面了解借款人的资信情况,这就只能从监管法规层面设置网络借贷的最高额度,且把额度规定在小额范围内,才能做到风险可控。[2]

而追溯银行授信额度的理念,其本意是便于银行开展对具有一定信用程度的企业进行短期贷款业务,提升银行的业务效率,同时也免去了企业在短时间内重复花费大量成本进行审贷的麻烦。与银行授信额度不同的是,网络借贷平台借款限额的对象是个人和中小企业,其借款期限往往较长(1年以上)、需借资金不如大中型企业那样庞大。在《暂行办法》制定和公布过程中,仍然可以发现监管者在多数问题上采取了用管制传统金融机构的思维去监管网络借贷平台,认为大额借款业务只能由商业银行等传统信贷业务机构去做,而网络借贷平台只能做小额业务,这种传统思维对互联网金融的发展依然是十分负面的。

此外,网贷平台虽不能依据资产负债表对个人借款者的信用状况做出判断,但可根据平台自身设定市场化了的信用评价体系进行判断,设置较小额度的限额并不是代替平台进行信用评价的良好方式。

(二)弹性限额机制设计存在缺陷

《暂行办法》第17条除了规定借款人在同一平台的借款数额上限之外,还规定了借款人在不同平台的借款总数额的上限。如果说多平台借款限额算作是弹性限额机制的话,那么该弹性限额机制存在可行性、理念方面的较大缺陷。

(1)《暂行办法》第17条第1款规定"网络借贷信息中介机构应当根据本机构风险管理能力,控制同一借款人在同一网络借贷信息中介机构平台及不同网络借贷信息中介机构平台的借款余额上限,防范信贷集中风险"。也就是说,只有网络借贷平台与其他网贷市场竞争主体合作建立了借款人借款信息共享机制,并且借款人如实向网络借贷平台申报了未偿还借款的信息,该条规定才能得到有效地执行落实。然而,由谁主导建议借款信息共享机制、未如实进行申报信

---

[1] 何自力:《授信额度核定的逻辑:一个共生理论的视角》,《金融论坛》2007年第1期。

[2] 中国金融信息网《限制互联网金融交易额度是国际通用做法》,http://mt.sohu.com/20160831/n4669394-81.shtml,最后访问日期2016年9月30日。

息的法律后果如何仍尚未确定,这也给正在进行的互联网金融风险专项整治行动造成了不利的局面。此外,即使网络借贷平台之间建立了借款信息共享机制,借款人仍有可能通过其他途径在平台上获得限额以上的借款,如个人借款人以新注册公司的名义进行借款,非个人借款人以股东、高管的名义进行借款,因此对某个主体单独进行借款额度的限制是远远不够的。

(2)针对"普惠金融"原则,在《暂行办法》制定过程中,监管部门一直强调,包括借款限额在内的网络借贷平台管理要"引导其回归信息中介、小额分散、服务实体以及普惠金融的本质",意思即为《暂行办法》中的借款限额有利于实现普惠金融的目标。亦有学者认为,实行额度限制会使网络借贷平台在将来很难开展房贷、企业贷款等额度较大的借贷业务,而转向各类小额贷款,提升业务的普惠化并服务于更广泛的人群。

需要指出的是,本文作者并不否认网贷平台借款限额制度的普惠金融特性,只是对《暂行办法》中的借款额度是否能体现普惠金融目标而存有质疑。"普惠金融"最早于 2005 年由联合国提出,是指以可负担的成本为有金融服务需求的社会各阶层和群体提供适当、有效的金融服务,小微企业、农民、城镇低收入人群等弱势群体是其重点服务对象。[1] 普惠金融的重点对象是基数众多的弱势群体,而弱势群体的广泛性、异质性决定了不可能在制度上采用统一标准对借款额度进行固定化的限制。此外,现实中许多金融中介为了降低管理成本,很少能选择出具备真正偿还能力的融资主体,而是"任务式"的一概而论,造成有普惠金融之名号、未实现金融普惠之功能。[2]如初创型的中小微企业对融资需求要求较高,而银行等传统的金融机构不能很好地满足其融资需求,规定单个平台 100 万元、不同平台 500 万元的限额,会让企业在多个平台之间进行与借款有关的活动,重复增加了企业的融资成本。因此,若采用固定标准进行一刀切,必然不能实现普惠金融的目标。

(三)配套制度细则仍然缺失

《暂行办法》确立了网络借贷平台借款限额制度的借款上限、平台与借款人的相应义务,却没有规定借款人借款信息共享机制、平台与借款人违反相应义务的法律后果、投资者的出借数额限制和投资者分级。信息共享机制和法律后果已在上一标题的内容进行相关阐述,此处不再重复,只阐述投资者分级和出借金额限制的问题。

---

① 王婧、胡国晖:《中国普惠金融的发展评价及影响因素分析》,《金融论坛》2013 年第 6 期。
② 何德旭、苗文龙:《金融排斥、金融包容与中国普惠金融制度的构建》,《财贸经济》2015 年第 3 期。

投资者分级和出借金额限制制度与合格投资者制度密切相关。合格投资者是具备相应风险识别能力和风险承担能力的人,在金融风险较强或监管缺位的环境下,只有满足法律规定的合格投资者的条件,才能进入特定的金融市场进行投资活动。[①]合格投资者制度是金融监管制度的重要组成部分,我国已经在私募投资基金、QFII、QDII、金融期货等领域建立起合格投资者制度。在 P2P 网络借贷领域,面对畸高的投资回报率,许多互联网金融消费者丧失了基本的风险防范意识并投入大量资金,最后血本无归。在实行出借人出借金额分级制,区分合格投资者和普通投资者,将投资者级别与出借金额进行挂钩,并对应借款人的借款限额势在必行。

三、网络借贷平台借款限额制度的完善

如上文所述,现行网络借贷平台借款限额制度仍存在借款限额数额规定不合理、缺乏弹性空间、配套措施不完善等不足之处。监管机构应当结合互联网金融创新发展的广阔前景,结合互联网金融风险专项整治活动的实际情况,改革现行制度,最大程度上保护网络借贷平台和互联网金融消费者的合法权益,维护网络借贷市场的有序健康发展。

(一)设立借款基准限额

取消个人借款限额 20 万元和 100 万元、法人或其他组织 100 万元和 500 万元的规定,设立借款基准限额,不论信用情况为何种等级的借款人,不论是在一个平台还是多个平台借款,借款人均可在该基准限额内进行借款。该借款基准限额的具体数额由国务院银行业监督管理机构的派出机构会同地方金融监管部门确定,报国务院银行业监督管理机构批准。

(二)实行借款限额分级制

以借款基准限额作为基础,在考虑借款人的财产收入或财务状况、已发生的借还款记录等情形的条件下,实行借款限额分级制,具体可分为 A、B、C 三个等级。A 级借款人是指财产收入较高或财务状况良好、已发生的借还款记录评价较为良好的借款人,可予以较高的借款额度,但不得超过借款基准限额的 5 倍,同时要求借款人进行更加频繁、内容更为充实的信息披露活动。B 级借款人是

---

① 郭金良:《P2P 网络借贷中互联网金融消费者保护法律机制研究》,《中国社会科学院研究生院学报》2016 年第 2 期。

指财产收入较高或财务状况良好、已发生的借还款记录评价一般的借款人,予以其借款的最高额度不得超过借款基准限额的 3 倍,信息披露程度可略低于 A 级借款人。C 级借款人是指财产收入或财务状况一般、已发生的借还款记录评价较差的借款人,借款额度应与借款基准限额基本持平,信息披露只需遵循一般借款人的要求即可。

(三)实行投资者分级制

为实现保护互联网金融消费者、维护网络借贷市场的有序健康发展,可借鉴采用《私募投资基金募集行为管理办法》中所规定的合格投资者标准,采用个人财产收入为主、投资经历为辅的分类标准,将网络借贷平台投资者分为普通投资者即金融消费者、合格投资者、优势投资者,具体可分为:风险意识较弱、投资数额较大的互联网金融消费者;风险意识较弱、投资数额较小的互联网金融消费者;风险意识和投资数额程度居中的合格投资者;风险意识较强、投资数额较小的优势投资者;风险意识较强、投资数额较大的优势投资者。

对于互联网金融消费者,应给予其最低标准的出借额度,具体的出借额度可设定为上一年度城镇居民人均可支配收入的 10 倍;对于合格投资者,给予其较高的出借额度,具体的出借额度可设定为上一年度城镇居民人均可支配收入的 100 倍;对于优势投资者,不设定其出借额度。

三、众筹法律问题研究

论众筹模式下的法律监管

——莫让众筹成为"众愁"

嵊泗县人民检察院　单一磊[*]

摘　要：中国人民银行发布的《2014 年中国金融稳定报告》将众筹融资界定为通过网络平台为项目发起人筹集从事某项创业或活动的小额资金，并由项目发起人向投资人提供一定回报的投资模式。国际研究机构大致将众筹分为捐赠众筹、回报众筹、股权众筹、债权众筹四类。众筹模式在促进民众创业活动、增加就业岗位、完善资本市场结构等方面具有极其重要的现实意义，但在当前的法律环境下，众筹模式存在着法律地位不明确，监管体系不健全，投资者权益难以保障等法律问题。面对众筹模式下大众的创业激情，相关监管机构应调整固有的思维模式，完善法律监管，明确法律地位，同时做好相关的信息披露工作，提高投资者风险防范意识，促进众筹模式的健康发展。

关键词：股权众筹；大众；刑事法律风险；监管

一、众筹的基本概念

(一)众筹的定义

众筹的雏形最早可以追溯至 18 世纪，最初是艰难奋斗的艺术家们为创作筹集资金的一个手段，当时的很多艺术作品都是依靠一种叫作"订购(subscrip-tion)"的方法完成的。他们去找订购者，这些订购者给他们提供资金，当作品完

---

* 单一磊，男，嵊泗县人民检察院干部。

成时,订购者会获得一本写有他们名字的书、艺术家本人创作的画作或者可以成为音乐会的首批听众,用这种方式来筹集资金,完成艺术家的创作。百度百科对众筹的定义是:一、用团购＋预购的形式,向网友募集项目资金的模式;二、通过互联网方式发布筹款项目并募集资金。很明显,众筹的突出特点就是预购加互联网方式,即通过一个众筹项目,以网络的方式吸引一些志同道合的人,把大家的资金归集到一起,把大家的智慧和社会资源贡献出来,实现创业梦想。这是一种投资与购买相结合的全新方式,投资者参与到产品的开发制作过程中来,消费者不再是纯粹的消费者,而是以"共创者"的身份出现,就像阿尔文·托勒夫在书中预言:生产者与消费者之间的界限会逐渐模糊,甚至融为一体。① 究其原因,一是得益于众筹本身的低门栏和多样性;二是贴近大众消费者,满足大众日益增强的个性化要求;三快速发展的互联网金融业。

(二)众筹的演变

1784 年著名作曲家莫扎特在 176 名支持者"众筹"支持下,在维也纳音乐大厅表演了最新谱写的 3 部钢琴协奏曲,而这些支持者的名字被记录在其协奏曲的手稿上;1885 年纽约著名出版商约瑟夫·普利策为法国赠送给美国的自由女神像建造基座发起"众筹",最终筹集金额超过 10 万美元,为自由女神像的顺利竣工做出了巨大的贡献,赢得了美国民众的尊敬和爱戴;同样在古代中国,但凡修建大的寺庙,资金通常是由官方或者贵人资助,而修建小寺庙的钱则由民间集资、化缘或者做法事获得。上述案例说明类似的众筹在中西方都有着悠久的传统,这些案例同样说明了传统众筹的一些典型特点:项目发起人具有较高的声誉或拥有较强的信息传播途径;兼具商业与慈善的目的,既有预付费性质,又带有资助和赞助性质;项目贴近民众的生活、符合民众的信仰。很显然古代中西方的筹钱方式和现代的众筹几乎有着异曲同工之妙,当然古代"众筹"的商业性不强,需要较高的声誉以及受信息传播途径落后等局限性,使古代"众筹"只能局限于少数人或少数区域中②。现代意义上的众筹起源于美国,初衷是为了帮助那些缺少资金的创业者或具备发展潜力的企业筹集资金,使项目或想法得以实现。随着互联网金融的崛起,众筹模式得到了不断发展,这种新模式的兴起打破了传统的融资渠道,每一位普通人都可以通过众筹模式获得从事某项创作或活动的资金。特别是在新经济常态下,随着企业间的竞争日趋激烈,消费者的获取成为企业能否发展甚至生存下去的核心要素,传统的竞争发生了显著的变化,消费者

---

① [美]阿尔文·托勒夫:《第三次浪潮》,黄明坚译,中信出版社 2006 年版,第 54 页。
② 申豪:《美国众筹的发展及其对我国的启示》,《财物与会计:理财版》2014 年第 11 期。

地位的日益提高和消费理念的转变,让越来越多的企业开始重视满足用户的个性化需求和服务感受。

(三)众筹的分类

目前国际上主流机构按照回馈的模式将众筹模式分为股权众筹、回报众筹、捐赠众筹和债权众筹四类。股权众筹是以相应的资金为股权,和股权相应的股权收益为回报的众筹方式,从一定程度上讲就是以前有相对有限的投资者投资一个项目,而现在有很多不同的投资人来投资这个项目,回报方式就是公司相应的股权,可能是股权比例也可能是股权数,当然这个项目的发起人会根据项目各权益人的投资金额设置一定的股权数额,而作为投资人,长期持有该项目股权同时享有相应股权的收益分红作为回报。回报众筹是投资人出钱而发起人给予相应的回报的一种模式,回报式众筹又细分为三种:一,凭证式众筹,即投资人出一定的钱,可能是两百、五百或者几千等,而发起人给你一定的凭证,例如可能是拍的电影上映后的电影票,音乐会门票等;二,产品式众筹,即发起人拥有产品的创意和想法,但这个产品还在研发和制造阶段,并没有成型的产品出来,众投资人在认可该产品发起人创作思路的前提下给予资金上的支持,让发起人去实现和生产出这个产品,其本质就是一种预购的模式,当然这个跟我们现在的团购还是有本质区别的;三,置换式众筹,即投资人出相应的资金,而发起人给予你某些明确的东西,这样的一种方式。捐赠众筹,是一种不计回报的众筹,主要用于公益事业领域,在这种模式下支持者对某个项目的出资支持更多的表现是重在参与的属性或精神层面的收获,支持者并不在乎自己的出资最终能得到多少回报,因此捐赠式众筹具有无偿性。债权众筹,是投资者对项目或公司进行投资,获得其一定比例的债权,未来获取利息收益并收回本金,它是以固定收益作为回报,大家所熟知的P2P就是债权众筹。

二、国内众筹行业的总体状况

(一)众筹平台的运营情况

2011年7月国内第一家众筹平台点名时间上线,标志着我国众筹行业的开端,而随着淘宝众筹、京东众筹、苏宁众筹等大平台的上线,众筹行业进入到群雄逐鹿的阶段。据不完全统计,截至2015年12月31日,全国共有正常运营的众筹平台283家(不含测试上线平台),同比2014年全国正常运营众筹平台数量增长99.3%,是2013年正常运营平台数量的近10倍。与此同时2015年全年共有40家众筹平台倒闭(平台网站无法打开时间超过30天),26家众筹平台转型。倒闭和转型多为规模比较小的平台,它们在资源上无法与比较大的平台竞争,缺乏相应的应对手段和长期规划,与此同时对于当前的市场环境了解不到位,未能及时调整方向,并且缺乏具有自身特色的业务,导致其难以为继。在转型的众筹平台中,转型后的方向多为P2P网站、众筹外围服务、培训、社交网络、团购、电子商务、在线供应商、网络彩票及网络理财产品等。

(二)众筹平台的资金筹集情况

2015年全年,全国众筹行业成功筹资114.24亿元,历史首次全年突破百亿元,同比2014年全国众筹行业成功筹集资金额增长429.38%。据可测数据统计,2014年众筹行业成功融资额为21.58亿元,而在2013年及之前全国众筹行业筹资额仅3.35亿元。截至2015年12月31日,全国众筹行业历史累计成功筹集资金额近140亿元。2015年全年,在全国众筹行业成功筹资的114.24亿元中,捐赠众筹所占资金额最少,仅为6.31亿元,占全国总量的5.52%,回报式众筹筹资额度最多,为56.03亿元,占筹资总额的49.05%。股权、债权式众筹占比为45.43%,筹得资金51.9亿元(见图1、图2)。

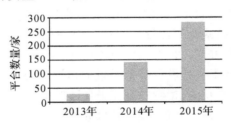

图1　历年正常运营众筹平台数量

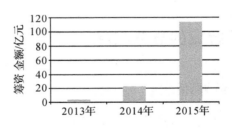

图2　历年众筹行业成功筹资金额

三、众筹模式的刑事法律风险

(一)涉嫌非法吸收公众存款罪

对于现阶段的众筹模式来讲还处在一个比较尴尬的境地,一方面对于众筹业来说是金融创新的一股重要力量,对我国互联网金融的发展起到了很大的促进作用,与此同时却还要极力撇清自己与"非法集资"的关系。2012年淘宝店店主朱江创办美微传媒,并开设了一家名为"美微会员卡在线直营店",消费者可以通过在淘宝拍下相应金额的会员卡,购买者除了能够享有"订阅电子杂志"的权益,还可以拥有美微传媒的原始股份100股,这种高调的融资方式迅速为美微传媒成功融资387万,但这种缺乏法律地位的融资方式,引起了是否属于非法集资的巨大争议,迅速被监管部门所叫停。我国《刑法》第176条"非法吸收公众存款罪"一定程度上限制了民间的集资行为,例如如果股权众筹的项目没有得到有关部门的审核批准,而私自进行众筹,很有可能被界定为非法集资。我国2011年出台的《关于审理非法集资刑事案件具体应用法律若干问题的解释》对《刑法》第176条规定的"非法吸收公众存款或变相吸收公众存款"做出了较具体的界定,如果同时符合以下四个条件的,除刑法另有的规定以外,应当认定为《刑法》第176条规定的"非法吸收公众存款或者变相吸收公众存款":(1)未经有关部门依法批准或者借用合法经营的形式吸收资金;(2)通过媒体、推介会、传单、手机短信等途径向社会公开宣传;(3)承诺在一定期限内以货币、失误、股权等方式还本付息或者给付回报;(4)向社会公众即社会不特定对象吸收资金。但未向社会公开宣传,在亲友或者单位内部针对特定对象吸收资金的,不属于非法吸收或者变相吸收公众存款。

(二)涉嫌非法集资诈骗罪

就回报类众筹模式而言,尽管其声称的性质为"预购+团购",但是事实上其与通常的预购或团购有重大的区别。团购的标的大多已制造成形,而回报类模式的众筹涉及的项目在发布时通常未生产成品,其最后能否必然按约定的承诺交付给投资人存在诸多变数。因此,一旦实物回报型众筹的发起人以非法占有为目的,虚报项目并发布欺骗性信息,骗取投资人较大金额时,则会构成集资诈骗罪。另外,不论实物回报型众筹,还是股权回报型众筹,他们的平台在运营时投资人的资金通常先注入平台所设账户,即便注入的资金由第三方账户存管,但现实中众筹模式的第三方账户存管制度并不健全,相关账户并未受到监管机构的监督,而更多的是由平台自身掌控,一旦相关的众筹平台以非法占有为目的,虚构其获得批准从事吸收资金的资格,设置"资金池"汇聚资金,骗取投资人数额较大的资金后卷款跑路,则众筹平台的实际控制人将面临涉嫌集资诈骗罪的风险。

(三)涉嫌擅自发行股票罪

在股权众筹领域还面临擅自发行股票罪的刑事法律风险。根据我国《证券法》第10条、《刑法》第179条以及相关司法解释的有关规定,向不特定对象发行股票或者向特定对象发行股票累计超过200人的均为公开发行,而公开发行股票必须依法报经有关部门核准,否则擅自发行股票,数额巨大的,可能构成擅自发行股票罪。目前我国的大部分平台为规避相关法律风险采用"线上+线下"的运行模式。平台先展示融资方的融资金额与股权转让比例等信息,吸引感兴趣的投资者,在意向投资人和投资金额达到预期后,所有活动转入线下,意向投资人按照公司法等法律法规进行股权投资操作,股份的转让则采取投资者凑满融资额度后成立有限合伙企业,以有限合伙的名义入股公司的模式进行。虽然表面上看融资方以及股权众筹平台都避免了擅自发行股票的嫌疑,但仍有可能构成擅自发行股票罪。

四、众筹模式的其他法律风险

(一)监管体系不健全

众筹模式在丰富我们网络金融创新,促进小微企业发展方面起到了很大的推动作用。然而目前,我国众筹行业缺乏比较完善的法律监管体系,行业仍然处于一种"无门栏、无行业标准、无监管"的状态下。对发起人的主体资格、募集资本金额的最高限额基本不做设定,这就导致很多众筹项目筹集到的金额大大超过了本身其所需要的资金额,甚至达到其原本所需的5~10倍,但是往往创业阶段的企业或者一般的众筹项目无须过高的资金投入,从而使部分筹资方资金使用效率低下,不利于行业的健康发展;与此同时众筹模式缺乏相关的行业标准,目前国内缺乏专门的法律法规对众筹行业予以规范,对于众筹网站的批准设立、业务经营范围许可、资金风险控制都没有明确的规定,日常监管方面基本处于空白状态。作为面向公众的集资模式,尤其是在缺乏法律法规监管的情况下,这种类似于松散合伙性质的众筹极易发生纠纷,一旦项目出现亏损或者利益分配等问题,矛盾随时可能爆发。

(二)投资者权益保障困难

在目前我国众筹平台的筹资过程中，众筹平台对支持者的保护措施十分欠缺，将各项风险基本转嫁到支持者身上。严女士在某众筹网站上众筹支持了一款可测量血压和血糖的车载空气净化器，当收到厂家寄来的产品时既没有发票也没有保修卡，与此同时新买的空气净化器使用不到几次就发生了故障而无法使用，联系要求退货时厂家以众筹产品都是处于研发设计和生产初期的创意产品为由拒绝退货，她又向众筹网站反应，而网站表示他们只是一个平台，对于平台上各众筹产品的质量不做管控。严女士遇到的情况并非个案，作为诸多众筹形式中的一种，产品回报类众筹因为回报的内容是看得见、摸得着的实物或者各项服务，且各项物品贴近生活，是出资人最喜爱的一种众筹模式。但参与众筹的很多消费者却面临着产品或服务不能如期交货、众筹产品的质量与项目描述严重不符的风险。而且事实上，媒体宣传和报道的多为那些成功的项目，但其实大多数众筹项目都是以失败告终的，大约不少于 60％ 的众筹项目没能够在截止日期前达到预期目标；同时大约有 75％ 的项目没有按照预先承诺的时间将产品送到消费者手中。比如在股权众筹中，发起人与投资人基本上在网络上完成，双方只能通过网络的形式进行约定，并不签署具体的认购或出资协议，一旦发生纠纷很难认定这种投资的性质。在现有法律中可以表现为公司向自然人借款，也可能表现为有偿受让股份，而二者之间在法律地位与效果上有天壤之别。如果基于后者引发的纠纷，因为缺少相关当事双方签署的文本，投资者将很难举证来证明其股东的身份，在诉讼中将使自身处于一种十分不利的地位，难以保障自身的投资权益。

五、促进众筹行业规范化的法律思考

(一)尽快出台关于众筹行业相关的法律法规

近年来众筹模式为资金匮乏的小微企业开辟了融资渠道，也满足了众多"寒士"的老板梦，又盘活了分散闲置的社会资金，为我国的金融发展起到了重要的作用。但在我国众筹行业法律地位不明确也限制了其发展，加之其与非法集资界定模糊，很容易越过雷区而变成非法集资。因此，首先要尽快出台众筹模式下的融资监管规则，完善《刑法》、《证券法》等相关法律法规，规范投资理财、非融资性担保等民间投融资中介机构的政策措施，出台与商事制度改革相配套的政策，加快民间融资和金融新业态法规制度建设，规范民间融资市场主体，拓宽合法融资渠道，促进互联网金融的规范发展；其次要进一步完善处置非法集资相关法律法规,对非法集资有关法律规定适用中存在的问题,对罪名适用、量刑标准、刑民交叉、涉案财物处置等问题进行明确,推动制定和完善众筹行业相关的法律法规和司法解释;最后要修订、完善与众筹行业相关的其他法律法规,明确地方各级人民政府与司法机关在相关案件的查处和善后处置阶段的职责划分,完善非法集资案件处置的依据。

(二)加强投资者风险教育、强制实行资金第三方银行存管制度、设定众筹投资额度

加强对投资者风险教育,做到入市前股权众筹知识教育,开户时风险测评、风险揭示,交易后风险自担等三阶段风险教育机制。实行第三方统一登记制度,众筹项目发起以后,项目成功的资金放在第三方存管账户上,并进行有效监控,其利息收入进入股权众筹项目的资本金,如果项目失败,那么其利息以及项目本金应共同返还投资者本人,在这样的风险隔离机制下,确保众筹资金的独立、透明、安全。鉴于当前我国包括财产登记制度、征信体系在内的相关配套制度并不完善,难以获知投资人的真实财产状况,因此现阶段可以规定一个合理的投资绝对额,以保护投资人的利益,待时机成熟后再采用按财产比例的方式对投资人的投资额度进行规定,促进众筹行业健康、有序、长远的发展。

(三)项目发起人纳入征信平台并与个人信用挂钩

虽然目前对众筹账号进行实名制验证,但是当前我国众多众筹平台并未对相关项目本身和募资者进行尽职调查,相当多的筹资项目外面包裹着漂亮的"包装",并以虚假的高分红、高盈利、高回报引诱投资者上钩,而且法律对相关方面的规定并不明确。将筹资方纳入征信平台与个人信用挂钩,这等于给每个筹资方建立了一个个人信用档案,客户在进行投资时可以先查询筹资方之前的信用和资历后再进行投资。对于有虚假行为的不诚信筹资方,要将其不诚信行为发布在相关网站上公示,这样不仅会导致投资者对其缺乏信任而不再给其投资,而且相关平台及部门要根据其诚信度,降低其二次筹资额度甚至禁止其在众筹市场上筹资,同时也会影响筹资方项目的银行贷款难度,这样大大增加了其违法成本,只有全方位、多层次的对虚假行为进行阻击,才能使我国众筹行业健康发展。

(四)加强筹资方的信息披露监管

相关监管机构首先要明确众筹行业的信息披露方式、内容,保证披露信息的及时有效性,比如在众筹项目发起前要如实披露项目的性质、前景、筹资金额、盈利预期和可能存在的风险;同时对前后不一的虚假行为要坚决地予以打击,明确

筹资方信息披露作假的法律后果以及众筹平台所需承担的连带责任,规范筹资平台的行为、明确其权责;对披露信息不实的筹资方和平台,要加大罚款力度,明确罚款金额,同时相关监管机构要加大宣传,倡导信息披露的规范性、真实性和有效性。

参考文献:

[1]范家琛:《众筹商业模式研究》,《企业经济》2013 年第 8 期。

[2]黄健青、辛乔利:《"众筹"——新型网络融资模式的概念、特点及启示》,《国际金融》2013 年第 9 期。

[3]余枚:《众筹兴起——互联网金融模式之三》,《新理财》2013 年第 9 期。

[4]梁武斌:《论股权众筹刑事法律风险控制》,《现代经济信息》2016 年第 8 期。

[5][美]阿尔文·托勒夫:《第三次浪潮》,黄明坚译,中信出版社,2006 年。

[6]国务院关于进一步做好防范和处置非法集资工作的意见,http://www.gov.cn/zhengce/content/2016-02/04/content_5039381.html,2016 年 2 月 4 日。

[7]朱玲:《股权众筹在中国的合法化研究》,《吉林金融研究》2016 年第 6 期。

[8]网贷之家、盈灿咨询:2015 年全国众筹行业年报,https://www.zczj.com/news/2016-01-13/content_5715.html,2016 年 1 月 12 日。

股权众筹平台的司法保护理念构建[*]

股权众筹平台的司法保护理念构建[*]

浙江大学　郑莹洁[**]

摘　要:通过对股权众筹的特点分析和对传统领域司法保护的研究,作出股权众筹领域司法保护的可行性分析。通过对股权众筹民事、刑事、行政法律关系的分析,透析出司法保护对于股权众筹平台的价值所在。最后,借鉴知识产权领域的司法保护,对股权众筹的司法保护提出建议。

关键词:股权众筹;司法保护;双轨制

股权众筹是目前互联网金融领域最具创新和争议的一种交易模式,国内还未对股权众筹出台专门的法律法规规定,处于监管空白状态,对股权众筹平台的保护应采用怎样的态度,是当下急需研究和解决的问题。2016 年 8 月 24 日发布的《网络借贷信息中介机构业务活动管理暂行办法》为其他互联网金融相关监管规章树立了风向标。

一、股权众筹平台司法保护的学理反思

对于股权众筹这类创新金融产品,在结合互联网这一技术中的独特性质后,应该采用的最基本的监管态度是"促进发展,有效监管"。同时,在各种文件相继出台后,如何对平台进行保护成为新的课题。

---

* 【基金项目】国家哲学社会科学基金重点项目"互联网融资法律制度创新构建研究"(15AFX020),浙江省哲学社会科学规划优势学科重大项目"民间金融市场治理的法律制度构建及完善研究"(14YSXK01ZD)及子课题"民间金融市场主体法律制度构建及完善"、"民间金融市场行为法律制度构建及完善"、"民间金融市场监管法律制度及完善"、"民间金融市场信用体系的法律制度构建及完善"、"民间金融市场风险防范与处置法律制度构建及完善"成果。

** 郑莹洁,女,浙江大学光华法学院硕士研究生。

(一)股权众筹平台的职能

股权众筹是众筹中的重要分支,众筹主要分为捐赠众筹(Donation Crowd funding)、预付款或奖励众筹(Pre-payment/Rewards Crowd funding)P2P 借贷(Peer-to-peer Lending)和股权众筹(Equity Crowd funding)四类①。股权众筹平台作为连接筹资公司和投资者的中介,在股权众筹活动中居于中心地位,是股权众筹监管的核心。虽然世界各国对股权众筹平台的性质认识不一,但无一例外都对股权众筹平台或其运营人实施注册或许可,并对股权众筹平台可接纳的发行人或投资者普遍设定了要求或限制。

关于股权众筹平台应当履行职责大致分为:(1)勤勉尽责,督促投融资双方依法合规开展众筹融资活动、履行约定义务;(2)对投融资双方进行实名认证,对用户信息的真实性进行必要审核;(3)对融资项目的合法性进行必要审核;(4)采取措施防范欺诈行为,发现欺诈行为或其他损害投资者利益的情形,及时公告并终止相关众筹活动;(5)对募集期资金设立专户管理,证券业协会另有规定的,从其规定;(6)对投融资双方的信息、融资记录及投资者适当性管理等信息及其他相关资料进行妥善保管,保管期限不得少于 10 年;(7)持续开展众筹融资知识普及和风险教育活动,并与投资者签订投资风险揭示书,确保投资者充分知悉投资风险;(8)按照证券业协会的要求报送股权众筹融资业务信息;(9)保守商业秘密和客户隐私,非因法定原因不得泄露融资者和投资者相关信息;(10)配合相关部门开展反洗钱工作等。

(二)司法保护的传统领域及途径

1899 年美国伊利诺伊州制定了世界上第一部《少年法院法》,同年芝加哥库克郡建立了世界上第一个少年法院,宣告了少年司法制度在人类社会的诞生。世界上很多国家特别是西方发达国家,陆续建立起完善的未成年人或者叫"少年"司法制度,并在联合国少年司法准则的指导下健康成长。各国所建立的未成年人司法制度,实际上就是未成年人保护司法制度。

而所谓知识产权司法保护,指的是通过司法途径保护享有知识产权权利人的合法权益不受侵害。其同样可细分为知识产权民事司法保护、知识产权刑事司法保护与知识产权行政保护这三大类,其中民事层面的知识产权司法保护占据着基础地位。

---

① See EleanorKirbyandShaneWerner,Crowd-funding:AnInfantIndustryGrowingFast,February2014,p. 8, http://www. iosco. org/research/pdf/swp/Crowd-funding-An-Infant-Industry-Growing-Fast. pdf;

其保护的主要途径是,以司法机关对知识产权的内容做协调,对权利做相应的分配,保障权利人的合法权利。同时通过司法手段对行政行为加以审查,是以一种两者相协调的方式存在,共同运行从而实现对知识产权的保护。

由此可见,在我国,传统的司法保护多用于对未成年人及知识产权的领域,将其借鉴到对互联网金融的保护中来,有着创新的理念。将其中已经发展的较为成熟的经验运用到互联网金融这一新兴领域当中来,无疑是一种大胆的尝试。

(三)股权众筹平台的司法保护模式

传统的对互联网金融平台的态度是"预防大于保护",法律法规的出台更多的是保护相对处于弱势地位的金融消费者,而非提供金融服务、金融产品的网络平台。因此,在适度保护金融消费者权益的同时,还需要注意到互联网金融服务平台的权利,应注意不能过于主观和过度的保护消费者权益,从而伤害到市场的正常运行和发展。

在处理平台和消费者之间关系的时候,应考虑法律平等保护的原则。虽然目前并未有一部完整的监管股权众筹平台及其行为的法律法规,但金融市场发展有其规律,在其长期发展中也已形成了一套行之有效的习惯,这些习惯和规律都应作为现有法律空白下,平台和各法律主体间遵循的法则。

另一方面,股权众筹领域作为一个相对专业的范畴,对于该领域的保护,应当从一种更为专业化的角度来看。不仅要构建合理完善的司法审判机制,而且还需要配置专业的司法审判人员。而司法保护这一路径是一个创新却又不失可行性的新思路。从知识产权的司法保护中,可以借鉴到很多成功的经验。通过行政和司法保护双轨制的设定,可以从各个方面来规避互联网金融所带来的风险。

二、股权众筹平台司法保护的价值

司法保护作为一个体系性的保护,包括民事、刑事、行政等多个部门法律的协作。

(一)民事法律关系保护

在股权众筹的民事法律关系当中,最突出的是各方主体所签订的合同关系。主要包括了以下几类民事法律关系:(1)投资方与股权众筹平台之间的信息服务合同关系;(2)投资方、股权众筹平台与第三方资金监管平台之间的资金托管或监管关系;(3)股权融资方与股权众筹平台的信息服务合同关系:由平台为股权融资人寻找投资人,负责提供撮合匹配服务等;(4)投资方与股权融资人之间的股权投资法律关系(增资扩股或增资＋转股):由投资人直接投资而与融资方形成的投资合同关系(与被投资公司形成的增资扩股关系或与原股东形成的股权转让关系),该合同关系是股权众筹交易架构中的核心;(5)投资人之间形成的股权代持关系或者有限合伙企业关系:以股权代持方式投资于标的公司则为股权代持关系,以设立有限合伙企业方式投资于标的公司则为有限合伙关系;(6)股权众筹平台与有关合作方(孵化器、投资基金机构等)形成的合作法律关系;(7)投资人中的领投方与普通投资人之间形成的合投法律关系(采取领投＋合投模式的)。

在尚未形成完备的股权众筹相关法律法规以前,对于这些法律关系的处理,主要还是参照《合同法》、《民法通则》、《证券法》等法律对相似问题处理的规定。在特定的时间节点上,给予法官以自由裁量权。例如,人们既然把正义确立为法律及其制度的根本价值之一,就必然地贯彻到法律的原则和包括司法在内的法律制度中去,这应当视为理所当然。就基本权利的司法保护而言,虽然它与普通司法有着显著的区别,但它们在价值取向上却是相同的,即二者都是为了实现社会正义。只不过宪法层面上要实现的正义更带有根本性和总括性。我们之所以认为通过司法来保护股权众筹平台,其最根本的内在动因之一就在于人们始终对司法公正满怀期待与企盼。既然在长期的历史进程中司法机制与制度被赋予实现正义的价值内涵,并在制度的演进中开辟了各种通向公正之路的通道,那么我们自然就会联想到利用司法等法律制度去保护新产生的事物。

(二)刑事法律关系保护

由于没有明确的法律法规,各个平台在股权众筹过程中,往往会因为利益的驱动,踩过界,从而触发刑事犯罪。

1. 涉嫌非法吸收公众存款罪

不管是以实物产品形式回报给投资者之众筹,还是在为投资人提供目标公司的增资扩股、股权转让等商业信息,帮助投资人成为股东并以持有股权获取回报之众筹,其运营模式均可能涉嫌非法吸收公众存款罪。因为众筹具有投资和融资的本质,不管是哪种类型的众筹模式,其均向出资人承诺回报,且回报的额度与出资金额成正比,它在本质上是一种非法变相吸收公众存款的行为,易涉嫌非法吸收公众存款罪。

2. 涉嫌集资诈骗罪

在众筹过程中,一旦项目发起人以非法占有为目的,虚报项目并发布欺骗性信息,骗取投资人数额较大资金,则会构成集资诈骗罪。另外,不论是实物回报型众筹,还是股权回报型众筹,它们的平台在运营时,投资人的资金通常先注入平台所设账户,即便有些网站声称投资人注入的资金由第三方账户(银行或其他支付机构)存管,但现实是第三方账户存管制度并不健全,此类账户并未受到监管机构的监督,而是多由众筹平台自身掌控,一旦众筹平台以非法占有为目的,虚构其获得批准从事获取资金的资格,设置"资金池"汇聚资金,骗取投资人数额较大的资金后卷款跑路,则众筹平台实际控制人将面临涉嫌集资诈骗罪之风险。

3.涉嫌擅自发行股票罪

以互联网技术平台为依托的众筹,其主要行为模式就是向社会大众在介绍资金项目的基础上获得不特定社会对象的投资,因而股权类众筹很容易触及向社会不特定对象发行股票的法律红线。即便是众筹发起人采取向社会特定对象发行股票的模式开展众筹业务,投资人数往往也难以控制在法律所要求的人数内。因为依照2010年12月13日发布的最高人民法院《关于审理非法集资刑事案件具体应用法律若干问题的解释》的规定,向社会特定对象变相发行股票累计超过200人的,如果在股票的发行条件、程序、内容等事项方面,没有获得国务院证券管理部门的批准,也没有达到法律法规的要求的,该行为将涉嫌构成擅自发行股票罪。

总之,互联网众筹作为一种新型金融形态,其以强大的对于民间资本的吸纳能力支持着中小微型企业的发展,促进了社会个体的多元化、便利化、高收益化的投资,从而激活了社会每一个细胞因子以较高的热情参与融资。但是,对于众筹中可能存在的社会危害性不能视而不见,对构成犯罪的,应发挥刑法应有的刑罚制裁功能对其予以规制,如此方能保障新兴的互联网金融的稳健发展。

(三)行政法律关系保护

对于股权众筹的行政保护,主要来源于银监会、证监会对于相关平台违规经营的处理。通过行政部门的金融监管,避免"劣币驱逐良币"的情况发生,从而给予股权众筹平台以健康发展的保护。

所谓金融监管是指一个国家的中央银行或者其他金融监管当局依据国家的授权对金融行业实施监督管理的称谓。广义的金融监管,除了包括金融监管当局对金融业的监督和管理,还可以指金融机构的自我监督管理和内部控制,以及金融机构同业自律与社会监督的全方位综合监管体系。凡是监管必然有一定的规则,规则的执行必须由特定的组织或机构去落实,在现代法治社会,从规则的连贯性、稳定性和监管的实效性等来看,一切金融监管活动都将朝着法律监管的趋势发展。众筹融资法律监管,也有广义和狭义之分,广义的众筹融资法律监管是指有关众筹融资监管立法、执法、司法和行业自律的统称,而狭义的众筹融资法律监管主要是指法定监管机构对众筹融资的行政监管活动。

三、股权众筹平台司法保护的制度构建

（一）加强股权众筹司法保护能力建设

1.培养高素质金融法律人才

培养高素质、专业性强的知识产权司法队伍,应从两个方面着手。

第一,从审判体制内部着手,应从现有的法官队伍中,抽取中坚力量,进行专项培训学习。强化学习互联网金融方面的专业知识,加快角色转变,以适应案件审理的需要。

第二,从审判体制外部入手,全国各综合类高等院校,应增设互联网金融专业,大力培养相关金融、法律技术人才,为司法队伍输送新鲜血液。

2.强化专家辅助人制度

所谓的专家辅助人制度,就是在审理专业性较强的案件时,主动征询并听取金融、法学专家的意见。由于互联网金融的案件专业性高、隐蔽性强,而且其包含的范围广,审理案件的法官可能不能完全理解案件中的所有问题,因此专家辅助人制度尤为重要。

可以在重点城市,例如上海市、浙江省等地方人民法院设立专门的金融法学审判技术专家智库。同时应将其中的宝贵经验,应用到全国,以此增强案件审判质效和力量。

3.完善行政与司法相衔接的制度

将平台的行政管理纳入司法审查范围中,在现行的运作机制下,由于行政机构与司法机构分别使用着不同的执法标准,在长期的运转下已形成彼此互不干涉的执法体系,且两个体系存在多方面的差异。因此,为了使二者能够共享同一执法体系,首先要规定统一的执法标准①。执法标准主要包括对法律内容的解读,事实的确认标准,有效证据的确认标准,执法流程等多方面的内容。

（二）加大对网络金融犯罪的打击力度

1.扩大刑事追诉案件的范围

对于刑事追诉案件的范围问题,在实际的操作中存在相当大的困难。一般

---

① 严青云:《加强知识产权保护促进国际技术贸易发展》,《湖南农业大学学报(社会科学版·素质教育研究)》2012 年第 19 期。

都是采取民事保护和行政保护方式方法,进入刑事程序的案件数量相对较少。若想把这一问题解决好,我们必须制定完善的法律法规,以扩大案件的追诉范围,保障权益人的合法权益。同时,需要金融监管行政执法部门与刑事司法部门做好协调,在重大金融犯罪案件上,避免以罚代刑的现象发生。

2. 完善刑罚执行制度

我们要改进互联网金融保护模式,完善刑罚执行制度。因该种犯罪可归类于纯经济型犯罪,主要是对财产权的侵犯。我们可以根据实际需要,设立新的资格刑以遏制对该领域的犯罪。而现今我国刑法规定的资格刑只有剥夺政治权利一种,这并不适用于经济类的犯罪领域。因此,我们可以增设新的资格刑,例如,剥夺进入特定市场的资格等,以此打击在经济生活领域出现的犯罪行为①。

3. 充分利用司法审查制度

充分利用司法审查制度,发挥法律监督职能,实现行政执法与刑事司法的顺畅衔接。运用公权力对行政执法进行有力监督,创造公平公正的执法环境,进而实现对互联网金融的保护目的。不断对行政执法机构进行完善,应强化外部监督机构的管理能力。同时需要注意的是,行政执法与刑事司法机构需要进行无缝衔接,协调配合对行政执法进行监督并建立有效的监督机制,促进国家监督机构的完善。只有行政与司法相互结合,才能有效降低侵权犯罪发生的概率。

---

① 雷山漫:《国际化背景下中国知识产权刑法保护研究》,武汉大学硕士学位论文,2011 年。

论股权众筹行为刑事法律风险及司法防控对策

路桥区人民检察院　　陈宇燕*

摘　要:互联网金融股权众筹作为一种新型的融资方式积极意义众多,创新价值巨大,但它在给我国经济发展带来巨大利益的同时,其天然的网络属性及定位决定了其在现行的法律框架下极易触碰擅自发行股票或异化为集资诈骗、非法吸收公众存款、洗钱等刑事犯罪风险,如何才能在发展股权众筹的同时更好地防范相关法律风险,最大限度地预防犯罪,是我们法律工作者必须面对的课题。

关键词:股权众筹;互联网金融;刑事法律风险;司法防控

随着"大众创业、万众创新""互联网＋"以及"众创空间"等引领的第四次创业浪潮兴起,股权众筹也开始进入创业者和投资人的视线,且与云计算、互联网、大数据为代表的新一代信息技术快速融合后不断升温,成了互联网金融的另一个"风口",为创业市场带来一种新的融资渠道和融资方式。2011年天使汇的成立,拉开了中国国内股权众筹行业序幕,经过四年的孕育和培养,股权众筹行业在2014年迎来了爆发式的增长,2015年也被誉为股权众筹"元年"。根据《2015年互联网金融报告》,截至2015年12月底,全国正常运营的众筹平台共计283家,比2014年增长99.3％,是2013年数量的近10倍。仅2015年即成功筹集资金11424亿元,同比增长429.38％。①。然而,快速发展的互联网金融行业却潜藏着不可忽视的危机,无门槛、无标准、无监管的三无状态,导致互联网金融游走于灰色地带极易触碰监管和刑法红线,股权众筹作为基本互联网金融模式之一亦不例外。本文以股权众筹为研究视角,浅议股权众筹可能涉及的刑事犯罪风险,并就加强股权众筹刑事犯罪司法工作提出拙见,以期为我省互联网金融行业健康发展,充分发挥法制对互联网金融发展的引领和规范作用提供一些帮助。

---

* 陈宇燕,女,台州市路桥区人民检察院科员。
① 该数据来源于京北投资《2015年互联网金融报》。

一、股权众筹的定义与特征

股权众筹,是指融资者借助互联网上的众筹平台将其准备创办的企业或项目信息向投资者展示,吸引投资者加入,并以股权的形式回馈投资者的融资模式①。

自 2009 年在国外兴起后,股权众筹于 2011 年开始进入我国,2013 年的美微传媒筹资活动成为国内正式诞生的第一例股权众筹案例,但该活动最终因被证监会以不具备公开募股条件为由而叫停夭折。后 2014 年的北京飞度网络科技有限公司(运营"人人投"股权众筹平台)诉北京诺米多餐饮管理有限责任公司合同纠纷一案又再次将股权众筹引入公众视野,该案也被称为全国股权众筹第一案。2014 年 11 月 19 日,国务院总理李克强主持召开国务院常务会议,要求建立资本市场小额再融资快速机制,并首次提出"开展股权众筹融资试点",现股权众筹融资模式正逐步成为普惠大众、创造社会价值的金融方式,并逐步得到社会的认同。相较于传统的融资方式,股权众筹因具有如下新特征而广受欢迎。

(一)普惠性

基于互联网开放、共享、平等的基本特征,股权众筹对服务对象是开放的、平等的,没有身份歧视,没有资金歧视,没有"情绪化"的人为阻隔,能够突破时间和地域的约束,金融服务更直接,客户基础更广泛。而传统的金融模式往往会因为信息的不对称、资金的高标准、操作技术的严苛性等而将普通民众拒之门外②。因此,股权众筹更加符合"大众创业、万众创新"的社会需求,无论是资金需求者还是资金供给者,每个人的需求都会从中得到充分的挖掘和满足。

(二)便捷性

作为以互联网高新信息技术为支撑的股权众筹投资,金融参与者可以通过电脑、手机、平板电脑等网络终端,足不出户就可实现金融交易。而传统金融受限于直接的、面对面的传统交易模式,仍然通过用户指定的金融机构采用直接购

---

① 非法集资犯罪问题研究课题组:《涉众型非法集资犯罪的司法认定》,《国家检察官学院学报》2016 年第 3 期。

② 顾海鸿:《互联网金融创新发展中的刑事犯罪及司法防控对策》,http://10.31.5.200/llyj/ztdy/yyxztdy/t20160705_173309.htm,2016 年 8 月 31 日。

买的方式实现金融交易,相比而言,更显笨拙、烦琐①。

(三)廉价性

股权众筹是基于第三方搭建的开放平台,利用大数据和信息流,依托电子商务公开、透明、数据完备等优势,做到数据贯通、信息共享。由于没有交易限额,交易环节清楚、明了、直接,交易成本大大降低。相比传统金融模式,公司企业能够以更高的概率、更低廉的成本和更快的时间获得融资资金,节省了大量的服务成本,提高了资金的使用效率,为新型创业公司融资开辟了一条新路,成为目前互联网金融领域最具创新、创业企业采用较多的一种融资方式。

二、股权众筹的刑事法律风险及司法认定

利益与风险共生且并存是亘古不变的真理,股权众筹也不例外。在欣赏股权众筹这朵娇艳玫瑰的同时,一定不能忽视它根茎上的"风险尖刺"②。

(一)容易触及公开发行证券或"非法集资"红线的风险

股权众筹的本质是以股权回报的形式筹集资金,这在形式上确实类似于公开发行证券③。但其又冲击了传统的"公募"与"私募"界限的划分,使得传统的线下筹资活动转换为线上,单纯的线下私募也会转变为"网络私募",从而涉足传统"公募"的领域。在互联网金融发展的时代背景下,"公募"与"私募"的界限逐渐模糊化,使得股权众筹的发展也开始触及法律的红线④。《证券法》第 10 条第 1 款规定:"公开发行证券,必须符合法律、行政法规规定的条件,并依法报经国务院证券监督管理机构或者国务院授权的部门核准;未经依法核准,任何单位和个人不得公开发行证券。"该法第 10 条第 2 款还专门给"公开发行"下了定义,即指"向不特定对象发行证券"或者"向特定对象发行证券累计超过 200 人"的情形。2010 年 12 月 13 日发布的最高人民法院《关于审理非法集资刑事案件具体应用法律若干问题的解释》(以下简称《非法集资解释》)第 6 条也作了规定:"未经国家有关主管部门批准,向社会不特定对象发行、以转让股权等方式变相发行

---

① 非法集资犯罪问题研究课题组:《涉众型非法集资犯罪的司法认定》,《国家检察官学院学报》2016 年第 3 期。

② 刘宪权:《论互联网金融刑法规制的两面性》,《法学家》2016 年第 5 期。

③ 刘宪权:《互联网金融股权众筹行为刑法规制论》,《法商研究》2015 年第 6 期。

④ 参见《股权众筹有何法律风险?》,http://www.yifatong.com/Posts/view/4790617,最后访问日期 2016 年 8 月 31 日。

股票,或者向特定对象发行、变相发行股票累计超过 200 人的,应当以擅自发行股票罪定罪处罚。"因此,如果股权众筹的项目发起人向社会上不特定的对象发行股票或是向特定的对象发行股票累计超过 200 人,那么极有可能构成擅自发行股票罪。

(二)存在假借股权众筹之名实则实施犯罪的风险

行为人可能借助股权众筹的形式实施违法犯罪行为,并通过伪装使司法机关不易察觉犯罪事实的存在,主要有三种情形:

一是涉嫌集资诈骗风险。受当前众筹平台的信用审核和风险评估机制不完善的限制,众筹项目信息一般都没有经过有效的甄别和筛选,信息的真实性和可信度难以判定,犯罪分子有可能披着"股权众筹"外衣,以虚构项目、隐瞒真相的方式,非法占有投资者资金[1],该行为完全符合集资诈骗罪的构罪要件。其中,如果行为人为实施集资诈骗行为采取的是自建虚假平台的手段,根据《中华人民共和国刑法修正案(九)》(以下简称《刑法修正案(九)》)第 29 条的规定,那么其行为还可能构成非法利用信息网络罪。股权众筹平台管理者若明知行为人实施集资诈骗行为仍为其包装上线,一方面构成集资诈骗罪的共犯,另一方面也符合《刑法修正案(九)》第 29 条关于"明知他人利用信息网络实施犯罪,为其犯罪提供互联网接入、服务器托管、网络存储、通讯传输等技术支持,或者提供广告推广、支付结算等帮助"的规定,此时可在集资诈骗罪与"帮助信息网络犯罪活动罪"中依照处罚较重的规定处罚。

二是涉嫌非法吸收公众存款罪的风险。若行为未通过合法的第三方筹资平台,以承诺还本付息或给付回报为条件擅自向公众筹融资,并将所融资金继续投放于金融市场,那么对该行为应以非法吸收公众存款进行定罪处罚。对于股权众筹平台在并无明确投资项目的情况下,事先归集投资者的资金,然后公开宣传吸引项目上线,再对项目进行投资,同时向投资者承诺由专业团队代为选择投资项目,风险为零,至少还本付息的行为,其实质是将投资者对项目的直接投资转变为投资者先投资平台、再由平台投资项目的间接投资,在该种情况下,平台发挥的不再是单纯的中介职能,而是在从事资金自融,并且其还作出"零风险"、至少还本付息的承诺,亦应以非法吸收公众存款罪进行定罪处罚。[2]

三是涉嫌洗钱罪的风险。因互联网金融服务具有资金流动快、匿名性、隐秘

---

① 高振祥:《互联网金融语境中的非法集资风险即其刑法规制》,《交大法学》2016 年第 2 期。
② 非法集资犯罪问题研究课题组:《涉众型非法集资犯罪的司法认定》,《国家检察官学院学报》2016 年第 3 期。

性等特点,行为人只要将上游犯罪所得的赃款转入第三方支付机构的网络平台,再通过该平台转出相应的资金,那么赃款的来源和性质就可以得到漂白,涉嫌构成洗钱罪。

(三)存在在股权众筹开展中途异化的风险

除上述风险外,真正开展股权众筹活动的行为人也可能因利益的诱惑,利用监管上的缺位,擅自挪用或非法占有投资者的资金的情况。根据《刑法》第272条规定,公司、企业或其他单位的工作人员,利用职务上的便利,挪用本单位财物归个人使用或借贷给他人使用的,可能构成挪用资金罪;根据刑法第271条规定,公司、企业或其他单位的工作人员,利用职务上的便利,将本单位财物非法占为己有的,即可能构成职务侵占罪。

另在投资模式上,我国的股权众筹多采用"领投＋跟投"的投资方式,即由富有成熟投资经验的专业投资人作为领投人,普通投资人针对领投人所选中的项目跟进投资。但是,如果领投人与融资人之间存在某种利益关系,便很容易产生道德风险问题,项目发起人为了筹得更多的资金而买通或串通领投人对项目进行夸大评价和宣传,对投资者做出不实诱导,给投资者造成巨大损失,对于该行为,可依据《刑法》第181条第2款规定的诱骗投资者买卖证券罪定罪处罚。

三、加强股权众筹刑事犯罪司法工作的建议

(一)强化行政监管和行业自律,引导股权众筹健康发展

随着股权众筹行业的发展,对该行业加强行政监管是大势所趋。虽然股权众筹已于2015年被正式划归为由证监会统一监管,但仅以证监会现有的力量想要有效监管快速增长的股权众筹,必将力不从心。在这种情况下,证监会可以联合如金融办等政府部门,共同协作,实行中央与地方统分结合的金融监管。同时,由行业主管、监管部门牵头,采取自上而下的方式分级建立行业自律组织,发挥行业协会在行业管理、行业保护、行业监督、行业约束等方面的积极作用,健全行业企业自我管理机制,构建"证监会负责、政府部门协同、行业协会规范、社会公众参与"的市场多元监管格局。

(二)建立健全处置涉及股权众筹犯罪的相关工作机制

由于互联网具有跨区域性,以互联网为支撑的股权众筹类案件往往涉及多地同时案发的情况。因此,一要明确跨区域股权众筹刑事犯罪案件司法管辖的

协商工作机制。按照有利于查清犯罪事实和司法公正的原则,先行立案侦查。对于有重大影响的复杂案件,可由上级司法机关,依法指定管辖。二要完善维稳工作机制。要克服地方保护主义,从维护金融秩序和社会稳定大局出发,积极做好追赃和赃款赃物依法处置工作,及时保护受害人的合法权益不受侵犯。三是充分发挥行政执法与刑事司法协商工作机制作用,加强两法衔接,强化金融司法与金融监管部门之间有关涉股权众筹犯罪案件的信息交流,健全相关联席会议制度,为刑事司法奠定基础。

(三)加大涉及股权众筹投资风险的司法宣传和法制教育力度

一要充分发挥各类媒体和互联网的作用,密切结合当前股权众筹活动的新形势、新特点,创新宣传内容、方式和手段,以贴近基层、贴近群众、贴近生活的方式,推出公益广告、宣传单、宣传手册、招贴画等社会公众喜闻乐见的社会宣传产品,使宣传教育深入社区、家喻户晓。二要结合涉及股权众筹刑事典型司法案例,积极开展对股权众筹从业人员、从业机构诚信、守律的法制教育。三要结合司法实践,加强对投资人审慎投资的引导和理性投资教育,强化社会民众依法投资的风险意识。

四、小 结

总之,股权众筹作为一种新型互联性金融融资模式,其以强大的民间资本吸纳能力,支持着公司企业,尤其是小微企业的发展,促进了社会个体便捷化、高收益化、多元化的投资,激活了社会每个细胞因子以高度的激情和热忱参与融资。但对于股权众筹过程中可能存在的风险亦需高度注意,认识股权众筹模式的法律风险并有效加以防范不仅有助于保护广大出资人的合法权益和解决融资困境,也将推动互联网金融的长足进步,推动社会经济健康发展。

参考文献:

[1]非法集资犯罪问题研究课题组:《涉众型非法集资犯罪的司法认定》,《国家检察官学院学报》2016年第3期。

[2]顾海鸿:《互联网金融创新发展中的刑事犯罪及司法防控对策》,http://10.31.5.200/llyj/ztdy/yyxztdy/t20160705_173309.htm,2016年8月31日。

[3]刘宪权:《论互联网金融刑法规制的"两面性"》,《法学家》2016年第5期。

[4]刘宪权:《互联网金融股权众筹行为刑法规制论》,《法商研究》2015年第6期。

［5］参见《股权众筹有何法律风险?》,http://www.yifatong.com/Posts/view/4790617,2016 年 8 月 31 日。

［6］高振祥:《互联网金融语境中的非法集资风险即其刑法规制》,《交大法学》2016 年第 2 期。

［7］吴文嫔:《论互联网金融创新刑法规制的路径选择———以非法集资类犯罪为视角》,《中国检察官》2015 年第 11 期。

［8］莫志:《浅析互联网金融与非法集资类犯罪》,《法制博览》2016 年第 3（中）期。

众筹刑事法律风险探析

浙江浦阳律师事务所　楼冠敏　郑晓俏*

摘　要:与传统融资相比较,众筹融资具有门槛低等独特的优势,在当今社会正成为互联网金融的重要模式之一。但是其可能涉及多种刑事法律风险,主要原因有未确定众筹公开吸收公众资金的合法性等。为了规避刑事法律风险,让众筹能为经济发展作出更大的贡献,笔者建议修订证券法等相关金融法律外,借鉴美国等国家的做法,单独制定一部"众筹法",来明确众筹的合法地位和具体操作和监管事项。基于我国相关立法经验不足,因而可先制定一部"众筹交易管理条例"作为暂缓之计。此外应对刑法作出相应调整。

关键词:众筹发展现状;刑事风险原因;立法建议

一、众筹的概述

(一)众筹的概念

众筹,英文译为"crowdfunding",从字面上可简单理解为大众筹资,作为一种商业模式最初起源于美国。众筹在当今社会正成为互联网金融的重要模式之一。本文所称"众筹"特指互联网众筹融资,即众筹项目发起人通过互联网发布信息,吸引投资者,集中大众的资金力量,为项目的顺利开展提供资金支持。

与传统融资相比较,众筹融资具有其独特的优势:众筹的门槛较低,持有小额资金的投资者也可以通过众筹方式进行投资,从而吸引了更多投资者参与,为新型创业企业和中小微企业拓展了融资途径。众筹的低门槛使得更多的新企业能够得到发展资金,为企业提供了良好的创业环境,对于推动创新具有良好的作用。此外,众筹无须传统金融中介介入,提高了融资效率,降低了交易成本。

---

* 楼冠敏,男,浙江浦阳律师事务所主任律师;郑晓俏,女,浙江浦阳律师事务所实习律师。

(二)众筹的发展现状

正因众筹的特有优势,众筹自引进我国国内后,开始了迅猛的发展。除了追梦网、天使汇、点名时间、大家投等专门的众筹平台外,京东、阿里、苏宁等企业也进军众筹领域。根据《2016 中国互联网众筹行业发展趋势报告》显示,截至 2015 年 12 月底,全国共有 354 家众筹平台,正常运营的众筹平台达 303 家,全国众筹平台分布在 21 个省份。

根据投资者得到的回报形式不同,可分为四类众筹模式:回报众筹、捐赠众筹、债权众筹和股权众筹。

回报众筹,也称为产品众筹。典型的回报众筹平台如国外的 Kickstarter、Indiegogo 和我国的点名时间。动画电影《大鱼海棠》就是回报众筹的典型成功案例,这部电影在点名时间上众筹吸引了 4000 多名投资者,筹资达 158.25 万元。

捐赠众筹,也称为公益众筹。捐赠众筹的出现为公益项目提供了公开透明的平台,减轻了捐赠者的顾虑,为公益机构开辟了募集资金的新渠道。虽然目前我国捐赠众筹的数量仍远远少于其他类型的众筹,但其发展较快。

债权众筹,也称为借贷众筹。我国的债权众筹主要是 P2P 网络借贷模式。网络借贷的优点在于,其实现了项目发起人和投资者的直接成交、点对点借贷。与传统融资方式相比,有效降低了融资成本,降低了融资门槛,得到了更多的投资者的投资。

目前,P2P 网络借贷在中国平台数最多、增长最迅速,截至 2016 年 7 月 18 日,全国共有 P2P 网贷平台 4600 家。但 P2P 网络借贷也是风险最高的融资模式,其出现的问题不容小觑,诸多平台甚至涉及刑事犯罪。仅 2015 年 7 月 19 日至 2016 年 7 月 18 日,全国共新增问题平台 1114 家,其中歇业停业达 403 家;跑路 175 家;171 家网站关闭;148 家失联;129 家提现困难;49 家涉嫌诈骗;因挤兑倒闭 9 家;被立案侦查 8 家。[①]

股权众筹是指"通过互联网形式进行公开小额股权融资的活动"。[②] 成功的典型例子就是滴滴出行软件。滴滴出行能从众多网约车公司中脱颖而出离不开其背后强大的资金支持。2012 年,滴滴通过股权众筹平台天使汇进行股权众筹

---

① 周假:《7.18 互金指导意见出台一周年 P2P 生存现状考》,零壹财经,http://www.01caijing.com/article/4803.htm,2016 年 7 月 20 日。

② 见《关于对通过互联网开展股权融资活动的机构进行专项检查的通知》(证监办发〔2015〕44 号):"股权众筹融资主要是指通过互联网形式进行公开小额股权融资的活动,具体而言,是指创新创业者或小微企业通过股权众筹融资中介机构互联网平台(互联网网站或其他类似的电子媒介)公开募集股本的活动。"

融资,成功融资 1500 万元人民币,有力地推动了其进入市场。与快的打车合并之后,滴滴出行占据了专车市场 70% 的市场份额,而后又成功收购优步中国。由此可见股权众筹的优势所在。

然而股权众筹在我国长时间处于合法的边缘。直到 2015 年 7 月人民银行等 10 部门联合发布《关于促进互联网金融健康发展的指导意见》(以下简称《指导意见》),才首次对股权众筹融资平台进行了国家层面的认可。但是股权众筹在我国仍面临诸多风险。

二、众筹融资所涉刑事法律风险

虽然众筹在我国蓬勃发展,但是因为众筹融资的新颖性、法律固有的滞后性及监管缺失等原因,众筹融资的几方主体可能涉及多种刑事法律风险。

(一)涉嫌非法吸收公众存款罪的风险

根据《刑法》第 176 条的规定,非法吸收公众存款是指非法吸收公众存款或者变相吸收公众存款,扰乱金融秩序的行为。《关于审理非法集资刑事案件具体应用法律若干问题的解释》(以下简称《非法集资解释》)第 1 条第 1 款进一步明确"非法吸收公众存款或者变相吸收公众存款"应当同时具备"未经批准或借用合法形式"、"公开宣传"、"承诺回报"、"不特定对象"四个要件。众筹平台和项目发起人都可能涉嫌该罪。

首先,众筹项目发起人通常为需要资金支持的创业者或者企业,属于非金融机构,在发起众筹融资前自然没有银监会对其可以吸收公众存款的批准。

对于众筹平台而言,《网络借贷信息中介机构业务活动管理暂行办法》(以下简称《暂行办法》)①规定了网贷平台仅为信息中介机构。而股权众筹平台仅获得了《指导意见》的认可,未有法律规定批准其融资的部门,导致众筹融资未经国家有关部门批准。

其次,项目发起人为了吸引投资者,通过众筹平台发布项目信息,或多或少作了一定的宣传,同时众筹面对的对象是不特定的网民,所有的网民都可以看到众筹项目信息。因此,众筹完全符合公开宣传的要件。

再次,由于众筹本质为融资,故除捐赠众筹外,其余三种众筹模式均对投资人作出相应的回报承诺。回报众筹承诺以实物或服务为回报,债权众筹承诺以本金及利息为回报,股权众筹以股权及红利为回报。

---

① 银监会、工信部、公安部、国家网办于 2016 年 8 月 24 日联合发布。

最后,众筹的项目发起人通过互联网发布项目,针对的是不特定的投资者,只要有意愿参与众筹投资并且符合一定条件,任何人都可以进行投资。

因此,众筹项目发起人、众筹平台将融资所得资金用于其他金融资本活动,扰乱金融管理秩序,就可能面临非法吸收公众存款罪的刑事法律风险。

(二)涉嫌擅自发行股票、公司、企业债券罪的风险

股权众筹是四类众筹模式中,唯一一种可能符合擅自发行股票、公司、企业债券罪构成要件,同时也是极易涉嫌该罪的。股权众筹模式实际上类似于发行股票、公司、企业债券。项目发起人通过众筹平台开展股权众筹,就是其与投资者签订股权转让协议,由投资者获取公司股权,并根据其股权份额参与公司收益的分配。所以,股权众筹实际上就相当于公司公开发行股票或转让股权。只是其通过众筹平台实现,而非在证券交易所或全国中小企业股份转让系统中交易。

但是,根据《公司法》、《证券法》的规定,仅股份有限公司可以公开发行股票,有限责任公司只可进行与特定对象的非公开的股权转让。然而股权众筹对项目发起人并未作出身份上的限制,非股份有限公司也可进行股权众筹融资。同时,允许股票转让交易的场所只能是证券交易所和全国中小企业股份转让系统。但股权众筹所有的行为都是在众筹平台上完成,完全脱离了国家允许的法定交易场所。[①]

(三)涉嫌擅自设立金融机构罪的风险

根据《刑法》第 174 条规定,擅自设立金融机构罪是指未经国家有关主管部门批准,擅自设立商业银行、证券交易所、期货交易所、证券公司、期货经纪公司、保险公司或者其他金融机构。

债券型众筹涉嫌该罪,主要是因为众筹平台未按规定将所筹客户资金放入第三方金融机构管理,聚集成资金池,实际上经营了吸收公众存款的业务。而根据《商业银行法》第 2 条规定,只有商业银行才能经营吸收社会公众存款的业务。虽然《暂行办法》已将网贷平台定义为信息中介机构,但是难免平台违规操作。

在股权众筹中,融资过程实际上就相当于公司公开发行股票或转让股权。众筹融资交易通过众筹平台进行,因此众筹平台在此过程中实际上是作为股票流通交易场所。而根据法律的规定,证券交易所和全国中小企业股份转让系统是目前我国仅有的允许进行股票交易的法定交易机构。

因此,债权众筹平台运营方和股权众筹平台运营方,实际上都以金融机构的

---

① 随鲁辉:《互联网众筹的刑事法律风险防控》,华东政法大学硕士学位论文,2016 年 3 月。

功能进行运作，面临涉嫌擅自设立金融机构罪的刑事风险。

(四)涉嫌非法经营罪的风险

根据《刑法》第 225 条规定，违反国家规定，未经国家有关主管部门批准非法经营证券、期货、保险业务的，或者非法从事资金支付结算业务，扰乱市场秩序，情节严重的，构成非法经营罪。最高院、最高检、公安部、证监会联合发布的《关于整治非法证券活动有关问题的通知》第 2 条规定："任何单位和个人经营证券业务，必须经证监会批准。"

前文已经论及，股权众筹模式实际上类似于发行股票、公司、企业债券。而债权众筹平台实际上进行了商业银行的业务。这些业务属于需经有关主管部门批准方可经营的范围，但是并未事先取得此类许可。

需要注意的是，上文提到平台运营方可能涉嫌擅自设立金融机构罪，因而需要更进一步讨论。

擅自设立金融机构罪与非法经营罪属于法条竞合关系。前者重在惩罚设立行为，后者重在惩罚经营行为。由于经营行为必定涉及设立行为，所以非法经营罪保护的范围大于擅自设立金融机构罪。非法经营罪属于法条竞合中的一般条款。[①]

如果平台运营方设立时平台就具有设立经营证券业务的金融机构的目的，并设立了相应机构。若在此后的确实际开展了相应的业务，平台运营方的行为同时符合擅自设立金融机构罪和非法经营罪的构成要件，即形成法条竞合的情形。根据法律适用原则，依照特殊法条优于普通法条、重法优于轻法的原则具体适用。若设立后并未实际开展相关业务，则仅构成擅自设立金融机构罪。

如果平台运营方设立平台时并不具有设立经营证券业务的金融机构的目的，但在设立后未经批准开展相关业务，则可能构成非法经营罪一罪，不构成擅自设立金融机构罪。

(五)涉嫌集资诈骗罪的风险

根据《刑法》第 192 条规定，集资诈骗罪是指以非法占有为目的，使用诈骗方法非法集资，数额较大的行为。同时根据《非法集资解释》规定，以非法占有为目的，使用诈骗方法实施非法吸收公众存款或者变相吸收公众存款的，应当以集资诈骗罪定罪处罚。

由于当前众筹缺乏有效的监管，相关部门也未对众筹平台的准入设置门槛，

---

① 张杰：《互联网众筹融资模式的刑法风险与规制》，上海社科院硕士学位论文，2015 年 4 月。

导致融资人可以自行设立众筹平台,发起众筹。一旦融资人以非法占有目的设立众筹平台,并通过平台骗取投资者的资金。此时,表面上为众筹融资,实际上就是非法集资诈骗。

此外,根据《非法集资解释》第4条的规定,即使融资者开始融资时并不具有非法占有资金的目的,但若使用诈骗方法如虚构项目或虚假承诺高额回报吸收了资金,之后改变资金用途致使不能返还、逃避返还资金等,均可以认定为"以非法占有为目的"。

众筹平台也可能成为集资诈骗的犯罪主体。根据最高人民法院、最高人民检察院和公安部联合下发的《关于办理非法集资刑事案件适用法律若干问题的意见》第4条的规定,为他人向社会公众非法吸收资金提供帮助,从中收取费用,构成非法集资共同犯罪。此外,众筹融资过程中会于第三方账户上形成资金池。一旦众筹平台以非法占有目的,吸收资金后携款潜逃或改变用途致使资金无法返还的,就面临涉嫌集资诈骗罪的风险。

(六)涉嫌职务侵占罪、挪用资金罪的风险

众筹融资是一个过程,并非投资者于同一时间内将资金集中转移给融资者。在众筹过程中,众筹平台起着暂时保管投资资金的作用,投资者有意参与项目,符合条件并申请通过后将资金汇入众筹平台设立的第三方账户中,在众筹项目成功后,众筹平台才将众筹所得资金转移给项目发起人即融资者。因此,这些资金必然会在众筹平台所设账户中形成一个资金池,由众筹平台在一定时间内进行控制管理。

职务侵占罪与挪用资金罪的区别仅在于是否具有非法占有目的,两罪都以本单位资金作为犯罪对象,而本单位资金不仅包括本单位所有的资金,也包括本单位占有的资金。众筹平台所设账户上的资金,其处于众筹平台控制、管理之下,且有责任保证其不灭失,实际上为众筹平台所占有。因此,完全符合两罪的构成要件。

如果互联网众筹平台的工作人员,利用职务便利,将其专门开设的第三方支付平台上占有控制的投资人资金占为己有或者挪作他用,则可能构成职务侵占罪或者挪用资金罪。

(七)涉嫌洗钱罪的风险

根据《刑法》第191条规定的理解,洗钱罪是明知是8种上游犯罪的所得及其产生的收益,以各种方法掩饰、隐瞒其来源和性质,使其合法化的行为。众筹融资的三个主体,都有涉嫌洗钱罪的风险。

众筹融资平台作为众筹融资过程中全程参与并起到最大监督作用的主体，具有洗钱犯罪的便利条件，一旦参与洗钱，则使得犯罪过程更加顺利。一方面，众筹融资平台在明知上游犯罪的行为人通过众筹进行洗钱行为时，放宽审核或直接不经审核予以通过，从而为洗钱行为提供帮助和便利，构成洗钱犯罪。另一方面，众筹融资平台明知投资人或项目发起人帮助实施洗钱而提供便利的，可能涉嫌洗钱罪的共同犯罪。

虽然目前众筹融资对于项目发起人的监管和限制较严格，但众筹平台对项目的审核，主要是针对项目发起人的资格和项目是否符合平台融资条件，对于项目发起人与投资者是否事前联系并没有相应监管机制。因此，目前可能出现投资者与项目发起人事先共谋通过众筹融资的过程进行洗钱的情形。项目发起人只需在众筹平台上正常发布项目，接受意图洗钱的投资者的资金注入，就将上游犯罪所得转化为合法收入。

目前众筹平台对投资者的信息和资金来源的审核力度不足。而众筹投资者众多，众筹平台事实上也缺乏对之进行全面监管的精力。特别是在股权众筹中，往往为了避免涉嫌擅自发行股票、公司、企业债券罪的风险，而采取"领投＋跟投"的投资模式。此时，行为人若作为隐名投资者，则更增加了对其审核的难度，无法保证投资资金的合法性。

三、形成刑事风险的原因

众筹融资之所以面临涉嫌诸多刑事犯罪的风险，原因是多方面的。

(一)未确定众筹公开吸收公众资金的合法性

互联网众筹在世界范围内都属于新兴的融资模式，具有新颖性，尤其在我国更是到 2011 年才成立第一家网络众筹平台。再加上法律固有的滞后性，导致互联网众筹长期处于法律的灰色地带。由于回报众筹及捐赠众筹本身并不与现行法律法规相冲突，又根据"法无禁止即自由"的原则，所以这两类众筹模式应当是合法的，其刑事风险程度远远低于债权众筹和股权众筹。而对于债权众筹和股权众筹而言，由于融资方式类似于非法集资，极易触犯刑法，面临犯罪的风险。直到 2015 年 7 月人民银行等 10 部门发布《关于促进互联网金融健康发展的指导意见》(以下简称《指导意见》)发布，网络借贷与股权众筹活动才得到了国家政策的支持。但是，由于目前尚未有相关法律确认众筹的合法地位。仅有相关政策文件支持，并不能使众筹免于违反法律构成犯罪的风险，众筹融资仍然在刀尖上跳舞。上文已经论及，众筹融资过程中必定会在客观上形成一个资金池。而一旦形成资金池,一方面意味着众筹平台具有了金融机构吸收公众存款的功能,另一方面则增加了资金被挪用和侵占等风险。根据我国刑法规定,未依照法定程序经有关部门依法批准向社会公众筹集资金,并承诺回报,涉嫌非法集资犯罪。而众筹因未有法律规定其审批机构和审批程序,所以无法获得相应批准。

《暂行办法》已经将网贷平台规定为信息中介机构,明确禁止直接或间接归集资金。对于互联网股权众筹,仅有草案尝试规制私募。在现行法的规制下,股权众筹只有通过私募才能合法化。然而,私募股权众筹并不符合众筹融资的本意,即向大众小额融资。

众筹是目前我国互联网金融发展的大势所趋,日后必定会在融资的众多模式中占据更加重要的地位。从上文所述可以看出,有必要在法律层面上确定众筹融资的合法性,并制定监管细则。国外如美国正是这样做的。同时,由于众筹与现行金融法律存在无可调解的冲突,若不对相关法律中与众筹融资不相适应的条款作适当的调整,众筹势必仍然会遭遇多重障碍。如修订证券法,对股权众筹进行有条件的豁免。适逢目前证券法正在修订中,草案也规定了以互联网等众筹方式公开发行证券的豁免,对股权众筹开辟了一条道路。

(二)缺乏有效监管,准入限制不足

目前众筹活动中出现众多的刑事犯罪案件,究其原因,缺乏有效监管是其重要因素之一。

众筹本身具有不安全性,具有隐蔽性。众筹下的金融交易相比于传统融资更加便捷,例如 P2P 债权众筹,项目发起人与资金支持者不经过国家批准的传统金融机构,直接以众筹平台为交易场所进行点对点的借贷。但同时,由于众筹融资的模式在我国兴起不久,目前对其并未有系统的监管机制,也缺乏明确的监管操作细则,众筹融资偏离正常融资方向,成为金融犯罪的工具。这就使得投资者可以通过众筹融资逃避有关部门的监管,行为人得以利用这一方式更便利地实施犯罪行为。虽然目前《指导意见》已确定监管主体,而《暂行办法》规定了网贷平台的具体监管方案,但是股权众筹仍然缺乏规制。

如上所述,完善相关金融法律法规,给予众筹法律上的合法地位,保护众筹的发展是当务之急。然而,众筹融资本身也极易成为犯罪者利用的工具。因此,还应当在相关法律法规中规定监管机制,宽严相济,在促进众筹发展的同时也要保障其健康发展。

众筹属于互联网金融,其风险具有隐蔽性、传染性、广泛性和突发性。设立各主体参与众筹的准入门槛,不仅是对众筹进行全面监管的要求,也是有效防范刑事风险的最重要的途径。当前,对众筹主体的准入限制宜随着众筹市场的逐

步成熟和监管机制的逐步完善而放宽。

(三)信息审查和信息披露制度不完善

众筹融资是融资者与投资者通过众筹平台进行资金流通的过程,众筹平台承担着信息展示和交换共享的作用。众筹平台的普遍做法是对项目发起人的身份信息和项目信息作严格审查。审查内容包括股东信息、产品信息、公司信息、设定的目标金额、众筹的时间、给予支持者回报的形式等等内容。①

但是基于隐私保护等考虑,这些信息并没有完全公开,造成投资者投资决策的困难甚至投资风险。因此,众筹平台应当及时、适当地披露项目发起人及项目的相关信息,以提高投资者的投资安全保障。虽然《暂行办法》有较为详细的规定,但该文件仅适用于债权众筹。

此外,目前已发布的法律及政策,包括《暂行办法》,对于投资者的审查和信息披露要求远远低于融资者。这可能是出于鼓励投资者投资的考虑,但从众筹融资所可能涉嫌的刑事风险看来,很可能导致洗钱罪等金融犯罪的滋生。

(四)刑法对众筹规制过于严格

总体看来,目前刑法对于民间融资采取严格的态度,对之有很大程度上的限制。一旦违反法律进行融资,就构成非法集资且往往构成犯罪,导致众筹融资时刻处于犯罪边缘,十分不利于其发展。但是众筹作为互联网新型融资方式之一,顺应了社会的需求,有力地促进社会经济的发展,当前国家对众筹这种新型融资方式是采取支持态度的。因此,刑法也应当适时而动,以解决当前司法实践中出现的一些新情况、新问题,更好地适应预防和惩治犯罪的需要。

(五)主体知识储备不足,缺乏风险防范意识

众筹传入我国的时间并不长,近两年才在我国兴起,具有新颖性。融资者和投资者对这种新兴的融资方式并不了解,缺少金融知识,风险防范意识不强。尤其众筹具有"小额"、"大众"的特点,上文已述目前众筹主体的准入机制仍不完善,融投资门槛低,很难保证众筹融资活动不被犯罪行为人利用从事金融犯罪,从而造成众筹市场风险增大,出现诸多金融犯罪案件。

---

① 梁武彬:《论股权众筹刑事法律风险控制》,《现代经济信息》2016 年第 8 期。

四、众筹立法建议

(一)金融立法建议

纵观世界各国,美国于 2012 年 4 月 5 日通过《创业企业融资法案》(即 JOBS 法案),确定了互联网众筹的合法地位后,意大利、法国、日本、英国、德国已陆续修改或制定相关法律法规,明确众筹的合法性,为众筹融资提供法律上的便利。

上述各国均对众筹豁免、监管主体、平台义务和融资者条件等作出了规定。以众筹立法最早也最为完善的美国为例,美国在通过 JOBS 法案后,又授权证券交易委员会制定监管细则。2015 年 10 月 30 日,美国《众筹条例》经证券交易委员会通过。法案及细则主要规定了四个方面的内容:一是众筹豁免;二是众筹平台的限制;三是融资者的限制;四是投资者的限制。

笔者认为,除了修订证券法等相关金融法律外,我国或许可以借鉴美国等国家的做法,单独制定一部"众筹法",来明确众筹的合法地位和具体操作与监管事项。但基于众筹的新颖性,我国相关立法经验不足,因而可先制定一部"众筹交易管理条例"作为暂缓之计,并与《证券法》修订案衔接,进一步放开众筹的合法融资。具体可从以下几个方面来规定。

1. 豁免众筹的公开发行

《证券法(修订草案)》仅简单规定了股权众筹的豁免,"众筹交易管理条例"需要进一步明确豁免的条件。

(1)金额。众筹被定义为面向普通民众的小额投融资,所以应当与金融机构的贷款业务经营活动有所区别,规定众筹的最高豁免金额。每个众筹项目只能在此金额范围内进行融资。具体数额可根据目前中小创业企业的资金需求及发行人的融资限额和投资者的投资限额等确定。

(2)人数。若按现行规定股权众筹只能通过私募方式才能合法,但却违背了众筹的初衷。而且即使按照现在多数股权众筹平台的做法,仍然摆脱不了公开宣传及发行的嫌疑。由于众筹有最高金额限制,因而也不必再通过限制人数以控制风险。因此,不如放开股权众筹公开宣传及发行。至于宣传的方式,则由监管主体制定具体的限制条件,避免虚假宣传和夸大宣传。

2. 设立准入条件

对于众筹平台的准入,应从平台的设立批准出发,由专门机关对平台资质进行审核,符合条件后授予营业牌照。审核时注意对平台设立者进行审查,注意平台的中立性,防止设立者以众筹平台为掩护手段从事金融犯罪。同时做好众筹平台准入与监管机制的衔接。

有关主管部门和众筹平台应负有对于项目发起人即融资者的准入审查义务，包括融资者的资格及项目是否符合众筹融资条件。但由于众筹平台众多，平台上的项目更是数量庞大，所以有关主管部门更多是制定准入条件，而由平台负责审查工作。目前对融资者的限制较多，主要规定了其义务和禁止行为。此外还应对项目发起人的企业信用状况、内部管理结构等作进一步的了解。

为了减少投资者的投资风险，国外多通过对投资者设置资格门槛的方式，避免公众盲目投资。一般根据本国经济发展水平和投资者的年收入水平、理财经历等确定合格投资者。[①] 我国可借鉴国外经验，因地制宜制定合格投资者条件，并根据投资者投资额占资本持有数额比例等设置不同的投资额度。投资者投资数额不得超过这一范围的限制。

3. 规定众筹各主体的义务

《暂行办法》对于众筹各主体的义务作出了详细的规定，"众筹交易管理条例"可借鉴之，对股权众筹等其他类型的众筹主体作出要求。

众筹平台主要是监管义务及信息披露义务。

由于众筹平台众多，平台上的项目更是不计其数。因此，由众筹平台对众筹项目具体监管更实际，应承担适当的监管责任。主要包括审查融资者的项目发起资格及监管其履行信息披露义务。还有审核投资者的投资资格，对投资者进行投资风险教育和提示。对投资者的身份信息和投资资金来源等也要必要的审查与披露。[②]

对项目发起人主要是规定信息披露义务。《指导意见》就明确规定了股权众筹融资方应通过股权众筹融资中介机构向投资人如实披露企业的商业模式、经营管理、财务、资金使用等关键信息。项目发起人应根据投资人和监管机构的需要，以及融资数额采用恰当方式公开相应程度的信息，并且定期对所筹资金使用情况进行公布，同时要求项目发起人不得超过融资金额上限。"众筹交易管理条例"应作进一步明确。

此外，众筹投资者也应负有不得超过投资额度的义务。

4. 加强众筹融资有效监管

具体而言，首先应当确定众筹的监管主体，《指导意见》仍太笼统，并未指明监管主体，《暂行办法》中确定了网贷平台的监管主体。今后可借鉴对于网贷平台的联合监管模式对股权众筹等其他众筹模式制定具体规则。

---

① 刘宪权:《互联网金融股权众筹行为刑法规制论》,《法商研究》2015 年第 6 期。

② 王媛:《众筹融资的刑事法律风险及其防范》,湘潭大学硕士学位论文,2015 年 6 月。

其次,明确众筹业务活动监督管理的各项具体制度。监管主体应根据监管规定,对众筹融资机构及业务活动进行严格监管。

最后,明确由第三方进行众筹融资的资金监管。为避免风险,平台一般会将在众筹过程中聚集的投资资金存于第三方账户。但即使如此,众筹平台对于账户也有绝对的支配力,若缺少监管则仍然会产生刑事风险。因此,《指导意见》提出以银行业金融机构作为资金存管机构,对客户资金进行管理和监督。人民银行会同金融监管部门按照职责分工实施监管,并制定相关监管细则。"众筹交易管理条例"可对其进一步明确。

综上所述,对众筹融资进行全面监管,有效防范众筹融资的刑事法律风险。同时注意协调监管,分清主要监管主体和其他监管主体,避免无人监管或重复监管,形成高效监管模式。

(二)刑法的相应调整

对于立法的完善,除了完善相关的金融法律法规外,也应对刑法作出相应调整。笔者认为为了众筹而修改刑法有关罪名构成的做法肯定是不可取的,如调整和限缩非法集资类犯罪的适用范围。不能单纯为了众筹脱罪而破坏刑法的稳定性,目前众筹的发展也未达到需要专门修改刑法规定的地步。但是,刑法可以通过司法解释等方式调整相关金融犯罪的入罪金额和从宽量刑等方法。这对于现在的形势来说是可取的。

比如有学者提出,在入罪数额标准上,鉴于互联网股权众筹的融资数额会远远大于一般融资数额的基本情况,以其他金融犯罪行为数额 5 倍的标准来确立股权众筹中金融犯罪的入罪数额标准。在量刑上,应尽量从轻量刑且不并处罚金,并尽可能判处缓刑。[①]

---

① 刘宪权:《互联网金融股权众筹行为刑法规制论》,《法商研究》2015 年第 6 期。

浅析股权众筹中的刑事规制路径

——以宽严相济的刑事政策为视野

宁波市鄞州区人民检察院　张雪倩　刘继根[*]

摘　要：互联网金融近几年在我国迅速崛起，逐步覆盖了整个社会层面，对社会生活的方方面面带来重大影响，推进了普惠金融的开展。股权众筹作为互联网金融的重要形式之一，对于构建我国多层次的资本市场体系建设有重大意义，但其经营模式与我国现有法律的抵牾，使其发展落后于其他形式的互联网金融。本文拟从股权众筹面临的法律风险分析入手，提出遵循宽严相济的刑事政策对股权众筹进行刑事规制，在保护互联网金融创新与维护我国金融安全两方面取得平衡。

关键词：股权众筹；互联网；非公开股权众筹；刑事规制；宽严相济

一、股权众筹概述

(一)股权众筹的定义

众筹的概念源自国外的众包(crowd sourcing)，众包描述的是企业利用互联网将工作分配出去、发现创意或解决技术问题的一种商业模式，众筹就是通过互联网对资金来源进行众包。根据国际证监会组织对众筹融资的定义，众筹融资是指通过互联网平台，从大量个人或组织处获得较少的资金来满足项目、企业或个人资金需求的活动。根据回报形式的不同，

众筹融资又分为奖励众筹、公益众筹、债权众筹和股权众筹。股权众筹表现为筹资者以出让一部分股权来回报投资者，目前因与《公司法》和《证券法》相关

---

* 张雪倩，毕业于苏州大学法律硕士，宁波市鄞州区人民检察院民行科干警；刘继根，毕业于苏州大学国际法硕士，宁波市鄞州区人民检察院公诉科干警。

规定有抵触,其发展一直受到限制,未能像 P2P 一样爆发式发展。

股权众筹目前有广义和狭义两种定义,广义上的股权众筹是指通过互联网进行的以投资人占有公司股权(股份)为回报的众筹活动,是一种源自国外的股权融资模式。狭义上的股权众筹仅指通过互联网进行的公开小额股权融资活动。现在市场上广泛认可的是广义上的定义。2015 年 7 月 18 日,央行等十部委联合印发了《关于促进互联网金融健康发展的指导意见》(以下简称《指导意见》),其规定股权众筹融资主要是通过互联网形式进行公开小额股权融资的活动,该定义将股权众筹限定为股票公募发行形式。此后,证监会出台的《关于对通过互联网开展股权融资活动的机构进行专项检查的通知》(以下简称《通知》)明确指出:目前,一些市场机构开展的冠以"股权众筹"名义的活动,是通过互联网形式进行的非公开股权融资或私募股权投资基金募集行为,不属于《指导意见》规定的股权众筹融资范围。根据该文件精神,中国证券业协会发文将已发布尚未正式实施的《场外证券业务备案管理办法》(以下简称《管理办法》)中的"私募股权众筹"修改为"互联网非公开股权融资"。至此,官方明确了股权众筹的定义,即通过经批准的网上中介机构进行的公开股权融资,该定义在承认股权众筹合法性的同时,将股权众筹的范围大大缩减,从而实现了与《公司法》、《证券法》的衔接,但也直接将其他形式的股权众筹挤入了非公开融资的狭窄空间。

股权众筹创新的主要目的是降低小微企业融资门槛,根据以上两种定义,若将其提升到经批准的公募形式,考虑到我国股票市场上审批的高昂成本,此举与股权众筹小额大众的普惠金融观念存在冲突。股权众筹概念来自于美国,美国股权众筹目前是一种合法存在,奥巴马政府通过 JOBS 法案,对股权众筹实行注册豁免制。[①] 在《指导意见》出台之前市场上广泛存在的股权众筹,只不过为了绕开擅自发行股票的禁区而采取了一些变通手法。《管理办法》中经批准的中介平台也寥寥无几,截止到 2015 年仅阿里巴巴、京东和平安这三家企业获得了股权众筹的试点资质。[②] 参考众筹之家 2016 年上半年的统计报告,[③]仅统计出了非公开互联网股权众筹,未见有《指导意见》中所定义的股权众筹的相关统计数据,可见官方定义的股权众筹并没有大的市场存量。相关部门为了避免风险,还是会考虑将股权众筹牌照发给大企业大平台,而真正有活力有创造性的是小企业,众筹本身的发展也是靠小企业去探索。因此,本文的论述将采用广义上的股

---

① 鲁公路、李丰也、邱薇:《美国新股发行制度改革:JOBS 法案的主要内容》,《凤凰财经》,2013 年 3 月 15 日。

② http://finance.sina.com.cn/money/roll/20150818/101122993999.shtml。

③ https://www.zczj.com/news/2016-08-01/content_8140.html。

权众筹定义。

(二)股权众筹的发展现状

2014年11月,国务院总理李克强在国务院常务会议上首次提出"开展股权众筹融资试点",由此拉开股权众筹的大幕。2015年3月,国务院办公厅印发了《关于发展众创空间推进大众创新创业的指导意见》,鼓励地方政府开展互联网股权众筹融资试点。2015年3月14日,十二届全国人大三次会议将开展股权众筹融资试点写入《政府工作报告》。2016年3月5日,国务院总理李克强在《政府工作报告》指出:发挥大众创业、万众创新和"互联网+"集众智汇众力的乘数效应,打造众创、众包、众扶、众筹平台。

据网贷之家数据显示,截至2016年6月底,全国正常运营的平台一共有370家,相比2015年年底增长约30%,其中非公开股权众筹平台为144家,产品众筹平台为138家,两者几乎平分秋色。2016年上半年,众筹行业交易额约为80亿元,达到2015年全年的7成,其中产品众筹融资额约为41亿元,占比超过50%;非公开股权融资金额约为36亿元,占比约为45%。① 由此可见股权众筹在我国发展较快,也已具备一定规模。

(三)股权众筹的创新价值

如果说2013年是互联网金融元年,2014年则是互联网金融爆发年。包括股权众筹在内的互联网金融迅速扩张开来,以显著的速度直接影响了公众生活。互联网金融之所以能获得如此迅速的发展,主要是它推进了金融的民主化,顺应并加速了金融的脱媒趋势。在中国金融垄断的格局下,传统金融媒介的盈利能力远远超过整个实体产业的盈利能力。② 造成企业融资成本高的同时,也使得普通大众大量富余资金无处投资的畸形格局。股权众筹正是在这样的背景下出现并逐渐发展起来的,它对于拓宽中小微企业直接融资渠道、支持实体经济发展、完善多层次资本市场体系建设具有重要意义,因而受到社会各界的高度关注。

---

① https://www.zczj.com/news/2016-08-01/content_8140.html。

② http://http://money.163.com/14/0902/18/A55IILVU00253B0H.html。

二、股权众筹面临的法律风险与监管现状

(一)股权众筹实践发展中面临的法律风险

由于缺乏必要的管理规范,股权众筹融资活动在快速发展过程中也累积了一些不容忽视的问题和风险:一是法律地位不明确,参与各方的合法权益得不到有效保障。虽然《指导意见》为股权众筹的合法性定了基调,但《指导意见》自身的效力等级较低,且目前占市场主体,但被定性为非公开股权募集的变相股权众筹的合法性依旧没有得到认可。二是业务边界模糊,容易演化为非法吸收公众存款罪和非法集资等违法犯罪活动。为了回避公开发行股票问题,许多股权众筹采用有限合伙制等形式来进行股权众筹,这种做法严格意义上讲是否属于以合法形式掩盖非法经营,也存在争议。三是众筹平台良莠不齐,潜在的资金欺诈等风险不容忽视。股权众筹平台戴着"镣铐"围绕合法性问题"舞蹈"的同时,假借股权众筹之名行金融诈骗的犯罪行为时有发生。如江苏省南京市玄武区人民法院审理的"虾米电子科技"公司案,该公司声称 2016 年"很快将在新三板上市",需要通过股权投资融资:任何投资者只要购买公司 5 万元股权,就能够成为"上市公司的创业股东"。最终经法院认定,该公司的经营模式构成传销。在"上海优索环保科技发展有限公司"一案中,其原法人代表段××炮制的假股票众筹骗局骗取了上千名河南群众的 2 亿多元资金。① 这些案件既破坏了金融秩序,也抹黑了股权众筹的社会形象,导致投资者对其信任度下降。

(二)当前股权众筹的监管状况

鉴于股权众筹面临上述法律风险,我国正加快监管与立法步伐,但目前尚未出台专门的法律、行政法规、规章对股权众筹加以规范。只有相关机构、行业协会出台了一些规范性或指导性文件,主要有 2014 年 12 月 18 日中国证券业协会起草并下发的《私募股权众筹融资管理办法(征求意见稿)》、2015 年 7 月 18 日央行等 10 部委发布的《指导意见》以及同年 7 月 30 日中国证券业协会发布的《管理办法》等文件。2015 年 8 月 7 日,中国证监会下发《通知》,明确定义股权众筹的概念,把市场上通过互联网形式开展的非公开股权融资和私募股权融资行为排除在股权众筹的范围之外。股权众筹明确为,通过互联网形式进行公开小额股权融资活动,把公开、小额、大众作为股权众筹的根本特征,规定"未经国

---

① http://news.xinhuanet.com/mrdx/2015-11/24/c_134848772.htm

务院证券监督管理机构的批准,任何单位或机构不得开展股权众筹融资活动"。该文件属于证券监督管理机构下发的工作文件。

综上所述,我国目前有关机构是公私分明的监管思路。依照该思路股权众筹被分为两种,一是列为公募类型的股权众筹融资,对此实行牌照管理,另一类是非公开的互联网股权融资。

(三)股权众筹易引发的犯罪问题

首先,股权众筹最受限制也最绕不过去的一个罪名是擅自发行股票罪。《指导意见》的出台在赋予了股权众筹的合法性同时,也明确了股权众筹的公募属性,而在我国股票的公募发行必须经过有关部门批准,否则即构成擅自发行股票罪。根据我国《刑法》第179条规定:未经国家有关主管部门批准,擅自发行股票或者公司、企业债券,数额巨大、后果严重或者有其他严重情节的,构成擅自发行股票、公司、企业债券罪。依据《证券法》规定,向不特定对象或向特定对象累计超过200人发行证券,属于公开发行证券。公开发行证券,必须经国务院证券监管机构或国务院授权的部门核准。

根据上述法律规定,结合股权众筹小额、大众、公开的特征,可知股权众筹很容易触发擅自发行股票、公司、企业债券罪。

其次,股权众筹易引发非法吸收公众存款罪。该罪的显著特征为未经人民银行批准,擅自向不特定的社会公众吸收资金,并且承诺回报。根据最高人民法院《关于审理非法集资刑事案件具体应用法律若干问题的解释》(以下简称《解释》)第1条的规定:"违反国家金融管理法律规定,向社会公众(包括单位和个人)吸收资金的行为,同时具备下列四个条件的,除刑法另有规定的以外,应当认定为刑法第176条规定的"非法吸收公众存款或者变相吸收公众存款:(一)未经有关部门依法批准或者借用合法经营的形式吸收资金;(二)通过媒体、推介会、传单、手机短信等途径向社会公开宣传;(三)承诺在一定期限内以货币、实物、股权等方式还本付息或者给付回报;(四)向社会公众即社会不特定对象吸收资金。"

非法吸收公众存款罪具有未经审批性、社会性、利诱性、不特定性等四个特点,根据上述法律规定和非法吸收公众存款的特性,股权众筹现有的经营方式符合非法吸收公众存款的特性,也就很容易触发非法吸收公众存款罪。

最后,股权众筹还易引发集资诈骗罪。《解释》第4条规定:"以非法占有为目的,使用诈骗方法实施本解释第2条规定所列行为的,应当依照刑法第192条的规定,以集资诈骗罪定罪处罚。使用诈骗方法非法集资,具有下列情形之一的,可以认定为以非法占有为目的:(一)集资后不用于生产经营活动或者用于生产经营活动与筹集资金规模明显不成比例,致使集资款不能返还的;(二)肆意挥霍集资款,致使集资款不能返还的;(三)携带集资款逃匿的;(四)将集资款用于违法犯罪活动的;(五)抽逃、转移资金、隐匿财产,逃避返还资金的;(六)隐匿、销毁账目,或者搞假破产、假倒闭,逃避返还资金的;(七)拒不交代资金去向,逃避返还资金的;(八)其他可以认定非法占有目的的情形。"

股权众筹作为互联网金融的一种典型模式,首先其自身就带有互联网企业的高死亡率特性。其次,融资企业本身就是小微初创企业,自身经营就带有极大的不确定性风险。再次,股权众筹这种新型的高风险高收益融资模式处于高速发展变化中,模式自身所带的风险还没有得到充分暴露。在这三种风险叠加下一旦出现问题,融资企业和众筹平台如果自身经营中存在违法或严重违规甚至相关负责人携款出逃等问题,则很容易被定性为集资诈骗罪。

三、对股权众筹的刑法规制路径

上述刑事处罚犹如悬在股权众筹之上的达摩克利斯之剑,限制了股权众筹的快速发展。笔者认为,针对股权众筹应秉持宽严相济的刑事政策,在立法与司法上对擅自发行股票罪的认定上放宽标准,以此为突破,也可以间接地限制非法吸收公众存款罪和集资诈骗罪在股权众筹领域的适用,从而实现对股权众筹这一重大互联网金融创新模式的松绑,同时对以非法占有为特征的金融欺诈行为保持必要的高压,从而达到保护创新与维护金融稳定的双重效果。

(一)对股权众筹性质的认定应持宽松态度

首先,在立法上放松擅自发行股票罪的认定标准以及量刑标准。我国目前的股票公开发行是审批制,导致上市公司本身壳资源因其稀缺性而价格畸高。小微初创企业根本无法接触到如此高端的融资渠道。银行间接融资又惯于嫌贫爱富,没有身家的小微企业很难得到银行贷款的垂青。证监会多次提及的注册制改革是大势所趋,待注册制实现后,继续执着于对非批准即违法的坚持,无论从促进经济公平还是保持经济活力上都是不明智的。另外,2016 年 3 月 9 日,张德江委员长在作全国人大常委会工作报告时表示,2016 年《证券法》将继续修改。① 2015 年 4 月 20 日全国人大常委会审议版的《证券法(修订草案)》除明确股票发行注册制程序,取消发行审核制外,第 13 条还规定,"通过证券经营机构或国务院证券监督管理部门认可的其他机构以互联网等众筹方式公开发行证

---

① http://news.xinhuanet.com/finance/2016-03/10/c_128787916.htm。

券,发行人和投资者符合国务院证券监督管理部门规定条件的,可以豁免注册或核准"。上述条文虽然只是草案,但它表明了立法的趋势和高层对股权众筹包容与支持的态度。

《指导意见》将股权众筹的特征描述为"小额、公开、大众",凸显了投资者公开性和不特定性,契合了此前法律对于公募发行股票的规定。加之证监会出台的《通知》中明确表示了"未经国务院证券监督管理机构批准,任何单位和个人不得开展股权众筹融资活动",更加明确了股权众筹融资的公募属性。公募则必须审批,否则违法,严重者入罪。考虑到我国证券发行审批制的高门槛,有实力的企业都要耗费巨资与时间才能通过审批,大众创业中的尚待起步的微小企业又怎么会支付得起这种审批成本。这种"正统"的股权众筹虽然和《证券法》可以实现对接,但其对于促进大众创业,服务小微企业能有多少效果,值得人们思考。

具体司法实践上,对于未经国家批准的互联网股权众筹行为,应该保持一定的宽容,适当放宽擅自发行股票罪的认定标准,对于金额和人数的标准予以适度放宽,金额上考虑到互联网的广泛传播性,互联网股权众筹的融资数额肯定会远远大于一般融资数额,而对于向不特定对象发行的人数认定,则根据互联网广泛传播性的特点,也应当放宽人数限制,同时应将有没有履行充分告知义务,有没有对筹资人的经营进行日常监管,有没有对筹资人的经营异常进行风险预警,有没有对投资人进行合格投资人筛选,作为减轻处罚情节。

(二)对互联网非公开股权众筹合法性的认定应秉持宽松的标准

对于公开发行的股权众筹融资是以是否经批准作为其认定合法性的标准,合法与否甚是清晰。而对于互联网非公开股权融资的合法性认定是存有争议的,因为互联网非公开股权融资作为互联网股权融资形式之一,目前并不存在明确的定义或范围,更不存在相应的立法规范,互联网非公开股权融资基本处于立法空白状态。对于该模式的调整仅能依靠《公司法》、《证券法》、《刑法》和非法集资司法解释等相关规定来调整。但这些属于事后调整,只有在互联网非公开股权融资触及非法集资以及违法公开发行的情况下才能使用。笔者认为,实践中对其合法性应以下标准来认定:对于股权融资行为是否违反金融法规的问题,应当以是否违反强制性规范为准。目前,我国还未出台专门针对众筹融资的行政法规和部门规章,涉及的其他文件主要是中国人民银行等10部委出台的《指导意见》、中国证券业协会发布的《管理办法》等。《指导意见》属于国家部委出台的规范性文件;《管理办法》属于中国证券业协会的自律性文件。上述文件不属于强制性规定。在国家政策鼓励金融创新的大环境下,不轻易对股权融资行为做出否定性法律评价。

关于"特定对象"的认定在股权融资中关系重大。最高人民法院、最高人民检察院、公安部于2014年3月25日联合发布的《关于办理非法集资刑事案件适用法律若干问题的意见》中第3条规定："关于'社会公众'的认定问题，下列情形不属于《最高人民法院关于审理非法集资刑事案件具体应用法律若干问题的解释》第1条第2款规定的'针对特定对象吸收资金'的行为，应当认定为向社会公众吸收资金：（一）在向亲友或者单位内部人员吸收资金的过程中，明知亲友或者单位内部人员向不特定对象吸收资金而予以放任的；（二）以吸收资金为目的，将社会人员吸收为单位内部人员，并向其吸收资金的。"互联网非公开股权融资中，往往有吸收会员的情节，也有募集资金的情节，与上述规定有符合之处，但能否认定平台为了募集资金的目的而吸纳会员，是值得考量的事情。因为在众筹中，吸收会员的主体与募集资金的主体出现分离，投资者是众筹平台的会员，但资金是流向第三方——众筹项目方的，尤其在平台引入第三方资金托管的情形下。当然也可以认定，这种分离是变相的为了募集资金而招募会员，其目的是在回避非法集资的嫌疑。但这种认定，一是有违法无明文规定不为罪的原则，另外就是违背国家对互联网金融创新的鼓励。创新本身就是对旧有制度的刺破乃至撕裂，在对市场创新行为违法性的认定上，高抬枪口一寸，也是对宽严相济的刑法政策的践行与适用。政府提倡下的互联网金融创新本身也是改革的一部分，改革就是一个不断试错的过程，带来的损失与风险，包括法律风险，也不能全部由市场创新主体以犯罪为代价承担。故笔者认为对于经平台审核并注册的会员，是否为特定对象，应当有区别地进行认定。

如果平台来者不拒，对申请入会的人员不加任何审核与筛选，全部吸收入会员，且吸收入会员后未对会员进行任何风险提示及相关事项告知的，也未针对会员做出其他投资风险控制措施的，比如投资额度与投资频率的限制，仅仅为向其融资而吸收其为平台会员，那么当然应当认定为其在向不特定对象募集资金。反之，平台遵照上述程序吸收会员的，应该认定其是在向特定对象募集资金。虽然说《证券法》中对非公开发行有200人的限制，但股权众筹如果被限制在200人之内的范围，那么互联网高效互联互通的精神就无法充分发挥。我国股权众筹发展缓慢和200人的上限有很大关系。笔者认为在市场主体采用其他合法形式规避了实际人数限制的情形下，在《证券法》一时难以修改的状况下，宜尊重其创新性而不宜直接认定其为违法。

虽然非公开股权众筹的合法性并无法律明确界定，但司法实践中已经有了相关探索。在《指导意见》发布后不久，北京市人民法院审理了中国第一起股权众筹案①,法官在该案中对互联网非公开股权融资行为合法性经论述最终作出了肯定性评价。

该案是著名的众筹平台"人人投"与项目融资客户诺米多公司之间的股权融资纠纷。诉讼中涉及人人投是否在向不特定对象发行股票的认定。最终法院对于特定对象的认定采取了语义解释的方式,即向经过认证的会员发行股票,不属于向不特定对象发行股票。在这一点上法院与市场上股权众筹平台普遍的理解和操作保持了一致。所以,本案法院在互联网非公开股权众筹合法性的认定上采取的宽标准是值得鼓励的。

考虑到此前进行高调公开众筹的美微股权众筹被叫停事件,美微公司在淘宝上两次公开募集股权,募集资金几千万后被证监会紧急叫停。② 从美微公司的行为来看,符合擅自发行股票的构成,但证监会也只是对其进行了叫停,媒体上并没有出现美微传媒被追究刑事责任的消息。由此来看,对于互联网金融这个新生事物,国家还是留有试错的空间,这个空间既包括行政处罚也包括刑罚的宽缓适用。

(三)对互联网股权众筹的刑法适用,还应体现严厉的一面

对互联网股权众筹的刑法适用,除上述的宽缓适用以及立法上除去不适应普惠金融的、维护传统垄断金融格局的陈旧法律之外,还应该体现宽严相济的严厉一面。对在创新中打破市场禁入规范而招罪的上述几类犯罪进行宽缓处理之外,对于股权众筹中以欺诈为特征的其他类犯罪要严格依法进行打击。具体主要有以下几类犯罪:

一是以股权众筹为名行金融传销或金融诈骗之实。有些个人或组织以虚构众筹项目、伪造企业信息、自建虚假股权众筹平台等方式募集资金。有的虚构众筹项目,募集资金来供自己企业使用甚至供个人挥霍。此种行为完全符合集资诈骗罪构成要件,应该以集资诈骗罪来追究刑事责任。另外,在众筹中还会发生资金侵占的情况,众筹未达到规定的数额或超额募集的众筹资金,本应返还投资者,但众筹平台违规使用了上述资金;或众筹平台将本应支付给项目筹资企业的资金挪作他用或归自己使用,这些情形会触犯侵占罪。

二是以股权众筹之名行非法吸收公众存款之实的犯罪。股权众筹平台或者融资者表面上是在进行股权众筹,实际上却并未将资金用作融资项目且向投资人允诺还本付息或变相允诺还本付息、给付回报。股权众筹本身是一种高风险

---

① 本案例选自中国裁判文书网 http://wenshu. court. gov. cn/content/content? DocID=98deca4e-9593-42d7-a380-b0385dab54d9&KeyWord=%E4%BA%BA%E4%BA%BA%E6%8A%95。

② 陈勇等:《中国互联网金融研究报告(2015)》,中国经济出版社 2015 年版,第 127 页。

的小额大众投资,其投资回报性带有极大地不确定性,承诺还本付息本质是在掩盖投资风险性,是对投资者的欺骗,所以对上述行为,应以非法吸收公众存款罪进行惩处。

三是借股权众筹之名行洗钱犯罪之实。洗钱犯罪向来喜欢寻找金融监管薄弱之处。股权众筹作为新兴互联网金融的主要形式,高风险高回报的特征,使得其更容易被作为洗钱犯罪的手段。毒品犯罪、黑社会性质的组织犯罪、恐怖活动犯罪、走私犯罪、贪污贿赂犯罪、破坏金融管理秩序犯罪、金融诈骗犯罪的行为人,将其犯罪所得及产生的收益,通过股权众筹平台投放于众筹项目并通过收买融资者或股权众筹平台制造分红假象,从而实现将其犯罪所得"洗白"的目的。如果融资者、众筹平台以及投资者明知涉嫌洗钱犯罪还为之提供帮助的,应构成洗钱罪的共犯。

为维护经济秩序和股权众筹的良性发展,对于上述犯罪必须要严厉打击。这样既坚决维护了我国金融秩序的稳定,也有助于防止劣币驱逐良币的现象出现。对于股权众筹这样的新生事物,在法律都来不及为其定性的时候,普通百姓更是对其知之甚少,很容易被犯罪分子乘虚而入,造成群众重大财产损失,从而影响股权众筹的形象和未来的健康发展。P2P 就是前车之辙,据统计全国已有近一半左右的 P2P 平台发生倒闭等问题[①],其兴也勃其衰也速,从香饽饽到避之不及仅仅用了几年时间。前车之辙,后车之鉴。股权众筹由于法律上的梗阻,至今未得到爆发式发展,但这也为监管留下了空间,对于那些以欺诈为目的围绕股权众筹滋生的犯罪,一定要严厉打击,避免再出现类似格局。

四、结 语

在互联网时代,网络技术日新月异,突飞猛进,随之带来对法律的挑战。法律不能成为网络新兴事物发展的绊脚石,但网络新兴事物应当造福于人类,不能成为以网络为犯罪的挡箭牌。股权众筹作为新兴的金融发展模式,以互联网为载体迅速发展,在发展的过程中面临诸多法律风险且易引发犯罪。对此,刑法不能缺位,刑法的触须应当伸向互联网金融领域,但刑法应当保持谦抑性,在打击犯罪的同时要保护股权众筹这种新兴金融发展模式。我们应给予股权众筹充分的发展空间,在规制其发展时贯彻宽严相济的形势政策。

---

① 根据网贷之家统计数据:截至 2016 年 8 月,全国累计共有 P2P 平台数 4213 家,停业及问题平台数累计有 1978 家。http://shuju.wdzj.com/industry-list.html。

众筹行为的入罪分析与防范

浙江天册律师事务所　　林　慧[*]

摘　要：作为互联网金融的一种表现形式，众筹因其投入金额小，易于操作，项目种类多，内容新颖等特点而日趋被大众关注，参与人数日渐增多。在对市面上众筹的种类及特点进行概况介绍总结之后，本文通过从众筹发起者、筹资保管者的角度入手，对众筹行为可能的入罪情形进行分析，并对众筹行为的去犯罪化和风险防范提出利用现有规制予以规范的建设性意见。

关键词：众筹；众筹发起者；筹资保管者；去犯罪化；监管

　　"众筹"伴随着互联网金融热潮，近几年逐渐被大众知悉与热捧。但就其本源概念，即大众筹资的内涵来看，它并不是一个新创意，古今中外不乏大众筹资成就事项的例子。如今"众筹"搭乘互联网快车，除仍保有原有内涵外，更因互联网特性而使"众筹"更趋同于其本意。本文所探讨的众筹是利用互联网平台向不特定公众筹资的行为，目前该等众筹体现形式多样，以众筹的目的为标准，众筹可分为股权众筹、公益众筹、宗教众筹、梦想众筹、产品众筹等。由于股权众筹已有相应规范出台，本文对此不再作特别深入分析，仅对众筹行为在共性范围内进行入罪分析和提出防范建议。

一、众筹行为的表状

　　众筹在我国宗教历史上、民间故事里都能找到雏形。民众集合大家力量，筹措众资建寺院、筑堤坝、救灾民。互联网背景下的众筹，使得"众"字能真正打破地域限制，突破群体壁垒，更大范围内实现"筹"的目的。

---

　　* 林慧，女，浙江天册律师事务所律师。

(一)众筹行为概览

众筹,是指筹资人通过互联网平台对外发布筹资提案,向不特定公众筹集资金用于某项活动的行为。根据众筹目的即所筹资金的投向不同,目前众筹主要包括以下几种形式:(1)股权众筹,是指企业通过互联网平台向公众招募投资人的行为;(2)宗教众筹,是指以与宗教有关事项发起的众筹,具体包括举办宗教活动众筹、宗教法物众筹、寺院建筑众筹等;(3)公益众筹,是指为公益目的通过互联网平台发起的众筹。此类众筹所筹措资金只能用于公益目的;(4)梦想众筹,是指以发动某项心愿、梦想等为目的的众筹,比如希望发起一个小型演唱会、写一本书等;(5)产品众筹,是指筹款人在某种产品或服务还未对外销售时向筹款人筹资,待该产品或服务开发成熟后,再将该产品或服务按事先约定的方式与价格提供给投资人的众筹。

(二)众筹行为的特点

众筹借助互联网突破了信息传递的地域限制,扩大了信息受众群体,在互联网背景下具有以下特点:

参与主体广泛性。任何主体只要有项目倡议即可通过互联网在网页、社交平台或专业众筹网站平台向不特定公众发起众筹。同样,任何主体只要对互联网上的众筹项目认可或感兴趣,即可参与该筹资行为,认筹一定比例份额。无论是筹资人或投资人均无年龄、地域、资产、金融投资经验要求的限制。

认筹金额自主性。从目前的实务操作来看,众筹项目提出的筹资金额一般是固定的,不是项目总额固定,就是单个产品金额固定。一般情形下,投资者可根据个人喜好和经济实力自主选择认筹金额,在总额或单个产品金额固定的前提下无上额限制。

平台缺乏监管性。网络平台的无门槛进入使得主体能够自由选择通过何种网络媒介向公众发布众筹提议,他可以选择个人网页,专门的众筹平台,社交论坛,也可以通过微信等向公众发布。只要发布内容不涉及黄赌毒等内容,一般不会被禁止,至于项目内容是否违法,是否具有可行性,操作程序是否规范、合法,则缺乏应有的关注与监管。规范缺失的地方容易促使新事物成长,也容易导致行为走向另一个极端,甚至涉及犯罪。

二、众筹的入罪分析

互联网众筹从发起众筹开始到完成众筹的过程中,均有可能涉及不同种类的刑事犯罪。根据众筹主体的具体行为表现形态不同,通过分析刑法入罪标准对众筹发起者及筹资保管者在众筹过程可能涉及的罪名予以探讨与分析。

(一)众筹发起者入罪标准及分析

1. 众筹发起者的入罪标准

通过众筹平台向不特定公众筹集资金,发起者由于其目的、客观行为表现的不同可能触犯不同的罪名。根据现行刑法的有关规定,众筹发起者具有下列非法目的、行为表现或所筹资金达到下列金额的,都有可能触犯刑法而入罪。

(1)非法吸收公众存款罪。根据《刑法》第176条的规定,非法吸收公众存款或者变相吸收公众存款,扰乱金融秩序的行为可构成非法吸收公众存款罪。按照相应司法解释,个人非法吸收或者变相吸收公众存款,数额在20万元以上,或者30户以上,或者给存款人造成直接经济损失数额在10万元以上的;单位非法吸收或者变相吸收公众存款,数额在100万元以上,或者150户以上,或者给存款人造成直接经济损失数额50万元以上的,可以被认为构成非法吸收公众存款罪。

(2)集资诈骗罪。根据《刑法》第192条的规定,以非法占有为目的,使用诈骗方法非法集资,数额较大的,可构成集资诈骗罪。依照相应司法解释,一般情形下,个人集资诈骗数额在20万元以上,单位集资诈骗数额在50万元以上的,即可入罪。

(3)非法经营罪。根据《刑法》第225条的规定,违反国家规定,未经许可经营法律、行政法规规定的专营、专卖物品或者其他限制买卖的物品,扰乱市场秩序,情节严重的行为可构成非法经营罪。

2. 众筹发起者的入罪分析

众筹发起者(包括发起者的委托发起方)在筹资的过程中,其筹措的金额、涉及的人数、造成他人损失的金额都比较容易计算和判断。由于众筹行为是否具有犯罪性与其主观方面具有密不可分的关联性,因此本文通过从主观角度入手分析主体行为的合法性。

(1)目的分析。目的有两种不同层次体现,一种是众筹的目的,另一种是发起众筹的目的。

众筹的目的,是众筹发起者发起众筹吸引大众筹资的重要起因。发起众筹事由的非法性直接影响众筹行为自身的合法性。众筹发起者若为非法事项发起众筹,该众筹项目即为非法。比如众筹发起者未经有关部门许可,通过众筹的方式,经营法律、行政法规规定的专营、专卖物品或其他限制买卖的物品就有可能会被认定为非法经营罪。但并非目的违法的众筹就一定会涉嫌犯罪,有些众筹的目的虽然违法,但由于国家法律并未有明确的规定,则不能一概而论将该等行为装入那些所谓的口袋罪。

发起众筹的目的，若众筹发起者发起众筹的目的即为了非法占有通过众筹所得的财物，其众筹的目的可能是合法的也有可能是非法，但无论其众筹目的是否具有合法性，其发起众筹目的的非法性决定了其众筹行为的非法性，若该众筹行为还具有其他法定情节、所筹集金额超过法定数额，则该行为即有可能被认定为集资诈骗罪。

（2）回馈承诺分析。金钱回馈承诺。众筹发起者在发起众筹时，以各种形式承诺参与者未来一定时期将会得到金钱或类似金钱形式回馈。发起众筹的由头可能种类不一，但未来肯定会以金钱形式予以回报。筹资主体通过互联网平台众筹，其从每个个体处筹集的资金金额单笔可能比较小，但互联网平台的放大功能会使该等众筹所涉及的个体人数比较多，若众筹的金额、众筹参与者的数量、给他人造成损失的金额达到法定标准，则此众筹行为有可能被认定为非法吸收公众存款罪。

非金钱回馈承诺。此类形式的众筹，回馈的形式多样，众筹发起者在发起众筹时以未来向筹资者提供某种劳务、参加某种活动、提供某种物品为由发起众筹。从众筹发起者提供的承诺具体形式来看，若提供的非金钱回馈是非法的，则该众筹即为非法，至于该众筹行为是不是构成犯罪，还要进一步对行为的客观表现进行法理分析，若提供的非金钱回馈是法律、行政法规规定的专营、专卖物品或者其他限制买卖的物品，则众筹发起者可能涉嫌非法经营者；若提供的非金钱回馈为其他法律禁止或惩罚的行为，则有可能构成其他犯罪。

无回馈承诺。除了给付一定价值的回馈，还存在一种完全不给付回馈的众筹。该种形式的众筹多见于公益众筹、宗教众筹、梦想众筹等形式中。众筹发起者在此类众筹中无实质物品或劳务回馈筹资者，筹资者只有出资的义务。众筹发起者若以非法占有为目的，虚构众筹事项，其行为根据具体表现形式不同可能涉嫌集资诈骗罪或诈骗罪等。

（二）筹资保管者的入罪标准与分析

1. 筹资保管者的入罪标准

（1）职务侵占罪。根据《刑法》第271条，公司、企业或者其他单位的人员，利用职务上的便利，将本单位财务非法占为己有，数额较大的可以构成职务侵占罪。

（2）挪用资金罪。根据《刑法》第272条，公司、企业或者其他单位的工作人员，利用职务上的便利，挪用本单位资金1万元以上归个人使用或者借贷给他人，超过3个月未还的，或者虽未超过3个月，但数额在1万元以上，进行营利活动的,或者挪用 5000 元以上进行非法活动的,可构成挪用资金罪。

(3)侵占罪。根据《刑法》第 270 条,将代为保管的他人财物非法占有己有,拒不退还的,可以构成侵占罪。

2.筹资保管者的入罪分析

众筹发起者发起众筹时,可能通过自己的网络平台发布众筹消息,也有可能借助其他人的网络平台发布众筹消息。在筹资过程、筹集失败资金返还过程、甚至是筹集成功后归属发起者的过程中,所筹资金既有可能处于众筹发起者保管下也有可能处于平台或其他人保管之下。保管资金的人即为此处所言筹资保管者。

(1)筹资保管者为个人。此处所指的"个人"是纯粹以个人名义保管筹措资金,而不包括受单位指派保管资金的个人。在众筹行为合法的情形下,个人作为所筹措资金的保管者,在保管资金过程中若存在非法占有资金的行为,且经资金的合法所有者追讨仍拒绝退还的,该筹资保管者视其行为可能涉嫌侵占罪。在众筹行为非法的情形下,个人筹资保管者若对非法众筹事项完全不知,纯粹是被利用代为保管资金,该个人的保管行为不应被认为是犯罪;若个人明知众筹行为非法仍参与其中,为非法众筹保管资金的,则该个人可以比照主犯所犯罪行被认定相应罪名。

(2)筹资保管者是单位。单位保管筹资需要落实到个人所从事的具体工作中。若该代表单位的个人在保管筹资的过程中,利用职务便利,将本单位财物非法占位己有,数额达到 5000 元以上的,该个人有可能涉嫌职务侵占罪。若该代表单位的个人在保管筹资过程中,利用职务上的便利,挪用本单位资金 1 万元以上归个人使用或者借贷给他人,超过 3 个月未还的,或者虽未超过 3 个月,但数额在 1 万元以上,进行营利活动的,或者挪用 5000 元以上进行非法活动的,则该个人的行为可能构成挪用资金罪。

(3)筹资保管者与众筹发起者的竞合。筹资保管者与众筹发起者竞合时,筹资保管者对资金保管的行为可被众筹发起者行为所触犯的罪行吸收,或成为众筹行为的加重情节。比如竞合主体以非法占有为目的向不特定公众筹资,其筹资行为可能被认定为集资诈骗罪,其将占有资金用于筹资目的之外事项,该挪用资金行为则不宜再定挪用资金罪,而是被集资诈骗罪吸收。

三、众筹的去犯罪化与风险防范

众筹通过互联网平台筹集众人力量办事的理念符合大众参与的趋势理念,这种形式应该得到鼓励,对于其存在的潜在风险,尽量考虑利用现有的制度、法律去规范而不是单纯的因害怕出现问题就举起大旗予以反对,或一味主张制定新规制。

(一)众筹平台加强自身建设,发挥监管作用

众筹离不开互联网平台,无论是专业众筹平台还是微信、论坛等平台,这些平台若能发挥好监管和引导作用,可以极大地预防众筹行为犯罪化风险。

(1)对众筹参与者的身份核验。众筹平台对拟在平台发起众筹事项的主体应该建立完善的身份验证流程。平台可以根据众筹事项的需要有选择的向公众公布众筹发起者的相关信息,但平台必须掌握该众筹发起者的相关身份信息,并对该等信息予以一定程度的核验与备存。比如,发起者身份证信息、从事的职业、甚至可以包括相应的资产信息。同时,对于认筹者也应要求实名登记。

(2)对众筹目的的合理性检验。众筹平台应对众筹发起者发起众筹的目的进行项目预判,并结合众筹发起者提供的身份信息对项目的合法性、可行性进行合理预测与检验。

(3)对众筹参与者的适度引导。众筹参与者参与众筹的目的各有千秋,有的纯粹是对众筹事项感兴趣,有些纯粹为了公益,有些是为了信仰,有些却是纯粹凑热闹。平台对参与者应进行适度引导,帮助他们提升风险辨别和抵抗能力。对于大额认筹项目,建议设立认筹最高限额,甚至可以对某一时间段的同一认筹或发起认筹者的筹资金额予以限制。

(4)对所筹措资金安全的保障。对进入平台的资金,筹资平台要设置好保管措施,防范资金被盗风险,同时要有完善的资金进出流程,确保资金的安全使用。

(5)对认筹者的资金来源做适度检查。对一些小规模的众筹,实务中很难要求平台对认筹者资金来源进行检查。但平台对大额认筹项目的认筹者资金来源,频繁认筹者的认筹资金来源应做适度检查与关注。

(二)对众筹平台的规范与引导

目前众筹发起者直接通过自己的媒介发起众筹项目的还是少数,大部分众筹都是通过众筹平台来筹资。众筹平台无论是自己发起众筹项目,还是为筹资者提供发起项目平台,在未有新的规范出台前,应在现有法律规制体系下对众筹平台予以规范和引导。

首先,规范操作。平台是提供众筹的中间组织,无论其是否属于收费平台,平台自身应避免经手筹措的资金。在完成一系列项目检查与主体身份核验程序后,众筹开始,认筹者资金建议直接进入筹资人账户,尽量避免资金中转引发的潜在风险。

其次,严格审查。众筹平台对拟在平台上发布的众筹项目应具有初步审查的义务。通过对主体身份、筹资目的、项目内容、筹资规模等各方面进行审查,综合判断项目的合法性与可行性。对于不具备可行性的项目建议完善,对于违法项目严格禁止上网发布。

最后,信息公开。众筹平台应确保信息公开,无论是众筹发起者、认购者还是其他第三方在众筹期间都能实时关注信息变化,了解项目进展,知悉资金花费走向。对于有承诺的众筹,还应公示承诺履行情况。

参考文献:

[1]张明楷:《刑法学》(第四版),法律出版社 2011 年。

[2]柏亮主编:《众筹服务行业白皮书.2014》,中国经济出版社 2014 年。

[3]郭华:《互联网金融犯罪概说》,法律出版社 2015 年。

[4]杨东、文诚公:《互联网＋金融＝众筹金融:众筹改变金融》,人民出版社 2015 年。

[5]零壹研究院:《众筹服务行业年度报告.2015》,东方出版社 2015 年。

[6]李天阳编著:《一本书读懂众筹》,北方文艺出版社 2016 年。

四、其他法律问题专论

互联网金融环境下诈骗犯罪侦办难点与对策

三门县人民检察院　黎群松[*]

摘　要：互联网金融利用大数据、云计算以及金融产品的创新改变了资本市场的资金配置模式，为社会提供便捷、普惠的金融服务产品。犯罪分子利用互联网的虚拟性、第三方支付的便捷性以及互联网金融的监管漏洞，实施远距离、跨区域非面对面接触式诈骗，给人民群众带来巨大经济损失，也严重地影响了互联网金融的发展。对于新兴的互联网金融领域内的诈骗犯罪，司法机关尚未形成完善的侦查办案机制。互联网金融诈骗犯罪案件取证难、定性难、追赃难等特点，严重影响了公安机关对此类案件的侦破。刑事法律规定相对于新兴的互联网金融滞后以及国家前瞻性地对互联网金融发展的支持政策，考验着刑事司法工作者的能力与智慧。破解金融诈骗犯罪的侦办难题，必须建立健全互联网金融的内、外部的监管监控体系，建立健全适应互联网的电子证据追踪取证体系，加强对互联网金融理论与实践的教育、研究，建立一支互联网金融领域的专业司法队伍，健全立法，堵住漏洞，加强宣传，发动群众，形成完善的互联网金融司法保障机制。

关键词：互联网金融；诈骗犯罪；虚拟空间；侦办难点；对策

P2P、众筹、第三方支付等是互联网金融创新的亮点，借贷脱媒、股权融资脱媒，在现代互联网技术的飞速发展的助推下，已经不是遥远的梦。2015 年 7 月，人民银行等 10 部门联合发布《关于促进互联网金融健康发展的指导意见》，确立

---

[*] 黎群松，男，三门县人民检察院侦查监督科副科长。

了"鼓励创新,支持互联网金融稳步发展"的原则,并将互联网支付、网络借贷①、股权众筹融资列为创新的规范对象。但 P2P 跑路早已在互联网金融界有所传闻,然而在高额利润的诱惑下,"狼来了"的警示并未引起人们的足够重视。直到 E 租宝等一系列的互联网金融诈骗案的发生,将沉浸在互联网金融"淘金"梦中的人们惊醒。《网络借贷信息中介机构业务活动管理暂行办法》、《移动互联网应用程序信息服务管理规定》、《互联网信息搜索服务管理规定》也相继出台。就在上述法规生效不久,便接二连三地发生了大学生被骗事件。互联网支付也危险重重。面对猖狂的互联网金融诈骗,刑事打击被人们赋予了很高的期望。

一、互联网金融的特点

互联网金融是借助互联网技术、移动通信技术实现资金融通、支付和信息中介等业务的新兴金融模式。② 因为借助互联网平台与国家对互联网金融模式的鼓励政策,互联网金融有成本低、效率高、服务便捷、不易受行政壁垒制约等优势,因而发展快、覆盖广,影响也与日俱增。但也存在信息不透明、监管难、管理水平低、风险大,容易被犯罪分子利用等缺点。

(1)互联网金融技术含量高、创业成本低,有利于互联网企业的快速发展,同时也使得风险大增。与传统金融业相比,互联网金融领域的一个明显特点在于大量金融服务由非传统金融机构"跨界"提供。虽然单从技术层面比较,这些非传统金融机构所采用的安全防护措施相较传统金融机构可能技术含量相当甚至更高,但是在风险防范观念意识、内部控制健全程度、外部监督约束力度等方面,仍无法与传统金融机构相提并论。③ 传统的金融业除了要以效率为目标进行资本市场的资源配置外,还肩负着国家宏观调控、货币政策方面的职能,同时也是国民经济稳定发展的重要压仓石。国家对传统的金融机构监管严密,传统的金融机构自身也非常注重风险控制。而新兴的互联网企业则以效率为先导,相对于安全监管来说,更加注重投入产出比。为了以更小的投入,获取更高的回报,新兴的互联网企业压缩了内部监管体系的投资,安全防范措施薄弱了,给诈骗犯罪分子提供可乘之机的安全漏洞也就多了。另外,相对于传统的金融企业,由于投资小,准入门槛低,从而导致竞争异常激烈。企业为生存发展,通过互联网的

---

① 网络借贷包括个体网络借贷(即 P2P 网络借贷)和网络小额贷款。个体网络借贷是指个体和个体之间通过互联网平台实现的直接借贷。详见《关于促进互联网金融健康发展的指导意见》第 8 条。

② 郑联盛:《中国互联网金融:模式、影响、本质与风险》,《国际经济评论》2014 年第 5 期。

③ 杨勇:《互联网金融的特点、风险及应对》,《吉林金融研究》2006 年第 4 期。

技术,规避监管,甚至涉足非法经营的事件时有发生,如利用 P2P 进行集资诈骗。

(2)基于互联网提供的非面对面接触式的金融服务,方便快捷,但也暗藏了信用风险。控制金融风险最根本的方法除了抵押、担保之外,就是信用。信用来源于了解。而互联网金融的发展则使得交易各方之间"面对面"接触尽可能的放在网上,直观的信用获取渠道虚拟化,加之我国征信体系尚不完善,通过网上认证等方式获取的信用保证尚不足以保障交易的安全。通过网络资料,你所看到的、听到的,可能是经过加工修饰的。因此,部分互联网金融产品交易的安全基础信用是建立在不完善的认证机制与无法确定真实性的网络传输的数据资料上的,此类产品交易风险的增大也就不难理解了。由此观之,近年来,不时出现的网络融资平台倒闭甚至卷款潜逃、投资者损失惨重事件也绝非偶然。

(3)网络金融产品向社会公众推广成本低、发展快、覆盖范围广,风险也随着产品迅速扩张。一种产业的扩张速度,也要受事物本身的内在逻辑制约。传统金融产品主要由受到严格监管的传统金融机构推出,其推广方式和销售范围都有明确限制,具体执行过程也需要接受监管机构的监督检查,成本较高,扩张速度较慢。而互联网平台本来就是以资讯交流便捷、传播迅速,受众面广为重要特征。在信息传播方面的优势,可以使互联网金融平台突破地理疆域的限制,加上互联网金融产品的创新,使其能够轻而易举地突破监管机构的监管,迅速传播,快速扩张。另外,由于扩张的限制较少,互联网金融的马太效应相较传统的金融企业更为明显。如果没有政府的介入,往往只有少数的几个强者能够生存。如阿里巴巴旗下的支付宝,依托淘宝商城的商家客户的海量信息建立起来。作为第三方支付的龙头企业,2014 年在第三方互联网支付交易规模份额中,支付宝占比达到了 49.2%,比第二位财付通占比 19.4%的市场份额高出了约 30 个百分点,银商占比 11.6%,快钱占比 6.9%,汇付天下占比 5.3%,易宝支付与环讯支付所占市场份额分别为 3.2%、2.7%。[①] 在残酷的强者生存的规律面前,互联网金融在快速扩张过程中,风险的控制往往被放在次要位置,风险的发生也是难以避免的。

二、互联网金融环境下诈骗犯罪侦办难点

(一)网络证据的收集与认定困难

首先,犯罪分子利用最新的互联网技术进行多重的反侦查手段,切断犯罪线

---

① 张道升、谢乾坤:《第三方支付平台支付宝的发展现状研究》,《焦作大学学报》2016 年第 1 期。

索。VoIP 电话、移动互联网、境外服务器的利用,使得通过追踪诈骗信息的来源侦破案件变得非常困难。互联网金融诈骗除了利用网络广告等守株待兔式的诈骗方式外,更多地使用了 VoIP 电话,主动出击,进行诈骗。为了反侦查,犯罪分子一般将 VoIP 架设于境外互联网服务器上,并利用 VoIP 电话的"透传"①功能,变更电话号码的显示。互联网服务器和落地语音网关存在不确定性和隐蔽性,依托目前的互联网监控体系,很难通过追踪诈骗信息从而查获犯罪分子。

其次,互联网支付、转账、ATM 机取款的便捷,使得侦查机关通过追踪被骗资金的流向追查犯罪变得非常困难。一方面,犯罪分子利用移动支付平台、网银或者第三方支付,多次转账,多次进行资金的拆分组合,再通过异地分笔取款,将一笔诈骗赃款,分解为多笔转账转移,减小目标,增加侦查的难度与成本,以达到逃避刑事追踪目的。另一方面,犯罪分子通过购买等方式获得大批量他人名下的银行卡,用来转移诈骗赃款。公安机关根据赃款流向线索,几经周折,花费巨大的警力和财力,往往也只能查获部分诈骗组织负责取款的马仔和为贪小利而出卖银行卡者,而主要赃款早已被转移。诈骗组织的主要犯罪成员仍然逍遥法外。

第三,互联网金融诈骗犯罪证据再现的困难重重。不论是诈骗的信息流还是资金流,都是通过转换成电子信号在互联网上进行传输的。这些数据需要以何种形式固定,又以何种形式出现在指控犯罪的法庭上,目前还没有形成统一的标准。建立一套行之有效的电子证据取证、鉴定、举证体系是打击互联网犯罪所必需的,如专业人员的培养、鉴定体系的建立、专家证人出庭机制的完善,均影响着互联网金融诈骗刑事案件的办理。

(二)案件定性分歧较大

首先,互联网金融诈骗犯罪与民事欺诈的界限难以划清。所谓民事欺诈,是指一方当事人故意告知对方虚假情况,或者故意隐瞒真实情况,诱使对方当事人做出错误意思表示的,可以认定为欺诈行为。② 梁慧星先生认为,欺诈的构成要件有四:其一,须有欺诈之故意;其二,须有欺诈行为;其三,须被欺诈人因受欺诈

---

① 犯罪团伙使用了"透传软件"对通信数据进行人为操纵,使得受害人的来电号码显示为诈骗团伙设定的任意号码,如通信部门特服号码、银行部门特服号码、政府部门公开电话等,从而降低受害人的警惕性。详见高蕴嵘、李京:《电信诈骗犯罪侦查难点及实证对策研究——以重庆市各区县发案为例》,载《重庆邮电大学学报(社会科学版)》2013 年第 1 期。

② 1988 年 4 月 2 日《最高人民法院关于贯彻执行〈中华人民共和国民法通则〉若干问题的意见(试行)》第 68 条。

而陷于错误判断;其四,须被欺诈人基于错误判断而为意思表示。[①] 这与诈骗行为的构成非常相似。相比之下,前者在主观方面没有非法占有目的,在客观方面没有财产损害要求。刑法学界也持类似的观点,如有学者认为,欺诈等于欺骗加非法占有目的之外的不法意图,而诈骗等于欺骗加非法占有目的。[②] 在互联网金融诈骗中,行为人往往利用信息的不对称,发布具有夸大成分的广告,诱使他人投资或者购物,如推荐股票、期货、贵金属投资等。投资人并非必然产生损失,但行为人却稳赚不赔。对于这类案件,是民事纠纷还是诈骗,争议很大。

其次,既遂与未遂难以把握。犯罪既遂是故意犯罪的完成形态,刑法理论界对犯罪既遂的标准主要有三种主张:结果说(是否造成了法律规定的犯罪结果)、目的说(是否达到犯罪目的)和构成要件说(是否具备了犯罪构成的全部要件)。[③] 互联网金融诈骗中,涉案资金往往需要通过中介进行转移交付,如果涉案资金尚处在银行或者支付宝等公司的转账清算过程中,未到达行为人的绝对控制中,这便存在犯罪既遂与未遂争议。另外,对于网上投资、借贷,行为人往往会夸大收益,隐瞒风险。投资者本身也知道网上投资的高风险,但为了追求高回报,也愿意冒险,在某些情形下,投资者虽然存在损失,但其是否被骗存在争议,从而也影响了诈骗犯罪的既遂与否的认定。

(三)政策边界的把握不易

互联网金融是一种新型金融模式,在过去短短几年内迅速发展起来,是对传统金融的一种完善和补充。2014 年 3 月,国务院总理李克强首次在全国人大会议政府工作报告中提出应促进互联网金融健康发展;2016 年 3 月,国务院总理李克强在政府工作报告中又强调,要深化金融体制改革,大力发展普惠金融[④]和绿色金融。一方面,由于互联网金融是站在时代最前沿的新兴产业,与立法的相对滞后产生了一定的结构性矛盾,刑事司法工作者如果死抠法条而无视时代的进步,则将阻碍社会经济的发展。另一方面,国家政策对新兴的互联网金融的扶持与疯狂的互联网金融领域内的诈骗犯罪又是刑事司法工作者所要面对的另一对矛盾。如何既做到依法打击犯罪,又不误伤互联网金融的发展,单单依据纸面上的法条是远远不够的,此时,国家的刑事政策、产业政策在刑事司法实践中的

---

① 程子杰:《简析民事欺诈的法律范畴》,《武汉船舶职业技术学院学报》2007 年第 1 期。

② 周铭川、黄丽勤:《诈骗与欺诈概念辨析》,《江苏工业学院学报》2005 年第 4 期。

③ 高铭暄、马克昌主编:《刑法学》,北京大学出版社、高等教育出版社 2007 年版,第 160 页。

④ 普惠金融,是指能有效、全方位地为社会所有阶层和群体提供服务的金融体系,实际上就是让所有老百姓享受更多的金融服务,更好地支持实体经济发展。详见郭田勇、丁潇:《普惠金融的国际比较研究——基于银行服务的视角》,《国际金融研究》2015 年第 2 期。

指导作用就显得特别重要。但政策的边界在哪里,如何做到恰到好处,却是不易把握的。

三、互联网金融环境下诈骗犯罪的侦办对策

(一)充分利用现代的科技手段,建立多层次的防控体系,化解侦查取证难的问题

互联网金融诈骗犯罪之所以能够如此猖獗,重要原因是钻了监管疏漏的空子。理想状态下,互联网金融市场可通过大数据信息系统、移动互联网和云计算等技术,实现支付清算和资金融通等领域内的信息对称、金融脱媒及降低信用风险的目标。[①] 但目前,我国现实金融环境中,金融脱媒成为互联网金融主要目的与特点。一是因为互联网金融的便捷性,二是通过互联网金融平台的创新,绕过准入壁垒,进入金融业。通过大数据、互联网和云计算实现信用信息的透明与对称往往被弃之不用。因为这不但需要大量的投入,同时也要形成一定的规模,才能有效进行。只有像支付宝这样有一定规模的互联网金融平台有能力利用大数据与云计算的优势进行资源配置与风险控制。对于规模较小的新兴平台,并无相关的能力与基础。因而,只能由政府主导,建立起互联网金融的大数据体系,提供基础的信息与数据,引导互联网金融业健康发展。此外,还应当做好以下五个方面的工作。一是建立网络信息审查系统,帮助互联网金融平台识别网络用户的身份。特别是初次参与交易的用户,应当严格审查,并确定一定的审查时限,确保用户信息的真实性,也留出时间给交易的其他相关方了解更多的信息。二是建立网络预警机制。通过网络交易频次、金额、地域、资金的流向等的分析,发现是否存在安全隐患,并进行预警。对于被预警的账户,如果存在重大风险嫌疑,则应当对该账户重新审查。三是建设网络报警处理的电子警察体系。受害人的资金被不法盗窃或者诈骗后,通过网上报警,电子警察体系快速启动,追踪涉案资金的流向,协助获取相关账户的信息及取款情况,及时冻结、追回赃款。四是建立起完备的互联网交易记录的备份存档制度,便于侦查机关的查询取证。五是建立互联网电子监管的运行、维护、分析的专业团队与专家库,在保障系统正常运行的前提下,保证电子证据的取证、分析、举证的专业性与权威性。

---

① 杨东:《互联网金融的法律规制——基于信息工具的视角》,《中国社会科学》2015 年第 4 期。

(二)加强合作,弥补监管疏漏,充分发挥司法机关在保障互联网金融发展中的能动性

首先,要加强公安机关之间的协作。互联网金融诈骗犯罪往往涉及多起犯罪事实,多个受害人,每起犯罪事情又可能涉及多地,多地的公安机关均有管辖权,从而产生管辖权争议。因为办理此类案件困难大,要求投入的人力物力可能超出单个公安机关的能力,因此各地对此类案件的办理存在畏难情绪,主观能动性不足。目前解决此类问题的主要方式为指定管辖,挂牌督办,但如此操作不仅反应迟缓,也不足以激发出相关公安机关在配合办案过程中主人翁般的能动性。对于利用互联网作案的犯罪分子的打击,更要应用互联网思维,明确责任与权利。通过互联网数据共享,传递案件线索、办案协助文书等,将多地公安机关实时调动起来,各负其责,模块化办案,提升公安机关合作办案时的效率。

其次,协同互联网平台,建立信息安全共享体系,在保证企业商业秘密与个人隐私的情况下,做到账户的认定信息互联共享。要构建政府监管与行业自律相结合,跨部门、跨地域、多层次的监管体系。并在企业内部监控与行业自律的体系基础之上,在互联网金融平台上建立电子监管系统,实时监控互联网金融违法犯罪情况。利用互联网平台的行业规范、信用激励等措施,建立赃款快速冻结机制,让企业积极配合刑事办案及追赃。

第三,坚持群众路线,发动人民群众参与打击互联网金融诈骗犯罪。要大力进行互联网金融知识的宣传与安全教育,使广大群众了解互联网金融诈骗的手法,做到不上当、不受骗,不给犯罪分子可乘之机。要发动广大群众积极与互联网诈骗犯罪做斗争。鼓励人民群众举报诈骗电话、举报违法互联网平台及企业,提供违法犯罪线索,从一定程度上缓解侦查机关办案过程中取证难、抓捕难、追赃难的问题。同时,也要进行互联网金融诈骗犯罪的警示教育,做到警钟长鸣,震慑犯罪分子。

(三)深入互联网金融领域的研究,精准打击犯罪,保护新兴经济的发展

面对新兴的互联网金融领域,司法工作者应当深入企业,了解企业,理解产业政策,破解立法滞后与新兴产业之间的矛盾。在互联网金融政策的指导下,准确把握国家产业政策的内涵与外延,在社会发展的视野下理解、适用法律,主动从社会发展的角度解读刑事司法,精准案件的定性,在实现法律效果的同时,实现司法的社会效果与政治效果。

首先,要通过深入学习调研,了解互联网金融的特点,破解互联网金融诈骗

犯罪定性的难点。互联网金融诈骗犯罪定性的难点在于,创业过程中的投资风险所造成的损失与非法占有目的给受害人造成的损失界定。这需要司法工作人员对金融业、广告业的行业规则、惯例的了解。准确判断广告的夸张程度是否明显超过行业的习惯;互联网金融平台的运行是否符合相关的规范;资金的去向是否用于合法的投资经营等。认定行为人是否存在诈骗故意,是否造成诈骗损失,从而确定是否符合诈骗罪的构成。

其次,互联网环境下的第三方支付改变传统支付模式,对"处分"或者"交付"行为的理解造成了冲击。主要表现在两个方面。一是受害人进行支付操作之后,资金尚在第三方的控制下,甚至,受害人用信用卡等支付,双方之间发生的只是一种债务。二是受害人被骗点击了暗含支付的链接,而发生转账,受害人在点击网络链接时,对转账一无所知。对于前者,笔者认为应当依据"失控说"的理论来断定是否构成诈骗。对于后者,笔者认为,受害人被骗点击暗含支付的网络链接时,没有支付意识,更无处分财物的意识,故此种情形应当认定为盗窃行为,而非诈骗。

第三,加强对国家关于互联网金融的产业政策、法律、法规的学习,准确理解互联网金融在解决资本市场配置中的巨大作用,灵活利用宽严相济的刑事政策。对于真正利用互联网金融创业,因投资失败造成损失的行为人,从严把握入罪条件,构成犯罪的,也应当从宽处理。对于那些利用互联网金融手段行诈骗之实的,则应当从快从严予以打击,为互联网金融的发展营造宽松的环境。

(四)完善立法,填补我国现行互联网金融法律漏洞,织密互联网金融的法律保障网

金融监管本质上是一个法律问题,金融监管是在法律基础上的监管,互联网金融没有改变金融风险的本质,那么就要以法的目标建立其外在监管。[①]

首先,要加强关于互联网金融的行政、民事法律、法规的研究制定,建立、健全与互联网金融相适应的法律制度,如市场准入、支付结算、电子交易、互联网金融商品监管、个人信息认定及保护、消费者权益保护、网络金融安全标准等。从低等级到高等级,从单一问题的规范到互联网金融的整体规范,逐渐完善,形成互联网金融的专门法律。

其次,适时修改和完善惩治互联网金融诈骗刑事犯罪的法律法规。目前,由于互联网金融总体上游离于金融监管之外,已有不少案例表明一些不法分子利用互联网金融监管的漏洞,从事诈骗犯罪活动。互联网金融诈骗犯罪借助了互

---

① 李爱君:《互联网金融的本质与监管》,《中国政法大学学报》2016年第2期。

联网这种网络虚拟平台,犯罪手段和形式更具有欺骗性、隐蔽性。现有的关于金融犯罪的规定已经不能满足保护新兴的互联网金融发展的需要,我国的刑事立法亟须考虑增设互联网金融犯罪的相关条款,并进一步修改和完善现有金融犯罪条款。2011年,最高人民法院、最高人民检察院出台的《关于办理诈骗刑事案件具体应用法律若干问题的解释》对电信诈骗罪的定罪量刑标准作出了规定,利用发送短信、拨打电话、互联网等电信技术手段对不特定多数人实施诈骗,诈骗数额难以查证,但发送诈骗信息5000条以上的,拨打诈骗电话500人次以上的,或者诈骗手段恶劣、危害严重的,以诈骗罪(未遂)定罪处罚。但真正以该标准被追究刑事责任的案件很少。该标准在目前互联网监管环境下,尚无法解决取证难的问题。互联网金融诈骗犯罪入罪标准还要进一步改进。譬如,可以比照盗窃犯罪的立法,将诈骗的次数、手段、情节等方面作为入罪的标准,从实体法方面解决打击互联网诈骗犯罪取证难的问题。

第三,针对互联网领域内电子证据的取证难点,进行专门的证据规则立法,解决电子证据的取证、举证以及证据标准的问题。一方面,统一电子证据的标准,明确取证责任。另一方面,依据证据标准,建立专门的电子证据分析鉴定机构,为破解互联网电子证据取证难的问题提供法律依据与组织保障。

第四,完善公安机关内设机构设置的相关法律法规,建立起一支专门的维护互联网安全,打击网络违法犯罪的公安队伍。随着互联网技术的发展,互联网已经日益普及,"互联网+"的时代已经开启,互联网从普通的数据资讯的传输上升到经济资源的配置管理。互联网已经不仅是一种手段,而且是人们生活、工作、社交等方面不可或缺的一维空间。一个可见的熟人社会,一个村、一个地区还需要一个民警负责治安等问题,何况是在一个如此广阔无垠的互联网空间,到处充满的都是"陌生人",法治是维持秩序的唯一手段,[1]专业的警察队伍是保障互联网金融法治化的关键抓手。

互联网的虚拟性的一面,给违法犯罪带上了具有欺骗性的面具。基于移动互联网的第三方支付(便捷支付)、P2P平台、众筹等互联网金融平台上流通的资金,由于监管的疏漏,已成为犯罪分子眼中的"唐僧肉"。"魔高一尺,道高一丈",应对违法犯罪之魔,我们必须建立起更高的法律之"道"。除此之外,我们还要建立起严密的互联网监管、认证体系,驱散互联网中欺诈的雾霾;建立起电子警察系统,有效地跟踪每一份可疑信息,每一笔非法资金;建立起一支专业的司法队伍,有效地打击违法犯罪,保证互联网金融的健康发展。

---

[1]　有人可能提出来道德、诚信也是维护互联网秩序的重要手段。但是如果没有法治保障,便会出现"劣币驱良币"的情况,道德与诚信力量将逐渐消失。

网络现货交易平台诈骗案件办理中的问题研究

——以绍兴地区网络现货交易平台诈骗案件的办理为视角

绍兴市人民检察院　杨琦　章丹[*]

摘　要: 利用网络现货交易平台实施诈骗是一种新型的诈骗犯罪手段。本文从网络现货交易平台诈骗类案件产生及发展的背景,分析其产生的根源,通过分析此类犯罪的类型,剖析其犯罪的特点,来准确理解其内涵。结合司法实践中,对认定此类犯罪存在的争议焦点,将此类犯罪与其他犯罪进行比较分析,以此来界定罪与非罪、此罪与彼罪的界限,以期为解决司法实践中精准地认定犯罪,有效地为解决此类犯罪的定性问题提供有益的参考。

关键词: 网络平台;现货;诈骗

现货交易作为近年来兴起的一种较新的投资渠道,凭借其灵活的交易机制逐渐在投资市场占有一席之地,对投资者产生了难以抵挡的诱惑力,但是在现货交易蓬勃发展的同时,相关法律制度和监管体制不健全等原因也催生了不少乱象。近年来,利用网络现货交易平台实施诈骗犯罪的刑事案件趋于高发态势,给人民群众造成了巨大的财产损失。在司法实践中,对利用网络现货交易平台实施诈骗行为的认定和具体适用仍存在不少争议,因此准确界定此类犯罪行为,对有效打击犯罪,保障人民群众的财产安全,具有十分重要的意义。

一、网络现货交易平台诈骗案件产生的背景

诈骗罪是"社会的一面镜子"[①],随着社会政治、经济、文化以及人民生活观念与生活方式等方面的改变,诈骗犯罪的手段、对象、发生率等必然且已经发生

　＊　杨琦,女,绍兴市人民检察院公诉一处处长;章丹,女,绍兴市人民检察院公诉一处助理检察员。

　①　[日]木村光江:《诈骗罪的研究》,东京都立大学出版会 2000 年版,第 12 页。

变化。① 2014年以来,绍兴经济进入了转型升级的关键期,网络的蓬勃发展对社会生活产生了深远影响,网络技术运用更加简单化、普及化,使用范围更加深层次、广泛性,互联网思维已经深入人心,人们已经接受并习惯在工作和生活中熟练、频繁地运用各类社交工具、电子商务平台等,对各种网络衍生产品的接受度、使用度较高,与此同时涉网犯罪数量猛增,在当前经济增幅放缓、民间融资需求量巨大的背景下,充分利用网络自由、互动、便捷以及大众化的特点,各类网络投资平台应运而生,但也为利用互联网实施犯罪活动打开了方便之门。从绍兴市检察机关办案情况来看,利用网络现货交易平台实施诈骗犯罪的案件层出不穷,呈现出犯罪成本低、隐蔽性高、团伙性组织性强,调查取证困难大、涉及面逐步趋广、社会危害日益严重等特点和趋势,严重破坏了金融和经济秩序,诱发了社会不稳定因素,同时也暴露出一系列的法律缺失和监管薄弱等问题。

一是现货商品交易缺少法律规制。目前我国对于证券、期货市场均有一系列立法进行监管,但对线上及线下的现货商品交易的监管缺少完备的法律约束,除了2013年商务部、中国人民银行、证监会联合出台的《商品现货市场交易特别规定(试行)》外,尚无其他的法律法规予以规制,这给犯罪分子实施诈骗犯罪以可乘之机。

二是网络现货交易平台缺乏有效监管。网络现货交易因具有交割灵活、支持双向交易等特点而吸引了大量非专业而有闲散资金的投资者参与,致使该类交易平台如雨后春笋般在市场上出现。目前全国有400余家现货电子交易平台,但其中只有少部分是经过有关部门审批或备案的正规交易平台,大部分都有非法设立、虚拟化的嫌疑,既没有任何的现货实物仓储仓库,也不能进行实物交割,犯罪分子只需租用平台服务器,招募若干业务员,便可实施诈骗牟利。另外,目前全国对现货电子交易没有统一的监管部门,互联网现货市场的设立审批及监管权被下放到县级以上商务主管部门,造成各地对互联网现货市场设立的门槛标准不一。由于缺乏法律规制和有效监管,网上各类虚假网络平台打起项目投资的旗号,以高额返利来吸引人上当受骗,网络投资活动存在的问题和风险也逐渐暴露出来。

三是发案原因区别于传统犯罪,具有网络特性。首先,网络使用的便捷性,导致犯罪成本较低。从犯罪投入看,利用电子商务平台诈骗,只需虚假注册成立一个公司,购买平台交易软件,招聘若干员工即可操作。而作案每次获利少则数万元,多则数百万元甚至数千万元,利益的反差诱使犯罪分子铤而走险。另外,因犯罪对象的不特定性,受害人数量众多,由此获得大量收益,比传统的投资诈

---

① 张明楷:《诈骗罪与金融诈骗罪研究》,清华大学出版社2006年版,第1页。

骗方式获取更大利润。其次,网络社会的虚拟性,导致犯罪欺骗性强。网络世界的虚拟性容易使人放松戒备,在绍兴检察机关起诉的网络投资平台诈骗案件中,很多都是利用婚恋网站交友、QQ、微信等社交工具联系受害人,逐步引诱受害人进入其指定的网络投资平台进行投资,网络社会的虚拟性,让这些犯罪手段具有很强的欺骗性。如,"安徽富鑫公司"诈骗案中,陈某某等男性业务员虚构第三方女性身份,到婚恋网站以谈恋爱、交友为名结交单身男性为好友,通过微信等方式聊天博取对方信任后,以普通投资者身份向对方推荐国际原油期货交易,并发送虚假的交易截图,诱骗受害人到其虚构的网络平台进行投资。再次,网络技术的同一性,导致犯罪复制性强。一个软件,在多个犯罪团伙中重复使用,导致类似的网络投资诈骗案件在各个地方频频发生,更致使各地受害人损失巨大。如绍兴检察机关起诉的网络投资诈骗犯罪中,所涉及的来自上海、广西、浙江等地的天瑞大宗商品交易平台、广西鑫富银订货系统交易平台、"美盛国际"外汇软件平台、"熠鑫贵金属"交易平台、"鼎诚贵金属"交易平台、"南昌矿金"贵金属交易平台、"德胜金融"虚拟黄金交易平台等,都是以每月 5000～8000 元不等的价格,租用自深圳市的同一家科技股份有限公司的软件,只是将同一平台软件改换不同的名称,设置同样用以欺诈客户的可修改交易价格、延迟交易等功能的后台管理权限,从而达到骗取投资资金的目的。最后,网络行为的识别难,导致犯罪发现率低。网站运营商在甲地、网站在乙地、交易平台在丙地、资金流向在丁地的网络特殊架构,网络人员、行为、关系复杂,为犯罪提供了很好的庇护,隐藏在网络后面,监管无法全面覆盖,网络行为活动识别难度大为增强,而犯罪隐蔽性强也导致破案难度加大,这种现象一定程度上削弱了打击震慑犯罪的扼制力,滋长了犯罪人员侥幸心理。

二、网络现货交易平台诈骗案件的类型和特点

2014—2016 年,绍兴市检察机关共受理审查起诉电子商务平台诈骗案 66 件 963 人,涉及现货交易平台 30 余个、受害人达数千名、经济损失达 10 多亿元,其中绍兴市院受理审查起诉的就达 31 件 393 人。这些行为严重破坏金融和经济秩序,诱发社会不稳定因素。犯罪分子以正式注册成立的投资贸易公司为包装,以国际原油交易、贵重金属交易、化工产品、农副产品交易、股票投资等名义,通过非法使用正规的大宗商品电子交易平台或非法架设的虚拟电子交易平台,模拟合法现货交易平台的经营管理模式,诱骗他人投资,造成他人巨大亏损而牟利。上述案件根据犯罪形式区分,主要有以下三种类型:

第一种是经有关部门批准设立的具有合法形式的现货平台经营者,将平台

中部分交易品种外包给"做市商"做市，平台方为"做市商"提供后台数据及资金支持，由"做市商"操纵品种价格并诱导投资者反向操作从而诈骗投资者资金。

第二种是利用经有关部门批准设立的具有合法形式的现货交易平台，实施变相期货交易，其盈利方式除收取客户的手续费、交易费外，还按比例瓜分客户的交易亏损。在犯罪过程中隐瞒对赌关系，通过看似正规的现货交易平台，以虚构的第三方身份诱骗受害人进入平台投资，在前期指导受害人操作过程中，通过提供正确行情使受害人部分盈利，取得受害人信任后，以提供反向行情、恶意刷单等方式致使受害人亏损，以骗取资金。由于此类诈骗犯罪因挂靠有合法形式的交易平台，又往往利用第三方支付公司作为资金委托方，以平台提供的交易行情进行操作，具有较强的隐蔽性和欺骗性，多数受害人被骗后，误以为亏损是自己操作不当导致，很多受害人系在案发后侦查机关向其取证时才知道自己被骗。

第三种是利用非法架设的现货交易平台，诱骗客户投资，通过篡改后台交易数据、修改行情走势、操纵价格、卷走客户资金等方式，骗取客户资金。这类平台俗称"黑平台"，有的后台由公司操盘手控制，运用任意注入的虚拟资金操控行情点位，先让客户有小量盈利以取得客户的信任，再诱骗客户投入大额资金，指导客户与操盘手进行反向操作，将客户亏损金额占为己有。还有的打着合法公司的名义招牌，与网络软件公司相互勾结，在互联网上搭建虚假的大宗商品、农产品、贵金属等交易平台，同时虚构物品、证券及贵金属等交易，在交易过程中以高额回报为诱饵诱骗客户投资，后通过人为操控平台的方式骗取客户资金。在交易过程中，客户真正投入资金到平台后，通过人工操作交易软件、人为操纵交易涨跌、制造投资人资金交易"亏损"的假象进行诈骗；或者在受害人投入资金到平台后，将受害人资金转走占为己有，在受害人要求取出资金时拒绝受害人取出资金，通过人为刷单方式刷亏客户账户资金。如绍兴市检察院办理的王某某等人利用虚构的贵金属交易平台诈骗案，王某某以投资咨询的名义成立公司，虚构百亚贵金属交易系统，公司成立后通过招聘代理商组成了以其自己公司为总代理商的诈骗网络，并将平台交易行情提前发送给下级代理商，下级代理商招聘业务员骗取客户信任后，客户投入资金到公司代理的虚假平台。各代理商由公司内的"主任"通过将之前知道的行情反向给客户提供的方式骗取客户亏损资金，以谋取不正当利益。

以上三种类型的网络现货交易平台诈骗犯罪均具有以下主要特点：

一是犯罪设计体系化，欺骗性极强。诈骗团伙以注册成立的投资贸易公司为包装，通过非法使用正规的大宗商品电子交易平台，或非法架设虚拟电子交易平台，模拟合法现货交易平台经营管理模式，通过"引市"—"送金"—"诱投"—"杀客"等环节，诱骗他人投资，造成他人巨大亏损而牟利。如蒋某等人诈骗案中,蒋某等人非法架设"观之茗"农产品现货交易平台,虚构现货茶叶交易,诱骗众投资人到平台开户经营,后通过操盘手操纵交易品种的价格走势,通过先"送金"后"杀客"的方式骗取客户资金共计2000余万元。

二是犯罪手段陷阱化,投资必然亏损。诈骗团伙主要采取以下三种手段造成投资者必然亏损:利用虚拟资金和后台信息,在操盘账户中注入大量的虚拟资金,使其在与投资者的对赌关系中获得绝对的资金优势,人为操纵品种交易价格涨伏和走势;使用"延迟"、"滑点"插件,即根据平台诈骗分子的需要,设立一个价格行情延迟时间点,发布给投资人的成交价格均系延迟后的市场价格,或把K线图指数做人为的技术"处理",投资人根据错误的信息出手交易。如"美盛国际"外汇平台诈骗案、"熠金贵金属"平台诈骗案即是如此;利用虚构第三方身份鼓动客户频繁"刷单"骗取高额手续费,并隐瞒对赌关系,为客户提供"分析师",提供反向操作指导,诱骗客户加金重仓操作,造成重大亏损。

三是犯罪组织集团化,层级分工明确。诈骗团伙人员众多,具有群体作案特点,如"安徽富鑫公司"诈骗案涉案人员高达50人。诈骗团伙内部组织层级严密,涉案人员分工细致、级别分明,一般设行政部、市场部、客服部、财务部及业务部等部门,往往实行专业化运作,并由股东、合约代理商("做市商")、下级代理商(业务员)、分析师、操盘手等五类人员构成。由股东、合约代理商、下级代理商(业务员)、分析师、操盘手等分别负责指挥诈骗活动、承包非法交易品种、具体联系发展客户、引诱客户购买大额现货、幕后操纵现货价格等事宜。如任某等人诈骗一案中,3家一级代理商分布于山东、深圳和福建,二级、三级代理商各有2家,受害人涉及全国各地200余人。

四是犯罪主体高智商化,犯罪手段高科技化。诈骗主犯文化水平较高,往往有大学、研究生学历,其中不乏名校学生,大部分人有从事金融、期货、现货等相关领域的工作经验,有些甚至是行业的顶尖人才。例如"南京亚太"平台诈骗案主犯谢某,系清华大学高才生、MBA硕士,入选南京市"321人才计划"。另外,犯罪手段高科技化,如潘某等人诈骗案,潘某从国外购进MT4交易平台,自主研发上述"延迟"、"滑点"插件,并将插件以高额价格出售、出租给上海、宁波、杭州等地6家诈骗投资公司和网络公司,数月内骗取全国各地受害人资金1000余万元。

五是犯罪行为跨区域化,作案手法隐蔽。从目前绍兴市检察机关办理的网络平台诈骗类犯罪案件来看,均呈现出跨区域化的特点。犯罪行为人几乎都不在绍兴本地,一些犯罪行为人甚至在境外。整个犯罪过程基本都在网上完成,作案手法隐蔽,受害人与作案人无见面过程,往往无法提供作案人的真实有效信息。自2014年1月以来,绍兴警方为侦破网络类诈骗犯罪案件,派遣民警赶赴深圳、湖南、福建等多个省份开展工作,抓获犯罪嫌疑人数百名。犯罪行为的跨区域性使得受害人分布分散,导致在侦查和审查起诉过程中取证困难,无法全面收集到受害人被诈骗的客观证据。如绍兴市院办理的徐某某等人诈骗案中,徐某某等人在网上购买受害人的电话号码,通过随机拨打电话的方式吸引受害人到可人为操控的虚假平台上进行贵金属交易。所涉及的受害人均分布在全国各个省市,这导致在侦查过程中往往无法联系到大多数受害人,侦查取证较为困难。虽然本案中被骗的受害人达数百人,但仅收集到 60 余名受害人的陈述及相关交易记录等客观证据,导致其余受害人无法得到有效补偿。

三、网络现货交易平台诈骗犯罪的刑法界定

(一)正确界定罪与非罪

1.是否以骗取受害人财物为主要目的,具有非法占有的故意

根据刑法规定,诈骗罪是指以非法占有为目的,采用虚构事实或隐瞒真相的方法,骗取数额较大的公私财物的行为。诈骗罪侵犯的客体是公私财物所有权,所侵犯的对象仅限于国家、集体或个人的财物。该罪的基本构造为:行为人实施欺骗行为→对方陷入或者继续维持认识错误→对方基于认识错误处分财产→行为人取得或者使第三者取得财产→受害人遭受财产损失。[1] 从绍兴市检察机关目前办理的网络平台诈骗犯罪来看,犯罪行为人实施犯罪的行为模式虽与传统的诈骗手段有所区别,系以互联网平台作为诈骗载体而实施的诈骗行为,但其最终的目的与传统的诈骗犯罪并无区别,无论犯罪行为人通过网络平台实施何种诈骗行为,均是以骗取受害人钱款作为最终目的。

2.是否实施了诈骗的手段

诈骗罪客观上表现为使用欺诈方法骗取数额较大的公私财物。首先,行为人实施了欺诈行为,欺诈行为从形式上说包括两类:一是虚构事实;二是隐瞒真相。从实质上说是使受害人陷入错误认识的行为。欺诈行为的内容是,在具体状况下使受害人产生错误认识并作出行为人所希望的财产处分。因此,不管是虚构、隐瞒过去的事实,还是现在的事实与将来的事实,只要具有上述内容的,就是一种欺诈行为。其次,欺诈行为必须达到使一般人能够产生错误认识的程度。欺诈行为使对方产生错误认识,对方产生错误认识是行为人欺诈行为所致,即使对方在判断上有一定的错误也不妨碍欺诈行为的成立。再次,在欺诈行为与对

---

① 张明楷:《诈骗罪与金融诈骗罪研究》,清华大学出版社 2006 年版,第 5 页。

方处分财产之间,必须介入对方的错误认识,如果不是因欺诈行为产生错误认识而处分财产,就不成立诈骗罪。而处分财产表现为直接交付财产,或者承诺行为人取得财产,或者转移财产性利益。欺诈行为使受害人处分财产后,行为人便获得财产,从而使受害人的财产受到损害。

在网络现货交易平台诈骗类犯罪中,犯罪行为人通过虚构现货交易的事实,隐瞒与客户之间的对赌关系或者行情虚假等真相,在实施交易过程中有提供反向行情等明显的欺诈对方的行为。在网络平台诈骗类犯罪中,行为人主观上具有非法占有受害人钱款的目的,客观上实施了诈骗的行为,同时也侵犯了受害人的财产,可以认定其行为构成诈骗罪。如刘某某等人诈骗案件中,犯罪行为人在客户进行操作之前就已经得到了平台方所发送的后期交易行情,后"指导老师"在给客户指导操作过程中,通过将交易所发送的行情反向提供给客户的方式致使客户亏损,后将客户亏损的资金按一定的比例与交易所进行分成。同时在给客户提供行情过程中,犯罪行为人在所建的 QQ 群中多次讨论是否将客户做亏,此种行为明显具有诈骗的故意。

(二)准确区分此罪与彼罪

在司法实践中,要注意将利用网络现货交易平台实施诈骗行为和操纵证券、期货市场罪,诱骗投资者买卖证券、期货交易合约罪和非法经营罪三个罪名相区分。

1.区分诈骗罪与非法经营罪

非法经营罪指的是未经许可经营专营、专卖物品或者其他限制买卖的物品、买卖进出口许可证、进出口原产地证明以及其他法律、行政法规规定的经营许可证或者批准文件,以及从事其他非法经营活动,扰乱市场秩序,且情节严重的行为。根据前文分析的利用网络现货交易平台实施诈骗的三种形式中第一种和第二种类型,即非法使用合法设立的平台,有意见认为,只要是在合法设立的现货交易平台下从事的交易活动,如不能人为操纵行情,则至多只能认定为进行"变相期货交易"的非法经营罪,而不能认定为诈骗罪。2007 年国务院《期货交易管理条例》第 4 条第 2 款规定,禁止变相期货交易。该条例第 89 条规定,任何机构或者市场,未经国务院期货监督管理机构批准,采用集中交易方式进行标准化合约交易,同时采用以下交易机制或者具备以下交易机制特征之一的,为变相期货交易:(1)为参与集中交易的所有买方和卖方提供履约担保的;(2)实行当日无负债结算制度和保证金制度,同时保证金收取比例低于合约(或者合同)标的额20%的。2012 年修改的《期货交易管理条例》则取消了上述关于"变相期货交易"的规定,但并不意味着变相期货交易合法化,修改后的《期货交易管理条例》

第2条明确了期货交易的实质特征,即采用公开的集中交易方式和以标准化合约为交易标的,也就是说,只要未经国务院期货监督管理机构批准,采用公开的集中交易方式进行标准化合约交易,就属于非法经营期货业务。[①] 不再受旧版的条例中以保证金收取比例等交易机制作为判断是否属于变相期货交易的规定的掣肘。非法使用合法设立的现货交易平台和使用非法设立的现货交易平台的诈骗案件,或未经国务院期货监督管理机构审批,或超出了有关部门的审批范围,进行变相期货交易,均属于非法经营期货业务,属于"非法经营"范畴。在实践中,那些表面上看上去相似的案件,有的地方法院以非法经营罪定罪处罚,有的地方法院则以诈骗罪定罪处罚。要正确区分二者,一是看是否人为造成投资者亏损。在非法经营的案件中,平台虽然没有经过国家机关的合法审批,但除此之外,平台是依照正常的交易规则进行交易,客户在平台投资、交易、买卖都是自由、自主的,不存在操纵行情、限制出金、后台操控等行为。自身操作不当或者对行情的把控不利是投资者亏损的主要原因。而平台诈骗案件中,平台方往往不会放任投资者自己操作,为了迅速、最大化地牟取暴利,平台方一般会采用反向指导、"滑点"、"延时"插件、后台数据修改等行为,人为造成客户亏损。二是看是否赚取投资者亏损。在非法经营类案件中平台方只是给投资者提供了一个交易的场所,赚取投资者在交易过程中产生的手续费,投资者亏损的钱被另外一部分的投资者赚取。而平台诈骗案件中的平台方及代理商,既是交易规则的制定者,又是市场中的交易者,除了赚取客户手续费之外,同时也参与投资者亏损的分配,与投资者形成一种对赌关系,平台方及代理商与投资者的利益相反,平台方或代理商赚取的是客户亏损,这就势必要求平台方及代理商想方设法让投资者亏损。

2.区分诈骗罪与操纵证券、期货市场罪

操纵证券、期货市场罪指的是以法律明令禁止的各种方法,操纵证券、期货市场,且情节严重的行为。刑法明确规定了"单独或者合谋,集中资金优势、持股或者持仓优势或者利用信息优势联合或者连续买卖,操纵证券、期货交易价格或者证券、期货交易量的行为"等四种操纵证券、期货交易市场的行为。根据前文分析的利用网络现货交易平台实施诈骗的三种形式中的第一种类型,即合法设立的平台方品种外包给"做市商",由"做市商"操纵品种价格并诱导投资者反向操作实施诈骗的案件,有观点认为应当认定为操纵证券、期货市场罪。该类平台诈骗案件,客观表现为合法的现货、期货平台与"做市商"勾结,操纵平台价格走

---

① 王涛、李小文、徐清、罗造祉:《非法经营罪实务问题研究》,《刑事司法指南》2015年第4集,第223—224页。

势,在客观行为上与操纵证券、期货市场罪存在一个共同点即均有操纵价格的行为。要正确区分两者,一是看其是否利用虚拟资金操纵价格。操纵证券、期货市场罪的行为人客观上也表现为利用资金优势,操纵价格,但行为人操纵市场价格所用的资金是真实的。此时,行为人将真实资金投入到市场中,但不能避免当某个投资人资金量大于行为人的资金量时,行为人无法操纵价格,反而造成自己亏损的情况。① 而利用网络现货交易平台实施的第一种诈骗案件中,"做市商"用于操纵价格的资金并非真实资金,是由平台给"做市商"的操盘账户中打入的虚拟资金,这些虚假资金没有上限,只要"做市商"有需要,平台就可以无限制地给"做市商"账户注入虚拟资金,"做市商"用有资金优势绝对的虚拟资金和投资者真实的资金对赌,可以保证操纵的价格向投资者相反的方向发展。二是看"做市商"或者其下级代理是否向投资者提供了虚假的行情信息。平台诈骗区别于操纵证券、期货市场罪的另一个重要特征就是"做市商"不但操纵行情走势还向投资者恶意提供与所操纵行情相反的信息。只有确保投资者的操作方向与"做市商"操纵的行情方向相反,才能最终造成投资者亏损,从而骗得财产。"做市商"为使投资者向与其操作的相反方向进行投资,往往在一开始便向投资者鼓吹公司有内幕消息,虚构按照其提供给投资者的行情指导操作,就能够获取高额投资收益的假象;当投资者刚投入资金或资金量较小时,"做市商"或下级代理会向投资者提供真实行情,让投资者获得少量收益,使投资者对其所谓的"有内幕消息"可以保证盈利的骗术深信不疑,后再鼓动投资者加大资金投入,从而一步一步诱使投资者加大资金量,最终以错误的行情指导重仓交易后造成投资者巨大亏损。

3. 区分诈骗罪与诱骗投资者买卖证券、期货交易合约罪

诱骗投资者买卖证券、期货交易合约罪指的是证券交易所、期货交易所、证券公司、期货经纪公司的从业人员,证券业协会、期货协或者证券期货监管管理部门的工作人员,故意提供虚假信息或者伪造、变造、销毁交易记录,诱骗投资者买卖证券、期货合约、造成严重后果。根据前文分析的利用网络现货交易平台实施诈骗的三种形式中第一种和第二种类型,行为人均实施了故意给投资者提供错误行情指导,诱使投资者反向操作造成亏损。这与诱骗投资者买卖证券、期货交易合约罪的客观行为表现非常类似,有观点认为应当认定为诱骗投资者买卖证券、期货合约罪。要正确区分二者,一是看是否存在真实证券、期货交易合约。诱骗投资者买卖证券、期货交易合约罪的案件中,投资者买卖的标的物必定是证券、交易市场中存在的真实的合约,但是在网络现货交易平台诈骗案件中,并不存在真实的合约,其只是借助现货批发市场、大宗商品交易市场等交易载体,借

---

① 傅琳英:《网络平台诈骗类案件的审查与定性》,《绍兴检察》2015 年第 5 期。

用现货交易之名,并无现货交易之实,投资者只与做市商进行对赌交易,所谓的原油、贵金属等现货交易,并未与市场接轨,也不进行真实交割,因此所谓的现货交易合约是虚构的。二是看主体要件。诈骗罪是侵犯财产类犯罪,其主体是除单位以外的一般主体,所有自然人均可以构成此罪;而诱骗投资者买卖证券、期货交易合约罪属于破坏金融管理秩序罪,构成该罪的主体是特殊主体即必须是证券交易所、期货交易所、证券公司、期货经纪公司的从业人员或者是证券业协会、期货协或者证券期货监管管理部门的工作人员。如果不具有上述身份,则不能认定诱骗投资者买卖证券、期货交易合约罪。

(三)网络现货交易平台诈骗犯罪案件的管辖权问题

根据最高人民法院、最高人民检察院、公安部《关于办理网络犯罪案件适用刑事诉讼程序若干问题的意见》第 2 条第 3 项规定,有多个犯罪地的网络犯罪,由最初受理的公安机关或者主要犯罪地公安机关立案侦查。但网络平台诈骗类犯罪具有实施犯罪行为、犯罪嫌疑人、受害人均跨地域的特点,存在受害人向其所在地公安机关报案后,所在地的公安机关在侦查本地受害人被骗过程中,查获犯罪行为人代理的平台时,查获了其他下级代理公司的情况。[①] 而往往其他代理公司的犯罪行为地、所涉及的受害人居住地、犯罪嫌疑人所在地等均不在初始侦查的侦查机关所管辖范围内,这就涉及案件的管辖问题,实践中对管辖权问题往往存在很大争议。根据该意见第 2 条第 4 项(4)的规定,多个犯罪嫌疑人、被告人实施的犯罪存在关联,并案处理有利于查明案件事实的,有关公安机关可以在其职责范围内并案侦查。因此,实践中认定上述网络现货交易平台诈骗案件的管辖权,可以通过本地的受害人所受损失系由犯罪行为人租用的网络现货交易平台导致,而查获的其他下级代理公司虽犯罪行为地及受害人居住地均不在本地,但与有管辖权的案件属关联犯罪,相互联系,侦查机关一并侦查有利于案件事实的查明,同时并案处理更有利于事实的审查和认定,也有利于从案件事实认定和法律适用的一致性,保持关联案件量刑的均衡性和公正性的角度,进行认定。

参考文献:

[1]贾国华:《大宗商品中远期交易模式创新及其相关法律问题探析》,《天津商业大学学报》2011 年第 5 期。

[2]李双其:《网络犯罪防控对策》,群众出版社,2001 年。

---

① 王圣虎:《网络诈骗类犯罪问题研究》,《绍兴检察》2015 年第 5 期。

［3］施了兵:《网络诈骗犯罪的预防》,湖南大学法学硕士学位论文,2009年。

［4］郝文江:《网络诈骗案件分析与防范对策》,《吉林公安高等专科学校学报》2007年第11期。

［5］于臻:《浅析网络诈骗犯罪》,《知识经济》2008年第26期。

［6］王溯:《论网络交易平台提供商的法律责任》,对外经济贸易大学硕士学位论文,2010年。

［7］石瑛霞:《现货仓单交易之法律分析》,天津大学硕士学位论文,2009年。

互联网金融语境下贷款类犯罪引发的思考

——虚构订单骗取淘宝贷款定性解析

温州市瓯海区人民检察院　林国　徐婉娴　王丽君*

摘　要:"互联网＋"时代催生了互联网金融的蓬勃发展,作为互联网金融代表之一的淘宝贷款,其以智能化且无须抵押物品的特点有效缓解了小微企业以及个人的资金不足等问题,但"非人工化"的互联网金融新模式也必然产生新的法律问题,如机器能否成为受骗对象、职务便利行为的界定及经济损失的归属等情况均值得深入探究。

关键词:贷款;盗窃;职务侵占;诈骗

"互联网＋"时代催生了互联网金融的蓬勃发展,互联网金融的异军突起,无疑是对传统金融行业的有益补充,其依托于网路大数据的特点,区别于传统金融需要提供抵押物的局限,更加灵活、高效,有助于缓解小微企业以及个人的资金不足等问题。与此同时,由于互联网金融与"物联网"、"信息自动化"等元素相融合,导致其"非人工化"的运转模式也同传统金融大相径庭,其产生的新的法律问题也亟待解决。以互联网巨头"阿里巴巴"旗下的淘宝订单贷款为例,完全以淘宝订单为依托,只要有订单产生,系统就会依据订单自动审批贷款,便捷的审批程序的确为资金缺乏又急需成长的企业、店铺带来诸多便利,但自动化的系统审批也为犯罪分子提供了可乘之机,这其中所隐匿的互联网金融方面的法律问题非常值得我们深入探讨。本文以一个真实的案例为切入点,解析其中所涉及的相关法律问题,以期能为互联网金融的健康发展提供一点启发。

---

* 林国,男,温州市瓯海区人民检察院梧田检察室副主任;徐婉娴,女,温州市瓯海区人民检察院公诉科助理检察员;王丽君,女,温州市瓯海区人民检察院公诉科助理检察员。

一、案情简介

被告人纪某某系郭某某经营的"杭州苍迪电子商务有限公司"（以下简称为苍迪公司）员工，其工作职责是利用淘宝账号为"1＊＊＊"的个人店铺给苍迪公司旗下一家天猫店铺提供售后服务（不包括淘宝订单贷款），并使用郭某某给予的淘宝、支付宝账号及密码。2014年10月21日下午，被告人纪某某因对郭某某不满，伙同朱某某、张某某雇佣他人进行恶意刷单，意图使该网店被淘宝查封。尔后，因刷单产生虚构订单，被告人纪某某又使用该网店的支付宝账号1＊＊＊@163.com，依据虚构的订单申请获得淘宝订单贷款45800元，后因连续退单原因，实际贷得32000元。同日，郭某某又往该账号存入现金7000元。同年10月22日，被告人纪某某将该支付宝账号内的20000元转入朱某某的支付宝账号，将剩余的19000元转入张某某的银行卡，并用以挥霍、还债等。

二、争议焦点

本案涉案数额为39000元，其中32000元系纪某某虚构订单骗取的贷款，另7000元系郭某某存入，因此，本案的涉案数额可分为两部分，即32000元和7000元。其中，7000元系郭某某存入，本身属于纪某某管理的单位财物，因属于职务侵占不存在争议，不再赘述。而关于32000元的定性主要有以下几种观点：

（1）本案应构成职务侵占罪。涉案的淘宝账号隶属于苍迪公司，而苍迪公司的企业性质为有限责任公司，故符合职务侵占罪的主体。其次被告人纪某某的职务就是使用店铺支付宝内的现金为客户提供售后服务。因此，对于同时掌握淘宝店铺账号密码、支付宝账号密码的纪某某而言，其对支付宝内的财物存在管理的权限，符合利用职务便利将本单位的财物非法占为己有的要件，故本案构成职务侵占罪。

（2）本案应构成盗窃罪。纪某某利用订单从淘宝处获取贷款的行为本身并不构成犯罪，贷款获得的钱打入支付宝后，涉案款项应归苍迪公司所有，纪某某本身并无处置该款项的职务便利，却在公司不知情的情况下，采用秘密的方法窃取上述款项，完全符合盗窃罪的构成要件。另外机器不可能存在认识错误，故机器不可能成为受骗对象。

（3）本案应构成诈骗罪。纪某某在未经任何授权的情况下，从着手申请贷款的一刻起，就已经具有了非法占有的主观故意。在客观上，纪某某通过虚构订单使淘宝公司陷入错误认识而发放贷款，并使受害人遭受损失，故本案构成诈骗。

三、观点解析

笔者赞同上述第三种观点,该案应当认定为诈骗罪:

(1)以秘密窃取来区分盗窃罪与他罪的观点本身就值得商榷。通说认为,秘密窃取是指行为人主观上自认为采取的是不使受害人发觉的方法取得并且占有公私财物的行为,那么将导致主观归罪的问题。两个罪名的区分完全依据行为人的认识,而这一认识又将通过怎样的标准确定?如果是以一般人的认识标准,那么盗窃方法千奇百怪,又如何认定?如果以行为人个人认识来界定,那么犯罪的认定将完全依靠于行为人本人的供述。这显然不妥。再例如,进入他人住宅后,明知卧床不起的占有者盯着自己,仍搬走其电视机①,此种场合下,按照现有通说对盗窃罪的理解,是否该定性为抢夺?因此,笔者认为,以行为具有秘密性来认定盗窃罪理论上就无法自圆其说。

(2)机器不可能存在认识错误的观点值得商榷。理由如下:①有观点认为,最高人民检察院于 2003 年 4 月发布的《关于非法制作、出售、使用 IC 电话卡行为如何适用法律问题的答复》(以下简称《答复》)规定,明知是非法制作的 IC 电话卡而使用的,构成盗窃罪,因此机器不能成为受骗对象。但最高人民检察院于 2008 年 4 月在《关于拾得他人信用卡并在自动柜员机(ATM)机上使用的行为如何定性问题的批复》中认为,拾得他人信用卡并在自动柜员机(ATM 机)上使用的行为,属于《刑法》第 196 条第 1 款第(三)项规定的"冒用他人信用卡"的情形,构成犯罪的,以信用卡诈骗罪追究刑事责任。该规定与上述《答复》间存在矛盾,但并无孰对孰错,因此完全依靠上述《答复》认为机器不能成为受骗对象的观点并不妥当。相反,笔者认为,实践中冒用他人信用卡在 ATM 机上取钱的也均定诈骗罪,由此可见,司法实践也是认可机器可以成为受骗对象这一观点的。②本案中,尽管贷款的审批程序完全由系统操作,但系统审批流程的程序代码的编写仍是人为,换言之,假如科技未能如此发展,人工审批代替系统审批,那么当犯罪嫌疑人纪某某虚构订单时,淘宝工作人员仍会错误认为订单系真实,从而同意贷款。因此,笔者认为,这一替代完全依赖于科技的发展,是人类智慧的反映。

(3)本案并不存在利用职务便利侵占本单位财物的行为。应区分职务便利与工作便利。关于工作便利是否属于职务便利,有所争议,笔者认为不应将工作便利纳入职务便利。①从含义上解释,职务便利是指利用自己主管、管理、经营、经手单位财物的便利条件。上述四种行为表示行为人具有某种与单位财务接触

---

① 张明楷,《刑法学》,法律出版社 2011 年版,第 878 页。

的义务,即均系职务相关行为。利用工作便利是指行为人因为工作关系熟悉作案环境,凭其身份便于进出某些单位,轻易接近作案目标等方便条件①。如与仓库保管员共用一办公室的人,可以轻易取得仓库钥匙,但因为并无保管仓库的职务,则利用钥匙取得仓库财物的行为无法解释为利用职务便利的行为。②职务侵占作为一种身份犯,如果将"工作上的便利"纳入"职务便利"之中,将会使其与盗窃罪、诈骗罪等非身份犯罪混淆②。回到本案,被告人纪某某的职务就是管理涉案淘宝店铺,管理店铺中需要的资金由苍迪公司的经营人郭某某汇入,贷款并非其职务范围。笔者认为,其利用淘宝店铺账号、密码、支付宝账号及密码贷款的行为只能认定为利用了工作上的便利,而非职务上的便利。

(4)本案在主观、客观上均符合诈骗罪的构罪要件。构成诈骗罪需满足虚构事实——使陷入错误——因认识错误而处分财产——受害人遭受损失。本案的具体情况为:①淘宝公司之所以被骗,起因在于纪某某虚构订单;②上述虚构的事实使得淘宝公司陷入错误认识(即误以为营业额真实);③淘宝公司因误以为营业额真实而将贷款发放;④因纪某某所使用的账号系苍迪公司所有,故最后仍需苍迪公司向淘宝公司偿还贷款,因而遭受损失。但依据纪某某、朱某某、张某某的供述,其三人虚构订单时尚未产生非法占有的目的,那么该行为是否可被刑法评价?笔者认为,犯意产生后,利用之前行为继续实施犯罪,前行为当然需要被评价。对犯罪事实的认定,应当综合行为人的全部行为进行评价,而不能简单割裂。

(5)存在受害人与被骗人非同一主体的情况。本案被骗人应当是淘宝公司,而受害人应为郭某某经营的苍迪公司。关于这一点,可以参考信用卡诈骗罪的处理。信用卡诈骗案中,处置财产的是银行,而遭受损失的是合法持卡人。此处涉及一个问题,有观点认为,在受害人与被骗人不是同一人的情况下,被骗人必须具有处分受害人财产的权限或处于可以处分受害人财产的地位,这也是区分诈骗罪与盗窃罪的要点所在③。但本案中,淘宝公司似乎处置的并非是受害人单位存放于淘宝的财产,而是一笔原本属于淘宝公司的钱。笔者认为关于该问题可作如下理解:一方面,同样可以参考信用卡诈骗罪,冒充他人信用卡而使用,银行处置的亦是原本属于银行的钱。另一方面,无论是信用卡的使用还是淘宝订单贷款,实际上都包含了一个协议,即只要满足一定条件,贷款协议成立,该笔

---

① 莫开勤:《职务侵占罪研究》,《法律适用研究》2001年第5期,转载自应宏伟:《职务侵占罪司法认定中的疑难问题辨析》,华东政法大学硕士学位论文,2010年,第43页。

② 应宏伟:《职务侵占罪司法认定中的疑难问题辨析》,华东政法大学硕士学位论文,2010年,第43页。

③ 张明楷:《刑法学》,法律出版社2011年版,第894页。

钱即会归属于受害人。假如本案中订单数量真实,那么即使申请贷款的系被告人纪某某而非账号所有人即被害单位,仍然可以成立贷款协议,贷款归于账号所有人即被害单位所有。因此,可以认为银行或者是淘宝公司均具有可以处分受害人财产的地位。当然,本案之中,贷款协议显然是被告人纪某某通过欺诈手段(虚构订单)订立,属于《合同法》上合同无效的情形,财产的受益者即被害单位应当返还财产,也因而得出如上所述涉案贷款非合法财产的结论。

四、结 语

"互联网＋"时代已经来临,与传统金融完全依靠人工的模式不同,互联网金融很大程度上依赖于"智能化"运作。互联网金融兴起的今天,各种新的法律问题频频出现,如机器能否成为受骗对象、职务便利行为的界定及经济损失的归属等问题,必然引发新的思考。互联网金融的广泛运用要求打破原有的思维局限,除了需要互联网监管体系的完善、立法的与时俱进,同时需要法律观念的不断更新,以期以新的法律视角解决新的法律问题。

打击电信网络诈骗犯罪面临的司法困境及对策

——以我院办理的葛某等人网络诈骗案为例

浙江省宁海县人民检察院　黄　胜[*]

近年以来,随着科学技术的发展,诈骗方式随之日新月异,新类型诈骗也不断涌现。其中,借助电信、网络等高科技、智能化工具实施犯罪的电信网络诈骗案件呈现高发态势。该类案件涉案范围广,取证难度大,受害群众多,被骗金额大,社会影响恶劣,给人民群众的财产安全造成了严重危害,影响了社会稳定,已经引起了有关部门的高度重视,并采取一系列具有针对性的措施进行打击治理。然而,因为此类案件的特点、法律的滞后等因素,在打击电信网络诈骗犯罪时面临不少的司法困境,需要我们进一步的探究,从而更好厘清案件事实,准确有力地打击犯罪。

一、电信网络诈骗案件的定义

电信网络诈骗案件是诈骗案件类型的一种,是指犯罪分子借助电信、网络等高科技、智能化手段,采用电话、短信、微信、微博等方式,编造虚假信息,设置骗局或者冒充特定身份人员对受害人实施诈骗,诱骗受害人打款或转账,从而骗取钱财的行为。

二、电信网络诈骗案件的现状及特点

近几年来,随着通信方式、网络更新的步伐加快,电信网络诈骗案件以每年20％～30％的速度快速增长。据时任最高人民检察院技术信息研究中心主任赵志刚介绍,仅在 2015 年 1 月至 8 月,全国公安机关共立案查处网络和电信类诈骗案件达 31.7 万件,涉案数额达数百亿元。赵志刚分析,当前网络犯罪的犯罪

---

　*　黄胜,男,浙江省宁海县人民检察院公诉科教导员。

态势呈现出产业链化,分工日趋明细,跨地域甚至跨国界犯罪现象明显,群众损失巨大,犯罪团伙地域特征明显,发案态势迅猛,犯罪成本较低等特征。从我县来看,自今年4月以来,我院受理网络诈骗案件5件,涉案犯罪嫌疑人达96人。其中仅葛某等人诈骗一案犯罪嫌疑人共计达58人,涉案金额达3000多万元,受害群众遍及全国20多个省、自治区、市。电信网络诈骗案件一般具有以下特点:

(1)受害群众面广。电信网络诈骗案件的犯罪分子往往使用电话、短信、微信等方式实施诈骗犯罪,而网络、电信的广泛使用以及其特点,决定了每一个电信网络使用者都可能成为电信网络诈骗犯罪的受害者。如我院办理的葛某等人诈骗一案中,受害的企业达两万多家,遍布全国大多数的省、自治区、市。

(2)作案方式多样。电信网络技术更新快,传播广,客观上为犯罪分子实施电信网络诈骗提供了技术条件,作案方式、作案手段也不断更新,让人防不胜防。他们有的冒充国家机关工作人员推销产品,有的以中奖信息等诱骗受害者,有的以提供某种服务为幌子,有的冒充受害人的亲朋好友骗取财物,更有甚者通过骗取受害人的网络账号、银行账户等方式窃取受害人的钱财。

(3)结伙作案居多。电信网络诈骗案件呈现分工明确,相互配合,结伙作案等特点。如葛某等人诈骗一案中,葛某伙同柴某先后成立中扬世纪(北京)文化传播有限公司、北京中商联信文化发展中心两家企业。并以该两家企业为平台,招募王某、吴某为主管负责管理员工,招募龙某等人为话务员负责推销虚假的网页制作业务,招募卓某等为催讨人员。葛某则负责向他人收集全国新注册企业信息,柴某则负责管理公司财务。该案中每人分工明确,呈现公司化、团伙化等特征。

(4)手段隐蔽性强。网络电信诈骗案件,属于非接触式的诈骗类型。被害方往往不知道是被何人所骗。而犯罪分子为了逃避犯罪打击,往往使用虚假的身份信息、他人的银行账户或者QQ账号、微信账号等虚假的信息实施诈骗以及资金支付和通信联络,犯罪手段极其隐蔽。

(5)社会危害性大。电信网络诈骗案件,涉案金额动辄上百万、千万,甚至上百亿,给人民群众造成了巨大的财产损失。同时,为了骗取受害人财物,犯罪分子往往还采用威胁、恐吓等方式对所谓的货款进行催讨。以葛某等人诈骗案为例,在该案中,葛某等人专门成立了所谓的催讨组,对受害人进行骚扰、恐吓、威胁,很多受害人因不堪其扰或因对方恐吓而不得不交付财物,严重危害了人民群众的身心健康和生活安宁。

三、打击电信网络诈骗犯罪面临的司法困境

为了打击电信网络诈骗犯罪分子的嚣张气焰,遏制电信网络诈骗犯罪的高发势头。2016 年以来,党中央、国务院专门组织成立了打击电信网络等新型诈骗案件的领导小组和协调机构,采取了一系列有效措施进行打击治理,取得了明显的成效。以我县为例,目前已经查获的电信网络诈骗集团达 5 个,抓获犯罪嫌疑人达 103 人,涉案金额达数千万元。但在司法实践中也面临不少困境,主要体现在以下四个方面:

(1)案件侦破难。电信网络诈骗犯罪分子反侦查能力强。网络诈骗犯罪分子一般属于高学历群体,具有较高技术水平和反侦查能力,同时电信网络诈骗犯罪具有培训专业化、模式产业化、犯罪团体化等特征,给案件侦破带来了很大的困难。如葛某等人诈骗一案中,新招录的话务员进入公司后,由主管安排,采用以老带新的方式进行统一的培训,相互学习,提高诈骗技能,并不时进行反侦查培训,如如何应对受害人、侦查人员的盘问,如何隐匿罪证等。

(2)调查取证难。电信网络诈骗案件的涉及面广、手段隐蔽性强等特征,导致案件的调查取证难。这主要体现在以下几个方面:一是确定被害对象难。因电信网络诈骗案受害人涉及全国各地,涉及范围广,受害群众多,加上部分受害人法律意识不强,未能及时报案等因素,导致很难取得受害人的陈述、汇款单等证据。二是调取书证难。在网络电信诈骗案件中,犯罪分子在实施犯罪过程中,为了隐匿罪证,往往使用虚假的身份注册信息,如借用他人身份开设银行账户,使用违法获取的他人电子账户、QQ 号等实施诈骗,给证据调取造成了很大的困难。三是电子证据完整性确保难。电子数据保存具有时效性,超过一定的时限,部分数据将丧失。而电信网络诈骗案件发案时间长,加上部分受害人证据保存意思弱,导致很多电子数据丢失,从而不利于案件的打击处理。四是证据链固定难。电信网络诈骗案件的犯罪组织集团化、分工合作的精细化等特征,导致对某一犯罪嫌疑人具体实施了何种犯罪行为的证据难以固定。如在葛某等人诈骗一案中,话务员负责推销,催讨人员负责款项催讨,葛某则负责受害人信息的收集,柴某则负责财务管理。各犯罪嫌疑人之间分工明确,相互配合。如某一犯罪嫌疑人未到案,则容易导致整个案件的证据链断裂。如在该案中,因部分主管人员未到案,导致本案的具体作案方式、人员管理等方面的证据存在不足,不利于指控犯罪。

(3)事实认定难。由于电信网络诈骗案件的取证难,导致对整个案件事实的认定难,客观上造成了对电信网络诈骗案件打击不力,放纵甚至纵容了犯罪。如

我院办理的葛某等人诈骗一案中,侦查人员调取的葛某等人所使用的电脑的财务报表显示诈骗金额达3000多万元,被害企业有2万多家。但因为大部分受害人的陈述无法调取,已经获取的受害人被骗的心态各异,犯罪嫌疑人的供述与受害人的陈述也无法一一对应,导致对案件性质、案件事实的认定存在争议。同时对该案是否能以电子数据作为认定犯罪数额的依据,办案部门也存在不同的认识,导致对该案的犯罪金额最终只认定了100余万元。

(4)法律定性难。电信网络诈骗案件由于其作案手段多样,作案方式新颖等特征,造成在不同的电信网络诈骗案件定性不同,甚至在同一案件中也因为作案方式的不同、受害人主观心态各异等原因,也会出现不同的案件事实定性。比较常见涉及的罪名有招摇撞骗罪、诈骗罪、非法经营罪、强迫交易罪、敲诈勒索罪。同时因法律规定的滞后,对某种行为如何定性,在司法实践中也已经引起了广泛的争议。如在葛某等人诈骗一案中,话务员在推销网页中有三种情形:一是直接冒充工商部门工作人员或者故意误导客户让其认为是工商部门的要求而答应制作网页;二是未经客户答应而擅自制作网页或者客户答应后发现系被骗而拒绝付款,此后业务员或催讨人员采取威胁、恐吓等方式进行催讨所谓的网页制作费用;三是部分客户在陈述中称因本身想做宣传,且对方收费不高而答应制作网页。对第一种情形认定为诈骗行为无争议,主要是对第二种以及第三种行为性质的认定存在不同认识。针对第二种情形,有的认为构成强迫交易,有的认为构成敲诈勒索,有的认为构成诈骗。对该类型的证据只有受害人的陈述、少量的信息截图等证据,而业务员或催讨人员否认采用过威胁的方式,只是采用电话骚扰等方式进行催讨。该部分证据无法一一对应,且犯罪嫌疑人也无供述。而电话骚扰能否认定为敲诈勒索中的威胁、恐吓手段或强迫交易罪中的强迫行为,司法实践中存在广泛的争议。关于第三种情形是否构成非法经营罪存在争议。本案中,涉案网站只是履行备案手续,而未经许可。有人认为,根据国务院《互联网信息服务管理办法》第4条的规定:"国家对经营性互联网信息服务实行许可制度;对非经营性互联网信息服务实行备案制度。"该网站应属于非经营性网站。但该网站从事为他人制作网页收取费用的经营性行为,且经营数额大、涉及范围广、社会影响大,可以以非法经营罪定罪。也有观点认为,本案中葛某等人的行为不构成非法经营罪。尽管该办法第4条规定"国家对经营性互联网信息服务实行许可制度",但该办法第19条规定:违法本办法的规定,未取得经营许可证,擅自从事经营性互联网信息服务,或者超出许可的项目提供服务的……责令改正;情节严重的,责令关闭网站。其中并没有"构成犯罪的,依法追究刑事责任"的规定。同时该办法第15条、第20条明确规定了互联网信息服务提供者制作、复制、发布、传播"反对宪法所确定的基本原则"等九种类型信息的行为,构成犯罪的,依法追究刑事责任。从本案来看,葛某等人并未实施上述行为,缺乏追究其刑事责任的依据。从类似规定来看,《电信条例》与《互联网信息服务管理办法》在立法规定上相类似,但根据最高人民法院研究室《关于生产、销售、适用"伪基站"行为定性征求意见的复函》的规定,利用"伪基站"设备经营广告短信群发业务的行为,属于未经许可从事电信业务经营活动的行为,但根据《电信条例》第67条、第68条的规定,只有利用电信网络制作、复制、发布、传播第57条所列含有法律、行政法规禁止的内容的信息,实施第58条所列危害电信网络安全和信息安全的行为,以及实施第59条第二、三、四项所列扰乱电信市场秩序的行为,构成犯罪的,才能追究刑事责任。利用"伪基站"经营广告短信群发业务,不在上述范围内,故依法不能以非法经营罪论处。

四、解决打击电信网络诈骗犯罪面临困境的对策

一是加强协调,形成打击合力。电信网络诈骗案件的打击、防范、治理工作,涉及方方面面,需要各部门加强配合,形成打击合力。如电信、移动部门要加强对电话的管理、审核,工信部门要加强对公民个人信息的保护,金融机构要加强对银行账户的开设、账户资金的流转监管,做到实名开户,并及时协助司法部门控制赃款,公、检、法部门则要加强协调,及时解决案件侦查、审查起诉、审判环节存在的问题,做到事实认定无误,法律适用准确。

二是积极介入,及时引导侦查。电信网络诈骗案件的电子证据具有时限性、不可复制性等特点,而在司法实践中,由于部分侦查人员证据意识不强,执法不够规范,容易导致证据丢失或出现证据瑕疵。因此,检察机关要积极介入,及时引导侦查,确保证据的客观性、合法性、关联性,形成有效的证据链,构建证据体系,从而为指控、打击犯罪提供支撑。

三是强化沟通,达成认定共识。在办理电信网络诈骗案件过程中,公安机关、检察机关、审判机关要加强沟通,及时解决在证据采信、事实认定、法律适用等方面的争议。如犯罪金额认定是以电子证据为依据还是以到案受害人、犯罪嫌疑人的陈述、供述为依据等问题,需要加强沟通,形成共识。

四是完善立法,解决法律困境。电信网络诈骗案件作案手段多样,作案工具日新月异,涉及范围广泛,而法律本身具有滞后性,由此经常导致法律真空,带来了大量的法律适用问题。需要立法部门及时调研,完善相关法律规定。司法部门要面对新情况、新问题及时出台有关的司法解释,解决好面临的法律适用困境。

电信诈骗犯罪的剥离路径

浙江省宁海县人民检察院　朱诗盼[*]

摘　要：电信诈骗犯罪行为方式复杂，当前涉及电信诈骗手段的犯罪多以诈骗罪论处，少数以招摇撞骗罪、非法经营罪、强迫交易罪、敲诈勒索罪、合同诈骗罪、妨害信用卡管理罪、非法获取公民个人信息罪等定性。然而因电信诈骗社会危害大，侵犯法益多重，行为方式特殊，现有的法律已难以对其进行规制，出现了罪责刑不相适应、法律适用难等一系列问题。建议在刑法中增设"电信诈骗罪"，作为特殊诈骗犯罪的一种，归入"侵犯财产罪"中，并扩大未遂犯的认定标准，提高犯罪法定刑并加强罚金刑的适用。

关键词：电信诈骗；特殊诈骗罪；信息安全

电信诈骗是一种严重危害公民财产安全的新型犯罪，近年来，此类案件呈井喷式发展，如我院仅 2015 年一年就受理电信诈骗案件 5 件，涉案犯罪嫌疑人达100 余人，涉案金额达 3200 余万元。尽管目前国家对电信诈骗犯罪采取严厉的打击政策，但该类犯罪仍然层出不穷。2015 年 11 月起，国家开展打击治理电信网络新型违法犯罪专项行动，至 2016 年 2 月底，共破获电信诈骗案件 2.7 万起。[①] 因诈骗技术不断升级，而法律规定相对滞后，司法实践中，打击该类犯罪存在不少难题。为实现精准打击，本文拟从电信诈骗犯罪立法现状、现行法律适用局限和行为方式特殊性等入手，分析增设"电信诈骗罪"的必要性，并提出具体的立法建议。

一、电信诈骗犯罪概述

电信是指利用有线、无线的电磁系统或者光电系统，传送、发射或者接收语

---

[*] 朱诗盼，女，浙江省宁海县人民检察院科长。

[①] 法制网：《4 个月破获电信诈骗案件 2.7 万起》，http://www.legaldaily.com.cn/zfzz/content/2016-02/29/content_6502175.htm? node＝53450，2016 年 3 月 12 日。

音、文字、数据、图像以及其他任何形式信息的活动。① 诈骗罪,是指以非法占有为目的,使用欺骗方法,骗取数额较大的公私财物的行为。② 电信诈骗是指以非法占有为目的,利用电话、计算机网络所依托的电信技术的信息传播功能,向社会不特定的人群发布虚假信息,骗取公私财物,数额较大的行为。③

电信诈骗起源于 20 世纪末我国台湾地区,2003 年前后通过福建省传入大陆(其他省份)。2007 年,福建政法机关在办理案件的过程中,根据需要,将此类案件定性为虚假信息诈骗,并规定了此类案件的三个特征:一是借助电话、互联网等通信工具,向不特定的人群发送虚假信息;二是诈骗分子和受害人没有直接的接触;三是诈骗数额较大。2009 年,公安部为了便于各方交流,增进各方在办理电信诈骗案件中的协作,将此类案件定性为电信诈骗案件。从此,电信诈骗一词成为大陆司法机关在办理此类案件中的统一称谓。④

2015 年 9 月,兰州警方揭露 43 种常见电信诈骗手段,包括冒充公检法诈骗,医保、社保诈骗,解除分期付款诈骗,包裹藏毒诈骗等等。2015 年,我院办理的 5 起案件中,有犯罪嫌疑人冒充工商部门工作人员,致电企业要求其帮忙完成购买法律书籍的指标,企业信以为真遂汇款,却收到假冒伪劣书籍;有犯罪嫌疑人擅自为企业制作虚假的宣传网页,并在电话中采取威胁恐吓等方式催讨所谓费用;有犯罪嫌疑人在未取得网站经营许可的情况下,用电话推销虚假网页,客户误以为是真实网页而进行购买。上述诈骗手段与真实案例,犯罪嫌疑人均借助了电话、互联网等工具,以虚假信息向不特定的对象骗取财物,因此均可归入电信诈骗犯罪。

二、电信诈骗立法必要性分析

(一)立法现状

现行《刑法》并没有设立"电信诈骗罪"。司法实践中,有关涉及电信诈骗手段的犯罪,分散在《刑法》中,因作案方式、受害人主观形态等的不同而出现不同的定性,较常见的有诈骗罪、招摇撞骗罪、非法经营罪、强迫交易罪、敲诈勒索罪、合同诈骗罪、妨害信用卡管理罪、非法获取公民个人信息罪等。《刑法》第 287 条

① 《中华人民共和国电信条例》第 2 条第 2 款。
② 张明楷:《刑法学》,法律出版社 2007 年版,第 735 页。
③ 张新宪、崔杰、鞠佳佳:《电信诈骗犯罪疑难问题研究》,《人民检察》2011 年第 8 期。
④ 秦帅、陈刚:《近年来电信诈骗案件侦查研究综述》,《公安学刊——浙江警察学院学报》2015 年第 3 期。

"利用计算机实施犯罪的提示性规定"也涉及电信诈骗：利用计算机实施金融诈骗、盗窃、贪污、挪用公款、窃取国家秘密或者其他犯罪的，依照本法有关规定定罪处罚。

2000 年 9 月，《中华人民共和国电信条例》（以下简称《电信条例》）公布施行，对"规范电信市场秩序，维护电信用户和电信业务经营者的合法权益，保障电信网络和信息的安全，促进电信业的健康发展"[①]起到了一定的作用。2011 年最高人民法院、最高人民检察院联合发布了《关于办理诈骗刑事案件具体应用法律若干问题的解释》（以下简称《解释》），规定通过发送短信、拨打电话或者利用互联网、广播电视、报纸杂志等发布虚假信息，对不特定多数人实施诈骗，诈骗公私财物价值 3000 元至 1 万元以上、3 万元至 10 万元以上、50 万元以上的，应当分别认定为《刑法》第 266 条规定的"数额较大"、"数额巨大"、"数额特别巨大"，可以依照《刑法》第 266 条的规定酌情从严惩处。利用发送短信、拨打电话、互联网等电信技术手段对不特定多数人实施诈骗，诈骗数额难以查证，但发送诈骗信息 5000 条以上的，或拨打诈骗电话 500 人次以上的，或诈骗手段恶劣、危害严重的，应当认定为《刑法》第 266 条规定的"其他严重情节"，以诈骗罪（未遂）定罪处罚；数量达到前款规定标准 10 倍以上的，或者诈骗手段特别恶劣、危害特别严重的，应当认定为《刑法》第 266 条规定的"其他特别严重情节"，以诈骗罪（未遂）定罪处罚。

（二）"电信诈骗罪"增设之争

电信诈骗犯罪是一种手段新颖的犯罪，随着经济社会，特别是信息社会的迅猛发展，其出现有其必然性。然而，是否有必要在立法层面对这样的新生事物进行规制，理论界有三种看法：第一种观点认为，电信诈骗只是随着科技的发展而呈现的一种新形式，本质上依旧属于普通诈骗罪的构成范围之内，只是诈骗所利用的手段和方法发生了变化，运用诈骗罪对其规制，可以做到罪刑法定和罪刑相适应。第二种观点认为，电信诈骗属于一种新的犯罪类型，在发生的表现方式上、波及的范围上、侵害的法益上，都与普通的诈骗罪存在差异，已经超出了诈骗罪的范围。所以，应该增设电信诈骗罪或者对其作出有别于普通诈骗罪的规定。同时主张应该提高电信诈骗"数额较大"的立案标准。第三种观点，同样认为应该增设电信诈骗罪，并且电信诈骗罪设置的法定刑应该高于普通诈骗罪的法定刑。因为电信诈骗实际上侵害了多种法益，其社会危害性要比普通诈骗罪更大，

---

① 《中华人民共和国电信条例》第 1 条。

理应比普通诈骗罪受到更高的法定刑处断。①

(三)现行法律适用局限

1.法律适用困难性

因刑法中无"电信诈骗罪"这一罪名,司法实践中,涉及电信诈骗的案件只能根据作案方式等的不同归到各个罪名中进行适用。大部分涉及电信手段进行诈骗的犯罪以"诈骗罪"论处,如诈骗分子以"114电信黄页出版社"的名义推销虚假黄页,该种情形认定为诈骗罪无争议。但也有部分情形在法律适用过程中,出现了定性难的问题。如对于诈骗分子诈骗不成而用威胁恐吓方式催讨所谓费用的,到底是认定为强迫交易罪还是敲诈勒索罪还是诈骗罪,司法实践中存在争议。对于开办经营性网站,却只进行了备案而未履行许可手续的行为,因《互联网信息服务管理办法》、《电信条例》、《关于非法生产、销售、使用"伪基站"行为定性征求意见的复函》等规定存在模糊与矛盾之处,到底构成非法经营罪还是诈骗罪,也存在争议。

2.罪责刑不相适应

司法实践中,电信诈骗多以诈骗罪论处,定罪量刑时也沿用诈骗罪的标准。但电信诈骗和普通的诈骗相比,呈现发案率高、破案率低、社会危害性明显较大的特征。诈骗分子往往只需要用电话、电脑、软件等成本低廉的作案工具就能获得巨大的收益,如我院办理的葛某等人诈骗案涉案金额达到了3000多万元。此时,再以诈骗罪等已有的普通罪名进行定罪量刑,处罚不够重,即便有"酌情从严惩处"的司法解释,也不足以威慑此类犯罪,不利于犯罪的预防。②

3.司法解释局限性

虽然《解释》规定"发送诈骗信息5000条以上的,或拨打诈骗电话500人次以上的,或诈骗手段恶劣、危害严重的,应当认定为《刑法》第266条规定的'其他严重情节',以诈骗罪(未遂)定罪处罚"的规定在一定程度上明确了操作的标准,但发送诈骗信息或者拨打诈骗电话仅仅为犯罪的手段之一,对于其他犯罪手段,如通过互联网发布虚假信息,《解释》并未进行涵盖,随着社会的发展,诈骗手段将会不断翻新,司法解释的规定将会显得越来越不足。

---

① 张艳青:《电信诈骗相关问题探析》,《商品与质量·学术观察》2013年第9期。转引自田腾飞,《电信诈骗犯罪的刑法规制与防范》,《公民与法》2015年第3期。注:原文将"罪刑法定"与"罪刑相适应"中的"刑"误写为"行",笔者引用时进行了更正。

② 葛磊:《电信诈骗罪立法问题研究》,《河北法学》2012年第2期(第30卷)。

(四)电信诈骗犯罪行为特殊性分析

1.犯罪主体特殊性

电信诈骗犯罪主要环节包括对成员的组织和培训、作案工具的准备、假冒身份虚构事实、款项交付及催讨、提现及分赃等,部分作案人需要掌握电信、网络、金融知识和技能,单独作案较难,大部分为共同犯罪。电信诈骗共犯主体的人数众多,表明了此种共犯的社会危害性也相对较大,因而有必要给予重点打击,并对实施电信诈骗的共犯予以严厉惩治。① 电信诈骗犯罪呈犯罪组织集团化、分工合作精细化等特征,以团伙作案居多,其组织者、领导者等首要分子应对集团所实施的全部诈骗犯罪承担刑事责任,然而对于拨打电话、网络操作、转移和提取赃款等部分实行行为的诈骗分子,因其往往只负责犯罪过程的一个环节,成员间一般进行单线联系,互相不熟悉,加上犯罪与被害之间距离远,很少有受害人对犯罪嫌疑人的具体描述,也很难取得证人证言,导致对某一犯罪嫌疑人具体实施了何种犯罪行为的证据难以固定,加上其到案后往往以不知情为由进行辩解,证明其与主犯之间有犯意联络的证据较少,从而难以认定其有共同的犯罪故意。

2.侵害法益复合性

电信诈骗的犯罪行为在现实空间与虚拟空间之间相互交叉、交互作用,其侵犯的不仅仅是财产权益这类有形的法益,更有公民的信息权益和国家的电信秩序等法益;在造成了公民财产大量损失的同时,各种诈骗短信、诈骗电话充斥着人们的生活,无孔不入,影响了公民的信息安宁,动摇着公民的信息信任,并大量占用了信息资源,破坏了国家的电信秩序;无论诈骗成功与否,其前提都是大量的个人信息泄漏、买卖,其结果都会造成国家电信秩序的破坏(如我院办理的林某等人诈骗案,林某通过关键字"企业名录"就能在 QQ 上搜索到许多卖企业和单位数据的"卖家",一条信息的价格在 1.5 元至 2 元,林某每次都要购买 1 万条左右的信息;在诈骗过程中,林某使用"广撒网"的方法,让话务员不断地假冒工商部门打电话骚扰企业让其购买法律书籍,上当的企业损失了财物,未上当的企业也不胜其烦)。这些,都不是诈骗罪或者强迫交易罪等普通罪名所保护的法益,因此仅以普通诈骗罪所侵犯的公私财产法益来对电信诈骗犯罪所侵犯的复合法益追责,不能完全评价电信诈骗者所实施的所有行为,难免罚不当罪或者不能达到罪责刑相一致的刑法原则。②

---

① 孟庆华:《电信诈骗犯罪司法解释的理解与适用》,《上海政法学院学报》2011 年第 6 期(第 26 卷)。
② 田腾飞:《电信诈骗犯罪的刑法规制与防范》,《公民与法》2015 年第 3 期。

3.行为方式"无直触"性

该类案件诈骗分子通常以虚拟的电话、网络和短信等为掩体,编造虚假的身份信息,诱使受害人打款或转账。因信息传播"方便快捷",诈骗分子不需要面对面与受害人接触即可完成虚假信息发布、语音通话、款项收取、提现分赃等全过程,且诈骗分子获得公民个人信息后,即可以向不特定多数人进行诈骗,而不是像普通诈骗那样一对一面对面诈骗。同时,电信诈骗往往在虚拟的信息空间内进行转账汇款,不像普通诈骗罪一样诈骗的是现实的财物,赃款经过重重"洗白"或迅速转移,难以追回。

三、立法建议

根据以上电信诈骗犯罪立法之必要性分析,建议参考"金融诈骗罪"等相关罪名的做法,单独设立"电信诈骗罪",作为特殊诈骗罪的一种,将通过电信手段进行诈骗的犯罪行为统一归到该罪名中,以方便司法办案。具体如下:

(一)定义

根据电信诈骗的行为方式和侵害的法益分析,结合诈骗罪及《电信条例》中"电信"的内涵,建议将"电信诈骗罪"定义为:以非法占有为目的,利用有线、无线的电磁系统或者光电系统等电信技术手段,骗取公私财物数额较大,或者破坏电信管理秩序的行为。

(二)构成要件

其一,犯罪主体:一般主体,即达到刑事责任年龄,具有刑事责任年龄的自然人均能构成本罪;针对诈骗分子为掩盖犯罪事实而成立公司,以看似合法的公司化运作模式掩盖非法的犯罪事实的情况,当诈骗分子以单位名义实施犯罪时,考量到该公司在成立之初既是为进行诈骗,犯罪所得也归个人所有,因此,不属于单位犯罪,应以自然人犯罪论处。其二,犯罪主观要件:必须是以非法占有为目的的,故意和过失都可以构成本罪。如犯罪嫌疑人以诈骗钱财为目的下载了电脑版本的改号软件,将软件打开后离开,家中宠物跳上电脑,用爪子拨打了成千上万个电话,或有小孩以为是游戏,为好玩而拨打电话,其结果都是扰乱了电信秩序,犯罪嫌疑人虽为过失,但仍可成立犯罪。其三,犯罪客体:复杂客体,即公私财物与电信管理秩序等复杂客体。其四,犯罪客观方面:利用有线、无线的电磁系统或者光电系统等电信技术手段,传递虚假信息,骗取公私财物或破坏电信管理秩序。

(三)犯罪归类

《刑法》将诈骗罪归入到第五章侵犯财产罪中,那么,被剥离的"电信诈骗罪"应归入刑法哪一章进行规制?有观点认为,参照金融诈骗罪,将电信诈骗犯罪规定在破坏社会主义市场经济秩序罪是可行的。[①] 然而,破坏社会主义市场经济秩序罪,是指违反国家市场经济管理法规,破坏社会主义市场经济秩序,严重危害市场经济发展的行为。社会主义市场经济秩序,包括正当竞争秩序、对外贸易秩序、对公司企业的管理秩序、金融管理秩序、税收征管秩序、市场活动秩序,等等。[②] 且不论"电信秩序"是否属于"社会主义市场经济秩序",从电信诈骗侵犯的法益看,电信诈骗同普通诈骗罪一样,首先以及最主要、最直观侵犯的是财产权益,即经济的法益的权重要大于信息安全及电信秩序等相对间接的法益。根据刑法分则"基本上依据犯罪侵犯的主要法益对犯罪进行分类"及"大体上依据犯罪的罪行轻重以及犯罪之间的内在联系对具体犯罪进行安排"[③]的分类特点,将"电信诈骗罪"归入《刑法》第五章"侵犯财产罪"中,并将其放在第 266 条诈骗罪之后应是恰当可行的。

(四)未遂标准

在《解释》的基础上,扩大未遂犯的行为范围,即利用发送短信、拨打电话、互联网等电信技术手段对不特定多数人实施诈骗,诈骗数额难以查证,但发送诈骗信息 5000 条以上的,或拨打诈骗电话 500 人次以上的,或在公共网页上发布诈骗信息,网页浏览达到 500 人次以上的,或通过其他电信手段发布诈骗信息,受众达 500 人以上的,以及诈骗手段恶劣、危害严重的,应当认定为犯罪未遂。

(五)法定刑与立案标准考量

《刑法》第 266 条规定,诈骗公私财物,数额较大的,处 3 年以下有期徒刑、拘役或者管制,并处或者单处罚金;数额巨大或者有其他严重情节的,处 3 年以上10 年以下有期徒刑,并处罚金;数额特别巨大或者有其他特别严重情节的,处 10年以上有期徒刑或者无期徒刑,并处罚金或者没收财产。本法另有规定的,依照规定。为体现罪刑均衡的原则,并加强犯罪预防,建议在诈骗罪的基础上,适度提高"电信诈骗罪"的法定刑,对自由刑和罚金刑进行科学配置。电信诈骗是一

---

① 田腾飞:《电信诈骗犯罪的刑法规制与防范》,《公民与法》2015 年第 3 期。

② 张明楷:《刑法学》,法律出版社 2007 年 3 版,第 549 页。

③ 张明楷:《刑法学》,法律出版社 2007 年 3 版,第 492 页。

种"营利性、利欲性"犯罪,为有效发挥刑罚的积极功能,对营利性、利欲性犯罪应加强罚金刑的适用,并提高罚金数额,防止犯罪人将罚金作为必要开支而继续犯罪。① 对于罚金数额,建议采取倍比罚金制。倍比罚金制是指刑法规定依照犯罪分子非法所得金额、可能得到的金额,或者造成的损失和可能造成的损失的金额来确定罚金数额的罚金制度。我国现今倍比罚金制中主要有以销售金额、偷税数额、犯罪所得数额、犯罪经营数额几种计算基准,②对"电信诈骗罪",考虑到其行为方式的复杂性,以犯罪人非法获利数额为计算标准进行倍比罚金,应是较为恰当的。同时,因电信诈骗乃向不特定多数人进行诈骗,犯罪与被害时空差异性大,涉案人和受骗人众多,涉案金额大,对于上文定义中所指"数额较大"的理解,可以适当提高电信诈骗犯罪的"数额较大"标准,例如可在普通诈骗的"数额较大"最低立案标准 3000 元的基础上,将电信诈骗犯罪的"数额较大"标准提高为 5000 元,以达到既加强打击又防止打击面过宽的目的。③

---

① 张明楷:《刑法学》,法律出版社 2007 年版,第 421 页。
② 姜金良:《论罚金数额立法方式的选择——以通货膨胀对罚金数额影响为视角》,《上海市经济管理学院学报》2015 年第 2 期。
③ 孟庆华:《电信诈骗犯罪司法解释的理解与适用》,《上海政法学院学报》2011 年第 6 期。

非法集资犯罪的认定*

浙江大学光华法学院　　　游　通**

摘　要:随着互联网金融的兴起,越来越多的经营者投身于互联网金融领域,掀起了一股金融创新的热潮。然而,由于大多数经营者此前从未涉足金融领域、对非法集资犯罪的理解不透彻,这股金融创新的热潮在推动普惠金融发展、缓解中小企业融资难问题、扩大投资者理财渠道的同时,也造成了互联网金融领域乱象频发、非法集资案件数量急剧上升等诸多问题。为了明确非法集资犯罪的认定、促进互联网金融行业健康有序发展,本文首先从非法集资活动认定的公开性与集资性出发,提出:事先建立适当标准对投资者进行区分且在集资过程中严格落实该标准的,该集资行为不宜认定具有公开性;吸收资金的过程中,资金提供者并非以获取利益为主要目的或该利益的获得并非依赖他人努力的,不宜认定具有集资性。其次对非法集资犯罪的罪名认定,提出应对直接融资与间接融资中的非法集资犯罪设置不同罪名:直接融资前未在有关部门注册登记或备案的,以擅自发行股票、公司、企业债券罪认定。以欺骗手段进行注册登记或备案的,以欺诈发行股票、债券罪认定;间接融资中,对未经批准承担信用转换功能的金融中介机构,以非法吸收公众存款罪认定。其中具有非法占有目的的,以集资诈骗罪认定。对未经批准,擅自开展法律明确规定准入限制业务的,以非法经营罪认定。

关键词:非法集资;非法吸收公众存款罪;互联网金融

　　我国从防范金融风险的目的出发,对金融行业实行特许经营制度,将一切未

　　* 【基金项目】国家哲学社会科学基金重点项目"互联网融资法律制度创新构建研究"(15AFX020),浙江省哲学社会科学规划优势学科重大项目"民间金融市场治理的法律制度构建及完善研究"(14YSXK01ZD)及子课题"民间金融市场主体法律制度构建及完善"、"民间金融市场行为法律制度构建及完善"、"民间金融市场监管法律制度及完善"、"民间金融市场信用体系的法律制度构建及完善"、"民间金融市场风险防范与处置法律制度构建及完善"成果。
　　** 游通,男,浙江大学光华法学院,法律硕士。

经批准向社会公众募集资金的行为定义为"非法集资",并以刑事手段进行规制。虽然此前对非法集资认定的讨论一直未能形成通说,但由于争论点往往集中于与民间借贷的界限问题,且民间借贷具有隐蔽性及分散性,因此非法集资犯罪的认定问题一直未能进入大多数学者的视野。近年来,随着互联网应用的不断拓展,金融与互联网逐步迈向深度融合,越来越多的融资行为从线下走到线上,形成了一股网络融资的热潮,也使得非法集资的认定问题更加凸显。为了明确如何认定非法集资犯罪,本文将从非法集资概述、非法集资活动的认定与非法集资犯罪的罪名认定三个方面进行阐述。

一、非法集资概述

将非法集资活动作为犯罪处理最早出现在 1995 年第八届全国人大常委会通过的《关于惩治破坏金融秩序犯罪的决定》。该决定首次提出对"未经中国人民银行批准,擅自设立商业银行或者其他金融机构的"、"非法吸收公众存款或者变相吸收公众存款,扰乱金融秩序的"、"以非法占有为目的,适用诈骗方法非法集资的"处以刑事处罚。随后在 1997 年,我国刑法于修订过程中完全吸纳了这些观点,明确规定了擅自设立金融机构罪,非法吸收公众存款罪,擅自发行股票、公司、企业债券罪,集资诈骗罪,正式将非法集资活动作为犯罪行为纳入了我国刑法调整范畴,以刑事手段进行规制。

由于 1995 年通过的《关于惩治破坏金融秩序犯罪的决定》对于非法集资并未作出明确界定,各级人民法院在审理案件的过程中对非法集资的理解存在较大差异。为了统一对非法集资概念的理解,最高人民法院在 1996 年制定了《关于审理诈骗案件具体应用法律若干问题的解释》,率先对非法集资作出了具体定义。其规定:"非法集资"是指法人、其他组织或个人,未经有权机关批准,向社会公众募集资金的行为。该定义的落脚点在"非法性"上,即强调"未经有权机关批准"。由于"未经有权机关批准"的前提是法律有明确规定应当进行审批,而对于生产经营、商品销售等行为法律并未明确规定需要进行事先审批,所以在实务中出现了司法机关对以商品销售等合法形式实施非法集资犯罪活动难以认定的情形。

为了解决实务中对非法集资犯罪难以认定的问题、明确非法集资和合法融资的法律界限,最高人民法院在 2010 年出台的《关于审理非法集资刑事案件具体应用法律若干问题的解释》(以下简称《解释》)中从法律要件和实体要件两个方面对非法集资进行了新的定义。该文件明确提出非法集资犯罪是指违反国家金融管理法律规定,向社会公众(包括单位和个人)吸收资金并同时满足非法性、公开性、利诱性、社会性的行为。

对于非法集资犯罪所对应的具体罪名,《解释》的起草者认为与非法集资犯罪相关的罪名共计 7 个,分别是欺诈发行股票、债券罪,擅自设立金融机构罪,非法吸收公众存款罪,擅自发行股票、公司、企业债券罪,集资诈骗罪,组织、领导传销活动罪,非法经营罪。对于该 7 项罪名的逻辑关系,起草者提出擅自设立金融机构罪是非法集资的准备行为;非法吸收公众存款罪,欺诈发行股票、债券罪,擅自发行股票、公司、企业债券罪,组织、领导传销活动罪,非法经营罪 5 个罪名是刑法上处理非法集资犯罪的主体罪名,其中非法吸收公众存款罪属于基础罪名,其他 4 个罪名属于特殊罪名;集资诈骗罪则是非法集资犯罪的加重罪名[1]。

自此,我国现行非法集资活动的刑事规制体系基本建立。

二、非法集资活动的认定

对非法集资活动的认定,2010 年出台的《解释》提出首先应当是"违反国家金融管理法律规定,向社会公众(包括单位和个人)吸收资金的行为",其次应同时满足以下四项要件:"(1)未经有关部门依法批准或者借用合法经营的形式吸收资金;(2)通过媒体、推介会、传单、手机短信等途径向社会公开宣传;(3)承诺在一定期限内以货币、实物、股权等方式还本付息或者给付回报;(4)向社会公众即社会不特定对象吸收资金"。《解释》的起草者将该四项要件概括为"非法性、公开性、利诱性、社会性"。

虽然《解释》已经对非法集资活动的认定作出了较为明确的规定,但仍存在值得商榷之处:首先针对非法性而言,有学者认为,非法性并非属于重要要件,原因在于我国所有的公开集资活动均须经过有权机关批准。一旦集资活动被认定为公开集资,则自动符合非法性要件。因此对于非法集资的认定,其根本在于认定吸收资金活动是否构成公开集资[2]。其次针对公开性而言,公开宣传只是公开集资的手段,并不具备实质性内容,对于公开宣传是否会导致构成公开集资,仍旧应当将落脚点放在第四项要件——社会性。尤其现阶段互联网金融的兴起,民间借贷呈现大规模互联网化。而互联网天然具有公开性的特点,任何互联网上的信息都直接面向社会公众,因此以公开宣传作为认定要件不再具有实质意义。再者对于利诱性而言,《解释》将"吸收资金"与"利诱性"相结合作为判断

---

① 刘为波:《〈关于审理非法集资刑事案件具体应用法律若干问题的解释〉的理解与适用》,《人民司法》2011 年第 5 期。

② 彭冰:《非法集资活动规制研究》,《中国法学》2008 年第 4 期。

集资性质的标准,模糊了正常生产销售活动与集资活动的界限。以正常的商品销售活动而言,销售者从购买者手中收取货款(吸收资金),并承诺在一周内发货,将商品交到购买者手中(承诺在一定期限内以货币、实物、股权等方式还本付息或者给付回报),同样符合"吸收资金"与"利诱性"的要件,但将该类商品销售活动界定为集资活动明显违背常理。最后针对社会性而言,解释起草者认为社会性包括两个层面的内容:广泛性和不特定性。其中对不特定性的认定不仅强调是否以集资参与人的抗风险能力为划分人群的标准,还强调集资人具体实施的行为是否是可控的。① 而在互联网金融领域,集资活动从线下走到线上,资金提供者对集资者的了解程度较低、信任较低,因而"小额、分散"成为互联网金融领域控制风险的重要途径。在该种情况下,集资者为获得足够的资金必然向大量资金提供者集资,天然符合广泛性。因此将广泛性纳入社会性的判断要件中,并不具有实质意义。

对此,有学者提出对非法集资活动的认定应当以"集资"与"公开"为核心要件。"集资"可以概括为"被动投资性",即资金提供者以获取利益为主要目的(投资性)且该利益的取得依赖他人的努力(被动性);"公开"则是指向不特定对象吸收资金。而是否为特定对象,关键在于用来划分人群的决定因素和划分的目的②。具体而言,划分的标准可以是:

(1)"投资经验"。该种划分方式从资金提供者掌握的知识和技能角度出发,将熟练掌握金融知识和技能的资金提供者(主要指金融机构和机构投资者)与不具备相应知识和技能的资金提供者(主要指个人投资者)相互区别。这样划分的依据在于国家对公开集资活动进行规制的主要原因是保护投资者,而熟练掌握金融知识和技能的资金提供者知悉与投资相关的金融风险,并不需要法律对其进行特别保护。

(2)"特殊关系"。该种划分方式是为了给合法的民间借贷留出足够的空间。就民间借贷而言,集资者与资金提供者往往具有密切关系,并且对集资者具有一定程度的了解,具备一定的自我保护能力,不需要以刑法对其进行保护。且由于特殊关系的存在,以刑法对其进行保护也与情理存在一定程度的冲突。

(3)"财富标准"。该种划分方式的依据在于符合较高财富标准的资金提供者有足够财力聘请专业人员帮助其投资,并且足够的财富使得他们有能力承担投资风险。

---

① 刘为波:《〈关于审理非法集资刑事案件具体应用法律若干问题的解释〉的理解与适用》,《人民司法》2011 年第 5 期。

② 彭冰:《非法集资行为的界定》,《法学家》2011 年第 6 期。

换言之,集资者在集资行为发生前以上述方式或其他合理方式对集资对象进行区分,并在集资过程中贯彻落实该种区分方式,则该集资活动应当认为不具有"公开性"。

笔者赞同上述观点,对非法集资的认定应当以公开集资的认定为前提,并且在我国现行法律体系下,未经批准的公开集资必然构成非法集资。以互联网金融中的网络借贷为例,由于出借人出借资金的目的是为了获得利息(获得利益的目的),且该利益能否获得取决于借款人能否恰当及有效利用资金(利益能否获得取决于他人的努力),因此网络借贷行为是一种集资行为。然而网络借贷行为是否构成公开集资行为,还需要对其是否符合"公开性"进行认定。基于上文的阐述,"公开性"的认定以集资对象是否特定为落脚点。对于在集资前以合理方式对集资对象进行有效区分并且在集资过程中贯彻落实该种区分方式的,不应认定为具有"公开性"。因此,网络借贷行为是否构成公开集资乃至非法集资的关键在于集资者是否建立并落实有效的集资对象区分方式。

三、非法集资犯罪的罪名认定

非法集资犯罪的罪名体系如上文所述,以非法吸收公众存款罪的基础罪名,在此基础上建立了以擅自设立金融机构罪为非法集资的准备型罪名,欺诈发行股票、债券罪,擅自发行股票、公司、企业债券罪,组织、领导传销活动罪,非法经营罪为非法吸收公众存款罪的特殊罪名,集资诈骗罪为非法集资加重罪名的罪名体系。虽然该罪名体系已经基本完善,但该罪名体系仍存在较多争议。

(一)对于"存款"的界定不清导致非法吸收公众存款罪的外延过大

依据 2010 年最高人民法院出台的《解释》,非法吸收公众存款罪是非法集资犯罪的基础罪名。在对非法集资犯罪的罪名认定上,除擅自设立金融机构罪外,首先应当考虑是否构成非法吸收公众存款罪,其次考虑是否符合其他特殊罪名的构成要件。这就使得非法吸收公众存款罪在实务适用中的外延不断扩张,对于"存款"的认定逐步等同于对于"资金"的认定。而事实上,"存款"与"资金"并非是对等的概念。严格意义上而言,"存款"是"资金"的一种表现形式。

刘健教授在其 2012 年发表的《非法吸收公众存款罪之辨析》一文中明确提出对于存款的认定应该从资本货币经营的意义来理解,即存款人能依据自己的意愿存取,吸取资金者有吸取存款予以放贷的行为①。该认定标准从存款人和吸取资金者两个角度对"存款"作出界定,在存款人角度强调存款人的"自主决定",在吸取资金者角度强调"放贷行为",并且二者之间的逻辑关系是"与"。这种认定标准严格从银行业务的特征出发进行认定,但在某种程度上而言缩小了"存款"的范围。对于吸取资金者向公众吸取资金,但未将资金用于放贷的行为,该种认定标准认为吸取的资金不应认定为"存款"。

同年,叶良芳教授在其发表的《从吴英案看集资诈骗罪的司法认定》一文中提出,"存款"是以存款利息为对价吸收公众资金,其媒介是存单(或者类似凭证)②。该认定标准并未从资金流动的两端——存款人与吸取资金者对"存款"进行界定的标准,而是将落脚点放在吸收资金的对价上,认为只要以存款利息为对价吸收公众资金的,该资金即构成"存款"。该种认定方式的依据是金融市场中的"风险与收益对等"基本原则,其认为吸收资金者以存款利率吸收资金,即意味着该资金的风险与存款的风险相当,提供资金者能够合理预期其提供的本金及收益能够完全收回。然而,该种认定方式的缺陷在于,金融市场中的"风险与收益对等"的原则仅存在于成熟、理性市场中,而现实中存在的大量新兴市场及非理性市场中并不适用该原则,最直接的体现就是吸收资金者同时提供高额收益和高度本金及收益保障。对于该种吸收资金者吸收的资金,仅以吸收资金的对价为标准的话,难以将其定性为"存款"。

因此笔者认为,对于"存款"的认定应当以资金提供者提供资金的主要目的为标准。资金提供者以保障资金安全为主要目的提供资金的,该资金应当认定为"存款";资金提供者并非以保障资金安全为主要目的,而是以获取高额收益为主要目的提供资金的,该资金则不应当认定为"存款"。在实务中,对于资金提供者提供资金主要目的首先从吸收资金者的兑付承诺进行判定,当吸收资金者并未明确提供兑付承诺的,从其承诺的回报率进行判定。具体而言,吸收资金者提供刚性兑付或高额兑付承诺所吸收的资金,应当认定为"存款"。吸收资金者并未提供刚性兑付或高额兑付承诺所吸收的资金,如果该资金的回报率与存款利率大致相当,则应认定为"存款";如果该资金的回报率远高于存款利率,则不应认定为"存款"。

(二)罪名体系的设置未考虑直接融资与间接融资的区别

就融资的方式而言,融资可以分为直接融资和间接融资。直接融资指资金

---

① 刘健、李辰辰:《非法吸收公众存款罪之辨析——兼评〈最高人民法院关于审理非法集资刑事案件具体应用法律若干问题的解释〉》,《法治研究》2012 年第 3 期。

② 叶良芳:《从吴英案看集资诈骗罪的司法认定》,《法学》2012 年第 3 期。

提供者与融资者相互之间直接进行协商或者由资金提供者在金融市场上购买融资者发行的有价证券的资金融通活动;间接融资指资金提供者通过存款等形式将闲置的资金提供给银行等金融中介,再由银行等金融中介将资金提供给融资者的资金融通活动。① 因此有学者提出区别直接融资与间接融资的关键在于融资过程是否依赖金融中介,并将基于金融中介与资金提供者之间的合约将金融中介分成提供固定回报承诺的金融中介(以银行为典型代表)、提供分享投资收益承诺的金融中介(以证券投资基金为典型代表)、提供其他承诺的金融中介(以各类保险机构和养老基金为典型代表)。但笔者认为,区别直接融资与间接融资的关键在于决策主体,即作出提供资金决策的是否是最初的资金提供者。在银行、基金公司、投资公司等金融中介机构介入其中的资金融通过程中,最初资金提供者并非是直接作出是否提供资金的决策者,该直接决策权由最初资金提供者交给了金融中介机构,金融中介机构代替最初资金提供者直接作出是否提供资金的决策;而在股票、债券市场中,虽然在资金融通过程中同样存在券商、律师、会计师等中介机构,但其并非代最初资金提供者作出是否提供资金的决策,是否提供资金的决策仍旧由最初资金提供者自行作出,因此该种资金融通过程属于直接融资。

基于上述两种不同的融资方式,法律也相应发展出了两套不同的融资监管制度。

对于直接融资而言,法律监管的核心在于真实、完整的信息披露,要求融资者向有关部门注册或备案,并向资金提供者披露真实、完整的信息,以便资金提供者自行决策是否提供资金。

对于间接融资而言,金融中介机构代替最初资金提供者作出是否提供资金的决策,而金融中介机构由于掌握着大量资金,相对于融资者而言往往具有优势地位,且具备专业知识及技能,因此法律监管的重心不在于信息披露,而是从保护最初资金提供者的角度出发,强调对金融中介机构的安全性和健康性进行持续监管,以保证信用中介能够审慎经营。通常法律会对金融中介机构采取严格的市场准入与市场退出的机制。

而现阶段我国刑法对非法集资犯罪的罪名体系设置并未区分直接融资与间接融资,而是以非法吸收公众存款罪为基础罪名,将直接融资与间接融资的违法犯罪行为均纳入该罪名的范畴。该种方式虽然简单易行,但同时也造成了非法吸收公众存款罪的外延过大、非法集资与合法集资的界限不清、未能给金融创新留出足够空间等一系列问题。

---

① 顾亮:《直接融资的监管逻辑》,《金融博览》2016年第9期。

因此笔者认为,刑法对非法集资犯罪的罪名体系设置应当与上述监管制度相衔接,对直接融资和间接融资中的犯罪行为根据其违反法律的不同,以不同的罪名予以认定。

对于直接融资中未依法进行注册登记或以欺骗手段进行注册登记的,认定为擅自发行股票、公司、企业债券罪或欺诈发行股票、债券罪①。虽然我国现行《证券法》对证券的定义仍局限于"股票、公司债券和国务院依法认定的其他证券",但在 2015 年公布的《证券法(修订草案)》中,已经将证券的定义扩大为"代表特定的财产权益,可均分且可转让或者交易的凭证或者投资性合同"。因此刑法以擅自发行股票、公司、企业债券罪或欺诈发行股票、债券罪对直接融资过程中的非法集资犯罪进行规制,也有利于与其他法律保持一致性。

在间接融资中,法律监管的重点在于金融中介机构。对未经批准承担信用转换功能的金融中介机构,由于其类似于商业银行,吸收公众存款并承担了信用风险,因此在现行刑法规制体系下,可以以非法吸收公众存款罪进行认定。以非法占有为目的的,可以以集资诈骗罪进行认定;而对于未提供信用转换功能,但在资金融通过程中代替最初资金提供者进行投资决策的金融中介机构,其类似于投资基金。根据 2010 年出台的司法解释,以非法经营罪进行认定。

四、结 语

综上所述,本文认为对非法集资犯罪的认定,首先应当对吸收资金的行为是否构成公开集资进行认定。在确已构成公开集资且违反法律规定的基础上,再对该非法集资行为具体适用于何种罪名进行认定。

认定吸收资金的行为是否构成公开集资时,首先应当对吸收资金的行为是否构成集资进行认定。而对是否构成集资进行认定,主要目的是界定集资行为与正常商业行为。借鉴美国的 Howey 检验标准②,本文提出集资行为与正常商业行为区分的关键在于"资金提供者提供资金的主要目的是否为获得利润"且"该利润的获得是否依赖于他人的努力"。其次,在构成集资的基础上,对集资行为是否公开进行认定。基于私募法律中合格投资者的概念③以及联邦最高法院

---

① 彭冰:《P2P 网贷与非法集资》,《金融监管研究》2014 年第 6 期。

② Mcginty P,"What Is a Security",*Wis. l. rev*, 68(4)(1993),pp. 1031-1113.

③ 梁清华:《论我国合格投资者法律制度的完善——从法定条件到操作标准》,《证券市场导报》2015 年第 2 期。

的 Ralston Purina 案①,对集资行为公开性的认定应当以"是否在集资前建立适当制度对资金提供者进行区分"且"在集资过程中贯彻落实该制度"为判断标准。而对区分资金提供者制度适当性的判断,应着重考量该制度划分人群的关键因素以及进行该种划分的目的。

在对非法集资行为具体适用何种罪名进行认定时,应当对非法吸收公众存款罪进行限缩性解释。从融资方式角度而言,非法吸收公众存款本质上是指在间接融资过程中,金融中介未经批准承担信用转换功能,向社会公众吸收资金的行为。并且在该过程中,社会公众提供资金的主要目的并非是获得高额收益,而是保障资金安全性。因此,非法吸收公众存款罪应当仅局限于对间接融资过程中,未经批准即承担信用转换功能的金融中介进行定罪的过程中。

最后在对非法吸收公众存款罪进行限缩性解释的基础上,本文提出了建立在融资方式上的非法集资罪名体系:直接融资前未在有关部门注册登记或备案的,以擅自发行股票、公司、企业债券罪认定。以欺骗手段进行注册登记或备案的,以欺诈发行股票、债券罪认定。间接融资中,对未经批准承担信用转换功能的金融中介机构,以非法吸收公众存款罪认定。其中具有非法占有目的的,以集资诈骗罪认定。对未经批准,擅自开展法律明确规定准入限制业务的,以非法经营罪认定。

---

① Ralston Purina 公司未向 SEC 注册,通过州与州间的邮政系统,向公司内所有"未经公司或其管理人员、员工劝诱,却向公司或其管理人员、员工询问如何购买本公司普通股的员工"销售普通股。联邦最高法院在认定其销售对象是否特定时,提出了著名的"区分公开与特定的标准,关键在于建立这种区分的性情和考虑这种区分的目的"观点。该观点随后成为区分公开与特定的通说。

互联网理财业务保理项目产品的法律风险及其防范[*]

浙江大学光华法学院　　侯讷敏^{**}

摘　要：保理项目理财由于涉及应收账款的二次转让，其风险控制方式和增信方式均不同于传统的 P2P，也对法律风险分析和监管提出了新的要求。互联网理财保理项目通常以回购作为投资者收益方式而非额外的增信手段，同时为了平衡应收账款之间的周期，易产生期限错配和资金池风险。针对保理项目的这些特点，在加强对网络借贷平台管理，严格信息公开制度的同时，还应增加对合作的保理机构的监督和审核，严格对保理合同的审查。

关键字：互联网保理理财；法律适用风险；期限错配

一、互联网理财保理项目产品的概念

(一)保理的定义

保理起源于为国际贸易中出口商和进口商提供的一种中介服务，由于进出口商之间互不了解，就需要一些特定的机构提供资信调查、货款托收、坏账担保等服务。我国目前尚无法律对保理进行定义，普遍被接受和认可的表述是 1988 年 5 月国际统一司法协会通过的《国际保付代理公约》(UNIDROIT Convention on International Factoring，简称"国际保理公约")中的规定：

---

* 【基金项目】国家哲学社会科学基金重点项目"互联网融资法律制度创新构建研究"(15AFX020)，浙江省哲学社会科学规划优势学科重大项目"民间金融市场治理的法律制度构建及完善研究"(14YSXK01ZD)及子课题"民间金融市场主体法律制度构建及完善"、"民间金融市场行为法律制度构建及完善"、"民间金融市场监管法律制度及完善"、"民间金融市场信用体系的法律制度构建及完善"、"民间金融市场风险防范与处置法律制度构建及完善"成果。

** 侯讷敏，女，浙江大学光华法学院法律硕士。

保理系指一方当事人(供货方)与另一方当事人(保理商)之间订立《保理合同》,根据该合同:

A. 供货商可以或将要向保理商转让供货商与其客户(债务人)订立的货物销售合同所产生的应收账款,但是主要供债务人个人、家人或家庭使用的货物的销售所产生的应收账款除外。

B. 保理商应履行至少下述两项职能:(1)为供货商融通资金,包括货款和预付款;(2)管理与应收账款有关的账目(分类账);(3)收取应收账款;(4)防止债务人拖延付款。

C. 应收账款转让的通知应送交债务人。

根据提供保理服务的主体不同,保理业务可分为银行保理和商业保理。目前我国的保理业务以银行保理为主,但自 2012 年以来,商业保理所占比重不断增加,截至 2015 年 12 月底,我国商业保理融资业务量超过 2000 亿元,新设立商业保理公司近 1300 家,二者数量约是 2014 年的 1.5 倍。[①] 商业保理的蓬勃发展和市场潜在的巨大需求也使得商业保理公司的资金需求不断增加,为了增强资金流动性,2014 年后半年,有保理公司逐渐开始借助互联网理财平台,向公众投资者以线上投资的形式筹集资金。

(二)互联网理财保理项目的特点

1. 暗保理为主导的国内商业保理

互联网理财中介入的保理项目主要目的在于短时间内获得资金融通,因此它和传统保理概念存在差异。为了使整个理财业务流程更为简便、追索货款便利,一般和互联网理财相结合的保理仅是"保理"这个大概念中的一小部分,即商业保理,且通常只有应收账款融资业务会和互联网理财对接。这类保理业务历史悠久,被普遍认为是解决中小企业融资难题的有效手段,因此在国内数量多,资金总量大。而且,国内的保理公司所进行的应收账款融资已经不再单纯是为国际贸易提供便利,很多针对的是国内的商业往来资金流通,这更加简化了当事人之间的法律关系,降低保理公司的追索难度。

同时,依据保理商与卖方(债权人)之间的应收账款转让是否通知买方(债务人)为依据,划分为明保理与暗保理。暗保理即隐蔽型有追索权的保理。互联网理财中的保理以此类保理为主导。《合同法》第 80 条规定:"债权人转让权利的,应当通知债务人。未经通知,该转让对债务人不发生效力。"现实中,有一些供应商(卖方)不希望买方得知他们的资金周流动性不佳,在保理时不通知买方

---

① 数据来自《中国商业保理行业发展报告 2015》,2016 年 4 月发布。

（债务人），货款到期时依然由卖方出面向买方追要货款，然后再将货款交付保理商；在这样的情形下，由于没有通知债务人，对于保理商而言，暗保理的风险比明保理要更大。正因为风险大，暗保理的融资比率也较低，较低的融资比率使得保理公司通过互联网理财平台给予投资人资金利率后仍有较高的收益空间，故而受到双方的欢迎。

2015 年开始，互联网理财中的保理项目由单纯的国内商业保理逐渐扩展到国际保理业务，不过在整个业务规模中比重较低。

2. 应收账款的二次转让采取回购模式

保理对接 P2P 大致分为两个阶段，第一阶段是保理阶段：P2P 网贷平台商业保理产品一般都是有追索权的保理。供应商与买方订立货物销售合同，产生应收账款；供应商将该应收账款转让给商业保理公司，商业保理公司向其提供融资，以实现卖方资金周转。第二阶段是线上阶段：商业保理公司与 P2P 网贷平台签订合作协议，将该应收账款转让给平台投资人；到期后商业保理公司从买方收到应收账款，并还款给 P2P 网贷平台投资人。

不同于一般的 P2P 平台理财以回购作为给平台和借款人增信的方式，在保理项目中，保理公司实际通过"回购溢价"的形式向投资者支付使用资金的利息。

以鑫合汇为例，鑫合汇母公司下有保理公司"天津中新力合国际保理有限公司"，保理公司首先和原债权人签订保理协议，受让债权人的债权，一般是商业往来中的应收账款，然后再从中筛选，向互联网理财平台提供自己认为优质的应收账款，作为应收账款二次转让人，转让应收账款并许诺一定日期后回购。在合同中，体现为第三方保理机构作为签订合同的甲方，承担应收账款转让和回购的义务，回购价款等于标的债权到期时的本金加利息收益；另一方面由浙江中新力合担保服务有限公司对此回购承诺承担一般保证责任，即若债权到期时触发回购条件，转让方不履行回购义务，则由担保方承担担保责任，向受让方支付回购价款。举例如下：

"3.1 应收账款回购指：甲方在回购日按照应收账款回购价格受让标的应收账款，乙方亦同意在回购日按照上述价格向甲方转让标的应收账款。

3.2 回购日为 2016-04-15。

3.3 应收账款回购价格计算方式：

标的应收账款回购价格＝应收账款转让价格＋应收账款回购溢价

应收账款回购溢价＝应收账款转让价格×应收账款回购溢价率×转让期限÷365 天

应收账款回购溢价率为8.30％。"①

其中回购溢价率8.30％即为投资者在网贷平台上看到的预期收益率。

(三)增信方式区分

虽然不能通过回购方式增信,互联保理项目理财还是引入了担保公司和保险公司作为第三方,为投资者提供保障:

1.担保公司担保模式——以"鑫合汇"为例

担保公司提供担保的模式为担保公司对保理公司到期赎回债权的行为进行担保。

以鑫合汇为例(见图1),鑫合汇母公司下有保理公司"天津中新力合国际保理有限公司",保理公司首先和原债权人签订保理协议,受让债权人的债权,一般是商业往来中的应收账款,然后再从中筛选,向互联网理财平台提供自己认为优质的应收账款,作为应收账款二次转让人,转让应收账款并许诺一定日期后回购。

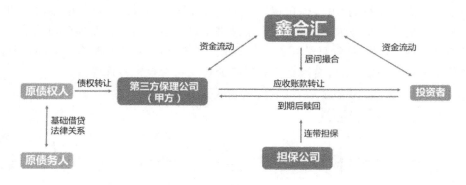

图1 鑫合汇保理类产品模式

当投资者投资的借款出现逾期在15天内时,尚未清偿的全部剩余本金自逾期之日按0.5‰/日的利率按日计收逾期罚息,罚息均归投资者所有。

当投资者投资的借款出现逾期超过15天时,鑫合汇平台将根据"鑫合汇债权转让协议"通过逾期项目的担保机构司向理财人垫付此笔借款的剩余出借本金或本息(具体情况以投资标的类型的具体垫付规则为准)以及产生的罚息。

此外,《同意担保函》中的内容描述为:

"担保单位为浙江中新力合担保服务有限公司,所提供的担保是不可撤销的

---

① 合同文本来自鑫合汇《应收账款转让及回购合同》。

连带责任保证,担保期间为 2 年,自应付款项履行义务到期之日起计算。

本函承诺,天津中新力合国际保理有限公司(应收账款转让人)与杭州鑫合汇互联网金融服务有限公司经营管理的"鑫合汇"平台应收账款受让人发生的所有债务往来所应支付的全部款项的付款义务由本公司承担连带保证责任。

若本《同意担保函》所担保债权发生转让,本公司在原保证担保的范围内对债权受让人继续承担保证责任。"①

一旦逾期,投资者可以依据合同向应收账款转让人提出违约之诉,也可要求担保公司承担连带担保责任。

2. 保险公司保障模式——以"利得行"为例

利得行平台的资产端是外贸行业中的中小出口企业的应收账款、退税款,是债权模式的资产端。其中,浙江大道保理有限公司先为该应收账款提供保理,然后再次将债权转让给投资者。同时,保险公司对企业(原债权人)的债权进行保障。

以一款保理通产品为例,在此业务模式中,有两种保障方式:第一种(见图2)是针对原始债权的"出口信用保险",对原始债权总金额的 90% 投保,如进出口贸易中的原始债务人不支付货款,中国进出口保险公司赔付保理公司赔偿金。第二种(见图 3)是以"保理公司按时赎回债权"为标的的商业履约保证险,当保理公司不能按时赎回时,由国有商业保险公司支付给投资者保险金。

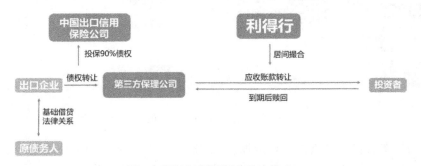

图 2 利得行原始保险保障模式

此项目的矛盾之处在于,中国进出口保险公司的保险受益人是保理公司而非投资者。对于投资者而言,他的资金安全能否得到保障直接取决于和投资者签订合同的保理公司是否能如期赎回应收账款,而非基础合同的债务人是否支付货款。如果保理公司因为其他业务发生了资不抵债的情形,没有能力赎回投

---

① 合同文本来自鑫合汇《同意担保函》。

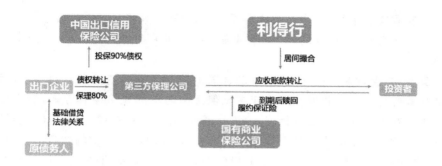

图 3　利得行双重保险保障模式

资者手中的应收账款,即使投资者参与的保理项目得到了进出口保险公司的赔付,投资者不能获得保险的赔偿金,保理公司仍然可以不履行合同义务,第一道保险的作用难以体现在投资者身上。此时,投资者只能寄希望于商业保险公司提供的履约保证险。

二、互联网理财保理项目的法律风险

以保理业务为基础的互联网理财由于应收账款的二次转让,实际上将原始贸易合同的法律风险和保理公司与投资者之间的回购协议中的法律风险和信用风险叠加到了一起。特别是一些新兴的互联网理财平台突破传统的国内商业保理模式,引入了国际保理,在增加投资多样性的基础上也增加了追偿的难度。对保理类互联网理财业务的风险分析和监管,也必须要考虑到这种叠加的影响。

(一)应收账款权利瑕疵风险

如果应收账款债权难以实现或无法完全实现,互联网保理的第一还款来源得不到保障,该等瑕疵会给互联网保理各业务环节的参与者带来众多的风险。应收账款主要的权利瑕疵是应收账款不真实和应收账款的重复融资。

暗保理中,应收账款真实性的问题尤为突出。暗保理业务模式之下,保理商与买家直接接触的概率极低,对于交易真实性的核查,也主要是通过调查交易记录、基础合同、发货凭证、验收凭证等进行形式上的验证。目前大量的诉讼纠纷表明在利益的驱动下,卖家会采取伪造单据等方式骗取保理公司资金。若通过审核合同条款、印章真实性、买方开具的验收证明、验收单和卖方的发货证据,确定基础买卖合同不真实,则卖方向保理公司转让的债权虚假,导致保理公司向网络借贷投资人转让的债权亦不真实,将最终损害投资人的利益。如果作为转让标的的应收账款不真实，合同被认定无效后，则转让人将对此承担责任。这里可能涉及买卖合同、保理合同、借贷合同等多重法律关系，很难在一个诉讼中合并解决。[①]

其次，暗保理业务模式之下，基础合同的债务人不清楚保理商的存在，因此不能采取传统保理中将回款账户变更至保理商名下的风险控制方式，那么债务人就可以在不通知保理商的情况下，再次通知买家变更付款账户，这样就会导致买家的回款可能不会支付到监管账户，导致保理商对应收账款的回款失去控制。根据《合同法》，只要买家举证证明其已经履行了付款义务，即视为合同已经履行完毕，保理商无权要求买家再次付款。

重复质押也是线上保理欺诈的主要手段之一。虽然我国现行法律规定，应收账款质押与应收账款收益权转让需要转让相关的物化应收账款凭证，并办理应收账款质押登记手续，但是配套制度却没有紧密贴合。以应收账款质押登记为例，《物权法》要求当事人应当订立书面合同，并且在有权机关进行登记，[②]但是对于应收账款质押登记机构对登记的审查权限尚未进行规定，进行实质审或是书面审都有待确定。[③] 此外，质权的设立以在信贷征信机构办理登记为标志，而《物权法》中没有确定登记的效力是登记对抗主义还是登记生效主义。

此外，互联网理财保理规模小，企业能力有限，难以保证保理商为每一名平台投资者办理应收账款质押的登记手续，只需要履行转让通知程序的应收账款转让是应收账款融资的普遍形式。这都造成互联网理财保理项目第一环节的应收账款风险大大增加。

(二)合同效力瑕疵

在国际法方面，《国际保理公约》是现行生效的唯一国际公约，生效距今已有十余年，改动较少，整个公约对具体细节涉及不多，属于框架性的公约。现在保理业务创新速度较快、业务创新模式多样，仅靠公约条款已经难以处理保理发展中的新兴问题。此外，关于保理的国际惯例，主要包括国际保理商联合会制定的GRIF 规则和《国际保理商联合会仲裁规则》。

在我国，国际惯例和公约为保理的发展奠定了一定的法律基础，但是远远不

---

① 吴景丽：《P2P 网贷中的担保、保理、配资和对赌问题》，《人民司法（应用）》2016 年第 7 期。

② 《物权法》第 228 条规定：以应收账款出质的，当事人应当订立书面合同。质权自信贷征信机构办理出质登记时设立。应收账款出质后，不得转让，但经出质人与质权人协商同意的除外。出质人转让应收账款所得的价款，应当向质权人提前清偿债务或者提存。

③ 黄斌：《国际保理业务中应收账款债权让与的法律分析》，《清华大学学报（哲学社会科学版）》2006 年第 2 期。

够。《合同法》《物权法》《担保法》等对商业保理问题作了大概的规定，原则性较强，具体规则较少。在涉及暗保理、应收账款不实等可能对保理合同有效性产生影响的争议上，框架性的法律心有余而力不足，只能依赖于司法实践的判断。

互联网理财保理项目几乎是暗保理模式，而暗保理由于没有通知基础合同的债务人而在合同有效性上始终存在争议。对暗保理是否是"保理"，主要有两种观点。

以法官为主的一派认为：第一，应收账款的转让未能生效，保理商无权向债务人主张债权，其名为保理实为借贷[①]；第二，如债权人只向保理商转让应收账款，而不要求保理商提供应收账款管理等其他服务，即构成了纯粹的应收账款买卖。同理，如果去掉应收账款转让这个保理的前提，只向保理商申请提供融资或坏账担保，则分别构成了借款或债务担保。[②] 因此，暗保理合同虽然是成立且合规的，但不应当认定为商事中的保理合同，而应根据其合同的实际约定与履行情况予以认定处理。

而以律师为主的一派则认为：一般国内的保理商都会保留通知购货方应收账款转让的权利，所以在保理期届满之后一段时间内，最迟在保理商起诉之前，应收账款转让如果已经有效地通知了购货方，这时债权转让的效力已经没有任何瑕疵，符合法律法规的规定，暗保理转化为明保理，合同没有效力瑕疵。[③]

(三)期限错配风险

期限错配(maturity mismatch)，即风险缓释的期限比当前的风险暴露的期限短，预计收到的资金不足以支付预计到期的债务。

一些保理项目，特别是涉及进出口贸易的应收账款保理项目，周期较长，为了业务的便利，同时也是希望较短的周期比较容易在互联网理财平台中吸引投资者，很多理财平台会对保理项目进行拆分。在其平台上发布多个不同起止时间，且期限较短的标的，以较好的流动性和高收益吸引投资者，同时，再将募集到的资金投入到长期借款项目之中，单个标的到期后，就依靠后一个未到期标的所募集的本金来偿还已到期标的的本息，依次轮回，直到实际长期借款项目到期，平台收回本息，偿还最后待还标的的本息。

此外还包括金额拆标和时间拆标，例如将借款期限本应该为 12 个月的标的项目，拆分为两个 6 个月期限的项目错开来分别发行，然后用第二个标的募集的

① 冯宁：《保理合同纠纷案件相关法律问题分析》，《人民司法》2015 年第 17 期。
② 田浩：《保理法律问题研究》，《法律适用》2015 年第 5 期。
③ http://www.cqlsw.net/service/warning/2014092714129.html.2016 年 10 月 8 日访问。

资金去支付第一个的到期本息；一年后，借款人到期还款，平台支付第二个标的到期本息。[①]

从现有营销模式来看，有两个特质使得主打保理项目的互联网理财非常容易陷入期限错配的风险中。第一个是应收账款回购模式。在此模式中，应收账款回购并非是一种额外的征信手段，而是单纯地以债权的拆分转让和回购的差价作为理财的收益。因此，投资者的投资期间必然小于实际债权的债务期间，中间的时间差大大增加了期限拆分的可能。第二个特质是过短的投资期限，在一些 P2P 平台中，经常有 7 天乃至 3 天左右的超短期理财项目，但是正常保理项目的应收账款周期都远大于 3 天、7 天，况且还有相应的审核流程等程序时间，这就意味着互联网理财平台可能对标的进行了拆分。

总体而言，不同行业的保理资产根据融资风险不同、期限不同，对应有不同的收益率水平，但大致都在 10% 和 13% 之间。从流动性角度看，保理公司的应收账款一般都在一年以下。所以，对接的资产收益率偏高或者项目期限过短、过长都是需要谨慎对待的。

(四)资金池风险

商业保理企业设立的专用账户与其基本账户的开户银行原则上应为同一家银行。在互联网保理下，大部分信息中介平台没有提供单独的资金托管，其所列举的合作支付机构仅仅是提供转账上的便利，没有在资金安全上起到实际作用。

以鑫合汇为例，鑫合汇通过委托第三方支付平台——上海盛付通电子支付服务有限公司，进行款项的托收和支付。平台选出一定项目后，放置在平台界面中供投资者选择，当投资者决定投资该项目后，其投入的款项即被冻结，当整个项目所需资金募集完成，全部参与投资的投资者资金解冻，通过盛付通转到项目资金方需求方。投资者签订《转让协议》，第三方支付机构(上海盛付通电子支付服务有限公司)从杭州鑫合汇网络科技有限公司在银行开立的资金账户中的受让人的虚拟账户中，将相应的本次转让债权(或收益权)的金额划转至转让人名下虚拟账户中，划转完成即视为受让人完成支付义务，标的债权或债券权益已转让成功。

整个过程中投资者、平台和借款人并没有在第三方支付平台上注册自己的账户，而是在鑫合汇账户下多了一个虚拟账户。这会存在当事人暗箱操作，借用该账户恶意逃避债务的可能。

最为关键的是，传统 P2P 网络借贷模式下对借款人和出资人之间的资金往

---

① http://www.rong360.com/gl/2015/04/07/69197.html,2016 年 6 月 30 日访问。

来进行监管,用以防止平台形成资金池。但是在加入保理的网络借贷模式中,一个平台只和一个保理公司合作,所有投资者的资金都会转移到保理公司的账户下,相比之下,产生了更高的资金池风险。

三、互联网理财保理项目风险防范措施

(一)严格保理合同审查

在强调和加强应收账款债权人与债务人的信息披露的同时,还应该要求保理公司、P2P等互联网平台以及登记系统等互联网保理参与方对应收账款予以必要的实质审核。[①]

第一,对基础买卖合同进行仔细审查。在和某一保理项目进行对接前,网络平台应当分析基础合同中买卖双方约定的交货地点、时间、方式等是否为日后回款埋下隐患,判断买卖合同中买卖双方有无联手造假骗取保理融资的可能。在基础交易发生纠纷时,卖方和买方约定的赔偿责任是否明确、清晰,是否会和保理商产生权利义务关系等都是应在将保理项目放到线上融资前作分析判断的。

在应收账款权利瑕疵上,可以参考《上海市浦东新区商业保理试点期间监管暂行办法》第10条的部分规定:"商业保理企业受让的应收账款必须是在正常付款期内。原则上不能受让的应收账款包括:(一)违反国家法律法规,无权经营而导致无效的应收账款;(二)正在发生贸易纠纷的应收账款;(三)约定销售不成即可退货而形成的应收账款;(四)保证金类的应收账款;(五)可能发生债务抵消的应收账款;(六)已经转让或设定担保的应收账款;(七)被第三方主张代位权的应收账款;(八)法律法规规定或当事人约定不得转让的应收账款;(九)被采取法律强制措施的应收账款;(十)可能存在其他权利瑕疵的应收账款。"[②]

同时,买卖双方的交易历史、履约情况、资信水平都是与合同相关的重要因素。如果保理提供的基础合同买卖双方互负债权债务,就会降低还款的可靠性,不利于互联网理财项目资产端的安全。

第二,对保理合同进行实质审查。网络借贷信息中介机构在选定用于面向投资者公开融资的保理产品之前,应当对保理合同类型进行筛选,避免选择合同效力存在争议的保理类型。

---

① 黄新淏:《论互联网保理的主要法律问题及其监管》,华东政法大学硕士学位论文,2016年。

② 上海市浦东新区商务委员会等《上海市浦东新区商业保理试点期间监管暂行办法》,浦商委投促字〔2013〕34号。

(二)增强对居间平台的监管

如前述鑫合汇和利得行等网络借贷中介公司,作为连接投资者和保理公司之间的信息中介,在对保理项目的审查上较监管部门有显著优势。从这个角度而言,增强对平台的管理,为平台制定规范,借助平台来约束和平台合作的企业,比直接管理保理企业更具有可操作性,监管主体也更清晰。

因此,必须落实《网络借贷信息中介机构业务活动管理暂行办法》,在银监会的统一领导下,地方金融监管部门做好相关机构的备案登记,加强对此类互联网金融平台日常业务的监管。①在期限错配、资金池等方面,建立健全惩罚机制,遏制平台为了高收益而拆分产品的现象,同时推动平台资金托管制度。

此外,还可以对这类企业对担保公司的选择加以限制。互联网理财保理项目应尽量避免选择保理公司或者网络借贷信息中介机构的关联企业作为担保公司,因为一方面担保公司可能会因此而减少对该笔保理项目的审查,相当于丧失了一次对保理产品风险检查的机会;另一方面关联企业之间紧密的资金联系也降低了其对被担保企业的清偿能力。

(三)利用供应链的信息优势

供应链金融,是金融机构围绕核心企业,管理上下游中小企业的资金流和物流,并把单个企业的不可控风险转变为供应链企业整体的风险把控。

互联网理财对资产端的选择主要考虑四个因素:一是资产的收益率;二是资产的期限;三是资产的安全性;四是资产对接的法律可行性。而供应链金融恰好提供了一个选择方式。对一些进出口公司而言,他们的贸易、报关等服务,多由供应链公司统一承揽,由此供应链公司亦掌握了其客户的贸易数据。这些数据可在资产端的选择和风险规避上起到重要的作用。还有一些创新型的产品,通过挖掘上市公司供应商的应收账款做短期融资,贷款到期后,上市公司锁定的应收账款作为还款来源将相应本息返还给投资人。总体而言,利用供应链金融的模式,主要在于供应链公司是经过市场检验的,借助市场来进行风控,有效降低成本、提升效率。

---

① 王超:《互联网保理理财产品的法律分析与监管应对》,《西南金融》2016 年第 8 期。

互联网理财平台信息披露制度研究[*]

浙江大学光华法院　朱　悦[**]

摘　要：互联网技术在金融领域的应用范围日益扩大，数据所承载的各种信息以更简洁的方式在互联网金融平台上呈现，互联网技术本身为解决信息不对称问题提供了有利条件。但是作为互联网理财平台，投资者更加关注平台信息和资金安全，线上活动的增加和互联网理财行业的现状使信息披露问题成为平台监管的重点之一。应完善包括经营状况和风控状况在内的互联网理财平台的信息披露制度，建立相对统一的标准，并且关注平台信息披露规范与信息获得结果的因果关系，促进互联网理财行业健康发展。

关键词：互联网理财；信息披露；经营状况；风险控制

随着互联网金融行业的快速发展，理财产品的种类越来越丰富，理财平台也在激烈的竞争中不断创新自身的商业模式，以赢得在互联网金融行业中可持续发展的机会。互联网理财作为一种金融创新形式，改变了传统信贷市场的交易工具和交易渠道，使交易主体范围更加广泛，交易的地理范围得到大幅度拓展。但互联网理财的本质并没有改变，仍然属于资金的融通，是跨时间和空间价值交换[①]，是一种信用交易，仍然存在金融风险。要防范和控制这些风险，就需要对互联网理财市场进行监管，不论从投资者的角度还是监管者的角度，对信息的透明度和可比性的提高都是有利的，其中的重点在于信息披露的准确性和及时性。对于投资者来说，信息和资金安全是理财中最为重要的因素。由于投资者的时

　＊【基金项目】国家哲学社会科学基金重点项目"互联网融资法律制度创新构建研究"（15AFX020），浙江省哲学社会科学规划优势学科重大项目"民间金融市场治理的法律制度构建及完善研究"（14YSXK01ZD）及子课题"民间金融市场主体法律制度构建及完善""民间金融市场行为法律制度构建及完善""民间金融市场监管法律制度及完善""民间金融市场信用体系的法律制度构建及完善""民间金融市场风险防范与处置法律制度构建及完善"成果。

　＊＊　朱悦，浙江大学光华法学院经济法博士研究生，主要研究方向为金融法、公司法、证券法。

　①　陈志武：《金融的逻辑》，国际文化出版公司2009年版，序言第2页。

间精力和背景知识的限制,他们无法深入每个理财产品背后的资产,挖掘资产的风险到底如何,也无力考察每个平台,判断每个平台的诚实度、风控能力和资金实力。投资者只能从一个普通理财人的角度,依据平台公开展示的操作和公开披露的资料进行投资。① 因此,平台信息的披露②尤为重要。注重信息披露的真实、完整、准确,有利于投资人作出适当的投资决策。完善平台信息披露标准,强化行业内部和各交易主体的规则意识,才能共同促进互联网理财市场的健康发展。

一、平台经营状况披露标准

《网络借贷信息中介机构业务活动管理暂行办法》在第五章规定了网贷平台信息披露的一系列要求。根据之前央行条法司、科技司组织中国互联网金融协会部分成员单位一起讨论通过的《互联网金融信息披露规范(初稿)》,平台信息披露应当遵循真实性、完整性、准确性和及时性的原则。真实性原则要求披露的信息必须以客观事实或有事实基础的客观判断为依据,能够如实反映客观情况,不得有虚假记载、误导和欺骗;完整性原则要求所有可能影响投资者决策的信息均应得到充分披露,不得有任何隐瞒或者重大遗漏;准确性原则要求披露的信息必须简单明了,达到普通投资者的判断力能够准确理解和解释的程度;及时性原则要求从业机构应遵循及时报告制度,当原有信息发生实质性变化时,信息披露责任主体应及时更改和补充。从业机构应对所披露信息的真实性、完整性和及时性负责,并承担相应的法律责任。互联网理财平台应借鉴这些原则来披露公司的基本情况、治理水平以及与业务规模相关的信息。

(一)平台的基本情况

平台应当在公司相关网站、互联网平台、手机 APP、微信公众号、微博以及中国互联网金融协会指定方式及渠道披露相关信息。

平台的基本情况主要包括:平台的全称及简称、平台的成立时间、实缴注册资本、注册地址、办公地点、分支机构经营场所和联系电话(包括分公司、子公司、办事处等及其联系电话)、法定代表人、联系方式(如电话、传真和邮箱等,包括客服电话和投诉电话);营业执照、有关业务许可证等涉及企业经营资质的证照、经营范围(指法人在公司注册时登记的经营范围);近 3 年获得政府部门、行业组织等表彰、奖励情况,及近 3 年受到政府部门处理、处罚情况等。有一些平台在官

---

① 零壹研究院:《百变互联网理财:P2P 网贷理财篇》,东方出版社 2015 年版,序言第 15—16 页。

② 本文所讨论的平台信息披露,是平台宏观层面的,体现平台整体状况,不包括不同产品细节的披露。

网上和 APP 上均没有经营状况披露,没有财务报表披露,也没有高管具体情况披露。投资者只能通过搜索引擎对平台的高管姓名进行搜索,以获取相关信息。

(二)平台的治理水平

良好的公司治理是确保互联网理财平台健康运营的前提,也是实现投资者保护的基础。以 P2P 网贷平台为例,我国参与 P2P 网络借贷的投资者绝大多数都是缺乏投资经验和专业知识的中小投资者,很容易遭受误导、欺诈等不公平待遇。因此,要重视公司治理情况和运营模式的披露。在运营模式中,还包括信用评估方法、借贷双方匹配机制、投资者资金管理制度、借贷交易是否担保及其担保方式等。[①]

1. 平台组织架构及运营模式

实践中,很多平台都未单独设置板块披露公司治理和高管状况。因此,有必要将 P2P 网络借贷平台的公司治理情况进行强制性披露,督促 P2P 网络借贷平台持续完善公司治理结构,从而提高 P2P 网络借贷平台信息披露的主动性,并能有效地从源头提高信息披露的质量。平台应细致披露公司组织架构,包括平台流程运转,部门设置及职能规划等基本的结构。还应列示股东(大)会、董事会、监事(会)的运作情况。

2. 平台的董事、监事、高级管理人员及其他员工信息

(1)持股比例在 5% 以上的股东及实际控制人的信息。平台至少应披露持有公司股份(包括单一或关联方合并持股)前三位的股东,以及公司实际控制人(企业或个人)的基本情况。(2)董事、监事、高级管理人员信息。平台应披露公司董事、监事、高级管理人员的从业经历、专业背景情况(包括是否受过有关行政、刑事处罚,有无不良信用记录)。其中,高级管理人员包括财务负责人、风险管理负责人和公司章程规定的其他人员。(3)其他员工信息。平台应披露员工人数及年龄、学历结构;风险控制及 IT 团队建设情况。《网络借贷信息中介机构业务活动管理暂行办法》规定,平台董监高应当忠实勤勉履行职责,保证披露信息真实准确,不得虚假记载、误导性陈述或重大遗漏,这就把公司高管个人责任捆绑到了平台上。据此,平台的董监高等信息关系到投资者是否能信任平台经营管理者。

3. 其他重大事项

平台应披露如下重大事项的信息并作出简要说明[②]:(1)控股股东或者实际

---

① 王腊梅:《论我国 P2P 网络借贷平台信息披露制度的构建》,《南方金融》2015 年第 7 期。

② 参见《互联网金融信息披露规范(初稿)》第 16 条。

控制人发生变更;(2)更换公司管理人员;(3)当年董事会成员累积变更人数超过全体人数的三分之一;(4)公司名称或注册资本发生变更;(5)注册地发生变更;(6)经营范围发生重大变化;(7)合并、分立、解散或者申请破产;(8)新设、撤销分支机构;(9)重大投资;(10)重大赔付或者重大投资损失;(11)董事长、总经理因经济犯罪被判处刑事处罚;(12)重大诉讼或者重大仲裁事项;(13)公司受到监管机构重大的行政处罚;(14)重大创新和对市场有重大影响的创新产品;(15)各行业监管机构,包括一行三会及其分支机构以及地方金融监督管理部门规定的其他事项,如特殊要求、重大风险事项等。

(三)平台的业务规模

互联网理财平台的业务规模不仅能反映出其在行业中的竞争力,还能在一定程度上反映一个平台的存续能力以及被投资者认可的程度。平台的业务规模信息包括但不限于以下信息,平台应细致披露并在合理的时间内不断更新。如交易总额、交易总笔数、借款人数量、投资人数量、人均累计借款额度、笔均借款额度[1]、人均累计投资额度、平均成功出借的资金金额、笔均投资额度、贷款余额[2]、最大单户借款余额占比、最大10户借款余额占比、平均满标时间。

除了以上信息,平台还要如实列示业务规模中的风险信息。例如,累计违约率、平台项目逾期率、近三月项目逾期率、借款逾期金额、代偿金额、借贷逾期率、借贷坏账率。逾期率是指自平台运营起,平台累计发生的资金借贷出现的坏账本金金额与贷款总额的比值。其他信息还包括客户投诉情况、已撮合未到期融资项目有关信息(包括但不限于融资资金运用情况、借款人经营情况及财务状况、借款人还款能力变化等)。[3]

(四)基本交易信息的披露

互联网理财平台应当在借贷撮合型产品上线后,披露借贷撮合产品的基本信息,包括且不限于:

1.产品的基本信息

产品的基本信息包括产品名称,即互联网理财平台对借贷撮合产品的定义名称、编号等;产品金额,指产品标的总金额;产品期限,指借款人借款的时间;产

---

[1] 根据《互联网金融信息披露规范(初稿)》,笔均借款额度=交易总额/交易总笔数。

[2] 当期贷款余额=前期贷款余额+本期新增交易额-本金偿还贷款本金总额(还款总金额本金部分)-本期发生逾期总金额。

[3] 累计违约率等原属经营状况信息,但实际中,这些数据结论一般都与业务量相关,因此将其划分至业务规模信息。

品简介,指借贷项目的来源。产品基本信息的披露应简洁明了,有助于出借人对该借贷项目进行一个初步的了解。

2. 产品的实施信息

产品的实施信息包括融资状态,指借贷撮合产品实施的状态,如审查中、融资中、放款中、还款中等;起投金额,指出借人在交易中的最低投资额度;投标进度,指借贷产品销售的进展情况,由于目前借贷撮合类产品的主流模式为小额多数人投资的特定借款人对应多位出借人,出借人出借资金以投标形式进行,产品在披露时也应说明其借款项目的进展情况,一般来说,投标进度以百分比形式体现,同时可在产品基本交易信息的披露中体现已有投标人和对应投标金额的信息,以及剩余可投标额度信息。投资信息可帮助借款人了解借贷产品的项目实施情况,不论是在借贷交易进行前,还是在交易完成后,借款人均有动力了解借贷项目的投资情况,为出借决策的作出提供可行性依据,也为借贷达成后对出借金额使用情况和还款情况的进一步跟踪提供便利。因此,投资信息应在产品销售的首页进行明确的信息披露,并且贯穿借贷撮合产品交易的事前、事中和事后阶段。

3. 产品的收益信息

产品的收益信息包括预期收益率,指出借人在不发生意外情况下投资该产品预计的收益率,一般可采用年化收益率、日收益率、周收益率、月收益率等;起息日,指借贷开始后计算利息真正执行生效的日期;还款方式,指借款人在借贷合同中约定的还款方式,如一次性还本付息、每月等额还本付息、每月还息到期还本等。其中,预期收益率是出借人最为关注的信息之一,应在借贷撮合产品的首页进行披露,而起息日、还款方式等既可在首页披露,也可在借贷撮合产品的详细介绍界面进一步进行提示。

4. 其他信息披露

其他信息披露主要是指平台服务费用的披露,包括投资人投资该项目可能被收取的费用以及平台针对借款人的收费情况。此类信息通常不在产品介绍页面进行重点披露,有时甚至不被披露。其原因在于借贷撮合型产品中,平台服务费用主要向借款人收取,而不是向信息披露的接收方——出借人收取。因此平台服务费用的披露情况往往不被出借人重视。

目前的互联网理财平台比较混乱,平台和产品的分类模糊也是误导投资者的一个因素。其中很多平台都有很大的改进空间。例如,大部分平台都没有细致披露公司组织架构,包括平台流程运转,部门设置及职能规划等基本的结构。平台应增加"团队建设"类似的板块,披露公司董事、监事、高级管理人员的从业经历、专业背景情况。此外,还应有营业执照、有关业务许可证等涉及企业经营资质的证照、经营范围的证明（指法人在公司注册时登记的经营范围）。

有一些小型理财平台，只有累计成功投资额和注册人数，信息量相对较少。应结合自己的业务特色及业务规模，选择性披露交易总额、交易总笔数、借款人数量、投资人数量、人均累计借款额度、笔均借款额度、人均累计投资额度、平均成功出借的资金金额、笔均投资额度、平均满标时间等信息，给投资者更多有价值的参考。

二、平台风控状况披露标准

互联网理财平台由于其资金门槛低以及监管和法律的部分空白而风险频发。互联网理财平台堆积的风险通过提现难、跑路、倒闭而集中爆发。许多幸存的企业也未做到规范运营。具体而言，互联网理财平台面临的信用风险、技术风险、法律风险、监管风险和系统性风险的情况[1]，以及平台如何识别、确认和处置这些风险所带来的负面影响，是投资者重点关注的问题，也是平台能否持续经营的关键。

(一)风险提示信息的内容

《浙江省促进互联网金融持续健康发展暂行办法》中指出，互联网金融企业应提升业务透明度，做好信息披露，强化风险揭示，严格保护金融消费者的资金安全、信息安全。平台除了负有具体项目的风险提示义务之外，还应做好一般风险提示。例如，对投资人投资行为中一些共性的风险警示，包括政策风险、信用风险、市场风险、流动性风险、管理风险、信息传递风险、认购风险、技术风险、不可抗力及意外事件风险等，做到客观地展示平台状况，以便投资者能更了解平台的总体状况，根据更全面的信息作出判断。

(二)平台风控的重点

平台风控的重点在一定程度上能反映平台在互联网理财市场中的竞争优势和平台独有的特点。平台除了提供一般风险的提示信息之外，还应向投资者展示平台风控的重点信息，以便投资者了解不同平台的特点和风控核心问题，提高投资意愿。

例如，爱学贷平台的风控重点主要针对的是大学生购物后没有按时还款，所以重点需要注意的是大学生的个人信息的真实性，以及发生逾期未还款的情况

---

① 杨涛、程链：《互联网金融理论与实践》，经济管理出版社 2015 年版，第 253—254 页。

后是否可以及时找到本人。在风控的运行中,线下的实体操作与大数据风控是相结合使用的。在该平台分期购物前需要先使用手机号进行注册,随后要进行个人信息的审核。只有在审核通过后才能进行分期购物。审核的方式分为两种:自助网上审核与上门审核(审核方式是自由选择的,但是自助审核会有失败的风险,在自助审核失败后一般需要进行上门审核。而上门审核的工作人员是平台在校园里招募的校园代理)。而爱学贷旗下的米庄平台的风控主要针对的是投资者资金安全和资金归还问题。在资金安全上,米庄和招商银行合作,由招商银行时刻监管其资金账户。米庄的风控兼顾了线下实体操作和大数据风控。在线下操作中,米庄与招商银行和阳光保险合作,保证资金的安全运转。资金的进出使用的是第三方支付通道,杜绝自身直接接触资金发生风险。当还款出现问题时,还有质押应收账款作为保证。而线下的合作中,对账户和客户的审核都需要大数据的配合使用。

再如,美利金融的风控主要以线下实体操作为准。其资产端的项目,由其旗下的力蕴汽车、有用分期推荐,并且该两家推荐机构会在逾期时进行即时代偿,所以其风控的过程主要在力蕴汽车、有用分期的审核上。

(三)平台风控手段

目前市场中的互联网理财平台大多都采用线下实体操作和大数据风控相结合的方式进行风险控制。但是大部分网站的风控手段披露得都过于笼统,只有常规的风控手段,而且语言表达不够明确,对投资者进行投资决策所能起到的作用并不是很大。站在投资者保护的角度,平台需要披露的风控手段重点应包含以下几个方面,并应指明负责风控的部门。

1.风险备付金计划

逾期代偿规则的模糊,是很多平台的共性问题。平台应明确列示平台通过风险备付金先行赔付的时间点和具体细致的条件,还应对风险备付金如何能覆盖风险作出说明。例如,搜易贷根据项目的不同风险特征设置不同的风险保障方案,层层审批,多重保障,全面管理流程,并在平台网站中清晰列示。搜易贷平台的信用风险保障机制,有利于保护资金借出方的共同权益,风险保障金项目项下所有出借人的本金和收益出现风险时,会在风险保障金限额内得到保障。翼龙贷平台将成交额的百分之一交由政府提取并监管,作为风险拨备金。①

2.与第三方机构的合作情况

很多理财平台在官网中并未列示与之合作或为其担保的第三方机构的名

---

① 黄震、邓建鹏:《互联网金融法律与风险控制》,机械工业出版社 2015 年版,第 31 页。

称。在 P2P 网贷行业,做到真正意义上的第三方支付托管的平台为数不多,积木盒子算是其中的一家。在完成网站账户的注册后,系统提示开通一个第三方支付账号。点击开通后,页面跳转至第三方支付汇付天下的新用户注册页面。从协议内容来看,投资者在汇付天下开设的是一个设于积木盒子一级账户下的二级托管账户,账户内的资金独立于平台账户,托管账户中的资金变动完全基于投资者的个人指令,达到真正的第三方托管。① 《网络借贷信息中介机构业务活动管理暂行办法》中也规定了平台需要第三方服务机构作出客观评估②。此外,平台还应明确告诉投资者第三方合作机构的权利和义务,以及与风控的因果关系。

3. 大数据分析能力

传统的互联网理财的风控主要是坚持小额分散原则,但随着科技的进步,业务规模的扩张,用数据分析方式建立风控模型的优势日益凸显。互联网理财平台风控的重心置于通过研究分析不同的个人特征数据相对应的违约率,采用非线性回归、决策树分析、神经网络建模等方法来建立数据风控模型,掌握不同的个人特征影响违约率的程度,并将其固化到风控审批的决策引擎和业务流程中。③

上文提到的积木盒子的风控措施包括穿顶计划、法律援助保证金、第三方证据存管、资金第三方托管等,主要是大数据风控。挖财快贷平台采用线下实体操作兼大数据风控模式。真融宝平台也是如此。大数据风控方面,24 小时系统自动监控,账户实时验证,一旦个人账户资金出现异常,平台会立刻发现并处理;SSL 网络传输加密,不让网络黑客危害资金安全;用户资金多重备份,保障在任何状况下账户资金的数据都不会消失;数据加密存储,保护用户个人隐私,防止任何人包括公司员工窃取用户账户信息;先进的账号安全系统,通过会话分级、机器识别、点数控制、行为监控、及时识别并拦截暴力破解、撞库、网络劫持等盗号行为;先进的作弊识别系统,通过用户行为绘制用户风控画像,自动识别作弊、盗卡用户行为,保护平台和用户利益,降低平台公关与法律风险;健全的服务器安全体系,通过分层网络隔离、数据与文件指纹、DDOS/CC 流量清洗、漏洞应急

---

① 零壹研究院:《百变互联网理财:P2P 网贷理财篇》,东方出版社 2015 年版,第 127—128 页。

② 《网络借贷信息中介机构业务活动管理暂行办法》第 31 条:网络借贷信息中介机构应当聘请会计师事务所定期对本机构出借人与借款人资金存管、信息披露情况、信息科技基础设施安全、经营合规性等重点环节实施审计,并且应当聘请有资质的信息安全测评认证机构定期对信息安全实施测评认证,向出借人与借款人等披露审计和测评认证结果。网络借贷信息中介机构应当引入律师事务所、信息系统安全评价等第三方机构,对网络信息中介机构合规和信息系统稳健情况进行评估。

③ 梁剑、吴肇庆:《互联网金融教程》,四川大学出版社 2015 年版,第 159—160 页。

响应、内外部行为审计等安全系统,保证服务器与用户数据的安全。人人爱家金融采取多重安全保障,也属于大数据风控。资金由招商银行全程监管,确保投资者资金与平台自有资金彻底隔离。

一个理财平台或者一个产品的风险状况是投资者特别关注的问题。信息披露是否规范也是向投资者展示运营能力和平台实力的过程,甚至可以塑造平台身份形象。有学者对网贷之家 2015 年 6 月的数据进行统计,发现民营系平台总数达到了 1875 家,问题平台累计达到了 786 家,平台违约率达到了 41.92%;反观非民营系,平台数量虽然不多(只有 169 家),但是从未发生过平台违约现象。民营系平台人气指数较非民营系平台低,而违约率却高出不少,由此得出 P2P 网络借贷市场上存在的对于平台身份的歧视现象是合理的①。同样的,平台的透明度和身份状况与平台违约呈现相关关系,随着各种信息披露细则的出台,平台在短暂的整改期内,应重视法规的要求,及早建立一个可持续的信息披露架构,在改革时期抓住有利机会,同时,每个平台的完善也有利于行业的健康发展。

---

① 周勤、王飞:《信息不对称与言多必失——来自中国 P2P 网贷平台的证据》,《东南大学学报(哲学社会科学版)》2016 年第 3 期。

论场外证券配资清理活动中的刑法介入问题[*]

浙江大学光华法学院　　侯凌霄^{**}

摘　要: 2015 年 6 月至 7 月,"股灾"爆发,处于监管灰色地带的场外证券配资,被广泛认为是造成这次股票市场杠杆过高问题的根源。行政监管部门对场外配资采取了绝对否定、坚决清理的处理办法,认定配资行为构成可入刑的非法经营证券业务。但即使情节已达到相当严重的程度,刑事司法部门也并未介入,引发各界的广泛猜测和议论。非法经营罪作为典型行政犯罪,并不意味着有行政认定作为前提,刑事上就可不加判断直接入罪处理;此外,场外配资是否构成非法经营证券业务行政违法依照现行法的规定仍然存疑。建议探索配资合法化道路,利用互联网金融技术创新加强监管,保持刑法的宽和、审慎、谦抑,妥善处理场外证券融资问题。

关键词: 场外证券配资;互联网金融;刑法规制;非法经营

一、问题的提出

2015 年 6 月至 7 月,中国股市暴跌,上证综指从 2015 年 6 月 12 日最高点的 5178.19 点,下跌至 8 月 26 日的 2850.71 点,直到 11 月中旬才回归相对正常的状态①。这场被称为 2009 年以来影响最深、最广的一轮"股灾",其重要肇因之一即为证券交易中过高的融配资比例。处于监管灰色地带的场外证券配资,被

---

* 【基金项目】国家哲学社会科学基金重点项目"互联网融资法律制度创新构建研究"(15AFX020),浙江省哲学社会科学规划优势学科重大项目"民间金融市场治理的法律制度构建及完善研究"(14YSXK01ZD)及子课题"民间金融市场主体法律制度构建及完善""民间金融市场行为法律制度构建及完善""民间金融市场监管法律制度及完善""民间金融市场信用体系的法律制度构建及完善""民间金融市场风险防范与处置法律制度构建及完善"成果。

** 侯凌霄,女,浙江大学光华法学院经济法博士生。

① 参见杜一华:《场外配资业务的法律思考》,《证券法律评论》2016 年第 1 期。

广泛认为是造成本次股票市场杠杆过高问题的根源。

场外证券配资并非新兴事物，早在中国股市刚刚建立时即作为配套服务出现。广义上的配资就是资金借贷，初期比较原始，就是以高利贷的方式炒股，仅仅在老股民间低调进行，仅限于江浙一带。据申万的草根调研可知，此时温州的配资大约有 800 亿，大约占到全国的一半①。2012 年，恒生 HOMS 和上海铭创等公司开始致力于标准化配资软件的开发，之后逐渐开发出开立子账户的分仓功能和破线自动平仓的风控功能，为场外配资提供了强有力的技术支持。2014 年后随着互联网金融的风行，早期的高利贷公司利用 HOMS 系统等软件从事线上配资，低运营成本加之监管空白，在 2014 年第一轮牛市的推动下，配资公司生长之势犹如雨后春笋。此外，随着我国居民整体收入水平的上升，越来越多的普通百姓不满足于将钱闲置于银行。操作简便、门槛较低而盈利丰厚的场外配资交易成为许多人的理财首选。根据证监会新闻发言人张晓军在 2015 年 6 月 29 日发布会上的发言，通过 HOMS 系统接入证券公司的客户资产规模约 4400 亿元，平均杠杆倍数约为 3 倍②。申万宏源也于同日发布其调研数据，显示民间配资＋伞形信托配资公司大约有 10000 家，平均规模约为 1 亿～1.5 亿元；还有一些其他的方式，包括互联网 P2P 等模式，很难统计，综合来讲，总体规模大约 1.7 万亿～2 万亿元③。

配资的肆意增长以及股市的大幅波动使得官方不得不采取一系列措施稳定市场。从 2015 年 6 月底开始，监管部门连续发布文件，开启了对场外配资的大规模清理活动。6 月 30 日，证监会点名部分场外配资活动"违反账户实名制、禁止出借证券账户"等规定。7 月 12 日，中国证监会公布《关于清理整顿违法从事证券业务活动的意见》，场外配资模式中存在的虚拟账户、非实名账户问题被正式界定为非法从事证券业务。7 月 18 日，中国人民银行等十部委发布《关于促进互联网金融健康发展的指导意见》，总结对互联网金融的监管口径、原则④。11 月 6 日，证监会在新闻发布会上宣布证券公司已经基本完成配资清理。

在这场声势浩大的清理活动中，证监会将配资相关主体的行为定性为可入罪的非法经营证券业务，引发了刑法是否应介入打击场外配资的争议。一方面，

① 张力、陈星光：《股市的场外配资：发展历程、风险机制和对策》，《第一财经日报》2015 年 8 月 18 日，A13 版。

② 赵晓辉、许晟：《证监会：场外配资风险已有相当程度释放》，《新华每日电讯》2015 年 6 月 30 日，第二版。

③ 《申万宏源详解配资业务生态：场外配资规模约 2 万亿》，http://finance.eastmoney.com/news/1344,20150629521653484.html,2015 年 6 月 29 日。

④ 陈怡璇：《清理场外配资》，《上海国资》2015 年第 8 期。

证监会认定数家配资机构以及为配资机构提供技术服务的软件商构成非法经营证券业务并予以处罚后戛然而止,未移交公安进行刑事处理有"以罚代刑"的嫌疑;另一方面,具有双面性的场外配资是否确实属于未经许可从事证券业务,继而涉嫌非法经营罪本身也存疑。虽然2015年年底配资的清理工作已经基本完成,但场外配资卷土重来的新闻频出,证监会对有关主体的处罚结果迟迟未正式公布,都让刑法规制是否应介入显得扑朔迷离。

二、"以罚代刑"是否存在

我国《证券法》第231条规定"违反本法规定,构成犯罪的,依法追究刑事责任",而《刑法》第225条也明确规定了未经国家有关主管部门批准非法经营证券业务且情节严重的,构成非法经营罪。在整场清理过程中,被证监会以涉嫌非法经营证券业务调查、审理的主体,不论是配资机构还是软件商,都被处以巨额罚款。例如2015年9月2日,证监会发布了对恒生电子等三家软件商的处理结果,拟没收恒生违法所得1.3亿元,并处以3.98亿元罚款;没收创铭违法所得1600万元,并处以4796万元罚款;没收同花顺违法所得217万元,并处以653万元罚款①。其后不久,证监会新闻发言人邓舸介绍了证监会对湖北福诚澜海资产管理有限公司、南京致臻达资产管理有限公司等配资机构的处罚决定,包括没收违法所得,处以360余万元到460余万元不等的罚款,对相关个人处以最高达60万元的罚款②。处罚金额如此巨大,其违法情节和后果不可谓不严重。事实上,从以前司法机关打击过的此类非法经营案来看,其违法的规模、后果及负面影响远不如这一次严重,所以,证监会在此次行政处罚之后,应该依法将上述相关单位和人员涉嫌犯罪的问题移送公安机关,以追究刑事责任③。《行政处罚法》第7条第2款:"违法行为构成犯罪,应当依法追究刑事责任,不得以行政处罚代替刑事处罚。"证监会仅处以严厉处罚,但未交予公安部门处理,未免有以罚代刑的嫌疑。而如此大案,公安机关未主动介入,也让各方对其有消极不作为的猜忌。

探讨这个问题的关键在于,行政机关在作出行政认定后,若达到情节严重的程度,司法机关是否一定要介入。场外配资行为主要涉嫌的罪名是非法经营罪,

① 《证监会罚恒生电子逾5亿,恒生今年或将陷入亏损》,http://stock.sohu.com/20150902/n420339321.shtml,2015年9月2日。

② 朱宝琛:《6起配资业务案收到高额罚单》,《证券日报》2015年9月19日,第A2版。

③ 金泽刚:《证监会的处罚会不会是以罚代刑》,《南方都市报》2015年9月7日,第A15版。

作为典型的行政犯罪,其在历史沿革以及定性等方面都十分具有特点。

非法经营罪的前身是投机倒把罪,1997年《刑法》修订时,投机倒把罪因过于笼统且不适应社会主义市场化经济发展的需求被取消,取而代之的是较为具体的高利转贷罪、非法经营罪等多个罪名。最初的非法经营罪仅针对未经许可经营专营、专卖物品、买卖各类许可证等,并不包括非法经营证券业务。随着市场经济的迅速发展,各类经济犯罪不断出现新方式、新种类,非法经营罪的范围也通过司法解释、法律修订等方式逐步进行扩张。1999年人大常委会通过了针对《刑法》的修正案,其中第8条对非法经营罪进行修改,明确未经国家有关主管部门批准非法经营证券业务的属于该罪。相比于其他罪名,非法经营罪的立法修改较为频繁,通过不断增加犯罪行为的方式扩张其适用范围,并且在扩张的过程中改变了原有的行为结构。"证券、期货、保险或资金支付结算业务与专营、专卖物品毫无关联,非法经营证券、期货、保险或资金支付结算业务行为是非法经营了某种特定的行业,而不是非法买卖了具体的物品、文件"[①],非法经营证券等业务的纳入,使得非法经营行为从具体化的非法经营特定物、文件,扩张至更加抽象的非法经营特定行业,判断某一行为是否构成该罪变得更加困难。

非法经营罪是典型的行政犯罪,行为人违反行政法律规范,情节严重同时又触犯国家刑律[②]。行政犯罪相较于一般的犯罪而言,具有行政从属性的特点。判断某行为是否构成行政犯罪的前提,是该行为是否确实违反了相应的行政法规。只有既违反了行政法规,情节又足够严重且违反了刑事法规,才构成行政犯罪,二者缺一不可。这种特殊性决定了一般认定行政犯罪的顺序是从行政法到刑法,二者无本质差异,只是在程度上有所不同,因此行政犯罪的追诉对行政与刑事衔接的要求极高。但是行政监管部门与刑事司法部门是相互独立运作的,现实中经常会出现各种问题,其中最为普遍的就是刑事认定与行政认定相冲突。此时,若行政机关施压要求公检部门立案、公诉,则是典型的行政权干涉司法权,严重损害司法权的独立性和权威性。

虽然证监会作为行政部门已经认定场外配资行政违法,但刑事司法机关仍应保留对其刑事违法性的独立判断。根据最高人民法院2011年发布的《关于非法集资刑事案件性质认定问题的通知》和2014年发布的《关于办理非法集资刑事案件适用法律若干问题的意见》等文件,在确认相关主体行为违法性时,行政监管部门和刑事司法部门各自独立。"认定行政违法与追究刑事责任两者的关

---

① 陈超然:《非法经营罪适用范围的扩张及限制研究》,上海交通大学博士学位论文,2013年。

② 参见周佑勇、刘艳红:《行政刑法性质的科学定位(上)——从行政法与刑法的双重视野考察》,《法学评论》2002年第2期。

系可以总结为如下两点：一是非法集资刑事案件进入刑事诉讼程序不以行政部门对非法集资的违法性认定为前提，两方面的认定与判断可各自进行，不可互相影响；二是刑事司法机关追究 P2P 平台的刑事责任不以行政法规中明确规定该行为追究刑事责任为前提。"①非法经营作为与非法集资同类犯罪，其性质认定也应采用相同判断规则。因此，整顿场外配资期间证监会办理的数起有关配资机构和软件商非法经营证券业务案，即使数额巨大，刑事司法部门也并未介入，是完全合法合规的，不存在不作为的情况。虽然这种处理可能有损行政部门的权威，但刑法作为守护公民与社会的最后一道关卡，牢牢坚持底线的同时不得不付出一定代价。

三、场外配资是否构成非法经营

在本次大规模场外配资清理过程中，监管部门根据现行法律，认定场外配资违反《证券法》、《证券公司监督管理条例》等法律法规中关于证券账户实名制、未经许可从事证券业务的规定。部分学者根据官方处罚和学理分析，得出场外配资构成非法经营证券业务、非法出借证券账户、非法使用资金等的结论，其中可能涉及刑事犯罪，也是证监会作为依据进行高额罚款的，是非法经营证券业务。根据我国《证券法》第 122 条和第 142 条的规定，证券公司的设立需经证监会批准，证券公司为客户买卖证券提供融资融券服务，应当按照国务院的规定并经国务院证券监督管理机构批准，未经批准，任何单位和个人不得经营证券业务。场外配资机构未获得证券业务经营许可，以出借资金收取利息为主业从事经营活动，并以盈利为目的提供证券融资服务，涉嫌非法经营证券业务。

刑事认定不以行政认定为必要前提，对于场外配资是否构成非法经营证券业务仍应进行审慎判断。根据现行法，实际上很难得出场外配资相关主体的行为构成非法经营证券业务这一结论。首先，《证券法》本身规定具有瑕疵，并不能将场外配资纳入证券业务的范围。从经济机理层面分析，证券公司融资业务与场外机构配资活动都是向客户出借资金供其买入证券并以该客户相关交易证券为主要担保物的行为，都是以证券为担保的借贷行为，本质上属于资金借贷，不能被判断为证券业务。场内融资这种经营活动因为是由证券公司实施且经证券监管部门批准才使其成了一种证券业务，《证券法》第 142 条，《证券公司融资融券业务管理办法》第 1 条、第 3 条等规定中也可以看到——证券公司从事融资融券业务必须经过证监会批准的目的在于规范证券公司融资融券业务活动、防范

---

① 单道越：《我国 P2P 网贷平台的行政监管与刑事规制之衔接》，《中国商论》2016 年第 5 期。

证券公司的风险等——这种制度安排的规范逻辑是证监会基于对证券公司的监管与风控而就融资融券业务行使批准权,但并不能就此认定配资属于违法从事证券业务的非法经营行为[①]。其次,配资业务可否认定为证券公司专营的业务也是不能确定的。我国《证券法》第122条规定,"设立证券公司,必须经国务院证券监督管理机构审查批准。未经国务院证券监督管理机构批准,任何单位和个人不得经营证券业务",这里的"证券业务"应当解释为"证券专营业务"。《证券法》第125条规定的证券公司经证监会批准才可以从事的七种业务,包括证券经纪,证券投资咨询,与证券交易、证券投资活动有关的财务顾问,证券承销与保荐,证券自营,证券资产管理,其他证券业务,并不能认定其他主体经营这些业务就一定需要证监会批准,否则即构成非法经营证券业务。比如自然人股民以自有资金进行证券投资属于"证券自营业务"、商业银行等非金融机构提供以证券为投资标的的资产管理属于"证券资产管理业务"等等,这些显然都不能认定构成非法经营证券业务。同样,融资融券可否认定为证券公司才可以从事的专营业务在法律上语焉不详,将场外配资认定为"非法经营证券业务"在现行法律框架下难以做出合乎逻辑的解释。

在行政违法尚难以判定的情况下,自然无法谈及刑事违法。在当今互联网金融盛行的时代下,市场更多的声音希望刑事政策保持宽和与谦抑。场外配资涉嫌非法经营,在行政违法性上已经存疑,刑事司法部门未仅凭借行政机关一纸文件就急于插手,顶住压力冷静旁观,这种做法是值得肯定的。

四、处理场外配资问题的法律建议

虽然场外配资被认为是2015年股灾的"罪魁祸首",但不可否认其也具有很多积极意义。它是金融创新的重要成果,是证券融资交易的重要补充,满足互联网金融时代各方的需求,并反过来促进市场的活跃和完善。在互联网技术的介入下,场外配资的存在具有必然性。杠杆资金的大规模入市确实导致了整个证券市场的不正常波动,但是监管部门简单粗暴的清理方式不仅不能从根本上解决矛盾,还引发了一系列其他问题,刑法是否应当介入就是其中之一。将配资纳入监管并予以合法地位,利用信息系统加强监管,对金融创新采取宽容的政策,一方面顺应市场需求,最大程度发挥场外配资的积极作用,另一方面也可以缓解行政与刑事认定不一致的尴尬。

---

① 谢杰:《后"股灾"背景下资本市场犯罪的刑法规制》,《法学》2015年第12期。

1.转变信用交易模式,探索配资合法化道路

处理场外配资十分棘手的重要原因之一是它难以用现存的法律来解释并规制,既不能通过既有法律认定配资非法,又无配套的体系对其进行规范、引导,使得整个清理活动仓皇且混乱,不论行政责任还是刑事责任都含糊不清。而证券市场发达国家或地区由于实行市场化信用交易模式,有资格经营证券融资业务的主体十分广泛,配合系统性监管,所以并无配资问题。在我国引入证券信用交易初期,金融市场不健全,并且官方对待金融一向谨慎保守,选择集中授信交易模式应该说是适合当时的大环境的。随着市场的逐步发展,这种权力和责任过度集中的模式,会增加交易成本,降低市场效率,大幅削弱融资融券交易本应发挥的作用。因此转变现有集中授信模式,逐步向市场化程度高的分散授信模式过渡,是解决场外配资最长远、最彻底的途径。

首先,拓宽证券融资资金来源,降低投资者准入门槛。设立一定标准,将满足条件的优质配资公司纳入融资业务经营主体,一方面可以减轻证券公司经营压力,分散资金需求量不大的客户;另一方面,也可以提高市场效率,促进市场有序竞争。我国现行法律对参与融资融券的投资者要求很高,限制了大量普通投资者自主选择证券投资方式的权利。可适当降低投资者准入标准,要求投资者提供其真实、准确的资信状况,结合投资者保证金数额,确定杠杆比率,以此来保护投资者。配资公司则应尽告知义务,给予投资者充足的犹豫期限,必要时可提供免费证券融资课程学习,提高投资者素质和判断能力。其次,在监管方面,应将配资纳入证券监管领域,辅之以行业自律,保障证券融资合法有序地进行。前文论述了配资行为在现行法律框架下不能认定为证券业务,这是现行法律的逻辑漏洞。场外配资有民间借贷的特点,但其受众众多,又与证券市场紧密相连,在各国实践中都是作为特殊的证券业务加以监管的。建议修改《证券法》及相关法律规范,明确符合标准的证券公司及其他适格机构,在经过证券监督管理部门核发牌照后均可进行证券融资业务,并要求履行信息披露义务。另外应充分调动证券融资经营者的能动性,加强整个行业的交流和自律,降低官方监管成本。

2.合理利用配资系统,让信息技术助力监管

在整场配资清理活动中,不仅仅是配资机构被勒令停业整顿,为配资机构提供技术服务的信息系统也被强制关闭,软件公司及主要负责人受到严重处罚。但作为专业软件开发机构的主推产品,配资软件往往集聚了本行业最顶尖人才的心血,具备技术和服务优势。这种情况下,充分利用高新科技服务于监管才是最优选择。

以恒生 HOMS 系统为例,该系统实质上是一种资产管理系统,只是其部分功能可以用于场外配资交易中交易者买卖证券的指令传递环节。HOMS 平台

吸引配资公司的原因，一是由于其将私募基金管理的资产分开，由不同交易员管理，有利于评价和风控；二是其分仓灵活，将手动操作过程自动化；三是大数据、云计算的利用，大幅节约成本，提高交易效率。除此之外，HOMS 软件有着良好的风控管理，包括证券买卖控制、实时资产市值控制、持仓数量与持仓市值控制、交易额与交易量控制等等。针对不同级别的账户，设定个性化风险规则，当出现触发风险规则的情况即进行提示或控制。相比于原始的人工风控，HOMS 系统可以要求交易员在特定价格范围内买卖特定股票，效率更高，也更加安全。作为互联网技术创新，HOMS 系统相当于将原先的泥土路改为高速公路，仅仅使得证券融资交易更加便利，并不会帮助道路上运行的车辆逃避监管。因为道路上的车辆涉嫌违法就拆掉高速公路，显然十分荒谬。而 HOMS 系统对于场外配资监管最大的意义在于，通过平台进行的每笔证券融资交易，都被真实详细地记录。这一功能不仅方便了相关行政案件的处理，也对大量金融证券刑事案件的侦破具有重大意义。可以说正是因为有配资软件的数据储备，证监会才能够快速完成对场外配资的清查。相比于传统线下配资的无迹可寻，HOMS 系统等软件更有利于实现场外证券配资的阳光化。建议监管部门给予高质量配资软件配资服务的资质，要求平台充分履行对交易数据的保管与披露，利用互联网科技优势加强对整个证券融资领域的监管。

3.尊重市场规律，保持审慎谦抑

互联网金融市场虽然看起来日新月异、欣欣向荣，但整个行业实际上处于飘摇不定的状态中。从业者一方面绞尽脑汁地希望通过创新在激烈的竞争中杀出血路，一方面又不得不谨小慎微，防范法律、政策风险，尤其担心触及刑事底线。这场大规模清理整顿场外配资的活动，就把相当数量的互联网金融从业者一夜之间打回起点，虽说对其他从业者有警醒作用，但也很大程度上抑制了互联网金融创新发展。对于金融市场的行政监管抑或是刑法规制，其根本目的都是维护市场稳定，促进金融发展。以市场为导向，保持审慎谦抑，尽力维持行政监管和刑法规制的统一，是互联网金融大背景下对监管层的新要求。

第一，要遵循市场规律，宽和对待金融创新。从市场角度分析，场外配资的大规模入市是由于我国过于严苛的融资融券制度。市场对于杠杆有极大的需求，但现有的政策将大量机构和普通投资者挡在正规证券融资的大门外，人们只能将目光投向具有替代功能的场外配资上。此时行政监管部门将其认定违法并强行整顿，甚至动用刑法予以规制，虽然可一时清除市场里的杠杆资金，但并未从根本上解决这一问题。探究市场的真实需求，宽和对待，注重疏导，更加有利于实现共赢。第二，刑事执法部门要做到审慎谦抑，立罪至后。基于刑法"守门员"的特殊地位，以及金融创新保护的需要，保持谦抑性，坚守"立罪至后"是刑法规制介入的必然要求。刑法"立罪至后"原则要求,凡是使用其他法律足以抑止某种违法行为、保护某种合法权益时,就不要将其规定为犯罪。互联网金融作为弥补金融抑制体制缺陷的一种手段,刑法对其介入最优的选择应为"立罪至后"的立法原则,补充于行政、经济、民商等法律关系的调整①。第三,也是最困难的一点,就是做好行政监管与刑法规制的衔接,尽可能保持二者的一致性。可以通过统一法律用语、加强双方沟通等方式,促使双方对互联网金融违法犯罪形成一致认识。但同时,行政部门和司法部门也要保持各自的独立性。对于行政监管部门,要多从促进金融发展出发,宽容对待金融创新,除非有强有力的法律支撑,否则尽可能不将相关主体的行为判定为敏感、可能入罪的行政违法。而对于刑事司法部门,一方面在行政主体尚未作出判断的情况下,不主动插手,强行定罪;另一方面即使行政部门做出了行为违法的认定,也要严格遵照刑事认定标准,坚持独立判断。

五、结 语

在市场发展日新月异的现代社会,任何事物的产生都有其原因与价值。在现行证券融资融券制度不能满足市场需求的情况下,将作为证券融资重要补充的场外配资赶尽杀绝并不能维护现存的制度。刑法规制是所有法律规制的最后一道防线,对于以场外配资为代表的互联网金融创新应当更加宽容、审慎。既然选择了鼓励创新,就必然要经受创新对固有现状的冲击。将市场交给市场,将投资者作为理性人对待,是金融发展的必然趋势。思考如何将互联网金融的种种新生事物纳入法律的规制,并加以合理引导,将是监管者绕不过的难题。

---

① 尚玉玺:《互联网金融的刑法规制政策及原则——金融抑制视角》,《大连理工大学学报(社会科学版)》2016 年 4 月。